Strategisches Controlling

Unterstützung des strategischen Managements

von

Prof. Dr. Roland Alter

2., überarbeitete Auflage

Oldenbourg Verlag München

Lektorat: Christiane Engel-Haas, M.A.
Herstellung: Tina Bonertz
Titelbild: iStockphoto/MSI
Einbandgestaltung: hauser lacour

Bibliografische Information der Deutschen Nationalbibliothek
Die Deutsche Nationalbibliothek verzeichnet diese Publikation in der Deutschen Nationalbibliografie; detaillierte bibliografische Daten sind im Internet über http://dnb.dnb.de abrufbar.

Library of Congress Cataloging-in-Publication Data
A CIP catalog record for this book has been applied for at the Library of Congress.

Dieses Werk ist urheberrechtlich geschützt. Die dadurch begründeten Rechte, insbesondere die der Übersetzung, des Nachdrucks, des Vortrags, der Entnahme von Abbildungen und Tabellen, der Funksendung, der Mikroverfilmung oder der Vervielfältigung auf anderen Wegen und der Speicherung in Datenverarbeitungsanlagen, bleiben, auch bei nur auszugsweiser Verwertung, vorbehalten. Eine Vervielfältigung dieses Werkes oder von Teilen dieses Werkes ist auch im Einzelfall nur in den Grenzen der gesetzlichen Bestimmungen des Urheberrechtsgesetzes in der jeweils geltenden Fassung zulässig. Sie ist grundsätzlich vergütungspflichtig. Zuwiderhandlungen unterliegen den Strafbestimmungen des Urheberrechts.

© 2013 Oldenbourg Wissenschaftsverlag GmbH
Rosenheimer Straße 143, 81671 München, Deutschland
www.degruyter.com/oldenbourg
Ein Unternehmen von De Gruyter

Gedruckt in Deutschland

Dieses Papier ist alterungsbeständig nach DIN/ISO 9706.

ISBN 978-3-486-71883-6
eISBN 978-3-486-75603-6

Vorwort zur 2. Auflage

Für die 2. Auflage wurde die Grundkonzeption des Buches weitgehend beibehalten. Wesentliche Änderungen betreffen die Integration des bislang separaten Kapitels zu Risikomanagement und das Ergänzen eines Kapitels zu Führungssystemen im Kontext des strategischen Controllings sowie eines Kapitels zu Mitarbeiterbefragungen als einem strategischen Analyseinstrument. Ebenso erfolgte die Aktualisierung von Firmenbeispielen. Daneben werden die inhaltlichen Fragestellungen zu Kapitelbeginn hervorgehoben; eine korrespondierende Zusammenfassung rundet die betreffenden Kapitel ab.

Für die Bereitstellung der Praxisbeispiele gilt mein Dank wiederum Herrn Christoph Naumann, Siemens AG, München sowie Herrn Hansjörg Rölle, Herrn Stefan Ives, Herrn Manuel Noya Sergio und Frau Friederike Rust, MS Motor Service International GmbH, Neuenstadt am Kocher.

Ebenfalls danken möchte ich Herrn Tim Fritzenschaft, M. A., Doktorand an meiner Professur, für die Überarbeitung der Praxisbeispiele zu Strategiealternativen. Bei dem Erstellen von Abbildungen hat mich Frau Claudia Wiera unterstützt. Der Bibliothek der Hochschule Heilbronn gilt auch diesmal mein Dank für die Unterstützung bei den Literaturressourcen.

Für die gute Zusammenarbeit möchte ich Frau Christiane Engel-Haas, M. A., als verantwortlicher Lektorin des Oldenbourg-Verlags, danken.

Prof. Dr. Roland Alter

Heilbronn, Mai 2013

Vorwort zur 1. Auflage

Strategisches Controlling gehört zu den schillernden Begriffen in der Welt des Controllings. So hat sich Controlling in den Unternehmen fest als Disziplin und als Berufsbild etabliert. Gleichzeitig gehört die Beschäftigung mit strategischen Fragestellungen zur Königsdisziplin der Unternehmensführung. Erstaunlicherweise bleibt dagegen das Bild des strategischen Controllings vergleichsweise unscharf. Dies lässt sich nach Ansicht des Verfassers vor allem auf den spezifischen Schnittmengencharakter von strategischem Controlling zurückführen, der bisher noch zu wenig berücksichtigt wurde: Strategisches Controlling ist eine spezielle Kombination von Aufgaben aus strategischem Management und (klassischem) Controlling.

Die Herausforderungen einer immer komplexer werdenden Welt führen zu steigendem strategischen Unterstützungsbedarf für das Management. Strategisches Controlling setzt genau hier an. Mit den entsprechenden Prozessen und Systemen werden die Voraussetzungen für einen faktenbasierten strategischen Managementprozess geschaffen, um den Bestand und die erfolgreiche Weiterentwicklung des Unternehmens zu gewährleisten. Aus diesem Blickwinkel heraus soll das Buch in den Grundprozess des strategischen Controllings einführen und den Lesern Wissen und Anwendungshilfe vermitteln.

An dieser Stelle ist es mir noch ein besonderes Anliegen, denjenigen zu danken, die mich bei der Erstellung des Buches unterstützt haben. Herr Prof. Dr. Karl-Heinz Haberlandt, Frau Susanne Hannss, MBA und Herr Prof. Dr. Thomas Kaiser haben mir sehr wertvolle inhaltliche Hinweise gegeben. Ihnen gilt mein spezieller Dank. Für die Praxisbeiträge möchte ich mich bei Herrn Christoph Naumann, Siemens AG, München, Herrn Hansjörg Rölle, Herrn Stefan Ives, Herrn Manuel Noya Sergio und Frau Friederike Rust, MS Motor Service International GmbH, Neuenstadt am Kocher sowie Frau Nina Kaufmann-Frank, Böhler-Uddeholm AG, Wien und Herrn Peter Nauer, Observar AG, Zug, bedanken.

Bei dem Erstellen von Abbildungen haben mich Frau Marina Wilhelm und Herr Tom Hofmann unterstützt. Frau Wilhelm hat darüber hinaus mit großer Sorgfalt auch vielfältige formale Aufgaben übernommen. Der Bibliothek der Hochschule Heilbronn, Herrn Michael Schanbacher als Leiter, Frau Christa F. Bray und Herrn Francesco Tassone gilt mein Dank für die Unterstützung bei den Literaturressourcen. Für die angenehme Zusammenarbeit möchte ich mich bei Frau Christiane Engel-Haas, M. A., als verantwortlicher Lektorin des Oldenbourg-Verlags und Frau Sarah Voit, als technischer Ansprechpartnerin, bedanken.

Prof. Dr. Roland Alter

Heilbronn, Mai 2011

Meiner Familie gewidmet

Inhalt

Vorworte		**V**
1	**Einleitung**	**1**
2	**Grundlagen des strategischen Controllings**	**3**
2.1	Einordnung des strategischen Controllings	4
2.2	Unternehmensführung als Prozess und Institution	5
2.3	Controlling als Konzept der ergebnis- bzw. wertzielorientierten Rationalitätssicherung	15
2.4	Gegenstand, Prozess und Träger des strategischen Managements	19
2.5	Strategisches Management und Risikomanagement	37
2.6	Ziele, Aufgaben und Prozess des strategischen Controllings	42
2.7	Träger des strategischen Controllings	46
2.8	Führungssysteme im Kontext des strategischen Controllings	51
3	**Strategisches Controlling in der Phase der Strategieentwicklung**	**57**
3.1	Einige Vorbemerkungen	57
3.2	Grundsätzliches zur Strategieentwicklung	58
3.3	Strategische Zielplanung	61
3.3.1	Grundsätzliches zur Zielplanung	61
3.3.2	Zielinhalt	65
3.3.3	Zielausmaß	79
3.3.4	Zeitlicher Bezug	82
3.3.5	Formulierte Wertziele als Input	83
3.4	Strategische Analysen und Prognosen zu Umfeld und Unternehmen	89
3.4.1	Grundsätzliches zu Analysen und Prognosen	89
3.4.2	Generelle Umfeldanalyse	102
3.4.3	Stakeholder-Analyse	107
3.4.4	Szenariotechnik	111
3.4.5	Five-Forces-Analyse nach Porter	119
3.4.6	Marktanalyse	125
3.4.7	Kundenanalyse	132

3.4.8	Konkurrenzanalyse	138
3.4.9	Profit-Pool-Analyse	151
3.4.10	Benchmarking	155
3.4.11	Ressourcen-, Fähigkeiten- und Kernkompetenzanalyse	166
3.4.12	Mitarbeiterbefragungen	183
3.4.13	Portfolioanalyse	186
3.4.14	Früherkennungssysteme	203
3.4.15	SWOT-Analyse	210
3.5	Erarbeiten von Handlungsalternativen	225
3.5.1	Grundsätzliches zu Strategiealternativen und Risiko	225
3.5.2	Ansatzpunkte für Strategiealternativen	227
3.5.3	Unternehmensbeispiele zur Corporate Strategy	238
3.5.4	Unternehmensbeispiele zur Business Strategy	253
3.6	Bewerten von Handlungsalternativen und Strategiewahl	269
3.6.1	Grundsätzliches zu Beurteilung und Entscheidung	269
3.6.2	Beurteilung auf der Strategieebene	278
3.6.3	Beurteilung auf der Organisationsebene/Gesamtunternehmensebene	318
3.6.4	Auswahl der Strategie	327
3.7	Balanced Scorecard als phasenübergreifendes Instrument	334
3.7.1	Grundkonzept der Balanced Scorecard	334
3.7.2	Strategy Map als Strategieinstrument	338
3.7.3	Implementierung einer Balanced Scorecard	342
3.8	Praxisbeispiel: Strategieentwicklung bei Siemens	346
4	**Strategisches Controlling in der Phase der Strategieimplementierung**	**361**
4.1	Grundsätzliches zur Strategieimplementierung	361
4.2	Spezielle Aspekte der Implementierung	366
4.2.1	Top-Management-Commitment und Vertrauen als Grundlage	366
4.2.2	Klare und dokumentierte Ziele	369
4.2.3	Strategiegerechte Personen und Organisation	371
4.2.4	Flankierende Führungssysteme	378
4.2.5	Einsatz von Projektmanagement und Fachdisziplinen	380
4.2.6	Operative Maßnahmenplanung	384
5	**Strategisches Controlling in der Phase der strategischen Kontrolle**	**391**
5.1	Grundsätzliches zur strategischen Kontrolle	391
5.2	Spezielle Bereiche der strategischen Kontrolle	394
5.2.1	Prämissenkontrolle	394
5.2.2	Konsistenzkontrolle	395
5.2.3	Implementierungskontrolle	398
5.3	Praxisbeispiel: Strategieimplementierung und strategische Kontrolle bei MSI	408

Anhang: Strategie-Workshop	**421**
Literaturverzeichnis	**427**
Stichwortverzeichnis	**465**

1 Einleitung

Strategisches Controlling unterstützt das strategische Management bei der Sicherung und erfolgreichen Weiterentwicklung des Unternehmens. Ausgehend von diesem prinzipiellen Verständnis soll das vorliegende Buch dem Leser praxisnahes Wissen und Anwendungshilfe vermitteln.

Im **Kapitel 2** werden dazu eingangs die grundlegenden Fragestellungen behandelt:

- In welcher Beziehung stehen Unternehmensführung und Controlling?
- Wie sind Ziele, Aufgaben und Prozess des strategischen Controllings strukturiert?
- Wer sind die Träger des strategischen Controllings?

In den **Kapiteln 3–5** werden Aufgaben und Instrumente des strategischen Controllings orientiert am Prozess des strategischen Managements dargestellt. Die zentralen Fragen, die hier im Mittelpunkt stehen:

- Was sind die strategischen Unternehmensziele, insbesondere Wertziele?
- Welche Instrumente können den Analyse- und Prognoseprozess unterstützen?
- Wie erfolgt die Bewertung von Strategiealternativen?
- Was sind die besonderen Herausforderungen der Strategieumsetzung?
- Welche Inhalte umfasst die strategische Kontrolle?

Im **Anhang** wird die Struktur eines Strategie-Workshops beschrieben, um den praktischen Einstieg für Unternehmen zu erleichtern.

Besonderer Wert wird auf **Fallbeispiele aus der Unternehmenspraxis** gelegt, um die Aussagen zu veranschaulichen und Denkanstöße zu vermitteln. Nachfolgend ein erstes Beispiel aus dem Bereich der Unterhaltungselektronik:

Fallbeispiel: Technologiewechsel bei Fernsehgeräten

Dargestellt ist in Abb. 1 der Umsatzverlauf in Deutschland für konventionelle Fernsehgeräte (Conventional-Ray-Tube, CRT) im Vergleich zu Flachbildgeräten. Während Flachbildgeräte in den Jahren 2001 und 2002 noch einen relativ kleinen Anteil an der Gesamtzahl verkaufter TV-Geräte bildeten, war aber bereits ein deutliches Wachstum zu erkennen. Der Marktanteil erhöhte sich von 7 % auf immerhin 11 %. Die Marktdurchdringung nimmt beginnend mit

2003 volle Fahrt auf. Der Siegeszug der neuen Technik ist nicht mehr zu stoppen. Alleine von 2003 nach 2004 wächst der Marktanteil um 16 %, um dann im Folgejahr sogar 27 % zuzulegen. Mit dem Jahr 2006 haben sich die Verhältnisse der Technologien gegenüber 2003 praktisch umgedreht. Der Trend setzt sich weiter fort und konventionelle Geräte werden buchstäblich zum Auslaufmodell.

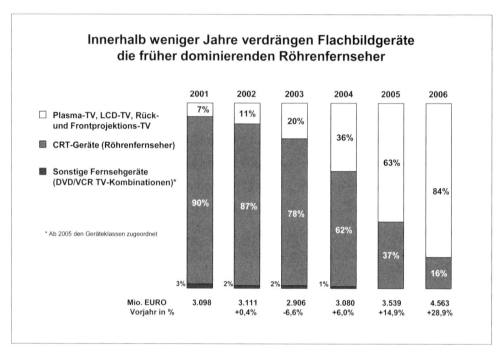

Abb. 1: *Umsatzverlauf und -struktur im deutschen Markt für TV-Geräte (GfK/gfu, 2010, S. 9)*

In einem unaufhaltsamen Niedergang verschwindet ein Produkt vom Markt, das über Jahrzehnte in praktisch jedem Haushalt vertreten war. Die Funktion „Fernsehen" bleibt, das technische Produkt „Röhrenfernseher" verlässt den Markt. Ein bisheriges technisches Prinzip wird durch ein neues ersetzt. Was aus Sicht des Konsumenten eine willkommene Innovation darstellt, kann für die Hersteller der „konventionellen" Produkte zum Untergang führen, wenn zu spät gehandelt wird.

Dies zu verhindern, ist eine der Aufgaben von strategischem Controlling.

2 Grundlagen des strategischen Controllings

Das Kapitel 2 setzt sich mit den grundlegenden Beziehungen von Unternehmensführung, Controlling, strategischem Management und strategischem Controlling auseinander. Im Mittelpunkt stehen folgende Fragestellungen:

- Wie ist strategisches Controlling grundsätzlich einzuordnen?
- Wodurch ist Führung (= Management) gekennzeichnet? Wie ist der Führungsprozess strukturiert, wer sind die Träger des Prozesses?
- Welche inhaltlichen Ebenen der Unternehmensführung können unterschieden werden und was sind ihre spezifischen Besonderheiten?
- Worin unterscheiden sich Controlling-Konzepte unter dem Aspekt der Zielsetzung und welches Konzept wird im Weiteren für die Ausführungen zugrunde gelegt?
- Was sind die zentralen Merkmale des strategischen Managements und wie ist ein systematischer Prozess strukturiert?
- Was sind die Entscheidungsfelder des strategischen Managements und wodurch unterscheiden sich Corporate Strategy und Business Strategy?
- Wie ist der Zusammenhang zwischen strategischem Management und Risikomanagement gestaltet? Welche Bedeutung kommt dabei der Risikopolitik zu?
- Was ist das generelle Ziel des strategischen Controllings? Wie ist Rationalität in diesem Zusammenhang zu interpretieren und wo liegen die Begrenzungen?
- Wie ist der Schnittmengencharakter des strategischen Controllings zu verstehen?
- Wer sind die Personen, die die Funktion „Strategisches Controlling" erfüllen? Welche Entwicklungsstufen sind zu beobachten?
- Welchen Stellenwert besitzen mit Blick auf das strategische Controlling die Funktionen des Chief Strategy Officers (CSO) und des Chief Financial Officers (CFO)?

2.1 Einordnung des strategischen Controllings

Strategisches Controlling stellt ein spezifisches Unterstützungskonzept im Kontext der Führung von Unternehmen dar. Gegenstand dieser Unterstützung ist dabei nicht Unternehmensführung allgemein, sondern der Bereich der strategischen Führung, hier identisch gesetzt mit strategischem Management.

Gleichzeitig ist strategisches Controlling nicht ein isoliert stehender Ansatz, sondern basiert auf einem betriebswirtschaftlich fundierten Grundkonzept des Controllings. Dieses Grundkonzept bildet den Rahmen für die generelle Ausrichtung des strategischen Controllings als Unterstützungsfunktion. Strategisches Controlling ist somit zwischen mehreren Feldern positioniert, die Abb. 2 im Überblick veranschaulicht.

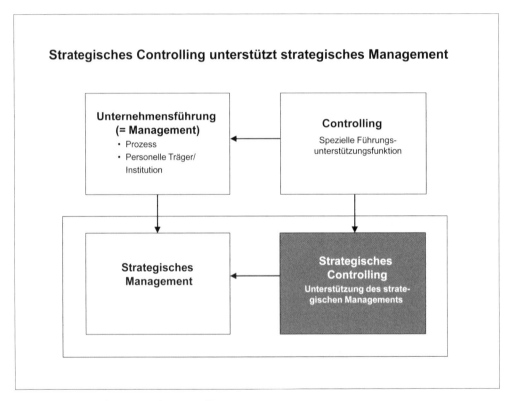

Abb. 2: Einordnung des strategischen Controllings

Mit dieser grundsätzlichen Einordnung des strategischen Controllings als Startpunkt sollen in den anschließenden beiden Abschnitten zuerst Unternehmensführung und Controlling beschrieben werden; sie bilden den konzeptionellen Überbau.

Davon ausgehend erfolgt die Darstellung des strategischen Managements als Teilbereich der Unternehmensführung und Anwendungsfeld des strategischen Controllings, um nachfolgend das hier zugrunde gelegte Verständnis von strategischem Controlling zu erläutern.

Diese Herangehensweise wird bewusst gewählt, um ein Gesamtverständnis des strategischen Controllings zu ermöglichen und damit eine isolierte Einzelbetrachtung zu vermeiden.

2.2 Unternehmensführung als Prozess und Institution

Unternehmensführung ist der Schlüsselfaktor für den Unternehmenserfolg. Unternehmensführung, hier identisch gesetzt mit Management, ist gleichbedeutend mit der Ausrichtung auf Resultate. So wenig wie es Leistungssport ohne Leistung gibt, kann es professionelles Management ohne Fokus auf Resultate geben: „**Management ist der Beruf des Resultate-Erzielens oder Resultate-Erwirkens**. Der Prüfstein ist das Erreichen von Zielen und die Erfüllung von Aufgaben." (Malik, 2001, S. 73).

Führung kann in zwei Ausprägungen charakterisiert werden (vgl. zum weiteren Hahn/ Hungenberg, 2001, S. 28 ff.):

- **Führung als Prozess** (= Ablauf von Aktivitäten) und
- **Führung als Personen** (= personelle Träger der Aktivitäten).

Führung als Prozess umfasst die zielorientierte Willensbildung und Willensdurchsetzung gegenüber anderen Personen. Führung ist dabei zwingend verbunden mit der Übernahme der Verantwortung für das eigene Handeln, aber auch mit dem Einstehen für Nicht-Handeln. Der interpersonelle Charakter von Führung kommt in der **verhaltensorientierten Komponente** zum Ausdruck, die ergänzt wird durch die **sachorientierte Komponente**.

In seiner sachorientierten Sichtweise entspricht Führung dem Prozess der **Planung, Steuerung** und **Kontrolle**, wie in Abb. 3 dargestellt.

Planung: Sie umfasst das Fällen von Führungsentscheidungen auf der Grundlage einer systematischen Entscheidungsvorbereitung, um künftiges, gewünschtes Geschehen zu erreichen. Planung beinhaltet somit die Festlegung der Ziele als auch der prinzipiellen Maßnahmen, um diese Ziele zu realisieren. Die Systematik unterscheidet die Planung von ad hoc-Entscheidungen, die oft unter Zeitdruck gefällt werden.

Steuerung: Sie beinhaltet das Veranlassen der Durchführung; häufig in Verbindung mit der detaillierten Festlegung der erforderlichen Aktivitäten. Die Steuerung, eine Führungsaktivität, und die nachgelagerte Durchführung bilden die Realisation. Die Durchführung selbst stellt dabei keine Führungstätigkeit dar, sie ist Ausführung.

Kontrolle: Sie umfasst den Vergleich der angestrebten Zielgröße mit der tatsächlich realisierten Größe (Soll/Ist) oder der voraussichtlich eintretenden Größe (Soll/Wird). Entsprechend des Regelkreisprinzips initiieren die Resultate der Kontrolle neue Planungsprozesse. Weitere Kontrollformen, wie die Prämissenkontrolle, unterstützen den Prozess.

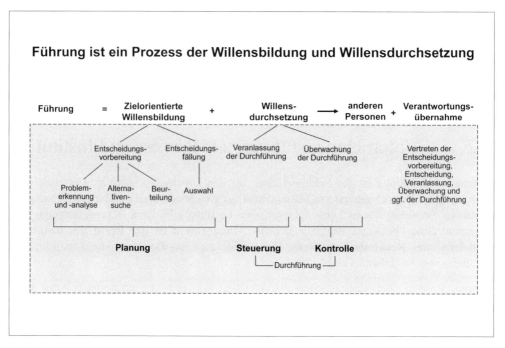

Abb. 3: Führungsprozess (Hahn/Hungenberg, 2001, S. 36; leicht modifiziert)

Die nachfolgende Abb. 4 beschreibt zusammenfassend die einzelnen Phasen der Planung, Steuerung und Kontrolle aus der Sicht des Regelkreisprinzips:

Ziele, als angestrebte Soll-Zustände, sind entweder bereits vorgegeben oder werden in der Problemstellungsphase detailliert. Probleme stellen eine ungewünschte Abweichung zwischen Ziel (= Soll) und aktueller Situation (= Ist) oder zukünftiger Situation (= Wird) dar. In der **Problemstellungsphase** erfolgen eine Analyse der Ist-Situation und eine Prognose im Hinblick auf zukünftige relevante Entwicklungen und deren Einfluss auf das Erreichen der Ziele.

Bezogen auf das Beispiel des Marktes für Fernsehgeräte (siehe Einleitung):

- *Welche Ziele haben wir uns hinsichtlich des Umsatzes unserer Fernseher gestellt?*
- *Wie hoch sind aktuell der Marktanteil und der Umsatz unserer Produkte (= Analyse)?*
- *Wie werden sich in den nächsten drei Jahren die Verkaufsmengen und durchschnittlichen Stückpreise in den einzelnen Segmenten entwickeln (= Prognose)?*
- *Was ergibt sich daraus für unsere Stückzahlen und Umsätze bei gleichem Marktanteil? Gibt es ein Problem und wenn ja, wie groß ist das Problem?*

2.2 Unternehmensführung als Prozess und Institution

Basierend auf einem detaillierten Verständnis der Problemlage erfolgt die **Alternativensuche**. Es sollen unterschiedliche Handlungsmöglichkeiten gefunden werden, die prinzipiell geeignet sind, das erkannte unternehmerische Problem zu lösen.

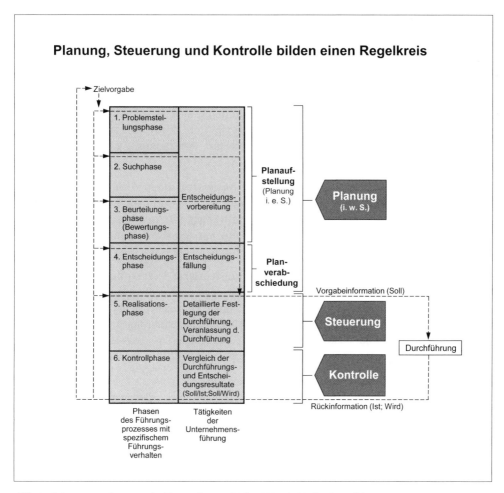

Abb. 4: Führungstätigkeiten in der Unternehmung (Hahn, 1985, S. 30; leicht modifiziert)

In Abhängigkeit von der jeweiligen Problemlage erfordern die Suche und das Ausarbeiten von Alternativen oftmals auch einen eigenen, umfangreichen Prozess.

Im Falle des Fernsehbeispiels wird schnell deutlich, dass die Handlungsalternativen nicht mehr im Segment der konventionellen Fernseher liegen. Bei einem derartig drastischen Mengen- und Preisrückgang müssen Alternativen außerhalb dieses Segmentes gefunden werden, z. B. durch Einstieg in neuartige Flachbildtechnologien, wie LED. Die Herausforderungen liegen hier in der Einschätzung der neuen Technologien und der eigenen Fähigkeiten, diese zu realisieren.

Die erarbeiteten Alternativen sind im Hinblick auf ihre **Zielwirkungen zu beurteilen**, um abschließend eine **Entscheidung** zu treffen. Planung (i. w. S.) schließt somit die die Entscheidungsvorbereitung und Entscheidungsfällung ein. Die Entscheidung beschließt den Planungsprozess, der als Resultat zu einem Plan als Dokument führt. Ausgehend von dem Ziel als Soll wird somit eine Vorgabeinformation zum Handeln als Soll abgeleitet.

Diese Vorgabeinformation wird im Zuge der **Steuerungsphase** an die nachgelagerten Einheiten kommuniziert, soweit diese nicht bereits im Prozess einbezogen waren, und die Durchführung angestoßen.

Die **Kontrolle** erfolgt auf Basis der Rückinformationen in Form von Ist- bzw. Wird-Größen. Der Abgleich dieser Informationen mit den Zielen liefert eine Aussage, inwieweit die Ziele erreicht wurden (Soll vs. Ist) oder erreicht werden (Soll vs. Wird). Aus der Kontrolle resultieren nach dem Prinzip des Regelkreises bedarfsweise Anpassungen mit neuen Entscheidungsprozessen.

Bei dem Fernsehbeispiel wäre die Entscheidung voraussichtlich in Richtung einer Doppelstrategie getroffen worden: Zum einen der geordnete Rückzug aus dem Segment der konventionellen Fernseher (mit entsprechender Kapazitätsreduktion); zum anderen der beschleunigte Aufbau einer Produktlinie für Flachbildgeräte, um den Wert der Marke und die Präsenz in den Vertriebskanälen auch zukünftig nutzen zu können.

Das Beispiel veranschaulicht zugleich das **systemorientierte Verständnis von Unternehmensführung**: Das Unternehmen muss umgestaltet, muss weiterentwickelt werden, um auch zukünftig zu existieren. Dies alles vollzieht sich unter Unsicherheit darüber, wie sich der Markt und weitere Faktoren verändern werden. Unternehmensführung umfasst „als Prozess das Gestalten, Lenken und Weiterentwickeln von zielorientierten sozio-technischen Organisationen im Kontext hoher Ungewissheit." (Rüegg-Stürm, 2011; in enger Anlehnung an Ulrich).

Unternehmensführung kann dabei gedanklich unterschiedlichen Ebenen zugeordnet werden. Diesem Buch liegt die in Abb. 5 dargestellte hierarchische Unterteilung in drei Ebenen der Führung zugrunde (vgl. hierzu Bleicher, 2004, S. 80 ff., Dillerup/Stoi, 2011, S. 51 ff.):

1. **Normativ,**
2. **Strategisch,**
3. **Operativ.**

Die betreffenden Ebenen differieren dabei grundlegend nach Entscheidungsgegenstand und Entscheidungsfreiräumen.

2.2 Unternehmensführung als Prozess und Institution

Abb. 5: *Integriertes System der Unternehmensführung (Dillerup/Stoi, 2011, S. 45; leicht modifiziert)*

Normative Unternehmensführung: Die normative Ebene bildet die oberste Ebene im System der Unternehmensführung. „Die Ebene des normativen Managements beschäftigt sich mit den generellen Zielen der Unternehmung, mit Prinzipien, Normen und Spielregeln, die darauf ausgerichtet sind, die Lebens- und Entwicklungsfähigkeit der Unternehmung zu ermöglichen." (Bleicher, 2004, S. 80).

Das normative Management konkretisiert sich in unterschiedlichen Komplexen (vgl. Dillerup/Stoi, 2011, S. 34 ff.; Hungenberg, 2011, S. 26 ff.):

- **Unternehmenswerte:** Diese kennzeichnen die spezifischen Werthaltungen und ethischen Grundeinstellungen in einem Unternehmen. Als Unternehmensphilosophie bestimmen sie Handlungsnormen für die Organisation.

- **Unternehmensziele:** Als normative Ziele im weiteren Sinne umfassen sie Vorstellungen über den zukünftigen Zustand des Unternehmens. In der Form der **Vision**, die den Charakter einer Leitidee besitzt, wird ein angestrebtes, inhaltlich komprimiertes Zukunftsbild beschrieben. In der **Unternehmenspolitik** erfolgt das Erweitern um die Ziele unterschiedlicher Anspruchs- bzw. Einflussgruppen, wie z. B. Kunden, Mitarbeiter, Öffentlichkeit. Die Aussagen der Unternehmenspolitik sind häufig gleichbedeutend mit den

generellen Wert-, Sach- und Sozialzielen eines Unternehmens (vgl. Müller-Stewens/ Lechner, 2005, S. 234 ff.; Hahn, 1994, S. 92 f.).

- **Unternehmenskultur:** Sie umfasst die Gesamtheit der historisch gewachsenen Grundannahmen, Werte und Normen sowie Verhaltensweisen und Symbole, die sich ein Unternehmen zu eigen gemacht hat. Eine starke Unternehmenskultur besitzt einen sinnstiftenden, integrierenden Charakter und unterstützt auf den nachfolgenden Unternehmensebenen die Koordination.

- **Unternehmensverfassung:** Sie beinhaltet grundsätzliche Regelungen über die Organe eines Unternehmens sowie deren Aufgaben, Kompetenzen und Verantwortlichkeiten. Die Unternehmensverfassung ist zentraler Bestandteil der Corporate Governance, dem „[…] rechtlichen und faktischen Ordnungsrahmen für die Leitung und Überwachung eines Unternehmens." (Werder, 2008, S. 1).

- **Unternehmensmission:** Sie beschreibt Zweck und Auftrag des Unternehmens sowie dessen zukünftige Entwicklung als angestrebtes Selbstbild. Die Unternehmensmission basiert auf den Aussagen zu Zielen, Verhaltensnormen und Verfassung des Unternehmens.

Strategische Führung: Im Mittelpunkt stehen die **Erfolgspotenziale** eines Unternehmens, die die Grundlage der langfristigen Unternehmensexistenz bilden. Bei Erfolgspotenzialen handelt es sich um die produkt- und marktspezifischen Voraussetzungen für einen wirtschaftlichen Erfolg, wie z. B. in Form von Marktpositionen, Produkten, Technologien, Geschäftsmodellen und Prozessstrukturen. „Die **strategische Unternehmensführung** ist auf die Entwicklung bestehender und die Erschließung neuer Erfolgspotenziale ausgerichtet und beschreibt die hierfür erforderlichen Ziele, Leistungspotenziale und Vorgehensweisen." (Dillerup/Stoi, 2011, S. 37).

Die Entscheidungen hinsichtlich Strategien, Strukturen und Schlüsselpersonen sowie Systemen eines Unternehmens zielen direkt oder indirekt auf die zielorientierte Gestaltung von Leistungspotenzialen (vgl. Kap. 2.4). Für strategische Entscheidungen gilt die Maxime der **Effektivität**: „Die richtigen Dinge tun."

Operative Führung: Die operativen Planungs-, Steuerungs- und Kontrollprozesse vollziehen sich innerhalb des Handlungsrahmens, den strategische Entscheidungen gesetzt haben. Während im strategischen Bereich die Zukunftssicherung im Vordergrund steht, dominiert im operativen Bereich die Nutzung der bereits aufgebauten Erfolgspotenziale. Die Handlungsmaxime im operativen Bereich ist **Effizienz**: „Die Dinge richtig tun."

Abb. 6 verdeutlicht noch einmal die wesentlichen Unterschiede zwischen den Ebenen.

2.2 Unternehmensführung als Prozess und Institution

Die drei Führungsebenen weisen prägnante Unterschiede auf

	Normativ	Strategisch	Operativ
Führungskontext	Legitimität	Effektivität	Effizienz
Primäres Ziel	Überlebens- und Entwicklungsfähigkeit	Voraussetzungen schaffen für das Erreichen von Wert-, Sach- und Sozialzielen → Erfolgspotenziale, Wettbewerbsvorteile	Erreichen der Ziele → Ausschöpfen der Potenziale
Konkretisierung	Ziele, Grundsätze und Werte	Für das Erreichen der Ziele geeignete Strategien, Strukturen, Systeme mit Leistungspotenzialen	Wertziele: Wirtschaftlichkeit, Gewinn, Rentabilität, etc., Sachziele: z. B. Marktanteile; Sozialziele: z. B. Mitarbeiterzufriedenheit
Informationen	Grob und unsicher		Fein und relativ sicher
Detailliertheit	Global (Problemfelder)		Detailliert (Einzelprobleme)
Probleme	schlecht strukturiert		klar strukturiert
Fristigkeit	Dauerhaft angelegt	Generell langfristig	Generell kurzfristig
Aggregation	Sehr hoch (Grundsatzentscheidungen)	Hoch (grundsätzliche Richtungsentscheidungen)	Gering (konkrete Einzelentscheidungen)
Hierarchieebene	Oberste Leitung (Top-Management)	Oberste/Obere und mittlere Führungsebene	Mittlere und untere Führungsebene
Entscheidungsfreiheit	Unbegrenzt	Hoch	Gering
Tragweite	Gesamtunternehmen	Gesamtunternehmen und Unternehmensbereiche	Unternehmensteile bzw. Aktivitäten

Abb. 6: Unterscheidung der Ebenen der Unternehmensführung (Dillerup/Stoi, 2011, S. 38; modifiziert)

Die Prozessperspektive von Unternehmensführung wird ergänzt durch die **personenbezogene Perspektive**; dies sind die Führungskräfte als Träger von Führungsprozessen: „Die Führungskräfte bilden eine Institution, wenn sie aufgrund rechtlicher oder organisatorischer Regelungen die Befugnis besitzen, einzeln oder als Gruppe anderen Personen Weisungen zu erteilen, denen diese Personen zu folgen verpflichtet sind." (Hahn, 1994, S. 30).

Im Falle der **internen Führung** handelt es sich um die Personen, die laufend im Unternehmen tätig sind und auf den verschiedenen Führungsebenen unterschiedliche Aufgaben wahrnehmen. So bildet der Vorstand einer Aktiengesellschaft die oberste interne Führung des Unternehmens. Dieser internen Führungsebene können **externe Führungsinstitutionen** übergeordnet sein. Bei einer AG sind dies der Aufsichtsrat und die Hauptversammlung.

Das klare Verständnis der Führungsinstitutionen, der Menschen, die in ihnen arbeiten und ihr Zusammenwirken besitzt in der Unternehmenspraxis eine zentrale Bedeutung.

Unternehmensführung verfolgt mit ihren Dimensionen „Prozess" und „Person" letztlich das Ziel, eine erfolgreiche Unternehmenszukunft zu gewährleisten. Nachfolgend soll am Beispiel zweier Unternehmen die Relevanz von Unternehmensführung veranschaulicht werden. Es handelt sich um die Firmen dm und Schlecker, die sich als direkte Wettbewerber in der gleichen Branche bewegten und seit 2005 eine sehr unterschiedliche Entwicklung zeigten.

Der Vergleich der beiden Unternehmen ist geeignet, die **Bedeutung von Führung** für die **erfolgreiche Entwicklung** eines Unternehmens zu verdeutlichen, denn es gilt: **„Unternehmensführung verantwortet das Ganze"** (Macharzina/Wolf, 2012, S. V; siehe zum Konzept des Vergleichs zweier unterschiedlich erfolgreicher Firmen in einer Branche Collins/Porras, 1997).

Fallbeispiel Unternehmensführung: dm vs. Schlecker

In der ersten Auflage des vorliegenden Buches wurde die Entwicklung der beiden Unternehmen für den Zeitraum 2005 bis 2009 aufgezeigt. Hierzu wurde die Umsatzentwicklung auf Indexbasis mit dem Umsatzwert 2005 = 100 dargestellt. Die Abb. 7 zeigt die weitere Entwicklung; zur Vereinfachung wurde in der Grafik Geschäftsjahr = Kalenderjahr angesetzt.

Entwicklung von dm: Der Umsatz der dm-Gruppe lag im Geschäftsjahr 2004/05 bei 3,3 Mrd. € und steigerte sich bis zum Ende des Geschäftsjahres 2008/09 auf 5,2 Mrd. € (= Indexwert 157, d. h. + 57 %). In den nachfolgenden beiden Jahren wuchs der Umsatz weiter an und erreichte im Geschäftsjahr 2010/2011 einen Wert von 6,17 Mrd. € (= Indexwert 187, d. h. im Vergleich zum Ausgangsjahr 2005 + 87 %).

Entwicklung von Schlecker: Die Schlecker-Gruppe verzeichnete für 2005 einen Umsatz von ca. 6,6 Mrd. €, der bis 2009 auf ca. 7,2 Mrd. € gesteigert werden konnte. Dies entspricht gegenüber 2005 einem Indexwert von 109 und somit einem Anstieg von 9 %. Allerdings war ein erheblicher Teil des Wachstums auf den Zukauf der Drogeriemarktkette Ihr Platz zurückzuführen. Den Höhepunkt erreichten die Schlecker-Umsätze bezeichnenderweise im Jahr 2008, dem Jahr der erstmaligen Konsolidierung von Ihr Platz. Während aber die Umsätze des Konkurrenten dm auch in 2009 und danach kontinuierlich wachsen, gelingt es Schlecker nicht mehr, auf die Erfolgsspur zurückzukommen. Im Gegenteil: Nach 2009 sinkt auch im Jahr 2010 der Umsatz. Das Unternehmen erreicht mit ca. 6,55 Mrd. € nur noch das Niveau des Ausgangsjahres 2005. Die Abwärtsspirale beschleunigt sich in 2011 und es kommt schließlich am 23. Januar 2012 zur Insolvenz des einstigen Marktführers.

Die Ursachen für den Untergang der Drogerie-Kette Schlecker liegen in einer Kombination „harter" und „weicher" Führungsthemen. Im Bereich der „harten" Faktoren betrifft dies eine grundlegende Bedrohung der Erfolgspotenziale von Schlecker, also ein Problem der strategischen Führung. Es zeigte sich, dass das Geschäftsmodell von Schlecker nicht mehr hinreichend wettbewerbsfähig war. Das früher erfolgreiche Konzept einer sehr großen, flächendeckenden Anzahl von kleineren Geschäften mit entsprechend kleinerem Sortiment verlor immer mehr die Anziehungskraft für Kunden. Schon in 2006 zeigten externe Studien die Bedrohung unmissverständlich auf; unternehmensintern hätten diese Erkenntnisse noch deutlich früher vorhanden sein müssen. Vorteile bestanden schon zu diesem Zeitpunkt im

2.2 Unternehmensführung als Prozess und Institution

Wesentlichen nur noch bei der höheren Anzahl der Läden und damit der flächenmäßigen Abdeckung. Bei den anderen Erfolgsfaktoren konnte Schlecker bestenfalls noch das Niveau der Konkurrenten erreichen oder war schon erkennbar hinter diese zurückgefallen. Dies galt insbesondere für die Sortimentsvielfalt und die Ausstattung der Läden.

Der Konkurrent dm setzt schon frühzeitig auf ein Ladenkonzept mit größerer Fläche und entsprechend größerem Sortiment. Bei der Standortwahl orientiert sich dm vorrangig an einer hohen Kundenfrequenz. Neben Geschäften in bevorzugten Einkaufsstraßen und Einkaufszentren wird bewusst die unmittelbare örtliche Nähe bekannter Lebensmittel-Discounter gesucht, um von deren hoher Kundenfrequenz zu profitieren. In Abgrenzung zur spartanischen Ladenausstattung der Discounter wird hingegen mehr in die Gestaltung der Verkaufsräume investiert. In Summe konnte dm seit 2005 nicht nur durch Ausweitung seiner Standorte, sondern auch durch den Anstieg der Umsätze pro Quadratmeter kontinuierlich wachsen.

Für Schlecker stellte dies eine massive Bedrohung der Erfolgspotenziale dar. Im Kern handelte es sich somit um eine kritische Herausforderung der strategischen Führung, auf die trotz vielfältiger Hinweise viel zu zögerlich reagiert wurde.

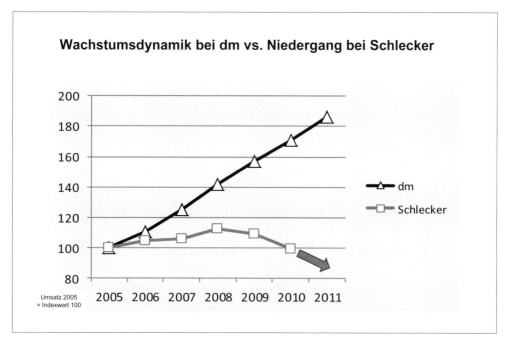

Abb. 7: Umsatzentwicklung dm vs. Schlecker (2005 = 100)

Die hier nur skizzierten strategischen Probleme von Schlecker wurden noch zusätzlich durch kritische Probleme im Bereich „weicher" Faktoren erschwert. Diese Probleme sind der Ebene der normativen Führung zuzuordnen. Sie betreffen das Verhältnis Management vs.

Mitarbeiter und sind ein von außen erkennbarer Bestandteil der Unternehmenskultur. Eine Unternehmenskultur, die als „Geizkultur" maßgeblich durch den Firmeninhaber Anton Schlecker geprägt wurde. Es kann als plausibel gelten, dass die betreffenden Themen (von Mitarbeiterüberwachung bis zum sehr umstrittenen Einsatz der Zeitarbeitsfirma „Meniar") zu einer nachteiligen Wirkung auf die Mitarbeitermotivation führten. Ebenso führten sie zu einer ausgeprägten negativen Öffentlichkeitswirkung, die das Abwandern von Kunden noch beschleunigte. Zu den Problemen der strategischen Führung kamen somit schwerwiegende Probleme der normativen Führung.

(Vgl. Alter, 2012; dm-drogerie markt, 2010, 2012; Hielscher, 2011; Hirn/Sucher, 2010; Kaiser, 2010; Keun/Langer, 2010; Mende, 2010; Mercer Management Consulting, 2010; Seidel, 2010a; Schlecker, 2010; Schobelt, 2010).

Beide der im Fallbeispiel angesprochenen Unternehmen waren in der gleichen Branche und auch in den gleichen Regionen tätig. Es war damit letztlich die Führung dieser beiden Unternehmen, die die unterschiedlichen Resultate über den Verlauf mehrerer Jahre und letztlich den Untergang des einstigen Marktführers Schlecker erklärt. Das Fallbeispiel von Schlecker ist zugleich exemplarisch für die Phasen einer Unternehmenskrise. Wie Abb. 8 veranschaulicht, kann eine Unternehmenskrise mit einer kritischen Flugbahn verglichen werden.

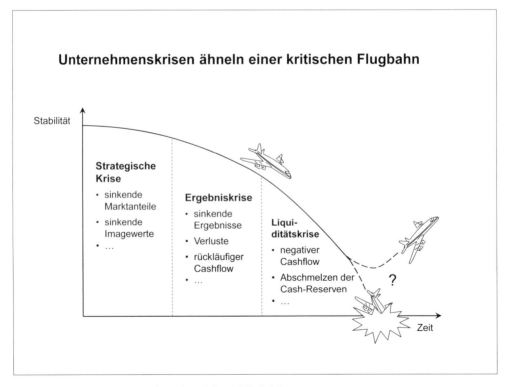

Abb. 8: Die Phasen einer Unternehmenskrise (Alter, 2012, S. 28)

Wenn ein Unternehmen, wie hier Schlecker, in Insolvenz geht, dann ist das typischerweise das Ende einer längeren Krisenentwicklung (vgl. Alter, 2012 sowie zu Krisenphasen Krystek/Moldenhauer, 2007, S. 32 ff.). Am Beginn einer Krise steht die **Strategiekrise**. Die Erfolgspotenziale sind bedroht, aber in vielen Fällen wird dies trotz erkennbarer Hinweise von den Führungskräften ignoriert. Erfolge der Vergangenheit dienen oftmals als Argument dafür, den bisherigen Kurs nicht zu verändern.

Wenn aber nicht gehandelt wird, dann entwickelt sich die Strategiekrise Schritt für Schritt zur **Ergebniskrise**. Die sinkenden Marktanteile finden letztlich ihren Niederschlag im Zahlenwerk. Die Umsätze und Gewinne schrumpfen, es kommt schließlich zu Verlusten. Spätestens hier wacht die Mehrzahl der betroffenen Unternehmen auf und versucht den „Steuerknüppel" herumzureißen. Es gibt aber auch die Fälle, in denen noch weiter gezögert wird. Der notwendige Wandlungsbedarf wird nicht erkannt, unangenehme Wahrheiten werden schöngeredet. Probleme werden zu „Challenges" umdefiniert ... und nichts passiert. Vielleicht wird das Problem dann schließlich doch gesehen, aber es fehlt oftmals die Entschlossenheit zum Handeln, die Wandlungsbereitschaft. Mit dem Fortschreiten der Krise wird zugleich die Handlungsfähigkeit immer stärker eingeschränkt.

Werden keine wirkungsvollen Aktionen eingeleitet, dann spitzt sich die Ergebniskrise weiter zu. Sie entwickelt sich schließlich zur **Liquiditätskrise**. Das Unternehmen befindet sich auf einer absolut existenzbedrohenden Bahn. Die Verbindung zu den Kunden funktioniert immer weniger; ein negativer Cashflow ist ein deutliches Kennzeichen der Liquiditätskrise. Auch die Cash-Reserven reichen dann schließlich nicht mehr aus, um die Zahlungsverpflichtungen zu erfüllen. Wenn nicht durch drastische Maßnahmen und durch Kapitalzufuhr massiv gegengesteuert wird, kommt es schließlich zur Insolvenz.

In den nachfolgenden Abschnitten soll erläutert werden, welche Rolle das Controlling und im Speziellen das strategische Controlling einnimmt, um das Management im Sinne einer besseren Erfüllung von strategischen Führungsaufgaben zu unterstützen.

2.3 Controlling als Konzept der ergebnis- bzw. wertzielorientierten Rationalitätssicherung

Controlling hat sich als eigenständige Disziplin in den Unternehmen etabliert. Der hohe Verbreitungsgrad, über unterschiedlichste Branchen hinweg, wird u. a. durch die umfangreichen Stellenangebote in einschlägigen Stellenbörsen immer wieder verdeutlicht. Nur wenige betriebswirtschaftliche Disziplinen können in den letzten Jahren eine ähnliche Erfolgsgeschichte aufweisen. Aus konzeptioneller Sicht können im Wesentlichen **zwei verschiedene Interpretationen von Controlling** unterschieden werden, wie dies Abb. 9 veranschaulicht. Die primäre Ausrichtung des Controllings bezieht sich danach auf das **Gesamtzielsystem oder das Ergebnisziel eines Unternehmens** (vgl. Hahn/Hungenberg, 2001, S. 272 ff.; Horváth, 2011, S. 3 ff.; Reichmann, 2006, S. 3 ff.; Küpper, 2008, S. 3 ff.; Weber, 2004; Weber/Schäffer, 1999; siehe als Übersicht zu Controllingkonzeptionen auch Becker/Baltzer, 2009; Friedl, 2003, S. 148 ff.; Wall, 2008).

Controllingkonzepte orientieren sich vorrangig am Ergebnisziel oder dem gesamten Zielsystem

		Hahn	Horváth	Reichmann	Küpper	Weber, Schäffer
Primäre Ausrichtung des Controlling auf	alle Unternehmungsziele				Gesamtes Zielsystem der Unternehmung	Gesamtes Zielsystem der Unternehmung
	ausgewählte Unternehmungsziele	Ergebnisziel	Ergebnisziel	Ergebnisziel		
Ziel des Controlling		Ergebnisoptimierung	Ergebnisoptimierung	Ergebnisoptimierung	Koordinationsoptimierung	Führungsoptimierung
Generelle Aufgabe des Controlling		Informationelle Sicherung bzw. Sicherstellung ergebnisorientierter Planung, Steuerung u. Kontrolle – vielfach verbunden mit einer Integrations- bzw. Systemgestaltungsfunktion, grundsätzlich verbunden mit einer Koordinationsfunktion	Ergebnisorientierte systembildende und systemkoppelnde Koordination von Planung und Kontrolle sowie Informationsversorgung	Informationsbeschaffung und -verarbeitung zur Planerstellung, Koordination und Kontrolle	Koordination des Führungssystems (Bestandteile des Führungssystems: Organisation, Planungs- u. Kontrollsystem, Informationssystem, Personalführungssystem, Zielsystem, Führungsgrundsätze)	Sicherstellung der Rationalität der Führung

Abb. 9: Vergleich unterschiedlicher Controlling-Konzepte (Hahn/Hungenberg, 2001, S. 276; leicht modifiziert)

Das Konzept einer umfassenden, also das gesamte Zielsystem abdeckenden Rationalitätssicherung wird in der Literatur intensiv vertreten (vgl. hierzu insbesondere Weber, 2004 und Weber/Schäffer, 1999). Allerdings können gegen einen solchen Ansatz auch Argumente angeführt werden. Diese betreffen insbesondere die Frage, ob eine einzelne Disziplin (wie hier Controlling) für sich alleine den Anspruch auf umfassende Rationalität erheben darf:

„Alle betrieblichen Funktionen sind auf ihre Weise auf Rationalität bedacht und die Aufteilung einer unternehmerischen Gesamtaufgabe in funktionale Teilbereiche rechtfertigt keine Aufteilung der übergeordneten Handlungsmaxime der Rationalität. […] Die Sicherstellung der Rationalität von Führung als Aufgabe des Controlling beinhaltet ein weiteres Problem. Der Ansatz basiert auf der Annahme, Manager seien Rationalitätsdefiziten ausgesetzt, denen Controller wirkungsvoll begegnen sollen. Damit verwendet er aber streng genommen neben zwei Berufsbildern auch zwei Menschenbilder, nämlich das des überforderten und/oder schlechten Managers und das des allwissenden, guten Controllers." (Brändle, 2007, S. 107; siehe auch Lingnau, 2011, S. 13 f.).

2.3 Controlling als Konzept der ergebnis- bzw. wertzielorientierten Rationalitätssicherung

Unter Abwägung der verschiedenen Konzepte soll im Weiteren dem Gedanken der **Rationalitätssicherung** gefolgt werden, allerdings mit **Ausrichtung auf Ergebnis- bzw. Wertziele**.

Controlling konkretisiert sich dabei im Konzept des Messens, um zielgerichtete, rationale Entscheidungen zu gewährleisten. Controlling kann daher auch interpretiert werden „als Lehre von der Messung güterwirtschaftlicher Sachverhalte für betriebliche Entscheidungen." (Weißenberger, 2004, S. 3).

Während aber auch im rein technischen Bereich güterwirtschaftliche/güterbezogene Sachverhalte gemessen werden, z. B. die Einhaltung von Rezepturen in der chemischen Produktion, zielt Controlling in letzter Konsequenz auf die Quantifizierung in monetären Einheiten. Informationeller Kern des Controllings ist das betriebliche Rechnungswesen (vgl. Haberlandt, 2009, S. 57 ff.).

Controller agieren als **betriebswirtschaftliche Berater des Managements**, wie dies auch das House of Controlling der International Group of Controlling (IGC) in Abb. 10 veranschaulicht. Mit der betriebswirtschaftlichen Unterstützung des Managements übernehmen Controller eine spezifische Fach- und teilweise Führungsfunktion in einer arbeitsteiligen Organisation. Die Ausrichtung auf Ergebnis- bzw. Wertziele ermöglicht eine fachlich fundierte Spezialisierung, die zugleich auch die professionelle Basis für Rationalitätssicherung in diesem Feld darstellt.

Zusammenfassend soll **Controlling** damit als **Konzept der Führungsunterstützung**, und zwar im Hinblick auf die **ergebnis- bzw. wertzielorientierte Rationalitätssicherung**, verstanden werden. Kennzeichnend ist dabei der Grundsatz der **Faktenorientierung**.

Führungsunterstützung durch das Controlling bezieht sich auf den gesamten Prozess der Willensbildung und Willensdurchsetzung: „Die Führungsunterstützungsfunktion des Controllings kann dahingehend differenziert werden, dass das Controlling dem jeweiligen Manager sowohl Wissen zur Unterstützung eigener Entscheidungen (Entscheidungsunterstützung) als auch zur Beeinflussung fremder Entscheidungen (Entscheidungsbeeinflussung) liefert […]." (Lingnau, 2011, S. 16 f.).

Wertziele stehen neben den Sach- und Sozialzielen eines Unternehmens und beziehen sich ausgehend vom Oberziel der Wertsteigerung des Unternehmens insbesondere auf:

1. **Wachstum** („Top-Line") als absolutes und prozentuales Umsatzwachstum,
2. **Ergebnis** („Bottom-Line") als absolutes Ergebnis (z. B. Operatives Ergebnis, Economic Value Added) und prozentuales Ergebnis (z. B. Umsatzrenditen, Kapitalrentabilitäten),
3. **Liquidität** sowie liquiditätsnahe Größen (z. B. Cashflow),
4. **bilanzielle Kenngrößen** (z. B. Eigenkapitalquote).

Der primäre Fokus auf Wertziele wird damit zu einem zentralen Merkmal für die Charakterisierung des Controllings (vgl. Franz, 2004a).

Abb. 10: House of Controlling der IGC (International Group of Controlling/Weißenberger, 2006, S. 21)

Das Ausrichten auf Wertziele hat zwingend unter Berücksichtigung von **Risiken** zu erfolgen. Risiken sind ein Wesensmerkmal unternehmerischen Handelns; ihre Einbeziehung bildet daher einen essenziellen Bestandteil der Rationalitätssicherung. Dabei gilt als Grundregel, dass die Risikoübernahme durch die zu erwartenden Wertbeiträge gerechtfertigt sein muss (vgl. Schierenbeck/Lister, 2002, S. 11 ff.).

Die **Rationalitätssicherung** durch Faktenorientierung soll eine analytisch fundierte Wahl der Ziele sowie das anschließende Erreichen dieser Ziele gewährleisten. Hier ist allerdings einzuschränken, dass eine absolute Rationalität auch mit Einsatz des Controllings und Schwerpunkt auf den Wertzielen nicht erreichbar ist. Dies würde insbesondere folgende Annahmen voraussetzen, die so in der Realität nicht gegeben sind (vgl. Fengler, 2003, S. 8 ff.):

- **Kenntnis der Probleme:** Alle zukünftigen Probleme sind bekannt.
- **Kenntnis der Alternativen:** Es liegen umfassende Kenntnisse der Handlungsalternativen vor.
- **Kenntnis der Konsequenzen:** Alle Konsequenzen der Handlungsalternativen sind bekannt.
- **Konsistente Präferenzordnung:** Es besteht eine bekannte und konsistente Präferenzordnung hinsichtlich der Konsequenzen aus den Handlungsalternativen.

Rationalitätssicherung ist somit **nicht absolut** zu interpretieren: Management und insbesondere strategisches Management erfolgt im Kontext beschränkter Rationalität. Für diesen grundlegenden Sachverhalt hat Simon den Begriff der „**bounded rationality**" geprägt (vgl. Simon, 1997). Die Zielsetzung der Rationalitätssicherung des Controllings kann unter diesem Gesichtspunkt nur relativ verstanden werden. Dies gilt speziell auch mit Blick auf die zeitlichen Restriktionen, unter denen Entscheidungen oftmals zu treffen sind.

Der Begriff der **Faktenorientierung** ist in diesem Zusammenhang nicht auf den Bereich von Ist-Informationen beschränkt. Er beschreibt Informationen, die in einem systematischen, prinzipiell nachvollziehbaren Prozess gewonnen und verarbeitet wurden. Faktenorientierung bei zukunftsgerichteten Aussagen umfasst damit das Nutzen von Daten, die mit Hilfe eines entsprechenden Prognoseverfahrens erstellt wurden, im Gegensatz zu spekulativen Aussagen.

Die informationelle Sicherstellung der wertzielorientierten Unternehmungsführung auf der Grundlage von Fakten stellt somit die übergeordnete Aufgabe des Controllings dar. Sie erfolgt durch Einführung und Weiterentwicklung eines Controllingsystems als **Gestaltungsaufgabe** und dessen nachfolgenden Einsatz als **Nutzungsaufgabe** (vgl. z. B. Hahn/Hungenberg, 2001, S. 272 ff.; Horváth, 2011, S. 95 ff.).

2.4 Gegenstand, Prozess und Träger des strategischen Managements

Analog zum allgemeinen Führungs- bzw. Managementbegriff kann auch das strategische Management in den Dimensionen **Prozess** (= Vorgehen der strategischen Willensbildung und Willensdurchsetzung) und **Institution** (= personelle Träger des strategischen Managements) charakterisiert werden.

Strategische Entscheidungen bilden den Kern des Strategieprozesses. Wie Abb. 11 im Überblick darstellt, weisen strategische Entscheidungen spezifische Eigenschaften auf. Strategische Entscheidungen bestimmen aus einer übergeordneten Perspektive die grundsätzliche Ausrichtung eines Unternehmens im Hinblick auf die Marktpositionierung und die Ausgestaltung der Ressourcenbasis.

Ziel der strategischen Entscheidungen ist es, **Wettbewerbsvorteile** zu verteidigen, auszubauen oder komplett neu aufzubauen, um den langfristigen Unternehmenserfolg zu sichern (vgl. Hungenberg, 2011, S. 4 ff.). Wettbewerbsvorteile bilden die Grundlage für **Erfolgspotenziale**. Diese konkretisieren sich insbesondere in den Produkten eines Unternehmens. Der Begriff des Produktes soll hier im Weiteren umfassend interpretiert werden und insbesondere auch Dienstleistungen einschließen.

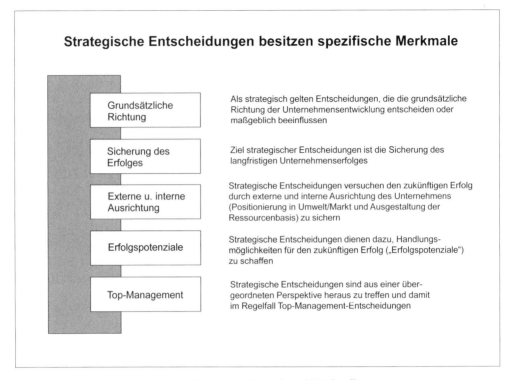

Abb. 11: Merkmale strategischer Entscheidungen (vgl. Hungenberg, 2011, S. 4 ff.)

Strategische Entscheidungen sind per se **Entscheidungen unter Unsicherheit**. Unterstützende Stellen können durch entsprechend professionelle Vorgehensweise die Qualität der Entscheidungsbasis verbessern, ein Entscheiden unter Sicherheit können aber auch sie nicht ermöglichen. Es ist die oberste Führungsebene eines Unternehmens, die mit der Wahl einer Strategiealternative auch das damit verbundene Risiko eingeht und hierfür die entsprechende persönliche Verantwortung trägt.

Kennzeichnend für die besonderen Herausforderungen des strategischen Managements ist das Phänomen, das von Bleicher mit dem Begriff der **„Zeitschere"** beschrieben wurde (vgl. Bleicher, 2004, S. 42 ff.; Alter, 2009, S. 15 ff.).

Wesentliches Merkmal des Dilemmas der „Zeitschere", wie sie Abb. 12 veranschaulicht, ist das immer stärkere Auseinanderklaffen von Vorwarnzeit und der notwendigen Zeit für Anpassungen: Veränderungen treten immer plötzlicher, immer extremer auf, mit immer kürzerer Vorwarnzeit, während die erforderliche Anpassungszeit aber tendenziell zunimmt.

2.4 Gegenstand, Prozess und Träger des strategischen Managements

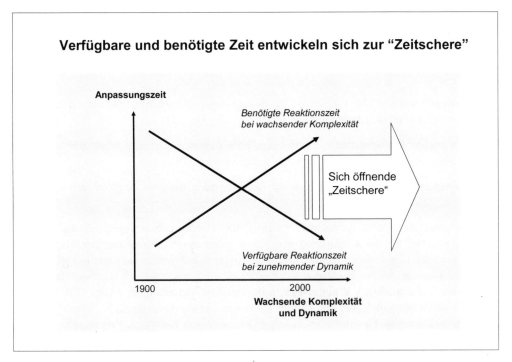

Abb. 12: Das Dilemma der „Zeitschere" nach Bleicher (Bleicher, 2004, S. 45; leicht modifiziert)

Während die Vorwarnzeit über Veränderungen sinkt, besteht gleichzeitig aber tendenziell ein höherer Bedarf an Anpassungszeit. Waren Geschäfte in der Vergangenheit häufig national bzw. regional ausgerichtet, so sind sie heute deutlich häufiger global positioniert, z. B. in Form eines weltumspannenden Wertschöpfungsnetzwerks.

Ein weiteres wichtiges Phänomen im Zusammenhang mit der Zeitthematik sind die immer kürzeren Produktlebenszyklen. Die Vermarktungsdauer von Produkten hat im Zeitablauf kontinuierlich abgenommen, was zu einer Verkürzung der verfügbaren Entwicklungszeit führt. Gleichzeitig ist eine permanente Komplexitätssteigerung der Produkte (wie z. B. durch Softwareeinsatz/mechatronische Systeme) zu beobachten. Als Konsequenz hat sich die relative Entwicklungszeit noch weiter verkürzt. Es sind vor allem moderne Informationstechnologien, die durch beschleunigte Prozesse das völlige Auseinanderdriften zu vermeiden helfen.

Das Phänomen der Zeitschere hat einen Einfluss auf alle Objekte, die **Gegenstand strategischer Entscheidungen** sind: **Strategien, Strukturen und Personen** sowie **Systeme** (vgl. Hahn, 2006a, b; Hungenberg, 2011, S. 7 ff.; Welge/Al-Laham, 2012, S. 15 ff.).

Strategien

Strategien bilden den Kern des strategischen Managements. Sie beinhalten „[...] die grundsätzliche, langfristige Verhaltensweise (Maßnahmenkombination) der Unternehmung und relevanter Teilbereiche gegenüber ihrer Umwelt zur Verwirklichung der langfristigen Ziele." (Welge/Al-Laham, 2012, S. 22).

Mit Strategien werden Aussagen zu folgenden Bereichen getroffen (vgl. Welge/Al-Laham, 2012, S. 23):

- „Scope/Domain": Das Geschäftsfeld, in dem das Unternehmen tätig sein will und die Bereiche, die nicht betreten werden sollen.
- „Distinctive Competence": Ressourcen, Fähigkeiten und resultierende Kompetenzen, die zum Erreichen der Ziele eingesetzt werden sollen.
- „Competitive Advantage": Die Wettbewerbsvorteile, die zum Zug kommen sollen und wie sie geschaffen werden.

Wettbewerbsvorteile sind das zentrale Element einer Strategie. Sie zeigen auf, was das Unternehmen besser als die Konkurrenz machen will und durch Einsatz welcher Maßnahmen und Ressourcen dies erreicht werden soll. Die Strategie hat somit eine externe und eine interne Komponente: Extern beantwortet die Strategie die Frage nach der sogenannten „Value Proposition", die auch als **Warum-Frage** beschrieben werden kann (Alter, 2012, S. 23): „Warum sollte ein Kunde bei uns kaufen und nicht bei der Konkurrenz?". Intern zeigt die Strategie auf, wie das Unternehmen auszurichten ist, damit die Value Proposition realisiert werden kann.

Strukturen und Personen

Entscheidungen zur Struktur betreffen das grundlegende Organisationsmuster und die Rechtsform/-struktur des Unternehmens. Grundsätzlich gilt für Strukturen der klassische Satz von Chandler: „Structure follows strategy" (vgl. Chandler, 1962). Die Strukturen des Unternehmens dienen in erster Linie der Umsetzung der Strategie. In gewissem Umfang finden allerdings auch Einflüsse von der Struktur auf das Erarbeiten von Strategien statt (vgl. Bea/Haas, 2013, S. 377 ff.).

Zu den strategischen Entscheidungen gehört ebenfalls die Besetzung der Schlüsselpositionen eines Unternehmens. Eine Strategie und eine Struktur können als Konzept optimal aufeinander abgestimmt sein, ohne die geeigneten Personen in den Schlüsselpositionen wird es nicht zur Umsetzung kommen.

Systeme

Unter Systemen werden Instrumente verstanden, die zusätzlich zu den strukturellen Festlegungen für die Führung des Unternehmens erforderlich sind, und zwar zur Versorgung des Managements mit den erforderlichen Führungsinformationen. Hierunter fallen neben Management-Informations-Systemen auch Anreizsysteme/Incentivesysteme, mit denen ein strategiekonformes Verhalten erreicht werden soll. In diesem Zusammenhang wird auch von der „Infrastruktur des Managements" gesprochen (Hungenberg, 2011, S. 9). Es handelt sich damit um wesentliche Elemente des Führungssystems eines Unternehmens (vgl. Link, 2010, S. 26 ff.; siehe auch Kap. 2.8).

Die Entscheidungen hinsichtlich Strategien, Strukturen und Personen sowie Systemen stehen in enger Beziehung, wobei im Regelfall den **Strategieentscheidungen** eine **dominierende Rolle** zukommt.

Konzepte des strategischen Managements geben Empfehlungen, welche Faktoren bei strategischen Entscheidungen in besonderer Weise zu berücksichtigen sind. Zu den einflussreichsten Konzepten des strategischen Managements zählen der marktorientierte Ansatz und der ressourcenorientierte Ansatz (vgl. Welge/Al-Laham, 2012, S. 76 ff.):

Der **marktorientierte Ansatz** („market based view"), der auf die Industrieökonomik zurückgeht, stellt den Zusammenhang zwischen der Struktur einer Branche, dem Verhalten der Branchenmitglieder und den resultierenden Ergebnissen in den Vordergrund. In diesem Zusammenhang wird auch von dem „Structure-Conduct-Performance-Paradigma" gesprochen: Die Branchenstruktur („Structure") übt danach einen maßgeblichen Einfluss auf das Verhalten („Conduct") der Branchenfirmen aus. Das Verhalten der Firmen führt dann als Konsequenz zu einem bestimmten Marktergebnis („Performance"). Seinen Niederschlag hat der marktorientierte Ansatz vor allem in den bekannten Modellen von Porter gefunden (siehe Kap. 3.4.5).

Der **ressourcenorientierte Ansatz** („resource based view") stellt hingegen auf die heterogene Ressourcenausstattung als zentrale Erklärungsursache für Ergebnisunterschiede ab. Das Unternehmen wird dabei als ein Portfolio aus strategisch relevanten Ressourcen interpretiert. Die Basis des Erfolges bilden damit nicht in erster Linie Marktfaktoren, sondern Art und Menge der unternehmensspezifischen Ressourcen und ihre Kombination zu speziellen, im Idealfall einzigartigen Kompetenzen (vgl. Welge/Al-Laham, 2012, S. 87 ff.).

Es ist offensichtlich, dass der marktorientierte Ansatz und der ressourcenorientierte Ansatz jeweils zentrale Aspekte des strategischen Managements abdecken und kein „Entweder-Oder" darstellen: „Ein Streit darüber, welcher der beiden Ansätze ‚richtig' sei, wäre ebenso sinnlos wie die Frage, ob das rechte oder das linke Auge für das Sehen wichtiger ist." (Krüger/Homp, 1997, S. 64). Eine schlüssige Kombination der beiden Sichtweisen, zugleich auch Bezugsrahmen der weiteren Ausführungen, ist der Ansatz der marktorientierten Kernkompetenzen. Wesentliche Argumente für diese kombinierte Sichtweise sind (vgl. Krüger/Homp, 1997):

- Die Marktanalyse und Unternehmensanalyse ergänzen sich, da sie jeweils unterschiedliche Felder abdecken.

- Ressourcen sind strategisch gestaltbar und benötigen damit einen externen Bezugsrahmen, in welche Richtung die Gestaltung zu lenken ist.

- Die Bedeutung von Marktsicht und Ressourcensicht kann je nach Situation eines Unternehmens wechseln.

- Der Markt entscheidet final über die Relevanz von Ressourcen und Fähigkeiten.

In Abb. 13 wird diese Verbindung der beiden Sichtweisen noch einmal veranschaulicht.

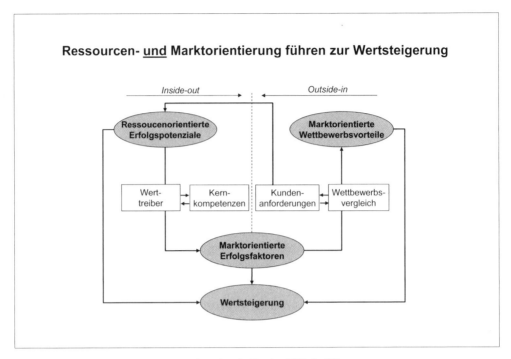

Abb. 13: Kombination von Ressourcen- und Marktsicht (Töpfer, 2007, S. 499)

Strategien, als zentrales Objekt strategischer Entscheidungen, sind somit unter Berücksichtigung der Unternehmensstärken und -schwächen sowie der Markt- bzw. Branchenchancen und -risiken zu entwickeln und umzusetzen. Der „Werkzeugkasten des strategischen Managements" umfasst hierfür Rahmenkonzepte, wie das Five-Forces Modell (siehe Kap 3.4.5), die als Hilfestellung im Strategieprozess dienen, aber immer unternehmensindividuell anzuwenden sind.

Ungeachtet der situativen Elemente bestehen übergeordnete Faktoren, die den Erfolg einer Strategie beeinflussen (vgl. auch Grant, 2008, p. 5 ff.). Das Fundament einer erfolgreichen Strategie bilden dabei die **Qualität der Strategie** selbst und die **Qualität ihrer Umsetzung**, wie in Abb. 14 skizziert. In letzter Konsequenz kann eine erfolgreiche Strategie als das Produkt zweier Größen charakterisiert werden:

Erfolgreiche Strategie = Qualität der Strategie x Qualität der Umsetzung

Werden die Ausprägungen für beide Multiplikatoren, also für Qualität der Strategie und Qualität der Umsetzung, jeweils auf den Bereich von 0 bis 1 normiert (mit 0 als schlechtestem und 1 als bestem Wert), dann wird die Aussage besonders deutlich: Die maximale Qualität einer Strategie kann 1 sein, erreicht aber die Umsetzung nur 0, so wird als Produkt auch nur 0 erreicht. Ebenso im umgekehrten Fall: Hier führt die hervorragende Umsetzung („1") einer falschen Strategie („0") letztlich auch nur zum Ergebnis von 0.

2.4 Gegenstand, Prozess und Träger des strategischen Managements

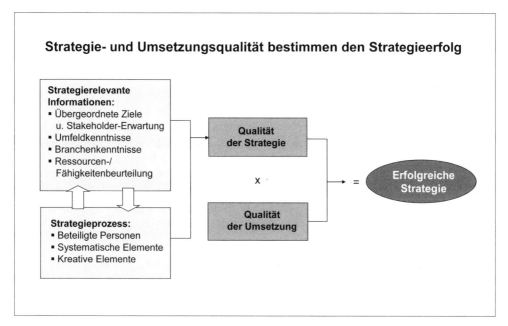

Abb. 14: Einflussfaktoren einer erfolgreichen Strategie

Die **Qualität der Strategie** wird maßgeblich geprägt durch:

1. Die **strategierelevanten Informationen**, die z. T. bereits vorliegen oder im Rahmen des Gesamtprozesses noch zu erarbeiten sind. Sie betreffen insbesondere

- übergeordnete, im Rahmen der normativen Unternehmensführung definierte Ziele, die in sich klar, anspruchsvoll und allgemein akzeptiert sein sollten,
- detaillierte Kenntnisse über die zukünftigen Kundenanforderungen,
- ein umfassendes, realistisches Verständnis des Wettbewerbsumfeldes,
- systematische Informationen zu relevanten Bereichen des generellen Umfeldes,
- die objektive Einschätzung der eigenen Ressourcen und Fähigkeiten.

2. Den **Strategieprozess** als Abfolge von interdisziplinären, multipersonalen Aktivitäten. Dieser wird maßgeblich geprägt von

- den Personen/Personengruppen, die aktiv in den Strategieprozess eingebunden sind,
- der ablauforganisatorischen Gestaltung des Strategiefindungsprozesses einschließlich der in den einzelnen Schritten genutzten Instrumente und
- kreativen Elementen.

In der Strategieentwicklung besteht die Herausforderung, Kreativität und Systematik miteinander zu verbinden, oder wie Mirow formuliert: **„Strategie zwischen Genius und Kalkül"** (Mirow, 2010, S. 217). Wie in den nachfolgenden Kapiteln noch ausgeführt wird, ist es die zentrale Aufgabe des strategischen Controllings, die rationale Dimension im Strategieprozess durch entsprechende faktenorientierte Unterstützung abzusichern.

Eine entwickelte Strategie mag intellektuell brillant sein, einen Erfolg garantiert sie aber nicht. Es kommt auf die Fähigkeit einer Organisation an, den Strategieentscheid durch die Strategieumsetzung konkret zum Leben zu bringen und dabei notfalls auch flexibel anzupassen: „When companies fail to deliver on their promises, the most frequent explanation is that the CEO's strategy was wrong. But the strategy by itself is not often the cause. Strategies most often fail because they aren't executed well. Things that are supposed to happen don't happen. Either the organizations aren't capable of making them happen, or the leaders of the business misjudge the challenges their companies face in the business environment, or both." (Bossidy/Charan, 2002, p. 15).

Die **Vielschichtigkeit von Strategieprozessen** wurde von Mintzberg/Lampel/Ahlstrand in dem Buch mit dem bezeichnenden Titel „Strategy Safari" herausgestellt (vgl. Mintzberg/Lampel/Ahlstrand, 2005; Müller-Stewens/Lechner, 2011, S. 57 ff.). Danach lassen sich unterschiedliche Denkschulen voneinander abgrenzen, die entweder präskriptiven oder deskriptiven Charakter besitzen. Die präskriptiven Schulen thematisieren, wie Strategieprozesse ablaufen sollten, und besitzen damit prinzipiell einen idealtypischen Charakter. Die deskriptiven Schulen hingegen beschreiben, wie die Prozesse in der Realität ablaufen. Beide Herangehensweisen schließen sich nicht aus, sondern können sich gegenseitig Impulse geben: „Ein Manager wird sich im Allgemeinen durchaus bewusst sein, dass – deskriptiv beobachtet – nicht genau das herauskommt, war er anstrebt. Dies wird ihn jedoch nicht davon abhalten, seine Initiativen voranzutreiben und trotzdem nach Interventionsmöglichkeiten zu suchen." (Müller-Stewens/Lechner, 2011, S. 59).

Für die weiteren Ausführungen wird ein idealtypischer, phasenorientierter Ablauf gewählt, der auf dem allgemeinen Führungsprozess basiert. Dieser besitzt eine in sich logisch geschlossene Struktur und verfügt zugleich über genügend Flexibilität für unternehmensspezifische Anpassungen. Die betreffenden Phasen sind somit vorrangig aus inhaltlicher Sicht zu verstehen und z. B. im Hinblick auf die Einbindung der Mitarbeiter unternehmensbezogen zu präzisieren. Für den Strategieprozess im Detail gibt es kein „One-size-fits-all". So stellen Kreutzer/Lechner fest: „Einen besten Strategieprozess, der allen Kontextbedingungen gleichermaßen gerecht wird, scheint es nicht zu geben. Der Kontext, in den eine Organisation eingebettet ist, spielt eine entscheidende Rolle für die Effektivität jedes Strategieprozesses." (Kreutzer/Lechner, 2009, S. 13).

Der im Weiteren zugrunde gelegte Prozess des strategischen Managements besitzt somit den Charakter eines **Basisprozesses**, der kontextbezogen anzupassen ist. Wie Abb. 15 skizziert, besteht dieser Basisprozess aus folgenden Phasen (vgl. Welge/Al-Laham, 2012, S. 186 ff.):

2.4 Gegenstand, Prozess und Träger des strategischen Managements

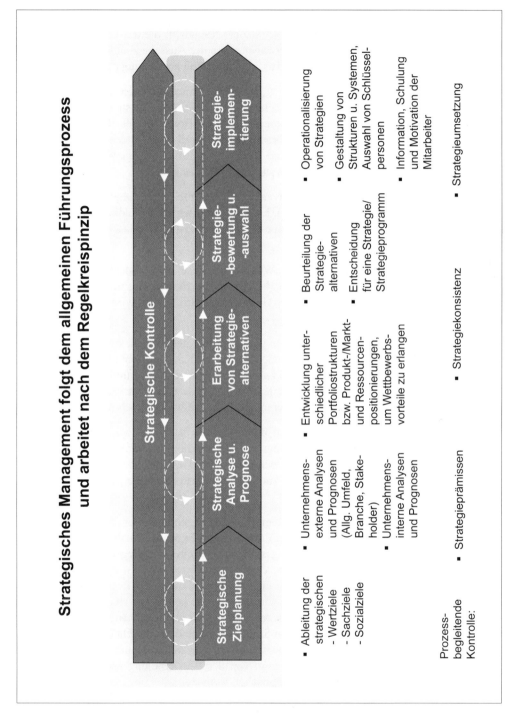

Abb. 15: Prozess des strategischen Managements

A) Strategische Zielplanung („Welche Ziele soll unser Unternehmen erreichen?"): Es werden die grundlegenden Wert-, Sach- und Sozialziele festgelegt, die das Unternehmen erreichen soll. Speziell für die Wertziele erfolgt dabei neben der Aussage zum Zielinhalt („Was") eine Konkretisierung von Zielausmaß („Wie viel") und zeitlichem Bezug („Bis wann").

B) Strategische Analyse und Prognose („Welchen Chancen/Risiken steht unser Unternehmen gegenüber, welche Stärken/Schwächen besitzen wir?"): Die strategische Problemstellung wird durch Untersuchung strategierelevanter Bereiche des Umfeldes (Chancen/Risiken) und des Unternehmens (Stärken/Schwächen) präzisiert. Hierzu werden im Zuge der Analyse entsprechende Gegenwarts- und Vergangenheitsdaten ausgewertet, um nachfolgend Aussagen über deren zukünftige Entwicklung treffen zu können.

C) Entwicklung von Strategiealternativen („Wie könnte unser Unternehmen Wettbewerbsvorteile erlangen bzw. verteidigen?"): Es werden strategische Handlungsmöglichkeiten erarbeitet, die prinzipiell geeignet sind, neue Erfolgspotenziale aufzubauen oder bestehende Erfolgspotenziale zu sichern.

D) Strategiebewertung und -auswahl („Was ist die Beste der Strategien für unser Unternehmen, wofür entscheiden wir uns?"): Es erfolgt die Beurteilung im Hinblick auf die formulierten strategischen Ziele. Aus einer Gesamtbewertung heraus wird die Entscheidung für eine Alternative getroffen.

E) Strategieimplementierung („Wie setzen wir den Strategieentscheid konkret um?"): Ausgehend von der Festlegung der entsprechenden Aufgaben, Kompetenzen und Verantwortung zur Umsetzung muss der Strategieentscheid vollzogen werden. Dies erfordert das Erarbeiten und Realisieren der betreffenden Detailmaßnahmen. Oftmals sind für die Umsetzung von Strategien auch Veränderungen der Strukturen und Systeme des Unternehmens notwendig.

F) Strategische Kontrolle („Sind wir auf dem richtigen Weg und wie kommen wir voran?"): Einen kontinuierlichen Prozess bildet das Überwachen der Strategieannahmen (Prämissen). Dieser wird ergänzt durch die Überprüfung der Gesamtschlüssigkeit der strategischen Pläne (z. B. Widerspruchsfreiheit) und die Fortschrittskontrolle bei der eigentlichen Realisierung der Strategien.

Der hier skizzierte **Basisprozess des strategischen Managements**, von der Zielbildung bis zur strategischen Kontrolle, kombiniert die **Vorteile einer logischen Ordnungsstruktur** mit denen **hoher Flexibilität**. Mit der Ordnungsstruktur wird eine grundlegende Systematik im Vorgehen definiert. Diese Systematik dient einer stufenweisen Reduktion von Komplexität und letztlich deren Bewältigung. Eine hohe Flexibilität wird durch das Regelkreisprinzip und das inhaltliche Ausgestalten der einzelnen Phasen erreicht. In den einzelnen Phasen können alle Informationen einbezogen und verarbeitet werden, die kontextabhängig zum Erreichen des jeweiligen Phasen-Outputs, z. B. einem Strategieentscheid, erforderlich sind. Das Regelkreisprinzip des Gesamtprozesses ermöglicht jederzeit ein zielbezogenes, korrektives Handeln auf Basis der vorliegenden Erkenntnisse: von der Wiederholung eines einzelnen Abschnitts bis zum Gesamtabbruch eines strategischen Vorhabens.

Die zweite Dimension des strategischen Managements neben der prozessbezogenen bildet die personenbezogene Dimension. **Träger des strategischen Managements** sind diejenigen

Personen an der Unternehmensspitze, denen aufgrund rechtlicher und organisatorischer Regelungen entsprechende **Aufgaben**, **Kompetenzen** und **Verantwortung** übertragen wurden. Dabei handelt es sich um die oberste Führung des Unternehmens sowie das ihr übergeordnete Aufsichtsgremium (vgl. Hahn, 1994, S. 30 ff.; Bleicher, 2006). Je nach Größe des Unternehmens werden auch auf der zweiten und der dritten Führungsebene (Teil-)Aufgaben des strategischen Managements wahrgenommen.

Die besondere Stellung, die der Führungs- und der Aufsichtsebene zukommt, ist in der Übernahme der Verantwortung begründet. Sie unterscheidet sich grundlegend von der Verantwortung der unterstützenden Einheiten. Die Führungsebene übernimmt die **inhaltliche Verantwortung** für die getroffenen Entscheidungen (oder Nicht-Entscheidungen) sowie für deren Umsetzung. Das Erreichen oder Nicht-Erreichen der Unternehmensziele liegt in der unmittelbaren Verantwortung der obersten Führungsebene. Das Aufsichtsgremium nimmt hierauf bezogene Überwachungsfunktionen wahr. In bestimmten Fällen besitzt das Aufsichtsgremium im Kontext der Strategie aber auch spezifische Entscheidungsrechte (z. B. Genehmigung von Großinvestitionen). Bei den unterstützenden Einheiten liegt hingegen die Verantwortung für die Bereitstellung und Aufbereitung der Informationen bis hin zur Erstellung von Empfehlungen. In der beschriebenen Struktur kommt dem **Top-Management** somit bei strategischen Fragen im doppelten Sinne eine entscheidende Funktion zu.

„Strategieentscheidungen des Topmanagements geben Auskunft über die grundlegenden Wege, gewissermaßen also das ‚Netz der Fernstraßen‘, auf denen die Erreichung der Unternehmungsziele verwirklicht werden soll. Sie schreiben, konkreter formuliert, die groben Maßnahmenkategorien vor, aus denen im ‚operativen Tagesgeschäft‘ die zielbezogenen Detailhandlungen abzuleiten sind." (Werder, 2008, S. 30).

Das Top-Management steht im Mittelpunkt der Unternehmensorganisation und ist gleichzeitig in sie eingebettet. Abb. 16 veranschaulicht die zentrale Position des Top-Managements am Beispiel eines sog. **„Mehr-Geschäfts-Unternehmens (MGU)"**. Diese Struktur kann in vereinfachter Form auch auf „Ein-Geschäft-Unternehmen" übertragen werden.

Bei einem Mehr-Geschäfts-Unternehmen handelt es sich um ein Unternehmen, das aus mehreren strategischen Geschäftseinheiten (SGE) besteht (vgl. Müller-Stewens/Brauer, 2009). Das Top-Management eines solchen Unternehmens umfasst die oberste Führungsebene, im Falle einer Aktiengesellschaft somit den Vorstand. Speziell bei besonders großen Geschäftseinheiten mit entsprechender Bedeutung für das Unternehmen sind die Leiter der Geschäftseinheiten zumeist auch Mitglieder des Vorstandes. Das Top-Management wird von verpflichtenden und ggf. auch freiwilligen **Governance-Gremien** flankiert. Je nach Rechtsform zählen zu den verpflichtenden Governance-Gremien, z. B. Aufsichtsrat und Hauptversammlung oder Verwaltungsrat.

Abb. 16: Organisationseinheiten im Mehr-Geschäft-Unternehmen (Müller-Stewens/Brauer, 2009, S. 455; leicht modifiziert)

Strukturell ist ein Mehr-Geschäfts-Unternehmen durch mehrere klar abgegrenzte strategische Geschäftseinheiten gekennzeichnet. Eine **strategische Geschäftseinheit (SGE)** ist dabei ein Segment eines Unternehmens, das für die Bearbeitung eines oder mehrerer **strategischer Geschäftsfelder (SGF)** die entsprechende Aufgabe sowie Kompetenzen und Verantwortung übertragen bekommen hat (vgl. Kohlöffel, 2000, S. 28 ff.; Müller-Stewens/Lechner, 2011, S. 142 ff.; Welge/Al-Laham, 2012, S. 461 ff. sowie Hahn, 2006d, S. 217).

Abb. 17 veranschaulicht den Unterschied zwischen den beiden Konzepten. Das strategische Geschäftsfeld (SGF) basiert auf einer Außensegmentierung. Die ökonomische Umwelt wird segmentiert, um ein Markt- bzw. Geschäftsfeld zu identifizieren, das in sich weitgehend

2.4 Gegenstand, Prozess und Träger des strategischen Managements

homogen, gegenüber der Umwelt aber heterogen ist. Im Kern handelt es sich um die spezifische Form einer Marktsegmentierung, und zwar als Basis für die Entwicklung und Implementierung erfolgversprechender Strategien (siehe zur Marktsegmentierung auch Kap. 3.4.6.).

Von Bea/Haas werden **fünf Dimensionen** für die Abgrenzung eines strategischen Geschäftsfeldes herangezogen: (1) **Technologie**, (2) **Produkt**, (3) **Problemlösung**, (4) **Wettbewerber** und (5) **Nachfrager** (vgl. Bea/Haas, 2013, S. 148 ff.). Die Abgrenzung von strategischen Geschäftsfeldern im Rahmen der gewählten Dimensionen besitzt dabei eine zentrale Bedeutung für alle nachfolgenden Schritte der Strategieentwicklung: „Eine enge Geschäftsfeldabgrenzung erlaubt sehr spezifische Strategieempfehlungen, eine weite Abgrenzung erhöht den Grad der Übersichtlichkeit, lässt aber nur eine allgemeine Strategieempfehlung zu, da die SGF in sich heterogen sind. Hierin liegt ein Dilemma." (Bea/Haas, 2013, S. 150).

Die strategische Geschäftseinheit (SGE) basiert auf dem strategischen Geschäftsfeld (SGF)

	SGF	SGE
Form der Segmentierung	Außensegmentierung	Innensegmentierung
Umsetzungsgrad	Gedankliche Abgrenzung	Real-organisatorische Abgrenzung; im Idealfall eigenes Profit-Loss-Center
Originärer Charakter	Nicht an Definition SGE gebunden	Immer an Definition SGF gebunden

Abb. 17: Unterscheidungsmerkmale von SGF und SGE (Welge/Al-Laham, 2012, S. 464; leicht modifiziert)

Einen Eindruck von der Vielfalt der Branchen, und damit möglicher strategischer Geschäftsfelder, vermitteln die von den United Nations herausgegebenen **ISIC-Codes** (International Standard Industrial Classification of All Economic Activities). In den ISIC-Codes werden alle wirtschaftlichen Aktivitäten in 21 Sections erfasst und nachfolgend in Divisions, Groups und Classes unterteilt. In Abb. 18 ist die Struktur der Sections und das Beispiel der Division 27 „Manufacture of electrical equipment" dargestellt. Die Unterteilung veranschaulicht, dass selbst die hier gewählte Untergliederung im Regelfall noch zu grob ist, um entsprechende strategische Geschäftsfelder zu bilden.

Im Gegensatz zu dem strategischen Geschäftsfeld basiert die strategische Geschäftseinheit (SGE) auf einer Innensegmentierung. Ausgehend von der externen Definition des Geschäftsfeldes erfolgt die interne Ableitung der Geschäftseinheit: „Eine SGE wird in der Regel als ein eigenständiges Aktivitätsfeld der Unternehmung interpretiert (Produkt-Markt-Technologie-Kombination), das als **Ganzes** Gegenstand strategischer Entscheidungen wie Aufbauen, Verkauf, Konsolidierung etc. ist […]." (Welge/Al-Laham, 2012, S. 462).

Die ISIC-Codes verdeutlichen die Branchenvielfalt

Section	Divisions	Description
A	01-03	Agriculture, forestry and fishing
B	05-09	Mining and quarrying
C	10-33	Manufacturing
D	35	Electricity, gas, steam and air conditioning supply
E	36-39	Water supply; sewerage, waste management and remediation activities
F	41-43	Construction
G	45-47	Wholesale and retail trade; repair of motor vehicles and motorcycles
H	49-53	Transportation and storage
I	55-56	Accommodation and food service activities
J	58-63	Information and communication
K	64-66	Financial and insurance activities
L	68	Real estate activities
M	69-75	Professional, scientific and technical activities
N	77-82	Administrative and support service activities
O	84	Public administration and defence; compulsory social security
P	85	Education
Q	86-88	Human health and social work activities
R	90-93	Arts, entertainment and recreation
S	94-96	Other ser…
T	97-98	Activities … service-p…
U	99	Activities …

Division 27		Manufacture of electrical equipment
271	2710	Manufacture of electric motors, generators, transformers and electricity distribution and control apparatus
272	2720	Manufacture of batteries and accumulators
273		Manufacture of wiring and wiring devices
	2731	Manufacture of fibre optic cables
	2732	Manufacture of other electronic and electric wires and cables
	2733	Manufacture of wiring devices
274	2740	Manufacture of electric lighting equipment
275	2750	Manufacture of domestic appliances
279	2790	Manufacture of other electrical equipment

Abb. 18: ISIC-Codes am Beispiel „Manufacture of electrical equipment"(United Nations, 2010)

Das idealtypische Konzept der SGE kann auf Basis des **organisatorischen Kongruenzprinzips** erläutert werden. Das Prinzip besagt, dass aus organisatorischer Sicht ein Gleichgewicht aus drei Dimensionen bestehen sollte: Aufgabe („Was ist zu tun?"), Kompetenzen („Welche

Befugnisse bestehen zur Erfüllung der Aufgabe?") und Verantwortung („Für welches Handeln/Nichthandeln ist einzustehen?").

Aufgabe: Die SGE nimmt eine Marktaufgabe mit entsprechenden Produkten wahr und befindet sich hier in Konkurrenz mit Wettbewerbern. Im Mittelpunkt der Marktaufgabe steht dabei die Lösung eines Kundenproblems, um Unternehmensziele zu erreichen.

Kompetenzen: Die SGE hat ein hohes Maß an Eigenständigkeit. Sie verfügt im Regelfall über die erforderlichen geschäftlichen Ressourcen, und zwar weitgehend unabhängig von anderen strategischen Geschäftsfeldern des Unternehmens. Entscheidungen einer SGE haben in der Regel keine Auswirkungen auf eine Nachbar-SGE, was die Übertragung von weitgehenden Entscheidungsbefugnissen erleichtert. Im Idealfall handelt es sich bei strategischen Geschäftseinheiten um Unternehmungen „en miniature" (Hahn, 2006d, S. 217).

Verantwortung: Eine SGE stellt einen Erfolgsträger mit eigenen Chancen und Risiken, aber auch eigenen Stärken und Schwächen dar. Die bestmögliche Nutzung dieses Erfolgspotenzials liegt in der Verantwortung der Führungskräfte, denen die Aufgabe und die Ressourcen sowie Entscheidungsbefugnisse übertragen wurden. Das Management einer SGE kann und muss über die Resultate seiner Entscheidungen Rechenschaft ablegen.

Unter den genannten Aspekten sollte eine SGE im Unternehmen durch eine reale Organisationseinheit abgebildet werden, und zwar im Idealfall in Form eines Profit-Loss-Centers, so wie dies auch in Abb. 16 angedeutet ist. Anders gestaltet sich die Situation, wenn das Unternehmen funktional organisiert ist. Im Falle einer funktionalen Organisationsstruktur stellt das SGE-Konzept ein flankierendes strategisches Planungskonstrukt dar. Dies kann soweit ausgebaut werden, dass die funktionale Primärorganisation durch eine SGE-Sekundärorganisation, mit allerdings zusätzlicher Komplexität, ergänzt wird (vgl. Vahs, 2012, S. 210 ff.).

Ausgehend von der beschriebenen Unternehmensstruktur lassen sich drei Strategieebenen unterscheiden, die Abb. 19 veranschaulicht: **Corporate Strategy**, **Business Strategy** und **Functional Strategy** (vgl. Grant, 2003, p. 24).

Corporate Strategy

Ausgangspunkt der Corporate Strategy ist die Fragestellung, in welchen Geschäftsfeldern bzw. Branchen ein Unternehmen tätig sein soll („Industry Attractiveness"). Diese Fragestellung ist insbesondere bei divisional organisierten Unternehmen von zentraler Bedeutung und Gegenstand des Portfoliomanagements. Sie besitzt aber auch für Unternehmen, die nur in einem Geschäftsfeld tätig sind, eine hohe Relevanz. Hier handelt es sich um die Frage nach der Erweiterung des bisherigen Geschäftes in neue Geschäftsfelder. Diese Fragestellung tritt spätestens dann auf, wenn für das bisher bearbeitete Geschäftsfeld ein deutlicher Schrumpfungsprozess zu erkennen ist.

Business Strategy

Die Business Strategy bezieht sich auf die festgelegten strategischen Geschäftsfelder eines Unternehmens. Ausgangspunkt bilden somit die getroffenen Entscheidungen der Corporate Strategy, in welchen Branchen bzw. Geschäftsfeldern das Unternehmen tätig sein will. Im Mittelpunkt der Business Strategy steht jetzt die Frage, mit welchen Strategien ein Unternehmen innerhalb der gewählten Branche spezifische Wettbewerbsvorteile erreichen kann und will („Competitive Advantage"/„Competitive Strategy").

Functional Strategy

Gegenstand der Functional Strategy sind Entscheidungen zu einzelnen Funktionsbereichen, wie Produktion oder Marketing/Vertrieb, soweit sie Bedeutung für das Gesamtunternehmen besitzen. Die Zielsetzungen der Functional Strategy sind der jeweiligen Business Strategy untergeordnet. Einen strategischen Charakter können derartige Entscheidungen u. a. aufweisen, wenn ein Funktionsbereich (z. B. Produktion) über mehrere Geschäftsfelder hinweg neu ausgerichtet wird. Ansonsten sind Funktionalentscheidungen vorrangig dem operativen Management zuzuordnen (vgl. Hungenberg, 2011, S. 18). Entsprechend stehen daher auch Corporate Strategy und Business Strategy im Weiteren im Mittelpunkt.

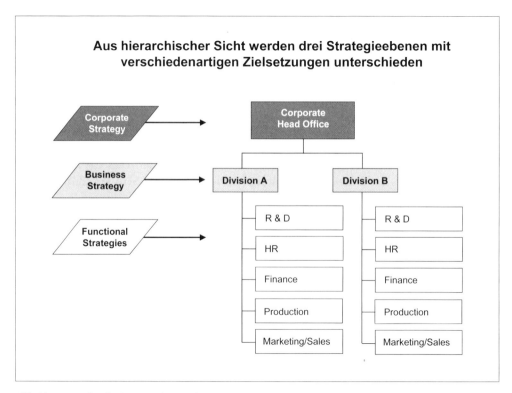

Abb. 19: Hierarchie der Strategieebenen (Grant, 2003, p. 24)

Im Prozess des strategischen Managements sind die verschiedenen Strategieebenen zu integrieren. Dies kann in Form eines strategischen Planungsprozesses erfolgen, wie ihn Abb. 20 zeigt. Ausgangspunkt bildet eine Zielplanung auf der Ebene des Gesamtunternehmens. Dieser schließen sich parallel ablaufende strategische Analysen auf der Corporate- und der Business-Unit- bzw. SGE-Ebene an. Die Resultate der Analysen und erarbeiteter Alternativen werden anschließend konsolidiert und führen zu einem Unternehmensplan. Dieser ist Grund-

2.4 Gegenstand, Prozess und Träger des strategischen Managements

lage der Strategieimplementierung, einschließlich gegebenenfalls erforderlicher Anpassungen der Strukturen und Systeme. Ausgehend vom Unternehmensplan erfolgt das Überprüfen der Umsetzung und der Umsetzungsergebnisse als Performance Messung.

Für die Durchführung des strategischen Planungsprozesses hat sich in der Praxis das Instrument des **Strategieplanungskalenders** bewährt. Er definiert für die beteiligten Unternehmenseinheiten den terminlichen Rahmen, zu dem die einzelnen Aktivitäten abgeschlossen sein müssen. Damit wird die Voraussetzung geschaffen, dass die Inputs der verschiedenen Unternehmenseinheiten systematisch zusammengeführt und für das Top-Management aufbereitet werden können (vgl. Broß/Krumey, 2010, S. 177 ff.; siehe auch das Praxisbeispiel in Kap. 3.8.).

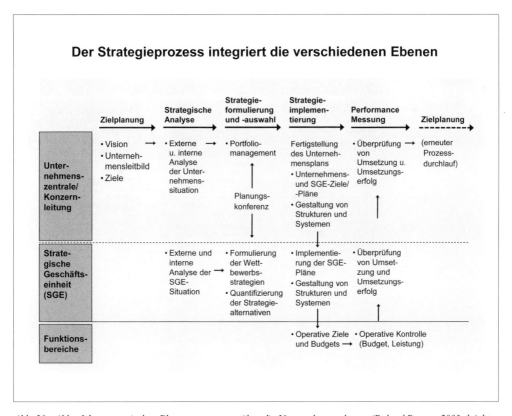

Abb. 20: Ablauf des strategischen Planungsprozesses über die Unternehmensebenen (Roland Berger, 2003; leicht modifiziert)

Fallbeispiel Strategieebenen: ThyssenKrupp

Abb. 21 veranschaulicht die hierarchische Struktur von Corporate Strategy und Business Strategy am Beispiel der ThyssenKrupp AG.

Aufgaben der Corporate Strategy werden von der Konzernholding, der ThyssenKrupp AG, wahrgenommen. In der Organisationsstruktur befinden sich unter der Konzernholding sogenannte Business Areas: Steel Europe, Materials Service, Elevator Technology, Plant Technology, Components Technology und Marine Systems.

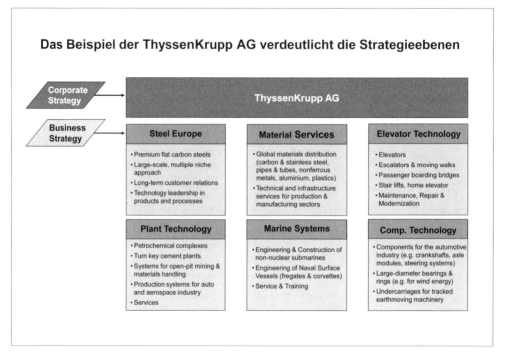

Abb. 21: ThyssenKrupp-Organisation und Strategieebenen (ThyssenKrupp, 2012, p. 32; vereinfacht)

Innerhalb der Business Areas sind entsprechende Produkt-/Marktstrategien für abgegrenzte strategische Geschäftseinheiten zu entwickeln und umzusetzen, um Wettbewerbsvorteile zu erzielen. Besonders deutlich wird die Abgrenzung zwischen den Business Areas mit Blick auf die Produkt-/Marktstrategien. So besitzt die Business Area „Elevator", also Aufzüge, praktisch keine Berührungspunkte in ihrer Produkt-/Marktstrategie mit der Business Area „Marine Systems".

Je nach Struktur der Business Areas können diese eines oder auch mehrere Geschäftsfelder abdecken. So umfasst die Business Area „Plant Technology" das industrielle Anlagengeschäft von ThyssenKrupp, das auf mehreren strategischen Geschäftsfeldern tätig ist; z. B. im Bereich petrochemischer Anlagen und im Bereich von Zementfabriken. Die Kunden-, Wett-

bewerbs- und Technologiestrukturen dieser beiden Märkte unterscheiden sich so deutlich, dass sie unterschiedlichen Geschäftsfeldern zuzurechnen sind.

Die Zuordnung der Business Strategy zur Ebene der Divisions, bzw. im Falle ThyssenKrupp zu Business Areas, darf nicht fehlinterpretiert werden. Die Leitungen dieser Einheiten besitzen zwar die volle Profit-Loss-Verantwortung, können aber letztlich nicht autonom über Strategien entscheiden. Sie tragen die Verantwortung für die Entwicklung und Umsetzung erfolgreicher Strategien, müssen sich die betreffende Strategie jedoch vorab auf der Konzernebene genehmigen lassen. Aus der Sicht der Konzernspitze bildet dieser Strategieprozess einen zentralen Stellhebel zur Wahrnehmung der eigenen Führungsaufgaben. Unter Corporate-Governance-Aspekten muss sich die Konzernspitze ihrerseits für bestimmte Entscheidungen vorab die Freigabe des Aufsichtsrats einholen. Dies wird im Abschnitt zur Strategieentscheidung an einem Beispiel veranschaulicht (siehe Kap. 3.6.4.).

Aus Sicht des strategischen Managements besteht ein spezielles Interesse an dem Verstehen von **strategischen Erfolgsfaktoren**. Es sind diejenigen unternehmerischen Variablen, die bei entsprechend kombiniertem Einsatz das Erreichen von strategischen Zielen, speziell von Wertzielen, gewährleisten sollen. Als umfassendste Studie in diesem Bereich gilt das **Profit Impact of Market Strategy (PIMS)-Programm**, das auf eine Initiative des US-amerikanischen Unternehmens GE zurückgeht (vgl. Bea/Haas, 2013, S. 129 ff.; Weiser, 2002). Untersucht werden auf der Basis von strategischen Geschäftseinheiten die Determinanten für den Return on Investment und den Cashflow. Nach den Auswertungen von PIMS wird dabei der Return on Investment maßgeblich durch fünf Größen beeinflusst: (1) Marktattraktivität, (2) Relative Wettbewerbsposition, (3) Investition, (4) Kosten, (5) Veränderung von Schlüsselfaktoren. Allerdings basiert auch PIMS notwendigerweise auf methodischen Vereinfachungen, die zu entsprechender Kritik geführt haben. Dies betrifft u. a. das unzureichende Berücksichtigen von Kausalitäten. So kann ein hoher Marktanteil die Voraussetzung für eine gute Kostenposition darstellen, prinzipiell aber auch aus dieser Kostenposition resultieren.

Die Untersuchungen und Konzepte zu strategischen Erfolgsfaktoren können wichtige Inputs für die eigenen strategischen Überlegungen geben. Sie helfen ein Verständnis für strategische Einflussgrößen und deren Wechselwirkungen herzustellen, dürfen aber nicht unkritisch auf eine Unternehmenssituation übertragen werden. In keinem Fall ersetzen sie einen differenzierten strategischen Managementprozess, um Antworten auf die Zukunftsfragen eines Unternehmens zu finden.

2.5 Strategisches Management und Risikomanagement

Merkmal einer risikoorientierten Unternehmensführung ist die **Balance zwischen eingegangenen Risiken, möglichen Chancen und der Risikotragfähigkeit eines Unternehmens**. Den höheren Risiken müssen auch entsprechende höhere erwartete Erträge gegenüberstehen (vgl. Romeike/Hager, 2009, S. 106; siehe auch Kap. 3.6.1).

Unternehmerische Tätigkeit ist per se mit Risiken verbunden. Wie Abb. 22 veranschaulicht, wirken unterschiedlichste externe Risiken aus dem generellen Umfeld und der Branche auf das Unternehmen ein. Gleichzeitig bestehen aber auch Risiken mit unternehmensinternem Ursprung. Soweit Risiken dann eintreten, finden sie ihren Niederschlag in entsprechenden Zielabweichungen, bis hin zur Existenzbedrohung.

Abb. 22: Externe und interne Risiken

Das Eintreten einer großen Zahl von Krisensituationen in Unternehmen führte in Konsequenz zu einem erhöhten Stellenwert des Risikomanagements. Dies findet seinen Ausdruck insbesondere in zwingenden gesetzlichen Vorgaben aber auch Standards für Risikomanagement-Konzepte mit Empfehlungscharakter (vgl. Denk/Exner-Merkelt/Ruthner, 2008, S. 42 ff.; Fiege, 2006, S. 6 ff.; Kajüter, 2010, S. 110 ff.; Lorenz, 2008, S. 3 ff.).

In Deutschland wurden weitreichende Bestimmungen für das Risikomanagement durch das „Gesetz zur Kontrolle und Transparenz im Unternehmensbereich (KonTraG)" in Kraft gesetzt. In den USA wurden die rechtlichen Anforderungen vor allem durch den Sarbanes-Oxley-Act verschärft. Daneben führten die Vorschriften zur Eigenkapitalunterlegung in Banken (Basel II) in Konsequenz auch zu erhöhten Anforderungen an das Risikomanagement von Unternehmen.

2.5 Strategisches Management und Risikomanagement

Ausgehend von der Notwendigkeit das Risikomanagement zu stärken, wurden in verschiedenen Ländern intensive konzeptionelle Arbeiten geleistet, aus denen entsprechende Rahmenwerke resultierten. Dabei handelt es sich insbesondere um die Konzepte bzw. Standards ISO 31000 und den COSO-Framework, der in den USA vom „Committee of the Sponsoring Organizations of the Treadway Commission – COSO" erarbeitet wurde (vgl. Brühwiler, 2008, 2009; Brünger, 2010, S. 17 ff.; Winter, 2008, S. 71 ff.).

Das Konzept von COSO definiert **Enterprise Risk Management (ERM)** wie folgt: „Enterprise risk management is a process, effected by an entity's board of directors, management and other personnel, applied in strategy setting and across the enterprise, designed to identify potential events that may affect the entity, and manage risk to be within its risk appetite, to provide reasonable assurance regarding the achievement of entity objectives." (COSO, 2009, p. 2).

COSO ERM adressiert unterschiedliche Dimensionen des Risikomanagements, wie Abb. 23 auf Basis des COSO-Würfels veranschaulicht. Die **prozessorientierte Sicht** stellt die einzelnen Aktivitäten des Risikomanagements in den Mittelpunkt. Diese betreffen das Setzen der risikoorientierten Ziele, das Erkennen und Adressieren der Risiken sowie deren kontinuierliche Überwachung. Die **organisatorische Sicht** berücksichtigt die verschiedenen Ebenen eines Unternehmens, von einzelnen Tochtergesellschaften bis hin zur Ebene des Gesamtunternehmens („Entity Level"). Damit wird dem Aspekt eines organisatorisch umfassenden Risikomanagements Rechnung getragen, einem der Kerngedanken des Enterprise Risk Managements (vgl. auch Kajüter, 2011). Die **dritte Dimension** adressiert eine funktionale Sicht. Dabei wird zwischen strategischen und operativen Aspekten unterschieden sowie den Themenkomplexen der Berichterstattung und Compliance (= Einhaltung gesetzlicher Vorschriften).

Ein umfassendes System des Risikomanagements muss die strategischen Felder des Unternehmens abdecken, umfasst zugleich aber auch weitere Bereiche bis hin zu den operativen Prozessen. Ganzheitliches Risikomanagement im Sinne von Enterprise Risk Management bildet damit ein strategieübergreifendes Aufgabenfeld.

Ausgangspunkt des Risikomanagements nach COSO bildet das Festlegen einer unternehmensspezifischen Risikopolitik, in der das Verhältnis des Unternehmens zu Risiken bzw. Risiken und Chancen zum Ausdruck kommt: „Die Risikopolitik berücksichtigt den Sicherheitsgedanken im Unternehmen, indem sie die Grundsätze im Umgang mit Risiken und Chancen vorgibt und das angestrebte Chancen-/Risikoprofil konkretisiert." (Fiege, 2006, S. 97).

Die Entscheidungen zur Risikopolitik sind dem Bereich der normativen Führung zuzuordnen. Sie sind durch die oberste Führung des Unternehmens zu treffen und besitzen einen Grundsatzcharakter für das Unternehmen. Zugleich sind Entscheidungen zur Risikopolitik auch Ausdruck einer spezifischen Führungs- und Unternehmenskultur. Die Risikopolitik steht dabei nicht losgelöst von den übrigen Entscheidungen der normativen und der strategischen Ebene, sondern ist mit diesen eng verbunden.

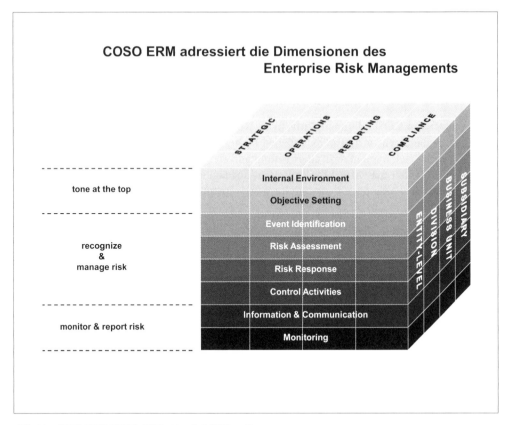

Abb. 23: COSO ERM (COSO, 2009; Micallef, 2009, p. 2)

Die Risikopolitik wird letztlich durch die Risikoeinstellung der oberen Führungskräfte geprägt. Unter diesem Aspekt besitzt der Begriff des „Tone-at-the-top" im Konzept von COSO ERM eine besondere Bedeutung. Die Risikopolitik findet ihren Niederschlag in entsprechenden (dokumentierten) Aussagen zum angestrebten Chancen-/Risikoprofil und den damit kompatiblen Verhaltensweisen. Es handelt sich um die Beschreibung des „Risk Appetites" einer Organisation:

"Risk appetite is the amount of risk, on a broad level, an organization is willing to accept in pursuit of stakeholder value. Because boards represent the views and desires of the organization's key stakeholders, management should have an active discussion with the board to establish a mutual understanding of the organization's overall appetite for risks." (COSO, 2010a).

2.5 Strategisches Management und Risikomanagement

Zu den Fragen, die im Zusammenhang mit der Diskussion der Risikopolitik bzw. des Risk Appetites zu erörtern sind, gehören u. a. (vgl. COSO, 2010b, COSO, 2012):

- Bevorzugen die Eigentümer ein Geschäft mit hohen Risiken/hohen Erträgen oder präferieren sie ein eher konservatives, stabiles Geschäftsprofil?
- Welches Kreditrating wird angestrebt?
- Wie zuverlässig will das Unternehmen seine Dividenden/Ausschüttungen zahlen?
- Wie hoch darf die maximale Höhe von Verlusten bezogen auf das Budget sein?
- Wie groß darf die Volatilität der Ergebnisse sein?
- Gibt es spezielle Risiken, die auf keinen Fall akzeptiert werden dürfen?
- Wie hoch ist die Bereitschaft ein Wachstum über Akquisitionen zu realisieren?
- Wie hoch ist die Bereitschaft einen möglichen Schaden für die Reputation oder eine Marke des Unternehmens hinzunehmen?
- In welchem Umfang besteht die Bereitschaft zur Expansion hinsichtlich Produkten, Kunden, Regionen?
- Welches Risiko ist das Unternehmen bereit, mit neuen Initiativen einzugehen, um spezifische Ziele (z. B. ein definiertes Rentabilitätsziel) zu erreichen?

Die betreffenden Antworten werden in den Aussagen zur Risikopolitik bzw. dem Risk Appetite berücksichtigt.

Das **existierende Risikoprofil** („Existing Risk Profile") beschreibt die Höhe und Verteilung des Risikos über das Unternehmen. Die **Risikotragfähigkeit** („Risk Capacity") berücksichtigt das maximale Risiko, das ein Unternehmen absorbieren kann, bevor eine Insolvenz eintritt. Dieses maximale Risiko wird z. B. durch die Fähigkeit beeinflusst, im Ernstfall zusätzliche Kreditlinien nutzen zu können. Die **Risikotoleranz** („Risk Tolerance") adressiert die Bereitschaft auch Abweichungen bis zu einem gewissen Niveau zu tolerieren. So erfordern z. B. zyklische Branchen wie die Halbleiterindustrie auch die Bereitschaft, erhebliche Schwankungen in der Performance zu akzeptieren. Das **Risikoniveau** („Desired Level of Risk") umfasst Aussagen zur angestrebten Relation von Risiko und Ergebnis.

Die Risikoziele stehen somit in direkter Beziehung zu den übrigen Zielen des Unternehmens und sind mit diesen abzugleichen: „If an organization is setting very aggressive goals, then it should have an appetite for a commensurate level of risk. Conversely, if the organization is very risk averse, i.e., has a low appetite for risks, then one would expect that organization to set more conservative goals. Similarly, as boards consider specific strategies, they should determine whether that strategy falls within or aligns with the organization's risk appetite." (COSO, 2010b, p. 6; vgl. auch Brünger, 2010, S. 85 ff.).

Die Festlegung der Risikopolitik bildet damit eine der grundlegenden Entscheidungen der Unternehmensleitung, die in enger Abstimmung mit den Eigentümern bzw. Eigentümervertretern zu erfolgen hat.

2.6 Ziele, Aufgaben und Prozess des strategischen Controllings

Die Zielsetzung des strategischen Controllings resultiert aus der Kombination der beschriebenen Ziele von Controlling und von strategischem Management, wie auch in Abb. 24 skizziert. **Generelles Ziel des strategischen Controllings ist die Sicherstellung ergebnis- bzw. wertzielorientierter Rationalität im Hinblick auf die Sicherung und Weiterentwicklung bestehender und die Erschließung neuer Erfolgspotenziale.** Ergebnis- bzw. wertzielorientierte Rationalität kann nicht losgelöst von der **Risikokomponente** gesehen werden. Höheren Risiken müssen höhere Beiträge zu den Ergebnis- bzw. Wertzielen gegenüberstehen. Die Obergrenze für Risiken wird dabei durch die **Risikopolitik** des Unternehmens definiert. Entsprechend ist das **generelle Ziel des Controllings auf Basis der Risikopolitik des Unternehmens zu erfüllen.**

Abb. 24: Strategisches Controlling und Führungsebenen (Führungspyramide aus Dillerup/Stoi, 2011, S. 45)

2.6 Ziele, Aufgaben und Prozess des strategischen Controllings

Die Sicherstellung dieser ergebnis- bzw. wertzielorientierten Rationalität erfolgt durch:

- Entwicklung und Einführung eines geeigneten strategischen Controllingsystems,
- Einsatz dieses Controllingsystems zur Unterstützung des strategischen Managementprozesses, insbesondere der systematisierten Planungs-, Steuerungs- und Kontrollprozesse.

Strategisches Controlling operiert somit im Kern auf der Annahme der **Veränderbarkeit und Veränderung von Erfolgspotenzialen**, die für das strategische Management kennzeichnend ist. Bestehende Erfolgspotenziale müssen weiterentwickelt und neue Erfolgspotenziale aufgebaut werden; ggf. müssen Desinvestitionen von bisherigen Erfolgspotenzialen erfolgen. Dem Chancencharakter strategischer Entscheidungen steht dabei immer das unternehmerische Risiko gegenüber. Die Risikodimension von strategischen Entscheidungen muss somit durch das strategische Controlling zwingend berücksichtigt werden. **Fehlentscheidungen** durch unzureichendes Berücksichtigen von Risiken können den **Bestand des Unternehmens gefährden**.

Strategisches Controlling arbeitet mit qualitativen und quantitativ/monetären Informationen

Merkmal	Operatives Controlling	Strategisches Controlling
Zielgrößen	Gewinn u. Liquidität „heute"	Existenzsicherung, Erfolgspotenziale (Gewinn u. Liquidität „morgen"), Unternehmenswert
Zeitbezug	Gegenwart und nahe Zukunft	Nahe und ferne Zukunft
Fragestellung	Effizienz („Die Dinge <u>richtig</u> tun")	Effektivität („Die <u>richtigen</u> Dinge tun")
Vorherrschende Orientierung	Primär unternehmensintern	Primär unternehmensextern
Rahmenbedingungen	Relativ stabiles Umfeld	Hohe Komplexität, Dynamik u. Diskontinuität des Umfeldes
Sicherheit der Informationen	Weitgehend sichere Informationen	Ausgeprägte Unsicherheit, mit Zeithorizont stark zunehmend
Art der Informationen	Primär quantitativ/monetär	Qualitativ & quantitativ/monetär
Art der Instrumente und Konzepte	Vorrangig periodische und z.T. mehrperiodische Instrumente der Planungs- und Kontrollrechnung	Instrumente u. Konzepte des strategischen Managements und der mehrperiodischen Planungs- u. Kontrollrechnung
Art der Aufgaben	Vorrangig Routineaufgaben	Vorrangig innovative Aufgaben

Abb. 25: Merkmale von operativem und strategischem Controlling (in Weiterentwicklung von Baum/Coenenberg/Günther, 2007, S. 9; Langguth, 1994, S. 24)

Operatives Controlling basiert im Gegensatz dazu auf dem deutlich reduzierten Entscheidungsspielraum der operativen Unternehmensführung. Es ist die Prämisse bestehender, nur geringfügig veränderbarer Erfolgspotenziale, die zu einer grundlegend unterschiedlichen Ausprägung führt; vgl. hierzu auch Abb. 25. Während das operative Controlling auf der Grundlage vergleichsweise sicherer Annahmen arbeitet, muss das strategische Controlling sich intensiv mit unsicheren Informationen über Kundenanforderungen, Wettbewerberverhalten und allgemeinem Umfeld auseinandersetzen.

Hieraus wird vielfach die Schlussfolgerung gezogen, dass das operative Controlling sich mit quantitativen und speziell monetären Informationen beschäftigt, während sich das strategische Controlling im Gegensatz dazu in der Domäne der qualitativen Informationen bewegt. Diese Differenzierung mag zwar eine gewisse intuitive Plausibilität besitzen, stimmt aber nicht mit der Unternehmensrealität überein. Die große **Herausforderung** besteht im Strategieprozess genau darin, **qualitative Informationen** schrittweise in **quantitative** und zuletzt **monetäre Informationen** zu überführen, um sie einer **Bewertung** zugänglich zu machen. Im Mittelpunkt steht die Messung strategischer Sachverhalte für fundierte wert- bzw. ergebniszielorientierte Entscheidungen (vgl. Gehrig, 2009, S. 49; siehe zur Messthematik auch Lachnit/Müller, 2006, S. 257 ff.).

Nachfolgend zeigt ein Beispiel die Verbindung der Informationskategorien auf.

> **Fallbeispiel: Konsolidierungswelle**

In einer Branche startet eine Konsolidierungswelle. Die Führung eines noch unabhängigen Unternehmens realisiert eine mögliche Bedrohung durch die zukünftigen Kostenvorteile der fusionierten Wettbewerber. Eine erste Analyse bestätigt die Einschätzung. Daraufhin wird ein Prozess zur Erarbeitung von Strategiealternativen gestartet. Eine der möglichen Alternativen besteht in der Akquisition noch verfügbarer Wettbewerber. Hierzu wird eine Vorlage für den Aufsichtsrat erstellt.

Das Beispiel beschreibt den Übergang von qualitativen Informationen („Es könnte ein Risiko bestehen ...") zu quantitativen und quantitativ monetären Informationen. Dies betrifft die Analyse der Wettbewerberposition („Das kombinierte Volumen beträgt x Mio. Stück. Es führt zu einem geschätzten Kostenvorteil von y %.") und speziell der nachfolgenden eigenen Alternativenbewertung („Der Kauf des noch verfügbaren Wettbewerbers wird voraussichtlich X € kosten, zu Synergien von Y € pro Jahr im Endzustand führen und sich wie folgt in der Ergebnis- und Finanzplanung des Unternehmens darstellen ...").

Die **Vorstellung eines strategischen Controllings**, das **nur qualitative Beschreibungen** von Trends und Strategieoptionen liefert und damit seine Unterstützungsfunktion gegenüber dem Management erfüllen will, geht an den **Bedürfnissen des Managements** und der **gelebten Unternehmenspraxis deutlich vorbei**.

Aus einem grundsätzlichen Verständnis von Controlling als Führungsunterstützung ergibt sich eine klare Anforderung an das strategische Controlling: „Der strategische Managementprozess ist durch ein prozessbegleitendes strategisches Controlling in allen Phasen zu unterstützen." (Horváth, 2008, S. 664).

2.6 Ziele, Aufgaben und Prozess des strategischen Controllings

Die Art der Informationen für die Erfüllung dieser strategischen Controllingaufgaben kann nach Gruppen unterteilt werden in:

- **qualitativ**, z. B. Trends in der Gesetzgebung,
- **quantitativ nichtmonetär**, z. B. Größe eines Marktes in Stückzahlen und
- **quantitativ monetär**, z. B. Größe des Marktes in €; Ergebniswirkungen eines strategischen Projektes.

Analog zur Art der Informationen verhält es sich mit den Instrumenten und Konzepten des strategischen Controllings. Diese entstammen sowohl dem strategischen Management als auch dem klassischen rechnungswesenorientierten Controlling. Speziell Letztere müssen dem besonderen Entscheidungshorizont des strategischen Controllings Rechnung tragen. Es handelt sich um Instrumente der mehrperiodischen Planungs- und Kontrollrechnung auf

- **Projekt-/Programmebene** (zur Bewertung von einzelnen Strategieoptionen bzw. Strategiebündeln) und
- **Organisations-/Gesamtunternehmensebene** (zur Bewertung der Auswirkungen für das Gesamtunternehmen oder dazwischen angeordneter Organisationsebenen, z. B. in Form einer strategischen Geschäftseinheit).

Aus der Summe der Einzelaspekte, die das strategische Controlling beschreiben, ergibt sich die Feststellung, dass es sich per se um eine kombinierte Funktion handelt. Wie Abb. 26 skizziert, bildet das strategische Controlling eine **Schnittmenge von Funktionen** des **strategischen Managements** und des **rechnungswesenorientierten Controllings**.

Aus dem Feld des strategischen Managements werden vor allem der grundlegende Prozess und die Instrumente beigesteuert. Diese betreffen den qualitativen und quantitativen (nichtmonetären sowie z. T. auch monetären) Bereich. Das rechnungswesenorientierte Controlling hingegen besitzt seinen Schwerpunkt im monetären Bereich und unterstützt insbesondere bei der Abbildung von monetären Wirkungen auf die Strategieebene und die Organisations-/Gesamtunternehmensebene.

Eine inhaltliche Nähe zum hier beschriebenen Konzept des strategischen Controllings besitzt im angelsächsischen Raum das sogenannte Strategic Management Accounting (SMA), wobei kein allgemeingültiges Verständnis über dessen Ausgestaltung besteht (vgl. Reimer, 2009; Hoffjan/Wömpener, 2006). Der Begriff des Accounting verdeutlicht, dass es sich im Kern um einen Teilbereich des Rechnungswesens handelt: „Strategic management accounting *is the process of identifying, gathering, choosing and analysing accounting data for helping the management team to make strategic decisions and to assess organizational effectiveness.*" (Hoque, 2006, p. 2).

Strategisches Controlling ist im Vergleich hierzu weiter gefasst. Dies betrifft zum einen die Informationsarten. So gelangen qualitative und quantitative Informationen zum Einsatz, die aus internen und externen Quellen stammen. Zum anderen integriert das Konzept des strategischen Controllings unterschiedliche Aufgabenträger zur Erfüllung der strategischen Unterstützungsfunktion.

Strategic Management Accounting kann unter diesem Aspekt als Teilmenge des strategischen Controllings interpretiert werden. Sie entspricht in dem hier vertretenen Konzept des strategischen Controllings den Aufgabeninhalten, die von einem rechnungswesenorientierten Controlling wahrgenommen werden.

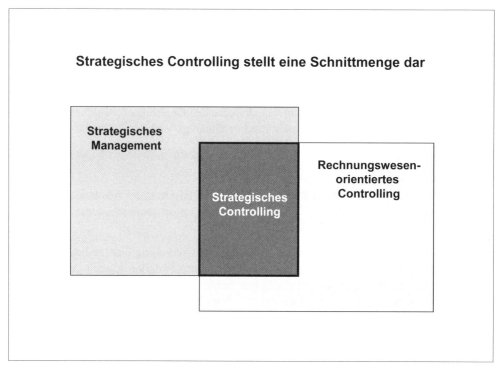

Abb. 26: Schnittmengencharakter des strategischen Controllings

2.7 Träger des strategischen Controllings

Generell kann Controlling von Führungskräften selbst wahrgenommen werden oder durch unterstützende Einheiten erfolgen bzw. flankiert werden. In der ersten Ausprägung handelt es sich um **„Eigencontrolling"**, in der zweiten Ausprägung entspricht dies einem unterstützendem **„Fremdcontrolling"** (vgl. Steinle, 2007, S. 27).

Im Hinblick auf das strategische Controlling können dabei verschiedene Ausgestaltungsformen beobachtet werden. In grober Näherung lassen sich in der Unternehmenspraxis vier Stufen unterscheiden (vgl. Abb. 27).

2.7 Träger des strategischen Controllings

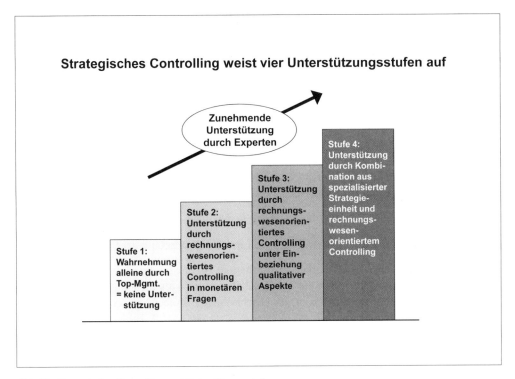

Abb. 27: Strategisches Controlling und Unterstützungsstufen

Die vier Stufen des strategischen Controllings stehen typischerweise in enger Beziehung zur Unternehmensgröße und -komplexität und unterscheiden sich durch den Umfang der internen Führungsunterstützung:

Stufe 1: Strategisches Controlling wird durch das Top-Management ohne weitere spezialisierte Unterstützung selbst wahrgenommen.

Stufe 2: Es erfolgt eine Unterstützung des Top-Managements in monetären Fragen durch das rechnungswesenorientierte Controlling. Diese Fragen betreffen insbesondere die Auswirkungen von Strategien auf GuV, Bilanz und Liquidität.

Stufe 3: Neben quantitativen Informationen werden in einem gewissen Umfang auch qualitative Informationen und entsprechende Instrumente in den Prozess eingebracht. Der Leiter Controlling bzw. sein Vorgesetzter ist i. d. R. Mitglied des Top-Managements und nimmt hier die Aufgaben des strategischen Controllings wahr.

Stufe 4: Das Top-Management wird durch eine Kombination aus spezialisierter Strategieeinheit und rechnungswesenorientiertem Controlling unterstützt.

Ergänzend kann auf jeder Stufe eine weitere selektive Unterstützung des Top-Managements erfolgen. Neben funktionalen Einheiten, wie z. B. Marketing & Vertrieb, betrifft dies insbesondere Governance-Gremien, die oftmals eine unterstützende Funktion im Sinne des „Sparring-Partners" wahrnehmen. Ebenfalls ist an die Unterstützung durch externe Berater zu denken. Untersuchungen zu Institution und Funktion von Controlling legen den Schluss nahe, dass mit zunehmender Größe der Unternehmen ein intensiverer Einsatz des Controllings zur Führungsunterstützung erfolgt (vgl. Esser/Müller, 2007, S. 48 f.; Hoogen/Lingnau, 2009, S. 101 ff.).

Im vorliegenden Kontext interessiert insbesondere die Ausgestaltung der Stufe 4, also die Übernahme der strategischen Controllingfunktion durch spezielle unterstützende Einheiten. Diese Ausgestaltung ist vom Grundsatz her am besten geeignet, der Zielsetzung einer umfassenden Unterstützung in allen Phasen des Strategieprozesses Rechnung zu tragen. Bei dem Linienmanagement, das unterstützt wird, handelt es sich im Sinne der Strategie-Level aus Kap. 2.4 vorrangig um die Strategieebenen

- **Corporate**, also die oberste Führungsebene und, soweit vorhanden,
- **Business Unit/Division**, d. h. die Profit- & Loss-Units unterhalb der Corporate-Ebene.

Entsprechend des beschriebenen Schnittstellencharakters von strategischem Controlling stellt sich bei dieser Ausgestaltung auch die Trägerschaft für die Aufgaben dar, wie Abb. 28 veranschaulicht. Die Aufgaben werden in der beschriebenen Stufe 4 von **zwei spezialisierten Einheiten** wahrgenommen:

- Aufgaben mit Ausrichtung auf externe strategische Themenfelder sowie die strategische Positionierung von Geschäftseinheiten werden vorrangig durch die betreffende **strategieorientierte Unterstützungseinheit** wahrgenommen. Dies ist (zumindest in größeren Unternehmen) eine separate Strategieabteilung/Abteilung für Unternehmensplanung, die typischerweise Stabstellencharakter besitzt. Sie berichtet als Corporate Unit im Regelfall direkt an den Vorsitzenden des obersten Leitungsgremiums, also im Falle der AG an den Vorstandsvorsitzenden. Je nach Größe der Division können entsprechende dezentrale Strategieeinheiten auch zusätzlich auf Division-Ebene angesiedelt sein, wo sie an die jeweilige Division-Leitung berichten. In diesen Kontext ist auch die Funktion **Business Development Management** einzuordnen (vgl. zu Business Development bei Becker, 2011).

- Aufgabeninhalte mit Ausrichtung auf die primär monetären Komplexe werden vorrangig durch die **Controllingeinheiten des rechnungswesenorientierten Controllings** wahrgenommen. Im Vordergrund steht hier die zentrale Controllingeinheit; je nach Struktur des Unternehmens kann sie fallweise durch dezentrale Controllingeinheiten unterstützt werden.

Während bestimmte Aufgabeninhalte und Instrumente klar zugeordnet sind (z. B. die Szenario-Technik zur Strategieabteilung und die mehrjährige Ergebnis- und Finanzplanung des Unternehmens zum Controlling) sind andere Komplexe in ihrer Zuordnung durchaus flexibel zu sehen (z. B. monetäre Aussagen auf der Ebene strategischer Projekte).

2.7 Träger des strategischen Controllings

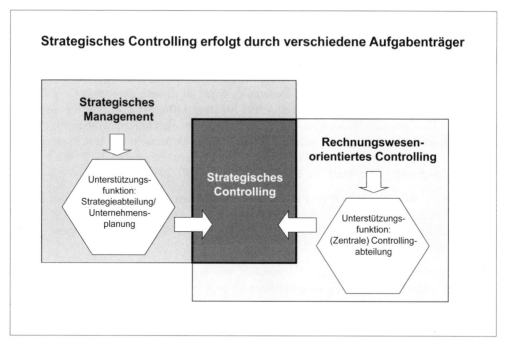

Abb. 28: Aufgabenträger des strategischen Controllings als umfassende Unterstützungsfunktion

Der inhaltliche Schnittmengencharakter und die Erfordernis einer fachlichen Spezialisierung erklären auch plausibel, wieso die klassischen Controllingeinheiten nur selten bei bestimmten Kernthemen des strategischen Controllings, wie z. B. der Auswahl der durchzuführenden Analysen und der Instrumente, herangezogen werden (vgl. Weber et al., 2007, S. 21 ff.). Insoweit überrascht auch die Feststellung nicht, dass zwischen dem Anspruch der Controllingliteratur und dem Alltag im Controllerbereich weiterhin ein Spannungsfeld besteht (vgl. Schäffer, 2009, S. 53 ff.). Dies dürfte auch auf absehbare Zeit eine spezielle Herausforderung darstellen, da parallel die Kompetenzanforderungen an das rechnungswesenorientierte Controlling durch die Annäherung von internem und externem Rechnungswesen eher sogar steigen. Nicht ohne Grund kommt es zu der Frage: „Strategisches Controlling: Noch eine Kernkompetenz der Controller?" (Klein, 2010, S. 56.). Gleichzeitig sehen CFOs durchaus eine stärkere Wandlung ihrer Rolle in Richtung von „Strategists", wie eine Studie von CFOs im Mittelstand aufzeigte (vgl. Becker et al., 2011, S. 89 ff.).

Auch eine neuere Studie des Deloitte Center for Strategy Execution unter 211 CEOs, CFOs und Strategen (Leiter Strategie, Leiter Unternehmensentwicklung, etc.) zeigte deutliche Abweichungen zwischen aktueller und gewünschter Aufgabenwahrnehmung der Akteure. Schwerpunkte einer gewünschten Aufgabenwahrnehmung liegen für die CEOs vor allem bei der Strategieentwicklung und weniger bei der Umsetzungskontrolle. Für die Strategen liegen erwartungsgemäß die gewünschten Schwerpunkte bei der strategischen Analyse und der Erarbeitung von Strategien; ebenso wird mehr Input für die Umsetzungsplanung eingefordert. Von den CFOs wird generell eine stärkere Beteiligung im Strategieprozess erwartet, wobei der Schwerpunkt bei der Umsetzungsplanung und Umsetzungskontrolle gesehen wird (vgl. Deloitte, 2012).

Die speziellen Anforderungen im Strategieprozess werden auch deutlich bei der Idee eines **Strategiebüros** als Architekt, Prozessverantwortlicher und Integrator (vgl. Kaplan/Norton, 2009, S. 333 ff.). Eine herausragende Bedeutung erhält in diesem Zusammenhang für das strategische Controlling die Funktion des **„Chief Strategy Officers"** als Leiter der Strategieeinheit mit Executive-Rang. So zeigt eine Untersuchung des Beratungsunternehmens Accenture den wachsenden Stellenwert auf, den Chief Strategy Officers in der Unterstützung der Unternehmensspitze, speziell des CEOs, besitzen (vgl. Breene/Nunes/Schill, 2008a, b sowie für den deutschsprachigen Raum die Studien von Menz et al., 2013a, b).

Eine spezielle Relevanz besitzt im Prozess des strategischen Managements die enge Beziehung zwischen Chief Strategy Officer (CSO) und Chief Financial Officer (CFO): „Chief Financial Officers and Chief Strategy Officers: Partners in Strategic Management" (London/Nunes/Lowitt, 2007).

Es besteht offensichtlich ein klares Verständnis, wie bedeutsam die **Beziehung von Chief Financial Officer und Chief Strategy Officer** für eine erfolgreiche Strategiearbeit ist:

„A key factor […] is the strength of the working relationship between the CFO and the CSO – something these executives are well aware of. More than three-quarters of CFO respondents, for example, agreed that their working relationship with the CSO is critical to their own ability to execute. And in a separate survey of CSOs more than half of the respondents indicated that only the CEO is more important to their ability to execute than the CFO. These findings help explain why 86 percent of the CFOs interact at least once a week with their company's CSO, and 41 percent do so several times a week." (London/Lowitt, 2008, p. 7).

Eine enge Zusammenarbeit speziell von Chief Strategy Officer und Chief Financial Officer, wie hier skizziert, ist essenziell, um die Aufgaben des strategischen Controllings zu erfüllen. Dies resultiert auch unmittelbar aus der Forderung der Informationsnutzer, also des Managements und ihm übergeordneter Aufsichtsgremien, nach einer ganzheitlichen Betrachtung strategischer Sachverhalte. Die Frage der prozessualen Führung, d. h. Dominanz der Strategieabteilung oder der Controllingabteilung, spielt dann nur eine untergeordnete Rolle, und wird maßgeblich durch den Unternehmenskontext geprägt. Strategisches Controlling mit seinem Fokus auf die Sicherung und Weiterentwicklung bestehender und die Erschließung neuer Erfolgspotenziale kann nur erfolgreich sein, wenn es gelingt, die Brücke von den qualitativen hin zu den monetären Informationen zu schlagen, und zwar mit Blick auf einen ganzheitlichen Strategieprozess.

Die nachfolgenden Ausführungen zum strategischen Controlling orientieren sich konzeptionell an der beschriebenen Stufe 4, also dem Unterstützen des Managements durch eine Kombination aus spezialisierter Strategieeinheit und dem rechnungswesenorientierten Controlling. Daraus könnte der Schluss gezogen werden, dass dieses Konzept nur für Großunternehmen geeignet sei. Dies entspricht keinesfalls der Realität, wie Beispiele einer Vielzahl strategisch hervorragend geführter Mittelständler zeigen, die ein weites Spektrum strategischer Instrumente einsetzen (siehe auch das Praxisbeispiel in Kap. 5.3).

Diesen Positivbeispielen scheint jedoch insgesamt noch ein hoher Handlungsbedarf gegenüberzustehen, wie empirische Untersuchungen speziell in kleinen und mittelständischen Unternehmen (KMU) aufzeigen (vgl. z. B. die Untersuchungen von Dahms/Siemes, 2005; Rautenstrauch/Müller, 2006 sowie die grundsätzliche Analyse von Günther/Breiter, 2007). In die gleiche Richtung deuten auch die Untersuchungen von Becker, der in der Studie zum Business Development Management den niedrigen Professionalisierungsgrad hervorhebt (vgl. Becker, 2011, S. 8). In Summe kann daher für einen Großteil der Unternehmen von Defiziten im Bereich des strategischen Managements bzw. des strategischen Controllings ausgegangen werden.

Eine der speziellen Herausforderungen bildet in diesem Zusammenhang die Verzahnung von strategischem Management und Enterprise Risk Management. So wird hinsichtlich der Verknüpfung mit der strategischen Planung noch ein erhebliches Integrationspotenzial gesehen (siehe Weißenberger/Löhr, 2008, S. 20). Einem in sich geschlossenen System von Enterprise Risk Management und strategischem Management kann entscheidenden Anteil an der Erhaltung und erfolgreichen Weiterentwicklung eines Unternehmens beigemessen werden. Auch empirische Studien belegen die hohe Relevanz, die das Risikomanagement bzw. Risikocontrolling in der Unternehmenspraxis besitzt (vgl. Beyer/Hachmeister/Lampenius, 2010 sowie die Bestandsaufnahme bei Weißenberger/Löhr, 2010).

Strategisches Management in seiner Gesamtheit kann dabei als **Prozess der Früherkennung von Chancen und Risiken sowie Stärken und Schwächen** interpretiert werden, für die **zielgerechte Lösungen zu finden und umzusetzen** sind: Strategisches Management ist als Kern eines wirkungsvollen Enterprise Risk Managements zu betrachten. Die Träger des strategischen Controllings sind damit in besonderem Maße gefordert, die fachliche Prozessführung – zumindest im Hinblick auf strategische Risiken – zu übernehmen (vgl. zur Rolle des Controlling im Risikomanagement-Prozess auch Gleißner/Kalweit, 2010; Kajüter, 2010).

2.8 Führungssysteme im Kontext des strategischen Controllings

Unternehmen nutzen **Führungssysteme** und **Leistungssysteme**, um Ziele zu erreichen. Leistungssysteme sind auf das unmittelbare Erzeugen und Verwerten von Gütern ausgerichtet. Führungssysteme dienen hingegen den Trägern von Führungsaufgaben als Instrumente der Willensbildung und Willensdurchsetzung: „Unter einem **Führungssystem** (oder Managementsystem) kann man nun die Gesamtheit des Instrumentariums, der Regeln, Institutionen und Prozesse verstehen, mit denen Führungsaufgaben (-funktionen) in einem sozialen System erfüllt werden." (Wild, 1974, S. 32; siehe auch Küpper, 2008, S. 28 ff.).

Für die Teilbereiche von Führungssystemen existieren verschiedene Systematisierungsansätze (vgl. Bamberger/Wrona, 2012, S. 231 ff.; Siebert, 2006, S. 59). Zentrale, sich z. T. überlappende **Subsysteme** bilden, wie in Abb. 29 dargestellt:

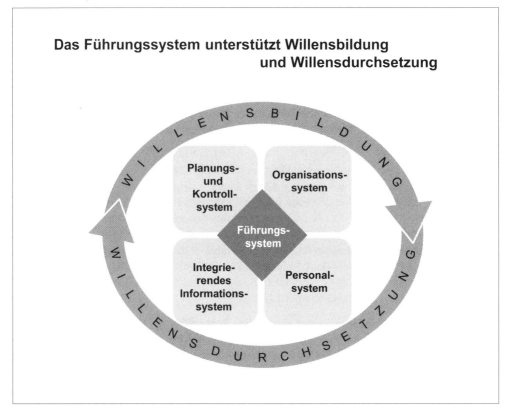

Abb. 29: Subsysteme des strukturellen Führungssystems

- **Planungs- und Kontrollsystem:** Es beinhaltet u. a. die Planungs- und Kontrollprozesse mit zugehörigen Instrumenten auf den verschiedenen Ebenen des Unternehmens: normative, strategische und operative Ebene. Dies schließt das Zielsystem bzw. Zielbildungssystem ein. Das Planungs- und Kontrollsystem findet seinen quantifizierten Ausdruck in der Planungs- und Kontrollrechnung, die in großen Teilen auf Daten des Rechnungswesens basiert.

- **Organisationssystem:** Es umfasst im Kern die Aufbau- und Ablauforganisation des Unternehmens einschließlich zugehöriger Regelungen.

- **Personalsystem:** Es beinhaltet neben den klassischen Bereichen der Personalbedarfsermittlung und der Personaldeckung vor allem das Anreiz- und das Führungskräfteentwicklungssystem.

- **Integrierendes Informationssystem:** Es stellt die erforderlichen unternehmensinternen und -externen Informationen für die übrigen Subsysteme zur Verfügung und verknüpft diese. In diesem Kontext wird auch vom Informations- und Kommunikationssystem gesprochen.

2.8 Führungssysteme im Kontext des strategischen Controllings

Die genannten Subsysteme kennzeichnen ein **strukturelles Führungssystem**, da es sich um weitgehend konkretisierte Instrumente handelt. Neben diesen Instrumenten gelangen in einem umfassenden Verständnis von Führung bzw. Führungssystemen auch nicht bzw. schwach strukturierte Instrumente zum Einsatz. Dies betrifft z. B. die Unternehmenskultur in ihren unterschiedlichen Facetten.

Für das strategische Controlling besitzt das strukturelle Führungssystem vorrangige Bedeutung. Dabei liegt der Schwerpunkt auf dem **Planungs- und Kontrollsystem** mit **Zielsystem**, und zwar hinsichtlich **strategischer Inhalte**. In gleicher Weise gilt dieser strategische Schwerpunkt auch für das **Informationssystem**. Mit ihm werden entsprechende Inputs bereitgestellt, um die Unterstützungsaufgaben der Strategieentwicklung und -umsetzung erfüllen zu können. Ein besonderer Stellenwert kommt dabei einer schnellen Bereitstellung der Informationen zu, im Idealfall „Realtime" (vgl. Fleschhut/Kudernatsch, 2005, S. 20 ff.).

In diesen Kontext der Führungssysteme und des strategischen Controllings sind die **Performance-Measurement-Systeme** einzuordnen. Performance-Measurement-Systeme können als grundsätzlicher Ausdruck einer stärkeren Orientierung an **messbaren Resultaten** verstanden werden (vgl. Dillerup/Stoi, 2011, S. 641 ff.; Gladen, 2008, S. 337 ff.; Gleich, 2011; Müller-Stewens/Lechner, 2011, S. 587 ff.; Ossadnik, 2009, S. 339 ff.; Piser, 2004, S. 109 ff.; Schreyer, 2007, S. 13 ff.).

Zu berücksichtigen ist dabei, dass Führung stets auf Resultate abzielt, wie auch bereits im einführenden Kapitel zur Unternehmensführung erläutert. Insoweit ist ein Führungssystem, das diesem Verständnis von Führung folgt, auch stets auf Resultate ausgerichtet. Die Unterschiede zwischen „Führungssystem" und „Performance-Measurement-System" liegen damit weniger in der Resultate- bzw. Performanceorientierung als in der methodischen Herangehensweise. Für eine Vielzahl von Führungssystemen gilt, dass sie sich zur Messung von Resultaten vorrangig der klassischen Kennzahlensysteme bedienen. Diese Kennzahlensysteme basieren zumeist auf rein finanziellen Kenngrößen und besitzen primär einen operativen Charakter. Im Vergleich dazu steht bei Performance-Measurement-Systemen typischerweise die Operationalisierung und nachfolgende Umsetzung der Strategie im Mittelpunkt. Entsprechend werden neben quantitativ monetären Zielen auch weitere Ziele berücksichtigt, die als vorgelagerte Erfolgsfaktoren gelten.

Zu den Konzeptbestandteilen und Kernfunktionalitäten eines Performance-Measurement-Systems gehören (vgl. Gleich, 2011, S. 24 ff.):

- **Verbindung mit dem Zielbildungs- und Planungssystem:** Ausgangspunkt für ein Performance-Measurement-System bilden die Ziele der Anspruchsgruppen eines Unternehmens. Deren aggregierte Ziele sollen (idealerweise) auf alle Leistungsebenen des Unternehmens heruntergebrochen werden können. Damit kann die Verbindung von normativer, strategischer und operativer Ebene gewährleistet werden. Je nach Betrachtungsweise und Ebene kann die Zielableitung bereits einen Teil des Performance-Measurement-Systems bilden.

- **Strukturierter Kennzahlenaufbau und Kennzahlenpflege:** Ausgehend von den Zielen der verschiedenen Leistungsebenen sind Leistungskennzahlen zu definieren, die über rein finanzielle Kennzahlen hinausgehen. Speziell aus strategischer Sicht steht dabei das Bestreben im Vordergrund, die Strategien durch geeignete Messgrößen für die Beschäftigten zu operationalisieren.

- **Festlegungen zur Leistungsmessung und Abweichungsanalyse:** Dies umfasst als Performance Monitoring die systematische Gegenüberstellung von Soll- und Ist-Werten bzw. zukunftsbezogen von Soll- und Wird-Werten. Hierauf basierend sind je nach definierten Abweichungstoleranzen entsprechende Ursachenanalysen durchzuführen.

- **Kopplung an das betriebliche Anreizsystem:** Durch eine Verbindung mit dem betrieblichen Anreizsystem soll ein zielorientiertes Handeln incentiviert werden. Ein hoher Zielerreichungsgrad auf Basis der Kennzahlen des Performance-Measurement-Systems führt dann insbesondere zu positiven Effekten in der individuellen Vergütung.

- **Initiieren systematischer Lernprozesse:** Ausgehend von dem Identifizieren von Abweichungen und der Ursachenanalyse sollen organisatorische Lernprozesse gestartet werden. Kennzeichen solcher Lernprozesse sind u. a. Trends der verbesserten Zielerreichung, aber auch das grundsätzliche Überdenken von Zielen nach wiederholten Fehlschlägen.

- **Auswahl und Beschreibung unterstützender Systeme:** Es handelt sich um diejenigen Informationssysteme einschließlich spezieller Instrumente, die zur Definition von Kennzahlen und der nachfolgenden Leistungsmessung und Abweichungsanalyse erforderlich sind. Während finanzielle Kennzahlen typischerweise durch das Rechnungswesen bereitgestellt werden, sind andere Kennzahlen, wie z. B. Kundenzufriedenheit, mit separaten Instrumenten zu ermitteln.

- **Festlegung eines institutionellen Rahmens:** Der institutionelle Rahmen adressiert insbesondere die Frage der Funktionsträger des Systems und damit deren Aufgaben, Kompetenzen und Verantwortung. Ebenso umfasst dies die Festlegungen hinsichtlich der ablauforganisatorischen Gestaltung, wie z. B. Art und Häufigkeit von Leistungsmessungen sowie das Reporting von Leistungsresultaten und -abweichungen.

Ein Vergleich mit den Teilbereichen eines Führungssystems – d. h. Planungs- und Kontrollsystem, Organisationssystem, Personalsystem sowie Informationssystem – verdeutlicht die inhaltliche Überlappung von Führungssystem und Performance-Measurement-System. So beinhaltet das Führungssystem mit dem Planungs- und Kontrollsystem auch das Zielbildungssystem. Ohne konkrete Ziele bleibt aber der Begriff „Performance" inhaltlich leer, ein „Measurement" ist erst gar nicht möglich.

Ihre stärkste Wirkung erzielen Performance-Measurement-Systeme daher, wenn sie einen **integralen Bestandteil eines Führungssystems** darstellen. In einem ganzheitlichen Führungssystem schlägt sich der Grad der Zielerreichung dann konsistent sowohl im Incentivesystem als auch im System der Führungskräfteentwicklung nieder (siehe Kap. 4.2.4). Der Erreichungsgrad von Zielen führt zu einer entsprechenden monetären Vergütung und bildet gleichzeitig einen zentralen Input-Faktor für die Entwicklungsplanung von Führungskräften.

2.8 Führungssysteme im Kontext des strategischen Controllings

Performance-Measurement-Systeme sind somit **keine „Stand-alone-Systeme"**, sondern stellen **spezielle Ausprägungen des Führungssystems bzw. von Teilbereichen des Führungssystems dar** (siehe auch Cokins, 2009, p. 7 ff.).

In der Literatur wird eine Vielzahl von Performance-Measurement-Systemen diskutiert (vgl. dazu insbesondere Gleich, 2011, S. 67 ff.; Tangen, 2004, p. 70 ff.). Dazu zählen u. a.:

- Balanced Scorecard,
- Tableau de Bord,
- Performance Pyramid,
- Quantum Performance Measurement,
- Skandia Navigator.

Unter den genannten Ansätzen kann die **Balanced Scorecard** als besonders ausgereift gelten. Sie wird in Kap. 3.7 näher beschrieben.

Zusammenfassung

- Führung (= Management) lässt sich in den Dimensionen von Personen/Institutionen und Prozess charakterisieren. Unternehmensführung als multipersonaler Prozess ist gekennzeichnet durch Willensbildung und Willensdurchsetzung mit Verantwortungsübernahme. Planung, Steuerung und Kontrolle charakterisieren die sachorientierte Dimension und basieren auf dem Regelkreisprinzip.

- Normative, strategische und operative Führung/Management bilden die inhaltlichen Ebenen der Unternehmensführung. Strategisches Management hat die Sicherung bestehender und die Entwicklung neuer Erfolgspotenziale zum Gegenstand, um die übergeordneten Ziele des Unternehmens zu realisieren.

- Träger des strategischen Managements ist das Top-Management des Unternehmens. Soweit ein Unternehmen nicht durch Eigentümer selbst geführt wird, sind Eigentümer bzw. übergeordnete Governancegremien in den Strategieprozess einzubeziehen.

- Der Prozess des strategischen Managements basiert auf dem Regelkreisprinzip. Idealtypisch umfasst der Prozess die Phasen der Zielplanung, Analyse und Prognose, Alternativenentwicklung, Beurteilung und Entscheidung, Implementierung sowie der begleitenden strategischen Kontrolle.

- Entscheidungen im strategischen Managementprozess beziehen sich auf Strategien, Strukturen und Schlüsselpersonen sowie Systeme des Unternehmens, um bestehende Erfolgspotenziale zu sichern und neue Erfolgspotenziale aufzubauen. Strategien, als Kernbereich strategischer Entscheidungen, betreffen dabei vorrangig die Bereiche der Corporate Strategy („Where to compete?") und der Business Strategy („How to compete?").

- Risiken sind bei strategischen Entscheidungen zwingend zu berücksichtigen. Dies erfolgt auf Basis der Risikopolitik des Unternehmens, in der die grundlegende Einstellung zu Risiken festgelegt wird.

- Strategisches Controlling bildet eine spezielle Unterstützungsfunktion für Prozess und Träger des strategischen Managements.

- Generelles Ziel des strategischen Controllings ist die Sicherung ergebnis- bzw. wertzielorientierter Rationalität im Hinblick auf die Sicherung bestehender und die Entwicklung neuer Erfolgspotenziale – auf Basis der Risikopolitik des Unternehmens. Rationalität bedeutet im Speziellen die Orientierung an Fakten; eine absolute Rationalität kann bei strategischen Problemstellungen nicht erreicht werden.

- Strategisches Controlling umfasst aus inhaltlicher Sicht eine Schnittmenge von Aufgaben des strategischen Managements und des rechnungswesenorientierten Controllings.

- Strategisches Controlling kann unterschiedlichen Entwicklungsstufen zugeordnet werden. Die Stufen unterscheiden sich durch zunehmende Differenzierung der Unterstützungseinheiten bzw. ihrer Aufgaben. Insbesondere bei größeren Unternehmen findet die Differenzierung ihre Ausprägung in den Funktionsinhabern Chief Strategy Officer (CSO) und Chief Financial Officer (CFO).

- Führungssysteme unterstützen den Prozess der Willensbildung und Willensdurchsetzung. Schwerpunkte aus Sicht des strategischen Controllings liegen bei dem Planungs- und Kontrollsystem mit Zielbildungssystem und dem Informationssystem, jeweils mit strategischem Fokus. Performance-Measurement-Systeme sind spezielle Ausprägungen von Teilen eines Führungssystems und stellen die ganzheitliche Resultateorientierung in den Mittelpunkt.

3 Strategisches Controlling in der Phase der Strategieentwicklung

3.1 Einige Vorbemerkungen

„Essen, 9. Juni 2009. Die Arcandor AG hat heute beim Amtsgericht Essen den Antrag auf Eröffnung des Insolvenzverfahrens wegen drohender Zahlungsunfähigkeit eingereicht. Ziel des Verfahrens ist es, mit einem Insolvenzplan die begonnene Sanierung des Unternehmens und seiner Tochtergesellschaften fortzusetzen und deren Fortbestand zu sichern. Im Nachgang zur Arcandor AG haben auch die Karstadt Warenhaus GmbH, die Primondo GmbH und die Quelle GmbH Gläubigerschutz beantragt." (Arcandor, 2009a).

Falsches oder zu spätes strategisches Handeln hat für ein Unternehmen existenzbedrohende Folgen. Der strategischen Krise folgt die Ergebniskrise und letztlich die Liquiditätskrise. Das Auseinandersetzen mit strategischen Fragestellungen und das Lösen von strategischen Fragestellungen sind von fundamentaler Bedeutung für die Erhaltung und erfolgreiche Weiterentwicklung eines Unternehmens.

Sich **„Auseinandersetzen"** bedeutet vor allem die intensive und kontinuierliche Beschäftigung mit den Problemen eines Unternehmens. Probleme, und insbesondere strategische Probleme, sind nicht per se offensichtlich. Ganz im Gegenteil: Wenn sie offensichtlich geworden sind, befindet sich das Unternehmen zumeist schon in einem fortgeschrittenen Krisenstadium. Das frühzeitige **Erkennen von Problemen** ist eine der **Kernaufgaben des Managements**:

„Wenn Manager als Entscheider oder Problemlöser bezeichnet werden, so ist dies insoweit irreführend, als damit die Vorstellung verbunden ist, Probleme seien gegeben und müssten bloss erfasst und gelöst werden. Probleme sind jedoch Produkte menschlichen Urteilens; sie können nicht wie ein Ding gefunden, sondern müssen erfunden werden. Diese Problematisierung tatsächlicher oder erwarteter Zustände und Vorgänge stellt eine primäre Managementaufgabe dar." (Ulrich, 1983, S. 147). Identisch gilt das Gesagte auch für Chancen. Sehr schnell werden ungenutzte Chancen heute zu den Problemen von morgen.

Das Auseinandersetzen, das „Erfinden" im Sinne von Ulrich, ist Gegenstand der beiden ersten Kapitel im nachfolgenden Teil der Strategieentwicklung. Die **Zielplanung** dient dazu, den Rahmen für das „Auseinandersetzen" zu schaffen und damit Orientierung zu geben. Die im Anschluss beschriebenen, strategisch ausgerichteten **Analyse- und Prognoseverfahren** sind instrumental, um die Chancen und Risiken ebenso wie die Stärken und Schwächen zu identifizieren.

Das „**Lösen**" von strategischen Fragestellungen setzt auf den Analysen und Prognosen auf. Leider trifft das Sprichwort „Gefahr erkannt, Gefahr gebannt" im strategischen Kontext keineswegs zu. Es besteht kein Automatismus, der zu einem „Strategischen Happy End" führt. Die Erfolgswahrscheinlichkeit steigt jedoch durch systematisches Vorgehen mit geeigneten Instrumenten. Im Kontext der Strategieentwicklung adressieren dies die Abschnitte des **Erarbeitens von Strategiealternativen**, der **Bewertung** und der **Auswahl**.

Die erfolgreiche Lösung basiert nicht nur auf der Qualität der Strategie, sondern insbesondere auch auf der Qualität der Umsetzung. Der Strategieentwicklung schließt sich entsprechend das Kapitel zur **Strategieimplementierung** an. Diese Abfolge darf nicht als streng sequenziell missverstanden werden, auch wenn sich das Implementieren der Strategie, von Vorbereitungen abgesehen, erst nach der Strategieentscheidung vollzieht. Die spätere Implementierbarkeit sollte bereits bei der Strategieentwicklung berücksichtigt werden, wenn die Risiken und Chancen einer Strategie abzuwägen sind.

Integraler Bestandteil des Auseinandersetzens und des Lösens strategischer Problemstellungen ist die **strategische Kontrolle**. Ihre Darstellung folgt dem Abschnitt zur Strategieimplementierung. Die strategische Kontrolle ist dabei deutlich mehr als eine konventionelle, nachträgliche Soll-/Ist-Überprüfung. Die strategische Kontrolle begleitet den Gesamtprozess von der Zielplanung bis zur Strategieimplementierung.

3.2 Grundsätzliches zur Strategieentwicklung

Gegenstand der Strategieentwicklung ist

- das Formulieren der strategischen Ziele,
- das Durchführen von zielgerichteten Analysen und Prognosen,
- das Erarbeiten von strategischen Handlungsalternativen,
- das Bewerten der Alternativen im Hinblick auf die Zielerreichung und
- die Entscheidung für eine Strategie bzw. ein Strategiebündel.

Wie schon erläutert, handelt es sich um einen **idealtypischen Ablauf**. Dieser ist nicht als linearer, mechanistischer Prozess zu verstehen, sondern als **Regelkreis mit vielfältigen Rückkopplungsschleifen**. Einzelne Abschnitte, wie die Phase der strategischen Zielformulierung, können in sich wieder den Charakter eines komplexen Entscheidungsproblems besitzen.

Den Anstoß für einen Strategieentwicklungsprozess kann ein übergeordneter Regelprozess bilden. Hier kann es sich z. B. um jährlich wiederkehrende Strategiegespräche im Unternehmen handeln. Ebenso können jedoch auch singuläre Ereignisse, z. B. strategische Handlun-

3.2 Grundsätzliches zur Strategieentwicklung

gen eines Konkurrenten oder der autonome Entschluss des Top-Managements, den Anstoß geben. Gegenstand des Prozesses kann dabei die Gesamtheit der strategischen Fragestellungen eines Unternehmens sein oder nur ein ausgewählter Teilbereich.

Der Vorteil eines Regelprozesses besteht vor allem in der höheren Systematik, die im Zeitablauf durch kontinuierliche Verbesserungen erreicht werden kann. Zudem werden mit einem Regelprozess entsprechende Zeitfenster im Management-Terminkalender reserviert. Damit kann dem Problem begegnet werden, dass das Tagesgeschäft zu wenig Raum für strategische Fragestellungen lässt. Bewährt haben sich in diesem Zusammenhang auch spezielle mehrtägige **Strategie-Workshops**. Der **Anhang** beschreibt die Struktur einer solchen Veranstaltung.

Erfahrungen aus der Unternehmenspraxis zeigen, dass die Auseinandersetzung mit Fragen der Strategieentwicklung eine „mentale Rüstzeit" erfordert. Es sind umfangreiche Vorarbeiten zur Analyse und Prognose zu leisten, die dann die Basis des Erarbeitens, des Abwägens und des Auswählens von Strategiealternativen bilden. In einem laufenden Tagesgeschäft kann die Unternehmensleitung selten die dazu erforderliche Zeit aufbringen. Wenn dies noch in einem gewissen Umfang für die Situation eines stabilen Umfelds möglich ist, dann stößt es spätestens bei erhöhter Umfelddynamik und dsikontinuierlichen Entwicklungen an deutliche Grenzen. Mit Blick auf diese speziellen Anforderungen und die besondere Bedeutung der Strategieentwicklung resultiert daraus das Plädoyer für eine

- **professionelle Unterstützung der Unternehmensleitung und**
- **klaren Trennung von Strategiearbeit und Tagesgeschäft.**

Unabhängig davon, was den Anlass eines Strategieprozesses darstellt und in welcher individuellen Ausgestaltung dieser Prozess in einem Unternehmen letztlich auch stattfindet, im Mittelpunkt steht immer die Frage nach den **richtigen Entscheidungen** für die **Erhaltung und erfolgreiche Weiterentwicklung des Unternehmens**.

Das Festlegen der strategischen Ziele:
„Welche Ziele soll unser Unternehmen erreichen?"

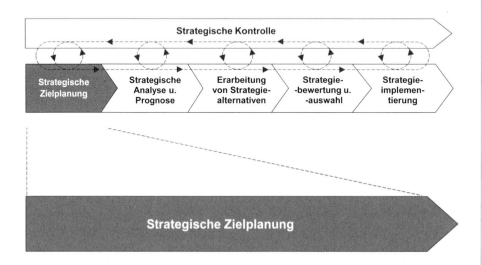

- **Gegenstand der Phase:**
  Ableitung der strategischen
  - Wertziele
  - Sachziele
  - Sozialziele
  auf Basis der Festlegungen
  der normativen Ebene

- **Aufgabe des strategischen Controllings:**
  Bereitstellung der erforderlichen markt- und wettbewerbsorientierten Informationen zur sachlichen Fundierung der Zielentscheidungen. Schwerpunkt bei Wertzielen: Metriken (Zielinhalt), anzustrebende Niveaus (Zielausmaß) und Zeithorizont

- **Output der Phase:**
  Festgelegte Ziele nach
  - Inhalt
  - Ausmaß
  - zeitlichem Bezug

Abb. 30: Strategische Zielplanung im strategischen Managementprozess

3.3 Strategische Zielplanung

„**Welche Ziele soll unser Unternehmen erreichen?**", diese Frage ist Gegenstand der strategischen Zielplanung, die zu einer Festlegung der Ziele führt. Im Einzelnen werden dabei insbesondere folgende Aspekte adressiert:

- Wie wirken strategische Ziele, Strategien und Stoßrichtungen zusammen, um die übergeordneten Unternehmensziele zu erreichen?
- Was kennzeichnet dabei im Speziellen die strategischen Wertziele?
- In welchen vier Feldern bewegen sich die Inhalte strategischer Wertziele?
- Aus welchen Referenzwerten können strategische Wertziele abgeleitet werden und welche Besonderheiten gelten für kapitalmarktorientierte Unternehmen?
- Welche Probleme können auftreten, wenn Wertziele zu einseitig auf einzelne Größen ausgerichtet werden?

3.3.1 Grundsätzliches zur Zielplanung

Ziele, als angestrebte zukünftige Zustände, bilden Ausgangspunkt und Rahmen für das strategische Controlling. Die Ziele der strategischen Ebene werden dazu nach Inhalt, Ausmaß und zeitlichem Bezug konkretisiert (siehe Abb. 30). Die Ziele der strategischen Ebene stehen dabei nicht isoliert, sondern sind aus der übergeordneten normativen Ebene abzuleiten bzw. zu präzisieren.

Das Konkretisieren der strategischen Ziele in Form einer strukturierten Zielplanung ist vor allem dann erforderlich, wenn auf der normativen Ebene keine entsprechenden operationalen Aussagen getroffen wurden. Ein Beispiel hierfür ist folgende Aussage:

„*In unserer Branche wollen wir für unsere Shareholder das beste Investment darstellen.*"

Das nachfolgende Ableiten von konkretisierten Zielen kann einerseits als systematisierter Prozess, also in Form einer Planung, erfolgen. Die Zielkonkretisierung kann jedoch auch das Resultat einer intuitiven Entscheidung durch die oberste interne Führungsebene oder die Eigentümer bzw. Eigentümervertreter sein.

Der grundsätzliche Zusammenhang zwischen der normativen Ebene (einschließlich Unternehmensvision und -mission) und strategischen Zielen sowie Strategien und strategischen Stoßrichtungen verdeutlicht Abb. 31. Ausgehend von der heutigen Unternehmenssituation können aus der normativen Ebene heraus grundsätzliche **strategische Stoßrichtungen** definiert werden, die die Verbindung vom Ist mit der Zukunft darstellen. Derartige Stoßrichtungen geben eine generische Richtung der Unternehmensentwicklung vor. Strategische Ziele werden dann im Rahmen der vorab definierten Stoßrichtungen formuliert und sollen durch geeignete Strategien umgesetzt werden (vgl. Mussnig/Giermaier/Sitter, 2007, S. 257 ff.).

Strategische Stoßrichtungen, soweit sie Verwendung finden, besitzen eine sehr enge Verbindung zu den Zielen der normativen Ebene. Steht bei den normativen Zielen das „Was" im Vordergrund, geben strategische Stoßrichtungen die erste (und längerfristig gültige) Antwort auf das „Wie". Sie bedürfen aber im Weiteren noch der beschriebenen Konkretisierung durch strategische Ziele und Strategien (siehe als Beispiel das BMW-Strategiegebäude Kap. 3.5.4).

Vor allem in der US-amerikanischen Strategieliteratur finden sich die zwei Zielkategorien der **„Strategic Objectives"** und **„Financial Objectives"**:

- "Strategic Objectives relate to target outcomes that indicate a company is strengthening its market standing, company vitality and future business prospects." […]

- "Financial Objectives relate to the financial performance targets management has established." (Thompson/Strickland/Gamble, 2008, p. 31).

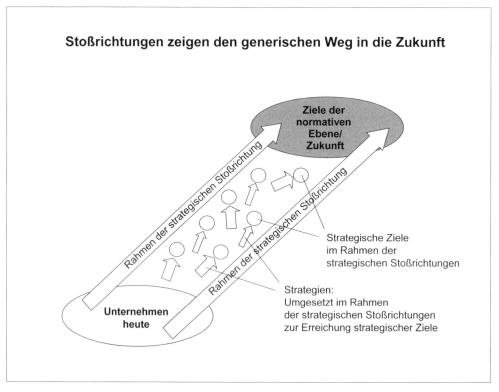

Abb. 31: Strategische Stoßrichtungen als Rahmen für Ziele und Strategien (vgl. Mussnig/Giermaier, 2007, S. 283)

Strategische Ziele im obigen Sinne und Wertziele stehen in enger Beziehung. Das Anspruchsniveau der formulierten mittel- bis langfristig angelegten Wertziele hat direkten Einfluss auf die Formulierung geeigneter strategischer Ziele. Die „Strategic Objectives" müssen so angelegt sein, dass mit ihnen die „Financial Objectives" erreicht werden können. Das

3.3 Strategische Zielplanung

Erreichen der strategischen Ziele in Form des Aufbaus und der Nutzung von Erfolgspotenzialen bzw. Wettbewerbsvorteilen führt dann als monetäre Konsequenz zur Erfüllung der Wertziele.

Unter diesem Aspekt soll zwischen strategischen Zielen im weiteren Sinne und strategischen Zielen im engeren Sinne unterschieden werden:

- **Strategische Ziele im engeren Sinne:** Beinhalten Aussagen zur angestrebten Markt-/Ressourcenposition, mit der Wettbewerbsvorteile erlangt werden sollen.
- **Strategische Ziele im weiteren Sinne:** Umfassen zusätzlich auch Aussagen zu den mittel- bis langfristig ausgerichteten finanziellen Zielen („**Strategische Wertziele**").

Das Formulieren der strategischen Wertziele erfolgt innerhalb des Zielrahmens der normativen Führungsebene. Hierbei gilt: Je allgemeiner die Aussagen auf der normativen Ebene gehalten sind, unter Umständen sind diese auch nicht explizit festgehalten, umso bedeutsamer ist das Konkretisieren der strategischen Wertziele. Die definierten strategischen Wertziele müssen anschließend durch das Erarbeiten und Umsetzen geeigneter strategischer Ziele und Strategien erfüllt werden (siehe Abb. 32).

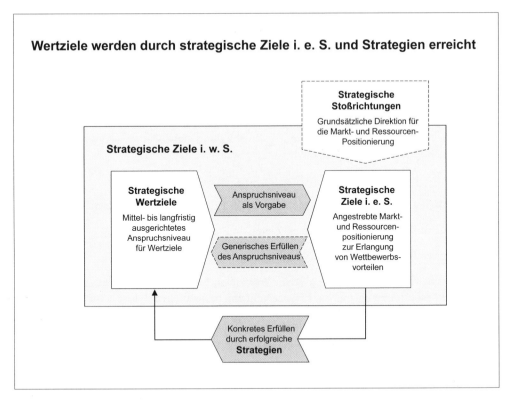

Abb. 32: Zielinterdependenzen im Rahmen der strategischen Ziele

Ebenso ist denkbar, dass ein Unternehmen die Wertziele den strategischen Zielen i. e. S. unterordnet. Ein Beispiel dafür wäre das Erreichen eines bestimmten Marktanteils gemessen in verkauften Einheiten; ein Ziel, dem sich andere Ziele unterzuordnen hätten. Bei den Wertzielen würde dies zur Definition von Zielgrößen führen, die das betreffende Marktanteilsziel unterstützen. So hätte die Cash-Verwendung für Investitionen typischerweise Vorrang vor Dividendenausschüttungen. Für die weiteren Ausführungen soll allerdings von einem grundsätzlichen Vorrang der Wertziele ausgegangen werden. Dies kann insbesondere mit Blick auf kapitalmarktorientierte Unternehmen als plausible Annahme gelten.

Neben den strategischen Zielen, die Wert- und Sachgrößen zum Inhalt haben, sind ebenfalls die **Sozialziele** zu berücksichtigen. Sie betreffen z. B. das Verhalten gegenüber Mitarbeitern, aber auch Macht- und Prestigeziele oder Unabhängigkeitsziele können Gegenstand von Sozialzielen sein. Einen neuen Zielbereich bilden unter dem **Gesichtspunkt der nachhaltigen Unternehmensführung** die **ökologischen Ziele**. Sie können im weiteren Sinne ebenfalls den Sozialzielen zugeordnet werden (vgl. zu Nachhaltigkeitscontrolling Fischer/Möller/Schultze, 2012, S. 569 ff.). Sozialziele besitzen Einfluss auf die strategische Zielplanung bzw. sind selbst Gegenstand einer Zielformulierung. Die Vielschichtigkeit von Sozialzielen kann ihre Einbeziehung in den Entscheidungsprozess erschweren. Für die weiteren Ausführungen soll unterstellt werden, dass die relevanten Sozialziele hinreichend präzisierbar sind, um sie im Entscheidungsprozess berücksichtigen zu können. Sie besitzen dann entweder den Charakter von zwingend zu erfüllenden Nebenbedingungen (z. B. „Beibehaltung der Unabhängigkeit") oder sind auf einer geeigneten Skala zu definieren (z. B. „Mitarbeiterzufriedenheit"). Dies ist die Voraussetzung, um die Zielerreichung von Sozialzielen zu erfassen und sie mit der anderer Ziele zu vergleichen.

Im vorliegenden Abschnitt zur Zielplanung liegt somit im Weiteren der Fokus auf der strukturierten Vorgehensweise zur Ermittlung von strategischen Wertzielen. Der Komplex der strategischen Ziele i. e. S. und der damit in Verbindung stehenden Strategien sind Gegenstand der sich anschließenden Phasen des strategischen Managementprozesses.

Das Festlegen der strategischen Wertziele umfasst Aussagen zu:

- **Zielinhalt**: Art der finanziellen Metriken (z. B. EBIT, ROCE, EVA, Cashflow),
- **Zielausmaß**: Höhe des angestrebten Zieles,
- **Zeitlicher Bezug**: Termin der Zielerreichung.

Im Kontext der Planung von strategischen Wertzielen bestehen grundlegende **Unterschiede** zwischen **börsennotierten** und in **Privateigentum befindlichen Unternehmen**. Für beide Gruppen gilt, dass sie die finanziellen Ansprüche von Mitarbeitern, Lieferanten, Fremdkapitalgebern und Fiskus befriedigen müssen. Unterschiedlich ist jedoch der darüber hinaus gehende Handlungsspielraum bei der Formulierung der Gewinnerwartung.

In einem **Privatunternehmen** können sowohl sehr moderate als auch sehr aggressive Wertziele formuliert werden. Es verbleibt letztlich in der autonomen **Verantwortung der Eigentümer**, welches Ergebnisniveau unter Berücksichtigung der spezifischen Risikostruktur (Branche und Unternehmen) angestrebt wird. Dies ist sowohl Ausdruck der persönlichen Präferenzen für monetäre Ziele aber auch der individuellen Risikobereitschaft („Risk Appetite").

Im Hinblick auf **börsennotierte Unternehmen**, wie z. B. einer AG, gestaltet sich diese Situation anders. Der Vorstand des Unternehmens befindet sich gegenüber anderen Börsenunternehmen in **Konkurrenz um das Kapital der Anleger**. Das Anspruchsniveau der Ziele („Soll") und vor allem die Fähigkeit eines Unternehmens eine entsprechende Leistung anschließend zu realisieren („Ist"), besitzen einen zentralen Einfluss auf die Entscheidungen von Investoren. Ein Unternehmen, das im Anspruchsniveau seiner Ziele und vor allem der realisierten Performance dauerhaft hinter dem Branchendurchschnitt zurückbleibt, setzt eine Abwärtsspirale in Gang: Die Enttäuschung von Aktionären führt zum Abzug von Kapital und damit sinkenden Kursen, die letztlich die Unabhängigkeit oder sogar die Existenz des Unternehmens bedrohen. Im Falle des „Wettbewerbs um Kapital" muss ein Unternehmen daher seine Zielsetzungen mit Blick auf Investoren und Konkurrenten definieren.

Eine spezielle Problematik bildet in diesem Zusammenhang die sogenannte **Principal-Agent-Situation**. Sie entsteht, wenn ein Auftraggeber (Principal) unternehmerische Entscheidungskompetenzen an einen Auftragnehmer (Agent) delegiert. Die Principal-Agent-Problematik entsteht aus der Annahme, dass der Auftragnehmer nur bedingt im Interesse des Auftraggebers handeln wird, sondern sich vorrangig an seinen persönlichen Zielen orientiert. Je stärker sich die Zielsetzungen von Principal und Agent decken, umso eher kann von einer entsprechenden Aufgabenerfüllung im Sinne des Principals ausgegangen werden (vgl. Welge/Al-Laham, 2012, S. 50 ff.). Im unternehmerischen Kontext ist die Principal-Agent-Situation charakteristisch für sogenannte „managergeführte Unternehmen". Es sind Unternehmen, die nicht von den Eigentümern selbst geführt werden, sondern wo diese Aufgabe auf angestellte Führungskräfte übertragen wurde. Darüber hinaus tritt die grundsätzliche Principal-Agent-Problematik auch stets in dezentral organisierten Unternehmen auf. Entsprechend kommt der Wahl der Ziele eine grundlegende Bedeutung zu.

Im Weiteren soll die Vorgehensweise für das Festlegen von strategischen Wertzielen nach Zielinhalt, Zielausmaß sowie zeitlichem Bezug skizziert und an Beispielen erläutert werden.

3.3.2 Zielinhalt

Im ersten Schritt ist die Art der wertorientierten Metriken zu bestimmen, die Gegenstand der Zielformulierung sein sollen. Im Mittelpunkt steht damit die Frage nach dem **„Was?"**.

Grundsätzlich kann für die Eigentümer des Unternehmens der **Zielinhalt** der **Wertsteigerung** als plausibles monetäres Ziel unterstellt werden. Im Konzept des **Shareholder Values** entspricht dies einem Anstieg des Eigenkapital-Marktwertes. Dieser ergibt sich rechnerisch durch Diskontieren der zukünftigen Cashflows (CF), plus eventuellem Residualwert (R), von denen das Fremdkapital (FK) abgezogen wird (vgl. Bea/Haas, 2013, S. 83):

$$Shareholder\ Value = \sum_{t=1}^{Z} CF_t (1+WACC)^{-t} + R(1+WACC)^{-Z} - FK$$

Das Diskontieren erfolgt dabei mit dem **WACC (Weighted Average Cost of Capital)**. Es handelt sich um den gewichteten Kapitalkostensatz des Unternehmens aus Eigen- und Fremdkapitalkosten, der zugleich eine Mindestrenditeerwartung darstellt (siehe zur Herleitung Kap. 3.6.2).

Das Konzept des Shareholder Values ist durchaus begründet in die Kritik geraten. Allerdings wird dabei häufig der Zielinhalt mit dem Zielausmaß verwechselt. Wie schon betont, sagt der Zielinhalt noch nichts über das angestrebte Zielausmaß und die Gewichtung zu anderen Zielen aus. Da es speziell in der öffentlichen Diskussion schnell zu einer Negativhaltung gegenüber dem Shareholder Value kommt, ist es umso wichtiger, diese Dimensionen voneinander getrennt zu betrachten: Das generische Ziel der Wertsteigerung ist als **konstitutiv für eine unternehmerische Wettbewerbswirtschaft** anzusehen. Ohne Aussicht auf Wertsteigerung wird auf Dauer kein unternehmerisches Handeln erfolgen.

Der Zielinhalt, das „Was", soll nachfolgend auf Basis einer Aktiengesellschaft bzw. einer börsennotierten Gesellschaft näher betrachtet werden. Die Aussagen sind prinzipiell auch auf nicht-börsennotierte Unternehmen übertragbar.

Für Investoren kann unterstellt werden, dass sie ausgehend vom Shareholder Value an der Zielgröße des **Total Shareholder Returns (TSR)** interessiert sind. Der TSR bildet den Wertzuwachs des eingesetzten Kapitals als Prozentwert ab. Der Wertzuwachs entspricht im Falle eines Aktieninvestments der Summe aus Kursanstieg plus erhaltenen Dividenden (vgl. z. B. Plaschke, 2003, S. 115).

Dazu ein einfaches Beispiel: Für eine Aktie werden 50 € zum Zeitpunkt t_0 investiert. Die Aktie wird zum Zeitpunkt t_1 für 58 € verkauft. Zwischen t_0 und t_1 fließen Dividenden von 2 €. Der Wertzuwachs entspricht somit ([58 € – 50 €] + 2 €) = 10 €. Für den TSR ergibt sich ein Wert von (10 €/50 €) x 100 % = 20 %.

Der logischen Schlüssigkeit des TSR-Konzeptes steht ein praktisches Problem gegenüber: Die formulierten Ziele sollen als **Zielpyramide** auf die **Organisationspyramide** des Unternehmens heruntergebrochen werden (siehe z. B. Peters/Pfaff, 2008, S. 59 ff.). Im Idealfall gelingt dies durch mathematische Verknüpfungen einer Oberkennzahl mit den verschiedenen, nachgelagerten Ebenen. Dies ist jedoch speziell im Hinblick auf das TSR-Element „Anstieg des Aktienkurses" nicht möglich. Aktienkursveränderungen können als generische Größen nicht plausibel auf Organisationseinheiten heruntergebrochen und nachgehalten werden. So finden sich auch nur vereinzelt externe Zielaussagen auf Basis TSR (vgl. z. B. Unilever, 2010, p. 46). Zumeist werden daher Zielgrößen gewählt, die in einer positiven Korrelation zum TSR stehen und sich wegen der Eigenschaft des „Herunterbrechens" besser für die Unternehmensführung eignen.

Abb. 33 verdeutlicht die Einflussfaktoren auf den Total Shareholder Return. Der TSR wird maßgeblich getrieben von der **Veränderung des Umsatzes** und der **Veränderung der Umsatzrendite**. Beide führen im Resultat zum Ergebniswachstum. Die Stärke des Ergebniswachstums treibt über die sogenannten „Multiples" den Börsenkurs des Unternehmens. Bei entsprechend positivem Ausblick steigen die Multiples zusätzlich zum intrinsischen Wert eines Unternehmens an. So weisen hochprofitable Unternehmen mit starken Wachstums-

3.3 Strategische Zielplanung

chancen zumeist auch überdurchschnittliche Multiples auf. Neben dem Ergebniswachstum kommt dem **Cashflow** eine zentrale Rolle zu. Die Fähigkeit aus dem Geschäft heraus Cash zu generieren, ermöglicht entsprechende Investitionen für Wachstum und die Ausschüttung von Dividenden an die Aktionäre. Dividenden gehen entsprechend der TSR-Formel positiv in den Wertzuwachs ein.

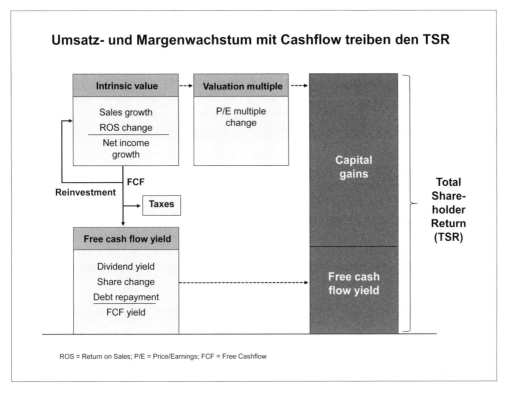

Abb. 33: Einflussfaktoren auf den TSR (vgl. The Boston Consulting Group, 2009a; leicht modifiziert)

Eine enge Nähe zu den Treibergrößen des TSR besitzt die Zielgröße „**Earnings per Share (EPS)**", der Jahresüberschuss pro Aktie. Steigerungen des Überschusses pro Aktie besitzen prinzipiell einen positiven Einfluss auf die Kursentwicklung. Unter Berücksichtigung der Anzahl der Aktien kann für ein EPS-Ziel der dazu erforderliche Jahresüberschuss ermittelt werden.

Zusammengefasst interessieren aus Investorensicht als **Zielinhalte** vor allem

- **Umsatz** („Top Line"),
- **Profitabilität** („Bottom Line") und
- **Cash-Generierung**.

Daneben gelangen ebenfalls Ziele zur Anwendung hinsichtlich

- **Kapitalrentabilität** und
- **Kapitalstruktur.**

Mit Zielen der Kapitalrentabilität wird eine verbesserte, auch interne Transparenz hinsichtlich der Effizienz der Kapitalverwendung angestrebt. Zielen zur Kapitalstruktur kommt unter den Aspekten von Risikomanagement einerseits und Kapitaleffizienz andererseits eine spezielle Bedeutung zu.

Für die angesprochenen Ziele von Umsatz, Profitabilität, Cash, Kapitalrentabilität und Kapitalstruktur gilt, dass sie im Führungsprozess in Form von Kennzahlen benutzt werden (vgl. als Überblick zu Kennzahlen Krause/Arora, 2010; Preißler, 2008 sowie dem RL-Kennzahlensystem als einem in sich geschlossenem System bei Reichmann, 2006, S. 66 ff.; Wulf, 2008, S. 53 ff.).

Hinsichtlich der hier interessierenden Kennzahlen besteht ein unterschiedlicher inhaltlicher Präzisierungsbedarf: Das Ziel „**Umsatz**" ist als Zielinhalt eines Unternehmens hinreichend klar. Die Herausforderungen liegen in der Festlegung von Zielausmaß und Zeitpunkt der Zielerreichung. Ähnlich gilt dies für „**Cash bzw. Cash-Überschüsse**". Hier steht die Fähigkeit im Vordergrund, aus dem Geschäftsprozess liquide Mittel zu generieren. Relevante Metriken sind hier insbesondere der operative Cashflow und der Free Cashflow (vgl. Siegwart/Reinecke/Sander, 2010, S. 140 ff.). Komplexer gestaltet sich die Frage des Zielinhaltes bei „**Profitabilität**", „**Kapitalrentabilität**" und „**Kapitalstrukturen**", auf die nachfolgend eingegangen wird.

Der Arbeitskreis Internes Rechnungswesen der Schmalenbach-Gesellschaft stellt im Zusammenhang mit wertorientierten Zielgrößen fest: „Bislang hat sich weder in der Literatur noch in der Praxis eine einheitliche Terminologie für die in den einperiodischen Konzepten verwandten Kennzahlen herausgebildet. […] In der Regel gibt es zu jeder Wertbeitrags- auch eine entsprechende Rentabilitätskennzahl." (Arbeitskreis Internes Rechnungswesen der Schmalenbach-Gesellschaft, 2010, S. 802).

Profitabilität

Für das Ziel „**Profitabilität**" existiert eine Vielzahl von Metriken, die teilweise aufeinander aufbauen. Abb. 34 zeigt eine Auswahl von Gewinn- bzw. Ergebniskennzahlen, die prinzipiell als Zielinhalte infrage kommen. Die Unterschiede zwischen den Größen ergeben sich aus dem Umfang der berücksichtigten Kosten bzw. Aufwandspositionen. Es handelt sich um Kennzahlen, die unmittelbar aus dem Zahlenwerk des Rechnungswesens entnommen werden können. Soweit Kapitalkosten berücksichtigt werden, handelt es sich ausschließlich um Kosten bzw. Aufwand für Fremdkapital. Kosten für Eigenkapital werden nicht berücksichtigt. Insoweit kann hier auch von **konventionellen Ergebniskennzahlen** gesprochen werden.

3.3 Strategische Zielplanung

Gewinn- bzw. Ergebnisgrößen unterscheiden sich in den Inhalten

Kennzahl	Merkmale/Ableitung
Net Earnings/Net Income/ Earnings after Taxes (**EAT**)	Spiegelt den Jahresüberschuss nach Steuern wider.
Earnings Before Taxes (**EBT**)	Entspricht den Net Earnings vor Steuern.
Earnings Before Interest and Taxes (**EBIT**)	Spiegelt das Ergebnis der operativen Geschäftstätigkeit vor Finanzergebnis und Steuern wider (Betriebsergebnis), soweit neben den Zinsen auch die übrigen Elemente des Finanzergebnisses unberücksichtigt bleiben.
Earnings Before Interest, Taxes and Amortization (**EBITA**)	Filtert aus den Net Earnings auch die Abschreibungen auf immaterielle Vermögenswerte heraus. Ziel ist zumeist die Bereinigung um hohe und unregelmäßige Goodwill-Abschreibungen.
Earnings Before Interest, Taxes, Amortization and Depreciation (**EBITDA**)	Eliminiert auch die Abschreibungen auf materielle Vermögensgegenstände. Verfolgt das Ziel, Einflüsse unterschiedlicher Abschreibungsmethoden auf das Ergebnis zu eliminieren → auch Indikator für operativen Cashflow.
Earnings Before Interest and after Taxes (**EBIAT**)	Spiegelt das Ergebnis der operativen Geschäftstätigkeit vor Finanzergebnis aber <u>nach</u> Steuern wider → häufige Verwendung bei Kapitalrentabilitäten.
\multicolumn{2}{c}{Bei Nutzung als %-Kennzahl erfolgt die Division durch den Umsatz. Typischerweise Bezeichnung als Marge („EBIT-Marge").}
Ergebnismarge/ Return on Sales (**ROS**)	Stellt das auf den Umsatz bezogene Ergebnis des Unternehmens dar: Ergebnis / Umsatz = Ergebnismarge (ROS), auch als Umsatzrentabilität bezeichnet. Ergebnisgrößen können alle oben genannten Kennzahlen sein.

Abb. 34: Ausgewählte Ergebniskennzahlen

Eine Weiterentwicklung der konventionellen Ergebniskennzahlen bilden die Kennzahlen nach dem Konzept des **Residualgewinns bzw. ökonomischen Gewinns**. Sie unterscheiden sich von den obigen Kennzahlen durch die Berücksichtigung von Eigenkapitalkosten. Erst wenn auch die Eigenkapitalkosten verdient wurden, wird von einem Gewinn im Sinne eines Mehrwertes gesprochen. Im Falle des Residualgewinns bezieht sich dieser auf die betreffende Periode, während der ökonomische Gewinn eine periodenübergreifende Zukunftsgröße darstellt und durch Diskontierung ermittelt wird.

Die Eigenkapitalkosten spiegeln in beiden Varianten die Erwartung der Eigenkapital-Investoren hinsichtlich Branche und Unternehmen wider. Sie werden i. d. R. durch den kombinierten Eigen- und Fremdkapitalkostensatz berücksichtigt, die **Weighted Average Cost of Capital (WACC)**. Bezogen auf diesen gewichteten Kapitalkostensatz gilt somit, dass ein Gewinn erst erwirtschaftet wird, wenn die Weighted Average Cost of Capital verdient wurden (vgl. Diedrich, 2002, Sp. 405 f.; Dillerup/Stoi, 2011, S. 156 ff.; Hahn, 2006c; Langguth, 2008, S. 65 ff.).

Die bekannteste Kennzahl aus dem Bereich der Residualgewinne ist der sogenannte **EVA®** (vgl. Young/O'Byrne, 2001; Langguth, 2008, S. 139 ff.). Es handelt sich um die spezielle Form eines Periodengewinns, der sich nach Abzug von Kapitalkosten auf Eigen- und Fremdkapital ergibt (= Residualgewinn). Kennzeichnend für die Ermittlung des EVA® sind Empfehlungen für vielfältige Anpassungen gegenüber den Zahlen des Rechnungswesens. Diese Anpassungen betreffen zum einen die Ergebnisgröße vor Abzug von Kapitalkosten; in der Terminologie des Konzeptes der „Net Operating Profit After Tax (NOPAT)". Zum anderen betreffen diese die Berechnung des gebundenen Kapitals.

Der EVA® als €-Wert ergibt sich, wenn vom Net Operating Profit After Tax die Kapitalkosten abgezogen werden. Die Kapitalkosten resultieren dabei aus der Multiplikation der Kapitalbasis, den Net Operating Assets (NOA), mit dem Kapitalkostensatz, den Weighted Average Cost of Capital (WACC):

$$\text{EVA } € = \text{NOPAT } € - (\text{NOA } € \times \text{WACC } \%)$$

Durch Diskontieren der Residualgewinne (Wertbeiträge) zukünftiger Perioden kann ein sogenannter Market Value Add (MVA) ermittelt werden.

Neben EVA® wurden eine Reihe weiterer Gewinngrößen nach dem Prinzip von Residualgewinnen entwickelt. Hierbei handelt es sich z. B. um den Cash Value Added (CVA), der eine Metrik auf Basis von Cashflow-Größen darstellt (vgl. Dillerup/Stoi, 2011, S. 171 ff.). Abb. 35 fasst noch einmal die wesentlichen Merkmale ausgewählter, weiter entwickelter Ergebnisgrößen zusammen.

Residualgewinne berücksichtigen die Eigenkapitalkosten

Kennzahl	Merkmale/Ableitung
Economic Value Added (EVA)®	• Periodenbezogene Differenz aus a) dem durch das eingesetzte Kapital erwirtschafteten Gewinn vor Kapitalkosten und nach Steuern (Net Operating Profit After Tax; NOPAT) und b) den mit dem Kapitaleinsatz verbundenen Kosten Berechnungsformel: $\text{EVA}_€ = \text{NOPAT}_€ - (\text{NOA}_€ \times \text{WACC}_\%)$
• Cash Flow Return on Investment (CFROI)	• CFROI als Renditekennzahl, die eine Gesamtrentabilität auf Cashflow-Basis berechnet Berechnungsformel: $\text{CFROI}_\% = \dfrac{\text{Brutto Cash Flow}_€ - \text{Ökonomische Abschreibungen}_€}{\text{Bruttoinvestitionsbasis}_€} \times 100\%$
• Cash Value Added (CVA)	• CVA als Veränderung des Unternehmenswertes auf einer Cashflow-Basis Berechnungsformel: $\text{CVA}_€ = \text{Bruttoinvestitionsbasis}_€ \times (\text{CFROI}_\% - \text{WACC}_\%)$

Abb. 35: EVA, CFROI und CVA als fortgeschrittene Ergebnisgrößen (vgl. Weber/Schäffer, 2008, S. 177 ff.)

3.3 Strategische Zielplanung

Einen hohen Stellenwert nimmt für den Adressatenkreis in diesem Zusammenhang die **Nachvollziehbarkeit** und **Vergleichbarkeit** der Zielinhalte ein. Eine konzeptionell zutreffende Metrik verliert an Akzeptanz, wenn sie von externen Informationsempfängern nicht hinreichend nachvollzogen werden kann. Nicht nachvollziehbare und vor allem nicht vergleichbare Metriken stellen beim „Wettbewerb um Kapital" einen klaren Nachteil dar.

Der EVA® ist ein konzeptionell geschlossener Ansatz, der zeitweilig (vor allem in größeren Unternehmen) eine breite Akzeptanz gefunden hatte. Dies fand seinen Niederschlag auch in der direkten Verknüpfung mit den Incentivesystemen. Probleme traten jedoch im Weiteren genau in den beiden vorab genannten Kategorien der Nachvollziehbarkeit und Vergleichbarkeit auf: Die Vielzahl möglicher Anpassungen bei der Berechnung führte zu einer erheblichen Komplexität bei der Ermittlung. So wurden zeitweilig bis zu 150 Anpassungsmöglichkeiten vorgeschlagen, wobei sich im Laufe der Zeit eher eine einstellige Zahl bei EVA-Anwendern etablierte (vgl. Young/O'Byrne, 2001, S. 267 f.). Die je nach Unternehmen unterschiedlichen Anpassungen schränkten als Konsequenz das Nachvollziehen der berichteten Größe erheblich ein. So nutzten z. B. Unternehmen mit Hinweis auf EVA® inhaltlich ähnliche Metriken, denen sie eigene Bezeichnungen gaben (z. B. der MAN Value Added der MAN SE). In Summe waren damit auch substanzielle Probleme hinsichtlich der Vergleichbarkeit berichteter Zahlen entstanden.

Eine pragmatische Vorgehensweise kann unter dem Aspekt der Nachvollziehbarkeit darin bestehen, sich stärker an bilanziellen Größen zu orientieren. Dazu entschied sich z. B. die Metro Group ab dem Jahr 2009: „Im Berichtsjahr wurde die Kalkulation der bisher verwendeten Steuerungsgröße EVA (Economic Value Added) dahin gehend verändert, dass eine stärkere Ausrichtung auf die Werttreiber der METRO Group sichergestellt ist. Zudem erfolgte zur Erhöhung der Nachvollziehbarkeit eine ausschließliche Orientierung an bilanziellen Werten." (Metro, 2010a, S. 78).

Daneben besteht das Problem, dass das EVA®-Konzept zwar sehr gut geeignet ist, die Ergebnisperformance einer Einheit gegenüber der Vorperiode darzustellen, jedoch kaum für den Unternehmensvergleich bei Einheiten mit deutlich unterschiedlichen Umsatzgrößen. In der Konsequenz scheint daher in den letzten Jahren die Bedeutung von Residualgewinnen eher abgenommen zu haben. Tendenziell ist bei den Ergebnisgrößen eine Orientierung hin zu EBIT (absolut und in Relation zum Umsatz) sowie zur Kapitalrentabilität in Form des ROCE zu beobachten.

Kapitalrentabilität

Die Ziele zu Umsatz, Profitabilität und Cash-Generierung werden vielfach durch Ziele zur **Kapitalrentabilität** flankiert. Merkmal von Kapitalrentabilitäten ist, dass eine Gewinngröße in Relation zu einer Kapitalgröße gesetzt wird, woraus ein entsprechender Prozentwert der Verzinsung resultiert.

Eine häufig anzutreffende Kennzahl der Kapitalrentabilität ist der **ROCE**, der **Return On Capital Employed**; Abb. 36 zeigt die Grundstruktur des ROCE-Schemas. Im Kern handelt es sich dabei um eine Verfeinerung des klassischen DuPont-ROI-Schemas. Auch bei ROCE wird eine Gewinngröße in Relation zu einer Kapitalgröße gesetzt, um eine Kapitalrentabilität zu ermitteln. Wesentliches Merkmal von ROCE ist die relevante Kapitalbasis. Es geht nicht das gesamte investierte Kapital des Unternehmens in die Berechnung ein, sondern nur die zu verzinsenden Anteile.

Unter diesem Aspekt werden nicht zu verzinsende Anteile, wie z. B. Lieferantenverbindlichkeiten, als Korrekturposten abgezogen. Dies führt gegenüber einem ROI auf Basis Gesamtkapital und ansonsten gleichen Werten zu einem entsprechend höheren ROCE-Wert. Auf der Gewinnseite wird hier der **EBIAT** (Earnings Before Interest and After Tax) zur Berechnung herangezogen. Es handelt sich also um die Gewinngröße nach Berücksichtigung aller externen Ansprüche mit Ausnahme derjenigen für zu verzinsendes Kapital.

Prinzipiell kann der ROCE auch auf Basis von EBIT als Ergebnisgröße berechnet werden. Konzeptionell ist jedoch die Berechnung auf Basis von EBIAT als schlüssiger anzusehen. Das Argument für die Kalkulation auf Basis einer Nachsteuergröße liegt in der einfachen Feststellung, dass Steuern an den Fiskus abzuführen sind und nicht den Kapitalgebern zur Verfügung stehen. Die Berechnung auf Basis von EBIT führt zu einem überhöhten ROCE-Wert und hat eher den Charakter von „window dressing". Anzumerken ist, dass auch in dem konzeptionell fundierten EVA®-Konzept mit einer Nachsteuergröße – vergleichbar dem EBIAT – gerechnet wird, und zwar dem Net Operating Profit After Tax (NOPAT).

Der ROCE liefert vor allem dann wertvolle Aussagen, wenn er mit den **gewichteten Kapitalkosten (WACC)** eines Unternehmens verglichen wird (vgl. Langguth, 2008, S. 65 ff.). Der WACC, als gewichtete Kosten von Fremd- und Eigenkapital, bildet dabei gewissermaßen eine Mindestzielsetzung für den ROCE. Erst wenn die „Hürde" des WACC übersprungen wurde, kann **bezogen auf die Periode** von einer Wertsteigerung gesprochen werden. Als Prinzip gilt:

Fall 1: **ROCE > WACC** → „**Wertsteigerung**"

Fall 2: **ROCE = WACC** → „**Neutral**"

Fall 3: **ROCE < WACC** → „**Wertvernichtung**"

Die Verwendung von ROCE als Ziel trägt dem Bedarf nach einer kapitalbezogenen und leicht vergleichbaren Kennzahl Rechnung: ROCE-Prozentwerte unterschiedlichster Unternehmen können, soweit die gleiche Ermittlungslogik genutzt wurde, unmittelbar gegenübergestellt werden.

Allerdings zeigt auch der vermeintlich einfache Vergleich von Prozentwerten seine Tücken: Wäre zwischen zwei Unternehmen zu wählen und es würde nur die Information zum ROCE vorliegen („14 % vs. 16 %"), so würde dies zur Wahl des Unternehmens mit dem höheren ROCE führen. Wird „der Vorhang gelüftet", so kann es sich bei dem Unternehmen mit 16 % um einen Kiosk mit 100.000 € Umsatz handeln und bei dem mit 14 % um einen Konzern mit 10 Mrd. € Umsatz. Mit anderen Worten: „Size matters!"

3.3 Strategische Zielplanung

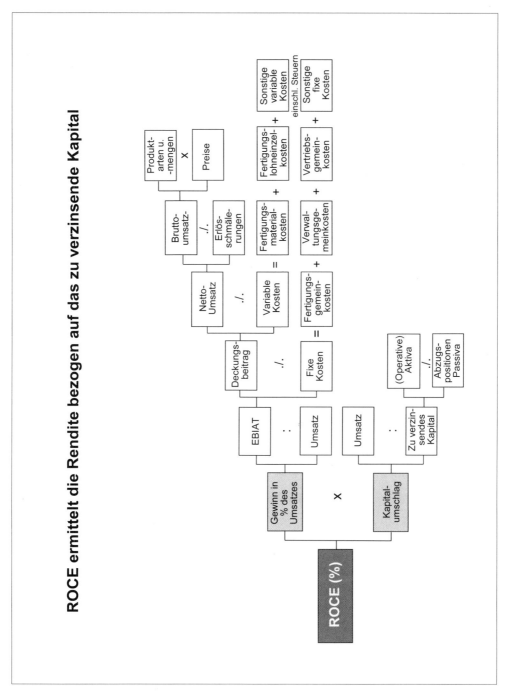

Abb. 36: ROCE-Treiberbaum (vgl. das ROI-Schema bei Horváth, 2011, S. 503; Kostenzuordnung vereinfacht)

Als spezieller Nachteil des ROCE ist zu berücksichtigen, dass **bei isolierter Anwendung** das **Risiko von Fehlsteuerungen** steigt. Das Ziel eines möglichst hohen ROCE kann im Einzelfall dazu führen, dass wirtschaftlich sinnvolle Investitionen nicht getätigt werden. Dazu nachfolgend ein Beispiel:

Ein Unternehmen hat im letzten Geschäftsjahr einen ROCE von 18 % erreicht. Ein Projekt, über das neu zu entscheiden ist, erzielt einen positiven Kapitalwert bei Kapitalkosten (WACC) von 10 %. Der ROCE-Wert des Unternehmens würde allerdings auf 15 % sinken. Es besteht in diesem Fall kein Anreiz, das Projekt durchzuführen. Zwar werden die Kapitalkosten von 10 % verdient, aber das Durchführen des Projektes resultiert in einem Sinken unterhalb des bereits erreichten Durchschnitts von 18 %. Ein Sinken des ROCE ist jedoch aus Sicht der Entscheidungsträger wenig attraktiv, da Incentivesysteme im Regelfall nur einen Anstieg der Zielgröße belohnen. Akzeptiert werden in der Tendenz daher nur Projekte, die zum weiteren Anstieg des ROCE führen. Dieser Effekt wirkt umso stärker, je höher das bereits erreichte ROCE-Niveau ist. Es entsteht ein unbeabsichtigter und auch nicht gewünschter Dämpfungseffekt.

Im direkten Vergleich zeigt sich damit ein Vorteil von Konzepten auf Basis des Residualgewinns, wie EVA®. Es gilt, vereinfacht formuliert, die Handlungsanweisung: Durchzuführen ist jede Alternative, die zu Rückflüssen oberhalb der Kapitalkosten führt. Die Messlatte bilden also die Kapitalkosten (im obigen Beispiel WACC = 10 %) und nicht der erreichte ROCE. Allerdings handelt es sich auch hier nur um eine periodenbezogene und damit bedingt nutzbare Information.

Auch unter Berücksichtigung dieser Einschränkungen besitzt ROCE als Ziel-Kennzahl eine hohe Akzeptanz in den Unternehmen. Diese Akzeptanz wird auch dadurch begünstigt, dass sich aus dem positiven ROCE einer Periode relativ einfach ein Residualgewinn ermitteln lässt, also eine Gewinngröße nach Eigen- und Fremdkapitalkosten. Die Errechnung erfolgt über die Gleichung (vgl. Coenenberg/Fischer/Günther, 2009, S. 848 f.):

Residualgewinn € = (ROCE % – WACC %) x Capital Employed €

Hierzu in Weiterführung des obigen Beispiels:

Das Unternehmen hat zu verzinsendes Kapital in Höhe von 100 Mio. € gebunden. Es erwirtschaftet, wie beschrieben, in der betrachteten Periode einen ROCE von 18 %, und zwar im Vergleich zu einem WACC von 10 %. Hieraus ergibt sich eine positive Differenz von 8 %, auch als „Spread" bezeichnet. Der betreffende Spread wurde auf das zu verzinsende Kapital (Capital Employed) verdient. Auf Basis des Capital Employed von 100 Mio. € führt dies zu einem Residualgewinn (= periodenbezogener Wertzuwachs) von 8 Mio. €.

Eine spezielle Situation ergibt sich bei den Unternehmen des Finanzsektors. Hier findet statt des ROCE häufig der **Return on Equity (ROE)** Verwendung. Da im Finanzbereich die Zinsen auf Fremdkapital in ihrer Bedeutung vergleichbar sind mit den Materialkosten eines Produktionsunternehmens, gelangen Ziele nach Abzug von Fremdkapitalkosten zum Einsatz. Durch diesen Abzug der Fremdkapitalkosten ergibt sich als Konsequenz, dass im Gegensatz zur ROCE-Berechnung auch nur das Eigenkapital bei der Ermittlung der Kapitalrentabilität berücksichtigt wird. Eine Nutzung alternativer Zielgrößen kann auch innerhalb eines Unternehmens stattfinden. Anzutreffen ist dies z. B. bei Industrieunternehmen, die über eigene Finanzierungsgesellschaften verfügen, wie im Falle von Siemens oder VW. Hier werden Ziele der Kapitalrentabilität für den industriellen Bereich typischerweise auf Basis von ROCE formuliert und für die Finanzierungsgesellschaften auf der Grundlage von ROE.

Eine besondere Form von Kennzahlen stellen in diesem Zusammenhang die risikoadjustierten Metriken dar, auch als **Risk-Adjusted-Performance-Measures (RAPM)** bezeichnet. Sie gelangen vorrangig bei Unternehmen im Banken- und Versicherungsbereich zum Einsatz (vgl. Strauß, 2008, S. 64 ff.). So arbeitet z. B. der Münchener Rückversicherer MunichRe mit einer risikoorientierten Renditezielgröße, dem **Return on Risk adjusted Capital (RoRaC)**: „Um sie zu bestimmen, setzen wir den erzielten bzw. angestrebten, in Euro ausgedrückten Gewinn in Relation zum erforderlichen Risikokapital, dessen Höhe wir mit unserem internen Risikomodell ermitteln und einmal jährlich veröffentlichen." (MunichRe, 2011, S. 68; 2013).

Das grundlegende Problem aller angeführten periodenbezogenen Größen stellt das **Abbilden von periodenübergreifenden Entscheidungen** dar. Kennzeichnend ist speziell für strategische Investitionen eine Phase hoher Anlaufauszahlungen mit Einfluss auf die Unternehmensergebnisse zu Beginn. Im Konkreten führt die Mehrzahl der Investitionen zu reduzierten (Residual-)Gewinnen heute und erhöhten (Residual-)Gewinnen morgen. Analog gilt dies für darauf basierende Kapitalrentabilitäten. Ansatzweise kann diesem Problem begegnet werden, indem z. B. eine Kombination mehrjährig orientierter Zielsetzungen gewählt wird und auch nichtmonetäre Ziele darin Berücksichtigung finden (siehe auch Merchant/Van der Stede, 2012, p. 445 ff.). In Summe ergeben sich besondere Herausforderungen an die Ziel- und Anreizsysteme eines Unternehmens, damit wertsteigernde Investitionen nicht aus kurzfristigem Periodendenken unterbleiben (vgl. Weißenberger, 2003, S. 23 ff.).

Kapitalstruktur

Bei den Zielen der Kapitalstruktur stehen Aspekte des **Risikomanagements** sowie der **Kapitaleffizienz** im Vordergrund. Durch eine spezifische Kapitalstruktur soll das Unternehmen auch in Phasen wirtschaftlicher Schwierigkeiten seinen Zahlungsverpflichtungen nachkommen können, ohne gleichzeitig ein Übermaß an (teurem) Eigenkapital einzusetzen. Die Zielgrößen, die unter diesem Aspekt verwendet werden, sind insbesondere Kennzahlen des Verschuldungsgrades. Im Sinne des statischen Verschuldungsgrades handelt es sich um die Relation zweier Bilanzpositionen bzw. Bilanzgruppen, wie z. B. als Kennzahl des Verschuldungsgrades. Dieser wird als Relation von Fremdkapital zum Gesamtkapital des Unternehmens berechnet, und zwar ausgedrückt als Prozentwert.

Im Falle des **dynamischen Verschuldungsgrades** werden die Verbindlichkeiten in Relation zu einer periodenbezogenen Cash-Größe gesetzt. Für den dynamischen Verschuldungsgrad wird dabei auch vielfach ein Quotient aus Net Debt und EBITDA herangezogen. Kritisch ist zu dieser Größe anzumerken, dass sie im Nenner mit EBITDA eine Kennzahl nutzt, die z. B. mit Steuern auch eine nicht verfügbare Zahlungsgröße umfasst. Hier ist ein dynamischer Verschuldungsgrad auf Basis von Cashflow-Zahlen methodisch vorzuziehen, wie z. B. der Verschuldungsfaktor (vgl. Siegwart/Reinecke/Sander, 2010, S. 148 f.):

Verschuldungsfaktor (in Jahren) = Effektivverschuldung/Cashflow

In Abhängigkeit von der Betrachtung kann dabei stufenweise mit unterschiedlichen Cashflow-Größen im Nenner gearbeitet werden.

Wird mit Blick auf die verschiedenen Zielinhalte der **Versuch eines Fazits** unternommen, so ist festzustellen, dass es die eine, alles umfassende Zielgröße zur Führung eines Unternehmens nicht gibt. Aufgrund der Vor- und Nachteile einzelner Metriken geht die Empfehlung dahin, eine **Kombination von Zielen** aus den Bereichen **Wachstum und Profitabilität**, **Cash**, **Kapitalrentabilität** und **Kapitalstruktur** zu nutzen. Abb. 37 veranschaulicht zusammenfassend die vorgeschlagenen Felder für die strategischen Wertziele.

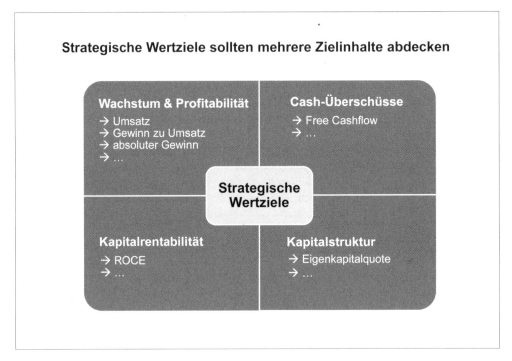

Abb. 37: Zielfelder für strategische Wertziele

In der Unternehmenspraxis muss ein Kompromiss zwischen einer zu großen Anzahl von Ziel-Kennzahlen und einer zu starken Vereinfachung gefunden werden. Weder das Extrem des „Viel hilft viel" noch eine Einfachlösung nach dem Prinzip „One size fits all" sind hier buchstäblich zielführend. Die Wahl der strategischen Wertziele muss dabei immer auch unter dem Aspekt ihrer Umsetzung in den Incentivesystemen gesehen werden. Die Wahl geeigneter Metriken und ihre Verknüpfung mit dem Incentivesystem erhöht die Wahrscheinlichkeit des Erfolges deutlich. Dies gilt aber auch in umgekehrter Richtung. Welche problematische Situation entstehen kann, wenn der Fokus im Bereich der Ziele zu eng gesetzt wird, soll am nachfolgenden Beispiel gezeigt werden.

3.3 Strategische Zielplanung

Fallbeispiel Metriken: Arcandor

In einzelnen Branchen ist eine Nutzung von EBITDA als Kennzahl zu beobachten (EBITDA = Earnings before Interest Tax Depreciation and Amortization/Ergebnis vor Zinsen, Steuern und Abschreibungen auf materielle und immaterielle Vermögensgegenstände). Soweit die Kennzahl EBITDA neben anderen Zielgrößen verwendet wird, ist dies generell unproblematisch. Wenn EBITDA jedoch als zentrale Zielgröße genutzt wird, ist dies kritisch zu sehen, da es sich in der Tendenz um eine Vermischung von Ergebnis- und Cashflow-Größen handelt. Hier sollte entweder klar eine Cashflow-Größe (z. B. Cashflow aus laufender operativer Tätigkeit, also vor Investitionen/Desinvestitionen und Finanzierung/Definanzierung) oder eine präzise Ergebnisgröße, z. B. EBIT, ausgewiesen werden. Aus Ergebnissicht ist der Werteverzehr durch Abschreibungen eine Fundamentalgröße, die in jede Ergebnisrechnung einzugehen hat. Eine Oberkennzahl, die dies negiert, kann aus Sicht des strategischen Controllings zu Fehlsteuerungen aufgrund falscher Einschätzung der Ergebnislage führen.

Bezeichnenderweise hat das Management des insolventen Arcandor-Konzerns den EBITDA als zentrale Metrik in den Mittelpunkt seiner Berichterstattung gestellt. Bemerkenswert ist hierbei, dass mit EBITDA eine Größe vor Zinsen, Steuern und Abschreibungen als die zentrale Kenngröße in der Übersicht zur Ertragslage des Konzerns („Auf einen Blick") kommuniziert wird. Noch im Geschäftsbericht 2008 werden „kontinuierlich steigende Ergebnisse" als Erfolg präsentiert (siehe Abb. 38), obwohl sich die Anzeichen für das Zuspitzen der Krise schon massiv häufen. Dass sich die in Abb. 38 dargestellte Zahlenreihe dann auch nur als Resultat von herausgerechneten „Sondereffekten" ergibt, bestärkt in der kritischen Einschätzung.

Die Realität des Geschäftsjahres 2007/2008 sah so aus, dass die Aktie auf Stichtagsbasis gegenüber dem Vorjahr 90,1 % an Wert verloren hatte. Auf Basis der Net Earnings, also nach Berücksichtigung aller externen Ansprüche, war ein Verlust von 745,6 Mio. € entstanden. Auf Aktienbasis entsprach dies einem Verlust von 3,35 €/Aktie und das bei einem Stichtagskurs von nur noch 2,33 €/Aktie (vgl. Arcandor, 2009b; siehe zu den vielfältigen Ursachen des Arcandor-Niedergangs Seidel, 2010b).

Die ganze Problematik des Arcandor-Falls wird noch deutlicher, wenn dieser unter dem Aspekt der Verknüpfung von (strategischen) Wertzielen mit dem Incentive-System betrachtet wird. Hier ist schlichtweg ein Versagen zu konstatieren. Obwohl die Aktionäre innerhalb eines Jahres 90 % ihres Investments verloren, also ein extrem hoher negativer TSR vorlag, zeigte die Vergütung des Vorstandes ein gänzlich entgegengesetztes Bild. Auf Basis eines Zielsystems, in dem EBITDA und operativer Cashflow die zentrale Rolle einnahmen, ergaben sich zusätzlich zu fixen Vergütungen von 6,0 Mio. € weitere variable Bezüge (Bonus, Tantieme, Sondervergütungen) von 12,7 Mio. € (Arcandor, 2009b, S. 64).

Selten in der Geschichte deutscher Unternehmen bestand eine größere Diskrepanz zwischen protzender Erfolgsmeldung mit „bereinigten" Zahlen und harscher Krisenrealität.

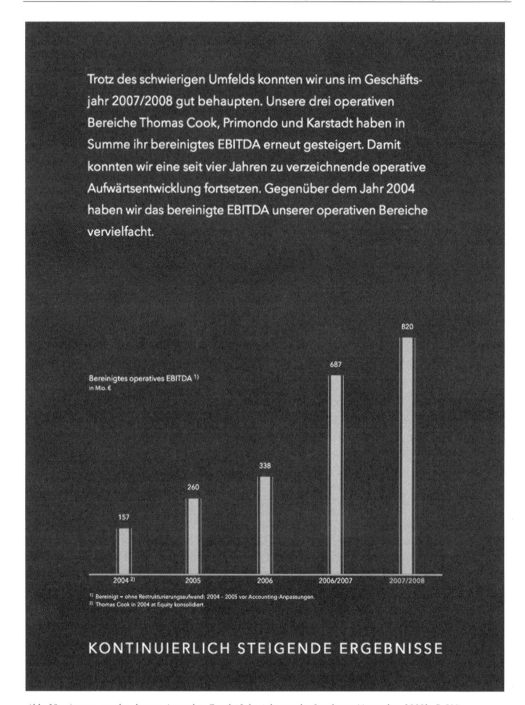

Abb. 38: Auszug aus dem letzten Arcandor-Geschäftsbericht vor der Insolvenz (Arcandor, 2009b, S. U6)

3.3.3 Zielausmaß

Mit dem Zielausmaß erfolgt das Festlegen der Höhe der Zielerreichung und damit die Antwort auf die Frage nach dem **"Wie viel?"**.

Bei der Formulierung des Zielausmaßes kann formal zwischen **Extremalzielen** und **Satisfizierungszielen** unterschieden werden. Ein Extremalziel, also die Forderung nach „maximaler" oder „minimaler" Ausprägung einer Metrik, ist als unternehmerische Zielsetzung kaum geeignet. Dies resultiert vorrangig aus dem Problem, die „Ist"-Leistung zu beurteilen. Für die Beurteilenden entsteht die Schwierigkeit, nachträglich eine Einschätzung zu treffen, ob das erreichte Niveau als maximal anzusehen ist oder wie weit es davon entfernt war. Der Verzicht auf ein vorab formuliertes klares numerisches Ziel führt damit zwangsläufig zu entsprechenden Diskussionen im Nachhinein. Daneben fehlt der betreffenden Organisationseinheit bei Extremalzielen während des Betrachtungszeitraums eine wichtige Orientierungsgröße: Es kann zwar ermittelt werden, ob z. B. ein Umsatzzuwachs vorliegt, nicht jedoch, in welchem Umfang noch Anpassungsmaßnahmen erforderlich sind.

Die Problematik von Extremalzielen ist somit vergleichbar mit der eines Langstreckenläufers, der sich bemüht, schnellstmöglich zu laufen, ohne einen konkreten Zielwert für die Endzeit zu besitzen. Zwischenzeiten ohne Vergleichswerte vermitteln in diesem Fall keine wirklich nützlichen Informationen. Zwischenwerte werden erst dann aussagefähig, wenn sie an Vergleichswerten gespiegelt werden, die auf bisherigen persönlichen Bestwerten, individuellen neuen Zielwerten oder vor allem Werten der Konkurrenten basieren. Die ultimative Messlatte im wirtschaftlichen Bereich bildet dabei die Performance des stärksten Konkurrenten; es sei denn, ein Unternehmen ist selbst der unangefochtene Spitzenreiter.

Aus den genannten Gründen finden sich in der Unternehmenspraxis statt Extremalzielen im Regelfall unterschiedliche Ausprägungen von Satisfizierungszielen. Diese treten auf als

- **Punktziele,**
- **Größer-/Kleiner-Ziele,**
- **Intervallziele.**

Aus der beschriebenen Situation des Wettbewerbs um Kapital ergibt sich, dass das **Zielausmaß** mit Blick auf die **Branchen- und Wettbewerbssituation** festzulegen ist. Dies erfordert eine fundierte Einschätzung der zukünftigen Branchenentwicklung sowie eine prinzipielle Kenntnis der aktuellen sowie der vermuteten zukünftigen Wettbewerberperformance.

Die Branchenentwicklung ist die zentrale Größe für die Abschätzung der Wachstumsziele. Dabei gilt, dass im Regelfall stets ein **Wachstum** oberhalb oder **zumindest auf Niveau des Branchenwachstums** angestrebt wird. Wachstum unterhalb des Branchenwachstums führt zum Verlust von Marktanteilen, der für sich eine Abwärtsspirale einleiten kann. Erschwert wird die Abschätzung des zukünftigen Branchenwachstums durch die Problematik der Abgrenzung des relevanten Marktes. Wird dieser zu eng gesteckt, erfolgt unter Umständen das Festlegen eines zu geringen Wachstumszieles. Maßgeblich ist in dieser Frage insbesondere die Globalität vs. Regionalität der betreffenden Produkte.

Das Wachstumsziel muss sich bei externer Betrachtung somit vorrangig am Branchenwachstum als Untergrenze orientieren. Ob dieses Branchenwachstum übertroffen werden soll und vor allem in welchem Umfang, ist in letzter Konsequenz der Ausdruck individueller Präferenzen und Einschätzungen seitens der obersten Entscheidungsträgers eines Unternehmens. Im Speziellen betrifft dies die Risikobereitschaft, auch als „Risk Appetite" bezeichnet (siehe Kap. 2.5).

Im Hinblick auf die **Ergebnisziele** kann prinzipiell auch ein Branchendurchschnitt zugrunde gelegt werden. Anspruchsvoller und letztlich für eine Wettbewerbswirtschaft plausibler ist es jedoch, die **Ergebnisperformance des stärksten Wettbewerbers** als Maßstab anzuwenden – soweit diese Performance über der eigenen Ergebnismarge liegt. Auch hier zeigt sich, dass eine grundsätzliche Vergleichbarkeit der Metriken gegeben sein muss, um aus den Ergebnissen des Wettbewerbers eigene Zielsetzungen ableiten zu können (siehe dazu auch Volvo, 2013). Komplexer gestaltet sich die Ableitung der Ziele, wenn das eigene Unternehmen aus einer Kombination unterschiedlicher Geschäftsfelder besteht, für das kein einzelner „Best-in-class"-Wettbewerber ermittelt werden kann. Auf diese Thematik wird im abschließenden Fallbeispiel für die Ermittlung von Ziel-Ergebnismargen eingegangen.

Abb. 39 verdeutlicht zuerst am Beispiel des US-amerikanischen Konzerns 3M grundlegende finanzielle Ziele in Verbindung mit dem angestrebten Niveau.

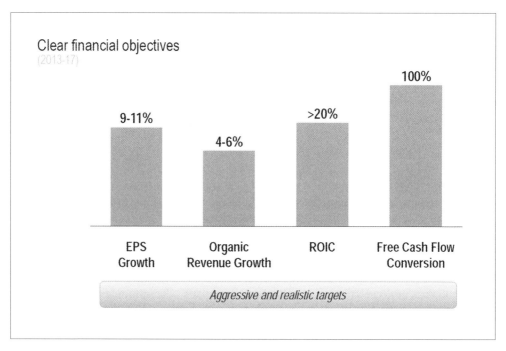

Abb. 39: Finanzielle Ziele von 3M für den Zeitraum 2013–2017 (3M, 2012, p. 26)

3.3 Strategische Zielplanung

Sowohl für das Wachstum der Earnings Per Share (EPS) als auch für das organische Umsatzwachstum wird dabei eine Spannweite (+/- 2 %) formuliert, während für die Zielgröße zur Kapitalrentabilität Return On Invested Capital (ROIC) ein Mindestziel benannt wird. Für die Free Cash Flow Conversion Rate, also der Prozentsatz, zu dem das Ergebnis aus der GuV auch in Free Cash Flow umgesetzt wird, hat sich 3M mit 100 % ein Punktziel gesetzt. Insgesamt signalisieren diese Ziele des Unternehmens einen deutlichen Wachstumskurs. Zum Erreichen dieser Ziele sind somit entsprechende Strategien zu entwickeln und umzusetzen.

Einer speziellen Herausforderung hinsichtlich wertbezogener Ziele stehen **diversifizierte Unternehmen** gegenüber, das heißt solche Unternehmen, die in einer Mehrzahl von unverbundenen Geschäftsfeldern aktiv sind (vgl. Müller-Stewens/Brauer, 2009, S. 52 ff.). Für diese Unternehmen besteht die grundsätzliche Forderung, dass das Gesamtunternehmen einen höheren Wert darstellen muss, als die Summe der Einzelgeschäfte. Hierbei gilt:

- **Conglomerate Discount** (Corporate Discount):

  Gesamtwert des Unternehmens < Summe der Einzelgeschäfte

- **Conglomerate Premium** (Corporate Premium) bzw. **Surplus**:

  Gesamtwert des Unternehmens > Summe der Einzelgeschäfte

Im Falle von **Premium bzw. Surplus** ist es dem Unternehmen gelungen, Synergien zwischen den einzelnen Geschäften zu realisieren. Diese haben zu einer entsprechenden höheren Bewertung des Gesamtunternehmens gegenüber den einzelnen Unternehmensteilen auf Stand-alone-Basis geführt. Ein Auseinanderbrechen des Unternehmens würde hier zu einer Wertvernichtung führen; es sei denn, der erzielbare Surplus wäre bei einer anderen Firma noch höher. Im Idealfall gelingt es einem Unternehmen, einen Surplus zu erwirtschaften, der höher ist, als der des nächstbesten Eigentümers, d. h. es wird ein Premium im engeren Sinne erwirtschaftet.

Im Gegensatz dazu besteht im Falle des **Conglomerate** oder **Corporate Discounts** ein wertmäßiger Abschlag von der Summe der Einzelgeschäfte auf den Gesamtwert des Unternehmens. In dieser Situation wurde auf der Corporate-Ebene kein Wert geschaffen, sondern es wird im Vergleich zur Stand-alone-Situation sogar Wert vernichtet. Soweit dem Management nicht eine entsprechende Wertaufholung gelingt, besteht ein Anreiz, das Unternehmen nach einer Übernahme auseinanderzubrechen. Die Unternehmensteile würden in diesem Fall einzeln verwertet.

In diesem Zusammenhang kann das **Parenting-Konzept** als Handlungsmaxime zur Anwendung gelangen (vgl. Hungenberg, 2011, S. 427 ff.). Die Kernaussage besteht darin, dass ein Geschäft nur dann in einem Unternehmen geführt werden sollte, wenn daraus ein Mehrwert gegenüber dem besten alternativen Eigentümer entsteht. Die Anwendung des Parenting-Konzeptes bedeutet, dass das Corporate Management alle Geschäftsfelder auf die Erfüllung dieser Forderung zu überprüfen und bei Bedarf entsprechende Maßnahmen bis hin zum Verkauf einzuleiten hat.

Für ein Mehr-Geschäfts-Unternehmen (MGU) gilt somit: Wird „[…] ein Corporate Discount – z. B. seitens der Investoren – unterstellt, so besteht nicht nur Druck auf das Corporate Management, die Lücke zwischen dem Gesamtwert und der Summe der Einzelwerte zu schließen, sondern auch zu zeigen, dass das Unternehmen über seine strategische Weiterentwicklung in der Lage ist, ein Corporate Surplus bzw. sogar ein Corporate Premium zu generieren. Daran bemisst sich schließlich und endlich die Kompetenz eines Corporate Managements." (Müller-Stewens/Brauer, 2009, S. 56).

3.3.4 Zeitlicher Bezug

Mit dem zeitlichen Bezug erfolgt die Aussage des Termins der Zielerreichung und damit die Antwort auf die Frage nach dem **„Bis wann?"**.

Welcher Zeitpunkt oder Zeitraum für die Zielerreichung im Einzelnen zu definieren ist, wird von mehreren Faktoren beeinflusst. Dazu gehören insbesondere:

- Höhe der angestrebten Zielerreichung in Relation zur bisherigen Performance,
- Beurteilung der eigenen Leistungsfähigkeit (aktuell und zukünftig),
- Einschätzung der zukünftigen Marktentwicklung und des Wettbewerberverhaltens sowie
- Anspruchshaltung der Eigentümer in Verbindung mit Risikobereitschaft.

In dem angeführten Beispiel von 3M bezieht sich die Gültigkeit der Ziele auf den Zeitraum 2013 bis 2017. Zum Zeitpunkt der Veröffentlichung in 2012 wurde somit ein Erreichen bereits im Folgejahr in Aussicht gestellt. Die Art der Zielformulierung mit Wachstumsraten erleichtert es, den Zeitbezug auf den genannten mehrjährigen Zeitraum auszudehnen. Die betreffenden Prozentwerte mit ihren Bandbreiten besitzen dann für jedes Jahr Gültigkeit.

Alternativ zu dieser Herangehensweise können z. B. auch absolute Zielwerte genannt oder Zwischenziele formuliert werden, wie das nachfolgende Beispiel von BASF zeigt.

Fallbeispiel Ziele: BASF

Der Chemiekonzern BASF hat sich Ziele in den Bereichen Wachstum und Profitabilität gesetzt (vgl. BASF, 2012a, b). Dabei finden sich aus zeitlicher Sicht zwei Gruppen von Zielen: Es handelt sich um Ziele, die jeweils pro Jahr zu erreichen sind und Ziele, die bis 2015 bzw. nachfolgend 2020 erreicht werden sollen, wie auch Abb. 40 zeigt.

Ausgehend vom Basisjahr 2010 prognostiziert das Unternehmen einen durchschnittlichen Anstieg der weltweiten Chemieproduktion um 4 % und will dies kontinuierlich übertreffen: „Dabei streben wir an, weiterhin zwei Prozentpunkte über der globalen Chemieproduktion zu wachsen und damit ein Umsatzwachstum von durchschnittlich 6 % pro Jahr bis 2020 zu erzielen." Für den Umsatz in den Jahren 2015 und 2020 ergeben sich daraus Zielwerte von 85 Mrd. € bzw. 115 Mrd. Ebenfalls für 2015 und 2020 werden Ergebnisziele in Form der Kennzahl EBITDA formuliert. Ergänzt werden diese beiden Ziele durch Aussagen zum angestrebten Ergebnis pro Aktie, das bis 2015 erreicht werden soll. Unter Berücksichtigung des begrenzten Aussagegehaltes von EBITDA wird diese Kennzahl flankiert durch ein Ziel zum Ergebnis nach Kapitalkosten, und zwar den Kosten für Eigen- und auch Fremdkapital:

3.3 Strategische Zielplanung

„Wir verdienen eine Prämie auf unsere Kapitalkosten von durchschnittlich mindestens 2,5 Milliarden € im Jahr." Für die Zielgröße wird damit ein Durchschnittswert und kein ansteigendes Niveau definiert. Dies könnte aus Sicht von Aktionären durchaus hinterfragt werden. Aus ihrer Sicht wäre es plausibel, dass sich der Anstieg der vorgelagerten Größe EBITDA auch in einem Anstieg der Prämie auf die Kapitalkosten niederschlägt.

Abb. 40: Ziele 2015 und 2020 von BASF (BASF, 2012a, S. 38)

3.3.5 Formulierte Wertziele als Input

Aus der Kombination der verschiedenen Dimensionen resultieren die strategischen Wertziele eines Unternehmens. Sie geben somit Auskunft darüber,

- welche inhaltlichen monetären Ziele,
- in welchem Ausmaß,
- bis zu welchem Zeitpunkt bzw. in welchem Zeitraum

erreicht werden sollen.

Die Wahl der Zielinhalte kann dabei weitgehend unabhängig von Zielausmaß und zeitlichem Bezug getroffen werden und bildet dann den Ausgangspunkt für diese beiden anderen Dimensionen. Das Zielausmaß und der Zeitpunkt der geplanten Erreichung können nicht losgelöst voneinander betrachtet werden und sind insbesondere unter Einbeziehung von Stakeholder-Erwartungen zu planen.

Die Wertziele eines Unternehmens können als Input für eine nachfolgende **Gap-Analyse** genutzt werden (vgl. Bea/Haas, 2013, S. 169 f.; Welge/Al-Laham, 2012, S. 416 ff.). Hierbei wird die Zielprojektion in Form der Wertziele mit einer Status-Quo-Projektion abgeglichen und daraus eine Lücke („Gap") ermittelt. Die Projektion entspricht der erwarteten Entwicklung des Basisgeschäftes ohne strategische und operative Maßnahmen. Werden operative Maßnahmen zur Verbesserung des Basisgeschäftes einbezogen, z. B. kontinuierliche Effizienzsteigerungsaktivitäten, reduziert sich die ursprüngliche Lücke um einen Teilbetrag. Es verbleibt dann die sogenannte **strategische Lücke**.

Unter Berücksichtigung bereits getroffener Entscheidungen sind dann nachfolgend die geeigneten Strategien zu entwickeln, um diese Lücke zu schließen. Hierfür schließen sich in der Phasenstruktur des strategischen Managementprozesses die entsprechenden strategischen Analysen und Prognosen an, die die erforderliche Informationsgrundlage schaffen.

Strategische Wertziele besitzen somit im Kontext des strategischen Managements herausragende Bedeutung. Sie dienen intern zur Ausrichtung und Mobilisierung eines Unternehmens. Extern wird über die Wertziele das monetäre Anspruchsniveau eines Unternehmens an interessierte Gruppen kommuniziert. Speziell den Eigentümern dienen die Wertziele, um die monetäre Attraktivität ihres Investments unter Rendite- und Risikoaspekten zu beurteilen. Die festgelegten Ziele bilden zugleich den zentralen Input für das strategieorientierte **Performance-Measurement-System** eines Unternehmens.

Fallbeispiel Ziele: Siemens

Unternehmen können, wie schon im Kontext der Strategieebenen erläutert, in einem oder mehreren Geschäftsfeldern tätig sein. Bei Vorliegen mehrerer Geschäftsfelder sind diese im Regelfall als Divisions mit entsprechender Profit- & Loss-Verantwortung organisiert. Die Ziele des Gesamtunternehmens (im Regelfall eines Konzerns) stehen je nach Zielinhalt in

- *direkter Beziehung zu den Zielen der Geschäftsfelder bzw. Divisions (insbesondere bei Umsatz- und Ergebniszielen) oder werden*

- *autonom als Konzernziel gesetzt (insbesondere bei bilanzbezogenen Zielen, wie z. B. einer langfristigen Eigenkapitalquote).*

Die Siemens AG arbeitet seit mehreren Jahren mit definierten Wertzielen für die verschiedenen Organisationseinheiten. In einer gestuften Struktur handelte es sich bis Ende 2007 um Bereiche sowie Geschäftsgebiete und nachfolgend um Sectors, Divisions und Business Units. Für die extern zu kommunizierenden Wertziele waren unter Performance-Aspekten sowohl ein Konzept sowie konkrete Vorschläge für die EBIT-Margen der verschiedenen Einheiten zu entwickeln und entscheidungsreif abzustimmen. Zu diesem Zweck waren Best-in-Class-Wettbewerber mit publizierten Ergebnisdaten als Benchmark zu ermitteln. Die Komplexität

3.3 Strategische Zielplanung

lag u. a. darin begründet, dass für die Mehrzahl der Siemens-Einheiten keine einzelnen vergleichbaren Wettbewerber existierten.

Sector and Division targets: SIEMENS
The margin ranges were derived from benchmarking

Sector	Division	Margin range	Main competitor
Industry 9 – 13%	Industry Automation	12 – 17%	EMERSON, ABB
	Drive Technologies	11 – 16%	Honeywell
	Building Technologies	7 – 10%	Rockwell
	Industry Solutions	5 – 7%	Schneider Electric, tyco
	Mobility	5 – 7%	ALSTOM, BOMBARDIER
	Osram	10 – 12%	PHILIPS
Energy 11 – 15%	Fossil Power Generation	11 – 15%	GE, ALSTOM
	Renewable Energy	12 – 16%	ENERCON
	Oil & Gas	10 – 14%	
	Power Transmission	10 – 14%	ABB, AREVA
	Power Distribution	11 – 15%	
Healthcare 14 – 17%	Imaging & IT	14 – 17%	PHILIPS, GE, Roche
	Workflow & Solutions	11 – 14%	
	Diagnostics	16 – 19%	

Abb. 41: EBIT-Zielkorridore für die Siemens-Sectors und -Divisions bis 2010 (Kaeser, 2010)

Als Konzept wurde der sog. Homunkulus-Ansatz gewählt. Der Gedanke dieses Ansatzes besteht darin, einen synthetischen Wettbewerber zu konstruieren. Dazu wird das Volumen der eigenen Einheit in möglichst homogene Untereinheiten gegliedert, für die sich entsprechende Wettbewerber identifizieren lassen. Die Zielperformance der eigenen Einheit ergibt sich dann im ersten Schritt, indem die Rendite der jeweils besten Wettbewerber mit den eigenen Umsatzanteilen multipliziert wird. Hierzu ein einfaches Beispiel:

Die eigene Einheit erreicht einen Umsatz von 1 Mrd. Euro und eine durchschnittliche EBIT-Performance von 6 %; sie untergliedert sich in drei verschiedene Produkteinheiten a, b und c mit Umsatzanteilen von a = 20 %, b = 50 % und c = 30 %. Als jeweils Best-in-Class-Wettbewerber werden drei Unternehmen A, B und C identifiziert. Ihre EBIT-Performance beträgt A = 9 %, B = 15 % und C = 11 %. Die Performance des Homunkulus errechnet sich dann als H = (30/100) x 9 % + (50/100) x 15 % + (20/100) x 11 % = 12,4 %.

Die errechnete EBIT-Zielgröße kann nachfolgend mit einer Spannweite, z. B. +/- 2 %, versehen werden. Damit lassen sich bis zu einem gewissen Umfang auch externe Unsicherheiten, wie z. B. konjunkturelle Einflüsse, berücksichtigen.

Die Abb. 41 zeigt die entsprechenden EBIT-Zielgrößen, die für die Sectors und Divisions im Rahmen des Fit-4-2010-Programm verabschiedet wurden. Diese standen als Input zusammen mit weiteren Wertzielen im Zentrum des Programms. Das Fit-4-2010-Programm kann als exemplarisch für ein umfassendes Unternehmensprogramm gelten. Wie Abb. 42 veranschaulicht, wurden vier Hebel zum Erreichen der Ziele eingesetzt: People Excellence, Portfoliomanagement, Corporate Social Responsibility und Operational Excellence.

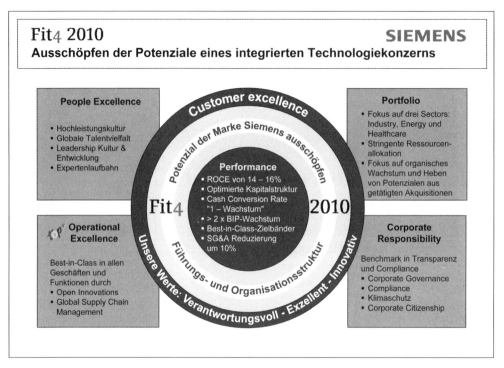

Abb. 42: Elemente des Fit-4-2010-Programms von Siemens (Siemens, 2010a, S. 3)

Die im Mittelpunkt stehenden strategischen Wertziele („Performance") sind:

- *Kapitalrentabilität: ROCE von 14–16 %,*

- *Optimierte Kapitalstruktur: insbesondere Eigenkapital/Fremdkapital-Relation,*

- *Operative Liquiditätsschaffung: Cash Conversion Rate von „1 – Wachstum",*

- *Wachstum: Umsatzanstieg > 2 x BIP,*

- *Marge: Best-in-Class EBIT.*

3.3 Strategische Zielplanung

Das Fallbeispiel veranschaulicht die Anzahl unterschiedlicher Wertziele in einem internationalen Konzern. Eine Gruppierung der Ziele zeigt, dass vier grundlegende Dimensionen adressiert werden:

1. *Wachstum („Top-line")*
2. *Ergebnis („Bottom-line"); bezogen auf Umsatz und Kapitaleinsatz*
3. *Liquidität*
4. *Bilanzstrukturen*

Das Siemens-Programm wurde zwischenzeitlich weiterentwickelt, wie das Praxisbeispiel in Kap. 3.8 erläutert.

Zusammenfassung

- Strategische Ziele im weiteren Sinne umfassen strategische Wertziele („Financial Objectives") und strategische Ziele im engeren Sinne („Strategic Objectives").

- Strategische Wertziele beinhalten Aussagen zu mittel- bis langfristig angelegten monetären Zielgrößen eines Unternehmens. Strategische Ziele im engeren Sinne treffen dagegen vorrangig Aussagen zur angestrebten Markt- und Ressourcenpositionierung und damit inhaltlichen Gestaltung von Erfolgspotenzialen.

- Strategische Wertziele können vier Feldern zugeordnet werden: (1) Wachstum und Profitabilität; (2) Cash; (3) Kapitaleffizienz und (4) Kapitalstruktur. Werden Wertziele zu einseitig auf einzelne Größen ausgerichtet, besteht die Gefahr von Fehlentscheidungen, die bis zur Insolvenz führen können.

- Strategische Wertziele sind dadurch gekennzeichnet, dass ihr Erreichen aus Entscheidungen über Erfolgspotenziale resultiert, und zwar der Nutzung und Sicherung bestehender Erfolgspotenziale und der Entwicklung neuer Erfolgspotenziale.

- Das Anspruchsniveau der strategischen Wertziele hat direkten Einfluss auf die Formulierung der strategischen Ziele im engeren Sinne; diese müssen grundsätzlich geeignet sein, das Erreichen der strategischen Wertziele zu gewährleisten.

- Aus externen Größen werden Referenzwerte für das Festlegen von strategischen Wertzielen abgeleitet. Für Wachstum bildet die Markt-/Branchenentwicklung den Referenzwert. Für die übrigen Größen stellen die Performance der Konkurrenz und die Erwartungen der Eigentümer wichtige Referenzwerte dar.

- Welche strategischen Wertziele final festgelegt werden, hängt maßgeblich von der Risikopolitik des Unternehmens und dem Einfluss externer aber auch interner Stakeholder ab. Für kapitalmarktorientierte Unternehmen gilt dabei, dass sie wettbewerbsfähige Ziele formulieren und auch umsetzen müssen, um einen Abzug von Kapital zu vermeiden.

**Das Erstellen von strategischen Analysen und Prognosen:
„Welchen Chancen/Risiken steht unser Unternehmen gegenüber, welche Stärken/Schwächen besitzen wir?"**

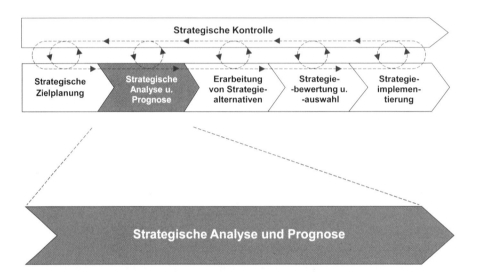

- **Gegenstand der Phase:**
  Zielorientierte, systematische Untersuchung (aktuelle sowie zukünftige Ausprägungen) des relevanten Umfeldes des Unternehmens sowie des Unternehmens selbst (Ermittlung der Treibergrößen des Unternehmenserfolges)

- **Aufgabe des strategischen Controllings:**
  - Bereitstellen von Analyse- und Prognoseinstrumenten
  - Unterstützen der Anwendung der Instrumente in den Linieneinheiten
  - Erheben von unternehmens- externen und -internen Informationen und zielorientiertes, systematisches Aufbereiten (auf Anforderung bzw. als Dienstleistung oder auf eigene Initiative)

- **Output der Phase:**
  Informationen zu
  - externen Chancen/ Risiken
  - internen Stärken/ Schwächen
  sowie der prinzipiellen Treiberbeziehungen zwischen den Größen

Abb. 43: Strategische Analyse und Prognose im strategischen Managementprozess

3.4 Strategische Analysen und Prognosen zu Umfeld und Unternehmen

„Welchen Chancen/Risiken steht unser Unternehmen gegenüber, welche Stärken/ Schwächen besitzen wir?", diese Frage steht im Mittelpunkt der Analysen und Prognosen. Die Phase der strategischen Analysen und Prognosen schließt sich der Zielplanung an, wie Abb. 43 veranschaulicht.

Im vorliegenden Abschnitt werden u. a. folgende Themen adressiert:

- Was sind die Merkmale von Analysen und Prognosen?
- Worin liegen die Probleme bei der Ableitung von zukunftsorientierten Aussagen?
- Wie lassen sich Umfeld und Einflussgruppen des Unternehmens systematisieren?
- Wie kann Benchmarking als strategisches Analyseinstrument genutzt werden?
- Welche Bedeutung besitzen Ressourcen, Fähigkeiten und Kernkompetenzen?
- Welche Instrumente können zur Portfolioanalyse eingesetzt werden?
- Wie lassen sich die Resultate der Analysen und Prognosen zusammenfassen?
- Welche Bedeutung kommt Frühwarnsystemen in diesem Zusammenhang zu?

3.4.1 Grundsätzliches zu Analysen und Prognosen

Gegenstand der strategischen Analysen und Prognosen ist die Ermittlung von

- **Chancen und Risiken** aus dem Unternehmensumfeld (generelle Umwelt, Branche, Stakeholder) sowie
- **Stärken und Schwächen** des Unternehmens (Performance und Marktpositionierung, Ressourcen, Fähigkeiten und Kernkompetenzen).

Die betreffenden Informationen sind die Grundlage für nachfolgende strategische Entscheidungen, um zielgerichtet die Risiken bewältigen und die Chancen nutzen zu können. Analyse- und Prognose-Informationen besitzen essenzielle Bedeutung für den Strategieprozess und sind zugleich schwierig zu erheben. Die spezielle Problematik im Internet-Zeitalter lässt sich beschreiben als: „Zu viele Daten, zu wenig Wissen" (Schmidt/Friedag, 2010, S. 74).

Die benötigten Informationen zu Chancen/Risiken und Stärken/Schwächen bilden den unmittelbaren Input für die Erarbeitung von Strategiealternativen. Hierzu ist ein prinzipielles Verständnis der ursächlichen Treibergrößen mit ihren Wechselwirkungen sowie aktuellen und erwarteten zukünftigen Ausprägungen erforderlich. Dies lässt sich an dem Eingangsbeispiel zur Entwicklung des Marktes für Fernsehgeräte veranschaulichen.

> **Fallbeispiel: Fernsehgeräte** (fortführend aus Kap. 1)
>
> *Auf Basis entsprechender Untersuchungen des bisherigen Marktverlaufs und der ursächlichen Treibergrößen erfolgt die Aussage für die Zukunft, dass Röhrenfernseher dauerhaft vom Markt verschwinden werden. Es wird keine Umkehr der rückläufigen Verkaufszahlen für Röhrenfernseher erwartet. Bei entsprechendem frühzeitigem Erkennen der Marktverschiebung hin zu Flachbildgeräten können Strategiealternativen entwickelt werden. Diese sind eindeutig in Richtung eines beschleunigten eigenen Technologiewechsels zu suchen, keinesfalls jedoch in Richtung eines Kapazitätsausbaus für Röhrenfernseher.*

Um derartig grundlegende Entscheidungen fundiert treffen zu können, sind im Vorfeld entsprechende strategische Analysen und Prognosen erforderlich.

Analysen sind **systematische Untersuchungen** zu einem Objekt hinsichtlich seiner **aktuellen und ggf. früheren Ausprägungen**. Die Beschreibung bzw. Messung kann dabei auf Basis unterschiedlicher Skalen erfolgen (vgl. Auer/Rottmann, 2010, S. 6 ff.; Raithel, 2008, S. 42 ff.):

1. **Nominalskala:** Die Ausprägungen stellen lediglich eine Verschiedenartigkeit dar.

   Trifft ein Merkmal auf ein Objekt zu? Erfüllt oder nicht erfüllt.

2. **Ordinalskala:** Die Merkmalsausprägungen bilden eine (natürliche) Rangfolge.

   In welcher Rangordnung stehen die Objekte im Hinblick auf ein Merkmal? Größer, kleiner, gleich groß.

3. **Intervallskala:** Zusätzlich zur Ordinalskala können Differenzen zwischen den Merkmalsausprägungen ermittelt werden. Für das Berechnen von Produkten oder Quotienten der Merkmalsträger existiert allerdings kein absoluter Nullpunkt und ist daher nicht möglich.

   Wie ist die Performance? Sehr gut = 1, ..., Mangelhaft = 5.

4. **Verhältnisskala:** Zusätzlich zur Intervallskala können Produkte und Quotienten für die Merkmalsträger ermittelt werden, da ein absoluter Nullpunkt existiert.

   Wie groß ist der Merkmalsträger A in Relation zu B? Längen-, Mengen-, Gewichts-, Geldskalen.

Aus Sicht des strategischen Controllings sind im Bereich der Analysen und Prognosen vor allem Ordinalskalen und Verhältnisskalen von Relevanz. Ordinalskalen gelangen insbesondere bei langfristigen Trendaussagen zum Einsatz. Verhältnisskalen finden Verwendung, sobald mit Mengen- und Geldgrößen gearbeitet wird. Nachfolgend ein Beispiel für eine beschreibende (= deskriptive) Aussage auf Basis einer Verhältnisskala, die das Resultat einer **Marktanalyse** darstellen könnte:

„Der Markt für das Produkt X in Europa beträgt im laufenden Jahr 10.000 Stück mit einem Gesamtvolumen von 20 Mio. €. Er ist in den letzten drei Jahren in Menge und Preis um durchschnittlich 5 % gewachsen."

3.4 Strategische Analysen und Prognosen zu Umfeld und Unternehmen

Von zentralem Interesse ist zusätzlich zu solchen beschreibenden Aussagen das Verständnis der **Treibergrößen**, die die Marktgröße beeinflussen. Im Idealfall gelingt es, im Zuge der Analyse erklärende (= explanatorische) Aussagen zu treffen. Die erklärenden Aussagen stellen einen funktionalen Zusammenhang zwischen dem interessierenden Objekt (= abhängigen Variablen) und den Einflussgrößen (= unabhängigen Variablen) dar. Treibergrößen für das Marktvolumen bei Konsumgütern können z. B. das verfügbare Einkommen der Konsumenten, die Preisentwicklung des Produktes oder auch die erreichte Marktdurchdringung sein. Die Resultate der Analyse können dann im nächsten Schritt für Prognosen genutzt werden.

Prognosen sind **zukunftsgerichtete Aussagen** zu einem Objekt, ggf. unter Angabe einer Eintrittswahrscheinlichkeit. Die Prognoseaussagen können ebenfalls auf Basis unterschiedlicher Skalen erfolgen. Bezogen auf das obige Beispiel könnte eine Marktprognose lauten:

„Der Markt für das Produkt X in Europa wird in den kommenden fünf Jahren in der Menge mit durchschnittlich 4 % wachsen. Bei den Stückpreisen wird ein jährlicher Rückgang von ca. 2 % erwartet."

Nachfolgend soll eine Marktprognose an einem Realbeispiel veranschaulicht werden.

Fallbeispiel Prognose: Markt für Verkehrsflugzeuge

Abb. 44 zeigt Ausschnitte einer Marktprognose zu Stückzahlen und finanzieller Größe eines Marktes, und zwar für Verkehrsflugzeuge. Hauptanbieter dieser Flugzeuge sind Airbus aus Europa und Boeing aus den USA. Kundenseitig stellen Verkehrsflugzeuge ein globales Produkt dar, d. h. Abnehmer sind nicht nur europäische bzw. US-amerikanische Airlines, sondern Fluggesellschaften aus der ganzen Welt. Speziell die Nachfrage aus Schwellenländern übertrifft dabei im Wachstum deutlich die Nachfrage aus Europa und den USA. Entsprechend ist für die Marktprognose eine globale Marktbetrachtung anzuwenden.

Bei den prognostizierten Zahlen handelt es sich im Konkreten um Aussagen von Boeing über den Weltmarkt für Verkehrsflugzeuge im Zeitraum 2012–2031. Faktoren, die u. a. bei der Erstellung der Prognose berücksichtigt wurden, sind (vgl. Boeing, 2013):

- *Market liberalization,*
- *Airplane capabilities,*
- *Environment,*
- *High speed rail,*
- *Fuel price,*
- *Emerging markets,*
- *Airline strategies & business models,*
- *Infrastructure,*
- *Economic growth.*

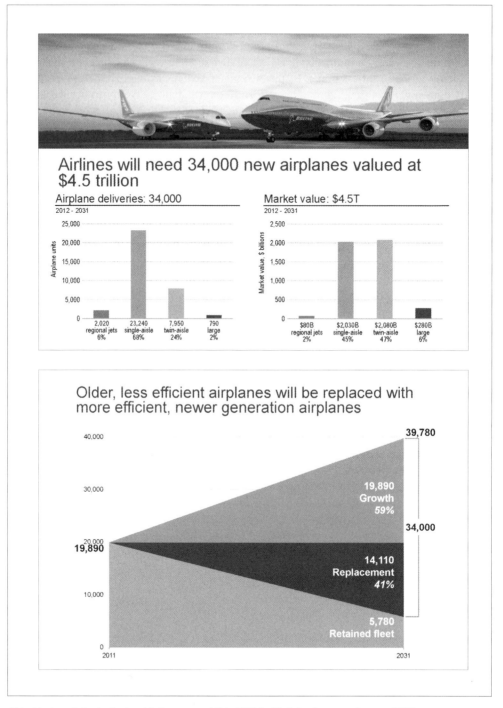

Abb. 44: Ausschnitt der Boeing-Marktprognose 2012–2032 für Verkehrsflugzeuge (Boeing, 2013)

3.4 Strategische Analysen und Prognosen zu Umfeld und Unternehmen

Für den genannten Zeitraum von 20 Jahren wird ein Markt von 34.000 Flugzeugen unterschiedlicher Größe mit einem Gesamtwert von „$ 4.5 trillion" (= 4,5 Billionen $) prognostiziert. Die beiden mit Abstand größten Segmente bilden dabei Flugzeuge der Kategorie „single aisle" und „twin aisle" mit jeweils ca. 2 Billionen $.

Boeing schätzt, dass von den prognostizierten 34.000 neuen Flugzeugen ca. 41 % Ersatzbeschaffungen betreffen und ca. 59 % zusätzliche Beschaffungen darstellen werden. Mit anderen Worten: Selbst im Falle der sehr pessimistischen Annahme, dass nur Ersatzbeschaffungen durchgeführt werden, hätte der Markt immerhin noch eine Größe von 14.110 Flugzeugen.

Analysen und **Prognosen** besitzen für den wirtschaftlichen Erfolg eines Unternehmens **fundamentale Bedeutung**. Im Falle des Eingangsbeispiels zum Markt für Fernsehgeräte zeigte sich ein sehr klares Bild eines dauerhaft schrumpfenden, sogar verschwindenden Marktes für konventionelle Fernsehgeräte. Im Beispiel des Marktes für Verkehrsflugzeuge wird über einen längeren Zeitraum von einem erheblichen Ersatz- und Neubedarf ausgegangen. Es handelt sich somit um zwei Beispiele mit ganz unterschiedlichen Zukunftsaussagen, die auch zu entsprechend unterschiedlichen Strategien führen.

Prognosen treten im Regelfall nicht exakt so ein, wie sie formuliert wurden. Mögliche Abweichungen müssen als Teil des Risikomanagements schon bei der Strategieentscheidung mit in das Kalkül einbezogen werden. Nachfolgend soll an einem Beispiel aus der Photovoltaik gezeigt werden, wie schwierig sich dies im Einzelfall darstellen kann, wenn große Abweichungen

Fallbeispiel Prognose: Markt für Photovoltaik

Im Jahr 2008 veröffentlichte Photon Consulting, ein Marktforschungsunternehmen im Bereich der Solarbranche, einen Marktausblick bis 2012. Auf Basis von Mengengrößen, gemessen in Gigawatt (GW), wurde ein Anstieg der Photovoltaik-Produktion von 2008 auf 2009 um 107 % prognostiziert und damit eine weitere Beschleunigung des Wachstums gegenüber dem schon herausragenden Wachstum von 50 % bzw. 82 % in den Vorjahren. Für die Jahre nach 2009 wurde ein tendenzielles Abflachen des Wachstums vorhergesagt. Auch unter Berücksichtigung von geschätzten Preisnachlässen ab Fabrik von bis zu 11 % wurde damit ein massives weiteres monetäres Marktwachstum prognostiziert.

Insgesamt wurde für die Branche ein Anstieg des Revenue-Pools (Summe der Umsätze in der Branche) von 50,7 Mrd. $ (2008) auf 96,0 Mrd. $ (2009) prognostiziert. Für die Profitabilität wurde eine weitgehend gleichbleibend hohe Marge von über 30 % vorhergesagt. Im Resultat wurde für die Gesamtbranche auch ein weiterhin deutlich ansteigender Profitpool (Summe der Gewinne in der Branche) prognostiziert. Dieser sollte in 2009 einen neuen Spitzenwert von 32,6 Mrd. $ erreichen (vgl. Abb. 45).

In 2009 mussten diese Prognosen deutlich nach unten korrigiert werden. Weder trat das angenommene Mengenwachstum ein, noch konnten die prognostizierten Preise pro Einheit realisiert werden. Es kam hingegen zu einem deutlich stärkeren Preisverfall, der bei den Fabrikabgabepreisen dann das Dreifache der ursprünglichen Prognose darstellte, mit -33 %

statt -11 % (vgl. Abb. 45). Einer der Auslöser für die Verwerfungen war die Reduktion von Subventionen im wichtigen Solarmarkt Spanien. Diese führten zu unerwarteten Nachfrageausfällen, denen eine zwischenzeitlich weiter angestiegene Produktionskapazität der Hersteller gegenüberstand.

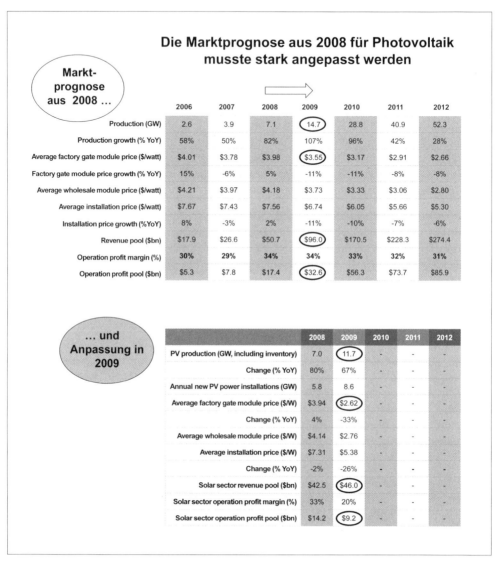

Abb. 45: Prognose für den Solar Power Sector in 2008 vs. angepasste Werte in 2009 (Photon Consulting, 2010a, b; Hervorhebungen durch den Verfasser)

Die Veränderungen bei Produktionsmengen und Stückpreisen führten zu drastischen Auswirkungen für die Gesamtbranche und entsprechend auf den Profitpool. Der ursprünglich für

3.4 Strategische Analysen und Prognosen zu Umfeld und Unternehmen

2009 prognostizierte Wert von 32,6 Mrd. $ war anzupassen; der Profitpool wurde jetzt mit 9,2 Mrd. $, und damit weniger als einem Drittel, veranschlagt.

(Vgl. Photon Consulting, 2010a, b).

Die ursprünglichen Marktprognosen zur Photovoltaik können durchaus als typisch für die sehr optimistische Markteinschätzung der Branche zum Zeitpunkt 2008 gelten. Für Unternehmen der Branche bedeutete dies, dass sie grundsätzlich auf Expansion setzen würden: Wenn der Markt sich im Volumen verdoppelt, kann der eigene Marktanteil nur gehalten werden, wenn auch die eigene Produktionskapazität verdoppelt und am Markt abgesetzt wird. Der Chance mit dem Markt zu wachsen, steht das Risiko gegenüber, dass die Marktentwicklung nicht wie prognostiziert eintritt.

Nachfolgend soll in Weiterführung des Beispiels gezeigt werden, wie sich die Veränderung der allgemeinen Marktsituation im Konkreten bei einem Unternehmen auswirkte. Was sich im ersten Augenblick als nüchterne Korrektur eines Marktausblickes darstellt, entfaltet hier seine ganze Brisanz in den Geschäftszahlen.

Fallbeispiel Kapazitätsausbau für Marktwachstum: Q-Cells

Abb. 46 zeigt Geschäftszahlen der Q-Cells SE, einem Unternehmen der Photovoltaik-Branche. Die Tabelle weist in der linken Zahlenspalte die Ist-Zahlen im 3. Quartal des Geschäftsjahres 2009 aus, als die veränderte Marktentwicklung ihren vollen Niederschlag in der Performance des Unternehmens findet.

Die Entwicklung der Mitarbeiter- und Kapazitätszahlen zeigt, dass Q-Cells bis in das Jahr 2009 hinein einen deutlichen Expansionskurs eingeschlagen hat. Dieser war konsistent mit dem schon erläuterten positiven Branchenausblick. Während also in 2009 noch expandiert wird, mit entsprechend hohen Investitionsauszahlungen, gerät das Unternehmen in die offensichtlich unerwarteten Marktturbulenzen. Die Kapazitäten erreichen im Kerngeschäft am Ende des 3. Quartals einen Wert von 830 MWp (Megawatt photovoltaisch), die tatsächliche Produktion beträgt aber weniger als 400 MWp.

In Konsequenz führte dies zusammen mit den deutlich stärkeren Preisrückgängen zu einem massiven Umsatzrückgang und einem EBIT von -211,4 Mio. €. Als Antwort auf die Entwicklung startete das Unternehmen ein Restrukturierungsprogramm („Q-Cells Reloaded"). Dieses fand mit Einmalaufwendungen auch schon seinen Niederschlag in den Zahlen des 3. Quartals. Trotz aller Anstrengungen führten die nachfolgenden Restrukturierungsmaßnahmen aber letztlich nicht zu den angestrebten Resultaten. Der Turn-Around gelang nicht und das Unternehmen musste in 2012 Insolvenz anmelden.

2009
BERICHT ZUM 30. SEPTEMBER 2009

		01.01.-30.09.2009	01.01.-30.09.2008	2008	2007	2006	2005
Umsatzerlöse	Mio €	550,3	931,9	1.251,3	858,9	539,5	299,4
EBIT	Mio €	-211,4	172,9	205,1	197,0	129,4	63,2
ROCE	%	-21,0	31,2	24,6	56,5	72,4	84,0
Capital Employed	Mio €	1.454,0	1.037,7	1.225,5	440,7	257,2	100,2
Operativer Cashflow	Mio €	-202,0	-198,0	-241,2	205,7	23,7	22,6
Auszahlungen für Investitionen	Mio €	341,0	264,5	427,5	334,6	66,9	44,1
Free Cashflow	Mio €	-543,0	-462,5	-668,7	-128,9	-43,2	-21,5
Produktionskapazität	MWp	830	630	760	516	336	234
Tatsächliche Produktion	MWp	391,6	418,1	574,2	389,2	253,1	165,7
Mitarbeiter	Anzahl	2.756	1.880	2.568	1.707	964	767

Q.CELLS

Abb. 46: Kennzahlen von Q-Cells zum 30. September 2009 (Q-Cells, 2010, S. 2, Ausschnitt)

Wie die Beispiele bereits andeuten, treten bei der Erstellung von Analysen und Prognosen mehrere **Probleme** auf:

- **Analysen** können im Regelfall keine definitive Erklärung geben, wie die betreffenden strategischen Analyseobjekte in ihrer Ausprägung (z. B. Marktvolumen in €) zustande kommen. Aufgrund der Vielzahl von Einflussgrößen, die sich z. T. überlagern, ist es im strategischen Bereich kaum möglich, eine vollständig erklärende Verknüpfung zwischen Einflussgrößen und Analyseobjekt herzustellen. Im Idealfall wäre dies eine entsprechende mathematische Funktion, z. B. als Resultat einer multiplen Regressionsanalyse. Diese Funktion würde dann erklären, wieso z. B. der Markt der Photovoltaik im betrachteten Jahr exakt die betreffende Ist-Größe aufwies.

- **Prognosen** versuchen Aussagen über die zukünftige Ausprägung des Objektes, wie z. B. der Marktgröße, zu treffen. Sie nutzen dazu das (nur unvollständige) Wissen um die Beziehungen zwischen den Einflussgrößen und dem betreffenden Objekt. Die Einflussgrößen sind jedoch in ihrer zukünftigen Entwicklung selbst mit Unsicherheit verbunden. Es kann z. B. nicht mit Sicherheit gesagt werden, welchen Wert der für die Solarindustrie wichtige Siliziumpreis in den nächsten 5 Jahren annehmen wird. Die Ausprägungen der relevanten Einflussgrößen sind im Regelfall auch unsicher und können letztlich nur geschätzt werden.

- **Ausprägungen** eines Objektes können zudem in der Zukunft von neuartigen, diskontinuierlichen Größen beeinflusst werden. Insbesondere technologische Innovationen können Märkte komplett verändern, wie z. B. das Internet die Telekommunikationsindustrie revolutioniert hat. Eine exakte Prognose würde somit eine vollständige Erklärung der Gegenwart durch Einflussgrößen, das Wissen über die zukünftige Entwicklung der Einflussgrößen sowie die Kenntnis neuer, bislang noch nicht relevanter Einflussgrößen erfordern. Bezogen auf das Beispiel des Marktvolumens: Welche Einflussgrößen mit welcher Ausprägung haben zu dem aktuellen Marktvolumen in Stück und € geführt und welchen Wert werden diese Einflussgrößen jeweils in den nächsten Jahren annehmen und wo treten neue Einflussgrößen mit welcher Ausprägung und Wirkung auf?

Die verfügbaren Methoden zur Durchführung von Analysen und Prognosen adressieren die skizzierten Probleme in unterschiedlichem Maße. Daher wird für komplexe Fragestellungen auch häufig eine Kombination verschiedener Verfahren eingesetzt. Bei den Instrumenten, speziell für Prognosen, kann zwischen **quantitativen Verfahren und qualitativen Verfahren** unterschieden werden (vgl. Hahn, 1994, S. 225 ff.; Standop, 2002; Streitferdt/Schaefer, 2002; Treyer, 2010, S. 9 ff.; Welge/Al-Laham, 2012, S. 414 ff.):

Quantitative bzw. datenorientierte Prognosemethoden basieren auf mathematisch-statistischen Verfahren. Unter der Annahme, dass die Daten bzw. Datenmuster der Vergangenheit auch prinzipiell für die Zukunft gültig sind, bilden diese die Basis der Prognosen. Der Zeithorizont für quantitative Prognosen ist tendenziell als kurz- bis mittelfristig anzusehen, da mit zunehmendem Zeitablauf vermehrt neue Einflussgrößen und eventuell sogar Strukturbrüche auftreten werden. Bei univariaten Modellen erfolgt die Prognose auf Basis der historischen Datenreihe des betreffenden Objektes (z. B. Marktgrößen der Vergangenheit als Grundlage für die Prognose der zukünftigen Marktgröße). Zu den univariaten Methoden zählen u. a. die Methode des gleitenden Durchschnitts, die Methode der exponentiellen Glättung und die Methode der Trendextrapolation. Die multivariaten Modelle leiten die Prognose nicht aus den Vergangenheitswerten des Objektes selbst ab, sondern aus anderen Variablen (Einflussgrößen), die mit dem betreffenden Objekt in einer Kausalbeziehung stehen. Zu den Verfahren zählt u. a. die multiple Regressionsanalyse.

Qualitative bzw. meinungsorientierte Prognosemethoden basieren auf einer subjektiven Einschätzung der Zukunft und setzen nicht zwingend Vergangenheitsdaten voraus. Qualitative Prognosen können für einen kurz- bis langfristigen Zeithorizont eingesetzt werden. Der größeren Flexibilität der qualitativen Verfahren steht als Nachteil ihre Subjektivität gegenüber, wie dies auch die englische Bezeichnung „subjective methods or judgmental forecasting methods" kennzeichnet. Soweit die Prognose auf Basis eines strukturierten Verfahrens erfolgt, kann dieser Nachteil allerdings abgemildert werden. Zu den qualitativen Verfahren zählen u. a. die Delphimethode und die Szenariotechnik.

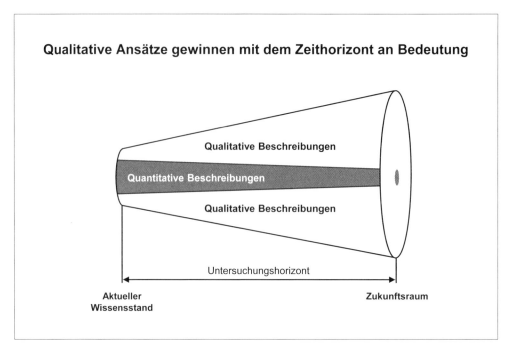

Abb. 47: Quantitative versus qualitative Analysen: Zeitabhängige Betrachtung (Pillkahn, 2007, S. 137)

Wie Abb. 47 veranschaulicht, gewinnt mit zunehmendem Zeithorizont die Nutzung von qualitativen Verfahren an Bedeutung, da sich speziell **Diskontinuitäten** mit quantitativen Ansätzen nur unzureichend berücksichtigen lassen (vgl. Müller/Müller-Stewens, 2009, S. 26 f.). So kann die zukünftige Entwicklung von völlig neuartigen Treibergrößen beeinflusst werden, die wegen ihrer bisherigen „Nicht-Existenz" auch keinen Eingang in Erklärungsmodelle finden konnten.

Kennzeichnend für die Durchführung von Analysen und Prognosen ist ein schrittweises Vorgehen, das sich in die **Vorbereitung**, die **Datenerhebung** sowie die **Datenauswertung und -interpretation** untergliedert (vgl. Hungenberg, 2011, S. 166 ff.):

Vorbereitung: Das zu lösende Problem ist zu identifizieren bzw. hinreichend präzise zu formulieren. Über eine schrittweise Zerlegung in Teilaspekte und Zusammenhänge erfolgt eine Problemstrukturierung. Aus der Problemstruktur kann nachfolgend ein Analyse- und Arbeitsplan erstellt werden. Neben der Positivdefinition, was zu untersuchen ist, sollte dabei auch die Negativdefinition erfolgen, welche Bereiche ausdrücklich nicht Gegenstand des Vorhabens sind. Abb. 48 veranschaulicht das prinzipielle Vorgehen vom Problem zum Analyseplan.

3.4 Strategische Analysen und Prognosen zu Umfeld und Unternehmen

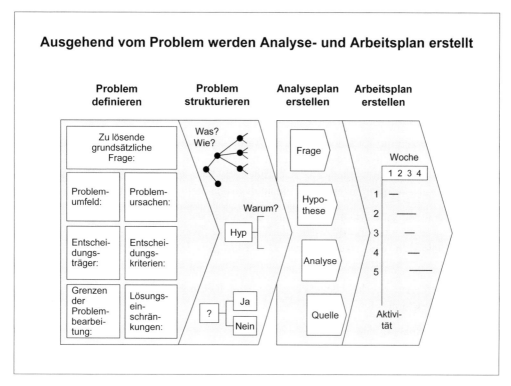

Abb. 48: Vorgehensweise bei der Problemanalyse (Hungenberg, 2011, S. 168)

Datenerhebung: Auf Basis des Analyseplans erfolgt die Erhebung der Daten. Dies geschieht in Form einer Sekundärerhebung (= Auswertung von bereits erhobenen Daten) oder einer Primärerhebung (= eigene Datenerhebung). Während Sekundärdaten vergleichsweise schnell und kostengünstig verfügbar sind, können sie oftmals sehr spezifische Fragen nicht beantworten, was eine Primärerhebung erfordert. Primärerhebungen erfolgen z. B. in Form von Experteninterviews oder großzahligen Befragungen. In verschiedenen Branchen, wie z. B. im Lebensmitteleinzelhandel, haben sich spezialisierte Marktforschungsunternehmen etabliert, die auf Basis ihrer kontinuierlich erhobenen Marktdaten sehr individuelle Auswertungen erstellen können (vgl. z. B. The Nielsen Company, 2010).

Datenauswertung und -interpretation: Die vorliegenden Daten werden gebündelt und verdichtet, wobei uni- oder multivariate Verfahren zur Anwendung kommen können. Die Ergebnisse sind anschließend auf Basis der Ausgangsfragestellung zu interpretieren. Speziell bei komplexen strategischen Fragestellungen mit langfristigem Zeithorizont erfordert dies die Ergänzung quantitativer Erkenntnisse durch qualitative Einschätzungen. Ungeachtet der methodischen Aspekte gilt, dass das strategische Controlling mit einer klaren Zweckorientierung arbeitet. Im Vordergrund steht die Unterstützung des Top-Managements durch das Bereitstellen entscheidungsrelevanter Analyse- und Prognoseinformationen. Dies umfasst auch die entsprechende Interpretation der erhobenen Daten; die finale Interpretation ist und bleibt jedoch Aufgabe des Top-Managements.

Generell ist festzustellen, dass die Vielfalt der Analyse- und Prognoseinstrumente im Bereich der Unternehmensführung kaum noch zu überblicken ist (vgl. zur Vielfalt z. B. Bain, 2010; Buchholz, 2009, S. 67; Kehrt/Asum/Stich, 2011; Müller/Müller-Stewens, 2009, S. 29). Empirische Studien geben dabei Anhaltspunkte über den Verbreitungsgrad spezifischer Instrumente im Gesamtprozess des strategischen Managements bzw. strategischen Controllings (vgl. z. B. Feldbauer-Durstmüller/Duller/Haas, 2010; Gehrig, 2009, S. 217 ff.; Pörner, 2003; Zimmermann/Rügamer, 2010).

In Abb. 49 werden die Zusammenhänge im Strategieprozess noch einmal verdeutlicht: Die Analysen und die dazugehörigen Prognosen beziehen sich schwerpunktmäßig auf die Umwelt oder auf das Unternehmen. Für eine integrierte Strategie werden die Informationen in der SWOT-Analyse zusammengeführt, um strategische Stoßrichtungen abzuleiten.

Im Folgenden soll eine **Auswahl von Instrumenten** beschrieben werden, die für das hier zugrunde gelegte Konzept des strategischen Controllings besonders geeignet erscheint (**„Werkzeugkasten des strategischen Controllings"**). Die Bezeichnung „...-Analyse" schließt bei den Verfahren im Regelfall auch die Prognosedimension mit ein.

Bei den nachfolgend beschriebenen Verfahren handelt es sich für den Schwerpunkt **„Globale Umweltanalyse"** um

- PESTEL-Analyse und
- Szenariotechnik.

Den Schwerpunkt **„Spezielle Umwelt bzw. Branche"** adressieren

- Five-Forces-Analyse nach Porter,
- Marktanalyse,
- Kundenanalyse,
- Konkurrentenanalyse und
- Profit-Pool-Analyse.

Im Übergang zwischen **„Umwelt und Unternehmen"** anzusiedeln sind

- Stakeholder-Analyse (im nachfolgenden im Anschluss an PESTEL beschrieben),
- Benchmarking und
- Portfolioanalyse.

Der Untersuchung vorrangig im Bereich **„Unternehmen"** dienen

- Ressourcen-, Fähigkeiten- und Kernkompetenzanalysen und
- Mitarbeiterbefragungen.

3.4 Strategische Analysen und Prognosen zu Umfeld und Unternehmen

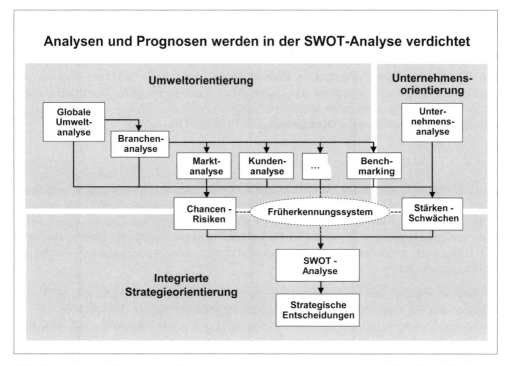

Abb. 49: Analysen und Prognosen im Kontext einer integrierten Strategieorientierung (Dillerup/Stoi, 2008, S. 179; erweitert)

Unter dem Aspekt des rechtzeitigen Erkennens von strategierelevanten Entwicklungen sind darüber hinaus auch **Früherkennungssysteme** von spezieller Bedeutung (in Abb. 49 gestrichelt eingezeichnet). Ein Früherkennungssystem dient dazu, bedeutsame Entwicklungen mit zeitlichem Vorlauf zu erfassen. Da Früherkennungssysteme die Informationen unterschiedlichster Analyse- und Prognosemethoden zu Umwelt und Unternehmen nutzen, werden sie in einem separaten Abschnitt beschrieben.

Die „**SWOT-Analyse**" fasst die Summe der Informationen in verdichteter Form zusammen und bildet damit das Bindeglied zwischen der Phase der Analyse und Prognose und der anschließenden Erarbeitung von Strategiealternativen. Die Verdichtung der umweltbezogenen Informationen führt im Resultat zu den **Chancen und Risiken** aus dem Umfeld. Die unternehmensbezogenen Informationen dienen primär dazu, **Stärken und Schwächen** des Unternehmens zu identifizieren. Erst aus der Zusammenführung beider Dimensionen kann ein ganzheitliches Bild entwickelt werden.

Die Mehrzahl der genannten Instrumente kann für Zwecke der Geschäftsfeld- und der Gesamtunternehmensstrategie eingesetzt werden, wobei die jeweilige Fragestellung eine entsprechende Anpassung erfordert. So werden die Instrumente für den Bereich der speziellen Umwelt bzw. Branche dazu eingesetzt, um die Strategie für eine aktive strategische Geschäftseinheit zu planen. Sie finden jedoch in angepasster Form auch Verwendung, um die

Attraktivität eines möglichen neuen Geschäftsfeldes vor Eintritt zu analysieren, also eine Fragestellung der Corporate Strategy.

Bei allem Streben nach Genauigkeit von Informationen gilt die grundlegende Feststellung von Große-Oetringhaus: „Zukünftige Entwicklungen sind immer unsicher. Planung und Realität werden immer voneinander abweichen. Aber: Voraussetzung für Wettbewerbsstärke ist die Klarheit darüber, **wie** man Wettbewerbsstärke gewinnen will. Das ist keine Frage der Datengenauigkeit, sondern der **Denkgenauigkeit**." (Große-Oetringhaus, 1996, S. 303).

3.4.2 Generelle Umfeldanalyse

Unternehmen sind von einem **vielschichtigen Umfeld** umgeben. Ausgangspunkt der generellen Analyse dieses Umfelds ist die Feststellung, dass sich das ideale Umfeld und das reale Umfeld grundlegend unterscheiden. Das reale Umfeld ist durch eine Vielzahl von Unwägbarkeiten gekennzeichnet. Diese stellen für Unternehmen ein erhebliches Risiko, aber auch eine Chance dar, wenn Entwicklungen frühzeitig erkannt und in strategische Entscheidungen einbezogen werden.

Die in einer Vielzahl von Veröffentlichungen beschriebene Struktur von Umwelt und Unternehmen, wie sie auch Abb. 50 skizziert, hilft zum systematischen Verständnis der verschiedenen Umfeldsegmente. Das Unternehmen ist danach unmittelbar in ein **Mikroumfeld, die Branche ("Industry")**, eingebettet. Die Branche wird im Wesentlichen durch Kunden, Wettbewerber und Lieferanten geprägt. Auch Kreditgeber sind prinzipiell dem Mikroumfeld zuzurechnen. Die Branchenebene wird von einer **Makroebene**, dem **generellen Umfeld**, umgeben. Das generelle Umfeld, hier gleichgesetzt mit dem Begriff der generellen Umwelt, wird vor allem durch **Politik, Gesellschaft**, **Wirtschaft** und **Technologie** geprägt.

So übersichtlich und eingängig diese Struktur auch wirkt, muss sie dennoch mit Vorsicht eingesetzt werden, da es sich wie bei allen modellartigen Ansätzen um Vereinfachungen der Realität handelt. Diese Vereinfachungen betreffen zwei Aspekte, und zwar die Ebenen als solche und die zentrale Positionierung des Unternehmens.

Im Hinblick auf die Ebenen könnte der Eindruck entstehen, dass die **Einflussnahme** aus dem Makroumfeld nur eher mittelbarer Natur ist. In Abhängigkeit vom jeweiligen Markt besitzt dieses jedoch einen direkten und ganz erheblichen Einfluss. Speziell in Märkten mit hoher Regulierungsdichte kommt dem Makrofeld der Politik eine besondere Bedeutung zu. Gleiches gilt für den Bereich der Gesellschaft, soweit ein Markt unter besonderer Beachtung der Öffentlichkeit steht.

Der zweite Aspekt betrifft die **Positionierung** des Unternehmens im Mittelpunkt der Struktur. Diese besitzt auffällige Ähnlichkeit zu einer „vor-kopernikanischen" Sicht der Welt, also der Vorstellung, dass sich die Sonne um die Erde dreht. Im vorliegenden Fall befindet sich das Unternehmen gewissermaßen im „Mittelpunkt des Universums". Die Realität stellt sich jedoch anders dar. Die Mehrzahl der Unternehmen befindet sich keineswegs im Mittelpunkt, sondern ist eher an den Rändern positioniert und kann auch nur sehr begrenzt Einfluss auf die Rahmenbedingungen und das Marktgeschehen nehmen. Diese relative Schwäche erklärt auch das Phänomen des Überlebenskampfes vieler Unternehmen und auch das mitunter laut-

3.4 Strategische Analysen und Prognosen zu Umfeld und Unternehmen

lose Verschwinden von Unternehmen, von dem keine Notiz genommen wird. Ein Unternehmen befindet sich letztlich nicht in einer einzigartigen Zentralposition, sondern ist ein Element in einer Vielzahl unterschiedlich stark verketteter Einzelmärkte und Einflussbereiche. Aufgrund dieser Verkettung können Entwicklungen, die in anderen Branchen gestartet wurden, auch schnell für ein Unternehmen zum „Kollateralschaden" führen. Ein Beispiel hierfür bildet der Wettbewerb zwischen den Anbietern von Smartphones. Diese bieten z. T. kostenlose Navigationssoftware als Verkaufsargument für ihre jeweiligen Geräte an. Die Zielstellung besteht dabei nicht in Marktanteilsgewinnen im Markt für Navigationsgeräte, sondern in Zuwächsen im Markt der Smartphones (einschließlich verbundener Bezahldienste). Die Hersteller mobiler Navigationsgeräte werden damit unbeabsichtigt in den Wettbewerb einer anderen Branche hineingezogen.

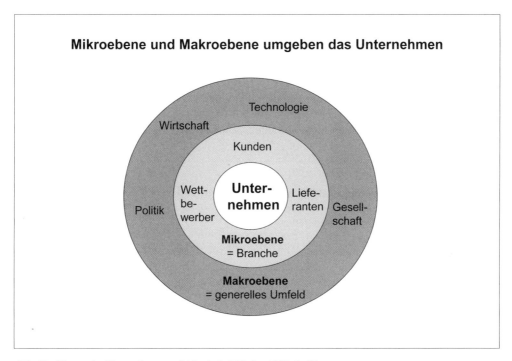

Abb. 50: Ebenen des Unternehmensumfeldes (vgl. Pillkahn, 2007, S. 49)

Eine systematische Umfeldanalyse ist, unter Berücksichtigung der genannten kritischen Hinweise, ein wichtiger Baustein der Strategieentwicklung. Die Instrumente zur generellen Umfeldanalyse unterscheiden sich dabei vorrangig in der gewählten Segmentierung. Zu den bekannteren Verfahren zählen STEEP, PEST und PESTEL (vgl. z. B. Pillkahn, 2007, S. 86 f.). Die Namen der betreffenden Konzepte ergeben sich dabei aus den Anfangsbuchstaben der Analysefelder. So resultiert PESTEL aus den Analysefeldern: **P**olitical, **E**conomic, **S**ocial, **T**echnical, **E**nvironmental und **L**egal = **PESTEL**. Dies gilt analog für vergleichbare

Ansätze wie STEEP oder PEST. In Abb. 51 sind für eine PESTEL-Analyse denkbare Themenstellungen als Teil eines strategischen Analyse- und Prognoseprozesses aufgeführt.

Der umweltbezogene Analyse- und Prognoseprozess sollte keinen einmaligen Vorgang, sondern einen kontinuierlichen Prozess darstellen. Dieser vollzieht sich in folgenden Phasen (vgl. Baum/Coenenberg/Günther, 2007, S. 58; Dillerup/Stoi, 2011, S. 73 ff.):

Analyse der einzelnen Umweltsegmente (Environmental Scanning)

Ausgehend von der noch groben, ersten Umweltsegmentierung erfolgt ein Scanning im Hinblick auf relevante Veränderungen in der Umwelt. Dieses führt anschließend zu einer Verfeinerung der betrachteten Segmente. Für die betreffenden Segmente sind mögliche Trend-Indikatoren zu ermitteln, um Veränderungen erfassen zu können. Im Bereich einer potenziellen neuen Schlüsseltechnologie, wie Brennstoffzellen, könnte dies z. B. das Erreichen spezieller Leistungswerte sein.

Die in Abb. 51 angeführten Analysefelder verdeutlichen zugleich, dass eine strikte Trennung zwischen generellem Umfeld (Makroebene) und speziellem Umfeld (Mikroebene bzw. Branche) und der Segmente untereinander nicht durchweg möglich und auch nicht zweckmäßig ist. Die Felder überlappen sich in der Realität und beeinflussen sich auch gegenseitig. Die Segmentierung stellt in dieser Hinsicht ein analytisches Hilfsmittel dar, um Komplexität überhaupt handhaben zu können (vgl. Steinmann/Schreyögg, 2005, S. 177 ff.).

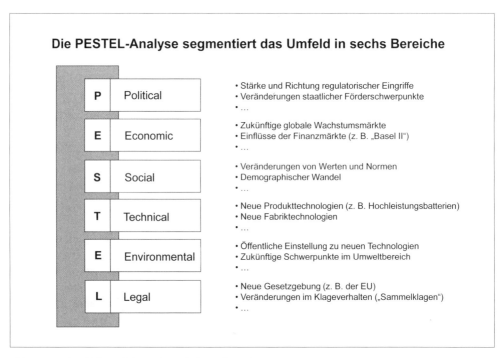

Abb. 51: *Analysefelder und -beispiele nach der PESTEL-Segmentierung*

Trendüberwachung (Environmental Monitoring)

Die Daten zu den relevanten Umfeldthemen werden erhoben, um Veränderungen zu identifizieren. Ziel muss dabei eine zeitnahe Erfassung der Informationen sein, um mögliche Trendänderungen frühzeitig erkennen zu können. So könnte sich z. B. zeigen, dass die neue Technologie deutlich schnellere Fortschritte in den Leistungswerten erreicht, als ursprünglich angenommen.

Prognose der Umweltentwicklung (Environmental Forecasting)

Ausgehend von den erhobenen Informationen werden Aussagen zur zukünftigen Umweltentwicklung formuliert. Für die späteren strategischen Entscheidungen ist es essenziell, eine Vorstellung über Richtung, Ausmaß und Geschwindigkeit der Umweltveränderungen zu besitzen. Bei allen angesprochenen Problemen der Prognose ist einer qualifiziert durchgeführten Prognose, auch wenn sie nie exakt so eintreten wird, immer der Vorzug vor Ignoranz zu geben.

Beurteilung der Bedeutung (Environmental Assessment)

In der Phase der Beurteilung ist eine Aussage darüber zu treffen, welche der Umweltentwicklungen eine spezifische **Chance** und welche ein **Risiko** darstellen können. Nicht alle Umweltveränderungen werden mit der gleichen Wahrscheinlichkeit eintreten und nicht alle besitzen selbst bei Eintreten die gleiche Bedeutung für ein Unternehmen. Entsprechend müssen die Prognosen zu Ausmaß und Wahrscheinlichkeit der Umweltveränderungen in Aussagen zur Bedeutung für das Unternehmen übergeleitet werden. Als Hilfsmittel kann hierfür eine **Trend-Einfluss-Matrix** („Issue-Impact-Matrix") genutzt werden, wie in Abb. 52 dargestellt.

In der Matrix werden auf der y-Achse die verschiedenen Trends mit der Wahrscheinlichkeit ihres Eintretens erfasst. Aus Gründen der Vergleichbarkeit sollte für die verschiedenen Trends der gleiche Zeithorizont gewählt werden. Unterschiedliche Trendentwicklungen bei unterschiedlichen Zeithorizonten sind gegebenenfalls durch separate Betrachtungen, z. B. in Form weiterer Matrixdarstellungen, zu erfassen. So können entsprechend Darstellungen für Zeithorizonte von z. B. 1, 3 oder 5 Jahren erarbeitet werden.

Auf der x-Achse wird für den jeweiligen Trend die Bedeutung für das Unternehmen erfasst. Trends bzw. Ereignisse besitzen eine hohe Priorität für die nachfolgenden strategischen Prozesse, wenn sie mit hoher Wahrscheinlichkeit eintreten werden und einen starken Einfluss auf das Unternehmen ausüben. Bei dem Einfluss kann es sich, wie bereits erläutert, um Chancen oder Risiken für das Unternehmen handeln. Mitunter kann eine Entwicklung auch beide Dimensionen beinhalten.

Das frühzeitige Erkennen der Risikokomponente ermöglicht **aktives Risikomanagement** und die Möglichkeit, die erkannten **Chancen** zu nutzen. Als Beispiel kann der Bereich des klassischen Einzelhandels zum Zeitpunkt des beginnenden Onlinehandels genannt werden. Eine entsprechende Trenduntersuchung hätte auf Basis von Wachstumsraten schon sehr frühzeitig das Potenzial des Online-Handels aufgezeigt. Entsprechend hätte ein Unternehmen des klassischen Einzelhandels daraus ableiten können, dass hiermit eine neue Konkurrenzsituation entsteht (= Risiko). Ebenso wäre das Unternehmen aber auch zu der Schlussfolgerung gekommen, dass sich hier erhebliche Wachstumspotenziale (= Chancen) eröffnen.

Es wird damit auch deutlich, dass die beschriebene Einordnung von Trends nach Eintrittswahrscheinlichkeit und Einflussstärke sowie Zuordnung zu Chancen und Risiken eine enge Anknüpfung zu Früherkennungssystemen und dem Enterprise Risk Management besitzt.

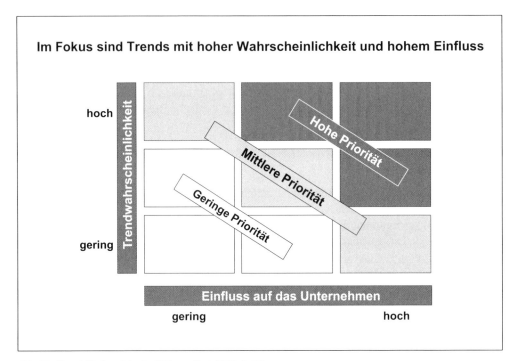

Abb. 52: Trend-Einfluss-Matrix (Dillerup/Stoi, 2011, S. 76)

Fallbeispiel Umweltherausforderungen: Volkswagen

Die Einstellung von Unternehmen zu Fragen des Umweltschutzes und Nachhaltigkeit hat in den letzten Jahren kontinuierlich an Bedeutung gewonnen, sowohl was die normative Ebene als auch die strategische Ebene betrifft (vgl. Dyckhoff/Souren, 2008, S. 92 ff.). Abb. 53 veranschaulicht auch unter diesem Aspekt die Herausforderungen des Umfeldes aus der Sicht des Volkswagen-Konzerns.

Hierbei wird zwischen der Stärke der gesellschaftlichen Anforderungen/Stakeholder-Erwartungen einerseits und der Bedeutung für den Unternehmenserfolg andererseits unterschieden. Im oberen rechten Quadranten finden sich dabei Herausforderungen mit überwiegend sehr langfristigen Wirkungshorizonten, wie z. B. der demografische Wandel. Eine Ausnahme bildet die Finanz- und Strukturkrise, die eher im zeitlich mittelfristigen Bereich anzusiedeln ist.

3.4 Strategische Analysen und Prognosen zu Umfeld und Unternehmen

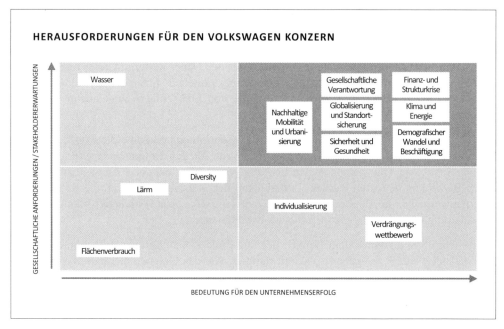

Abb. 53: Umweltbezogene Herausforderungen des VW-Konzerns (Volkswagen, 2010c, S. 6)

Die Komplexität der Herausforderungen kann ansatzweise an dem Trend „Nachhaltige Mobilität und Urbanisierung" skizziert werden. Unter diesem Begriff sind zwei dauerhaft wirkende Trends kombiniert. Gegenstand der „Nachhaltigen Mobilität" bildet schwerpunktmäßig der Einsatz erneuerbarer Energien für den Fahrzeugantrieb. Hieraus resultiert für Volkswagen die Notwendigkeit, entsprechende Forschungsanstrengungen zu unternehmen, soweit man nicht von anderen Unternehmen abhängig sein will. Die „Urbanisierung" beschreibt den globalen Trend der überproportionalen Bevölkerungszunahme in Städten. Raummangel und Umweltbelastung werden hier zunehmend spezielle Fahrzeugkonzepte erfordern.

3.4.3 Stakeholder-Analyse

Unternehmen erbringen ihre Leistung in einer Interaktion mit unterschiedlichsten Interessengruppen, sogenannten **Stakeholdern**. Es handelt sich um Menschen oder Organisationen/Institutionen, „[…] die unmittelbar oder indirekt von der unternehmerischen Tätigkeit betroffen sind, sei dies über einen Nutzen, über Risiken oder über eine kurz- oder langfristige Förderung oder Beeinträchtigung von Lebensqualität und Entwicklungsmöglichkeiten." (Rüegg-Stürm, 2003, S. 33; siehe auch Pitt/Koufopoulos, 2012, p. 100 ff.).

Führungskräfte, Mitarbeiter und Eigentümer bilden einen inneren Zirkel der Stakeholder, der von einem äußeren Zirkel umgeben wird, wie dies Abb. 54 veranschaulicht (vgl. Dillerup/Stoi, 2008, S. 72 ff.).

Die Berücksichtigung von Stakeholder-Interessen im Strategieprozess bildet vordergründig eine Gegenposition zur **Shareholder-Orientierung**, also der dominanten Ausrichtung an den Eigentümerzielen. In der Realität hat sich jedoch gezeigt, dass extreme Positionen nur selten zum Erfolg führen. So können Unternehmen auf Dauer weder mit einer reinen Shareholder- noch einer reinen Stakeholder-Orientierung bestehen. Entsprechend wird selbst in den stark Shareholder-geprägten USA die Rolle von Stakeholdern zunehmend anerkannt (vgl. z. B. Kukalis, 2009).

Aus der Sicht eines faktenbasierten strategischen Controllings gilt, dass die Erwartungen der Stakeholder zu ermitteln sind, da sie hohe Relevanz für den Unternehmenserfolg besitzen können. Erst wenn Transparenz zu den Erwartungen besteht, kann eine Aussage zur strategischen Bedeutung getroffen werden. Erwartungen der Stakeholder können die Richtung der Alternativensuche, die Beurteilung von Alternativen oder sogar vorgelagert schon die Zielformulierung beeinflussen, wie im Falle der Eigentümer.

Im weiteren Sinne können dem Bereich der Stakeholder-Analyse auch **Imagebefragungen** zugerechnet werden. Sie geben Auskunft darüber, wie das Unternehmen aus Sicht der Öffentlichkeit eingeschätzt wird. Besondere Bedeutung gewinnen derartige Umfragen, wenn sie auf kaufentscheidende Faktoren ausgeweitet werden und ein Vergleich mit Konkurrenzunternehmen erfolgt. Es handelt sich dann um eine spezifische Ausprägung von Benchmarking (siehe Kap. 3.4.10).

Abb. 54: Stakeholder eines Unternehmens (Dillerup/Stoi, 2008, S. 73; modifiziert)

Die einzelnen Gruppen der Stakeholder unterscheiden sich deutlich in ihren **Erwartungen**. Als typisch gelten z. B. (vgl. Dillerup/Stoi, 2008, S. 73 f.; Müller-Stewens/Lechner, 2011, S. 165; Töpfer, 2007, S. 110 ff.):

- **Eigentümer:** Verzinsung des eingesetzten Kapitals durch Wertmehrung und/oder Ausschüttung, Sicherheit des eingesetzten Kapitals, Einfluss auf Unternehmensführung,
- **Führungskräfte:** Einkommen, Macht, Prestige, Umsatz-/Gewinnwachstum, Sicherheit der Position,
- **Mitarbeiter:** Einkommen, Sicherheit des Arbeitsplatzes, angenehme Arbeitsbedingungen (die Interessen der Mitarbeiter können dabei durch Mitarbeitervertretungen/Gewerkschaften in ihrem Gewicht als Gruppe deutlich verstärkt werden),
- **Kunden:** gutes Preis-/Leistungsverhältnis, Liefersicherheit, Flexibilität, Innovation, keine Konkurrenzsituation,
- **Lieferanten:** Abnahmesicherheit, Zahlungssicherheit, Wachstum der Zulieferungen,
- **Fremdkapitalgeber:** sichere Zins- und Tilgungsleistungen,
- **Staat/Kommune:** Einhaltung gesetzlicher Regelungen, stabile und wachsende Steuerzahlungen, Arbeits- und Ausbildungsplätze,
- **NGOs** („Non Government Organizations"): Berücksichtigung organisationsspezifischer Interessen, wie z. B. Einhaltung spezieller Naturschutzziele.

Der Prozess der Stakeholder-Analyse vollzieht sich in Anlehnung an den allgemeinen Analyseprozess in einzelnen Schritten, die in Abb. 55 veranschaulicht sind. Im **ersten Schritt** erfolgt eine breit angelegte Betrachtung unterschiedlicher Anspruchsgruppen, von denen aktuell oder zukünftig eine Beeinflussung des Unternehmens angenommen wird. Während dies im Hinblick auf die aktuelle Situation vergleichsweise einfach ist, gestaltet sich dies für die Zukunft mit zunehmendem Zeithorizont schwieriger, speziell wenn neue Geschäfte in Betracht gezogen werden. Dies gilt z. B. für den Fall der internationalen Expansion, bei dem sich ein Unternehmen neuen nationalen Stakeholdern gegenübersieht. Dies betrifft neben den neuen Führungskräften und Mitarbeitern u. a. auch die staatlichen Stakeholder.

Für die identifizierten Stakeholder sind im **zweiten Schritt** die jeweiligen Anforderungen in aktueller Hinsicht und in ihrer prognostizierten Entwicklung zu erfassen. Idealerweise gelingt es, diese über Deskriptoren zu beschreiben. Im Falle der Stakeholdergruppe der „Eigentümer" bildet die Verzinsungserwartung für das eingesetzte Kapital einen möglichen Deskriptor. Im Hinblick auf Kunden könnte z. B. in einzelnen Branchen die Erwartung an jährliche Produktivitätssteigerungen bzw. entsprechende Preissenkungen ein Deskriptor sein. Generell dürfte es leichter fallen, die Anforderungen derjenigen Stakeholder abzuschätzen, die sich nahe am bzw. im Unternehmen befinden.

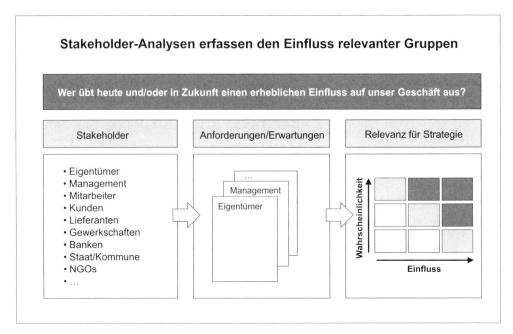

Abb. 55: Prinzip der Stakeholderanalyse (vgl. Mussnig/Mödritscher/Oberchristl, 2007, S. 550; modifiziert)

Im **dritten Schritt** sind die Anforderungen im Hinblick auf ihre Relevanz für das Unternehmen zu erfassen bzw. einzuordnen. Hierzu kann eine Matrix genutzt werden, in der die Anforderungen in zwei Dimensionen erfasst werden. Die erste Dimension bildet die **Wahrscheinlichkeit des Eintretens**. Bei der zweiten Dimension handelt es sich um die **Einflussstärke,** die die Anforderungen auf das Unternehmen ausüben, vorausgesetzt sie treten auch tatsächlich ein. Auch hier gilt: Anforderungen, die eine hohe Wahrscheinlichkeit des Eintretens und gleichzeitig großen Einfluss auf das Unternehmen besitzen, haben eine hohe Priorität für die nachfolgenden Schritte der Strategieentwicklung.

Fallbeispiel Stakeholdereinfluss: Magna

Im Jahr 2009 hatte sich der in einer schweren Krise befindliche Automobilhersteller General Motors entschlossen, seine deutsche Tochtergesellschaft Opel zum Verkauf zu stellen. Unter den Kaufinteressenten war auch der Automobilzulieferer Magna. Für den angestrebten Kauf von Opel bildete Magna zusammen mit dem russischen Partner Sberbank ein Konsortium. Das Konsortium konnte sich nach langwierigen Verhandlungen gegenüber Konkurrenten durchsetzen und erhielt im September 2009 den prinzipiellen Zuschlag (siehe Abb. 56). Aufgrund einer Änderung der General-Motors-Strategie wurde der Verkauf von Opel jedoch letztlich nicht vollzogen.

3.4 Strategische Analysen und Prognosen zu Umfeld und Unternehmen

---

Press Releases & News

Joint Press Release - Magna and Sberbank offer selected as the preferred solution for Opel

---

Abb. 56: Überschrift der Magna-Presseveröffentlichung zum Opel-Engagement (Magna, 2010a)

Schon während des Verhandlungsprozesses wurden Stimmen aus dem Kundenumfeld laut, die sich sehr kritisch zu dem Magna-Angebot für Opel äußerten. Eine Stakeholder-Analyse musste klar aufzeigen, dass sich eine problematische Situation anbahnen würde. Aus Sicht der Kunden würde Magna durch eine Beteiligung bei Opel von einem Unterlieferanten zu einem Konkurrenten werden. Es war somit abzusehen, dass ein Konflikt entstehen würde, ungeachtet der Aussagen von Magna, die beiden Geschäfte separat führen zu wollen. Eine entsprechende Stakeholder-Analyse hätte zu der Feststellung kommen können, dass eine Beteiligung an Opel mit hoher Wahrscheinlichkeit zu einer Gefährdung des Zuliefergeschäftes führen würde. Dies hätte dann unter Umständen zu einem Abbruch des Opel-Vorhabens geführt. Aussagen von Magna deuten an, dass sich das Unternehmen durchaus gewisser Risiken bewusst war.

Im September 2009 führte der Interessenkonflikt „Magna vs. Kunden" zu einer mehr als deutlichen Warnung durch den VW-Aufsichtsratschef Ferdinand Piëch: "Wir als Konzern mögen es nicht, wenn aus unseren Zulieferern unsere Konkurrenten werden." Auch seitens BMW wurden ähnliche Signale gesandt. Ab September verdichteten sich die Hinweise, dass VW den Auftrag für die Fertigung des Porsche-Boxsters, die ab 2012 bei Magna vorgesehen war, abziehen würde.

Im November 2009 meldete das österreichische WirtschaftsBlatt, was sich schon in den Wochen zuvor abgezeichnet hatte: „VW bremst Magna aus: Der Porsche-Auftrag ist weg."

(Vgl. Freitag, 2010; Mader, 2010; Magna, 2010b, S. 1; Schwerdtmann, 2010).

3.4.4 Szenariotechnik

Die Analyse der globalen Umwelt und die Stakeholder-Analyse dienen als vergleichsweise offene Verfahren dazu, zukünftige Entwicklungen im Umfeld und Erwartungen an das Unternehmen abzuschätzen. Die Offenheit dieser Ansätze erlaubt eine relativ leichte Skalierung entsprechend den Nutzeranforderungen. Im Vergleich dazu handelt es sich bei der Szenariotechnik um ein hoch strukturiertes Instrument. Die Szenariotechnik wird zum **Erstellen von langfristigen Zukunftsbildern**, sog. **Szenarien** eingesetzt (vgl. hierzu nachfolgend Geschka, 2006, S. 357 ff. sowie vertiefend die Beiträge in Wilms, 2006. Siehe zur Einbindung in die strategische Planung insbesondere Wulf/Meißner/Stubner, 2010).

Szenarien stellen vor allem in kapitalintensiven und langfristig orientierten Branchen ein Verfahren zur Entwicklung und Überprüfung von Strategien dar. Eine Vorreiterrolle hat hierbei die Ölindustrie und speziell Shell übernommen: "We use scenarios to explore possible developments in the future and to test our strategies against those potential developments. Shell has been using scenarios for 30 years." (Shell, 2011a).

Der wesentliche Unterschied der Szenariotechnik gegenüber den rein intuitiven Zukunftsaussagen („Prophezeiungen") liegt in der Systematik. **Merkmale der Szenariotechnik** bzw. der resultierenden Zukunftsbilder sind:

- Sie bauen auf einem Verständnis der Gegenwart und relevanter Wirkungszusammenhänge auf.

- Sie werden systematisch und nachvollziehbar aus der Gegenwart heraus entwickelt; es wird sowohl das plausible Zukunftsbild als auch der Weg dorthin beschrieben.

- In Abhängigkeit von Annahmebündeln (einschließlich Trendbruchereignissen) werden unterschiedliche Pfade in die Zukunft und damit alternative Zukunftsbilder erarbeitet.

In Abb. 57 ist das Denkmodell der Szenariotechnik veranschaulicht. Bildlich öffnet sich ab der Gegenwart ein zunehmend größer werdender Trichter, der die größere Variabilität alternativer Zukunftsbilder im Zeitablauf widerspiegelt. Das Zukunftsbild wird dabei aus dem Verständnis der Gegenwart in Verbindung mit konsistenten Annahmen für die Einflussgrößen der Zukunft gewonnen. Der Weg in die Zukunft ist bildlich durch die gestrichelte Linie angedeutet und kann durch Trendbruchereignisse in eine andere Richtung gelenkt werden. Je größer der zeitliche Betrachtungshorizont gewählt wird (5 Jahre/10 Jahre/20 Jahre), umso größer ist prinzipiell die Anzahl der Zukunftsbilder: „Versucht man aus dem Heute heraus die fernere Zukunft auszuleuchten, dann nimmt der Einfluss der Gegenwartsstrukturen ab und das Möglichkeitsspektrum öffnet sich wie ein Trichter zur ferneren Zukunft hin. Dieser Trichter weitet sich exponentiell, je weiter man in die Zukunft blickt; in der ganz fernen Zukunft ist nahezu alles möglich." (Geschka, 2006, S. 361).

Der Szenarioprozess kann in acht Schritte unterteilt werden (vgl. Geschka, 2006, S. 364 ff.):

1. Definition und Strukturierung des Untersuchungsfeldes

Ausgangspunkt bildet eine möglichst genaue Abgrenzung des interessierenden Untersuchungsgegenstandes. Hierzu ist festzulegen, welche Themen in die Untersuchung einbezogen bzw. auszuschließen sind. Typischer Untersuchungsgegenstand im Kontext des strategischen Controllings kann z. B. die Entwicklung des Marktumfeldes für ein Geschäftsfeld sein. Basierend auf der Eingrenzung des Themas sind Informationen zu erheben, die zur Beschreibung von Strukturmerkmalen und Problemen dienen. Soweit die Beschreibung mit Kenngrößen erfolgen kann, sind deren Ist-Ausprägungen zu erheben.

3.4 Strategische Analysen und Prognosen zu Umfeld und Unternehmen

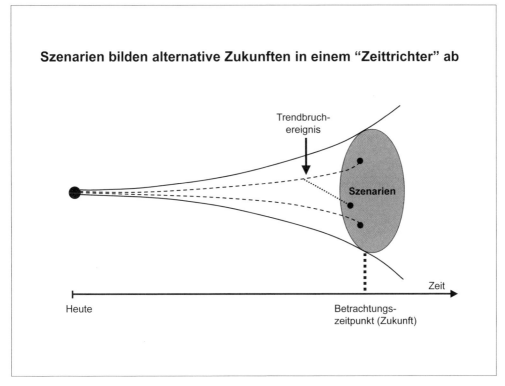

Abb. 57: Denkmodell für Szenarien (Geschka, 2006, S. 361)

2. Identifikation und Strukturierung der wichtigsten Einflussfaktoren und -bereiche

Exogene Einflussfaktoren auf das Untersuchungsfeld werden unter Einsatz von Kreativitätstechniken gesammelt und zu Bündeln zusammengefasst. Die Bündel, die jeweils einem Einflussbereich entsprechen, werden durch einen Oberbegriff gekennzeichnet. Die Einflussbereiche entsprechen den Elementen einer Systemanalyse, mit deren Hilfe die Wirkungsbeziehungen zwischen den Einflussbereichen und dem in Schritt 1 definierten Untersuchungsfeld herausgearbeitet werden sollen. Die Wirkungsbeziehungen lassen sich nachfolgend, auch in ihrer Intensität, grafisch darstellen.

Abb. 58 verdeutlicht dies am Beispiel der Photovoltaik. Hervorzuheben ist in dieser spezifischen Wirkungsstruktur die starke Bedeutung staatlicher Förderung für die Photovoltaik; die Annahmen über das staatliche Förderverhalten besitzen einen zentralen Einfluss auf die Entwicklung des Marktes. Diese Aussage hat sich im Weiteren dann auch konkret bei der Rückführung staatlicher Programme bestätigt, die zu erheblichen Marktturbulenzen führte.

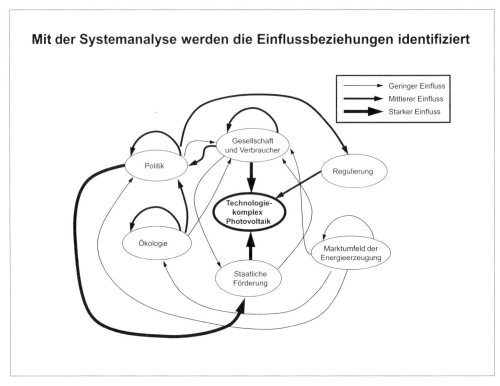

Abb. 58: Systemanalyse des Einflussumfeldes – Beispiel Photovoltaik-Technologie (Geschka, 2006, S. 366)

3. Formulierung von Deskriptoren, Aufstellung von Projektionen und Annahmen

Für die Deskriptoren werden zuerst die Ist-Ausprägungen erhoben und darauf aufbauend dann die Projektionen für das Szenario-Zieljahr erstellt. Während für viele Deskriptoren klare, eindeutige Trends zu erkennen sind, wird sich bei anderen Deskriptoren (sog. Alternativdeskriptoren) zeigen, dass sehr unterschiedliche Entwicklungen eintreten können, bzw. für plausibel gehalten werden. Sowohl die eindeutigen Prognosen als auch die Alternativannahmen sind als Resultat nachvollziehbar zu begründen.

Abb. 59 veranschaulicht in vereinfachter Form die Kombination von weitgehend stabilen mit unsicheren Entwicklungen. Ausgangspunkt ist die Frage der Einflussstärke auf das Untersuchungsfeld. Megatrends, wie demografische Entwicklung und Urbanisierung, besitzen dabei nur eine geringe Unsicherheit und bilden somit eine Basisannahme für die Zukunft. Alternative Entwicklungen und damit Szenarien werden maßgeblich von **Einflussfaktoren mit großer Bedeutung** („high impact") und **hoher Unsicherheit** („high uncertainty") geprägt. Am Beispiel eines Szenarios im Bereich der Medizintechnik lässt sich dies veranschaulichen: Die demografische Entwicklung eines Landes kann mit hoher Wahrscheinlichkeit über einen längeren Zeitraum prognostiziert werden. Dagegen besteht Unsicherheit hinsichtlich des zukünftigen Finanzierungssystems, das erhebliche Bedeutung besitzt. Hier sind alternative

3.4 Strategische Analysen und Prognosen zu Umfeld und Unternehmen

Finanzierungsformen mit unterschiedlichen Auswirkungen auf die Marktentwicklung plausibel denkbar.

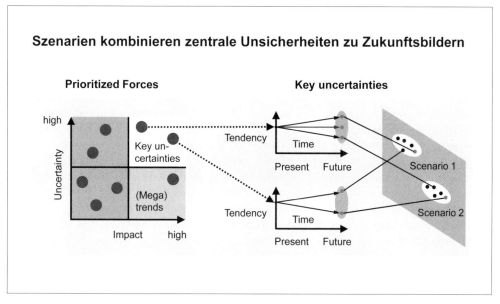

Abb. 59: Entwicklung von Alternativszenarien aus unsicheren Schlüsseltrends (Siemens, 2009a)

4. Bildung und Auswahl alternativer konsistenter Annahmenkombinationen

Die verschiedenen Annahmen der Alternativdeskriptoren lassen sich nicht beliebig miteinander kombinieren, sondern sind zum Teil widersprüchlich. Dies stellt jedoch keinesfalls einen Prognosefehler dar, sondern resultiert aus der Tatsache, dass letztlich unterschiedliche alternative Zukunftsbilder existieren. Im vierten Schritt werden daher auf Basis der Beziehungen zwischen den Annahmen („verstärkt", „neutral", „widersprüchlich") konsistente Annahmenbündel formuliert.

Bezogen z. B. auf die Pharmabranche wäre die Annahme einer deutlichen Verkürzung des Patentschutzes für Pharmaprodukte kaum kompatibel mit der Annahme branchenweit steigender F+E-Aufwände. Ein verkürzter Patentschutz reduziert den Anreiz für F+E und führt damit tendenziell zu einem Sinken der F+E-Aufwände.

5. Entwicklung und Interpretation der ausgewählten Umfeldszenarien

Nachfolgend können die Zukunftsbilder entwickelt werden, und zwar aus der Kombination der in sich konsistenten Annahmenbündel für Alternativdeskriptoren mit den Projektionen für eindeutige Deskriptoren. Typischerweise wird nur mit einer geringen Anzahl von Szenarien (2–3) gearbeitet, die im Idealfall die Spannweite einer zukünftigen Entwicklung beschreiben. Für die Erarbeitung der eigentlichen Zukunftsbilder hat es sich bewährt, in Zeitschritten (z. B. 5 Jahren) vorzugehen und für jeden dieser Zwischenzeitpunkte einen inhaltlichen Abgleich aller Szenarioausprägungen durchzuführen. In der Verbindung der einzelnen Zeitschritte entsteht ein vernetzter Pfad von der Gegenwart bis zum Szenario-Zieljahr. Die Zukunftsbilder können nachfolgend ausformuliert und bildhaft veranschaulicht werden.

Ein Beispiel für die Veranschaulichung von Szenarien bilden die sogenannten **„Pictures of the Future"**, die von Siemens für verschiedene Bereiche, in denen das Unternehmen tätig ist, entwickelt wurden (vgl. Siemens, 2011).

6. Einführung und Auswirkungsanalyse ausgewählter Trendbruchereignisse

Um die Robustheit bzw. Sensitivität von Szenarien zu untersuchen, werden sogenannte Trendbruchereignisse eingeführt. Ein derartiges Ereignis tritt plötzlich auf und ist geeignet, einen Trend in eine andere Richtung zu lenken. Bei Trendbruchereignissen kann es sich um negative Ereignisse handeln (z. B. eine Pandemie), diese können jedoch auch positiver Natur sein (z. B. Entdeckung eines universellen Krebsbehandlungsmittels). Der Fokus liegt auf denjenigen Trendbruchereignissen, die bei ihrem Eintritt die Szenarien am stärksten beeinflussen und zudem eine hohe Eintrittswahrscheinlichkeit besitzen. Durch das Einbeziehen dieser Ereignisse werden Varianten der Umfeldszenarien erarbeitet. Den wirkungsintensiven Trendbruchereignissen kommt besondere Bedeutung im Zusammenhang mit der strategischen Frühaufklärung und proaktivem Risikomanagement zu. In diesem Zusammenhang finden auch sogenannte Wildcards Verwendung. Dies sind zukünftige Entwicklungen oder Ereignisse, die nur eine relative geringe Eintrittswahrscheinlichkeit besitzen, aber im Falle ihres Eintretens zu weitreichenden Konsequenzen führen können (vgl. Fink/Siebe, 2006, S. 137).

7. Ausarbeiten der Untersuchungsfeldszenarien bzw. Ableiten von Konsequenzen

Basierend auf der ursprünglichen Fragestellung sind aus den Szenarien die entsprechenden Konsequenzen bzw. Handlungsempfehlungen abzuleiten. Im Hinblick auf die zukünftige Attraktivität eines potenziellen neuen Geschäftsfeldes könnten als Resultat z. B. durchweg negative, durchweg positive oder gemischte Szenarien entstehen. Im Falle der durchgängig negativen Einschätzung können die Eintrittsüberlegungen für dieses Geschäftsfeld gestoppt werden. Im Falle der durchweg positiven Einschätzung erfolgt die Empfehlung, konkrete Umsetzungsplanungen zu starten und somit eine Überleitung in die nächste Phase. Schwierig gestaltet sich die Handlungsempfehlung, wenn die Szenarien gemischt ausfallen. Hier bedarf es letztlich aus einer Gesamtsicht des Unternehmens heraus einer Leitungsentscheidung, ob ein Markteintritt weiter verfolgt werden soll.

8. Konzipieren von Umsetzungsplänen

Bei positiver Entscheidung erfolgt im Schritt acht die Umsetzungsplanung. Für das Beispiel des Markteinstiegs bedeutet dies, dass z. B. alternative Eintrittsstrategien erarbeitet werden. Aus der Sicht der Szenariotechnik besitzt dies den Charakter einer Umsetzungsplanung, obwohl noch nicht zwingend ein hoher Detaillierungsgrad erreicht wird. Insbesondere gilt, dass die erarbeiteten Alternativen sowohl gegeneinander als auch im Vergleich zu anderen Handlungsoptionen des Unternehmens zu bewerten sind.

Fallbeispiel Szenarien: Photovoltaikmarkt

EPIA, der europäische Industrieverband der Photovoltaikindustrie, hat 2009 ein Szenario für die Entwicklung des Photovoltaikmarktes bis 2020 erstellt (vgl. EPIA, 2010). Im Resultat werden drei verschiedene Zukunftsentwicklungen formuliert, deren Konsequenzen für den Photovoltaikmarkt in Abb. 60 dargestellt sind:

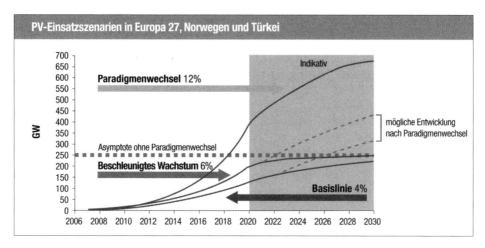

Abb. 60: *Photovoltaik-Szenarien der „Set for 2020"-Studie (EPIA, 2010; Ausschnitt)*

Die drei beschriebenen Szenarien unterscheiden sich in der Höhe des Anteils an der europäischen Energieerzeugung (Europa 27, Norwegen und Türkei), die bis 2020 erreicht wird.

- *Szenario 1 („Basislinie"): 4 % Marktdurchdringung,*
- *Szenario 2 („Beschleunigtes Wachstum"): 6 % Marktdurchdringung,*
- *Szenario 3 („Paradigmenwechsel"): 12 % Marktdurchdringung.*

Im Vordergrund stehen die notwendigen Voraussetzungen, um das betreffende Niveau zu erreichen. Diese reichen von weiteren Kostensenkungen bei den Photovoltaik-Herstellern bis hin zu politischer Unterstützung. Speziell für den Fall des Paradigmenwechsels wird auf die besondere technische Bedeutung sogenannter Smart Grids hingewiesen. Dabei handelt es sich um intelligente Systeme der Netzsteuerung, speziell im Hinblick auf eine Vielzahl dezentraler Stromerzeuger. Der Markt für Smart Grids kann somit eine hochattraktive Chance darstellen, da generell von einem weiteren Anstieg der dezentralen Stromerzeugung auszugehen ist.

Ein zeitlich noch weiterführendes Szenario wurde von Shell als globales Energieszenario erstellt: „Shell Energy Scenarios to 2050" (vgl. Shell, 2011b).

Fallbeispiel Zukunftsforschung: VW

Der Volkswagen-Konzern beschäftigt sich intensiv mit Umfeldanalysen und -prognosen. Abb. 61 veranschaulicht das Zusammenwirken der einzelnen Elemente. Aus „Marktforschung und Szenarioprozess" werden Informationen z. T. direkt als Input für die Unternehmensstrategie 2018 verarbeitet. Zum Teil fließen sie in Form von Trends, Projektionen und Szenarien in die Zukunftsforschung ein. Aus den Resultaten der Zukunftsforschung werden wiederum Inputs für die Strategie 2018 abgeleitet.

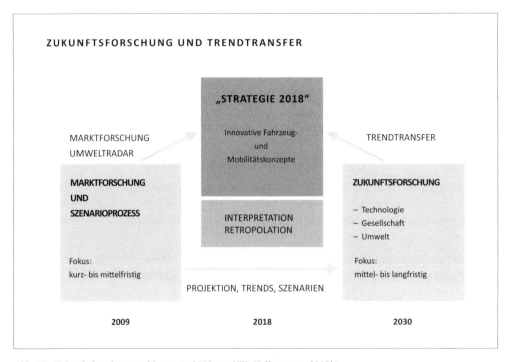

Abb. 61: Zukunftsforschung und Strategie 2018 von VW (Volkswagen, 2010b)

Die Zukunftsforschung von Volkswagen arbeitet in den Themenfeldern der Technologiefrüherkennung, der Gesellschaftsfrüherkennung und des Technologieroadmappings. Bei der Gesellschaftsfrüherkennung sollen die Verhaltensmuster zukünftiger Kunden unter Berücksichtigung des zukünftigen gesellschaftlichen Umfeldes erforscht werden. Gegenstand der Technologiefrüherkennung sind neue Technologieansätze, um wettbewerbsrelevante Technologien schon sehr frühzeitig identifizieren zu können. Mit Hilfe des Technologieroadmappings sollen schließlich die F+E-Projekte zeitlich und inhaltlich an den zukünftigen Kunden-/Marktbedürfnissen ausgerichtet werden (vgl. Volkswagen 2010b).

3.4.5 Five-Forces-Analyse nach Porter

Gegenstand des „Five-Forces-Konzeptes" ist die Branche („industry"). Die zentrale Aussage des **„Five-Forces-Konzeptes" von Porter** besteht darin, dass der wirtschaftliche Erfolg eines Unternehmens im Kern von der jeweiligen Branchenattraktivität abhängt. Wie Porter aufzeigt, bestehen im langjährigen Vergleich erhebliche Unterschiede zwischen der Profitabilität einzelner Branchen. So zeigen Vergleiche auf Basis der Kapitalrentabilität ROIC (Return On Invested Capital) die erhebliche Spannweite nach Branchen auf. In seinen Studien ermittelte Porter für den Zeitraum 1992 – 2006 für die betrachteten Branchen einen Durchschnittswert von ROIC = 14,9 %, der in den besten Branchen deutlich übertroffen, bzw. in den drei schlechtesten Branchen deutlich unterschritten wurde (vgl. Porter, 2008b, p. 83):

Der höchste durchschnittliche ROIC wurde erzielt in den Branchen a) Wertpapierhandel („Security Brokers and Dealers"): 40,9 %; b) Nichtalkoholische Getränke („Softdrinks"): 37,6 % und c) Standardsoftware („Prepackaged Software"): 37,6 %.

Branchen mit dem niedrigsten durchschnittlichen ROIC waren a) Hotels: 10,4 %; b) Versandhandel („Catalog, Mail-Order Houses"): 5,9 % und c) Fluggesellschaften („Airlines"): 5,9 %.

Die Branchenattraktivität wird nach Porter von **fünf grundlegenden Wettbewerbskräften, den „Five-Forces"**, bestimmt (vgl. Porter, 2008a, S. 35 ff.; Porter, 2008b). Porter empfiehlt dabei nachhaltig die Quantifizierung der jeweiligen Forces und hebt inbesondere die enge Verbindung zwischen diesen Wettbewerbskräften und der finanziellen Performance hervor: "The strength of the competitive forces affects prices, costs, and the investment required to compete; thus the forces are directly tied to the income statements and balance sheets of industry participants." (Porter, 2008b, p. 87).

Bei den „Five Forces" handelt es sich im Einzelnen um

1. **Threat of New Entrants** (Bedrohung durch neue Wettbewerber),
2. **Bargaining Power of Buyers** (Verhandlungsmacht der Kunden),
3. **Threat of Substitute Products** or Services (Bedrohung durch Substitute),
4. **Bargaining Power of Suppliers** (Verhandlungsmacht der Lieferanten) und
5. **Rivalry Among Existing Suppliers** (Rivalität zwischen den Firmen einer Branche).

Die fünfte Kraft, der Wettbewerb unter den Anbietern, steht dabei im Zentrum der Wettbewerbskräfte, wie dies auch Abb. 62 veranschaulicht.

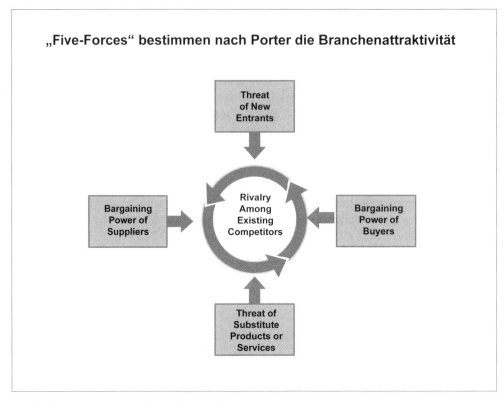

Abb. 62: Five-Forces nach Porter (Porter, 2008b, p. 80)

1. Threat of New Entrants (Bedrohung durch neue Wettbewerber)

Die Bedrohung durch (möglicherweise) neu in den Markt eintretende Firmen hat einen negativen Einfluss auf das Gewinnpotenzial und damit die Attraktivität einer Branche. Neue Marktteilnehmer addieren zusätzliche Kapazitäten und verstärken den Preis- und Innovationsdruck, um Marktanteile zu erlangen. Die Wahrscheinlichkeit für den Eintritt neuer Firmen wird dabei maßgeblich beeinflusst von der Profitabilität und den Wachstumsaussichten einer Branche. Ebenso besitzen Markteintrittsbarrieren und die erwarteten Reaktionen durch die aktuellen Branchenfirmen eine wesentliche Bedeutung.

Wesentliche Markteintrittsbarrieren bilden:

Economies of Scale auf der Angebotsseite: Kostenvorteile etablierter Firmen aufgrund der kumulierten Produktionsmenge erschweren den profitablen Markteintritt für „Newcomer".

Benefits of Scale auf der Nachfrageseite: Die kundenseitige Wahrnehmung von Größe als eines der kaufrelevanten Kriterien (z. B. wegen der langfristigen Erbringung von Serviceleistungen) erhöht die Markteintrittsbarrieren.

Wechselkosten auf der Kundenseite: Je höher die Kosten für den Wechsel von bisherigen zu einem neuen Anbieter ausfallen (z. B. Umbaukosten, Trainingskosten), umso schwieriger gestaltet sich der Markteintritt.

Kapitalerfordernisse: Hoher Kapitalbedarf schafft eine natürliche Hürde für den Marktzugang. Die Verfügbarkeit von Leasingmöglichkeiten für Anlagegüter bildet hingegen ein Beispiel für das Absenken der Markteintrittsbarrieren durch Reduktion der anfänglichen Kapitalerfordernisse.

Vorteile der Branchenfirmen unabhängig von der Größe: Unternehmen, die bereits in der Branche tätig sind, besitzen zusätzliche Vorteile, wie insbesondere etablierte Kundenkontakte mit entsprechenden Kenntnissen der spezifischen Kundenanforderungen. Weitere Beispiele bilden spezielle patentierte Technologien oder der Zugang zu erforderlichen knappen Rohstoffen.

Ungleicher Zugang zu Vertriebskanälen: Etablierte Unternehmen verfügen über entsprechende Vertriebskanäle, während diese von neuen Firmen erst aufgebaut werden müssen. In bestimmten Branchen, wie z. B. im Lebensmitteleinzelhandel, sind erhebliche finanzielle Vorleistungen erforderlich, um in das Sortiment aufgenommen zu werden. Dies reduziert die Attraktivität eines Markteintritts.

Regulatorische Bedingungen: In einer Vielzahl von Branchen führen regulatorische Bedingungen zu Markteintrittsbarrieren, die nur mit entsprechendem Ressourcenaufwand zu überwinden sind. Oftmals ist dies aus Zeit- und Risikogründen heraus kaum attraktiv, was in der Konsequenz zu Markteintritten über Akquisitionen anstelle des organischen Wegs führt. Ein Beispiel für eine hochregulierte Branche mit zudem auch hohem Kapitalbedarf bildet die Energiewirtschaft.

2. Bargaining Power of Buyers (Verhandlungsmacht der Kunden)

Eine starke Verhandlungsposition der Kunden hat einen negativen Einfluss auf die Attraktivität einer Branche. In diesem Fall gelingt es den Kunden, die Lieferanten gegeneinander zu positionieren und entsprechende Preis- und Konditionenzugeständnisse zu erreichen. Eine starke Verhandlungsmacht auf der Kundenseite ist vor allem bei einer geringen Zahl von Kunden und einer hohen Anzahl von Lieferanten anzutreffen. Die Verhandlungsmacht der Kunden wird vor allem dann gestärkt, wenn die Produkte relativ leicht austauschbar sind und gleichzeitig für die Lieferanten hohe „Barriers-to-Exit" bestehen. Dies erleichtert es insgesamt für die Kunden zwischen den Lieferanten zu wechseln, während diese ihrerseits nur geringe Ausweichmöglichkeiten besitzen. Soweit die Kunden selbst unter Preisdruck stehen und die zugekauften Produkte einen erheblichen Anteil an ihrer Kostenstruktur darstellen, werden diese den Wettbewerbsdruck auf ihre Lieferanten und damit die Branche erhöhen. Umgekehrt wird der Wettbewerbsdruck geringer ausfallen, wenn sich die Kunden selbst in einer hochprofitablen Branche befinden und die zugekauften Produkte nur einen geringen Teil ihrer Kostenstruktur darstellen. Dies gilt ebenfalls, wenn die Qualität der betreffenden Produkte oder Dienstleistungen einen erheblichen Einfluss auf das Endprodukt des Kunden besitzt.

Mögliche Kennzahlen zur Messung der „Verhandlungsmacht der Kunden" sind z. B. Konzentrationsmaße auf der Kundenseite („Umsatzanteil der 5 größten Firmen") oder jährliche Preisreduktionen aus Einkaufsrunden.

3. Threat of Substitute Products or Services (Bedrohung durch Substitute)

Eine leichte Ersetzbarkeit von Produkten reduziert die Attraktivität einer Branche. Generell gilt, dass die konkrete Bedrohung durch Substitute die Ergebnismöglichkeiten einer Branche begrenzt: „Substitute products or services limit an industry's profit potential by placing a ceiling on prices." (Porter, 2008b, p. 84). Dieser Effekt wirkt umso stärker, je besser das Preis-/Leistungsverhältnis des Substitutionsproduktes ausfällt und je niedriger die Wechselkosten sind. Neben der Substitution durch eingeführte Produkte (wie z. B. im Fall von Lebensmitteln) erlangt die Substitution durch neue Produkte immer stärkere Bedeutung. Eine Vielzahl von derartigen Substituten ist im Zusammenhang mit dem Internet entstanden. Dazu zählen die Internet-Telefonie als Ersatz für Festnetz-Telefonie oder Online-Bestellungen von Produkten als Ersatz für den stationären Einzelhandel. Beispiele für andere Produkte bilden der Ersatz der chemiebasierten Fotografie durch die Digitalfotografie oder die eingangs beschriebene Ablösung von Röhrenfernsehern durch Flachbildfernseher. Kennzeichnend für derartige Substitutionsprozesse ist, dass sie den Wettbewerbsdruck in einer Branche zumeist drastisch erhöhen. Auslöser hierfür ist der Kapazitätsüberhang, der aus der Abwanderung der Kunden in Richtung des Substituts resultiert. Diese Überkapazität setzt im Regelfall eine Preiserosion in Gang. Wegen ihrer essenziellen Bedeutung bilden die identifizierten Bedrohungen durch Substitute einen zentralen Input für die SWOT-Analyse eines Unternehmens.

Mögliche Kennzahlen zur Messung der „Bedrohung durch Substitutionsprodukte" sind z. B. Marktanteilsgewinne von Substituten oder die Entwicklung technischer Leistungsmerkmale von potenziellen Substituten.

Fallbeispiel Substitute: Generika

Ein Beispiel für den Marktanteilsgewinn eines Substituts bildet der Arzneimittelmarkt. Nach Ablauf des Patentschutzes für ein Arzneimittel wird dieses oftmals als patentfreie Nachproduktion, als sogenannte Generika, angeboten. Da Generika-Herstellern keine Aufwände für F+E entstehen (mit Ausnahme produktionsnaher Entwicklung), verfügen sie über eine entsprechend günstigere Kostenstruktur. Auf Basis dieses Kostenvorteils können sie ab Zeitpunkt der Patentfreigabe den Preis als Wettbewerbswaffe einsetzen, um Marktanteile zu gewinnen. Für den vorher noch unter Patentschutz stehenden Arzneimittelhersteller führt dies in Konsequenz regelmäßig zu erheblichen Marktanteils-, Stückpreis- und Umsatzrückgängen. Für forschende Arzneimittelhersteller hat der Patentschutz somit entscheidenden Einfluss auf die Profitabilität des Gesamtunternehmens. Bei Firmenanalysen von Arzneimittelherstellern besitzen daher auch das Patentportfolio und die Attraktivität der noch in Entwicklung befindlichen Präparate, die „Pipeline" des Unternehmens, einen besonderen Stellenwert.

Abb. 63 veranschaulicht die Marktsituation in Deutschland für Arzneimittel im Bereich Gesetzliche Krankenversicherung (GKV) für das Jahr 2012.

Auf Basis von Apothekenverkaufspreisen (AVP) belief sich der Arzneimittelumsatz auf 30,3 Mrd. €. Davon entfielen 53 % (= 16,0 Mrd. €) auf das Segment der patentgeschützten Arzneimittel. Der prinzipiell „generikafähige" Markt belief sich nach Angaben des Branchenverbandes Progenerika somit auf 47 % (= 14,3 Mrd. €). Innerhalb dieses Segmentes wurde mit Generika ein Umsatz von 9,1 Mrd. € erzielt. Dieser ist in Relation zu sehen zum Umsatz der patentfreien Erstanbieter von 5,1 Mrd. €. Die Zahlen geben damit einen deutlichen Beleg für den Substitut-Charakter von Generika nach Auslaufen des Patentschutzes von Arzneimitteln.

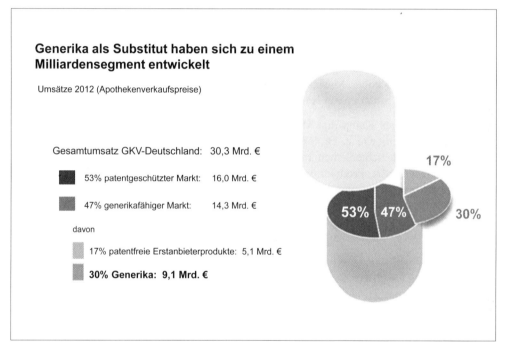

Abb. 63: *Marktanteile von Patent-Arzneimitteln und Generika (Progenerika, 2013, S. 5; Abbildung in Anlehnung an Progenerika, 2010, S. 6); GKV = Gesetzliche Krankenversicherung.*

4. Bargaining Power of Suppliers (Verhandlungsmacht der Lieferanten)

Eine ausgeprägte Verhandlungsmacht der Lieferanten reduziert die Attraktivität einer Branche. Starke Lieferanten tendieren zu Preiserhöhungen, Qualitäts- oder Servicebegrenzungen oder versuchen Kosten auf die Abnehmer zu verlagern. So führen eine vergleichsweise kleine Zahl von Anbietern, schlecht untereinander austauschbare Produkte und hohe Wechselkosten zu einer starken Verhandlungsposition für die Lieferanten: Es fehlen für die kaufende Branche die Alternativen. Starke Lieferanten besitzen vor allem auch dann einen negativen Einfluss auf die Attraktivität der kaufenden Branche, wenn deren Unternehmen die Preis-/Konditionenverschlechterungen nicht im gleichen Umfang in den eigenen Produkten weitergeben können und dies bei gleichzeitig hohem Kostenanteil. Eine Branche, die somit zwischen starken Kunden und starken Lieferanten steht, kann per se keine hohe Attraktivität aufweisen. Häufig sind es nur die mangelnden Exit-Alternativen, die ein Unternehmen noch in der Branche halten.

Mögliche Kennzahlen zur Messung der „Verhandlungsmacht der Lieferanten" sind z. B. Konzentrationsmaße auf der Lieferantenseite (z. B. Umsatzanteil der 5 größten Lieferanten) oder die Preisveränderung in Relation zur Inflationsrate.

5. Rivalry Among Existing Suppliers (Rivalität zwischen den Firmen einer Branche)

Eine ausgeprägte Rivalität zwischen den Firmen einer Branche hat einen negativen Einfluss auf die Branchenattraktivität. Im Resultat reduziert starke Rivalität die Profitabilität einer Branche. In welchem Umfang dies erfolgt, hängt nach Porter von der Art der Wettbewerbshebel und der Intensität ihres Einsatzes ab. Die Intensität ist dabei i. d. R. am stärksten, wenn eine größere Anzahl ungefähr gleich großer Firmen in einer Branche agieren, die durch niedriges Wachstum und hohe „Market-Exit"-Barriers gekennzeichnet ist. In Summe resultiert daraus zumeist eine Situation mit Kämpfen um Marktanteile.

Verschärft wird dieser Kampf um Marktanteile, soweit neben die monetären noch nichtmonetäre Zielsetzungen, wie z. B. Prestige oder Dominanzstreben, treten. Der Wettbewerb selbst wird mit unterschiedlichen Instrumenten geführt, z. B. in Form von Preiskämpfen, Werbekampagnen oder Produktinnovationen. Besonders negative Wirkungen treten ein, wenn der Wettbewerb vorrangig über den Preis ausgetragen wird. Dies ist vor allem dann der Fall, wenn sich die Produkte nur gering unterscheiden und die Wechselkosten für die Kunden gering ausfallen: „Rivalry is especially destructive to profitability if it gravitates solely to price because price competition transfers profits directly from an industry to its customers." (Porter, 2008b, p. 85).

Im Gegensatz zu einem Preiswettbewerb hat eine Auseinandersetzung über Produktmerkmale oder Zusatzleistungen nicht den gleichen zerstörerischen Effekt wie ein Preiskampf, da Spielräume für Preispolitik eröffnet werden.

Mögliche Kennzahlen zur Messung der „Rivalität der Branche" sind u. a. Konzentrationsmaße der Branche (z. B. Umsatzanteil der fünf größten Firmen), die Höhe gewährter Rabatte oder die Preisveränderung in Relation zur Inflationsrate.

Zusammenfassend ist festzustellen, dass das Five-Forces-Modell von Porter schlüssige Erklärungen für die aktuelle Attraktivität einer Branche liefert. Zugleich kann das Modell auch als Analyse- und Prognoserahmen genutzt werden, um zukünftige Entwicklungen abzuschätzen und in einen Gesamtzusammenhang zu stellen.

Abb. 64 veranschaulicht gängige Analyse- und Prognoseinstrumente in ihrer Zuordnung zu den Five Forces.

3.4 Strategische Analysen und Prognosen zu Umfeld und Unternehmen 125

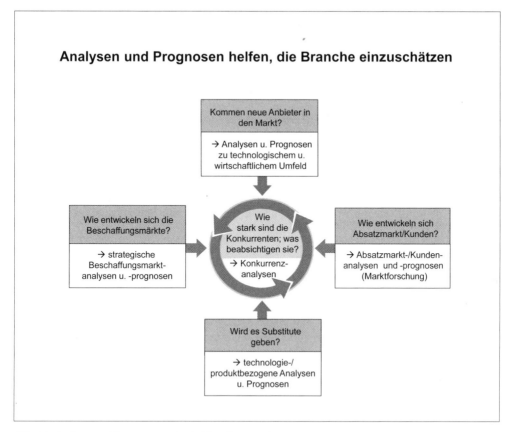

Abb. 64: Analysen und Prognosen in den Feldern der Five-Forces

3.4.6 Marktanalyse

Gegenstand der **Marktanalysen** sind insbesondere Aussagen über **aktuelle Größe, Zusammensetzung und Anforderungen von relevanten Märkten**. Auf Basis der Analyseinformationen sind entsprechende **Marktprognosen** zur **zukünftigen Entwicklung** zu erstellen. Ziel ist es, die aktuelle und die zukünftige Attraktivität von Märkten systematisch zu ermitteln.

Der Bereich der Marktanalysen und -prognosen wird im Wesentlichen durch das Instrumentarium der **Marktforschung** abgedeckt. „Marktforschung ist die systematisch betriebene Erforschung (Gewinnung, Aufbereitung, Interpretation) der Absatz- und Beschaffungsmärkte eines Unternehmens." (Meffert/Burmann/Kirchgeorg, 2008, S. 94). Die Marktforschung adressiert sowohl operative wie strategische Themen (vgl. hierzu und zu den Methoden Berekoven/Eckert/Ellenrieder, 2009; Kuß/Eisend, 2010). Die Aktivitäten der Marktforschung sind dabei zumeist in speziellen Marketing- bzw. Vertriebseinheiten angeordnet. Je nach Aufgabenstellung nutzen die Träger des strategischen Controllings vorhandene Informationen dieser Einheiten oder stellen eigene Untersuchungen an, wie z. B. Analysen von potenziellen neuen Geschäftsfeldern.

Informationen aus der Marktforschung bilden einen der zentralen Inputs für Zwecke des strategischen Managements und des unterstützenden strategischen Controllings. Zu den strategischen Fragestellungen zählen insbesondere (vgl. Dillerup/Stoi, 2011, S. 193 ff.):

- Welche Märkte können abgegrenzt bzw. segmentiert werden, um darin Wettbewerbsvorteile aufzubauen?
- Welche Rentabilität weisen diese Märkte heute und in der Zukunft auf?
- Wie groß sind diese Märkte aktuell?
- Wie entwickelt sich die Wachstumsdynamik? Ist bereits eine Sättigung zu erkennen?
- Welche Wettbewerber sind heute in diesen Märkten vertreten, mit welchen ist in Zukunft zu rechnen?
- Wie kann sich das Unternehmen in den Märkten positionieren, z. B. indem Veränderungen in den Märkten genutzt werden?

Die Fragestellungen verdeutlichen den engen Bezug zu anderen, beschriebenen Ansätzen, wie z. B. dem Five-Forces-Konzept oder der Konkurrenzanalyse (Kap. 3.4.8). Insoweit überlappen bzw. ergänzen sich die einzelnen Konzepte. Im Nachfolgenden soll daher vor allem auf das Thema der Marktsegmentierung eingegangen werden.

Die **Marktsegmentierung** steht in enger Beziehung zum grundlegenden Thema der **Marktgröße**. Wird der Markt zu groß gewählt, kann keine fokussierte Bearbeitung erfolgen. Wird der Markt dagegen zu klein definiert, steigt das Risiko von Fehlentscheidungen. Ein Beispiel hierfür wäre bei einem globalen Produkt die Betrachtung nur des deutschen Marktes anstelle des Weltmarktes.

Für einen faktenbasierten Prozess des strategischen Managements besitzt die Kenntnis von **Marktdaten** und ihre zielgerichtete Nutzung in der Marktsegmentierung eine fundamentale Bedeutung. Die Segmentierung selbst bildet dabei Teil eines Verständnisses und einer Interpretation von Märkten. Hier soll im Weiteren zwischen Gesamtmarkt, zugänglichem Markt und bearbeitetem Markt unterschieden werden (vgl. Kotler/Bliemel, 2001, S. 236 ff.). Diese Marktunterteilung besitzt für strategische Entscheidungen eine häufig unterschätzte Tragweite.

Der **Gesamtmarkt als Potenzial** wird beschrieben durch die Gesamtheit der Kunden, die ein prinzipielles Interesse an dem Produkt besitzen und über die notwendigen finanziellen Mittel verfügen. Der **Gesamtmarkt als Nachfrage** entspricht dem Volumen, das von der betreffenden Kundengruppe tatsächlich gekauft („Gegenwart") oder unter Berücksichtigung spezifischer Annahmen zukünftig gekauft wird („Zukunft"). Zu den Annahmen zählen insbesondere die konjunkturelle Entwicklung, die generelle Preisentwicklung für das Produkt und die zukünftigen Marketingaktivitäten der Anbieter. Aus der Kombination von Menge und Preis ergibt sich die monetäre Größe des Marktes. Besondere Bedeutung besitzt die beschriebene

Differenzierung in potenzielle Nachfrage vs. konkretisierte Nachfrage in Märkten mit hoher technologischer Dynamik und Preissensibilität. Sinkende Kosten und letztlich Preise aufgrund technischen Fortschritts erschließen hier immer wieder neue Kunden und führen zu entsprechendem Mengenwachstum.

Grundsätzlich bildet der Gesamtmarkt als Potenzial die Obermenge im Sinne von 100 %. Wegen der z. T. erheblichen Unsicherheiten im Abschätzen des Potenzials wird in der Unternehmenspraxis jedoch häufig die Nachfrage als Ausgangswert zugrunde gelegt (vgl. dazu Abb. 65).

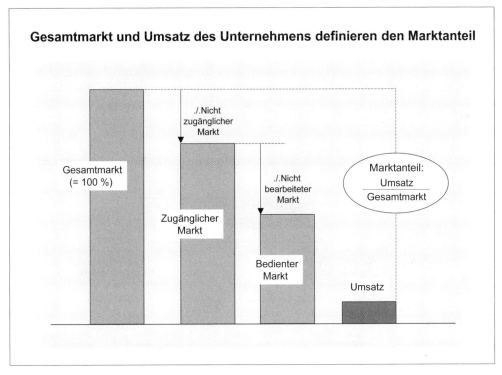

Abb. 65: Gesamtmarkt, Teilmärkte und Marktanteil

Der **zugängliche Markt** erfasst den Teil des Gesamtmarktes, der für ein Unternehmen adressierbar ist. Nicht adressierbar wären z. B. Märkte in Ländern mit nationalen Zugangsbeschränkungen.

Der **bearbeitete Markt** entspricht dem Teil des zugänglichen Marktes, der durch das Unternehmen aktiv vertrieblich angegangen wird. Er bildet den Zielmarkt des Unternehmens. So kann sich ein Unternehmen z. B. entscheiden, seine Vertriebsanstrengungen auf fünf Länder in Europa zu konzentrieren. Hieraus resultiert dann eine entsprechende Marktgröße durch Aufsummieren der fünf Ländermärkte.

Der **Marktanteil eines Unternehmens** ergibt sich aus dem Verhältnis von Stückzahl oder Umsatz des Unternehmens zur Marktgröße in der betreffenden Periode. Als Marktgröße sollte im Regelfall der Gesamtmarkt (Nachfrage) herangezogen werden (siehe Abb. 65). Nicht geeignet ist der „Bearbeitete Markt", da er die Tendenz zur Selbstüberschätzung fördert (hohe Marktanteile bei kleinen Märkten). Zudem werden kaum Anreize für eine Expansion gegeben, da eine Addition weiterer Märkte zu einem anfänglichen Absinken des Marktanteils führen würde: Im Falle des Eintritts in einen sechsten Ländermarkt (siehe oben) steigt die Größe „Bearbeiteter Markt" unmittelbar an, während die Umsätze erst allmählich einsetzen; der Marktanteil würde somit sinken.

Ebenfalls nicht geeignet erscheint der „Zugängliche Markt" als Bezugsgröße. Es handelt sich um eine nur schwer objektivierbare Zuordnung mit erheblichem Interpretationsspielraum. So wird mitunter der japanische Markt als „praktisch" nicht zugänglich eingestuft. Häufig dient dies jedoch nur als Umschreibung für einen sehr langwierigen und kostspieligen Markteintritt, der vergleichsweise unattraktiv erscheint. Aus strategischer Sicht gilt, dass bei Marktthemen ein bewusst weiter Blickwinkel zu nutzen ist. Der breite Blick auf den Markt muss nachfolgend stufenweise systematisch durch die Marktsegmentierung eingeengt werden.

Abb. 66: Komponenten der Marktsegmentierung (Meffert/Burmann/Kirchgeorg, 2008, S. 184)

3.4 Strategische Analysen und Prognosen zu Umfeld und Unternehmen

Mit der **Marktsegmentierung** wird Input für eine grundlegende strategische Entscheidung gegeben: Auf welchen Markt sollen die Ressourcen konzentriert werden? Ausgangspunkt der Marktsegmentierung ist somit die strategische Fragestellung, welcher Markt in sich **attraktiv** ist und gleichzeitig auch **erfolgreich** bedient werden kann. Mit Hilfe einer Marktsegmentierung wird dazu der Gesamtmarkt in Untergruppen (Marktsegmente) aufgeteilt. Die betreffenden Segmente sollen hinsichtlich der Marktreaktion in sich homogen und gegenüber anderen Segmenten heterogen sein (vgl. Meffert/Burmann/Kirchgeorg, 2008, S. 184 ff.).

Die Marktsegmentierung steht damit in unmittelbarer Beziehung zum Konzept der **strategischen Geschäftsfelder** (SGF), das bereits in Kap. 2.4 skizziert wurde. Die Abgrenzung eines strategischen Geschäftsfeldes stellt eine i. d. R. erste Marktsegmentierung dar, die den Rahmen für nachfolgende, verfeinernde Segmentierungen bildet.

Marktsegmentierung im engeren Sinne beinhaltet die Erfassung und Aufbereitung der Marktinformationen. Der Marktsegmentierung im weiteren Sinne sind die nachfolgende Auswahl der Segmente und der Einsatz segmentspezifischer Marketinginstrumente zuzuordnen, wie dies auch Abb. 66 in einer Struktur veranschaulicht.

Das Segmentieren von Märkten und die Auswahl von Zielsegmenten, soweit es sich um Entscheidungen mit grundlegender Bedeutung für das Unternehmen handelt, sind Gegenstand des strategischen Managements. Die strategischen Unternehmensziele geben dabei eine Orientierung für die Grobsegmentierung von Märkten sowie die Beurteilung der Attraktivität von Segmenten vor. Der **Prozess des Segmentierens** besteht aus folgenden Schritten (vgl. Kotler et al., 2007, S. 456 ff.):

1. Vorsegmentieren auf Basis strategischer Zielvorgaben,
2. Festlegen von detaillierten Segmentierungskriterien,
3. Erstellen von Marktsegmentprofilen,
4. Beurteilen der Attraktivität der Segmente,
5. Auswahl von Zielsegmenten,
6. Bestimmen der Ziele für die ausgewählten Segmente,
7. Entwickeln von entsprechenden Segmentstrategien.

Abb. 67 gibt als Beispiel einen Überblick zu möglichen Segmentierungskriterien im Dienstleistungsbereich. Dabei wird zwischen konsumtiven Dienstleistungen und investiven Dienstleistungen differenziert, womit bereits eine erste Segmentierung erfolgt ist. Die weiteren Segmentierungskriterien verdeutlichen die Unterschiedlichkeit dieser beiden Märkte. Während im konsumtiven Bereich die Kaufentscheidungen von Privatpersonen vorgenommen werden, erfolgen diese im Bereich von investiven Dienstleistungen durch Unternehmen. Hieraus entstehen entsprechend verschiedenartige Teilsegmente.

Mit **Marktsegmentprofilen** werden die Informationen zu dem jeweiligen Segment zielorientiert verdichtet, damit eine Beurteilung auf Basis strategischer Zielvorgaben erfolgen kann. Im Hinblick auf die zukünftige Entwicklung von Marktsegmenten sind dazu entsprechende

Prognosen durchzuführen. Diese betreffen qualitative Ausprägungen (z. B. Kundenpräferenzen) und quantitative Ausprägungen (z. B. technische Leistungsmerkmale, Marktwachstum in Einheiten und €, Profitabilität). In Abhängigkeit von Untersuchungsgegenstand und Zeithorizont sind hierfür die entsprechenden quantitativen und qualitativen Prognoseverfahren einzusetzen (vgl. speziell zu Prognoseverfahren in der Marktforschung Berekoven/ Eckert/Ellenrieder, 2009, S. 243 ff.). Ein Beispiel für eine Marktprognose mit Stückzahlen nach Produktsegmenten bildet die in Kap. 3.4.1 dargestellte Boeing-Studie zur Entwicklung des Marktes für Verkehrsflugzeuge.

Segmentierungskriterien dienen zur Bildung homogener Teilmärkte

Segmentierungskriterien für konsumtive Dienstleistungen	Segmentierungskriterien für investive Dienstleistungen
1. Demographische Kriterien - Geschlecht - Alter - Familienlebenszyklus - Geographische Kriterien	1. Branchenbezogene Kriterien - Art der Branche - Konkurrenzintensität - Branchenkonjunktur - Bedarfshäufigkeit der Dienstleistung
2. Sozioökonomische Kriterien - Einkommen - Soziale Schicht - Beruf - Ausbildung - Customer Lifetime Value (CLV)	2. Unternehmensbezogene Kriterien - Umsatzgröße - Mitarbeiterzahl - Dienstleistungstechnologische Ausstattung - Budget für Dienstleistungen
3. Psychologische Kriterien - Motive - Einstellungen - Lifestyle	3. Gruppenbezogene Kriterien - Größe des Einkaufsgremiums - Rollenverteilung (Entscheider, Nutzer, usw.) - Arbeitsaufteilung
4. Verhaltenskriterien - Dienstleistungsbezogene Kriterien - Kommunikationsbezogene Kriterien - Preisbezogene Kriterien - Einkaufsstättenbezogene Kriterien	4. Personenbezogene Kriterien - Demographische Kriterien - Sozioökonomische Kriterien - Psychologische Kriterien - Verhaltenskriterien

Abb. 67: Segmentierungskriterien für Dienstleistungsmärkte (Bruhn, 2009, S. 112)

Einen speziellen Fall der Marktsegmentierung bildet die Auswahl von **Zielländern** im Zusammenhang mit Internationalisierungsstrategien. Hierfür sind Länder bzw. Regionen im Hinblick auf ihre strategische Attraktivität zu analysieren. Auch hier gilt, dass neben der strukturierten Erfassung der aktuellen Situation die Aussage zur zukünftigen Entwicklung von zentraler Bedeutung ist. Soweit eine simultane Berücksichtigung aller Kriterien zu komplex ist, kann sich ein **stufenweises Filterverfahren** anbieten. Dabei werden in jeder Stufe diejenigen Länder aus der weiteren Betrachtung herausgenommen, die den Anforderungen des betreffenden Filters nicht entsprechen. Speziell zu Beginn kann dabei mit Muss- bzw. K.O.-Kriterien gearbeitet werden, um die Länderanzahl deutlich zu reduzieren. Abb. 68 veranschaulicht das prinzipielle Vorgehen. Für die verbleibenden Länder aus der letzten

Filterstufe gilt, dass diese dann im Hinblick auf ihre Eignung detailliert zu bewerten sind. Die prinzipielle Attraktivität der Länder ist dabei mit den Zielsetzungen und den zur Verfügung stehenden Ressourcen des Unternehmens abzugleichen (vgl. Grün/Wächtler/Garrel, 2009, S. 50 ff.).

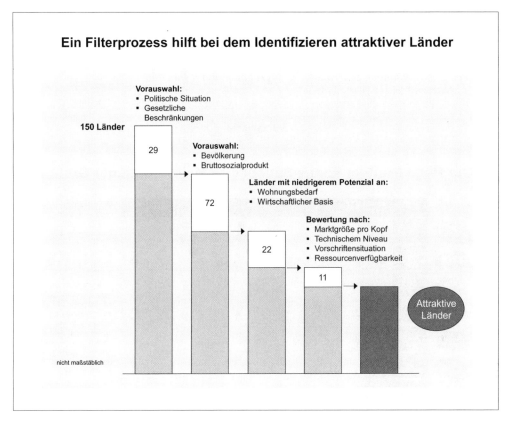

Abb. 68: *Beispiel eines vierstufigen Filterverfahrens zur Länderauswahl (Backhaus/Büschken/Voeth, 2003, S. 150)*

Fallbeispiel Marktsegmentierung: Volkswagen

Die Automobilbranche zählt zu den Wirtschaftszweigen, in denen intensiv Marktforschung betrieben wird. Dies gilt speziell im Hinblick auf die Segmentierung der Märkte, die die Grundlage für eine bedarfsgerechte Produktentwicklung bildet. Veränderungen im gesellschaftlichen Umfeld und Produktinnovationen finden ihren Niederschlag in Veränderungen der Marktsegmente. So entstehen neue Segmente, während andere an Bedeutung verlieren. Gleichzeitig können sich die Anforderungen innerhalb eines Segmentes ändern. Eine spezielle Problematik ergibt sich aus den langen Vorlaufzeiten, die für Produktentscheidungen in der Automobilindustrie kennzeichnend sind. Damit kommt der zukunftsorientierten Definition der Segmente eine zentrale Bedeutung zu.

Abb. 69 zeigt am Beispiel des Volkswagen-Konzerns die Marktsegmentierung für Pkw und die Abdeckung durch Produkte bzw. Marken. Auf der y-Achse sind die verschiedenen Pkw-Segmente nach Fahrzeugklassen aufgeführt. Es handelt sich um sieben Klassen, die das gesamte Spektrum vom Kleinstwagen (A00) bis zur Luxusklasse (E) umfassen. Auf der x-Achse sind zehn verschiedene Karosserieformen aufgeführt, womit sich rechnerisch 70 Segmente ergeben. Die Komplexität von Marktprognosen wird unmittelbar deutlich, selbst wenn einige Segmente nicht abgedeckt werden. Für die definierten Segmente sind u. a. Aussagen über die zukünftigen Stückzahlen nach Regionen und Jahren sowie der voraussichtlichen Antriebstechnologien erforderlich. Diese bilden nachfolgend die Grundlage für langfristig wirkende Entscheidungen zu Produkten, Aggregaten und Kapazitäten.

Abb. 69: Segmentabdeckung des Volkswagen-Konzerns (Volkswagen, 2013c, p. 10)

3.4.7 Kundenanalyse

Kundenanalysen und darauf aufbauende Prognosen erfolgen auf der Ebene der strategischen Geschäftseinheiten und bilden in ihrer strategischen Ausprägung einen Teil der Business-Unit-Strategy. Die Analysen und Prognosen gehen dabei grundsätzlich von bereits segmentierten Märkten aus. Nach dem Regelkreisprinzip können die gewonnenen Erkenntnisse einen Anstoß zu neuen oder verfeinerten Segmentierungen bilden. **Kundenanalysen** und **Kundenprognosen** sind als Teil eines **wertorientierten Kundenmanagements** zu verstehen. Dieses umfasst die Planungs-, Steuerungs- und Kontrollprozesse „[…] bei Selektion, Aufbau, Gestaltung und Erhaltung bzw. Beendigung der Geschäftsbeziehungen zu bestimmten Kunden(gruppen) auf Basis von deren Wertbeitrag zu den Anbieterzielen." (Helm/Günter, 2006, S. 11).

In einem umfassenden Sinn beinhaltet der **Wertbeitrag eines Kunden** bzw. einer Kundengruppe alle Beiträge zur Erreichung der monetären und nichtmonetären Ziele eines Anbieters. Der Kundenwert bildet somit einen Maßstab für die Auswahl von Kunden bzw. Kundengruppen: Durch eine strategisch ausgerichtete Ressourcenallokation soll ein möglichst hoher (Netto-)Wertbeitrag aus dem Potenzial realisiert werden. Die Steigerung des Kundenwertes bildet damit einen Hebel zur Steigerung des Unternehmenswertes (vgl. Bauer/Stokburger/Hammerschmidt, 2006, S. 47 ff.; S. 151 ff.; Franz, 2006, S. 454 ff.; Helm/Günter, 2006, S. 7; Huber, 2008, S. 175 ff.; Link/Weiser, 2006, S. 169 ff.).

Aus der Sicht der Kundenanalyse und -prognose interessieren in strategischer Hinsicht somit vor allem Antworten zu folgenden Fragen:

- Welchen Wertbeitrag leisten die Kunden des Unternehmens heute?
- Welches Potenzial für den Wertbeitrag besteht zukünftig?
- Welche noch nicht bedienten Kunden existieren in den Märkten des Unternehmens und mit welchen ist in Zukunft zu rechnen? Wie attraktiv sind diese Kunden?

Generell gilt, dass für die Bewertung der Kundenbeziehung eine umfangreiche Informationsbasis erforderlich ist, wie dies Abb. 70 veranschaulicht. Die Informationen über Kunden, die in einen Wert der Kundenbeziehung einmünden, bilden einen Input für das nachfolgende Erarbeiten von Strategiealternativen.

Für das Durchführen der Kundenbewertung wurde eine Reihe von Verfahren entwickelt. Vereinfacht kann zwischen eindimensionalen Verfahren und mehrdimensionalen Verfahren unterschieden werden (vgl. Eggert, 2006, S. 45 ff.; Helm/Günter, 2006, S. 15 ff. sowie Krafft/Rutsatz, 2006).

Eindimensionale Verfahren nutzen ein einzelnes monetäres oder nichtmonetäres Merkmal zur Kundenbewertung. Bei monetären Verfahren handelt es sich um Umsatzanalysen, Kundenerfolgsrechnungen und Customer-Lifetime-Analysen. Den nichtmonetären Verfahren zuzurechnen sind Kundenzufriedenheitsanalysen und Kaufhäufigkeitsanalysen.

Ein weitverbreitetes, eindimensionales Instrument zur Kundenanalyse stellt die **ABC-Analyse** dar. Sie dient dazu, die Kunden auf Basis der Umsätze, Deckungsbeiträge oder anderer Messgrößen zu gruppieren. Hierzu werden die Kunden in absteigender Umsatz- oder Deckungsbeitragsgröße geordnet, um sie den Gruppen A, B, C zuzuordnen:

- **Gruppe „A"**: Kunden, beginnend mit dem kaufstärksten Kunden, die ca. 80 % des Umsatzes erbringen,
- **Gruppe „B"**: Kunden, die die nächsten 15 % des Umsatzes erbringen,
- **Gruppe „C"**: Kunden, die die letzten 5 % des Umsatzes erbringen.

Typischerweise wird diese Form der Auswertung aus Gründen der Datenverfügbarkeit mit Ist-Werten durchgeführt. Da jedoch zukunftsgerichtete Entscheidungen zu treffen sind, bedarf es zusätzlich auch entsprechender zukunftsorientierter Kundenwerte. Im Idealfall handelt es sich dabei aus monetärer Sicht um einen kundenbezogenen Kapitalwert, den sogenannten **Customer-Lifetime-Value** (vgl. Link/Weiser, 2006, S. 184 ff.; Schirmeister/Kreuz, 2006). Für die Berechnung dieses Wertes werden die zukünftigen Zahlungsüberschüsse aus dem Geschäft mit dem betreffenden Kunden bzw. Kundengruppe diskontiert. Es ist offensichtlich, dass erhebliche Unsicherheiten hinsichtlich der Abschätzung der Zahlungsgrößen bestehen.

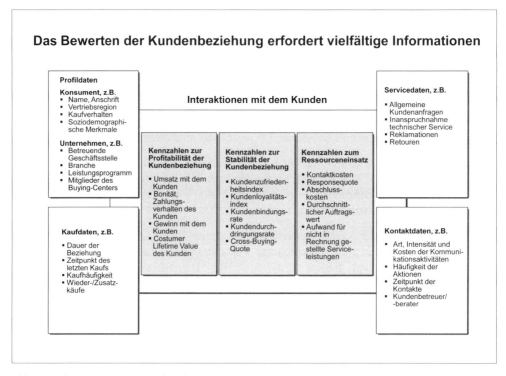

Abb. 70: Informationen zur Kundenbeziehung (Homburg/Sieben, 2008, S. 505)

Die kundenbezogenen Informationen, wie sie in Abb. 70 beschrieben sind, verdeutlichen zugleich den Übergang von einer eindimensionalen Betrachtung zu einer mehrdimensionalen Betrachtung mit entsprechenden Verfahren.

Mehrdimensionale Verfahren nutzen eine Mehrzahl von Merkmalen, zumeist eine Kombination monetärer und nichtmonetärer Größen, um eine stärkere Differenzierung zu erreichen. Typische mehrdimensionale Verfahren sind Scoring-Modelle und Kunden-Portfolioanalysen, die je nach konkreter Methodik unterschiedliche Dimensionen heranziehen. Ein Beispiel bildet der Ansatz von Tomczak/Rudolf-Sipötz, der drei Dimensionen betrachtet (vgl. Tomczak/Rudolf-Sipötz, 2006, S. 136):

3.4 Strategische Analysen und Prognosen zu Umfeld und Unternehmen

1. Was bringt der Kunde heute als Wertbeitrag (= gegenwartsbezogen)?
2. Welches Erfolgspotenzial hat er in der Zukunft (= prospektiv)?
3. Was trägt der Kunde sonst zur Erreichung der Unternehmensziele bei (= indirekte Effekte, z. B. Referenzcharakter)?

Die Trennung zwischen gegenwärtigem Beitrag und zukünftigem Beitrag ermöglicht in diesem Ansatz eine verfeinerte Unterteilung der Kundengruppen. Die Kundengruppen werden zu diesem Zweck in einem **Kundenkubus** drei Dimensionen zugeordnet (siehe Abb. 71). Relativ einfach sind die Entscheidungen in Bezug auf die Extrempunkte zu treffen. Soweit Kunden aktuell sowie zukünftig keine direkten oder indirekten Wertbeiträge erbringen, sind sie als „Verzichtskunden" einzustufen. Hier sollte die Geschäftsbeziehung beendet werden. Den Gegensatz bilden sogenannte „Blue-Chip-Kunden", die in allen drei Dimensionen Höchstwerte erreichen. Hier müssen Anstrengungen unternommen werden, die Geschäftsbeziehung unter Realisierung der Wertbeiträge so stabil wie möglich zu gestalten. Eine andere Empfehlung erfolgt für die Gruppe „Abschöpfungskunde". Dies sind Kunden, die noch aktuell hohe Wertbeiträge erbringen, jedoch nicht mehr in der Zukunft. Die Eingruppierung als „Abschöpfungskunde" beschreibt hinreichend die resultierende Empfehlung. Die Sensitivität einer solchen, durchaus nachvollziehbaren Einstufung liegt auf der Hand.

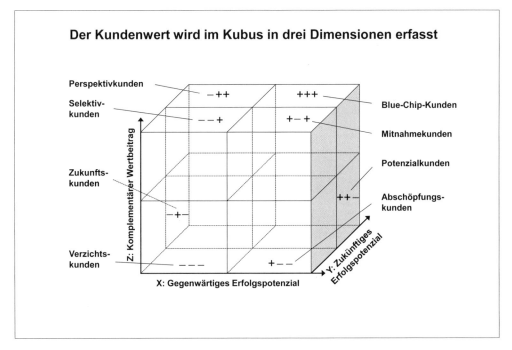

Abb. 71: Der Kundenkubus (Tomczak/Rudolf-Sipötz, 2006, S. 140)

So sehr die zukunftsorientierte Bewertung von Kundenbeziehungen auch angestrebt wird, so deutlich müssen auch die Schwierigkeiten in der praktischen Umsetzung gesehen werden. Diese Schwierigkeiten dürften auch den vergleichsweise geringen Verbreitungsgrad der fortgeschrittenen Instrumente erklären. So konstatiert Mödritscher in seiner umfangreichen Auswertung zum Anwendungsstand kundenwertbezogener Messinstrumente eine „[..] Lücke zwischen konzeptionellem Anspruch und betrieblicher Realität." (Mödritscher, 2008, S. 263).

Aus praktischer Sicht kann ein möglicher Weg darin bestehen, **kundenbezogene Scoring-Modelle** zu nutzen (vgl. z. B. Hofbauer/Schöpfel, 2010, S. 147 f.) und die Informationen in „klassische" Portfoliomodelle umzusetzen. Erfahrungsgemäß steigt die Akzeptanz eines Ansatzes, wenn bereits bekannte Elemente aus anderen Anwendungen übernommen werden.

Abb. 72: Konzept zur Kundenklassifizierung (Bäumer, 2010; kombiniert)

3.4 Strategische Analysen und Prognosen zu Umfeld und Unternehmen

Abb. 72 zeigt das Konzept der Kundenklassifizierung, das bei einem Unternehmen der Druckmaschinenindustrie entwickelt wurde. Bei diesem Ansatz erfolgt nach dem Scoring-Prinzip eine Klassifizierung über zwei Dimensionen, dem Kundenwert und der Kundendurchdringung. Im Hinblick auf den Kundenwert werden u. a. die klassischen Größen wie Umsatz und Profitabilität genutzt, zusätzlich aber auch das Re-Invest-Potenzial. Das Wachstum des Kunden findet im Entwicklungspotenzial seine Berücksichtigung. In Summe wird aus einem Status-Index und einem Development-Index ein kombinierter Kundenwert-Index ermittelt. In der zweiten Dimension, der Kundendurchdringung, wird ein Penetrations-Index ermittelt, der die Ausschöpfung des Kundenpotenzials erfasst.

Die Portfoliozuordnung der Kunden kann als Aufsatzpunkt für nachfolgende Strategieprozesse genutzt werden, z. B. bei der Entscheidung zu Produktentwicklungen für spezifische Kundensegmente. Gänzlich neue Blickwinkel können sich eröffnen, wenn bisher noch nicht bediente Kunden zum Vergleich einbezogen werden. Hier kann sich möglicherweise zeigen, dass ein Unternehmen im Vergleich zu seinen Konkurrenten die langfristig weniger attraktiven Kunden bedient.

Fallbeispiel Kundenattraktivität: Harro Höfliger

Die Harro Höfliger Verpackungsmaschinen GmbH, Allmersbach, i. T., ist ein mittelständisches Unternehmen im Spezialmaschinenbau (vgl. Alter/Kalkbrenner, 2010; Harro Höfliger, 2010, 2013). Das Unternehmen fertigt auf Kundenprodukte zugeschnittene Produktions- und Verpackungsanlagen und ist mit dem eigenen Vertretungsnetz und seinem Exportanteil von über 80 % weltweit tätig.

Das Unternehmen hatte sich vor mehreren Jahren entschieden, neu in den Markt der Produktions- und Verpackungsmaschinen für Pharmaprodukte einzutreten. Pharmakunden mit ihren hohen Anforderungen entsprechen besonders gut dem eigenen Qualitäts- und Innovationsstreben und bilden heute den Schwerpunkt: „Unsere Kunden stammen überwiegend aus der pharmazeutischen Industrie. Das liegt daran, dass gerade diese Branche sich durch eine hohe Innovationskraft auszeichnet und in der Produktion höchste Qualitätsstandards gelten. Denn dort wo neue Produkte entwickelt werden, ist auch die Umsetzung neuer Produktionsverfahren gefragt. Wir machen dies individuell auf die jeweiligen Ansprüche zugeschnitten." (Harro Höfliger, 2010).

Das Unternehmen verfolgt dabei die Strategie, der Lieferant der weltweit führenden Pharmafirmen zu sein. Die Ausrichtung auf die hohen Anforderungen der Kundengruppe Pharma und ihrer Marktführer ist ein wesentlicher Teil der Erfolgsgeschichte von Harro Höfliger. Während der deutsche Maschinenbau im Krisenjahr 2009 massive Auftrags- und Umsatzeinbrüche aufwies, war das Unternehmen kaum betroffen. Der Umsatz zeigte sich mit über 90 Mio. € als sehr stabil und die Mitarbeiterzahlen stiegen weiter an. Auch in den darauf folgenden Jahren konnte das Unternehmen kontinuierlich weiterwachsen (siehe Abb. 73).

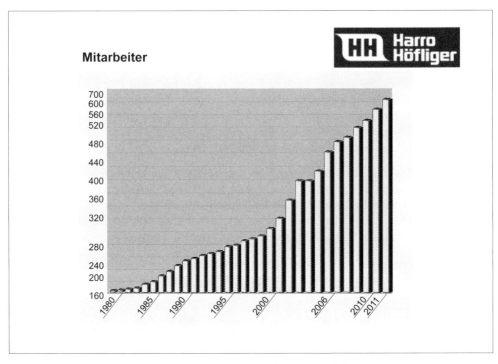

Abb. 73: Entwicklung der Mitarbeiterzahlen der Fa. Harro Höfliger (Harro Höfliger, 2013)

3.4.8 Konkurrenzanalyse

Von speziellem Interesse sind aus der Sicht des strategischen Controllings die Analysen und Prognosen im Hinblick auf Konkurrenzunternehmen, zusammenfassend als **Konkurrenzanalyse (= Wettbewerberanalyse)** oder z. T. auch als Competitive Intelligence (CI) bezeichnet (vgl. z. B. Michaeli, 2006). Die Erkenntnisse über Wettbewerber werden genutzt, um die eigene Erfolgsbasis auszubauen oder abzusichern. Das Ziel der Konkurrenzanalyse besteht darin, die aktuelle Situation der Wettbewerber zu verstehen und ihr zukünftiges Verhalten zu antizipieren. Als Konkurrenzanalyse im engeren Sinne betrachtet sie damit die aktuellen Wettbewerber und adressiert drei Komplexe (vgl. Rese/Karger, 2008, S. 747):

1. Wer sind unsere Konkurrenten? Wie hoch sind ihre Marktanteile, Ressourcen, etc.?

2. Welche Verhaltensweisen zeigen die Wettbewerber heute?

3. Mit welchen Verhaltensweisen ist in der Zukunft zu rechnen?

Dem Kontext der Wettbewerberanalyse kann der Begriff der **strategischen Gruppe** zugerechnet werden: „Eine strategische Gruppe ist die Gruppe der Unternehmen in einer Branche, die dieselbe oder eine ähnliche Strategie [...] verfolgen." (Porter, 2008a, S. 181). Ein Beispiel hierfür sind im Bereich der Lebensmittel-Discounter die sogenannten Hard-Discounter, die mit einem eng begrenzten Warensortiment eine Niedrigpreisstrategie verfolgen.

3.4 Strategische Analysen und Prognosen zu Umfeld und Unternehmen

Bei der Konkurrenzanalyse im weiteren Sinne wird auch das mögliche **Auftreten neuer Konkurrenten** oder von **Substitutprodukten** betrachtet. Hierzu können z. B. spezielle Umfeldanalysen oder bei entsprechendem Zeithorizont die Szenariotechnik verwendet werden. Für bereits identifizierte potenzielle Neuanbieter können auch Verfahren der Konkurrenzanalyse im engeren Sinne eingesetzt werden. Ein Ausgangspunkt für Konkurrenzanalysen kann die **Entwicklung von Marktanteilen** in Schlüsselmärkten bilden, wie im nachfolgenden Beispiel.

Fallbeispiel Marktanteile: Europäischer Pkw-Markt

Abb. 74 zeigt das Beispiel einer Brancheninformation mit quantitativen Aussagen, in diesem Fall zu den Marktanteilen von Pkw-Herstellern im europäischen Markt in 2011 und 2012. Die Zahlen verdeutlichen zugleich die Probleme im europäischen Pkw-Markt. Während speziell die asiatischen Märkte durch dynamisches Wachstum gekennzeichnet sind, vergrößert sich der europäische Markt im betrachteten Zeitraum nicht. Es kommt im Gegenteil sogar zu einer Schrumpfung. Während aber Volkswagen in absoluten Zahlen nur geringe Einbußen hinzunehmen hatte, wurden mehrere der Konkurrenten überproportional von der Schrumpfung getroffen. Dem Marktführer VW gelang es damit selbst unter diesen schwierigen Bedingungen, seinen Marktanteil auszubauen. Dieser konnte von 23,6 % auf 24,9 % gesteigert werden (jeweils mit Porsche). Auffallend ist ebenfalls der starke Zuwachs der koreanischen Firmen Hyundai und Kia, bezogen auf ihr Ausgangsniveau. Dagegen zählen die europäischen Volumenhersteller im Betrachtungszeitraum zu den Verlierern.

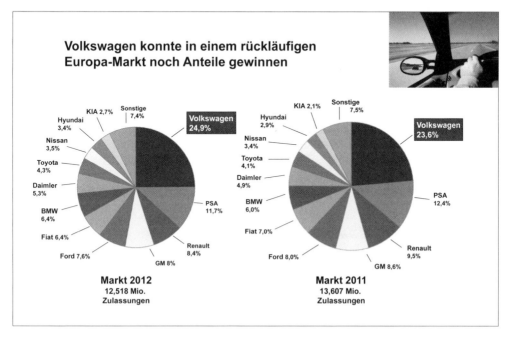

Abb. 74: Marktanteile der Pkw-Hersteller in Europa – EU + EFTA (Zahlenquelle: ACEA, 2013)

Die Betrachtung von Konkurrenten untergliedert sich wie bei anderen Objekten des strategischen Managements ebenfalls in die Analyse und in die Prognose. Die **Konkurrenzanalyse** umfasst zum einen das Erheben und Verdichten der Basisinformationen („Stammdaten des Wettbewerbers") und zum anderen ihre Interpretation, d. h. das Verstehen des Konkurrenten („Wie tickt der Wettbewerber?"). Diese Informationen bilden die Voraussetzung für die **Prognose des Wettbewerberverhaltens**, insbesondere im Hinblick auf eigene strategische Vorstöße.

Abb. 75: *Beispiel eines Wettbewerberprofils (Bausch, 2006, S. 210; leicht modifiziert)*

Zu den Basisinformationen bzw. Untersuchungsfeldern einer Konkurrenzanalyse zählen u. a. (vgl. Dillerup/Stoi, 2011, S. 205 ff.):

- Führung, z. B. oberste Führungskräfte, Organisation, Aussagen zur normativen und strategischen Führung des Unternehmens, gelebte Unternehmenskultur,

- Marktposition, z. B. Umsätze und Marktanteile nach Hauptmärkten,
- Produkte, z. B. wesentliche Produkte/Produktmerkmale, Innovationen,
- Entwicklung, z. B. Entwicklungsressourcen, Patente, Innovationsstrategie,
- Beschaffung, z. B. Beschaffungsschwerpunkte, Hauptlieferanten,
- Produktion, z. B. Produktionsressourcen/-standorte, Kostenposition,
- Marketing, z. B. Vertriebsressourcen, Vertriebsmodell,
- Finanzen, z. B. Ergebnis- und Liquiditätslage, Bilanzstruktur.

Für eine Management-Durchsprache ist es erforderlich, die Datenfülle zu verdichten. Hierbei kann es hilfreich sein, mit einem Datenblatt in Form eines Wettbewerberprofils zu arbeiten. Das Profil enthält Basisinformationen zum jeweiligen Konkurrenten und erleichtert damit die Vergleichbarkeit. Abb. 75 zeigt ein Beispiel für ein derartiges Wettbewerberprofil.

Das in Abb. 75 enthaltene Stärken/Schwächen-Profil kann nachfolgend zu einer vergleichenden Selbsteinschätzung genutzt werden. Für vertiefende Vergleiche, z. B. bei Produkten, kann u. a. die Methode des Benchmarkings eingesetzt werden (vgl. Kap. 3.4.10).

Das Konzept der **Konkurrenzanalyse nach Porter** (siehe Abb. 76) verbindet die Analyse mit dem Versuch der Prognose des Wettbewerberverhaltens. Wettbewerber werden dazu nach mehreren strategischen Aspekten untersucht, um das Reaktionsprofil abzuschätzen. Im Konkreten erfolgt die Ableitung des Wettbewerber-Reaktionsprofils aus dessen Zielen für die Zukunft, seinen Annahmen über sich selbst und die Branche sowie seiner gegenwärtigen Strategie und seinen Fähigkeiten (vgl. nachfolgend Porter, 2008a, S. 88 ff.).

Ziele für die Zukunft

Die Kenntnis der Ziele eines Wettbewerbers in Verbindung mit seiner aktuellen Performance gibt wichtige Hinweise auf seinen „Zufriedenheitsgrad". Je weiter ein Konkurrent von seinen selbst gesteckten Zielen entfernt ist, umso stärkere strategische Aktionen sind für die Zukunft zu erwarten. So werden z. B. Wettbewerber mit Fokus auf eine hohe Ergebnismarge tendenziell zurückhaltender im Hinblick auf einen möglichen Preiskampf sein. Wettbewerber mit hoher Priorität auf Marktanteilsgewinne werden auf entsprechende Vorstöße dagegen heftiger reagieren bzw. ihrerseits entsprechende Aktionen starten.

Zu den Fragen hinsichtlich der Ziele und ihrer Einflussfaktoren zählen:

1. Worin bestehen die finanziellen Ziele des Wettbewerbers? Welche Risikoeinstellung („Risk Appetite") hat der Wettbewerber?
2. Gibt es bestimmte unternehmenskulturelle Aspekte, die das Verhalten des Wettbewerbers nachhaltig beeinflussen? Besitzt er bestimmte bevorzugte Strategiemuster oder sonstige, z. B. technische Präferenzen?

3. Wie sind die Strukturen und Systeme des Wettbewerbers gestaltet und wie werden sie eingesetzt, insbesondere Organisationsstruktur, Kontroll- und Anreizsysteme, Rechnungssysteme?

4. Aus welchen Managern setzt sich die Führung des Wettbewerbers zusammen? Wie haben die Schlüsselpersonen in der Vergangenheit gehandelt? Wie hoch ist die Einigkeit unter den Führungskräften? Wie ist das Aufsichtsorgan zusammengesetzt und wie gestaltet sich die Zusammenarbeit mit dem Top-Management?

5. Gibt es vertragliche, rechtliche oder sonstige Limitierungen der Handlungsfreiheit des Wettbewerbers?

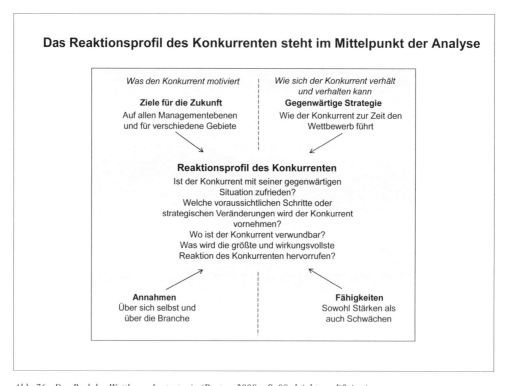

Abb. 76: Das Rad der Wettbewerbsstrategie (Porter, 2008a, S. 88; leicht modifiziert)

Soweit der betreffende Wettbewerber Teil eines größeren Unternehmens ist, sind die Ergebnisse durch eine Analyse auf Konzernebene zu ergänzen. Hier interessiert vor allem, wie die Ziele der Teileinheit mit den Zielen der übergeordneten Einheit harmonieren. Wichtige Aufschlüsse geben auch die übergeordneten Strategieaussagen des Wettbewerbers. Welche Bedeutung misst er z. B. in externen Strategiepräsentationen der Teileinheit bei?

Annahmen

Die Annahmen eines Konkurrenten lassen sich in zwei Gruppen unterteilen, und zwar in

1. Annahmen über sich selbst und
2. Annahmen über die Branche und die anderen Wettbewerber.

Die Eigeneinschätzung eines Konkurrenten gibt wichtige Anhaltspunkte für seine möglichen **Reaktionen auf Vorstöße** der anderen Unternehmen. So kann sich ein Unternehmen als preisgünstigster Anbieter einer Branche sehen. In diesem Fall wird es auf Preisaktionen anderer Unternehmen typischerweise stärker reagieren als im Falle der Eigeneinschätzung als Premiumhersteller. Dabei gilt, dass die Eigeneinschätzung nicht mit der Realität übereinstimmen muss. Sieht sich z. B. ein Unternehmen als Premiumhersteller, wird aber von den Kunden nicht so wahrgenommen, bietet dies für den erkennenden Wettbewerber entsprechende Handlungsmöglichkeiten.

Das Wissen um die Einschätzung von Branche und Wettbewerber durch den Konkurrenten hilft ebenfalls, die **zukünftigen Verhaltensweisen** besser abschätzen zu können. Besonders wichtig ist es in diesem Zusammenhang, mögliche Fehleinschätzungen oder auch dogmatische Sichtweisen des Konkurrenten zu erkennen. Porter spricht in diesem Zusammenhang von dem Phänomen der blinden Flecken: „Blinde Flecken sind Bereiche, in denen ein Wettbewerber die Bedeutung von Ereignissen (zum Beispiel eines strategischen Schrittes) überhaupt nicht erkennt, sie falsch auffasst oder sie nur sehr langsam wahrnimmt." (Porter, 2008a, S. 99 f.). Die Kenntnis der blinden Flecken eines Konkurrenten kann entscheidende Schwächen entblößen, die im Zuge der eigenen Strategie genutzt werden können.

Gegenwärtige Strategie

Im Mittelpunkt steht das Verständnis der aktuellen Strategie des Konkurrenten. Hat der Konkurrent eine klare, generische Strategie gewählt, an denen er sein Verhalten ausrichtet oder nutzt er z. B. eine Kombination mehrerer Strategieansätze? Zu den einzelnen Strategieformen wird auf Kap. 3.5.2 verwiesen.

Fähigkeiten

Die Kenntnis der Ziele, Annahmen und gegenwärtigen Strategie gibt wichtige Hinweise auf das prinzipielle Reaktionsverhalten eines Konkurrenten. Letztlich sind es dann die Fähigkeiten des Konkurrenten, die es ihm erlauben (oder eben nicht), die Reaktion auch tatsächlich umzusetzen. Die Fähigkeiten sind das Resultat der Stärken und Schwächen eines Konkurrenten, insbesondere seiner personellen, technischen und finanziellen Ressourcen.

Fallbeispiel Wettbewerberfähigkeiten: Airbus vs. Boeing

In der Luftfahrtindustrie kann die Bedeutung von Fähigkeiten veranschaulicht werden am Wettbewerb zwischen Airbus und Boeing, und zwar speziell im Bereich mittelgroßer Passagierflugzeuge. Nachdem Airbus die Entwicklung des Großflugzeuges A380 gestartet hatte, waren erhebliche Teile der Entwicklungsressourcen auf mehrere Jahre für dieses Projekt gebunden. Boeing sah sich durch den A380 unter Zugzwang gesetzt, wobei die Entwicklung eines direkten Konkurrenzproduktes als nicht profitabel angesehen wurde. In Konsequenz wurde die Entwicklung der Boeing 787, des sogenannten Dreamliners, gestartet. Das Produkt zielt als mittelgroßes Flugzeug auf ein besonders volumenstarkes Segment und soll durch Einsatz modernster Technologien niedrigste Betriebskosten ermöglichen. Es wird somit in dem betreffenden Segment zu einer akuten Bedrohung für Airbus. Die Fähigkeit von Airbus zur Reaktion auf diese Herausforderung wurde jedoch durch die Ressourcenbindung für den A380 massiv eingeschränkt. Die Entwicklung des entsprechenden Konkurrenzproduktes A350 konnte daher von Airbus wegen der personellen und finanziellen Engpässe erst mit mehrjährigem Abstand begonnen werden. Dies verschaffte Boeing einen anfänglichen Zeitvorsprung.

Reaktionsprofil

Auf Basis der Informationen zu Zielen, Annahmen, gegenwärtiger Strategie und Fähigkeiten gilt es, das Reaktionsprofil des Konkurrenten zu entwerfen. Dazu werden die vorliegenden Kenntnisse über den Konkurrenten mit den strategischen Handlungsmöglichkeiten kombiniert und mögliche Veränderungen in Branche und Umfeld mit einbezogen. Wesentliche Fragen sind dabei:

- **Verwundbarkeit:** Welche Veränderungen treffen den Konkurrenten am stärksten? Wo haben relativ kleine Veränderungen relativ große Wirkungen? Wo ist der Aufwand für den Konkurrenten zur Vergeltung oder Nachahmung überproportional hoch?

- **Provokation:** Wo sind Bereiche, in denen der Wettbewerber unabhängig von der wirtschaftlichen Sichtweise reagieren wird, weil er sich dazu gezwungen fühlt?

- **Wirksamkeit der Vergeltung:** Welchen Effekt haben die vermuteten Vergeltungsmaßnahmen auf uns? Wie können wir unsere eigenen Maßnahmen so strukturieren, dass Wahrscheinlichkeit und negative Auswirkungen einer Vergeltungsmaßnahme möglichst reduziert werden?

In der Zusammenfassung ergibt sich dann ein Überblick über diejenigen eigenen strategischen Maßnahmen, die unter Berücksichtigung des Konkurrenten-Reaktionsprofils besonders attraktiv sind. Es handelt sich um diejenigen strategischen Schritte, die zu einer verbesserten eigenen Zielerreichung führen, und zwar nach Berücksichtigung der Wettbewerberreaktion (Wahrscheinlichkeit und Auswirkung). Die besonderen Schwierigkeiten entstehen dadurch, dass die Wahrscheinlichkeiten für das Handeln des Konkurrenten nur abgeschätzt werden können. Um Transparenz zu gewährleisten, muss eine klare Differenzierung zwischen der Wahrscheinlichkeit des Wettbewerberhandelns und dem resultierenden Effekt erfolgen. Damit können existenzbedrohende Reaktionen selbst bei geringer Wahrscheinlichkeit transparent aufgezeigt werden.

Der Werteffekt von Strategien vor und nach Konkurrenzreaktion kann in einer Matrix dargestellt werden, wie in Abb. 77 veranschaulicht.

Betrachtet sind hier fünf verschiedene Strategien, für die die finanziellen Resultate (z. B. Kapitalwert) ermittelt wurden, und zwar vor möglichen Konkurrenzreaktionen. Im nächsten Schritt erfolgt für die verschiedenen Strategien das Abschätzen der Konkurrenzreaktion

3.4 Strategische Analysen und Prognosen zu Umfeld und Unternehmen 145

hinsichtlich Richtung und Intensität sowie der Wahrscheinlichkeit der Durchführung. In der Matrix können dann die Informationen zusammengefasst werden. Die Strategien werden mit ihrer **Wertposition** vor und nach möglicher Konkurrenzreaktion eingetragen. Je nach Situation sind für eine Strategie auch mehrere alternative Reaktionen des Wettbewerbers denkbar.

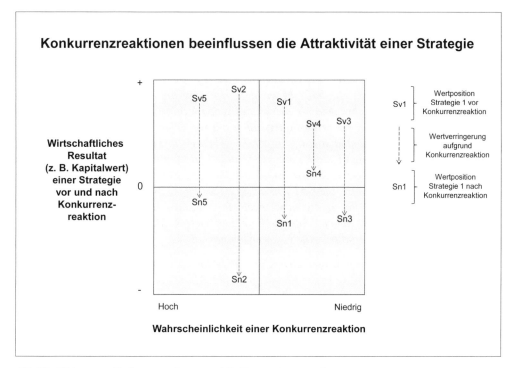

Abb. 77: Wirkung von Konkurrenzreaktionen auf die Wertposition einer Strategie

In dem Beispiel zeigt sich, dass die Strategie 2 vor Berücksichtigung von Konkurrenzreaktionen den höchsten Werteffekt generiert (Sv2). Werden die Effekte möglicher Konkurrenzreaktionen berücksichtigt, weist Strategie 4 den höchsten Werteffekt auf (Sn4). Wie das Beispiel in Abb. 77 veranschaulicht, ist es letztlich auch Ausdruck der Risikoeinstellung, welche der Strategien gewählt wird.

Die vorgestellte Methodik der Ableitung eines Reaktionsprofils ist insbesondere für Märkte (Branchen bzw. Regionen) mit einer überschaubaren Anzahl von Unternehmen geeignet. Es sind Märkte, bei denen strategische Maßnahmen des eigenen Unternehmens zu direkten Maßnahmen von Konkurrenten führen können. Strategische Ansätze bei derartigen Marktstrukturen nehmen daher auch Anleihen bei der Spieltheorie, die ähnliche Konstellationen zum Gegenstand hat (vgl. z. B. Berninghaus/Ehrhart/Werner, 2010).

Nachfolgend soll in Anlehnung an die beschriebene Vorgehensweise eine kurze Konkurrenzanalyse für ein Unternehmen durchgeführt werden.

Fallbeispiel Konkurrenzanalyse: Haier

Das Unternehmen Haier zählt zu den großen Erfolgsgeschichten der wirtschaftlichen Entwicklung Chinas (vgl. Haier, 2010a, b, c, 2011, 2013; O. V., 2011). Der Firmengründer Zhang Ruimin startete das heutige Unternehmen 1984 in Qingdao mit der Produktion von Kühlschränken, indem er ein staatseigenes Unternehmen grundlegend sanierte. Schon frühzeitig verdeutlichte er durch spektakuläre Aktionen sein besonderes Streben nach Qualität: 1985 mussten seine Arbeiter fehlerhafte Geräte in der Öffentlichkeit demonstrativ mit Hämmern zerstören, um zu zeigen, dass zukünftig nur noch erstklassige Produkte das Werk verlassen dürfen. Dieses Schlüsselereignis nimmt in der Firmenhistorie von Haier bis heute einen herausragenden Platz ein und gibt wichtige Hinweise auf das Selbstverständnis. Aus der Produktion von Kühlschränken für den chinesischen Markt hat sich bis heute einer der weltweit größten Hersteller von Haushaltsgeräten mit weiterhin ungebrochener Expansion entwickelt. Mit einer Produktpalette, die in der Zwischenzeit fast das gesamte Spektrum von Haushaltsgeräten sowie auch Unterhaltungselektronik und Mobiltelefone umfasst, wurde im Jahr 2009 ein Umsatz von ca. 18,2 Mrd. $ und im Jahr 2011 von ca. 23,2 Mrd. $ erzielt. Das Unternehmen verfügte in 2012 über 61 Handelsgesellschaften, 24 Fertigungsstätten und 21 Industrieparks mit 80.000 Beschäftigten weltweit. In 2012 war Haier damit nach Angaben des Marktforschungsunternehmens Euromonitor zum vierten Mal in Folge der weltweite Marktführer für große Haushaltsgeräte („major appliances").

Im Jahr 2001 erwarb Haier in Italien eine Kühlschrankfabrik. Spätestens damit konkretisierte das Unternehmen seine Absicht, in den europäischen Markt einzutreten. Aus einem potenziellen Wettbewerber wurde somit im nächsten Schritt ein echter Wettbewerber. Nachfolgend soll auf Basis von extern verfügbaren Informationen eine Analyse nach dem Konzept von Porter skizziert werden.

Selbstverständnis: *Das Unternehmen ist durch einen unbedingten Expansionswillen gekennzeichnet, sowohl was den chinesischen Heimatmarkt als auch den Weltmarkt betrifft: Haier strebt weltweite Anerkennung in Verbindung mit einer führenden Position auf dem Markt für Haushaltsgeräte an. Eine zentrale Rolle nimmt dabei die Rolle der Marke Haier ein. Im Selbstverständnis von Haier ist es nicht ausreichend, eine nationale Marke zu sein. Wie Abb. 78 als Auszug aus „Values & Philosophy" verdeutlicht, besteht das Bestreben, eine globale Marke aufzubauen. Besondere Bedeutung wird dabei der Differenzierung durch Innovation beigemessen („It is a value war instead of a price war.").*

Ziele für die Zukunft: *Die Ziele liegen in Wachstum und Steigerung der Markenbekanntheit. Ausgehend von einer Kombination aus Exporten und erster regionaler Fabrik wird dazu ein kontinuierlicher Geschäftsausbau durchgeführt. Haier wird dabei voraussichtlich versuchen ein Markenimage aufzubauen, das hohe Produktqualität und Preisattraktivität kombiniert. Vertrieblich wird Haier die großen Vertriebskanäle mit gängigen Volumenprodukten adressieren. Haier stellt damit langfristig für die etablierten europäischen Firmen der Haushaltsgeräteindustrie eine deutlich größere Bedrohung dar als klassische Low-Cost-Anbieter.*

3.4 Strategische Analysen und Prognosen zu Umfeld und Unternehmen 147

Abb. 78: Markenverständnis von Haier (Haier, 2010b)

Gegenwärtige Strategie: *Haier hat einen stetigen Ausbau des Produktspektrums sowie den Aufbau von internationalen Standorten vollzogen. Nach Kühlschränken wurde u. a. die Produktion von Waschmaschinen, Spülmaschinen und Fernsehern gestartet. Es erfolgte eine kontinuierliche Übernahme weiterer Fabriken in China sowie von Neugründungen. Wichtige Meilensteine sind 1995 der Beginn des Exportes in die USA und in 1999 die Eröffnung der ersten Fabrik in den USA.*

In den Worten von Haier kann die Strategie stichwortartig wie folgt beschrieben werden:

"Go abroad, go localized, go up to a higher level;
Go abroad: go to mainstream markets in mainstream regions;
Go localized: be admitted into mainstream channels selling mainstream products;
Go up to a higher level: be a mainstream brand."

Kompetenzen und Fähigkeiten: *Mit dem Einsatz eines eigenen Managementmodells ist es gelungen, die Möglichkeiten des chinesischen Marktes als Startbasis zu nutzen. Dies gilt speziell für die Übernahme notleidender Firmen, die nach einem eigenen Konzept („Shock Fish") restrukturiert werden. Im übertragenen Sinn handelt es sich um eine überdurchschnittliche Kompetenz hinsichtlich Post-Merger-Integration. Diese Kompetenz verschafft Haier einen Wettbewerbsvorteil und wird damit zu einem zentralen Hebel für Wachstum und Wertschaffung.*

Reaktionsprofil: *Der Markt unterteilt sich tendenziell in einen Premiumbereich und in ein stärker preissensitives Segment. Haier wird in der ersten Phase seines Markteintritts vermutlich versuchen, volumenstarke Segmente im Low-Cost-Bereich anzugreifen sowie auch selektiv Produktinnovationen anzubieten. Das Unternehmen wird auch bei Angriffen seiner Konkurrenten eher weniger zu extrem aggressiven Preisstrategien neigen. Niedrigstpreise dürften als negativ für den Aufbau eines Qualitäts- und Markenimages angesehen werden. Es ist als wahrscheinlicher anzunehmen, dass innerhalb des adressierten Segments zusätzliche Leistungen, wie z. B. erweiterte Garantien, angeboten werden, die das angestrebte Qualitäts- und Markenimage unterstützen.*

Ansatzpunkte, die eine Verwundbarkeit von Haier andeuten, sind unmittelbar nicht zu erkennen. Aufgrund der beträchtlichen Größe von Haier und dem klar erkennbaren Willen zu einer weltweiten führenden Position dürfte sich Haier auch kaum von eventuellen Rückschlägen abhalten lassen. Mit den Worten des Unternehmens: "Haier's strategy concept: Priority given to influence and then profits."

In Summe können selbst auf Basis einer nur sehr verkürzten Konkurrenzanalyse wichtige strategische Einblicke gewonnen werden. Diese fließen in die Entwicklung der eigenen Strategie ein. Im Falle von Haier wird schnell deutlich, dass sich die Wettbewerbslandschaft mit dem Auftreten eines Unternehmens deutlich verändern kann. Dies wird in dem betreffenden Fall zuerst Auswirkungen für die Firmen in den unteren Preissegmenten besitzen. Auf Dauer werden jedoch auch die Anbieter von Premiumprodukten betroffen sein. Die erklärten strategischen Stoßrichtungen und bisher erreichten Meilensteine geben sehr deutliche Hinweise auf das weitere Vorgehen. Zentrale Bedeutung für das Erreichen dürfte auch zukünftig der unbedingte Erfolgswille besitzen, der in dem nachfolgenden Zitat des Firmengründers zum Ausdruck kommt: „I have never considered myself an outstanding leader, but I think I'm a person who has an indomitable will. Once I set a definite goal, I must succeed. Many other enterprises have pursued the same business as Haier over the years in the same economic environment. The difficulties they met with were our difficulties as well. The difference is that many of them were too willing to give up." (Zhang, 2007, p. 143).

Eine spezielle Weiterentwicklung von Konkurrenzanalysen stellt das **„Business Wargaming"** dar (vgl. hierzu Oriesek/Schwarz, 2009). In seinen Ursprüngen geht dieser Ansatz auf die Kriegsspiele im militärischen Bereich zurück („Wargaming"). Im Kern handelt es sich um den Versuch, durch eine maßgeschneiderte Simulation das zukünftige Verhalten von Konkurrenten und anderen Marktteilnehmern abzuschätzen, und zwar unter Einbeziehung der eigenen Aktionen. Damit können Strategieüberlegungen einem „Stresstest" unterzogen und auch neue Strategiealternativen entwickelt werden: „Während eines Wargames werden die Dynamik des Marktes und der Wettbewerber analysiert, antizipiert und erfahrbar gemacht, indem über mehrere Tage eine mögliche Zukunft simuliert wird. Während einer Wargaming Übung müssen die Teilnehmenden kreativ über die Zukunft nachdenken, wobei sie besonders auch mit den frühesten Anzeichen von bevorstehenden Veränderungen konfrontiert werden, die für die einzelne Organisation oder für die ganze Branche relevant sein können." (Oriesek/Schwarz, 2009, S. 41).

Mögliche Anwendungen für eine derartige Simulation bilden z. B. folgende Fragestellungen:

- Setzt eine Konsolidierungswelle in unserer Branche ein und wie sollten wir handeln? Verschaffen wir uns einen Vorteil, wenn wir zuerst agieren?

- Welche Chancen und Risiken bestehen, wenn wir in den Stammmarkt eines Konkurrenten vordringen? Wie könnte der Wettbewerber reagieren?

- Wie verwundbar ist unser Geschäftsmodell durch aufkommende neue Web-Technologien, die von Konkurrenten genutzt werden können?

Ein Business Wargame besteht aus mehreren Teams: Ein Firmenteam repräsentiert das eigene Unternehmen; ein Wettbewerberteam (bei Bedarf auch mehrere) stellen die Gegenseite dar; ein Marktteam übernimmt die Rolle der Kundenseite; das Kontrollteam leitet das Spiel.

Der Prozess eines Business Wargames vollzieht sich in vier Hauptschritten, wie Abb. 79 veranschaulicht (vgl. Oriesek/Schwarz, 2009, S. 163 ff.):

1. Planung: In der Planungsphase erfolgt die Festlegung der Ziele bzw. zentralen Fragestellungen, die mit der Simulation erreicht werden sollen. Entscheidend für den Erfolg des Business Wargames ist, dass die relevante Entscheiderebene (hier das Top-Management) persönlich einbezogen wird und die Ziele so präzise wie möglich formuliert werden. Beides ist für die spätere Qualität der Ergebnisse und ihrer Einbeziehung bzw. Umsetzung im Strategieprozess von zentraler Bedeutung.

2. Vorbereitung: Die Vorbereitungsphase dient dazu, die Daten und Regeln für das Business Wargame zu erarbeiten. Es erfolgt die Recherche der erforderlichen Informationen hinsichtlich Kunden und Wettbewerbern, aber auch z. B. hinsichtlich relevanter Markt-, Technologie- und Regulierungstrends oder denkbarer unerwarteter Ereignisse. Die Informationen werden in sogenannten Game Books zusammengefasst, die den Spielgegenstand und den Spielablauf im Sinne von Drehbüchern beschreiben; Markt- und Kontrollmodelle dienen zur Steuerung und Plausibilisierung des Spiels. Mit entsprechenden Spielregeln soll gewährleistet werden, dass das Business Wargame nicht zu komplex wird, aber gleichzeitig genügend realistischer Handlungsraum für die Teams besteht. Durch entsprechende Testläufe in

Form von Mini Games wird in der Vorbereitungsphase überprüft, ob ein Mittelweg zwischen Realitätsnähe und Spielbarkeit erreicht wurde. Mit Abschluss der Vorbereitungsphase (bzw. Beginn der Durchführungsphase) erfolgen die Einteilung der Teams und die Einweisung in das Spiel.

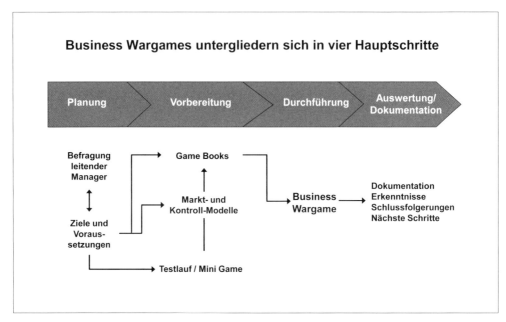

Abb. 79: Die Planung und Durchführung eines Business Wargames (Oriesek/Schwarz, 2009, S. 164)

3. Durchführung: Das eigentliche Business Wargame wird in mehreren Runden gespielt und dauert zumeist ca. zwei bis drei Tage. In dieser Zeit werden z. B. drei Runden gespielt, die jeweils einen definierten zukünftigen Zeitraum abdecken. Entscheidend für den Erfolg des Spiels (im Sinne der Qualität der Ergebnisse) sind die Identifikation aller Teilnehmer mit ihrer jeweiligen Rolle und der klare Siegeswille. Die Spielresultate der einzelnen Runden werden von dem Kontrollteam ermittelt und an die Teams rückgemeldet (z. B. in Form von Key Performance Indicators wie Marktanteilen). Jeweils nach einer Runde und am Ende des Gesamtspiels erfolgt eine Auswertung der Ergebnisse. Dazu werden die Beobachtungen der Teammitglieder, der Teamcoaches und des Kontrollteams zusammengefasst.

4. Auswertung/Dokumentation: Im Nachgang zu dem Spiel erfolgt die detaillierte Auswertung auf Basis aller Informationen, die während des Spielverlaufs gesammelt wurden. Der Spielverlauf und die Resultate werden dazu an der strategischen Fragestellung gespiegelt und entsprechende Empfehlungen abgeleitet.

3.4 Strategische Analysen und Prognosen zu Umfeld und Unternehmen 151

3.4.9 Profit-Pool-Analyse

Mit dem Konzept der **Profit-Pool-Analyse** gewinnt ein Unternehmen das Verständnis, welche Gewinne in welchen Teilen der Wertschöpfungskette einer Branche vorliegen: „A profit pool can be defined as the total profits earned in an industry at all points along the industry's value chain." (Gadiesh/Gilbert, 1998, p. 140). Aus den Ergebnissen einer Profit-Pool-Analyse können unterschiedliche Informationen bzw. Schlussfolgerungen abgeleitet werden, insbesondere

- Welche Lücke besteht zur Branchenprofitabilität?
- Wo sind die profitabelsten Segmente?
- Welche Richtung sollte eine mögliche Expansion entlang der Wertschöpfungskette aus Profitabilitätssicht nehmen?
- Aus welchen Teilen der Wertschöpfungskette sollte sich ein Unternehmen tendenziell zurückziehen?

Abb. 80 veranschaulicht das Grundprinzip des Profit-Pools am Beispiel Photovoltaik. Betrachtet werden die gesamten Gewinne über mehrere Wertschöpfungsstufen hinweg. Dabei werden bewusst auch die Grenzen der bisherigen Marktdefinition überschritten.

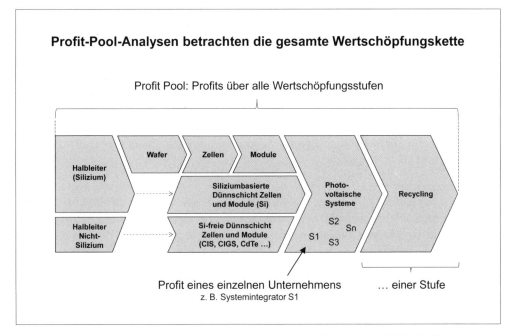

Abb. 80: Profit Pool der Photovoltaik (Wertschöpfungskette: Richter/Holst/Krippendorf, 2008, S. 20)

Die Profit-Pool-Analyse vollzieht sich in folgenden Schritten:

1. **Definition des betreffenden Marktes:** Ausgangspunkt bildet dabei in der Regel der eigene bearbeitete Markt, der um vor- und nachgelagerte Wertschöpfungsstufen erweitert wird. Im Falle eines Herstellers von Solarmodulen bilden die Halbleiter-, Wafer- und Zellenproduktion die vorgelagerten Stufen. Das Erstellen von Photovoltaiksystemen und das Recycling bilden nachgelagerte Stufen (siehe Abb. 80).

2. **Identifikation der Firmen je Wertschöpfungsstufe:** Für jede einzelne Stufe sind die dort tätigen Firmen zu ermitteln.

3. **Ermittlung von Umsätzen und Gewinnen:** Das Erheben dieser Daten ist das kritische Element. Für börsennotierte Firmen sind Angaben vergleichsweise einfach zu ermitteln. Für andere Unternehmen sind gegebenenfalls Schätzungen über Analogieschlüsse zu börsennotierten Firmen der Wertschöpfungsstufe durchzuführen.

4. **Ableitung von Gesamtwert und Verteilung:** Auf Basis der erhobenen Firmendaten sowie nachfolgender Schätzungen wird die Summe des Profit Pools und dessen Verteilung nach Wertschöpfungsstufen errechnet.

Zum Thema der Profit-Pool-Analyse liegen verglichen mit anderen Analyseinstrumenten nur wenige frei verfügbare Publikationen vor (z. B. für den Baubereich Huegin Consulting 2009). Gleichzeitig findet sich eine nennenswerte Anzahl von Strategiebeispielen, bei denen Unternehmen bewusst oder unbewusst auf Basis von Profit-Pool-Überlegungen agiert haben oder es beabsichtigen. Nachfolgend soll dies an Beispielen erläutert werden.

Fallbeispiel Profit-Pool: IT-Industrie

Das US-amerikanische Unternehmen Dell ist einer der führenden Hersteller von IT-Hardware. Die divisionale Organisation (Segmentstruktur) richtet sich an vier Kundengruppen aus: Large Enterprises (LE), Public (Pub), Small and Medium Sized Enterprises (SMB) und Consumers (Cons). Die Umsätze dieser vier Segmente bewegten sich im Geschäftsjahr 2009 zwischen ca. 13 Mrd. und 18 Mrd. $. Die Ergebnisse wiesen eine erheblich größere Streuung auf. Sie variierten auf Basis des Operating Income zwischen 2,4 % und 8,5 %; d. h. um mehr als den Faktor 3.

Strategisch aussagefähig wird die Performance-Analyse, wenn Positionierung und Ergebnisse von Dell mit den Profit-Pools der IT-Industrie verglichen werden. Auf Basis der in Abb. 81 dargestellten Struktur kann bei den Produkten und Dienstleistungen der IT-Branche zwischen fünf Marktsegmenten unterschieden werden: 1) Client Hardware 2) Servers & Storage 3) Enhanced Services 4) Software 5) Other Hardware (Other peripherals, networking and hardware devices). Auf Basis der von Dell durchgeführten Marktanalysen ergibt sich aus Ergebnissicht (%-Wert des Operating Incomes) eine Rangfolge der Marktsegmente:

1. *Software (ca. 21 %),*

2. *Other Hardware (ca. 14 %),*

3. *Enhanced Services (ca. 12 %),*

4. Servers & Storage (ca. 10 %),

5. Client Hardware (ca. 4 %).

Der Vergleich dieser Profit-Pool-Einschätzung mit der zum betreffenden Zeitpunkt vorliegenden Portfoliostruktur von Dell verdeutlicht unmittelbar die Problematik: Fast 75 % des Umsatzes werden mit Client Hardware sowie Servers and Storage erzielt und damit in den am wenigsten attraktiven Segmenten. Deutlich über die Hälfte der Dell-Umsätze entfällt auf das mit weitem Abstand unattraktivste Segment, die Client Hardware. Speziell für dieses Segment werden auch in der Zukunft nur geringes Umsatzwachstum und weiterer Margendruck prognostiziert. Es erstaunt daher nicht, dass Dell entsprechende strategische Investitionen evaluiert, um seine Positionierung zu verbessern.

Der Bereich der Personal Computer (PC) inklusive Laptops dürfte zu den Extrembeispielen für die Verteilung von Profit Pools gehören. Während die Hersteller der Endgeräte i. d. R. nur Ergebnisse im niedrigen bis mittleren einstelligen EBIT-Bereich erzielen, stellt sich die Situation für die Softwarebranche und spezialisierte Komponentenhersteller anders dar. So erzielte im Geschäftsjahr 2010 die Microsoft Business Division, bei der u. a. die Microsoft-Office-Produkte zugeordnet sind, einen Umsatz von 18,909 Mrd. $ und ein Operating Income von 11,664 Mrd. $ (vor Corporate Costs), was einer Marge von 61,7 % entspricht. Die Windows & Windows Live Division, die im Wesentlichen das Betriebssystem Windows vermarktet, erzielte im Geschäftsjahr 2010 einen Umsatz von 17,788 Mrd. $ und ein Operating Income von 12,089 Mrd. $ (vor Corporate Costs), was sogar eine Marge von 68,0 % darstellt (Microsoft, 2011). Diese Größenordnungen änderten sich auch im Zeitablauf nicht nennenswert. So erreichte die Business Division im Geschäftsjahr 2012 einen Umsatz von 23,991 Mrd. $ und ein Operating Income von 15,719 Mrd. $ (= 65,5 %.). Die Windows Division erwirtschaftete bei einem Umsatz von 18,373 Mrd. $ ein Operating Income von 11,460 Mrd. $ (= 62,4 %). Diese Zahlen verdeutlichen hinreichend die Disparitäten der Profit Pools in der PC-Branche. Es wird offensichtlich, dass der PC-Markt für Endgeräte auf Basis einer Profit-Pool-Analyse nur eine geringe Attraktivität aufweist. Dies dürfte auch einer der wesentlichen Gründe für den Marktaustritt von Firmen wie IBM gewesen sein.

Ein weiteres Beispiel für eine Analyse auf Basis von Profit Pools liefert der Bereich der „Other Hardware". Zu diesem Marktsegment gehören u. a. auch Drucker. Ein Vergleich des Ergebnisniveaus von PC-Herstellern mit dem von Druckerproduzenten zeigt, dass offensichtlich spezielle Gründe für die hohe Profitabilität im Druckergeschäft vorliegen müssen. Die prinzipielle Struktur der Wertschöpfungsstufen im Falle von „Drucken" kann vereinfacht wie folgt skizziert werden:

A) Drucker: Entwicklung, Produktion, Vermarktung,

B) Verbrauchsmaterialien:

- *Druckerpatronen: Entwicklung, Produktion, Vermarktung,*

- *Papier: Entwicklung (Spezialpapier), Produktion, Vermarktung.*

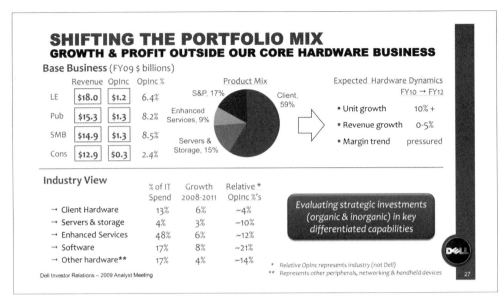

Abb. 81: Portfoliomix von Dell und IT-Branchenstruktur (Dell, 2010, p. 27)

Im Falle des Druckergeschäftes gelang es den Herstellern im Gegensatz zum PC-Geschäft ein sogenanntes „Razor-/Razorblade"-Geschäftsmodell einzuführen. Das Prinzip besteht darin, durch den Verkauf eines Erstproduktes die Kunden zum nachfolgenden Kauf von produktspezifischen Verbrauchsmaterialien zu veranlassen. Wie der Name des Modells andeutet, wurde es speziell im Bereich von Rasiergeräten sehr erfolgreich eingeführt. Kennzeichnend für das Razor-/Razorblade-Modell ist der niedrige Preis für das (z. T. intensiv beworbene) Erstprodukt. Die Erstprodukte werden gezielt mit geringen Margen verkauft, da das eigentliche Ergebnis mit dem nachfolgenden Verkauf der Verbrauchsmaterialien realisiert wird.

Besonders deutlich werden die strukturellen Ergebnisunterschiede zwischen PCs/Laptops und Druckern, wenn in einem Unternehmen beide Produktgruppen vermarktet werden, wie dies bei Hewlett-Packard (HP) der Fall ist. Das Unternehmen hat das PC-Geschäft im weiteren Sinne in der „Personal Systems Group" gebündelt und das Druckergeschäft in der „Imaging and Printing Group". Auch als Weltmarktführer konnte HP im Geschäftsjahr 2010 im Personal-Systems-Geschäft bei einem Umsatz von 40,7 Mrd. $ nur eine Operating Margin von 5,0 % realisieren. In der Druckersparte konnte hingegen eine Operating Margin von 17,1 % erwirtschaftet werden. Bemerkenswert ist dabei, dass von dem Umsatz dieser Sparte in Höhe von 25,8 Mrd. $ nur rund ein Drittel auf den Verkauf der Drucker und zwei Drittel auf die margenträchtigen Verbrauchsmaterialien entfielen (vgl. Hewlett-Packard, 2011a). Das Folgegeschäft übertrifft hier auch im Volumen schon deutlich das Erstgeschäft.

Entscheidend für die erfolgreiche Anwendung dieses Modells ist der Schutz der Folgeprodukte vor kompatiblen Nachbauten. Entsprechend versuchen Unternehmen, die sich dieses Geschäftsmodells bedienen, möglichst hohe technische und rechtliche Barrieren aufzubauen.

Im Falle der Druckerbranche führten die hohen Margen der Druckerpatronen dennoch zum Auftreten einer Vielzahl von Alternativanbietern mit unterschiedlichen technischen Lösungen.

Aus offensichtlich ähnlichen Überlegungen wie Dell versuchte auch HP seinen Schwerpunkt von der Hardware in Richtung Software zu verlagern. Dieser Umbau sollte in 2011 mit dem gleichzeitigen Erwerb des britischen Software-Unternehmens Autonomy und dem Spin-Off der PC-Sparte forciert werden. Die schlechte Umsetzung einer prinzipiell plausiblen Strategie stürzte das Unternehmen nachfolgend in schwere Turbulenzen (siehe das HP-Strategiebeispiel in Kap. 3.5.3).

3.4.10 Benchmarking

Bei Benchmarking handelt es sich um ein Analysekonzept zur gezielten **Identifikation von eigenen Defiziten** und **möglichen Verbesserungsansätzen**. Kern des Konzeptes ist der **Vergleich** des eigenen Objektes mit einem **Referenzobjekt**, um eigene Schwachpunkte zu erkennen und zu adressieren (vgl. Mertins/Kohl, 2009a, b; Rathnow, 2010, S. 94 ff. sowie Global Benchmarking Network, 2010; Transportation Research Board of the National Academies, 2012).

Als Benchmarking-Objekte kommen vorrangig in Frage:

1. **Unternehmen als Ganzes** oder **Unternehmensteile** („Wieso ist die Business Unit von Wettbewerber X deutlich profitabler als wir; was macht er besser?")
2. **Produkte** („Wo liegen die Kosten-/Leistungsunterschiede zu dem Wettbewerberprodukt und wodurch sind sie begründet?")
3. **Prozesse** („Welche Benchmarks setzen uns andere unternehmensinterne Einheiten/Wettbewerber/Best-of-Best-Unternehmen in Produktion, Vertrieb etc. und wie erreichen sie diese?")

Ein **Benchmark** stellt in diesem Zusammenhang einen **Referenzpunkt im Sinne einer Bestleistung** dar. Es handelt sich um keine imaginäre Wunschgröße sondern eine Ist-Leistung von Anderen, die die eigene Leistung übertrifft. Als Beispiele für die oben genannten Benchmarking-Objekte: (1) ROCE des Wettbewerbers von 25 % vs. 11 % im eigenen Unternehmen; (2) Kosten des Wettbewerberproduktes von ca. 80 % der eigenen Produktkosten bei vergleichbaren Leistungsmerkmalen; (3) Auftragsabwicklungsdauer im Best-of-Best-Unternehmen bei 8 Tagen vs. 24 Tage im eigenen Unternehmen.

Das Instrument **Benchmarking** besitzt für **Zwecke des strategischen Managements** eine ausgesprochen **große Bedeutung**. Benchmarking kann als Teil des Change Managements in einem Unternehmen genutzt werden und geht deutlich über konventionelle Analyseinstrumente hinaus. Gegenüber einer reinen Analyse zeichnet sich Benchmarking durch die bewusste Absicht zur Veränderung aus: „Benchmarking ist [..] mehr als reine Analyse: Es ist ein Konzept der geplanten Unternehmensentwicklung und ein systematischer Proceß des organisatorischen Lernens von Unternehmen." (Töpfer/Mann, 1997, S. 36).

Die Philosophie von Benchmarking beruht somit zum einen auf der **Bereitschaft zur realistischen Selbsteinschätzung**: Ein Unternehmen verfügt über ein spezifisches Leistungsprofil und liegt nicht in allen Bereichen an der Spitze. Häufig besteht jedoch nur eine eher vage Vorstellung über die Ausprägungen des Profils, da Vergleichswerte fehlen. Mitunter führt dies zu gefährlichen Selbsteinschätzungen, bei denen sich ein Unternehmen deutlich stärker sieht, als dies der Realität entspricht. Benchmarking erfordert damit die Bereitschaft des Managements auch unangenehme Wahrheiten erfahren zu wollen und das Commitment zur Umsetzung von teilweise drastischen Veränderungen.

Zum anderen ist für Benchmarking kennzeichnend, wie die Informationen zur Einschätzung des Unternehmens gewonnen werden. Hierzu wird ein **interner** oder **externer Vergleichspartner** identifiziert, der als „Benchmark" gilt. Durch Aufbereitung und Gegenüberstellung der Informationen von Unternehmen und Benchmarking-Partner wird es möglich, die Einschätzung des Unternehmens relativ zum Partner durchzuführen. Benchmarking erfüllt damit in besonderem Maße die Anforderung der Faktenorientierung im strategischen Entscheidungsprozess.

Der Auswahl des Benchmarking-Partners kommt für die Ableitung von Erkenntnissen und das Lernpotenzial eine zentrale Bedeutung zu. Je besser die Performance des Partners ist, umso schlechter wird das eigene Unternehmen im Vergleich abschneiden, umso größer ist aber gleichzeitig auch das Lernpotenzial. Dieses Grundprinzip, das von stärkeren Benchmarking-Partnern mehr gelernt werden kann, veranschaulicht Abb. 82. Die Grafik beschreibt das Informations- und damit Lernpotenzial in Abhängigkeit von den Benchmarking-Arten.

Interne Benchmarkings: „Besser werden"

Im Falle eines internen Benchmarking werden Referenzobjekte aus dem eigenen Unternehmen bzw. dem eigenen Konzern herangezogen. Hieraus lassen sich Erkenntnisse in Form von „Best in Company" bzw. „Best in Group" ableiten. Die eingezeichnete Kurve verdeutlicht, dass ein erweiterter Radius der Vergleichspartner in der Tendenz zu einem höheren Informationsgewinn führt. Bereits in einem Konzern führt das „über den Tellerrand schauen" zu erhöhtem Lernpotenzial und sollte daher intensiv genutzt werden. Selbst dies ist in der Unternehmenspraxis aber nicht ohne Brisanz. Das kann jeder nachvollziehen, der an ähnlichen Diskussionen im familiären Bereich teilgenommen hat: „Nimm Dir ein Vorbild an deinem Bruder/deiner Schwester!", führt als Aufforderung nicht immer zu der erwünschten Reaktion. Ungeachtet dieser speziellen Aspekte besitzen interne Benchmarks den Vorteil des deutlich einfacheren Datenzugangs. Eine weite Verbreitung besitzen interne Benchmarks im Bereich von Vertriebseinheiten, wobei es sich hier tendenziell um operative Benchmarks in Form von Ranglisten handelt.

Externe, branchenbezogene Benchmarkings: „Aufholen"

Wird ein Benchmarking-Projekt mit einem Wettbewerber durchgeführt, handelt es sich um das Aufholen eines Rückstands. Dies gilt insbesondere für den Fall eines Vergleiches mit dem besten Wettbewerber der Branche, dem „Best in Class"-Benchmark. Der Aussagegehalt eines Benchmarking-Projektes ist hier am höchsten, wenn es mit dem betreffenden Unternehmen als offenes Benchmarking durchgeführt wird. In diesem Fall wird ein gegenseitiger

3.4 Strategische Analysen und Prognosen zu Umfeld und Unternehmen

Austausch von Informationen durchgeführt. Im Gegensatz dazu muss bei einem verdeckten Benchmarking mit Outside-In-Analysen gearbeitet werden. Naturgemäß kann damit nicht die gleiche Datenqualität wie im Falle eines offenen Benchmarkings erreicht werden. Die Datenbeschaffung, die in enger Beziehung zur Wahl des Benchmarking-Partners steht, bildet erfahrungsgemäß eine der großen Herausforderungen externer Benchmarks. Speziell für den Branchenführer kann ein offenes Benchmarking unter Umständen zur Preisgabe wichtiger Informationen über Wettbewerbsvorteile führen; umgekehrt kann sich ein Branchenführer nur begrenzte Lerneffekte von einem schwächeren Wettbewerber erhoffen.

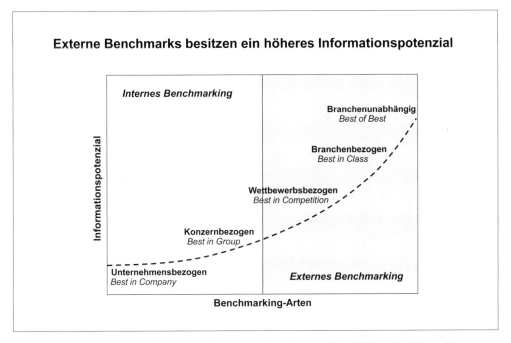

Abb. 82: *Verbesserungspotenzial bezogen auf die Benchmarking-Partner (Kohl, 2009, S. 91; leicht modifiziert)*

Aus strategischer Sicht ist mit Blick auf branchenbezogene Benchmarks zu betonen, dass letztlich Informationen gewonnen werden sollen, die mehr als „Gleichziehen" ermöglichen. Das Aufholen kann nur einen Zwischenschritt darstellen: „Eine Imitationsstrategie ist eine strategische Perversion in sich. Immer zielen Strategien auf Vorteile, auf **Unterschiede**. Um diesen Unterschied zu bestimmen, liefert ein Wettbewerbsvergleich nur einen Maßstab, keinesfalls ein Ziel." (Große-Oetringhaus, 1996, S. 116).

Externe, branchenunabhängige Benchmarkings: „Überholen"

Damit ein Unternehmen seine Wettbewerber überholen kann, benötigt es Ideen von außerhalb der eigenen Branche. Dies ist die Überlegung, die hinter branchenunabhängigen Benchmarking-Projekten steht. Gesucht wird dabei ein Benchmarking-Partner, der in dem betreffenden Bereich, z. B. Logistik, als Weltspitze gilt, und zwar branchenübergreifend. Mit dem Ansatz wird somit ein „Best of Best" angestrebt. Der Vergleich mit branchenexternen Firmen bietet von allen Benchmarking-Stufen das höchste Potenzial, um etablierte Branchenregeln und Paradigmen aufzubrechen. Dies erfordert allerdings auch ein ganz besonderes Maß an Offenheit und Lernbereitschaft auf Seiten des eigenen Unternehmens.

Der Ablauf eines Benchmarking-Projektes kann in drei Phasen unterteilt werden: Vorbereitungsphase, Durchführungsphase und Nachbereitungsphase (vgl. Rathnow, 2010, S. 102 ff.):

Phase 1: Vorbereitungsphase

Die Vorbereitungsphase dient dazu, die Grundlagen für das Projekt zu schaffen. Wesentliche Aktivitäten sind:

- Konkretisieren der Benchmarking-Ausrichtung durch Definition des Untersuchungsumfangs und des Analyseziels. Entsprechend dem Projektcharakter sind ebenso Zeitplan, Verantwortlichkeiten (inkl. Projektleitung) und die personellen sowie finanziellen Ressourcen festzulegen.

- Durchführen von Basisanalysen zu Markt, Wettbewerb und Kunden sowie möglichen Benchmarking-Partnern, um ein grundlegendes Verständnis zu gewinnen.

- Identifizieren des bevorzugten Benchmarking-Partners (und eventueller Ersatzfirmen) auf Basis vorab definierter Kriterien.

- Entwickeln eines Fragebogens, der zur präzisen, konzentrierten Erfassung der relevanten Benchmarking-Inhalte dienen soll.

- Aufbereiten der internen Daten sowie Überprüfen und ggf. Anpassen des Fragebogens auf Basis der Erfahrungen bei der Datenerhebung im eigenen Unternehmen.

- Kontaktaufnahme mit Benchmarking-Partner auf Ebene des Top-Managements, um Bereitschaft zur Teilnahme zu klären.

Phase 2: Durchführung des Benchmarkings

Nachdem die Bereitschaft des Benchmarking-Partners vorliegt und der gemeinsame Terminplan abgestimmt ist, können die Aktivitäten des Benchmarkings im engeren Sinne erfolgen:

- Vertiefen der Outside-In-Analysen zum Benchmarking-Partner, damit ein hoher Vorbereitungsgrad geschaffen wird. Dies erlaubt nachfolgend eine professionelle Zusammenarbeit und besseres Hinterfragen bzw. Interpretation von Ergebnissen.

- Abstimmen der Fragen mit dem Partner in Form des finalen Fragebogens, Erheben der Informationen und Austausch der komplettierten Fragebögen.

- Benchmarking-Besuche, um einen persönlichen Eindruck von dem anderen Unternehmen zu erhalten. Die gegenseitigen Besuche bilden eines der Schlüsselelemente des Benchmarking-Prozesses. Dies gilt sowohl für den Gesamteindruck von dem Benchmarking-Partner als auch für die Motivation zu eigenen Veränderungen.

3.4 Strategische Analysen und Prognosen zu Umfeld und Unternehmen

- Datenanalyse und -verfeinerung, um die gewonnenen Informationen im Hinblick auf das Analyseziel strukturiert aufzubereiten.

Eine identifizierte Kostenlücke kann dann z. B. in Form einer Zwölf-Felder-Matrix, wie sie Abb. 83 zeigt, aufgeschlüsselt werden.

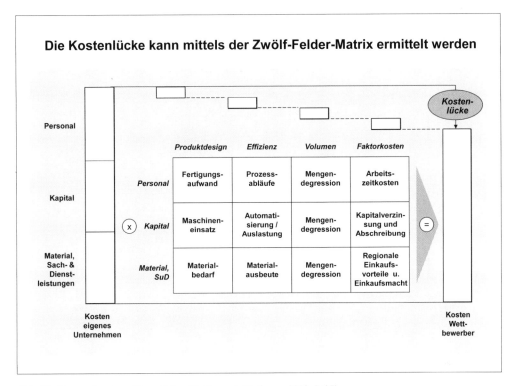

Abb. 83: *Kosten-Benchmarking mit dem Wettbewerb (Rathnow, 2010, S. 97)*

In der Zwölf-Felder-Matrix wird die Kostenlücke nach Hauptkostenarten und Ursachen, bzw. Verbesserungshebeln differenziert. Die drei Hauptkostenarten bilden hier (1) Personal, (2) Kapital und (3) Material, Sach- und Dienstleistungen (SuD). Die Höhe der Kosten wird durch vier Hebel beeinflusst: (1) Produktdesign (2) Effizienz (3) Volumen und (4) Faktorkosten.

Phase 3: Zielüberprüfung, Maßnahmenprogramm und Übergabe zur Implementierung

Die dokumentierten und intern abgestimmten Resultate sind Grundlage für die nachfolgenden Aktivitäten:

- Überprüfen der bisherigen Zielsetzungen auf Basis der Benchmarking-Erkenntnisse: Die Informationen können dazu führen, dass die ursprünglichen Unternehmensziele, z. B. die angestrebte Produktivitätsentwicklung, kritisch zu hinterfragen sind. In diesem Zusammenhang ist es wichtig, auch die zukünftige Entwicklung des Konkurrenten zu berücksichtigen. Dies erfolgt speziell bei umfassenden Kosten-Benchmarkings mit dem Konzept der sogenannten **dynamischen Lücke**, wie sie Abb. 84 zeigt. Aufsatzpunkt bilden die Ergebnisse des Benchmarkings im Basisjahr, zumeist das abgelaufene Geschäftsjahr, die einen Abstand zum Wettbewerb zeigen. Diese Lücke, auch als statische Lücke bezeichnet, wird mit der zukünftigen Produktivitätsentwicklung des Wettbewerbers auf ein Zieljahr hochgerechnet und bildet die dynamische Lücke.

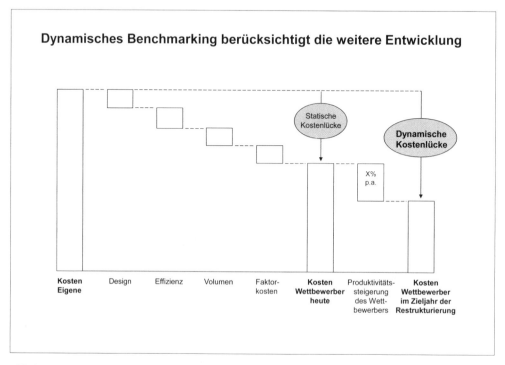

Abb. 84: Berechnung der dynamischen Kostenlücke (Rathnow, 2010, S. 102)

- Erarbeiten von möglichen Maßnahmen zur Schließung der identifizierten dynamischen Lücke, Bewertung und Auswahl: Dieser Abschnitt bildet aus Sicht des strategischen Managementprozesses bereits den Übergang zur Alternativensuche und den nachfolgenden Phasen, auf die hier verwiesen wird.

- Kommunikation der Ergebnisse und beschlossener Maßnahmen innerhalb des Unternehmens: Die transparente und nachvollziehbare Kommunikation der Ergebnisse des Benchmarkings besitzt eine entscheidende Bedeutung für die Akzeptanz der abgeleiteten Beschlüsse. Im Hinblick auf die Performancedaten des Wettbewerbers sind dabei die entsprechenden Vertraulichkeitsvereinbarungen zwingend einzuhalten.

Das Benchmarking-Projekt schließt mit der Entscheidung des Top-Managements zu den Maßnahmen ab. Die nachfolgende Umsetzung der Maßnahmen ist nicht mehr Teil des Benchmarkings im engeren Sinne. Die Umsetzung erfolgt in der Eigenverantwortung der

Linieneinheiten oder wird speziell bei größeren Veränderungen einer gesonderten Projektleitung übertragen. Es findet also an diesem Punkt eine „Übergabe des Staffelholzes" statt.

Ein professionelles, umfassendes Benchmarking ist mit einem erheblichen Zeit- sowie Ressourcenaufwand und entsprechenden Kosten verbunden. Dieser ist speziell für kleinere und mittlere Unternehmen oftmals nur sehr schwer oder überhaupt nicht zu erbringen. Zurückhaltung gegenüber einem Lernen von Externen, fehlendes Methodikwissen und die Schwierigkeit geeignete Benchmarkpartner zu finden, bilden weitere anzutreffende Barrieren.

Unter diesem Aspekt stellt das Instrument des **BenchmarkIndex** ein besonders interessantes und erprobtes Konzept dar (vgl. Görmer/Kohl, 2009). Das ursprünglich in Großbritannien entwickelte Konzept wurde nachfolgend mit EU-Förderung maßgeblich durch das Fraunhofer Institut für Produktionsanlagen und Konstruktionstechnik (IPK) vorangetrieben. Nach Angaben des dort angeschlossenen Informationszentrum Benchmarking (IZB) verfügt die Datenbank des BenchmarkIndex über die weltweit umfangreichsten Datensätze für Unternehmensvergleiche. Das IZB bietet auf Basis des BenchmarkIndex entsprechende Analysen für Unternehmen unterschiedlicher Branchen an, und zwar bis zu einer Größenordnung von ca. 500 Beschäftigten und einem Jahresumsatz von bis zu 100 Mio. €.

Grundlage der Datenerhebung für die BenchmarkIndex-Analyse sind standardisierte Fragebögen. Diese orientieren sich in ihrer Grundstruktur an den Elementen der Balanced Scorecard (die Balanced Scorecard wird als separates Instrument in Kap. 3.7 beschrieben). Basierend auf dem Vergleich der Unternehmensdaten mit den Angaben von Firmen der gleichen Branche in der Datenbank wird ein individueller Ergebnisbericht erstellt. Dieser bildet die Grundlage für die Diskussionen mit dem Unternehmen und das nachfolgende Erstellen eines Maßnahmenplans. Insbesondere das Vorgehen mit standardisierten Fragebögen führt zu einer deutlichen Reduktion des Ressourcenaufwands und damit dem Absenken der betreffenden Barriere. Nach Erfahrungen des IZB werden bei über 70 Prozent der befragten Unternehmen für das Ausfüllen der Fragebögen weniger als acht Stunden benötigt. Abb. 85 zeigt einen Ausschnitt aus dem Fragebogen, und zwar zur Kundenperspektive.

Das Konzept des Benchmarkings hat sich neben dem Vergleich von Unternehmen und Prozessen auch bei der Produktanalyse bewährt. Ziel der Produktanalyse sind Informationen zur Wertposition des Produktes aus Kundensicht sowie im Vergleich zum Wettbewerb. Die Analyseerkenntnisse zur Wertposition gehen je nach Bedeutung des Produktes und der gewonnenen Informationen in die nachfolgenden strategischen oder operativen Entscheidungsprozesse ein.

Die Wertposition des Produktes entspricht der Preis-/Leistungs-Relation in der Kundenwahrnehmung. Für die Messung der Leistungs- bzw. Nutzenseite des eigenen Produktes können Verfahren wie die **Conjoint-Analyse** eingesetzt werden, die in der Marktforschung zum Einsatz kommen (vgl. Homburg/Krohmer, 2009, S. 396 ff.). Die verschiedenen Teil-Nutzen des eigenen Produktes können nachfolgend mit denen von Konkurrenzprodukten verglichen werden, um Schwachpunkte zu identifizieren. Neben der Analyse der Leistungs- bzw. Nutzenseite interessieren insbesondere die Kosten eines Produktes, da sie letztlich die Handlungsspielräume im Pricing eröffnen. So ist das Ziel der Preisführerschaft dauerhaft nur bei Kostenführerschaft zu erreichen.

Kundenperspektive

Der Teil des Benchmarking-Fragebogens, mit dem die Basisgrößen für die Kundenperspektive ermittelt werden, bezieht ausschließlich interne Größen ein. Die notwendigen Informationen sind in denjenigen Abteilungen/Organisationseinheiten eines Unternehmens zu erheben, die für den Einkauf, das Marketing und den Vertrieb bzw. das Auftragsmanagement oder das Reklamationsmanagement verantwortlich sind.

		letztes Geschäftsjahr	Bemerkungen
22.	Anzahl Kunden (#) Anzahl der Kunden, die einen Auftrag erteilt haben.		
23.	Anzahl Neukunden (#) Anzahl der Kunden, die erstmalig einen Auftrag erteilt haben.		
24.	Aufwendungen Marketing (Tsd. EUR): Wert aller Aufwendungen für direkte Marketingaktivitäten. Dies beinhaltet Aufwendungen für Marktforschung, Werbung, Verkaufsförderung, Sponsoring sowie Öffentlichkeitsarbeit. Direkte Personalkosten sind nicht zu berücksichtigen.	.000,-€	
25.	Aufwendungen Vertrieb (Tsd. EUR): Gehälter des Vertriebspersonals plus jegliche andere Kosten, die im Vertrieb anfallen (z. B. Kosten für die Beförderung von Waren, Reisekosten, Bewirtungskosten, Kosten für Konferenzen und Messen). Lohnnebenkosten sind nicht zu berücksichtigen.	.000,-€	
26.	Umsatz über Onlinevertrieb (Tsd. EUR): Wert der Umsatzerlöse, die durch Online-Vertrieb erzielt wurden.	.000,-€	
27.	Anzahl erhaltener Aufträge (#): Anzahl eingegangener Aufträge bzw. gestellter Rechnungen (bei Mehrfachaufträgen).		
28.	Anzahl Kundenreklamationen (#): Anzahl registrierter Kundenreklamationen.		
29.	Anzahl nicht termingerecht ausgelieferter Aufträge (#): Anzahl der Aufträge, die nicht zum vereinbarten Termin ausgeliefert wurden. Dies beinhaltet auch zu früh ausgelieferte Aufträge.		

Abb. 85: Fragebogenausschnitt BenchmarkIndex (Informationszentrum Benchmarking (IZB) am Fraunhofer IPK, o. J.)

Um die Kostenunterschiede eines Produktes gegenüber einem Vergleichsprodukt zu ermitteln, wurde die Benchmarking-Methode des **Reverse Engineerings** entwickelt (vgl. Rathnow, 2010, S. 97 ff.). Das Prinzip besteht in dem Zerlegen des Produktes in funktionale Einheiten, für die nachfolgend die Mehr-/Minderkosten gegenüber dem Konkurrenzprodukt ermittelt werden.

Das Ermitteln bzw. Schätzen der Konkurrenzkosten stellt eine in sich komplexe technisch-betriebswirtschaftliche Aufgabe dar, denn es können in der Regel nur Outside-In-Analysen durchgeführt werden. Basierend auf den Resultaten erfolgt die Ursachenanalyse. Hierfür wird die Gesamtdifferenz in zwei Blöcke unterteilt, um daraus differenzierte Maßnahmen abzuleiten (siehe Abb. 86).

Der erste Block fokussiert auf die produktbezogenen Unterschiede und damit den Kern des Reverse Engineerings. Hierfür gilt die Annahme, dass das Konkurrenzprodukt im eigenen Unternehmen produziert wird, und zwar anstatt des eigenen Produktes. Auf Basis dieser Annahme werden die Kostendifferenz und die Ursachen ermittelt. Wesentliche Faktoren sind hierbei Konstruktionsunterschiede, Fertigungsunterschiede aber auch Leistungs-/Nutzenunterschiede mit oder ohne Preiseffekt. So kann ein Konkurrenzprodukt günstiger in der Herstellung sein, da bestimmte Leistungsmerkmale nicht enthalten sind. Entsprechend muss dem Leistungsunterschied ein Preisunterschied zugeordnet werden. Es gilt: Leistungsmerkmale, die der Kunde nicht honoriert, besitzen keinen Wert. **„Over-Engineering"** ist in diesem Zusammenhang ein Ausdruck für Leistungsmerkmale, die durch den Kunden nicht bezahlt werden.

Der zweite Block berücksichtigt die zusätzliche Differenz, die sich aus den spezifischen Rahmenbedingungen des Konkurrenten ergeben. Dazu zählen insbesondere Unterschiede in den Faktorkosten aber auch Volumenunterschiede, die z. B. den Einsatz anderer Fertigungsverfahren ermöglichen.

Die Strukturdarstellung der Abb. 86 verdeutlicht die unterschiedlichen Hebel, die einem Unternehmen zur Verfügung stehen, die aber auch von seinen Wettbewerbern genutzt werden. So gilt für Konkurrenten aus Schwellenländern, dass ihre Produktdesigns oftmals (noch) nicht mit denen europäischer Firmen mithalten können, dies versuchen sie jedoch durch Vorteile auf der Faktorkostenseite zu kompensieren.

Die Informationen aus dem Produkt-Benchmarking bilden einen wichtigen Input für das sogenannte **Target Costing** von Produkten (vgl. Horváth, 2011, S. 472 ff.; Brühl, 2009, S. 195 ff.; Coenenberg/Fischer/Günther, 2009, S. 542 ff.; Friedl/Hofmann/Pedell, 2010, S. 487 ff.; Kremin-Buch, 2007, S. 117 ff.; Meyer, 2003, S. 125 ff.). Die Grundidee des Target Costing bei der Entwicklung neuer Produkte besteht in einem kunden- bzw. marktorientierten Festlegen der „erlaubten" Kosten. Im Resultat erfolgt eine **produktfunktionale** Budgetierung der Kosten auf Basis der marktseitigen Anforderungen. Der Ablauf des Target Costing vollzieht sich in folgenden Stufen:

- **Festlegen des Zielkostenniveaus:** Definieren der Zielkosten für das Gesamtprodukt unter Berücksichtigung der Marktanforderungen und der Ergebnisziele. Hierbei können bereits Benchmarking-Werte einfließen, z. B. insbesondere hinsichtlich der dynamischen Kostenposition eines Wettbewerbers.

- **Aufspalten in Zielkosten:** Herunterbrechen der Gesamt-Zielkosten in Anteile für die einzelnen Komponenten bzw. Produktteile. Benchmarking-Resultate können hier Anhaltspunkte über die Verteilung bei überlegenen Wettbewerbsprodukten geben.

- **Maßnahmenerarbeitung und -umsetzung:** Untersuchen und bewerten alternativer Möglichkeiten zum Erreichen des Kostenziels, z. B. Umkonstruktion, Materialwechsel, Lieferantenwechsel, Verfahrenswechsel; Implementieren von Maßnahmen. Technisch orientierte Benchmarking-Projekte können wichtige Erkenntnisse über die entsprechenden Wettbewerbsvorteile von Konkurrenten geben und damit die Alternativensuche gezielter lenken.

- **Mitlaufende Kontrolle:** Prozessbegleitendes Überwachen im Sinne einer Soll-Wird-Kontrolle.

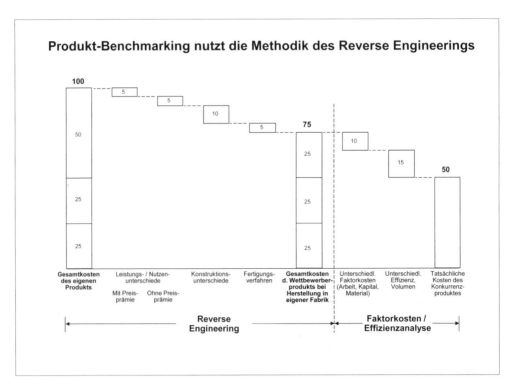

Abb. 86: Analysebeispiel zu Reverse Engineering (Rathnow, 2010, S. 99)

3.4 Strategische Analysen und Prognosen zu Umfeld und Unternehmen 165

Von den Trägern des strategischen Controllings wird im Bedarfsfall Input für Target-Costing-Projekte gegeben. Die eigentliche Durchführung derartiger Projekte erfordert allerdings im Regelfall ein hohes Maß an ingenieurtechnischer Expertise und ist daher zumeist bei den betreffenden Facheinheiten angesiedelt. Target Costing stellt mit seinen Möglichkeiten ein wirkungsstarkes, weiterführendes Instrument dar.

Einen Sonderfall des Benchmarking bilden Untersuchungen zur **Imageposition** eines Unternehmens. Es kann sich dabei um Untersuchungen zum Gesamtimage eines Unternehmens handeln, es können jedoch auch differenzierte Erhebungen nach kaufrelevanten Kriterien durchgeführt werden. Das nachfolgende Beispiel zeigt das Resultat einer solchen Auswertung (vgl. OC&C Strategy Consultants, 2012 sowie Alter, 2012, S. 138 ff.).

Fallbeispiel: Kaufrelevante Kriterien und Handelsunternehmen

Das Beratungsunternehmen OC&C Strategy Consultants untersucht mit dem sogenannten OC&C-Proposition-Index ca. 300 Handelsunternehmen weltweit. Durch Beurteilung seitens der Kunden sollen Stärken und Schwächen identifiziert werden. Im Mittelpunkt stehen handelsrelevante Erfolgsfaktoren: Preisstellung, Preis-Leistung, Produktqualität, Einkaufserlebnis, Service, Produktauswahl und Vertrauen. Die einzelnen Beurteilungen für diese Faktoren werden nachfolgend in einem Gesamtindex verdichtet.

Aufschlussreiche Resultate zeigt die Analyse der Handelsunternehmen in Deutschland im Jahr 2010, eineinhalb Jahre vor der Insolvenz der Drogeriehandelskette Schlecker.

Bei der Gesamtbeurteilung von 48 untersuchten Handelsunternehmen werden in 2010 die ersten drei Plätze belegt von (1) Amazon: 87,1 Punkte; (2) dm: 82,9 Punkte; (3) Aldi: 77,6 Punkte. Knapp dahinter folgen (4) Rossmann: 77,0 Punkte und (5) Douglas: 76,7 Punkte.

Schlecker belegt den vorletzten Platz (47) mit 57,3 Punkten. Hinter Schlecker befindet sich nur noch Woolworth (48) mit 54,9 Punkten; ein Unternehmen, das 2009 in ein Insolvenzverfahren ging.

Interessant ist in diesem Zusammenhang auch die Positionierung der Unternehmen in den Einzelkategorien (siehe Abb. 87). Für Schlecker hat sich die Situation gegenüber der Glanzphase des Unternehmens dramatisch geändert. Waren die Gegner in der Pionierphase des Unternehmens schwache, leicht zu besiegende Einzelhändler, steht die Handelskette jetzt einer Phalanx von Top-Unternehmen gegenüber. Diese sind als Drogeriehändler so stark, dass sie im Index sogar die meisten Handelsunternehmen der anderen Branchen übertreffen. Aus dem Index war somit die Bedrohungslage für Schlecker unmittelbar erkennbar. Der frühere Marktführer hatte gegenüber seinen Konkurrenten einen erheblichen Rückstand. Diese Lücke in faktisch allen Kategorien konnte dann schließlich nicht mehr geschlossen werden, da zu spät reagiert wurde.

Das Beispiel des Proposition-Index verdeutlicht, dass derartige Instrumente bei kontinuierlichem Einsatz das frühzeitige Erkennen von Risiken ermöglichen. So können Veränderungen der eigenen Position und der der Wettbewerber aufgezeigt werden. Im Falle von Schlecker hätte ein entsprechender Index den schrittweisen Abstieg des einstigen Marktführers schon in einer frühen Phase signalisiert (siehe zu Früherkennungssystemen Kap. 3.4.14).

Abb. 87: Champions 2010 in den Elementen des OC&C-Proposition-Index; ohne reine Online-Händler (OC&C Strategy Consultants, 2012)

3.4.11 Ressourcen-, Fähigkeiten- und Kernkompetenzanalyse

Ressourcen und **Fähigkeiten** bilden die **Kompetenzbasis** eines Unternehmens, auf deren Grundlage Wettbewerbsvorteile geschaffen, verteidigt und ausgebaut werden (vgl. Hungenberg, 2011, S. 147 ff. sowie Dillerup/Stoi, 2011, S. 217 ff.; Müller-Stewens/Lechner, 2011, S. 205 ff.). Ziel der Analyse ist die Untersuchung der spezifischen Stärken und Schwächen in diesen Feldern. Die Analyse der aktuellen Ressourcen, Fähigkeiten und Kompetenzen wird dabei ergänzt um eine Aussage zur zukünftigen Entwicklung.

Ressourcen umfassen alle materiellen und immateriellen Güter, Vermögensgegenstände und Einsatzfaktoren, über die ein Unternehmen verfügt. Zu den materiellen Ressourcen zählen insbesondere Gebäude, Fertigungseinrichtungen, IT oder auch finanzielle Mittel in Form von Eigen- und Fremdkapital. Immaterielle Ressourcen umfassen insbesondere Human-Ressourcen, in Form des Know-hows der Mitarbeiter, Patente, Lizenzen oder das Firmenimage. Ebenfalls den immateriellen Ressourcen kann die Unternehmenskultur zugerechnet werden. Das „Verfügen über Ressourcen" setzt nicht zwingend das Eigentum im juristischen Sinne voraus; im Vordergrund steht die Möglichkeit der Nutzung.

Fähigkeiten beschreiben die Qualifikation eines Unternehmens seine Ressourcen durch einen zielorientierten, organisierten Einsatz auch zu nutzen. Fähigkeiten finden ihren Niederschlag in den realen Strukturen, Prozessen und Systemen eines Unternehmens.

Ressourcen und Fähigkeiten eines Unternehmens bilden die Basis von **Kernkompetenzen.**

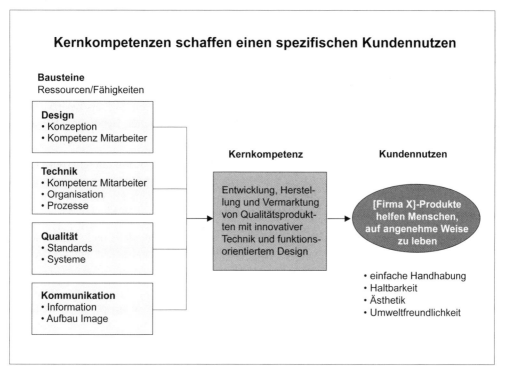

Abb. 88: *Kernkompetenzen eines Herstellers technischer Konsumgüter (Lombriser/Abplanalp, 2005, S. 146; leicht modifiziert)*

Kernkompetenzen („Core Competencies") bezeichnen eine Kombination aus Ressourcen und Fähigkeiten, die sich in einer wettbewerblichen Konstellation als erfolgsbestimmend erwiesen haben. Durch Einsatz dieser Kernkompetenzen ist es dem Unternehmen gelungen, sich gegenüber seinen Konkurrenten durchzusetzen. Die strategische Wichtigkeit von Kernkompetenzen basiert im Wesentlichen auf ihrer Bedeutung für den Kunden, ihrer Verteidigbarkeit und ihrer Übertragbarkeit:

- **Bedeutung für den Kunden:** Die Ressourcen und Fähigkeiten eines Unternehmens konkretisieren sich in seinen Produkten. Die betreffenden Produkte müssen aus Kundensicht einen Wert besitzen, der sich in einer entsprechenden Zahlungsbereitschaft ausdrückt. Zugleich muss der entsprechende Wert- bzw. Nutzenbeitrag höher sein, als derjenige von Konkurrenten. Hier gilt das Sprichwort: „Das Bessere ist der Feind des Guten."

- **Verteidigbarkeit:** Die betreffenden Ressourcen und Fähigkeiten dürfen nur schwer zu imitieren oder zu substituieren sein. Dies kann daraus resultieren, dass sie vergleichsweise selten anzutreffen sind, z. B. im Falle von speziellen Rohstoffen. Die Imitation kann aber auch durch Patentschutz oder den Vertraulichkeitsschutz von Prozess-Know-how erfolgen. Ebenso können finanzielle oder zeitliche Voraussetzungen eine Imitation bzw. Substitution verhindern. So kennzeichnet speziell die „Hidden Champions" des deutschen Mittelstands auch ein besonders sensitiver Umgang mit ihrem wertvollen Know-how (vgl. Simon, 1996, 2007).

- **Übertragbarkeit:** Kernkompetenzen sind dadurch gekennzeichnet, dass sie sich auf mehrere Märkte und gegebenenfalls sogar auf mehrere Geschäftsfelder übertragen lassen. Das Beispiel der Firma Haier (siehe Kap. 3.4.8) zeigt, dass dieses Unternehmen eine spezielle Kompetenz im Bereich der Restrukturierung von Firmen besitzt. Diese Kompetenz wurde auch auf Firmen außerhalb des ursprünglichen Betätigungsfeldes erfolgreich angewandt.

Ressourcen und Fähigkeiten führen somit in Kombination zu Kernkompetenzen. Diese Kernkompetenzen werden eingesetzt, um einen spezifischen Kundennutzen zu generieren, wie Abb. 88 zeigt. Die relative Überlegenheit dieses Kundennutzens im Vergleich zu Konkurrenten ist kennzeichnend für einen **Wettbewerbsvorteil**.

Die Analyse von Kernkompetenzen kann auf Basis des Geschäftsmodells und speziell seiner Wertschöpfungskette vollzogen werden. Das **Geschäftsmodell** entspricht einer Lösungsarchitektur zur Erreichung der strategischen Ziele (siehe Abb. 89).

Ein Geschäftsmodell besteht aus drei Subsystemen, und zwar (1) **Value Proposition**, (2) **Wertschöpfungsmodell** und (3) **Erlösmodell** (vgl. Stähler, 2001, S. 40 ff.; 2010; siehe zu weiteren Ansätzen und Systematisierungen bei Bornemann, 2010, S. 15 ff.; Fetscherin/Knolmayer, 2004; Kittl, 2009, S. 26 ff.; Krüger/Bach, 2001; Wirtz, 2010, S. 11 ff.; Zollenkop, 2006, S. 40 ff.):

1. **Value Proposition:** „Welchen Nutzen stiftet das Unternehmen?"

Die Value Proposition definiert den Nutzen, den das Unternehmen seinen Kunden und seinen Wertschöpfungspartnern offeriert. Das Geschäftsmodell setzt somit eine kundenbezogene Segmentierung und ein klares Verständnis über den angestrebten Produktnutzen voraus. Da ein Unternehmen eine Leistung nur in Zusammenarbeit mit anderen Stakeholdern erbringen kann, gilt es gleichzeitig, den Nutzen für diese Gruppen zu definieren.

2. **Wertschöpfungsmodell:** „Wie wird der Nutzen geschaffen?"

Das Wertschöpfungsmodell kennzeichnet die Architektur der Leistungserbringung. Diese Architektur kann nach Porter als eine **Wertschöpfungskette** interpretiert werden, in der spezifische Kompetenzen zum Einsatz gelangen. Das Wertschöpfungsmodell umfasst dabei sowohl die internen Prozesse als auch die Schnittstellen zu Kunden und externen Wertschöp-

3.4 Strategische Analysen und Prognosen zu Umfeld und Unternehmen

fungspartnern. Das Management der Wertschöpfungskette beeinflusst grundlegend die Kostenposition des Unternehmens.

Abb. 89: Beziehung zwischen Geschäftsmodell und strategischen Zielen

3. **Erlösmodell:** „Wie und von wem wird das Unternehmen für die Leistung bezahlt?"

Das Erlösmodell beschreibt die Art und Weise, in der das Unternehmen für seine Leistungen finanziell kompensiert wird. In einem einfachen Modell erfolgt der Tausch der Ware gegen Bargeld, und zwar zwischen Käufer und Verkäufer. Im Zeitablauf haben sich zunehmend komplexere Erlösmodelle herausgebildet, wie z. B. nutzungs- oder leistungsabhängige Zahlungen.

Die Unterschiede zwischen generischen Geschäftsmodellen lassen sich mit der Systematisierung von Weill et al. verdeutlichen, die auf zwei Fragen basiert: (1) „What rights are being sold?", (2) „How much does the business transform the asset?" (Weill et al., 2005).

Mit Fokus auf Value Proposition und Wertschöpfungsmodell resultieren daraus vier generische Geschäftsmodelle, die jeweils auf finanzielle, physische und immaterielle Wirtschaftsgüter sowie mit Einschränkungen bei Humanressourcen angewendet werden können:

- **„Creator"**: Das Eigentum am Wirtschaftsgut wird verkauft, nachdem ein größerer Transformationsprozess erfolgt ist. Beispiele im Bereich physischer Güter sind dies u. a. die klassischen Industrieunternehmen; im Bereich immaterieller Wirtschaftsgüter z. B. Forschungsunternehmen, die eigene Patente veräußern.

- **„Distributor"**: Das Eigentum am Wirtschaftsgut wird ebenfalls verkauft, allerdings findet nur ein begrenzter Transformationsprozess statt. Im Bereich physischer Wirtschaftsgüter fallen in diese Kategorie z. B. klassische Handelsunternehmen.

- **„Landlord"**: Anstelle des Eigentums am Wirtschaftsgut wird ein Nutzungsrecht verkauft. Das Wirtschaftsgut kann vorher mehr oder weniger transformiert worden sein. Im Bereich physischer Wirtschaftsgüter handelt es sich z. B. um Leasingunternehmen; im Bereich immaterieller Wirtschaftsgüter z. B. um Forschungsunternehmen, die Lizenzen für ihre F+E-Patente vergeben. Auch in die Kategorie „Landlord" fallen Unternehmen der Zeitarbeit.

- **„Broker"**: Basis des Modells ist das Zusammenführen von Käufer und Verkäufer. Im Bereich finanzieller Wirtschaftsgüter sind dies z. B. Wertpapier-Broker. In Bezug auf Humanressourcen nutzen auch die Betreiber von Stellenportalen das Modell „Broker".

Die vier generischen Formen verdeutlichen grundlegende Unterschiede von alternativen Geschäftsmodellen. Ebenso zeigen die Beispiele, dass ein generisches Prinzip noch nicht zur wirksamen Differenzierung gegenüber dem Wettbewerb führt. Hierzu ist innerhalb des gewählten Geschäftsmodelles eine weitere Differenzierung erforderlich. Diese kann z. B. durch eine überlegene Value Proposition oder eine vergleichbare Value Proposition auf Basis einer günstigeren Kostenstruktur erfolgen. Mitunter können jedoch auch ganze Geschäftsmodelle als Innovationsplattform genutzt werden. In diesem Fall wird ein bestehendes Geschäftsmodell ganz oder in wesentlichen Teilen durch ein neues Modell ersetzt. So hat das Aufkommen des Internets in einer Vielzahl von Branchen zu grundlegenden Innovationen der Geschäftsmodelle geführt, wie das folgende Beispiel zeigt.

Fallbeispiel Geschäftsmodell: Stellenanzeigen für die Suche von Personal

Die Dienstleistung der „Unterstützung bei Personalsuche" erfolgt im konventionellen Geschäftsmodell durch das Offerieren von Seiten für Stellenanzeigen in Tages-/Wochenzeitungen. Träger des Geschäftsmodells mit der entsprechenden Prozesskette sind Zeitungsverlage. Zu den Kernkompetenzen der Verlage gehört die Fähigkeit, den Lesern eine Fülle von Informationen in strukturierter Form zu festen Zeitpunkten in Papierform zur Verfügung zu stellen. Das Erlösmodell für Stellenanzeigen basiert in erster Linie auf dem Verkauf der Inserate, die von den suchenden Unternehmen zu bezahlen sind. Stelleninteressierte haben die entsprechende Zeitung zu erwerben. Da die Stellenanzeige im Regelfall nur einmal geschaltet wird, muss der Interessent die Zeitung über eine gewisse Dauer erwerben und auswerten, um einen Marktüberblick zu gewinnen. Das Finden einer Stelle in der Zeitung erfordert vom Leser das Prüfen eines Großteils der Stellenanzeigen der betreffenden Ausgabe, da kaum Suchhilfen vorhanden sind. Aus Sicht derjenigen Leser der Zeitung, die nicht an einer Stelle interessiert sind, wird das Zeitungsvolumen aufgebläht und erheblicher Abfall erzeugt.

Im neuen Dienstleistungskonzept wird die Stellenanzeige nicht mehr auf Papier erstellt, sondern erscheint digital auf einem spezialisierten Stellenportal. Die Kosten werden im Regelfall auch hier von dem suchenden Unternehmen getragen. Allerdings liegen die Beträge deutlich niedriger als bei dem konventionellen Modell und dies bei längerer, ununterbrochener Veröffentlichung. Für den Stelleninteressierten besteht damit während der Dauer der Veröffentlichung ein unbegrenzter Zugang zu den Stellenanzeigen. Darüber hinaus erleichtern Suchfunktionen das Auffinden von geeigneten Stellen. Aus Sicht der Wertschöpfungskette wird die bisherige verlegerische Prozesskette durch eine IT-basierte und weitgehend automatisierte Prozesskette ersetzt. Für die Zeitungsbranche führte dieser Wandel im Geschäftsmodell in Konsequenz zu einem massiven Rückgang des bis dahin hochprofitablen Geschäftes mit Stellenanzeigen.

Dreh- und Angelpunkt aller Geschäftsmodelle ist die Fähigkeit eines Unternehmens, die zugesicherte, **attraktive Value Proposition** mit seiner **Wertschöpfungskette** dauerhaft zu erbringen und dabei die angestrebten **finanziellen Ziele zu erreichen**. Dies setzt voraus, dass das Unternehmen in seiner Wertschöpfungskette über die entsprechenden Kernkompetenzen verfügt. Erst sie ermöglichen es dem Unternehmen, die zugesagten Leistungen zu erbringen. Zugleich müssen diese Kernkompetenzen auch auf Basis wettbewerbsfähiger Kosten verfügbar sein, um dauerhaft positive Ergebnisse erwirtschaften zu können.

Die Wertschöpfungskette bildet in diesem Zusammenhang die Brücke zwischen der Wettbewerbsstrategie und dem Geschäftsmodell: „Die von der Unternehmung festgelegte Wettbewerbsposition sowie die angestrebten Wettbewerbsvorteile und Kernkompetenzen bestimmen darüber, welche Aufgaben zum Kern der unternehmerischen Tätigkeit gehören und welche auf den Markt zu übertragen sind. Damit sind zugleich der Beginn und das Ende der Wertkette sowie die Schnittstellen […] markiert." (Krüger/Bach, 2001, S. 34).

Die **Kernkompetenzen** eines Unternehmens lassen sich prinzipiell den **Basiskompetenzen** und den **übergeordneten Kompetenzen** („Metakompetenzen") zuordnen (vgl. Krüger/Homp, 1997, S. 43 ff.):

- **Basiskompetenzen** adressieren das Beherrschen von Geschäftsprozessen. Hierzu zählen operative Managementkompetenz, Durchführungskompetenz und Unterstützungskompetenz.

- **Metakompetenzen** kennzeichnen das Beherrschen von organisatorischen Entwicklungsprozessen. Hierzu zählen unter dem Aspekt der Unternehmensentwicklung insbesondere Anpassungs-, Wandlungs- und Innovationskompetenz. Aus der Sicht der Managementpyramide handelt es sich um die Kompetenzen für normatives Management und strategisches Management.

Das Beispiel des neuen Geschäftsmodells für Stellenanzeigen verdeutlicht unmittelbar die Verschiedenheit der Kompetenzen. In der Ära vor dem Aufkommen des Internets waren die Basiskompetenzen eines Zeitungsverlags entscheidend für den Geschäftserfolg. Metakompetenzen kam nur eine geringe Bedeutung zu. Mit dem Auftreten der neuen Internet-Konkurrenz änderte sich die Situation drastisch. Gefragt sind jetzt in den Verlagen vor allem die Metakompetenzen, um Antworten auf die neuen Risiken aber auch Chancen zu finden.

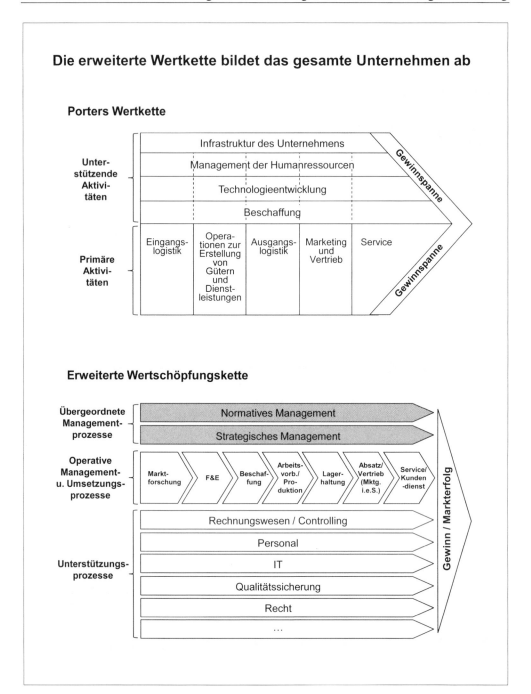

Abb. 90: Modell der erweiterten Wertschöpfungskette (vgl. Töpfer, 2007, S. 484)

Die Zuordnung und Einschätzung von Kompetenzen und Kernkompetenzen kann mit Hilfe der bereits erwähnten **Wertschöpfungskette** („Value Chain") vollzogen werden. Das auf Porter zurückgehende Konzept interpretiert das Unternehmen als eine Aneinanderreihung von Aktivitäten, die jeweils spezifische Beiträge zur Gesamtwertschöpfung des Unternehmens erbringen (vgl. Porter, 2010, S. 63 ff.; Töpfer, 2007, S. 483 ff.). Im Konzept von Porter wird dabei zwischen **primären Aktivitäten** und **unterstützenden Aktivitäten** unterschieden. Primäre Aktivitäten erbringen nach Porter einen direkten Mehrwert. Hierzu zählt er Eingangslogistik, Operationen (insbesondere Bearbeitungsprozesse), Ausgangslogistik, Marketing und Vertrieb sowie Service. Unterstützende Aktivitäten leisten einen indirekten Wertbeitrag. Sie umfassen Prozesse, die zum Erbringen der primären Aktivitäten erforderlich sind. Hierzu werden nach Porter Beschaffung, Technologieentwicklung, Management der Humanressourcen und die Unternehmensinfrastruktur gerechnet.

Im Weiteren soll in Anlehnung an Töpfer ein modifiziertes Konzept genutzt werden, das **„Modell der erweiterten Wertschöpfungskette"**, das in Abb. 90 skizziert wird (vgl. Töpfer, 2007, S. 487 ff.).

Mit diesem Modell wird zwei wesentlichen Aspekten Rechnung getragen: Zum einen ist die Zuordnung der Aktivitäten bei Porter nicht durchweg überzeugend. Als Beispiele seien hier Beschaffung und Technologieentwicklung genannt, die in vielen Unternehmen einen hohen Stellenwert als Primäraktivitäten besitzen. Zum anderen berücksichtigt Porter die übergeordneten Managementprozesse nur unzureichend. Diesen übergeordneten Managementprozessen entsprechen die Ebenen des normativen Managements und des strategischen Managements. In Summe kann mit dem „Modell der erweiterten Wertschöpfungskette" eine ganzheitliche Struktur der Wertschöpfungskette abgebildet werden.

Die erweiterte Wertschöpfungskette ist der konzeptionelle Rahmen, mit dem vor allem zwei Fragenkomplexe untersucht werden können:

1. Welche **Kernkompetenzen** besitzt das Unternehmen heute? Sind diese in der Zukunft für das Geschäft erforderlich und besitzt sie das Unternehmen in der ausreichenden Quantität zu wettbewerbsfähigen Kosten? Wenn nicht: Welche Kernkompetenzen in welcher Qualität, Quantität und zu welchen Kosten werden benötigt?

    → Aussagen zum aktuellen **Kompetenzportfolio** und **erforderlichen Veränderungen**.

2. Welche Möglichkeiten bieten die vorhandenen Kernkompetenzen für eine Veränderung der Wertschöpfungskette in Richtung einer horizontalen oder vertikalen Veränderung? Wo erfordern Veränderungen aus dem Umfeld eine Anpassung der Struktur?

    → Aussagen zur **optimalen Wertschöpfungskette**.

Das Unternehmen wird in verschiedenen Feldern analysiert

Marketing
- Marktleistung
  - Sortiment
    - Breite des Sortiments
    - Tiefe des Sortiments
    - Bedürfniskonformität des Sortiments
  - Qualität
    - Qualität der Hardware-Leistungen (Dauerhaftigkeit, Konstanz der Leistung, Fehlerraten, Zuverlässigkeit, Individualität usw.)
    - Qualität der Software-Leistungen (Nebenleistungen, Anwendungsberatung, Garantieleistungen, Lieferservice, individuelle Betreuung der Kunden usw.)
    - Qualitätsimage
- Preis
  - Allgemeine Preislage
  - Rabatte, Angebote usw.
  - Zahlungskonditionen
- Marktbearbeitung
  - Verkauf
  - Verkaufsförderung
  - Werbung
  - Öffentlichkeitsarbeit
  - Markenpolitik
  - Image (eventuell differenziert nach Produktgruppen)
- Distribution
  - Inländische Absatzorganisation
  - Exportorganisation
  - Lagerbewirtschaftung und Lagerwesen
  - Lieferbereitschaft
  - Transportwesen

Personal
- Qualitative Leistungsfähigkeit der Mitarbeiter
- Arbeitseinsatz
- Salärpolitik/Sozialleistungen
- Betriebsklima
- Teamgeist/Unité de doctrine
- Unternehmenskultur

Innovationsfähigkeit
- Einführung neuer Marktleistungen
- Erschließung neuer Märkte
- Erschließung neuer Absatzkanäle

Synergiepotenziale
- Marketing, Produktion, Technologie usw.

Produktion
- Produktionsprogramm
- Vertikale Integration
- Produktionstechnologie
  - Zweckmäßigkeit der Anlagen
  - Modernität der Anlagen
  - Automationsgrad
- Produktionskapazitäten
- Produktivität
- Produktionskosten
- Einkauf und Versorgungssicherheit

Forschung und Entwicklung
- Forschungsaktivitäten und -investitionen
- Entwicklungsaktivitäten und -investitionen
- Leistungsfähigkeit der Forschung
- Leistungsfähigkeit der Entwicklung
  - Verfahrensentwicklung
  - Produktentwicklung
  - Softwareentwicklung
- Forschungs- und Entwicklungs-Know-how
- Patente und Lizenzen

Finanzen
- Kapitalvolumen und Kapitalstruktur
- Stille Reserven
- Finanzierungspotenzial
- Working Capital
- Liquidität
- Kapitalumschlag
- Investitionsintensivität

Führung und Organisation
- Stand der Planung
- Geschwindigkeit der Entscheide
- Kontrolle
- Qualität und Leistungsfähigkeit der Führungskräfte
- Zweckmäßigkeit der Organisationsstruktur/organisatorische Friktionen
- Innerbetriebliche Kommunikation
- Innerbetriebliche Information
  - Rechnungswesen
  - Marktinformation

Know-how in Bezug auf
- Kooperation
- Beteiligungen
- Akquisitionen
- Restrukturierungen

Weitere Faktoren
- Standort
- Realisierung ökologischer Anliegen
- Beziehungen zu öffentlichen Stellen (Lobbying)

Abb. 91: Checkliste zur Ressourcen- und Fähigkeitenanalyse (Lombriser/Abplanalp, 2005, S. 148)

Komplex 1: Kompetenzportfolio und erforderliche Anpassungen

Hierfür sind in einem ersten Schritt die Ressourcen, Fähigkeiten und resultierenden Kompetenzen auf Basis der erweiterten Wertschöpfungskette zu erfassen und zu bewerten. Erfahrungsgemäß eignen sich hierfür Management-Workshops, um ein gemeinsames Grundverständnis zu schaffen. Die Unterstützungsfunktion des strategischen Controllings besteht in diesem Fall im Strukturieren und Durchführen des Workshops einschließlich der Bereitstellung geeigneter Instrumente.

Als Einstiegshilfen für das systematische Erfassen bieten sich Checklisten an. Die Abb. 91 zeigt ein Beispiel für eine derartige Liste. Wie alle Hilfsmittel erfordern auch Checklisten die Berücksichtigung der Unternehmensbesonderheiten. Sie bieten jedoch den Vorteil der systematischen Grundstruktur, die nachfolgend relativ leicht anzupassen ist.

Wie die Checkliste zugleich verdeutlicht, sind neben den **materiellen Ressourcen** auch **immaterielle Ressourcen** zu berücksichtigen, die im Zeitablauf eine zunehmende Bedeutung gewonnen haben. Immaterielle Ressourcen können entscheidend dabei helfen, Wettbewerbsvorteile aufzubauen, wie die Erfolge von Unternehmen mit starkem immateriellem Ressourcen-Portfolio immer wieder zeigen. Nach der Art der immateriellen Ressourcen kann dabei unterschieden werden zwischen **Bestandsressourcen**, z. B. Firmenruf und Patenten, **Humanressourcen**, d. h., den Menschen bzw. ihrem Ausbildungsstand, **strukturellen Ressourcen**, z. B. in Form der Aufbau- und Ablauforganisation, sowie **kulturellen Ressourcen**, insbesondere in Form der Unternehmenskultur (vgl. Müller-Stewens/Lechner, 2011, S. 199).

Die identifizierten Ressourcen und Fähigkeiten sind im Hinblick auf die aktuelle und die zukünftige Bedeutung zu bewerten. Diese Bewertung kann z. B. mit dem sogenannten **VRIO-Schema** durchgeführt werden (vgl. Welge/Al-Laham, 2012, S. 386 ff.). Im VRIO-Schema werden Ressourcen und Fähigkeiten nach vier Merkmalen beurteilt:

- V = Value (strategischer Wert im Hinblick auf Chancen/Risiken),
- R = Rareness (Seltenheit der Ressource oder Fähigkeit),
- I = Imitability (Höhe der Markteintrittsbarrieren),
- O = Organization (Grad der organisatorischen Nutzung).

Aus der Einschätzung im Hinblick auf die vier Merkmale wird abgeleitet, ob es sich um eine Kernkompetenz (stärkste Position) oder um einen Wettbewerbsnachteil (schwächste Position) handelt. Zwischen diesen beiden Eckpunkten sind Positionen eines temporären Wettbewerbsvorteils oder auch nur der Parität angesiedelt.

Speziell unter dem Aspekt der marktorientierten Kompetenzen ist eine integrierte Bewertung von **interner Dimension** (= Kernkompetenzen) und **externer Dimension** (= Marktattraktivität) durchzuführen. Hierfür kann z. B. das Konzept einer Kompetenz-Geschäftsfeld-Matrix genutzt werden, wie sie Abb. 92 zeigt (vgl. Buchholz/Olemotz, 1995).

Aus der Kompetenz-Geschäftsfeld-Matrix können bereits Überlegungen zu Strategiealternativen abgeleitet werden. Die Matrix beschreibt dazu in Abhängigkeit von externer und interner Dimension die prinzipiellen Richtungen, die nachfolgend detailliert zu betrachten sind.

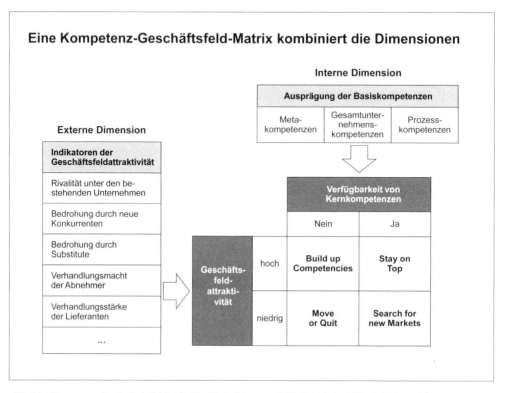

Abb. 92: Kompetenz-Geschäftsfeld-Matrix (Buchholz/Olemotz, 1995; Buchholz, 2009, S. 257; modifiziert)

Besonders hilfreich ist eine derartige Matrix, wenn die zukünftige Attraktivität von Geschäftsfeldern durch entsprechende Indikatoren abgebildet werden kann. Dies ermöglicht einen zeitlichen Vorlauf, um das Unternehmen auf die neuen Herausforderungen einzustellen (siehe zu Portfolio-Methoden auch Kap. 3.4.13). Nachfolgend soll am Beispiel eines Unternehmens verdeutlicht werden, wie auf die Herausforderungen zur Kompetenzübertragung strategisch reagiert wurde. Im betreffenden Fall resultierte aus der Verfügbarkeit von Kernkompetenzen („Ja") und der Einschätzung der Geschäftsfeldattraktivität („Niedrig") die Empfehlung „Search for new Markets".

Fallbeispiel Kompetenzübertragung: Jakob Metz Rohtabake

Das Traditionsunternehmen Jakob Metz KG ist in Rheinland-Pfalz ansässig und in der Tabakverarbeitung tätig. Als unabhängiger Erstbearbeiter (Fermentation und Losblattbearbeitung) und Händler von Rohtabaken steht das Unternehmen in der Prozesskette zwi-

schen den Tabakpflanzern und den Zigarettenherstellern. Die besondere Kompetenz des Unternehmens liegt im Beherrschen des komplexen Fermentationsprozesses, der vom Rohtabak zum verarbeitungsfähigen Tabak als Genussmittel führt. Die schwindende Geschäftsfeldattraktivität der Tabakverarbeitung, vor allem durch den vorhersehbaren Wegfall von EU-Förderungen, führte zur Suche nach neuen Geschäftsfeldern. Auf Basis der Kernkompetenzen im Bereich der Weiterverarbeitung von sensiblen pflanzlichen Produkten erfolgte der Entschluss, ein neues Geschäft im Bereich der Trocknung von Kräutern aufzubauen (siehe Abb. 93). Hierfür wurde in 2008 in eine Großtrocknungsanlage investiert. Um die erforderliche Menge an Kräutern zu erhalten, wurden mit regionalen Tabakpflanzern entsprechende Vereinbarungen getroffen. Innerhalb eines Jahres konnte die Anbaufläche von 40 ha auf 100 ha (= 1 Mio. qm) gesteigert werden (vgl. Jakob Metz, 2010 a, b, c).

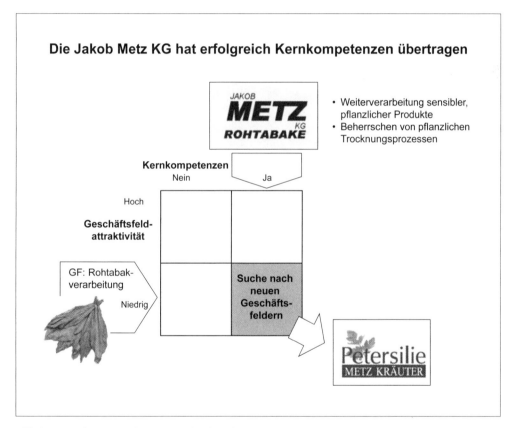

Abb. 93: Transfer von Kernkompetenzen bei der Jakob Metz KG

Da die Wertschöpfungskette mit ihren Ressourcen und Fähigkeiten nicht nur die Kernkompetenzen sondern auch die Kostenbasis bestimmt, ist sie zugleich die geeignete Grundlage für eine strategische Kostenanalyse. Diese kann in folgenden Schritten vollzogen werden (vgl. Bea/Haas, 2013, S. 326 ff.; Porter, 2010, S. 97 ff.):

1. **Abgrenzen der einzelnen Wertaktivitäten**

Die Prozesskette ist hierzu in einzelne, in sich weitgehend homogene Aktivitäten zu strukturieren. Die Gliederungskriterien und die Detaillierung orientieren sich am spezifischen Analysezweck. Ähnlich einem speziellen Landkartenprinzip, kann daher die Auflösung (= Detaillierung) im Zentrum höher sein als an den Rändern der Untersuchung. Denkbare Ausgangspunkte für eine Strukturierung sind z. B. Kostenanteile, Kostenentwicklung oder die Konkurrenzrelation. Im letzteren Fall erfolgt der Fokus auf Aktivitäten, bei denen eine bessere Wettbewerbsposition der Konkurrenz beobachtet wird.

2. **Zuordnen von Kosten zu Aktivitäten**

Für die definierten Aktivitäten sind die jeweiligen Kosten zu ermitteln und zuzuordnen. Entsprechend des strategischen Charakters der Analyse erfolgt diese Zuordnung auf Vollkostenbasis. Wird die Kostenanalyse auf das gesamte Unternehmen, also die gesamte Wertkette bezogen, sind somit die gesamten Kosten einer Periode den Aktivitäten zuzurechnen. Wegen des strategischen Charakters der Analyse sind bei dem Erfassen und Zuordnen von Kosten keine buchhalterischen Anforderungen zu erfüllen. Speziell das Zuordnen nach dem Verursachungsprinzip wird hier oftmals nur auf Basis qualifizierter Schätzungen möglich sein.

3. **Zuordnen von Nutzen zu Aktivitäten**

Den einzelnen Aktivitäten ist ein Nutzen, anteilig am Gesamtnutzen der untersuchten Wertkette, zuzuweisen. Speziell in diesem Teilschritt sind qualifizierte Schätzungen erforderlich, da für Einzelprozesse einer Wertkette kaum Nutzen- bzw. Erlösgrößen vorliegen.

4. **Ermitteln der Kostentreiber für die Aktivitäten**

Für die jeweiligen Aktivitäten sind die Kostentreiber zu identifizieren. Diese bilden aus Sicht eines strategischen Kostenmanagements den Hebel für kostensenkende Maßnahmen. Zu den Kostentreibern gehören u. a.:

- **Volumen:** größenbedingte Kostendegressionen und -progressionen (economies of scale and diseconomies of scale),
- **Produkte/Produktprogramm:** speziell Produktdesign, Zusammensetzung des Programms und Position im Lebenszyklus,
- **Prozesstechnologie:** insbesondere Bedarf an kostenintensiven Einsatzfaktoren (z. B. Personal, Kapital, Energie) und Beherrschen des Produktionsprozesses,
- **Vertikale Integrationstiefe:** Struktur der Leistungen, die selbst erbracht oder extern bezogen werden,
- **Standortstruktur:** Verteilung der Wertschöpfung in Ländern mit unterschiedlicher Kostenposition („Hoch-Kosten-Länder/Niedrig-Kosten-Länder").

Aus der internen Kostenanalyse kann ein klares Verständnis der Kostenstrukturen und der Kostentreiber gewonnen werden. Nicht geeignet ist eine rein interne Kostenanalyse hingegen, um wettbewerbsbezogene Zielsetzungen abzuleiten. Die strategische Kostenanalyse auf

3.4 Strategische Analysen und Prognosen zu Umfeld und Unternehmen

Basis der Wertkette sollte daher sinnvollerweise mit dem Instrument des Benchmarkings (vgl. Kap. 3.4.10) kombiniert werden. Im Falle einer „Stand-alone"-Analyse auf Basis der Wertkette können ansonsten mehrere Probleme auftreten. Diese betreffen zum einen die Akzeptanz der Ergebnisse, da eine Vielzahl von Schätzungen durchzuführen ist. So ergibt sich speziell hinsichtlich der Nutzenabschätzung ein breiter Raum für Diskussionen. Diese entstehen spätestens dann, wenn für eine Funktion ein Kostensenkungsziel ermittelt wird, und zwar aus der Differenz zwischen (grob) geschätztem Nutzen und den Kosten der Funktion. Zum anderen besitzt das Top-Management ohne Benchmarking keine Aussagen zur Wettbewerbsfähigkeit einzelner Prozesse. Ebenso kann die Analyse auch nicht die Frage nach dem erforderlichen Gesamt-Kostensenkungsziel beantworten.

Die strategische Kostenanalyse auf Basis der Wertkette addiert andererseits neue Blickwinkel zu dem Instrument des Benchmarkings. So kann die Sicht der Wertkette genutzt werden, um die Betrachtung um die Prozessdimension zu erweitern. Im Sinne eines Kostenwürfels resultieren daraus drei Dimensionen:

- **Kostenhöhe:** Welche Kosten sind nach den Hauptkostenarten Personal, Material, Kapital, Sach- und Dienstleistungen/Sonstige entstanden? Wie hoch sind die vergleichbaren Kosten des Benchmarking-Partners?
- **Kostenzuordnung:** Wofür, d. h. in welchem Teil der Wertkette, sind sie im eigenen Unternehmen und bei dem Benchmarking-Partner entstanden?
- **Kostentreiber:** Welche Faktoren waren die Verursacher der Kostenhöhe? Wo liegen die Unterschiede zwischen dem eigenen Unternehmen und dem Benchmarking-Partner?

Die Resultate der strategischen Kostenanalyse bilden eine der Inputgrößen für die Ermittlung des Handlungsbedarfs und möglicher Ansatzpunkte.

Komplex 2: Optimale Wertschöpfungstiefe

Die gewonnenen qualitativen und quantitativen Informationen bilden ebenfalls einen wichtigen Input für den zweiten Fragenkomplex, der auf die optimale Wertschöpfungstiefe bzw. die optimale Wertschöpfungsstruktur abzielt. Unter dem Aspekt der Analyse interessiert dabei, ob die aktuelle Wertschöpfungstiefe des Unternehmens das Erreichen von Zielen unterstützt hat und wie dies für die Zukunft einzuschätzen ist. Auch hier können Methoden wie Benchmarking und Profit-Pool-Analyse herangezogen werden.

Die Analyse kann mit dem beschriebenen Modell der erweiterten Wertschöpfung durchgeführt werden. Dabei ergeben sich verschiedene Analyseschwerpunkte hinsichtlich der **operativen bzw. direkten Wertschöpfungsprozesse** und den **Unterstützungsprozessen**.

Operative bzw. direkte Wertschöpfungsprozesse

Im Falle der direkten Wertschöpfungsprozesse steht die **Wertschöpfungsarchitektur** im Mittelpunkt. Sie beschreibt die Positionierung des Unternehmens entlang branchenbezogener Wert- bzw. Prozessketten. Eine Wertschöpfungsarchitektur konkretisiert somit eine der Dimensionen des Geschäftsmodells.

Die Mehrzahl der Unternehmen ist nur in einer Branche tätig und besetzt innerhalb dieser Branche einen relativ begrenzten Teil der Wertschöpfungskette. Darüber hinaus existieren jedoch auch komplexere Wertschöpfungsarchitekturen. Wie Abb. 94 veranschaulicht, lassen sich vier Typen unterscheiden: (1) **Schichtenspezialisten**, (2) **Pioniere**, (3) **Orchestratoren** und (4) **Integratoren** (vgl. Müller-Stewens/Lechner, 2011, S. 370 f.):

Schichtenspezialisten konzentrieren sich auf eine oder wenige Wertschöpfungsstufen und übertragen die entsprechende Kompetenz auf die gesamte Ausgangsbranche sowie auch auf neue Branchen. Als Beispiel hierfür können Leasingfirmen gelten, die ihre Finanzierungsleistungen ursprünglich in einem Produktbereich angeboten haben und diese dann auf andere Produktfelder ausdehnten. Kennzeichnend ist dies auch für eine Reihe von Internetportalen, wie z. B. „…scout24.de", wo sukzessive neue Branchen erschlossen wurden.

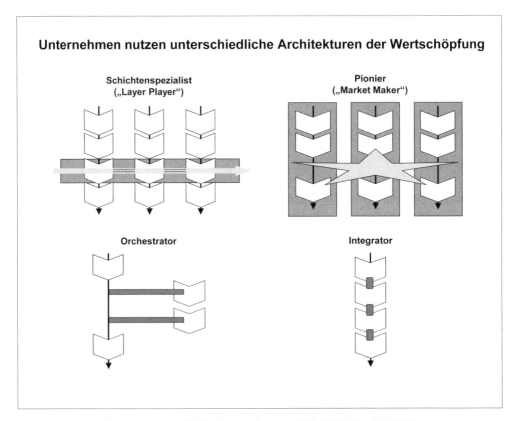

Abb. 94: *Wertschöpfungsarchitekturen (Müller-Stewens/Lechner, 2011, S. 370; Heuskel, 1999)*

Pioniere versuchen bestehende Wertschöpfungsarchitekturen durch neue Stufen zu ergänzen bzw. zu innovieren. Zugleich versuchen sie dabei einen neuen Standard zu setzen. Als Beispiel kann hier Apple mit seiner Download-Software iTunes genannt werden. In Verbindung mit der Hardware (iPod) hat die Software maßgeblich die Prozesskette „Kaufen von Musik" verändert und einen De-facto-Standard geschaffen.

Orchestratoren konzentrieren sich ähnlich wie Schichtenspezialisten auf einzelne Stufen der Wertkette, z. B. Produktdesign, Marketing und Vertrieb, und generieren weiteren Mehrwert durch Koordination der Gesamtkette. Dabei konzentrieren sie sich konsequent auf die eigenen Kernkompetenzen und besetzen zumeist die profitableren Elemente im Profit-Pool der Wertkette. Als Beispiel können hier die Sportartikelhersteller adidas, Puma und Nike, genannt werden, die sich im Kern auf Produktentwicklung sowie Marketing und Vertrieb konzentrieren und ihre Produkte von Drittherstellern fertigen lassen.

Integratoren besetzen die gesamte oder zumindest einen Großteil der Wertschöpfungskette. Sie versuchen damit Transaktionskosten zwischen den Stufen zu verringern. Neben unmittelbaren monetären Effekten kann das Modell auch eine höhere Unabhängigkeit sowie Aufbau und Schutz von übergreifendem Prozess-Know-how ermöglichen. Aufgrund ihrer generalistischen Ausrichtung müssen Integratoren jedoch sicherstellen, dass ihre Wettbewerbsfähigkeit gegenüber Schichtenspezialisten und Orchestratoren gegeben ist. Beispiele für Integratoren finden sich insbesondere im technologisch geprägten Mittelstand.

Die beschriebenen vier Varianten helfen, die grundlegenden Unterschiede in den Architekturen besser zu verstehen. Sie sind im Weiteren um die Analyse des **Wertschöpfungsnetzes** eines Unternehmens zu ergänzen. Das Wertschöpfungsnetz veranschaulicht die Einbindung des Unternehmens in die Branchenwertkette, aber auch die Verknüpfungen mit vorgelagerten bzw. parallelen Branchen (vgl. Müller-Stewens/Lechner, 2005, S. 417 ff.; 2011, S. 375 ff.).

Die Analyse der aktuellen Situation des Unternehmens und der Positionierung in der Wertkette ist im nächsten Schritt mit Aussagen über die zukünftige Entwicklung zu kombinieren. Dies stellt im Kern schon einen Teil der SWOT-Analyse dar. Herausforderungen mit besonderer Relevanz bilden dabei z. B. Tendenzen von Wertverschiebungen in der Branchenkette, („Value Migration"), wie sie z. B. in der IT-Branche von der Hardware zur Software stattgefunden hat (vgl. Hungenberg, 2011, S. 120). Derartige Veränderungen können dazu führen, dass die Unternehmensziele bei unveränderter Positionierung nicht mehr erreichbar sind.

Die Analyse der Wertschöpfungsposition des Unternehmens nutzt somit auch andere bereits beschriebene Instrumente, wie z. B. das Five-Forces-Konzept oder die Profit-Pool-Analyse, um zu einem ganzheitlichen Bild zu kommen, das in die SWOT-Analyse eingeht.

Unterstützungsprozesse

Im Hinblick auf die Unterstützungsprozesse dienen die Analysen vor allem der Überprüfung der kostenmäßigen Wettbewerbsfähigkeit. Auf der Grundlage geeigneter Metriken ist die Leistung der betreffenden Einheiten zu erfassen und im Hinblick auf die Kostenposition zu untersuchen. Ausgangspunkt der Unterscheidung zwischen indirekten Prozessen und direkt wertschöpfenden Prozessen ist die differenzierende Kundensicht. Aus der Position des Kunden stellt die Qualität des Produktdesigns ein prinzipiell differenzierendes Merkmal zwischen verschiedenen Unternehmen dar. Anders verhält es sich bei administrativen Funktionen, wie z. B. der Reiseabrechnung. Diese stellt zwar aus Unternehmenssicht einen notwendigen Prozess dar, wird aber von Kunden als solche nicht wahrgenommen und ist daher zur

Differenzierung ungeeignet. Derartige sekundäre Prozesse sind unter Berücksichtigung eines gewünschten Leistungsniveaus damit grundsätzlich kostenminimal zu erbringen. Der Vergleich der Wettbewerbsfähigkeit von Supportprozessen kann auf Basis von **Key Performance Indicators** (KPI) erfolgen. Dabei handelt es sich um Kennzahlen (monetär/ nichtmonetär), die auf den jeweiligen Prozesstyp zugeschnitten sind, wie z. B. Kosten pro Buchung oder Anzahl abgewickelter Rechnungen pro Mitarbeiter.

Ansatzpunkte für eine Reduktion der Kosten von Unterstützungsleistungen bestehen z. B. durch die Bündelung der Leistungen in unternehmensinternen Shared-Services-Centers oder des Outsourcings als Vergabe an externe Unternehmen (vgl. Keuper/Oecking, 2008 sowie Dillerup/Stoi, 2011, S. 406 ff.).

Fallbeispiel Wertschöpfungskette: EnBW

Das Energieunternehmen EnBW ist in seinem Selbstverständnis durch eine ausgeprägte Orientierung an der Wertschöpfungskette gekennzeichnet: „Als vertikal integriertes Energieversorgungsunternehmen ist der EnBW-Konzern entlang der gesamten Wertschöpfungskette tätig." (EnBW, 2013, S. 45). Die Abb. 95 zeigt unter diesem Aspekt die Integration der Wertschöpfungskette im Strom- und im Gasgeschäft und die zugehörigen Gesellschaften.

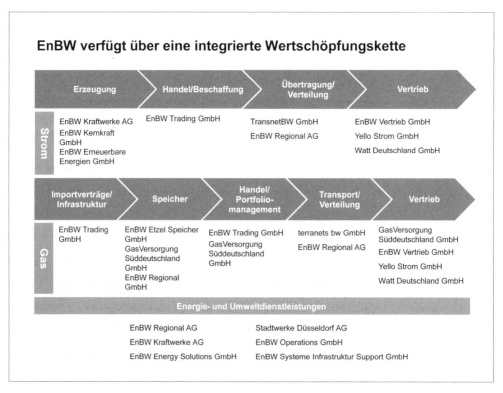

Abb. 95: Wertschöpfungskette der EnBW (EnBW, 2013, S. 46)

3.4 Strategische Analysen und Prognosen zu Umfeld und Unternehmen

Im Bereich Strom deckt das Unternehmen alle Stufen von der Erzeugung bis zur Verteilung an die Verbraucher ab. Das Unternehmen betreibt keine Gasförderung („Upstream-Geschäft"), sondern konzentriert sich auf die Bereiche der Ferngasstufe und der Verteilstufe. Die Ferngasstufe („Midstream-Geschäft") besteht bei EnBW im Wesentlichen aus dem Gasimport und der dazu erforderlichen Infrastruktur, der Gasspeicherung und dem Gashandel. In der Verteilstufe („Downstream-Geschäft") werden Gastransport und Gasverteilung sowie Vertrieb abgedeckt. Neben dem Strom- und dem Gasgeschäft ist das Unternehmen auch im Bereich der Energie- und Umweltdienstleistungen mit mehreren Tochtergesellschaften aktiv (vgl. EnBW, 2013, S. 45 f.).

Das Denken in den Stufen einer Wertschöpfungskette und die entsprechende Zuordnung bzw. Strukturierung der Konzerngesellschaften eröffnet eine hohe Flexibilität bei strategischen Optionen. Dies wird im Falle von EnBW mit Blick auf angestrebte Kooperationen deutlich: „Offenheit für neue und weitreichende Partnerschaften – vor allem mit Kommunen und Stadtwerken – ist ein weiteres Kernelement unserer Unternehmensstrategie. Die EnBW bietet auf allen Wertschöpfungsstufen Kooperationen an." (EnBW, 2013, S. 57 f.).

3.4.12 Mitarbeiterbefragungen

Mitarbeiterbefragungen nehmen bei den Instrumenten des strategischen Controllings eine Sonderstellung ein. Sie können als spezielles Instrument einer vertieften Unternehmensanalyse mit dem Schwerpunkt Mitarbeiter verstanden werden. Im Gegensatz zu speziellen Strategieinstrumenten, wie z. B. der Portfolioanalyse, sind Mitarbeiterbefragungen nicht vorrangig für Fragestellungen des strategischen Managements entwickelt worden: „Ziel der Befragungen ist die systematische Erfassung von Meinungen, Einstellungen, Wünschen oder Erwartungen der Beschäftigten." (Müller/Bungard/Jöns, 2007, S. 6).

Aus Sicht des strategischen Controllings besteht eine enge Verbindung von Mitarbeiterbefragungen mit dem ressourcenbasierten Ansatz des strategischen Managements. Formulierungen, wie „Mitarbeiter sind unsere wichtigste Ressource", drücken dies plakativ aus. Somit besitzen systematisch erhobene Informationen zu den Meinungen der Beschäftigten eine grundlegende Bedeutung für die Unternehmensführung. Das Instrument der Mitarbeiterbefragung kann dabei für sehr umfassende Fragestellungen eingesetzt werden, aber auch für enger begrenzte Themenfelder Verwendung finden. Abb. 96 verdeutlicht die Vielfalt der Ausgestaltungsformen von Mitarbeiterbefragungen.

Mit Blick auf strategische Fragestellungen zeichnen sich drei Felder für den Einsatz von Mitarbeiterbefragungen ab:

1. Erhebung der Mitarbeiterzufriedenheit: Die Zufriedenheit der Belegschaft kann als ein Erfolgsfaktor in der Unternehmensführung angesehen werden. Nachhaltige Erfolge mit einer dauerhaft unzufriedenen Belegschaft zu erreichen wird kaum möglich sein und ist aus normativer Sicht auch nicht wünschenswert. Die Erhebung der Mitarbeiterzufriedenheit kann damit als Gradmesser für den Handlungsbedarf dienen und zugleich den Ausgangspunkt für tiefer gehende Analysen darstellen. Große Unzufriedenheit auf der Belegschaftsseite könnte dann die sprichwörtliche „Spitze des Eisbergs" darstellen. Anders ist die Situation zu beurteilen, wenn sich die Mitarbeiterzufriedenheit aufgrund eingeleiteter Strategien zum Negativen verändert. Hier handelt es sich um Herausforderungen im Zusammenhang mit Wandlungsbereitschaft und Wandlungsfähigkeit.

Die besondere Bedeutung, die der Mitarbeiterzufriedenheit beigemessen wird, führt dazu, dass sie eine der möglichen Zielsetzungen normativer bzw. strategischer Zielsysteme darstellt. So kann die Mitarbeiterzufriedenheit auch unmittelbar als Zielsetzung in die Personalperspektive einer Balanced Scorecard aufgenommen werden (siehe Kap. 3.7). Deutlich wird die Relevanz von Mitarbeiterzufriedenheit auch bei dem Zielsystem des Volkswagen-Konzerns. Für das Unternehmen besitzt die Mitarbeiterzufriedenheit eine so hohe Relevanz, dass sie als eines der Oberziele im Rahmen der Strategie 2018 definiert wurde, und zwar mit konkreten Zielwerten und Incentivewirkung (siehe das Praxisbeispiel in Kap. 3.5.3).

2. Input im Hinblick auf die unternehmensbezogenen Stärken und Schwächen: Flankierend zu den übrigen strategischen Analysen können mit Hilfe von Mitarbeiterbefragungen zusätzliche Informationen zu Stärken und Schwächen des Unternehmens erhoben werden. Es muss im Interesse der Unternehmensleitung liegen, in der Phase der strategischen Analyse einen möglichst großen Informationsinput zu generieren. Zu diesem Zweck sind die Mitarbeiterbefragungen entsprechend anzupassen, um möglichst konkrete Informationen zu erhalten. Hierfür dürften sich vor allem Interviews und Workshops anbieten, da die Möglichkeit von gezielten Rückfragen besteht. Voraussetzung für einen qualitativ hochwertigen Input aus den betreffenden Mitarbeiterbefragungen ist eine Unternehmenskultur der Offenheit, in der auch kritische Meinungen bewusst gewollt sind.

3. Erhebung der Wandlungsbereitschaft und Wandlungsfähigkeit: Die Kenntnis der Überzeugungen im Sinne von Wandlungsbereitschaft und der Fähigkeiten der Mitarbeiter zur Veränderung kann der Unternehmensleitung wichtige Informationen im Hinblick auf die Strategieimplementierung vermitteln. Sind Bereitschaft und/oder Fähigkeiten nicht vorhanden, bestehen erhebliche Risiken hinsichtlich der Umsetzung. Zu den Aspekten, die mit Hilfe einer strategiebezogenen Mitarbeiterbefragung in diesen beiden Gebieten untersucht werden können, zählen z. B. (vgl. Trost/Hagmeister, 2005, S. 203):

Wandlungsbereitschaft:

- Inhalt: Besteht Klarheit bei den Mitarbeitern über die Strategie? Verstehen sie die zentralen Aspekte der Strategie? Können Sie sich bei Bedarf zusätzliche Informationen holen?

- Relevanz: Verstehen die Mitarbeiter, wieso die Strategie für die Wettbewerbsfähigkeit/das langfristige Überleben des Unternehmens von essenzieller Bedeutung ist?

- Akzeptanz: Akzeptieren die Mitarbeiter die Strategie? Sind sie bereit sich für die Strategie zu engagieren oder ist eher Passivität festzustellen?

- Anreize: Bestehen für die Mitarbeiter genügend Anreize (monetär/nicht monetär), um sich für die Strategie zu engagieren? Wird die Strategie möglicherweise als Bedrohung empfunden?

3.4 Strategische Analysen und Prognosen zu Umfeld und Unternehmen

Mitarbeiterbefragungen können flexibel eingesetzt werden

Beschreibungs-Merkmale (Auswahl)	Ausprägungen (Auswahl)			
Ziel	Allgemeine Zufriedenheitsmessung/ Betriebsklimaanalyse	Einsatz als TQM-Instrument	Benutzung für Organisations-entwicklung	Integration in strategisches Management (z. B. Balanced Scorecard-Modul)
Initiative	Unternehmens-Leitung / Personalbereich	Arbeitnehmer-vertretungen	Unternehmensleitung, Personalbereich und Arbeitnehmervertretungen gemeinsam	
Einbindung	nur Mitarbeiterbefragung		In eine umfassende Situationsanalyse integriert (z. B. Mitarbeiterbefragung, Kunden- und Lieferantenbefragung)	
Inhalt	umfassende Mitarbeiterbefragung		spezielle Befragung (z. B. zur Arbeitszeitflexibilisierung)	
Verbindlichkeit	freiwilliger Einsatz		vom Unternehmen vorgeschrieben/ umfassend initiiert	
Erfassung der Information	schriftlich (per Fragebogen)	mündlich (per Interview/ Gespräche/ Workshops)	teils schriftlich/ teils mündlich	online
Bezug zum Führungsbereich	direkter Vorgesetzter	direkter und nächsthöherer Vorgesetzter	bestimmte Ziel-gruppen aus dem Vorgesetzten-bereich	Management insgesamt
Anonymität	ohne Namensangabe und demographische Variablen	freiwillige Angaben von demographischen Variablen (z. B. Alter, Geschlecht)	mit Namensangabe	
Standardisierung	vollständig standardisiert	teils-standardisiert	nur freie Antworten	
Häufigkeit	Einmalig	regelmäßig (z. B. im Verbund mit 360°-Feedback)	fallweise (z. B. 12 Monate nach organisatorischen Veränderungen)	
Richtung	Einschätzungen nur durch die Mitarbeiter (einseitig)		auch Einschätzungen der Mitarbeiter durch Vorgesetzte (zweiseitige Formen)	
Feedback	Ergebnisse nur an Unternehmensleitung/ Führungskräfte/ Personalbereich	Gesamtergebnisse an alle, Bereichsergebnisse nur an den jeweiligen Bereich	völlige Transparenz aller Ergebnisse / internes Benchmarking	
Reichweite	Befragung nur im nationalen Bereich		internationale Befragung in allen Unternehmensbereichen/Gesellschaften	

Abb. 96: Alternative Formen von Mitarbeiterbefragungen (Domsch/Ladwig, 2006, S. 7)

Wandlungsfähigkeit:

- Möglichkeiten: Bestehen aus Sicht der Mitarbeiter in ihrem persönlichen Arbeitsumfeld geeignete Möglichkeiten, um einen Beitrag zur Umsetzung der zu leisten?

- Unterstützung: Geben die Vorgesetzten genügend Unterstützung, damit die Strategie im Sinne der Unternehmensleitung umgesetzt werden kann?

- Fertigkeiten: Besitzen die Mitarbeiter nach eigener Einschätzung die notwendigen fachlichen und sonstigen Voraussetzungen für die Umsetzung der Strategie?

- Umfeld: Fördern die Umfeldbedingungen der Mitarbeiter (Organisation, Arbeitsklima, etc.) die erfolgreiche Umsetzung der Strategie?

Insgesamt können Mitarbeiterbefragungen somit in mehreren Feldern des strategischen Managements bzw. strategischen Controllings zum Einsatz gelangen und flankieren dadurch die Entwicklung und Umsetzung von Strategien.

3.4.13 Portfolioanalyse

Speziell in diversifizierten Unternehmen besitzt die Portfolioanalyse einen besonderen Stellenwert (vgl. Grant, 2008, p. 414 ff.; Hahn, 2006d, S. 215 ff., Hungenberg, 2011, S. 457 ff.; Müller-Stewens/Brauer, 2009, S. 271 ff.; Welge/Al-Laham, 2012, S. 461 ff.). Den Ursprung der strategischen Portfolioanalyse bildet die finanzwirtschaftliche Portefeuille-Theorie, in der Anlageobjekte unter Ergebnis- und Risikoaspekten untersucht und eine Optimierung im Hinblick auf Investorenpräferenzen angestrebt wird. Bei der **strategischen Portfolioanalyse** stehen folgende Zielsetzungen im Vordergrund, die auch z. T. über die eigentliche Analyse hinausgehen:

- Aussagen zur Zusammensetzung und relativen Verteilung der Geschäfte: Wie ausgewogen ist das Portfolio? → *Analyse im engeren Sinne*,

- Vorschläge für mögliche strategische Stoßrichtungen der einzelnen Geschäftsfelder: In welche Richtung könnte ein Geschäft entwickelt werden? → *Anregung für Handlungsalternativen*,

- Empfehlungen zu Prioritäten einzelner Geschäftsfelder im Zusammenhang mit der Kapitalallokation für Investitionen: In welche Geschäfte sollte mit den zur Verfügung stehenden Kapitalressourcen bevorzugt investiert werden? → *Orientierung für die Alternativenselektion.*

Merkmal von Portfolioanalysen ist die Kombination einer **externen Dimension** mit einer **internen Dimension** im Hinblick auf **strategische Geschäftsfelder**, wie dies auch Abb. 97 veranschaulicht. Die Geschäftsfeldsicht (= Außensicht) steht dabei im Mittelpunkt der Portfolioanalyse. Dies gilt unabhängig von der organisatorischen Struktur des Unternehmens (= Innensicht). Soweit die Innensicht nicht kompatibel ist, sind entsprechende Zuordnungen auf Geschäftsfelder erforderlich.

3.4 Strategische Analysen und Prognosen zu Umfeld und Unternehmen

Die **externe Dimension** eines Portfolios ist grundsätzlich **vom Unternehmen nicht kontrollierbar**. Auf einer qualitativen oder quantitativen Skala wird hier die Attraktivität der interessierenden Geschäftsfelder gemessen. Im Mittelpunkt steht die Frage, inwieweit der betreffende Markt geeignet ist, um unternehmerische Zielsetzungen zu verwirklichen. Die Handlungsfreiheit des Unternehmens beschränkt sich bei der externen Dimension auf die Frage: „Wollen wir in diesem Markt aktiv sein oder nicht?"

Die **interne Dimension** bringt die Stärken der Geschäftsfelder bzw. Geschäftseinheiten des Unternehmens zum Ausdruck. Im Gegensatz zur Marktattraktivität ist die Stärke **vom Unternehmen selbst beeinflussbar**. Die erreichte Stärke ist letztlich Ausdruck der bisherigen Unternehmensleistung. Die Messung der Stärke kann auf qualitativen oder quantitativen Skalen erfolgen und orientiert sich z. B. an der Position im Verhältnis zur Konkurrenz.

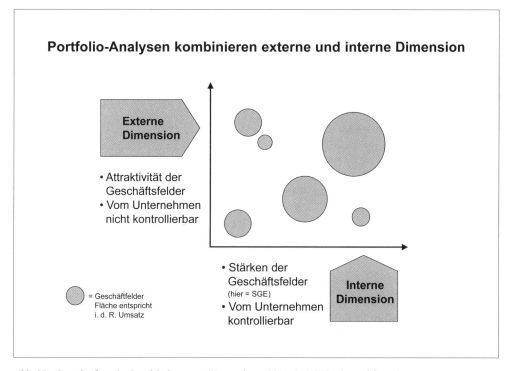

Abb. 97: Grundaufbau der Portfoliokonzepte (Hungenberg, 2011, S. 459; leicht modifiziert)

Portfoliokonzepte lassen sich im Hinblick auf ihre primäre Ausrichtung in **Absatzmarktorientierung** oder **Ressourcenorientierung** unterscheiden (vgl. Bea/Haas, 2013, S. 152 ff.). Einen Überblick vermittelt Abb. 98. Von den aufgeführten Konzepten sollen nachfolgend aus dem Bereich der Absatzmarktorientierung das klassische **Marktanteils-/Marktwachstumsportfolio** sowie das **Traffic-Light-Portfolio** dargestellt werden. Die Ressourcenorientierung wird am Beispiel des **Technologie-Portfolios** dargestellt. Für die Kompetenz-

Geschäftsfeld-Matrix, die ebenfalls die Ressourcenorientierung in den Mittelpunkt stellt, wird auf Kap. 3.4.11 verwiesen.

Portfoliokonzepte unterscheiden sich nach Absatzmarktorientierung oder Ressourcenorientierung

	Unternehmen	Umwelt	SGF
Absatzmarktorientierte Portfolios			
1. Marktwachstum- Marktanteil-Portfolio (*Boston Consulting*)	Relativer Marktanteil von Produkten	Marktwachstum	Produkt-Markt-Kombinationen
2. Marktattraktivität- Wettbewerbsvorteil- Portfolio (*McKinsey*)	Relativer Wettbewerbsvorteil	Marktattraktivität	Produkt-Markt-Kombinationen
3. Wettbewerbsposition-Marktlebenszyklus-Portfolio (*A.D. Little*)	Wettbewerbsposition	Lebenszyklusphase	Produkt-Markt-Kombinationen
4. Traffic-Light-Portfolio (*Boston Consulting*)	Wettbewerbsposition Wertschaffungspotenzial	Marktattraktivität	Produkt-Markt-Kombinationen
Ressourcenorientierte Portfolios			
1. Geschäftsfeld- Ressourcen-Portfolio (*Albach*)	Verfügbarkeit von Ressourcen Kostenentwicklung	Marktattraktivität von Produkten Produktlebenszyklus	Produkt-Ressourcen-Kombinationen
2. Technologie-Portfolio (*Pfeiffer u.a.*)	Technologiestärke	Technologieattraktivität	Produkttechnologie, Verfahrenstechnologie

Abb. 98: Übersicht zu Portfoliokonzepten (Bea/Haas, 2013, S. 153; erweitert)

BCG-Portfolio-Matrix

Das bekannteste Portfolioinstrument dürfte die sogenannte **BCG-Portfolio-Matrix** der Boston Consulting Group darstellen. Hierbei bildet die Marktattraktivität die externe Dimension. Die Stärke der Geschäftsfelder bildet die interne bzw. beeinflussbare Dimension und wird auf Basis des relativen Marktanteils abgebildet.

Konzeptionell basiert die BCG-Portfolio-Matrix bei der Einschätzung der **Marktattraktivität** auf dem **Lebenszyklus-Konzept**. Für die **Stärke des Geschäftsfeldes bzw. Geschäftseinheit** liegt das Konzept der **Lernkurve** zugrunde. Da beide Konzepte eine generelle Bedeutung für strategische Analysen besitzen, sollen diese nachfolgend beschrieben werden.

Kern des Lebenszyklus-Konzeptes ist eine zeitorientierte Betrachtung mit Unterteilung in verschiedene, sich charakteristisch unterscheidende Phasen: „Ein **Lebenszyklusmodell** unterscheidet in Anlehnung an die Lebensphasen eines biologischen Organismus typische Entwicklungsstadien wirtschaftlicher Betrachtungsobjekte." (Dillerup/Stoi, 2011, S. 230).

Das Lebenszyklus-Konzept ermöglicht tendenziell Aussagen zum Wachstumspotenzial eines Produktes bzw. eines Geschäftsfeldes in Abhängigkeit von der jeweiligen Phase. Das Konzept beschreibt die Entwicklung des Produktabsatzes im Zeitablauf, beginnend mit der Produkteinführung und endend mit dem Ausphasen. Abb. 99 veranschaulicht dies mit einer Einteilung in sechs Phasen: Einführung, Wachstum, Reife, Sättigung, Rückgang, Absterben/Weiterentwickeln.

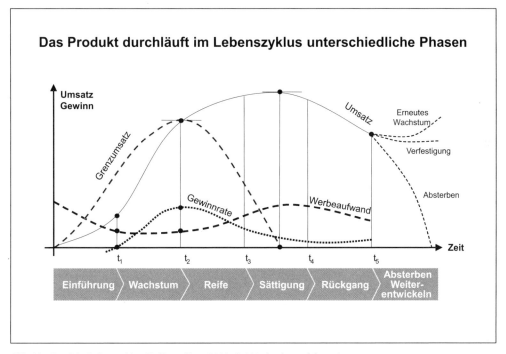

Abb. 99: Produkt-Lebenszyklus (Dillerup/Stoi, 2011, S. 231; leicht modifiziert)

Das Lebenszyklus-Konzept beinhaltet die Aussage, dass der Absatzverlauf in den verschiedenen Phasen deutliche Unterschiede aufweist. Auf Phasen besonders starken Absatzwachstums folgt eine allmähliche Abschwächung, wenn der Markt zunehmend gesättigt ist. Ab einem gewissen Punkt werden die Absatzzahlen dann sogar rückläufig sein, insbesondere wenn technologisch verbesserte Konkurrenzprodukte auf den Markt kommen. Die Position eines Produktes bzw. im hier betrachteten Sinne eines Geschäftsfeldes im Lebenszyklus ist somit gleichbedeutend mit einem unterschiedlich starken Wachstum. Die Geschäfte in wachstumsstarken Phasen besitzen aufgrund ihres Wertsteigerungspotenzials eine entsprechend hohe Attraktivität.

Wie beschrieben, ist dies eine idealtypische Betrachtung des Lebenszyklus-Konzeptes, die sich nicht 1:1 in der Unternehmensrealität wiederfindet (vgl. Homburg/Krohmer, 2009, S. 438 ff.). Trotzdem kann für eine Vielzahl von Produkten und prinzipiell auch Geschäftsfeldern ein tendenzieller Verlauf nach dem Lebenszyklus-Konzept beobachtet werden.

Fallbeispiel Lebenszyklus: Smartphones

Ein aktuelles Beispiel stellt die Entwicklung auf dem Markt für Smartphones dar. Diese weist deutliche Parallelen zu dem Eingangsbeispiel der Fernsehgeräte auf. Die Marktzahlen des Branchenverbandes BITKOM verdeutlichen das rasante Absatzwachstum bei Smartphones und den gleichzeitigen Abstieg konventioneller Mobiltelefone (vgl. hierzu BITKOM, 2013).

Abb. 100: Entwicklung des Marktes für Smartphones (BITKOM, 2013)

Für 2013 sieht der Branchenverband einen Anstieg der Verkäufe bei Smartphones von 29 % auf ca. 28 Mio. Geräte. Da gleichzeitig für den Gesamtmarkt, also Smartphones und konventionelle Mobiltelefone, ein Wachstum von 9 % und eine Stückzahl von ca. 35 Mio. Geräten prognostiziert werden, ist die Marktverschiebung unmittelbar in den Zahlen zu erkennen: Das Wachstum des Smartphone-Absatzes ist verbunden mit einer Verdrängung konventioneller Mobiltelefone. Wie drastisch diese Verschiebung aus unternehmerischer Sicht tatsächlich ausfällt, wird aber erst bei dem Blick auf die Umsatzanteile deutlich (siehe Abb. 100). Die vergleichsweise hohen Durchschnittspreise für Smartphones führen dazu, dass ihr Umsatzanteil am Gesamtmarkt erheblich über ihrem stückbezogenen Anteil liegt. Die prognostizierten 28 Mio. Smartphones entsprechen auf Stückzahlbasis ca. 80 % des Gesamtmarktes. Ihr Umsatzanteil wird jedoch auf 96 % geschätzt. Konventionelle Mobiltelefone werden demnach noch verkauft, sie sind jedoch aus monetärer Sicht irrelevant. Das Beispiel der Smart-

phones zeigt nochmals sehr deutlich die Notwendigkeit des frühzeitigen Erkennens von Markt- und Technologietrends auf. Ebenso veranschaulicht es die erforderliche Trennung von Stückzahlgrößen und monetären Größen für die Interpretation von Märkten.

Der Erfolg in einem wachsenden Markt mit Preisdruck setzt zwingend voraus, dass ein Unternehmen ebenso über eine dynamische Kostenposition verfügt, um auch bei sinkenden Preisen noch Gewinne zu erwirtschaften. Hier schließt sich die Verbindung zur **Lern- bzw. Erfahrungskurve** (vgl. Jahnke, 2002; Jung, 2011, S. 247 ff.; Brecht, 2004, S. 102 ff.). Das Konzept besagt, dass mit der kumulierten Produktionsmenge kontinuierliche Produktivitätsfortschritte entstehen, die zu einem entsprechenden Sinken der Stückkosten führen. Abb. 101 zeigt in diesem Sinne einen Verlauf der Stückkostenkurve bei 20 % bzw. 30 % Kostenrückgang in Abhängigkeit von der kumulierten Produktionsmenge.

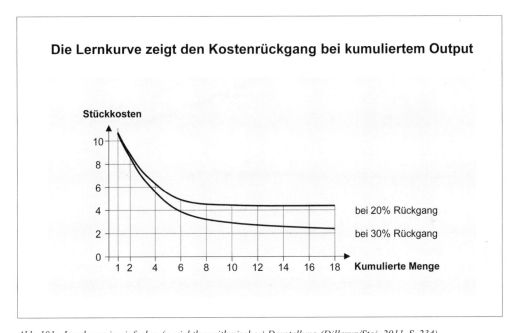

Abb. 101: Lernkurve in einfacher (= nichtlogarithmischer) Darstellung (Dillerup/Stoi, 2011, S. 234)

In Branchen, in denen eine prinzipielle Gültigkeit der Lernkurve vorliegt, ergeben sich hieraus weitreichende Konsequenzen: Ein Unternehmen, das die **höchste kumulierte Produktionsmenge** aufweist, hat (bei gleichen Faktorkosten) auch die **beste Kostenposition**. Soweit es gelingt, den Mengenvorsprung aufrechtzuerhalten, bleibt grundsätzlich auch der Kostenvorteil bestehen. Im Umkehrschluss bedeutet dies für Firmen, die spät in den Markt eintreten, dass sie möglicherweise diesen Kostenvorteil nie einholen werden. Da zumeist die Preise eines Marktes der dynamischen Kostenentwicklung folgen, also zurückgehen, kann sich für diese späten Unternehmen eine „Hase-Igel-Situation" ergeben. Immer dann, wenn sie eine neue Zielkostenposition endlich erreicht haben, ist der Marktpreis bereits schon weiter gefallen. In dieser Konstellation wird unter Umständen nie die Gewinnzone erreicht.

Eine Branche, in der in den letzten Jahren das Vorliegen eines Lernkurveneffektes aufgezeigt werden konnte, ist die Solarindustrie im Bereich der Photovoltaik. Abb. 102 zeigt die Entwicklung der Preise für Photovoltaikmodule im Zeitablauf. Deutlich zu erkennen ist die Beziehung zwischen der kumulierten Produktionsmenge (hier auf logarithmischer Skala) und den sinkenden Preisen. Für die Preisentwicklung kann plausibel unterstellt werden, dass sie mit einer vergleichbaren Kostenentwicklung auf der Herstellerseite hinterlegt ist. Auf Basis der vorliegenden Daten wurde von EPIA (European Photovoltaic Industry Association) eine sehr konkrete Aussage über den Effekt der Lernkurve für die Preisentwicklung getroffen: „Verdopplung der akkumulierten Produktion reduziert die Preise um 22 %." (EPIA, 2010).

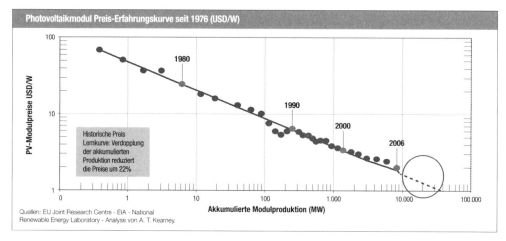

Abb. 102: Effekte der Lernkurve bei Photovoltaikmodulen (EPIA, 2010)

Die BCG-Portfolio-Matrix kombiniert mit ihrer externen und internen Dimension die beschriebenen Konzepte von Lebenszyklus und Erfahrungskurve. Die **Marktattraktivität** als externe Dimension wird auf Basis des **Marktwachstums** beurteilt. Geschäftsfelder mit starkem Wachstum besitzen eine hohe Attraktivität, solche mit niedrigem Wachstum bzw. Stagnation oder sogar Rückgang eine entsprechend niedrigere bzw. sehr geringe Attraktivität.

Die interne Dimension der **Geschäftsfeldstärke** wird in Form des sogenannten **relativen Marktanteils** gemessen. Dabei handelt es sich um den eigenen Marktanteil dividiert durch den Marktanteil des größten Wettbewerbers. Wenn z. B. der eigene Marktanteil 15 % und der Marktanteil des größten Wettbewerbers 30 % beträgt, dann resultiert daraus:

Relativer Marktanteil = Eigener Anteil/Anteil größter Wettbewerber = 0,5

Alle Werte kleiner 1 zeigen somit an, dass ein Volumenrückstand gegenüber dem größten Wettbewerber besteht, alle Werte größer 1 signalisieren dagegen einen Volumenvorsprung. Übertragen auf das Konzept der Lernkurve ist ein Volumenvorsprung grundsätzlich gleichbedeutend mit einem Kostenvorsprung und ein Volumenrückstand entsprechend mit einem Kostennachteil.

In der BCG-Portfolio-Matrix werden aus der Kombination der beiden Dimensionen vier Felder gebildet, wie Abb. 103 veranschaulicht.

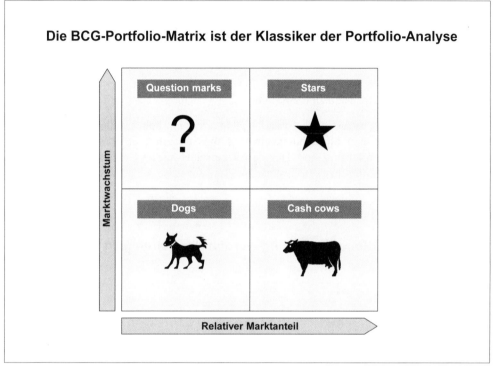

Abb. 103: *BCG-Portfolio-Matrix (The Boston Consulting Group, 2009c)*

„**Stars**": Die betreffenden Geschäftsfelder weisen ein sehr hohes Marktwachstum auf und zugleich ist die Wettbewerbsstärke als hoch eingestuft. Das Unternehmen verfügt über einen hohen relativen Marktanteil und damit grundsätzlich auch über eine sehr gute Kostenposition. Aufgrund des starken Marktwachstums erfordern derartige Geschäftsfelder zumeist erhebliche Investitionen, um die Spitzenposition halten oder weiter ausbauen zu können.

„**Cash Cows**": Das Marktwachstum ist eher niedrig oder kann sogar negativ sein. Die eigene Wettbewerbsstärke gemessen als relativer Marktanteil ist hoch. Die betreffenden Geschäftsfelder sind, wie der Name schon andeutet, zumeist durch hohe Liquiditätsüberschüsse gekennzeichnet. Es sind vorrangig Ersatz-, aber kaum Erweiterungsinvestitionen notwendig.

„**Question Marks**": Geschäftsfelder, die hier zugeordnet sind, werfen grundsätzliche Fragen auf. Einerseits besitzt der Markt aufgrund seines hohen Wachstums eine besondere Attraktivität. Andererseits ist das Unternehmen im Vergleich zum Wettbewerb eher schwach positioniert, wie der relative Marktanteil von unter 1 verdeutlicht.

„**Dogs**": Es handelt sich um die schlechteste Positionierung in der Matrix. Weder ist das Geschäftsfeld als solches attraktiv, noch besitzt das Unternehmen eine starke Position. Mit anderen Worten: „Wir sind schwach in einem schlechten Geschäft!"

Ausgehend von der Positionierung in den vier Feldern der Portfolio-Matrix wurden unterschiedliche **Normstrategien** entwickelt, wie Abb. 104 veranschaulicht:

„**Stars**": Die betreffenden Geschäftsfelder stellen die Zukunftsträger des Unternehmens dar und sollten entsprechend stark gefördert werden. Die Empfehlung lautet, die erforderlichen Investitionen zu tätigen. Der operative Cashflow des Geschäftes ist allerdings oftmals nicht ausreichend, um die Expansion zu realisieren.

„**Cash Cows**": In den betreffenden Geschäftsfeldern tritt ein hoher positiver Cashflow auf. Die Empfehlung geht hier in Richtung einer „Ernte-Strategie", da weitere nennenswerte Investitionen nicht zweckmäßig sind. Der Cash-Überschuss dieser Geschäftsfelder ist essentiell für den Aufbau zukünftiger Erfolgspotenziale, idealerweise in Form von „Stars".

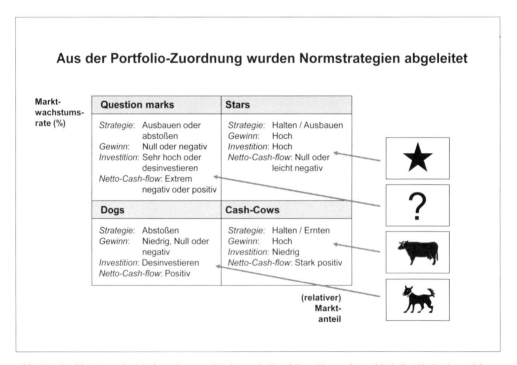

Abb. 104: Implikationen des Marktwachstums-/Marktanteils-Portfolios (Hungenberg, 2011, S. 463; leicht modifiziert)

„**Question Marks**": Bei den betreffenden Geschäftsfeldern ist die grundsätzliche Entscheidung in Richtung auf substanzielle Wachstumsinvestitionen oder Desinvestition zu treffen. Eine „Weiter so"-Strategie führt lediglich zu einer weiteren Verschlechterung der Position. Welche der beiden Strategieempfehlungen, Investition oder Desinvestition, gewählt wird, hängt vor allem von der Frage der Handlungsalternativen ab. Soweit das Portfolio genügend Geschäfte im Bereich der „Stars" umfasst, wird verfügbares Kapital zuerst dort investiert. Verfügt das Unternehmen über keine Stars im Portfolio, besteht eine entsprechend höhere Wahrscheinlichkeit für Investitionen in „Question Marks".

„Dogs": Für Geschäftsfelder, die hier zugeordnet werden, ist die Empfehlung sehr klar: Verkaufen. Aufgrund der schlechten Markt- und Ergebnisqualität gibt es keine Gründe, an diesem Geschäft festzuhalten. Wird der Zeitpunkt für einen Verkauf verpasst, dann verbleibt nur die Alternative der Schließung oder einer kostspieligen Restrukturierung. Neben der Liquidität, die dazu erforderlich ist, wird im erheblichen Umfang auch Managementkapazität gebunden, die besser für die Zukunftsgeschäfte eingesetzt werden sollte.

Das rechtzeitige erkennen, wann ein Geschäftsfeld zu verlassen ist, besitzt einen erheblichen Einfluss auf den wirtschaftlichen Erfolg eines Unternehmens und wird zu oft unterschätzt. Eine Portfolioanalyse kann für die erforderlichen Entscheidungen den notwendigen Anstoß liefern. In umgekehrter Richtung gilt dies auch für den Eintritt in neue Geschäftsfelder.

Fallbeispiel BCG-Matrix: Kaufangebot für ein „Fragezeichen"

Ausgangspunkt ist das Angebot, ein Unternehmen im Bereich der Energieerzeugung zu erwerben. Das Unternehmen befindet sich dort in einem stark wachsenden Geschäftsfeld und arbeitet profitabel. Es besitzt jedoch nur einen niedrigen relativen Marktanteil. Die Branche ist durch kapitalintensive Produktionstechniken gekennzeichnet und es sind ausgeprägte Lernkurveneffekte zu beobachten.

Für die Analyse und nachfolgende Beurteilung sind mehrere Gesichtspunkte von Bedeutung. Dies sind Aspekte, die prinzipiell für alle Käufer gelten und es sind solche Aspekte, die stark von der individuellen Situation des potenziellen Käufers abhängig sind. Für die Punkte, die alle Käufer betreffen, gibt die BCG-Portfolio-Matrix wichtige Hinweise. Die angebotene Firma würde aufgrund der Charakteristika als „Fragezeichen" eingestuft: Niedriger Marktanteil in einem stark wachsenden Markt. Für diese Positionierung wurde ebenso wie für die anderen Felder der Matrix eine spezielle Normstrategie definiert (vgl. Abb. 104). Diese darf nicht unkritisch angewandt werden, gibt aber erste Denkanstöße. Im Falle von „Fragezeichen" lautet die Empfehlung: Ausbauen oder Abstoßen. Die Logik dieser Empfehlung beruht auf der zugrunde gelegten Erfahrungskurve. Eine Firma mit kleinem Marktanteil kann nur eine vergleichsweise kleine kumulierte Produktionsmenge aufweisen. Entsprechend der Erfahrungskurve befindet es sich gegenüber Unternehmen mit höherem Marktanteil (und damit größerer kumulierter Produktionsmenge) in einem Kostennachteil. Wenn ein „Fragezeichen" erworben würde, folgt daraus die Empfehlung zum nachfolgenden Ausbau. Die andere Normstrategie, die des „Abstoßens", wäre hier gleichbedeutend mit „Nicht Kaufen".

Die Empfehlung der Normstrategie ist im vorliegenden Fall durchaus schlüssig. Es ist nicht zielführend, ein Unternehmen mit subkritischer Größe zu kaufen, ohne die Bereitschaft, die notwendigen Folgeinvestitionen für eine starke Marktposition zu tätigen. In Anlehnung an die beschriebenen Business Wargames wäre das gleichbedeutend mit der Eröffnung einer neuen „Frontlinie". Ein so weitreichender Schritt kann nur sinnvoll sein, wenn das Unter-

nehmen über den erforderlichen Erfolgswillen und die notwendigen Ressourcen verfügt. Zur Beurteilung müssen daher entsprechende Informationen über die Höhe dieser Investitionen, zusätzlich zum Kaufpreis, und der Rahmenbedingungen vorliegen.

Im betreffenden Beispiel müssen im nächsten Schritt die unternehmensspezifischen Aspekte berücksichtigt werden: Welche Zielsetzungen verfolgt das kaufende Unternehmen, können Synergien realisiert werden, welche Finanzierungsmöglichkeiten sind vorhanden, wie stellen sich die Investitionsalternativen dar? Gibt es z. B. „Stars"? Erst nach der Zusammenführung der Informationen zu der angebotenen Firma und denen zum eigenen Unternehmen kann die Entscheidung über Kauf oder Nicht-Kauf begründet getroffen werden.

Technologie-Portfolio

Weiterentwicklungen des Portfoliokonzeptes betonen u. a. die Bedeutung der Technologieposition für industrielle Unternehmen und stellen die spezifische Ressourcenpositionierung in den Mittelpunkt. Hierfür wurde von Pfeiffer das **Technologie-Portfolio** konzipiert.

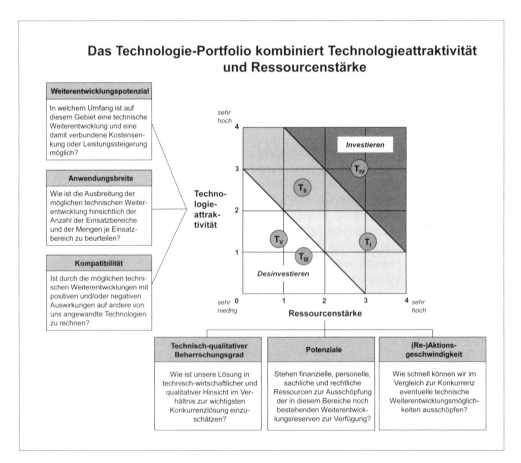

Abb. 105: Technologieportfolio nach Pfeiffer (Pfeiffer/Dögl, 1997, S. 412, S. 423; leicht modifiziert)

3.4 Strategische Analysen und Prognosen zu Umfeld und Unternehmen   197

Nach dem in Abb. 105 skizzierten Prinzip erfolgt das Beurteilen von Technologien im Hinblick auf deren Attraktivität einerseits und der eigenen Stärke andererseits. In der Abbildung sind die Technologien $T_I - T_V$ hierfür exemplarisch zugeordnet. Ähnlich wie bei der BCG-Matrix geht auch hier die Empfehlung in Richtung einer Investition in Feldern mit hoher Attraktivität und hoher eigener Stärke bzw. zur Desinvestition im umgekehrten Fall. Die Zwischenbereiche erfordern wiederum eine stärker selektive Betrachtung.

Traffic-Light-Portfolio

Auch seitens der Boston Consulting Group erfolgte in jüngerer Zeit eine Weiterentwicklung des ursprünglichen Konzepts zu einem sogenannten „**Traffic-Light-**" oder „**Ampelportfolio**", das nachfolgend beschrieben wird (vgl. im weiteren The Boston Consulting Group, 2009c).

Die Kernidee des Ampelportfolios besteht darin, die ursprünglichen Dimensionen von Marktattraktivität und Geschäftsfeldstärke zu erweitern. An ihre Stelle treten, wie Abb. 106 veranschaulicht, das **strategische Potenzial** und das **Wertschaffungspotenzial**.

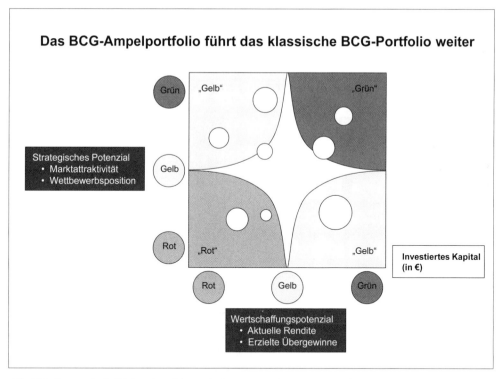

Abb. 106: Prinzip des BCG-Ampelportfolios (The Boston Consulting Group, 2009c; leicht modifiziert)

In Abhängigkeit von der Attraktivität erfolgt in jeder der beiden Dimensionen eine Farbzuordnung nach der Ampellogik: „Grün", „Gelb" oder „Rot". Diese Zuordnung dient der besseren Visualisierung und ist letztlich gleichbedeutend mit der Einschätzung „Hoch", „Mittel" oder „Niedrig". In der Kombination der Farbzuordnungen beider Dimensionen ergibt sich die Position eines Geschäftsfeldes in der Matrix. Nur wenn sowohl strategisches Potenzial als auch Wertschaffungs-Potenzial als „Grün" eingestuft werden, erfolgt die Einordnung des Geschäftes im Matrixfeld „Grün". Andere Kombinationen führen dagegen zu Einordnung in die Felder „Gelb" oder „Rot" oder in eine mittlere Zone, die differenzierter zu betrachten ist.

Die Abbildung der Geschäfte innerhalb der Matrix erfolgt dabei nicht mit den Umsatzwerten, sondern basiert auf der Höhe des investierten Kapitals. Das Traffic-Light-Portfolio berücksichtigt damit in deutlich stärkerem Maße als andere Portfoliokonzepte den Shareholder-Value- bzw. Wertschaffungsgedanken.

Kennzeichnend für die Systematik des Ampelportfolios ist darüber hinaus das Ableiten der beiden Dimensionen des strategischen Potenzials und des Wertschaffungs-Potenzials. Diese werden aus jeweils mehreren Merkmalen als synthetischer Wert gebildet.

Für das Ermitteln des **strategischen Potenzials** wird eine Matrix genutzt, in der sich die beiden klassischen Dimensionen „Marktattraktivität" und „Wettbewerbsposition" wiederfinden. Auf einer Punkteskala wird dabei die Höhe der Marktattraktivität bzw. die Stärke der Wettbewerbsposition gemessen (vgl. Abb. 107).

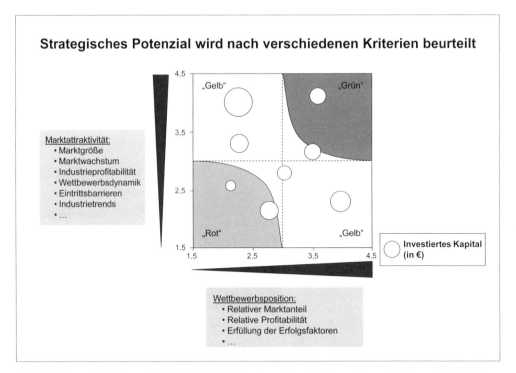

Abb. 107: Strategisches Potenzial als Teil des BCG-Ampelportfolios (The Boston Consulting Group, 2009c; leicht modifiziert)

3.4 Strategische Analysen und Prognosen zu Umfeld und Unternehmen

Der wesentliche Vorteil des Ansatzes besteht darin, dass jeweils mehrere Bestimmungsfaktoren für die Marktattraktivität und die Wettbewerbsposition einbezogen werden. (Zur Erinnerung: In der klassischen BCG-Portfolio-Matrix wird die Marktattraktivität nur auf Basis des Marktwachstums eingestuft.) Im Ampelportfolio kann eine deutlich differenziertere Betrachtung erfolgen. Insbesondere Aspekte wie z. B. Branchenprofitabilität oder Eintrittsbarrieren können jetzt zusätzlich berücksichtigt werden. Ähnlich gilt dies für die Einschätzung der Wettbewerbsposition, wo z. B. neben dem relativen Marktanteil auch die relative Profitabilität betrachtet wird.

Die Ermittlung des synthetischen Wertes für Marktattraktivität und Wettbewerbsposition kann sinnvollerweise mit einem Punktbewertungsverfahren (Scoring-Modell) durchgeführt werden, das im Prinzip eine Nutzwertanalyse darstellt (vgl. hierzu auch Kap. 3.6.2). In Abb. 108 ist das grundsätzliche Vorgehen veranschaulicht. Hierzu werden für Marktattraktivität und Wettbewerbsposition die aus Sicht des Unternehmens relevanten Kriterien bestimmt und mit einer Gewichtung versehen. Im vorliegenden Beispiel sind dies für die Marktattraktivität fünf Kriterien.

Zusammenfassende Bewertung durch ein Scoring-Modell

	Kriterien	Gewichtung	Bewertung 0	1	2	3	4	5	6	7	8	9	10	Gewichtung
Marktattraktivität	Marktgröße (Mrd. €)	10%	<3	<5	<7	<10	<15	<20	<25	<30	<40	<50	>50	40%
	Marktwachstum (p.a.)	40%	<-5%	<-3,5%	<-2,0%	<-0,5%	<1,0%	<2,5%	<4,0%	<5,5%	<7,0%	<8,5%	>8,5%	
	Wettbewerbsintensität	15%	sehr hoch					mittel					sehr niedrig	
	Wettbewerbsdynamik	15%	sehr hoch					mittel					sehr niedrig	
	Trends: Chancen vs. Risiken	20%	Risiken >> Chancen					Chancen = Risiken					Chancen >> Risiken	
Wettbewerbsposition	Relativer Marktanteil	60%	<0,05	<0,15	<0,3	<0,45	<0,6	<0,75	<0,9	<1,05	<1,2	<1,35	>1,35	60%
	Erfüllung Erfolgsfaktoren	40%	<< Wettbewerb					= Wettbewerb					>> Wettbewerb	

Abb. 108: Scoring-Modell zur Ermittlung des strategischen Potenzials (The Boston Consulting Group, 2009c)

Den möglichen Ausprägungen eines Kriteriums (z. B. bei Marktgröße der Umsatz in Mrd. €) wird ein Punktwert auf einer Skala von 0 bis 10 zugeordnet. Nach Ermittlung der tatsächlichen Ausprägung erfolgt die Punktzuordnung (z. B. Marktgröße M = 9 Mrd. € entspricht 3 Punkten). Durch Multiplikation der Punktwerte pro Kriterium (hier also 3 Punkte) mit dem jeweiligen Gewichtungsfaktor (hier 10 %) ergibt sich dann der Punktwert des einzelnen Kriteriums. Werden entsprechend die Punkte für alle der fünf Kriterien aufaddiert, ergibt sich die Gesamtpunktzahl für Marktattraktivität. Zusätzlich können dann auch Marktattraktivität und Wettbewerbsposition in ihrer Bedeutung zueinander gewichtet werden. Hierzu wurden in Abb. 108 die Gewichtungsfaktoren in der rechten Spalte eingeführt.

Das strategische Potenzial wird im Ampelportfolio um die Wertschaffungsperspektive ergänzt. Im Vordergrund steht dabei die Überlegung, welche Wertschaffung die Geschäfte des Unternehmens erbringen bzw. erbracht haben. Hierzu wird die Performance aus prozentualer und aus absoluter Sicht betrachtet, wie Abb. 109 veranschaulicht.

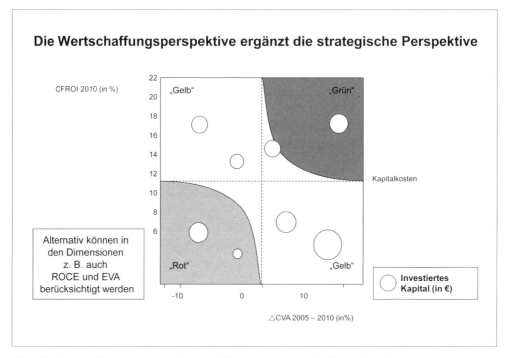

Abb. 109: Wertschaffungspotenzial als Teil des BCG-Ampelportfolios (The Boston Consulting Group, 2009c; leicht modifiziert)

Für die prozentuale Sichtweise wird im Ampelportfolio die Kennzahl CFROI herangezogen, also eine spezielle Form der Kapitalrendite (vgl. Kap. 3.3.2). Grundsätzlich kann hier zur Messung aber auch die weitverbreitete Kapitalrendite-Kennzahl ROCE herangezogen werden. In beiden Fällen erfolgt letztlich die Messung, wie hoch die prozentuale Verzinsung des eingesetzten Kapitals ausfällt.

Als absolute Größe wird im Ampelportfolio der CVA (Cash Value Added) einbezogen. Es handelt sich um einen speziellen Cashflow, der nach Abzug von Kapitalkosten erwirtschaftet wurde. Prinzipiell kann anstelle des CVA auch eine andere Performance- bzw. Gewinngröße herangezogen werden.

In der Wertschaffungsmatrix führen hohe prozentuale und hohe absolute Beiträge zu einer Platzierung im grünen Feld. Geschäfte, die weder ihre Kapitalkosten erwirtschaften, noch in den letzten Jahren positive Wertbeiträge geschaffen haben, fallen grundsätzlich in das Feld „Rot". Zwischenkombinationen und Randbereiche werden als „Gelb" eingestuft.

Aus der Zusammenführung der Ergebnisse von strategischem Potenzial auf einer Achse und Wertsteigerungspotenzial auf der anderen Achse ergibt sich die beschriebene Zuordnung zu den verschiedenen Ampelfeldern der Matrix. Abb. 110 zeigt die **Normstrategien**, die für die fünf verschiedenen Felder vorgeschlagen werden.

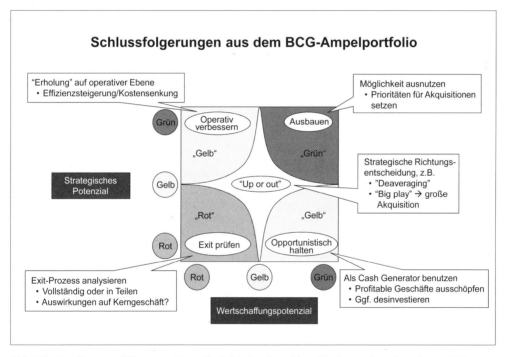

Abb. 110: Handlungsempfehlungen auf Basis des BCG-Ampelportfolios (The Boston Consulting Group, 2009c)

Im Feld „Grün" wird der weitere massive Ausbau, z. B. auch durch Akquisitionen, empfohlen. Für Geschäfte im Feld „Rot" wird dagegen ein Exit-Prozess angeraten. Komplexer gestaltet sich die Situation für die beiden Felder, die als „Gelb" ausgewiesen sind. Soweit das Wertschaffungspotenzial, also letztlich die bisherige Performance, unzureichend ist („Rot"), das strategische Potenzial hingegen als hoch gilt („Grün"), wird eine operative Verbesserung empfohlen, z. B. durch ein Effizienzsteigerungsprogramm. Im umgekehrten Fall (strategisches Potenzial „Rot", Wertschöpfungspotenzial „Grün") wird eine Cash-Out-Strategie angeraten. Geschäfte, die in den mittleren Bereich fallen, erfordern eine strategische Richtungsentscheidung im Hinblick auf substanzielle Wachstumsinvestitionen oder einen Markt-Exit.

Die skizzierten Normstrategien aus dem Ampelportfolio weisen durchaus Ähnlichkeiten zu denen aus der klassischen BCG-Portfolio-Matrix auf. Der wesentliche Unterschied liegt in der deutlich differenzierten Analyse der strategischen Position der Geschäfte. Der Einsatz erfordert eine intensive methodische Auseinandersetzung, sowohl bei den Trägern des strategischen Controllings als auch auf Seiten des Top-Managements. Dies betrifft insbesondere die Ermittlung der Werte für das strategische Potenzial, wie oben beschrieben. Damit trägt das Instrument aber auch der Multidimensionalität von strategischen Analysen deutlich besser Rechnung.

Gegen Portfoliokonzepte werden mehrere Kritikpunkte vorgebracht (vgl. Bea/Haas, 2013, S. 164 ff.; Macharzina/Wolf, 2012, S. 379 ff.). Als **Fundamentalkritik** betrifft dies insbesondere die zugrunde gelegten Theoriebestandteile, die Zeitdimension, die Standardisierung der Strategiewahl und den Aspekt der Strategieimplementierung.

Im Hinblick auf die **Theoriebestandteile** ist einzuwenden, dass diese i. d. R. zu unreflektiert in den Konzepten zum Einsatz kommen. So besitzt z. B. das Lebenszykluskonzept trotz einer Vielzahl auch empirischer Belege keinen gesetzmäßigen Charakter mit allgemeiner Gültigkeit. Ansonsten wäre es möglich, den zukünftigen Verlauf der Absatzkurve für ein Produkt exakt zu prognostizieren.

Für die **Zeitdimension** ist kritisch anzumerken, dass in den Konzepten keine oder nur eine sehr unzureichende Berücksichtigung der zeitlichen Entwicklung stattfindet. So können sich bei einzelnen Geschäftsfeldern Zeitfenster öffnen, die eine Investition nur in einem bestimmten Zeitraum sinnvoll ermöglichen. Derartige Aspekte finden jedoch letztlich keine entsprechende Berücksichtigung, da Portfolio-Konzepte typischerweise ohne Zeitachse dimensioniert sind. Soweit Zeitelemente Eingang finden, erfolgt für die abschließende Darstellung eine Verdichtung mit anderen Größen.

Einer der ganz grundlegenden Kritikpunkte **betrifft die Tendenz zur Standardisierung der Strategiewahl**. Dieser Kritikpunkt steht in unmittelbarer Beziehung zu dem Begriff der Normstrategien. Den Gegensatz zu einer „automatisierten" Strategiewahl bildet das Verständnis der Strategieentwicklung als einem kreativen Prozess, in dem die spezifischen Gegebenheiten eines Unternehmens zu berücksichtigen sind. Diese Besonderheiten können, wie z. B. die Ausführungen zum Thema Stakeholder-Analyse gezeigt haben, deutlich über das hinausgehen, was eine Portfolioanalyse abbilden kann.

Ein weiterer, nicht zur unterschätzender Kritikpunkt betrifft das **Ausklammern der Implementierungsphase**. Speziell bei den absatzmarktorientierten Konzepten werden die Fragen der Strategieumsetzung weitgehend ausgeblendet. Die Erfahrungen im Bereich der Photovoltaik haben gezeigt, wie schnell ein stark wachsender Markt neue Wettbewerber anziehen kann und in der Folge massive Überkapazitäten und Preisverfall auftreten können. Ebenfalls verdeutlicht dieses Beispiel die erhebliche Relevanz der Strategieprämissen, wie in dem betreffenden Fall der staatlichen Förderpolitik. Portfoliokonzepte sind nicht geeignet, um derartige Risiken transparent zu machen.

Zusammenfassend bleibt festzuhalten, dass die Instrumente der Portfolioanalyse, trotz aller Kritikpunkte, speziell für diversifizierte Unternehmen ein wichtiges Instrument im Prozess des strategischen Managements darstellen. Dies betrifft insbesondere den Einstieg in die **systematische Betrachtung** der **Außendimension** und der **Innendimension**. Die vorgeschlagenen Normstrategien geben zudem erste Anregungen für strategische Handlungsrichtungen. Sie können damit den Startpunkt für eine differenzierte Strategiediskussion bilden.

3.4.14 Früherkennungssysteme

Für das strategische Management stellt Zeitgewinn einen bedeutsamen Wettbewerbsfaktor dar. Wenn es einem Unternehmen gelingt, schneller als die Konkurrenz die Veränderungen im Umfeld zu verstehen, können entsprechende Chancen genutzt und Risiken noch rechtzeitig vermieden werden (vgl. Krystek/Müller-Stewens, 2006, S. 175 ff.). Diesem speziellen Ziel, dem Gewinnen von Zeitvorteilen, dienen die sogenannten **Früherkennungssysteme**, auch als Frühaufklärungssysteme oder Frühwarnsysteme bezeichnet:

„Frühaufklärung beinhaltet alle systematisch erfolgenden Aktionen der Wahrnehmung, Sammlung, Auswertung und Weiterleitung von Informationen über latent bereits vorhandene Risiken und/oder Chancen in einem so frühen Stadium, daß noch ausreichend Zeit für eine Planung und Realisierung von Reaktionsstrategien und (Gegen-)Maßnahmen verbleibt." (Krystek, 1990, S. 68).

Früherkennungssysteme stehen dabei in enger Verbindung zum unternehmensweiten **Risikomanagement**. Informationen aus der Früherkennung fließen in den Prozess des strategischen Managements und damit in den Prozess eines umfassenden Risikomanagements bzw. Enterprise Risk Managements ein.

Früherkennungssysteme haben sich in **drei Stufen** entwickelt (vgl. Bea/Haas, 2013, S. 301 ff.; Krystek/Müller-Stewens, 1993, S. 20 f.; Krystek, 2007):

Früherkennungssysteme der 1. Generation

Es handelt sich um Systeme, die vorwiegend auf Komponenten des Rechnungswesens basieren. Ausgehend von spezifischen Kennzahlen und Kennzahlensystemen werden Schwellenwerte definiert, deren Über- oder Unterschreiten zu Frühwarnmeldungen führt. Durch Hochrechnen von Kennzahlen auf den voraussichtlichen Ist-Wert („Wird") können **„Soll-Wird"-Kontrollen** durchgeführt werden. Diese ermöglichen das frühzeitige Erkennen von Abweichungen und proaktives Eingreifen.

Bei aller Zweckmäßigkeit besitzen Systeme der 1. Generation auch klare Grenzen der Leistungsfähigkeit. Der Zeithorizont der Systeme ist eher im kurz- bis mittelfristigen Bereich angesiedelt. Es erfolgt eine ausschließliche Fokussierung auf harte Faktoren, die aus strategischer Sicht eher Symptome als Ursachen darstellen. Im Vordergrund steht das Identifizieren von Risiken, während Chancen eher im Hintergrund bleiben. Letztlich ist ein Erkennen von Diskontinuitäten, auch wegen des überwiegenden Vergangenheitsbezugs, mit Systemen der 1. Generation nicht möglich.

Früherkennungssysteme der 2. Generation

Es handelt sich um Systeme, bei denen eine systematische Untersuchung von Beobachtungsbereichen innerhalb und außerhalb des Unternehmens erfolgt. Für Entwicklungen, die als relevant eingestuft werden, erfolgt die Beschreibung über einen Indikator. Dieser soll als Frühanzeiger für die möglichen strategischen Chancen oder Risiken dienen. Die Konzeption eines derartigen Systems kann in folgenden Stufen erfolgen (vgl. Hahn, 1985, S. 179 f.):

1. Ermitteln der unternehmensinternen und -externen Beobachtungsbereiche,
2. Bestimmen von Früherkennungsindikatoren,
3. Festlegen von Sollgrößen und Toleranzgrenzen je Indikator,
4. Zuordnen von Aufgaben, Kompetenzen und Verantwortung für die Erhebung, Auswertung und Kommunikation von Informationen.

In Abb. 111 sind Beispiele für externe und interne Beobachtungsbereiche sowie mögliche Indikatoren angeführt (siehe auch Bea/Haas, 2013, S. 303; Welge/Al-Laham, 2012, S. 434).

Durch das Ausrichten auf Beobachtungsbereiche stellen die Systeme der 2. Generation eine wichtige Weiterentwicklung dar. Zu berücksichtigen ist allerdings, dass mit der Wahl von Beobachtungsbereichen auch das Ausklammern aller anderen Bereiche erfolgt. Zudem können die Indikatoren qualitative Entwicklungen nur sehr bedingt abbilden. Diese Einwände können allerdings abgemildert werden, wenn ein derartiges System bewusst eingesetzt wird und offen bleibt für Nicht-Indikator-Informationen.

Wie ein möglicher Einsatz von Indikatoren aussehen kann, zeigt das nachfolgende Beispiel aus dem Bereich der Fotoindustrie:

Fallbeispiel Früherkennung der 2. Generation: Digitalfotografie

Ähnlich wie die Ablösung konventioneller Fernsehgeräte durch Flachbildgeräte erfolgte, wurden Analogkameras durch Digitalkameras ersetzt. Als Startpunkt kann das Jahr 1981 gelten. Auf der photokina in Köln wurde von einem branchenfremden Unternehmen erstmals einer breiten Öffentlichkeit eine Kamera mit Digitaltechnik vorgestellt: Die Firma Sony präsentierte die Magnetic Video Camera (MAVICA), bei der die Aufnahmen auf ein magnetisches Speichermedium übertragen wurden. In der weiteren Entwicklung folgten vor allem Geräte, die sich an professionelle Anwender richteten. So kostete das Kodak/Nikon-System DCS 100 mit einer Leistungsfähigkeit von 1,3 Megapixeln im Jahr 1991 umgerechnet ca. 25.000 EUR. In diesem Zeitraum wurde aber auch von Logitech, einem Hersteller von PC-Zubehör, bereits eine sehr einfache Schwarz-Weiß-Digitalkamera auf den Markt gebracht. Ein deutlicher Hinweis auf den möglichen Massenmarkt, der für Digitalkameras gesehen wurde. Spätestens zu diesem Zeitpunkt hätte ein einfacher Indikator mit entsprechendem Schwellenwert genutzt werden können:

Indikator = Kosten bzw. Preis/100.000 Bildpunkte.

3.4 Strategische Analysen und Prognosen zu Umfeld und Unternehmen

Für Beobachtungsfelder sind Indikatoren festzulegen

Beobachtungsfeld		Mögliche Indikatoren
Generelles Umfeld	• Political • Economical • Social • Technological • Environmental • Legal	• Regelungsdichte, Förderschwerpunkte • Regionale BSP-Wachstumsraten • Bevölkerungswachstum, Altersstruktur • Patentanmeldungen neuer Technologien • Immissionsgrenzwerte • Angekündigte neue Gesetze (Effekte)
Branche und ext. Stakeholder	• Kunden • Aktuelle Wettbewerber • Neue Wettbewerber • Substitute • Lieferanten • Banken • …	• Marktanteile von Top-Kunden, Profitabilität • Marktanteile von Top-Wettbewerbern • Vor-Investitionen für Markteintritt • Preis/Leistungskennzahlen • Anteil von Single-Sources an Beschaffung • Kreditvergabekriterien • …
Unternehmen	• Marketing/Vertrieb • F&E • Beschaffung • Produktion • Logistik • Personal • Finanzen • IT • Qualitätssicherung • Compliance • …	• Anzahl Gesamtkunden und Neukunden • Zieleinhaltung von F&E-Projekten • Liefertreue von A-Lieferanten • Auslastungsgrad; First-Pass-Yield • Liefertreue an Kunden • Qualifikationsstruktur, Fluktuationsrate • → Kennzahlen des Rechnungswesens • Systemverfügbarkeit, IT-Eindringversuche • Qualitätskosten • Anzahl von Compliance-Verstößen • …

Abb. 111: Ausgewählte Beobachtungsfelder und mögliche Indikatoren

Die weitere technologische Entwicklung führte in Zwischenschritten dazu, dass in 1996 die Olympus C-800 mit einer Auflösung von 810.000 Bildpunkten und einem Preis von umgerechnet ca. 950 EUR für den Konsumentenmarkt angeboten wurde. Die Kamera hatte damit zwar immer noch nicht die Bildqualität und insbesondere nicht die Funktionalität einer Spiegelreflexkamera, aber der Weg dorthin war bereits vorgezeichnet. Der Indikator hätte eindeutig ein kontinuierliches Sinken der Preise pro 100.000 Bildpunkte gezeigt und dies bei immer besserer Ausstattung der Digitalkameras. Das Ende der chemiebasierten Fotografie war eingeläutet.

Kennzeichnend für die Marktentwicklung der Digitalfotografie ist das Aufkommen neuer Anbieter, die ihre Kernkompetenzen aus dem Bereich Consumer Electronics erfolgreich übertragen konnten, wie z. B. Sony oder Panasonic. Gleichzeitig sind andere, im Bereich der konventionellen Fotografie sehr erfolgreiche Firmen, komplett vom Markt verschwunden. Im Januar 2006 gab die Firma Konica Minolta bekannt, sich vollständig aus dem Fotomarkt zurückzuziehen. Als einer der Gründe hierfür wurde genannt, dass das Unternehmen nicht in der Lage gewesen sei, die erforderlichen Produkte in der notwendigen Geschwindigkeit auf den Markt zu bringen. Das Unternehmen hatte als einer der letzten Anbieter digitale Spiegelreflexkameras auf den Markt gebracht und den Vorsprung der Konkurrenten nicht mehr aufholen können. (Vgl. Boeres, 2010; Rupprecht, 2010 sowie Konica Minolta, 2010).

Das Beispiel aus dem Bereich der Digitalkameras mag im Nachhinein als sehr offensichtlich gelten. Dies war es zu Beginn jedoch keineswegs. Weder sprachen anfänglich die niedrige Bildqualität noch die sehr hohen Produktpreise für eine weite Verbreitung. Auf heute übertragen, kann das nächste Produkt mit einer solchen bahnbrechenden Bedeutung aktuell auf einer Messe präsentiert und dort bewundert oder belächelt werden.

Früherkennungssysteme der 3. Generation

Die Systeme der 3. Generation lösen sich von dem Ausrichten auf feste Beobachtungsbereiche und der Orientierung an Indikatoren. Ausgangspunkt bildet das von Ansoff formulierte Konzept der **„Weak Signals"** (vgl. Ansoff, 1975; Bea/Haas, 2013, S. 305 ff.). Es besagt im Kern, dass Diskontinuitäten nicht plötzlich auftreten, sondern mit zeitlichem Vorlauf durch schwache Signale angekündigt werden. Das Grundprinzip ist in Abb. 112 veranschaulicht.

Der Wissensstand über eine Entwicklung wird hier im Zeitablauf dargestellt. Schon bei einem relativ geringen Wissensstand sind bereits erste Signale erkennbar, die auf die zukünftige Entwicklung hinweisen. Im Zeitablauf erhöht sich durch Zunahme von Informationen der Wissensstand, bis die Entwicklung in der Realität eingetreten ist. Wenn es gelingt, das schwache Signal zum Zeitpunkt A zu erfassen und auf die kommende Entwicklung zu schließen, ergibt sich die maximale Vorbereitungszeit für das eigene Unternehmen. Damit resultiert gegenüber einem Wettbewerber, der erst zum Zeitpunkt B reagiert, wenn die Entwicklung schon offensichtlich wird, ein entsprechender Zeitvorteil.

So wünschenswert sich das Erfassen von schwachen Signalen aus prinzipieller Sicht darstellt, so schwierig gestaltet sich das Umsetzen in der Unternehmenspraxis. Dies ist vor allem in dem spezifischen Charakter von schwachen Signalen begründet. Es sind überwiegend qualitative Informationen aus dem Unternehmensumfeld, die

- erst in relativ unscharfer und wenig strukturierter Form vorliegen,
- Hinweise auf mögliche Diskontinuitäten, wie z. B. bahnbrechende Innovationen, geben,
- sich in Form von „weichem Wissen" und intuitiven Urteilen niederschlagen

und noch keine verlässlichen Aussagen hinsichtlich weiterer Entwicklung und Konsequenzen ermöglichen (vgl. Welge/Al-Laham, 2012, S. 435 ff.). Mögliche Anzeichen für ein relevantes schwaches Signal sind z. B. die Häufung von gleichartigen Ereignissen mit strategischem Bezug zum Unternehmen oder das Auftreten von neuartigen Meinungen, die von Schlüsselpersonen oder -medien vertreten werden.

3.4 Strategische Analysen und Prognosen zu Umfeld und Unternehmen 207

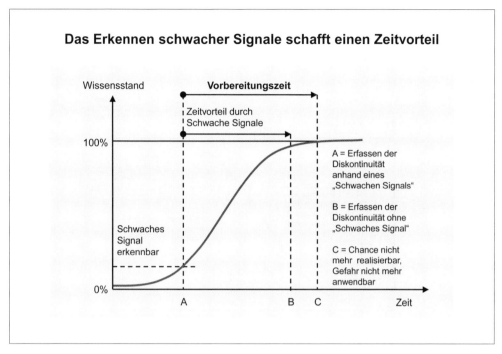

Abb. 112: Konzept der Weak-Signals (Pillkahn, 2007, S. 197)

Um schwache Signale aufzuspüren, muss das Umfeld kontinuierlich, und zwar analog zum Radarprinzip, abgesucht werden. Dieser Prozess wird auch als **Environmental Scanning** bezeichnet. Sobald Auffälligkeiten sichtbar werden, erfolgt eine vertiefte, kontinuierliche Beobachtung in Form eines **Environmental Monitoring**. Die betreffenden Phänomene sollten dabei (zumindest ansatzweise) hinsichtlich der finalen Konsequenzen für das Unternehmen und ihrer Eintrittswahrscheinlichkeit bewertet werden. Auffälligkeiten, die große Auswirkungen auf das Unternehmen besitzen würden und zugleich mit hoher Wahrscheinlichkeit eintreten, sogenannte **Strategic Issues**, müssen im Weiteren intensiv verfolgt werden. Wie sich schwache Signale zunehmend verdichten, zeigt das nachfolgende Beispiel.

Fallbeispiel Früherkennung der 3. Generation: Verbot der Glühbirne

Aus der Sicht europäischer Hersteller von Glühbirnen war das EU-Verbot mit klarem zeitlichen Vorlauf zu erkennen. In Abb. 113 sind in zeitlicher Abfolge die zunehmend konkreter werdenden Informationen abgetragen. Ausgangspunkt im Sinne von „Weak Signals" bildeten die zunehmenden Diskussionen über die globale Erwärmung. Durch ein entsprechendes Scanning des Umfeldes wäre die Häufung dieser Diskussionen erkennbar gewesen, ohne dass sich daraus schon unmittelbare Konsequenzen abgezeichnet hätten. Aufgrund der zunehmenden Intensität der Diskussionen hätte sich die vertiefte und kontinuierliche Beobachtung in Form des Monitoring angeboten.

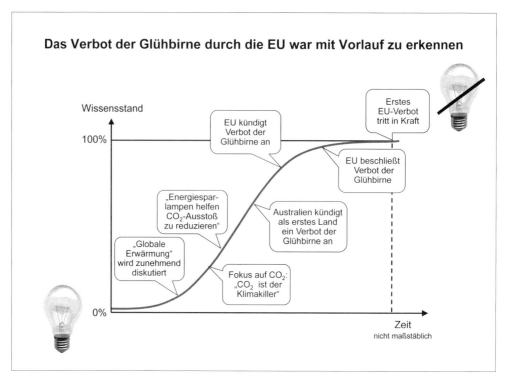

Abb. 113: Früherkennung der 3. Generation am Beispiel des Glühbirnenverbots

Aus dem weiteren Diskussionsverlauf zeichnete sich eine Verschiebung bzw. Konkretisierung in Richtung auf die CO_2-Thematik ab. Damit wurde deutlich, dass im Weiteren nach Wegen gesucht würde, um den CO_2-Ausstoß zu reduzieren. Idealerweise würde es sich dabei um Wege handeln, die vergleichsweise schnell und mit nennenswerten CO_2-Einsparungen verbunden wären. Spätestens ab diesem Zeitpunkt war für Glühbirnen ein akutes Gefährdungspotenzial zu erkennen. Es musste davon ausgegangen werden, dass die offensichtlichen Einsparpotenziale durch Energiesparlampen zu einer politischen Reaktion führen würden. Dies umso mehr, als Energiesparlampen neben dem Umweltaspekt auch eine höhere Gesamtwirtschaftlichkeit aufweisen. Damit bestand aus politischer Sicht eine vergleichsweise niedrige Barriere für ein Verbot der Glühbirne zugunsten von Energiesparlampen.

Unter den genannten Aspekten war es weniger eine Frage, ob es zu einem Verbot kommen würde, sondern welches Land als erstes den Schritt gehen würde. Es war auch offensichtlich, dass nach einer ersten Ankündigung weitere Länder folgen würden. Im Februar 2007 kündigte Australien als erstes Land ein Verbot der Glühbirne an. Erwartungsgemäß kündigte nachfolgend auch die EU ein Glühbirnenverbot an. Am 8. Dezember 2008 erfolgte der EU-Beschluss zu Mindesteffizienzanforderungen für Haushaltslampen. In Konsequenz daraus trat zum 1. September 2009 das erste der EU-Verbote in Kraft (vgl. Umweltbundesamt, 2008, 2009).

Früherkennung von Risiken und Chancen nach dem Konzept der schwachen Signale stellt eine besonders fortgeschrittene und zugleich anspruchsvolle Methodik dar. Aus strategischer Sicht besitzen derartige Früherkennungssysteme der 3. Generation den höchsten Nutzen. Dies darf aber nicht zu einer falsch verstandenen Ablehnung der anderen Systeme führen. Ein spät erkanntes Risiko ist immer noch besser zu handhaben, als ein überhaupt nicht erkanntes Risiko (vgl. Moder, 2008, S. 23). Zudem hat das Beispiel der Kameraindustrie gezeigt, dass gezielt eingesetzte Indikatoren sehr wertvolle Informationen liefern können. Insoweit geht die Empfehlung aus Sicht des strategischen Controllings in Richtung eines kombinierten Einsatzes der Instrumente. Ein System der 2. Generation kann dabei eine Basis an Früherkennungsinformationen liefern, die mit zusätzlichen Informationen eines Systems der 3. Generation ergänzt werden.

Aus organisatorischer Sicht ist speziell für **Früherkennungssysteme der 3. Generation** eine **kombiniert dezentral/zentrale Lösung** zu empfehlen (vgl. Nick, 2008, S. 81 f.). Dezentral sollte die Erfassung der schwachen Signale erfolgen, zentral die Zusammenführung und Bewertung.

Die dezentrale Erfassung der Informationen fällt vorrangig in den Aufgabenbereich der operativen Unternehmenseinheiten. Diese besitzen eine unmittelbare Nähe zum Geschehen und eine „größere Oberfläche" zur Informationserfassung. Ebenso kann damit von einer hohen Aktualität der Informationen ausgegangen werden. Die nachfolgende zentrale Sammlung und Auswertung ermöglicht es, einen Gesamtüberblick zu bekommen und den strategischen Charakter von Informationen herauszufiltern. Die zentrale Funktion wird nach dem hier vertretenen Konzept durch das strategische Controlling wahrgenommen. Insoweit stellt der kombiniert dezentral/zentrale Ansatz ein Beispiel für die spezielle Zusammenarbeit zwischen Linieneinheiten und strategischem Controlling dar.

Ein Schlüssel für die Nutzung von „frühen" Informationen ist eine entsprechende unternehmensinterne und -externe Vernetzung (z. T. wird hier auch schon von Systemen der 4. Generation gesprochen, siehe Roll, 2004, S. 23 ff.). So gewinnt auch das Top-Management seinerseits durch Vernetzung eigene Informationen über mögliche Trends mit Relevanz für das Unternehmen. Dazu nutzt es insbesondere die laufenden Geschäftskontakte zu anderen Top-Entscheidern. Einen speziellen Weg ist in diesem Zusammenhang der britische Triebwerkhersteller Rolls-Royce gegangen. Hier wurde ein mit hochkarätigen Personen besetztes **„International Advisory Board (IAB)"** eingerichtet. Das Ziel ist es, von den Mitgliedern Informationen vor allem zu wirtschaftlichen und politischen Trends zu erhalten: „The IAB provides high-level strategic input to the Board and management. Its members bring a deep understanding of global issues affecting Rolls-Royce and of the markets and countries we operate in." (Rolls-Royce, 2010, p. 3).

Früherkennungssysteme sind keine losgelösten, isolierten Instrumente, sondern bedienen sich neben den dezentral erfassten Informationen auch der übrigen strategischen Analyse- und Prognoseprozesse. Aus diesen Prozessen werden Informationen für Zwecke der Früherkennung geliefert, zugleich werden von Frühwarnsystemen wieder neue Analyse- und Prognoseprozesse angestoßen. So können aus dem Environmental Scanning erste Hinweise auf Diskontinuitäten kommen, denen anschließend mit einem Szenario-Projekt nachgegangen wird (vgl. auch Herzhoff, 2009).

Unter diesen Aspekten kann **strategisches Management** in seiner Gesamtheit auch als **Prozess der Früherkennung** von **Chancen und Risiken** sowie **Stärken und Schwächen** interpretiert werden, für die **zielgerechte Lösungen zu finden** und **umzusetzen** sind. Der erfolgreiche Einsatz von Früherkennungssystemen, sei es als separate Instrumente oder als verteilte Elemente im Strategieprozess, setzt eine entsprechende Informationskultur voraus. Hierzu gehören insbesondere Sensibilität für die Bedeutung von Umweltveränderungen, Kommunikationsbereitschaft über Organisationsgrenzen hinaus sowie Kreativität verbunden mit Innovationsfreude (vgl. Bea/Haas, 2013, S. 315 f.; Gemünden/Rohrbeck, 2009, S. 267; Nick, 2008, S. 65 ff.; Rohrbeck/Mahdjour, 2011).

3.4.15 SWOT-Analyse

Die SWOT-Analyse zählt zu den eingeführten Analyseinstrumenten des strategischen Managements (vgl. hierzu Dillerup/Stoi, 2011, S. 221 ff.; Graumann, 2008, S. 68 ff.; Hungenberg, 2011, S. 88 ff.; Stephan, 2010, S. 81 ff.). Der Name der SWOT-Analyse ergibt sich aus den Anfangsbuchstaben der englischen Begriffe:

S = **Strengths** („Stärken"),

W = **Weaknesses** („Schwächen"),

O = **Opportunities** („Chancen"),

T = **Threats** („Risiken/Bedrohungen").

Die Besonderheit dieses Instruments besteht darin, dass es die **Außendimension (Umfeld)** mit der **Innendimension (Unternehmen)** in einer Darstellung kombiniert, um Schlussfolgerungen abzuleiten. In der SWOT-Analyse werden dazu die **Stärken und Schwächen des Unternehmens** im Hinblick auf **Chancen und Risiken aus dem Unternehmensumfeld** analysiert. Ressourcen, Fähigkeiten und Kompetenzen des Unternehmens sind maßgebend für seine Stärken und Schwächen; Makro- und Branchenumwelt bestimmen die Chancen und Risiken denen es gegenübersteht.

Aus der Zusammenfassung der beiden Dimensionen resultieren vier Dimensionen mit Schlüsselfragen der strategischen Analyse. Die Abb. 114 veranschaulicht die betreffenden vier Felder.

1. Strenghts & Opportunities: Existieren Stärken, um die Chancen zu nutzen?

2. Weaknesses & Opportunities: Werden Chancen wegen Schwächen verpasst?

3. Strengths & Threats: Existieren Stärken, um Bedrohungen zu begegnen?

4. Weaknesses & Threats: Treffen externe Bedrohungen auf eigene Schwächen?

Nachfolgend sollen diese strategischen Fragestellungen am Beispiel eines fiktiven mittelständischen Zulieferers der Luft- und Raumfahrtindustrie gespiegelt werden.

3.4 Strategische Analysen und Prognosen zu Umfeld und Unternehmen

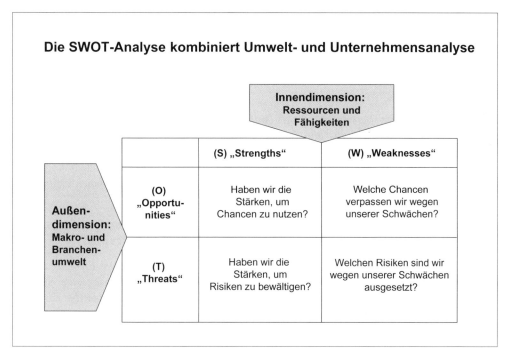

Abb. 114: SWOT-Analyse (Hungenberg, 2011, S. 88; leicht modifiziert)

Fallbeispiel SWOT: Ein (fiktiver) Mittelständler

„Strengths in relation to Opportunities": Welche Stärken besitzen wir und sind diese geeignet, um die Chancen aus dem Umfeld zu nutzen?

Das betrachtete Zulieferunternehmen der Luft- und Raumfahrtindustrie verfügt über besondere Kompetenzen in der Produktion von Leichtbaumaterialien für Flugzeuge. Diese Kompetenzen beruhen vor allem auf der Fachqualifikation der Mitarbeiter und der maschinellen Ausrüstung. Basierend auf einer Marktanalyse und unter Berücksichtigung von Einflussgrößen aus dem Umfeld wird prognostiziert, dass in der Automobilindustrie in den kommenden Jahren mit einem erheblichen Markt für Leichtbaumaterialien zu rechnen ist. Prinzipiell besitzt das Unternehmen entscheidende technologische Stärken, um diese Chance zu nutzen.

„Weaknesses in relation to Opportunities": Welche Schwächen besitzen wir und welche Chancen können deswegen möglicherweise nicht für das Unternehmen genutzt werden?

Für das Unternehmen zeigt die Analyse folgendes Bild: Das Unternehmen besitzt keine branchenbezogenen Erfahrungen im Großseriengeschäft der Automobilindustrie. In der betreffenden Branche werden zudem kaum noch Einzelkomponenten sondern komplette Subsysteme aus Leichtbaumaterial nachgefragt. Bisher hat das Unternehmen lediglich Komponenten in kleineren Stückzahlen nach Vorgabe geliefert. Wenn es sich nicht die erforderlichen zusätzlichen Kompetenzen aneignet, kann die identifizierte Chance möglicherweise nicht genutzt werden. Als weitere Schwäche kommt erschwerend eine sehr niedrige Eigenkapitalquote hinzu. Diese hat einen negativen Einfluss auf den Handlungsspielraum bei der Finanzierung von erforderlichen Investitionen.

„Strengths in relation to Threats": Sind unsere Stärken ausreichend, um Bedrohungen aus dem Umfeld zu begegnen?

Für das Unternehmen besteht durch das Aufkommen neuer Leichtbaumaterialien, die aus anderen Branchen in die Luft- und Raumfahrt drängen, eine prinzipielle Bedrohung des Stammgeschäftes. Die zentrale Frage ist hier, ob es dem Unternehmen gelingen wird, seine technische Kompetenz und seine Branchenkenntnisse zu nutzen, um diese Bedrohung abzuwenden. Ein Mittel dazu können z. B. Innovationen im Bereich der Zusammensetzung und Verarbeitung der eingesetzten Leichtbaumaterialien sein.

„Weaknesses in relation to Threats": Welche Schwächen besitzen wir und welchen speziellen Risiken sind wir daher wegen der Bedrohungen aus dem Umfeld ausgesetzt?

Im Falle des Beispielunternehmens könnte sich folgendes Bild zeigen: Die Firmen, die aus anderen Branchen in die Luft- und Raumfahrttechnik drängen, besitzen eine gute Kapitalausstattung. Die neuen Konkurrenten benutzen diese Stärke, um den Kunden die Vorfinanzierung von Entwicklungskosten für die betreffenden Komponenten zu offerieren. Das eigene Unternehmen ist aufgrund seiner Schwäche im Bereich der Kapitalausstattung nicht in der Lage, den Kunden vergleichbare Angebote zu unterbreiten. Es könnte sich herausstellen, dass die unzureichende Kapitalausstattung zur „Achillesferse" des Unternehmens wird.

Die SWOT-Analyse dient somit einer kombinierten strategischen Bestandsaufnahme zu Umfeld und Unternehmen. In ihr können die Ergebnisse aus den vorher beschriebenen speziellen Analyseinstrumenten konsolidiert werden. Hierzu werden z. B. die Erkenntnisse aus einer PESTEL-Analyse, einem Szenario-Projekt oder einer Five-Forces-Analyse für Chancen und Risiken aus dem Umfeld genutzt. Die Informationen zu Stärken und Schwächen können z. B. aus einer Ressourcenanalyse oder einem Benchmarking-Projekt stammen.

Aus praktischer Sicht kommt der SWOT-Analyse eine besondere Bedeutung zu. Diese liegt in der skizzierten Verdichtung der Außen- und der Innendimension und vor allem deren Beziehungen zueinander. Im Prozess des strategischen Managements kann die SWOT-Analyse daher von den Trägern des strategischen Controllings als spezielles Kommunikationsinstrument gegenüber dem Top-Management genutzt werden.

Das Top-Management erhält mit der SWOT-Analyse einen aggregierten Überblick über die zentralen Erkenntnisse und kann selektiv in die Diskussion von Einzelthemen eintreten. Insbesondere die Verbindung von Außen- und Innendimension zwingt zu einer permanenten „Relativierung" der Einschätzungen. So kann z. B. eine isolierte Ressourcenanalyse zu hervorragenden Einschätzungen hinsichtlich der eigenen Fähigkeiten führen und damit das Management in Sicherheit wiegen. Werden diese Fähigkeiten aber nach Einschätzung von Markttrends zukünftig nicht mehr benötigt, so sind sie drastisch „relativiert". Im Extremfall besitzen diese Fähigkeiten dann zukünftig den Wert von null. Bezogen auf das Eingangsbeispiel aus der Unterhaltungselektronik: Die Fähigkeit, die weltbesten Röhrenfernseher zu bauen, ist wertlos, wenn die Kunden zu LCD-Geräten abwandern.

3.4 Strategische Analysen und Prognosen zu Umfeld und Unternehmen

Die SWOT-Analyse kann unter den beschriebenen Aspekten auch als Instrument verstanden werden, um den „**Strategic Fit**" zu erreichen: Die Ressourcen und Fähigkeiten des Unternehmens sollen mit den Anforderungen der Umwelt in Übereinklang gebracht werden (vgl. hierzu Abb. 115).

Neben den klassischen Ressourcen und Fähigkeiten besitzen dabei die Ziele und Werte des Unternehmens und die Unternehmenskultur einen besonderen Stellenwert, um Orientierung und Motivation für das Entscheiden und Handeln zu geben. So können die **Werte eines Unternehmens** in Kombination mit der **Unternehmenskultur** eine spezielle Stärke darstellen. In einem Unternehmen mit starker Innovationskultur wird es z. B. einfacher gelingen, die Mitarbeiter für die neuen technischen Herausforderungen im Zusammenhang mit einer strategischen Chance zu motivieren. Ein Unternehmen mit einer weltoffenen Firmenkultur wird einen internationalen Expansionskurs leichter bewältigen können als ein Unternehmen, das eine rein national geprägte Unternehmenskultur besitzt.

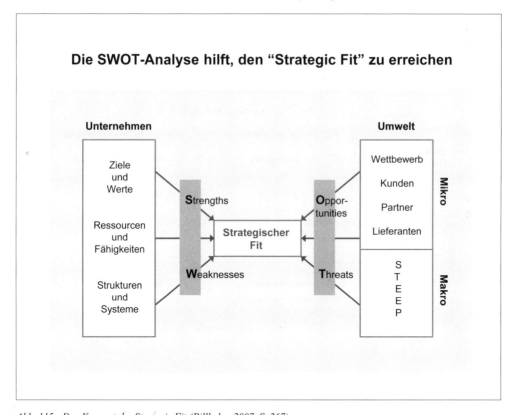

Abb. 115: Das Konzept des Strategic Fit (Pillkahn, 2007, S. 267)

Ein zusätzliches Element in einer erweiterten Analyse bilden die **Strukturen und Systeme** des Unternehmens. Diese können ebenfalls den Charakter einer Stärke oder Schwäche besitzen. So stellen z. B. rein kurzfristig orientierte Vergütungssysteme eine Schwäche im Zusammenhang mit der strategischen Ausrichtung eines Unternehmens dar. Es bestehen keine Anreize die erforderlichen Vorleistungen zu tätigen, da sie zu Lasten der aktuellen Jahresvergütung gehen. Aufgrund einer solchen Schwäche besteht ein Risiko, dass mögliche Chancen nicht genutzt werden. Verfügt ein Unternehmen im Umkehrschluss über ein entsprechend strategisch orientiertes Vergütungssystem, kann dies gegenüber den Wettbewerbern langfristig zu einem Vorteil führen.

Ausgehend von den identifizierten Stärken und Schwächen sowie Chancen und Risiken sind **strategische Handlungsalternativen** zu erarbeiten. Die identifizierten Bedrohungen aus der SWOT-Analyse bilden zugleich einen essenziellen Input für das proaktive Risikomanagement eines Unternehmens.

Aus der SWOT-Analyse ergeben sich **vier grundsätzliche Strategierichtungen**, die Abb. 116 im Überblick veranschaulicht (vgl. Dillerup/Stoi, 2011, S. 221 ff.; Welge/Al-Laham, 2012, S. 448 ff.).

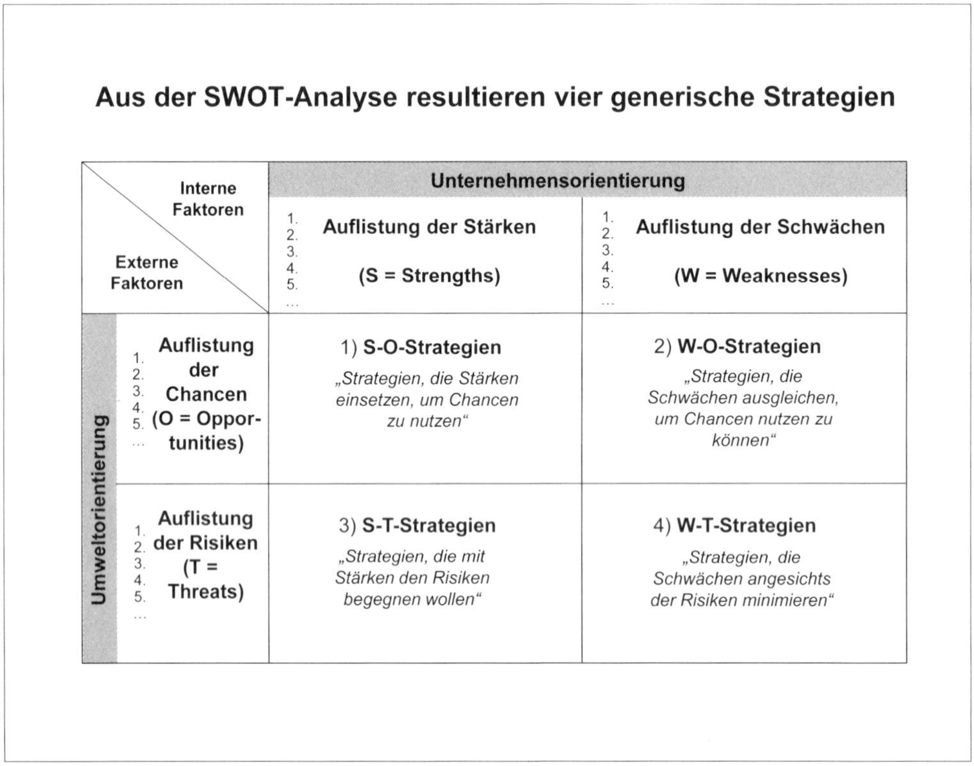

Aus der SWOT-Analyse resultieren vier generische Strategien

Interne Faktoren / Externe Faktoren	Unternehmensorientierung	
	Auflistung der Stärken (S = Strengths)	Auflistung der Schwächen (W = Weaknesses)
Auflistung der Chancen (O = Opportunities)	1) **S-O-Strategien** „Strategien, die Stärken einsetzen, um Chancen zu nutzen"	2) **W-O-Strategien** „Strategien, die Schwächen ausgleichen, um Chancen nutzen zu können"
Auflistung der Risiken (T = Threats)	3) **S-T-Strategien** „Strategien, die mit Stärken den Risiken begegnen wollen"	4) **W-T-Strategien** „Strategien, die Schwächen angesichts der Risiken minimieren"

Abb. 116: Generische Strategien auf Basis der SWOT-Analyse (vgl. Dillerup/Stoi, 2011, S. 223)

3.4 Strategische Analysen und Prognosen zu Umfeld und Unternehmen

Bei den vier Stoßrichtungen handelt es sich um:

1. **S-O-Strategien**
   Die Stärken („Strengths") des Unternehmens sollen eingesetzt werden, um die identifizierten Marktchancen („Opportunities") zu nutzen. In diesen Bereich sind Strategien zur Übertragung von Kernkompetenzen auf neue Geschäftsfelder anzusiedeln. Auch die Verfügbarkeit von umfangreichen Liquiditätsreserven bildet eine Stärke. Diese kann z. B. für identifizierte M&A-Möglichkeiten gezielt eingesetzt werden.

2. **W-O-Strategien**
   Die Schwächen („Weaknesses") des Unternehmens sollen beseitigt werden, um die Marktchancen („Opportunities") zu nutzen. In diesen Bereich sind z. B. Strategien einzuordnen, durch die stark wachsende Regionen erschlossen werden sollen, in denen das Unternehmen im Gegensatz zu seinen Konkurrenten bisher noch nicht vertreten ist. Auch der Erwerb von Lizenzen für eine neue Schlüsseltechnologie, über die das Unternehmen noch nicht verfügt, stellt ein Beispiel für eine WO-Strategie dar.

3. **S-T-Strategien**
   Die Stärken („Strengths") des Unternehmens sollen eingesetzt werden, um Bedrohungen aus dem Umfeld („Threats") abzuwehren. Im Falle von akuten Lücken im Produktportfolio könnten daraus z. B. entsprechende M&A-Projekte resultieren, bei denen ein Unternehmen seine Finanzstärke einsetzt. Damit kann es gelingen, das Produktportfolio sehr schnell zu ergänzen.

4. **W-T-Strategien**
   Strategien in diesem Bereich besitzen Defensivcharakter; sie zielen auf das Minimieren der Schwächen („Weaknesses") in Relation zu den Bedrohungen aus dem Umfeld („Threats"). Die Strategie könnte z. B. in der Suche nach einem Unternehmenskäufer für besonders bedrohte Geschäftseinheiten bestehen.

Die vier generischen Strategietypen sind als Suchrichtungen zu verstehen. Mit dieser Orientierung sind in der nachfolgenden Phase der Alternativensuche erst die eigentlichen Strategievorschläge zu erarbeiten.

Wichtige Impulse für die Unternehmenspraxis hat in diesem Zusammenhang auch das von Mann entwickelte Konzept einer **„Strategischen Bilanz"** gegeben, das auf die zukünftigen Engpässe eines Unternehmens abstellt (vgl. Mann, 1989). Dabei werden positive Abhängigkeiten (Aktiva) und negative Abhängigkeiten (Passiva) in verschiedenen Feldern untersucht: Kapital (im volkswirtschaftlichen Sinne), Material, Personal, Absatz und Know-how. Die identifizierten Engpässe bilden dann die Ausgangsbasis für alternative Strategien.

Das nachfolgend beschriebene Vorgehen der Pfeiffer Vacuum Technology kann als Beispiel für die Anwendung einer SWOT-basierten Strategie gelten.

Fallbeispiel SWOT: Pfeiffer Vacuum Technology

Die Pfeiffer Vacuum Technology AG ist ein mittelständischer Hersteller von Hochleistungs-Vakuumpumpen. Im Geschäftsjahr 2009 wurde mit ca. 725 Mitarbeitern ein Umsatz von 182,0 Mio. € erzielt und ein Ergebnis nach Steuern von 27,7 Mio. € erwirtschaftet. Als Teil des Jahresabschlusses veröffentlicht das Unternehmen seine SWOT-Analyse (Abb. 117).

Die SWOT-Analyse verdeutlicht, dass Pfeiffer Vacuum offensichtlich seine Märkte über eine Differenzierungsstrategie bearbeitet, und zwar mit gutem Erfolg, wie die Geschäftszahlen zeigen. Maßgebend auf der Stärkenseite sind hier neben der Innovationsdimension vor allem auch die globale Präsenz und die solide Kapitalstruktur, die Handlungsspielräume schafft. Primäre Schwächen sind die Positionierung in einem Nischenmarkt mit nur geringen Ausweichmöglichkeiten sowie die hohe Sensibilität gegenüber Währungsschwankungen. Aus den beschriebenen Schwächen lassen sich in der Tendenz Stoßrichtungen ableiten:

Schwäche „Nischenmarkt" → Stoßrichtung: Aufbau von neuen Märkten,

Schwäche „Währungsschwankungen" → Stoßrichtung: Erhöhte Wertschöpfung im $-Raum,

Stärke „Technologieführerschaft" → Stoßrichtung: Verstärkte Innovationen,

Stärke „Finanzkraft" → Stoßrichtung: Einsatz für den Zukauf passender Unternehmen.

Speziell im Hinblick auf die skizzierte letzte Stoßrichtung wurden entsprechende strategische Entscheidungen getroffen und umgesetzt:

„[...] haben wir mit Wirkung zum 1. Januar 2010 die Göttinger Trinos Vakuum-Systeme GmbH akquiriert. Das Unternehmen produziert Vakuumkammern, -komponenten und -systeme. Diese Produkte ergänzen unser Sortiment hervorragend. Wir haben damit einen wichtigen Schritt getan, um unseren Kunden noch bessere Vakuumlösungen anbieten zu können. [...] Wie schon beim Um- und Ausbau unserer Produktion in Asslar sind wir bei dieser Akquisition ebenfalls mit Bedacht vorgegangen. Wir haben nicht den ‚großen Deal' gesucht, mit dem wir uns in ein unüberschaubares Risiko begeben hätten. Wir haben uns für den Kauf eines Unternehmens entschieden, das in kleinen Schritten zum Ausbau unseres Kerngeschäfts beitragen wird." (Pfeiffer Vacuum, 2010, S. 10).

Noch im selben Jahr entschließt sich das Unternehmen jedoch, einen deutlich größeren Schritt zu gehen, um speziell die Schwäche im Vorpumpenmarkt zu adressieren. Mit dem Ziel der Weltmarktführerschaft bei Vakuumlösungen wird vom französischen Alcatel-Lucent-Konzern für einen Preis von ca. 200 Mio. € dessen Tochtergesellschaft Adixen erworben: „Mit diesem Schritt erreicht Pfeiffer Vacuum eine neue Geschäftsdimension. Wir werden unseren Umsatz nicht einfach nur verdoppeln sondern unsere Marktpräsenz signifikant verbessern. Wir haben schon immer betont, dass wir unsere Stellung im Vorpumpenmarkt ausbauen möchten und wir sind überzeugt, dass das Produktportfolio von Adixen bestens zu uns passt." (Pfeiffer Vacuum, 2011).

3.4 Strategische Analysen und Prognosen zu Umfeld und Unternehmen

PFEIFFER VACUUM

Hauptsitz	Asslar, Deutschland
Gründungsjahr	1890
Unternehmensgegenstand	Entwicklung, Produktion und Vertrieb von Komponenten und Systemen zur Vakuumerzeugung, -messung und -analyse
Produktionsstandort	Asslar
Mitarbeiter	725 weltweit
Betriebsfläche	Circa 85.000 m²
Vertrieb und Service	11 Tochtergesellschaften und mehr als 20 Vertretungen weltweit
Exportanteil	62%
Qualitätsmanagement	Zertifiziert nach ISO 9001:2008
Umweltmanagement	Zertifiziert nach ISO 14001:2004
Börsenplatz	Deutsche Börse, Prime Standard/TecDAX
Bilanzierung	IFRS
Stammkapital	22.965 T €
Anzahl der Aktien	8.970.600 Stückaktien
Streubesitz	95%
Flüssige Mittel	62,0 Mio. €
Eigenkapitalquote	87,0 %

SWOT-Analyse des PFEIFFER VACUUM Konzerns

	Stärken	Schwächen
unternehmensbezogen	• Technologieführerschaft und Weltmarktführer bei Turbopumpen • Hohe Innovationskraft • Ausgewogen nach Produkten, Märkten und Regionen • Weltweites Vertriebs- und Servicenetzwerk • Solide, starke Bilanz • Schuldenfrei, hoher Cash-Bestand • Kontinuierliche Dividendenhistorie	• Niedriger Marktanteil bei Vorpumpen • Nischenmarkt, teilweise abhängig von Konjunkturzyklen • Geringe Präsenz im Markt Chemie- und Prozesstechnik
	Chancen	**Risiken**
marktbezogen	• Technologieführerschaft weiter stärken • Entwicklung und Lieferung von bedarfsgerechten Produkten • Position im Solarmarkt weiter ausbauen • Ausbau des Vorpumpenmarktanteils durch innovative Produkte • Zukauf passender Unternehmen	• Volatilitäten bei Wechselkursen gegenüber dem Euro • Weiter zunehmender Wettbewerbsdruck • Auswirkungen der globalen Wirtschaftskrise

Abb. 117: Eckdaten und SWOT-Analyse der Pfeiffer Vacuum Technology AG (Pfeiffer Vacuum Technology, 2010, S. U-II, S. 68)

Unter dem Aspekt des **Enterprise Risk Managements** gehen die Resultate der SWOT-Analyse in den Bereich der strategischen Risiken ein. Es existiert darüber hinaus noch eine Vielzahl anderer potenzieller Risiken, insbesondere operativer Natur. Die Herausforderung des Enterprise Risk Management besteht darin, die Gesamtheit der strategischen und operativen Risiken des Unternehmens zu beherrschen. Das möglichst vollständige und vor allem frühzeitige Identifizieren von Risiken stellt dabei einen zentralen Faktor für den Erfolg des Risikomanagements dar. Je frühzeitiger ein Risiko erkannt wird, umso größer sind die Möglichkeiten des gezielten Handelns. Unter diesem Gesichtspunkt ist auch die Handlungsmaxime der Praxis zu verstehen: „Kill the beast, when it's small" (Rathnow, 2010, S. 80).

Für das Identifizieren von Risiken können unterschiedliche Instrumente bzw. Vorgehensweisen gewählt werden, die sich auch kombinieren lassen. Dazu zählen u. a. (vgl. Brünger, 2010, S. 100 ff., International Organization for Standardization, 2010b, p. 22):

Ereignisinventare: Hierbei handelt es sich um eine strukturierte Auflistung von Ereignissen, die in einem Unternehmen auftreten können. Ausgangspunkt bilden zumeist Erfahrungen aus der Vergangenheit, wodurch entsprechende Limitierungen gegeben sind. Das Identifizieren von Risiken kann hier durch Checklisten unterstützt werden, die ein systematisches Abarbeiten von Risikofeldern ermöglichen. Abb. 118 zeigt das Beispiel einer solchen **Risiko-Checkliste**, die sowohl für die Risikoidentifikation durch Einzelpersonen als auch durch Gruppen genutzt werden kann.

Workshops: Diese dienen dem interdisziplinären Identifizieren von Risiken durch eine Gruppe von Personen. Ihr besonderer Vorteil liegt in der Möglichkeit, die Risiken unter verschiedenen fachlichen Aspekten zu beleuchten und dabei auch „Ketteneffekte" oder eine „Risiko-Kumulation" zu betrachten. Im Idealfall werden die Workshops in unmittelbarer Verbindung zum strategischen Planungsprozess durchgeführt. Dies betrifft sowohl die zeitliche Integration als auch den Personenkreis. Damit wird eine weitestmögliche Nutzung der strategischen Analyse- und Prognoseinformationen gewährleistet. Hier können dann z. B. die Ergebnisse aus Szenarioprojekten und die Resultate der SWOT-Analyse einfließen.

Interviews: Es handelt sich um ein Vorgehen, das Ähnlichkeit zu einem Workshop mit kleiner Teilnehmerzahl (1–2) besitzt. Der fehlenden gruppendynamischen Komponente steht die Möglichkeit zur vertieften Diskussion von speziellen Risiken gegenüber.

Ergänzend zu den Regel-Vorgehensweisen können Risiken auch jederzeit als Resultat von strategischen Früherkennungssystemen oder auch aus den übrigen Unternehmensprozessen identifiziert werden.

Die identifizierten Risikoereignisse sind im nächsten Schritt zu bewerten (vgl. Brünger, 2010, S. 121 ff.). Die Bewertung erfolgt auf Basis der **Schadenshöhe** und der **Eintrittswahrscheinlichkeit**. Dabei ist zwischen originärem Risiko (Bruttorisiko) und residualem Risiko (Nettorisiko) zu unterscheiden. Das **originäre Risiko** stellt die Risikohöhe dar, bevor Maßnahmen zur Risikoreduktion getroffen werden. Entsprechend handelt es sich bei dem **residualen Risiko** um die Risikohöhe nach erfolgten Reduktionsmaßnahmen. Bei der hier betrachteten Risikobeurteilung steht das originäre Risiko im Vordergrund.

3.4 Strategische Analysen und Prognosen zu Umfeld und Unternehmen

Eine Checkliste erleichtert das systematische Abarbeiten von Risikofeldern

	Strategische Risiken		Marktrisiken		Finanzmarktrisiken		Risiken aus Compliance & Corp. Governance		Supply Chain Risiken/ Leistungsrisiken		Außerordentliche und spezielle operationelle Risiken
1	Geschäftsfelderstruktur und Portfoliorisiken	1	Markttrends	1	Zinsrisiken	1	Rechnungslegung, Vollständigkeit und Einhaltung von Standards	1	Akquisition und Vertriebsprozesse	1	Kalkulationsrisiken bei Projekten und langen Vertragslaufzeiten
2	unsichere Prämissen und Konsistenz der Strategie	2	Struktur der Wettbewerbskräfte	2	Währungsrisiken	2	Internes Kontrollsystem und Umsetzung von Legal Compliance	2	Angebote, Kalkulation, Preissetzung	2	Ausfall zentraler Produktionskomponenten
3	Bedrohung kritischer Erfolgsfaktoren und strategischer Ziele	3	Substitutionsrisiken (z.B. neue Produkte)	3	Wertschwankungen bei Wertpapieren (UV)	3	Unternehmenskultur und Risikokommunikation	3	Einkaufs- und Eingangslogistik, Lieferantenwahl	3	Schwankungen der sonstigen Kosten
4	Finanzstruktur (insbes. Eigenkapitalquote und Kostenstruktur)	4	Abhängigkeit von einzelnen Kunden	4	Risiken aus Einsatz von Derivaten	4	Investor Relationship und Public Relationship	4	Auftragsplanung	4	Schwankung der Personalkosten
5	M&A-Risiken Beteiligungswerte	5	Abhängigkeit von Lieferanten	5	Forderungsausfälle	5	Entlohnungs- und Anreizsysteme	5	Service und Lieferfähigkeit	5	Ausfall Schlüsselpersonen
6	Megatrends und Trendrisiken: Chancen und Gefahren	6	Bedrohung von Marktposition und Wettbewerbsvorteilen	6	Wertschwankungen von Beteiligungen, Impairmentrisiko	6	Zielkongruenz ökonomischer Entscheidungsregeln	6	Ausgangslogistik	6	Sachanlageschäden (z. B. durch Feuer)
		7	Markteintritt neuer Wettbewerber	7	Immobilien und sonstige Asset-Klassen	7	Führungsstil, Betriebsklima und Motivation	7	Abrechnung/ Faktura	7	Markenrisiken/ Imagerisiken
		8	Absatzmengenschwankungen	8	Finanzielle Stabilität, Rating und Liquidität (Kreditlinie, Covenants)	8	Rechtliches und politisches Umfeld	8	Lieferantenausfall	8	Werkschutz, exogene kriminelle Aktivitäten, Sicherheitsorganisation
		9	Absatzpreisschwankungen			9	Sonstige organisatorische Risiken (Strukturen, Prozesse)	9	spezielle Projektrisiken	9	Planungs-, Prognose- und Frühwarnsysteme
		10	Beschaffungsmarktrisiken (Materialkosten, Rohstoffpreise)			10	Konventionalstrafen, Bürgschaften oder andere Vertragsrisiken			10	F&E-Prozesse und technologische Risiken
										11	Datensicherheit
										12	IT-Verfügbarkeit
										13	Arbeitssicherheit
										14	Umweltrisiken
										15	Vorteilnahme, Untreue, Fraud und Betrug
										16	Allgemeine Haftpflicht
										17	Produkthaftung
										18	Managementrisiken/ Entscheidungsrisiken

Abb. 118: Risiko-Checkliste (Gleißner, 2008, S. 52)

Für eine Klassifizierung der Risiken hat es sich als zweckmäßig erwiesen, die **Schadenshöhe in abgestufter Form** zu definieren. Denkbare Abstufungen hinsichtlich der Wirkung für ein Unternehmen bzw. eine Organisationseinheit sind z. B. (a) unbedeutende Wirkung, (b) geringe Wirkung, (c) mittlere Wirkung, (d) große Wirkung, (e) katastrophale Wirkung. Der Vorteil einer entsprechenden Skalierung besteht u. a. darin, dass die Einschätzung mit Blick auf das jeweilige Unternehmen bzw. die jeweilige Organisationseinheit getroffen werden kann. Für ein Dax-Unternehmen dürfte ein Liquiditäts-Einzelrisiko von 10 Mio. € in die Kategorie der mittleren bis großen Risiken einzustufen sein. Im Falle eines mittelständischen Unternehmens handelt es sich dagegen oftmals schon um ein existenzbedrohendes Risiko. Ebenso ermöglicht eine derartige Klassifizierung auch das Einstufen von Risiken, die nicht oder zumindest nicht direkt monetär messbar sind. Dies gilt im Speziellen für die Unternehmensreputation aber auch z. B. für Ziele im Kontext von Arbeits-/Mitarbeitersicherheit. So besteht in bestimmten Regionen der Welt ein erhebliches persönliches Sicherheitsrisiko, das bei strategischen Expansionsüberlegungen einzubeziehen ist.

Für identifizierte Risiken ist die **Wahrscheinlichkeit** ihres Eintretens zu schätzen. Während für eine Vielzahl von operativen Risiken bereits historische Erfahrungswerte existieren, müssen speziell für strategische Risiken zumeist qualifizierte Schätzungen durchgeführt werden. Aufgrund der Komplexität einer entsprechenden methodenbasierten Abschätzung wird oftmals ein vereinfachtes Vorgehen angewandt. Hierfür werden analog zum Vorgehen bei der Schadenshöhe entsprechende Klassen gebildet. Im Unterschied zu den Wirkungen, die unternehmensabhängig zu betrachten sind, liegt bei den Wahrscheinlichkeiten eine Normierung vor, d. h., die Wahrscheinlichkeiten können sich nur zwischen 0 und 1 bewegen. Typische Abstufungen sind in absteigender Reihenfolge der Wahrscheinlichkeit: „Häufig", „Möglich", „Selten", „Sehr selten", „Unwahrscheinlich" (vgl. Brühwiler, 2003, S. 122).

Die Gesamtheit der Risiken, die im Verlauf des Prozesses identifiziert wurden, geht in ein **Risk Register** ein, auch als **Risiko Inventar** bezeichnet (vgl. Gleißner, 2008, S. 100). Den einzelnen Risiken kann hier auf Basis der Risikobeurteilung eine Relevanz zugeordnet werden. Hierfür bietet sich ein entsprechendes Einstufen in Kategorien an, z. B. von „höchste Relevanz" bis „geringe Relevanz". Ausgehend von dem so ermittelten **originären Risiko (Bruttorisiko)** sind nachfolgend Entscheidungen zur Risikohandhabung anzustoßen.

Die identifizierten und bewerteten Risiken können zur besseren Visualisierung auch in einer **Risk Map** bzw. **Risk Matrix** dargestellt werden und zeigen das Risikoportfolio des Unternehmens (vgl. Brünger, 2010, S. 157 f.). In einem zweidimensionalen Koordinatensystem werden dazu auf den Achsen die Eintrittswahrscheinlichkeit und die Schadenshöhe abgetragen. Die Abb. 119 veranschaulicht ein derartiges Risikoportfolio, in das die einzelnen Risiken eingetragen sind.

Das Instrument, das sich durch eine intuitive Verständlichkeit auszeichnet, unterstützt vor allem bei dem Fokussieren auf die Hauptrisiken. Aus der Darstellung können unmittelbar die Risiken erkannt werden, die zu einer existenzbedrohenden oder doch sehr erheblichen negativen Wirkung auf das Unternehmen führen. Dabei gilt, dass mehrere große Risikoereignisse bei geballtem Auftreten ebenfalls zu einer Existenzkrise führen können.

3.4 Strategische Analysen und Prognosen zu Umfeld und Unternehmen 221

Eine SWOT-Analyse in Verbindung mit einer Risk Matrix kann damit als Ausgangspunkt für das Erarbeiten von strategischen Handlungsalternativen genutzt werden. Während die Risk Matrix dabei die Risikoseite in den Vordergrund stellt, werden bei der SWOT-Analyse auch die Chancen und Stärken berücksichtigt. Auch hier gilt es wieder die Ambivalenz von Chancen und Risiken zu berücksichtigen: Eine nicht genutzte strategische Chance der Gegenwart kann sich schnell zu einem Risiko in der Zukunft verändern.

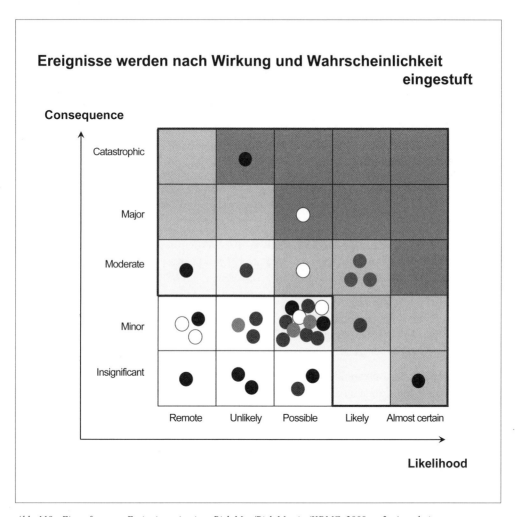

Abb. 119: Einstufung von Ereignissen in einer Risk Map/Risk Matrix (KPMG, 2009, p. 2; Ausschnit

Zusammenfassung

- Analysen sind systematische Untersuchungen zu einem Objekt hinsichtlich seiner aktuellen und ggf. früheren Ausprägungen.

- Prognosen sind zukunftsgerichtete Aussagen zu einem Objekt, ggf. unter Angabe einer Eintrittswahrscheinlichkeit. Prognosen sind im strategischen Bereich von fundamentaler Bedeutung, um zukünftige Trends aber auch die Folgen eigenen Handelns oder das Handeln andere Akteure in die Entscheidungsprozesse einzubeziehen.

- Bei der Ableitung zukunftsorientierter Aussagen treten mehrere Probleme auf. Diese betreffen insbesondere das unvollständige Wissen über das Zustandekommen des relevanten Objektes (z. B. der Einflussgrößen für das Marktvolumen), die Unsicherheiten bei den zukünftigen Ausprägungen von erkannten Einflussgrößen (z. B. Konsumenteneinkommen) sowie das Aufkommen von Strukturbrüchen (z. B. neue Technologien).

- Gegenstand von Analysen und Prognosen sind sowohl das Unternehmen als auch das Unternehmensumfeld.

- Das Unternehmensumfeld kann z. B. auf Basis der PESTEL-Struktur in die Bereiche „political", „economic", „social", „technological", „ecological" und „legal" unterschieden werden.

- Weitere, primär extern gerichtete Analyse- bzw. Prognosetechniken sind u. a. Szenariotechnik, Five-Forces-Analyse nach Porter, Marktanalyse, Kundenanalyse, Konkurrenzanalyse und Profit-Pool-Analyse. Sie dienen vor allem der Identifikation von Chancen und Risiken.

- Primär intern ausgerichtet sind Ressourcen-, Fähigkeiten- und Kernkompetenzanalysen sowie Mitarbeiterbefragungen. Hier stehen Stärken und Schwächen eines Unternehmens im Vordergrund.

- Gegenstand der Stakeholder-Analysen bildet der Einfluss, den Personen oder Organisationen/Institutionen ausüben können, die vom Handeln des Unternehmens betroffen sind.

- Bei dem Instrument des Benchmarkings sollen durch den Außenvergleich vor allem Ansatzpunkte für Verbesserungen gefunden werden. Als Benchmarkobjekte stehen Produkte und Prozesse im Vordergrund. Ebenso kann aber das Unternehmens als Ganzes oder organisatorische Einheiten, z. B. eine Business Unit, mit Benchmarks verglichen werden.

- Bei der Portfolioanalyse werden ebenfalls die externe und die interne Sichtweise kombiniert. Dazu wird die Positionierung von strategischen Geschäftsfeldern im Hinblick auf Außendimension und Innendimension untersucht, um Portfoliostrategien abzuleiten. In ihrem Kern ist die Portfolioanalyse ein Instrument der Corporate Strategy, in modifizierter Form kann sie jedoch auch für Analysen auf der Ebene der Business Strategy eingesetzt werden.

- Die Verdichtung der Informationen zu Stärken und Schwächen sowie Chancen und Risiken kann mit Hilfe der SWOT-Analyse erfolgen. Gemeinsam mit einer Risk Matrix dient sie als Ausgangspunkt für das Erarbeiten von strategischen Handlungsalternativen.

- Das frühzeitige Erkennen von strategisch relevanten Informationen ist von grundlegender Bedeutung für einen erfolgreichen Prozess des strategischen Managements. Daher besitzen Frühwarn- bzw. Früherkennungssysteme eine spezielle Relevanz. Strategisches Management kann in seiner Gesamtheit auch als Prozess der Früherkennung von Chancen und Risiken sowie Stärken und Schwächen interpretiert werden, für die zielgerechte Lösungen zu finden und umzusetzen sind.

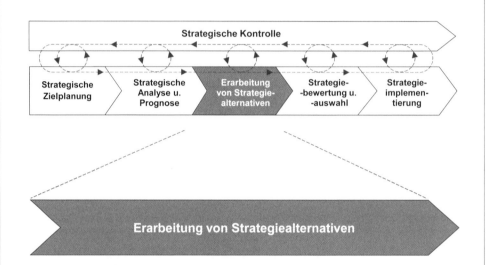

Abb. 120: *Erarbeitung strategischer Handlungsalternativen im strategischen Managementprozess*

3.5 Erarbeiten von Handlungsalternativen

„**Wie könnte unser Unternehmen Wettbewerbsvorteile erlangen bzw. verteidigen?**", diese Frage ist Gegenstand der Erarbeitung strategischer Handlungsalternativen, die sich der Phase der strategieorientierten Analysen und Prognosen anschließt (siehe Abb. 120).

Das Kapitel 3.5 adressiert die vielfältigen Ansatzpunkte für Strategien, insbesondere:

- Welche Beziehungen bestehen zwischen Strategiealternativen und dem Risikomanagement des Unternehmens?
- Welche grundsätzlichen Handlungsalternativen bieten sich für Geschäftsfelder an?
- Welche Optionen bestehen bei der Wahl einer eigenständigen Wachstumsstrategie?
- Wodurch unterscheiden sich die Hebel für Wettbewerbsvorteile und welche Risiken gilt es zu beachten, um ein „Stuck-in-the-middle" zu vermeiden?
- Wie werden Ressourcen und Fähigkeiten berücksichtigt?
- Wie können Geschäftsmodellstrategien eingesetzt werden?
- Was sind Chancen und Risiken der zeitorientierten Strategien?

Auf der Basis von Unternehmensbeispielen werden dann nachfolgend konkrete Strategien skizziert, um einen Einblick in die Vielfalt und Komplexität der Unternehmensrealität zu geben.

3.5.1 Grundsätzliches zu Strategiealternativen und Risiko

Das Erarbeiten von Strategiealternativen und die nachfolgende Entscheidung für eine bestimmte Strategie sollen helfen, **strategische Risiken aus dem Umfeld zu reduzieren und Chancen zu nutzen**. Gleichzeitig stellt das mögliche **Scheitern** wiederum ein **Risiko in sich selbst** dar. Unter diesem Aspekt besteht eine unmittelbare Beziehung zum Enterprise Risk Management, wobei der Schwerpunkt der Betrachtung auf den strategischen Risiken liegt.

Das **originäre strategische Risiko (Bruttorisiko)** eines Unternehmens soll durch strategische Handlungen auf ein **akzeptables residuales Risiko (Nettorisiko)** reduziert werden. Ebenso sollen aber die Chancen, die sich dem Unternehmen bieten, bestmöglich in Erfolge umgesetzt werden. Strategiealternativen sind somit spezifisch im Hinblick auf Chancen und Risiken zu entwickeln. Für die Handhabung von Risiken bestehen dabei **generische Alternativen**. Diese sind je nach dem **identifizierten Chancen-/Risiko-Profil** und der **Risikopolitik** eines Unternehmens durch geeignete strategische Optionen zu konkretisieren. Zu den generischen Alternativen im Bereich des Risikomanagements zählen (vgl. z. B. Denk/Exner-Merkelt/Ruthner, 2008, S. 128 ff.):

- Risikovermeidung,
- Risikoverminderung,

- Risikodiversifikation,
- Risikotransfer,
- Risikovorsorge,
- Risikoakzeptanz bzw. -selbsttragung.

Die **Risikovermeidung** bildet die stärkste Form der Risikoreduktion. In diesem Fall verzichtet das Unternehmen darauf, diejenige Aktivität durchzuführen, aus der das Risiko entsteht. Ausgangspunkt hierfür bildet die Risikopolitik des Unternehmens. Da unternehmerisches Handeln untrennbar mit Risiken verbunden ist, kommt die Maßnahme der Vermeidung vor allem bei sehr schwerwiegenden, existentiellen Risiken sowie normativ ausgeschlossenen Risiken in Betracht. Risikovermeidung als generelle Risikostrategie wäre gleichbedeutend mit dem grundsätzlichen Verzicht auf unternehmerische Chancen. Dies würde im unmittelbaren Widerspruch zu den Ideen des strategischen Managements stehen.

Die **Risikominderung** versucht, für ein erkanntes Risiko die Eintrittswahrscheinlichkeit und/oder das Schadensausmaß zu reduzieren. Hierzu werden die Einflussgrößen auf ein Risiko hinsichtlich ihrer Beeinflussbarkeit untersucht und entsprechende Maßnahmen definiert. So könnte z. B. im Falle einer möglichen Substitutionstechnologie eine Strategiealternative im parallelen Aufbau von eigenem Know-how liegen oder dem Erwerb von Patenten bestehen. Auch der der rechtzeitige Marktaustritt kann eine Handlungsmöglichkeit im Sinne der Risikominderung darstellen.

Die **Risikodiversifikation** dient dem Risikoausgleich. Sie zielt darauf ab, die Unternehmensrisiken im Hinblick z. B. auf Branche, Kunden, Produkte oder Regionen zu streuen. So kann sich ein Unternehmen als Teil seiner Portfoliostrategie dazu entschließen, in zwei Branchen tätig zu sein, die unterschiedlichen Konjunkturzyklen folgen. Das Eintreten von konjunkturellen Problemen in einer der beiden Branchen schlägt dann nur anteilig auf das prozentuale Unternehmensergebnis durch. Diversifikation als Instrument der Risikohandhabung besitzt auch mit Blick auf die Abhängigkeit von Kunden eine spezielle Relevanz. Hohe Umsätze mit Einzelkunden („50 % des Umsatzes mit Firma A") führen zu erheblich höheren Risiken als eine diversifizierte Kundenstruktur („Fünf Hauptkunden mit je 10 % des Umsatzes"). Risikodiversifikation kann somit auch als das Vermeiden von zu großen Abhängigkeiten verstanden werden.

Der **Risikotransfer** dient der Übertragung von Risiken auf unternehmensexterne Märkte. Ebenfalls dem Risikotransfer sind Maßnahmen der Risikoteilung zuzuordnen. Dieses Prinzip findet sich z. B. bei Gemeinschaftsunternehmen. Der Gewinnteilung der Partner steht eine Risikoteilung gegenüber. In die gleiche Richtung gehen Entwicklungspartnerschaften, wie sie u. a. in der Automobilindustrie häufig anzutreffen sind.

Die **Risikovorsorge** dient der Bildung einer Reserve, mit der eintretende Risiken abgedeckt werden. Bei der Reserve kann es sich um liquide Mittel handeln, die für den Ernstfall vorgehalten werden. Dieser Kategorie sind jedoch auch Kreditlinien zuzurechnen, die bei Bedarf in Anspruch genommen werden können. Die Risikovorsorge reduziert in diesem Sinne nicht das Risiko, sondern gewährleistet die Tragfähigkeit für den Fall des Risikoeintritts.

Die **Risikoakzeptanz bzw. -selbsttragung** entspricht dem Risikoumfang, der nach Berücksichtigung aller reduzierenden Maßnahmen von einem Unternehmen selbst übernommen wird.

Die Ausführungen zum Risikomanagement sollten allerdings nicht zu dem Eindruck führen, dass strategisches Controlling bzw. strategisches Management einseitig risikoorientiert ist. Die Herausforderung besteht darin, auf Basis der Risikopolitik des Unternehmens zu einer **Balance zwischen Unternehmenszielen, Risiken und Chancen** zu kommen. Welche konkreten Handlungsmöglichkeiten sich hierfür bieten, ist Gegenstand der nachfolgenden Abschnitte zu Strategiealternativen und Fallbeispielen in den Bereichen „Corporate Strategy" und „Business Strategy".

3.5.2 Ansatzpunkte für Strategiealternativen

Die Frage nach Ansatzpunkten für Strategiealternativen adressiert einen grundsätzlichen Aspekt und betrifft sowohl das Gebiet der Corporate Strategy als auch der Business Strategy. Für das strategische Controlling als Unterstützungsfunktion gestalten sich die Aufgaben in den beiden Gebieten unterschiedlich:

- Im Bereich der **Corporate Strategy** steht die Frage der zukunftsorientierten Entwicklung des Unternehmensportfolios im Vordergrund. Die Träger des strategischen Controllings beschäftigen sich mit Alternativen hinsichtlich der Beibehaltung, Schrumpfung oder Erweiterung des Unternehmensportfolios. Dies bedeutet, alle Geschäfte „auf den **Prüfstand zu stellen**", einschließlich der Alternative des Verkaufs oder der Schließung von Einheiten. Derartige, radikale Vorschläge können im Regelfall nicht von den Geschäftsverantwortlichen der betreffenden Einheit erwartet werden. Mit der Veräußerung oder sogar Schließung einer Einheit ist für die betreffenden Führungskräfte ein unmittelbares persönliches Risiko verbunden. Es kann daher nicht davon ausgegangen werden, dass das betreffende Management eine entsprechende Alternative objektiv berücksichtigen wird. Hier ist es die Aufgabe des strategischen Controllings, die Gesamtinteressen des Unternehmens durch das Erarbeiten umfassender Alternativen zu wahren.

- Bei der **Business Strategy** stellt sich der Schwerpunkt anders dar. Kennzeichnend für die Erarbeitung von Strategiealternativen der Business Strategy ist der stark inhaltlich geprägte Charakter, z. B. im Zusammenhang mit technischen Produktinnovationen oder neuen Marketingansätzen. Entsprechend wird diese Phase von den unternehmerisch verantwortlichen Führungskräften und deren Fachexperten geprägt.

Strategiealternativen lassen sich nach unterschiedlichen Kriterien systematisieren. Das Verstehen dieser verschiedenen Typen von Strategien ist hilfreich, um ein Verständnis von den prinzipiellen Handlungsmöglichkeiten zu gewinnen. Das eigentliche Erarbeiten von Alternativen muss unter Berücksichtigung der jeweiligen Gegebenheiten eines Unternehmens erfolgen. Diese finden ihren Niederschlag in den Erkenntnissen aus dem Analyse- und Prognoseprozess, insbesondere der zusammenfassenden SWOT-Analyse. In der Phase der Alternativensuche gilt es, einen bewusst breiten Blickwinkel zu nutzen und ein Denken nach dem Muster „Business as usual" zu vermeiden.

Abb. 121 veranschaulicht, ohne Anspruch auf Vollständigkeit, die Vielfalt der Unterscheidungskriterien, die für das Systematisieren von strategischen Handlungsalternativen infrage kommen. Die angeführten Kriterien überschneiden sich dabei teilweise und können auch in einem gewissen Umfang in einer Strategie miteinander kombiniert werden. In den beiden rechten Spalten der Tabelle ist gekennzeichnet, ob die entsprechenden Strategien vorrangig auf der Ebene der Corporate oder der Business Unit Strategy anzutreffen sind.

Nachfolgend sollen die verschiedenen Strategiedimensionen der Abb. 121 beschrieben werden. Im Falle von Ausprägungen, die in den vorangegangenen Kapiteln bereits adressiert wurden, erfolgt ein entsprechender Hinweis.

Organisatorischer Geltungsbereich: Bei den Strategien handelt es sich um Corporate Strategy (Geltungsbereich: Gesamtunternehmen), Business Strategy (Geltungsbereich: Strategische Geschäftseinheit bzw. Business Unit/Division) oder Functional Strategy (Geltungsbereich: Funktionsbereiche des Unternehmens), wie auch in Kap. 2.4 erläutert.

SWOT-Bezug: Nach der Zuordnung in den Feldern der SWOT-Matrix ergeben sich die vier generischen Strategierichtungen (1) Strength-Opportunity-Strategie: Stärken einsetzen, um Chancen zu nutzen, (2) Weakness-Opportunity-Strategie: Schwächen ausgleichen, um Chancen zu nutzen, (3) Strength-Threat-Strategie: Stärken nutzen, um Bedrohungen zu begegnen, (4) Weakness-Threat-Strategie: Schwächen angesichts von Risiken minimieren. Die entsprechenden Strategien besitzen Relevanz für die Corporate- und die Business-Unit-Ebene (siehe zu SWOT auch Kap. 3.4.15).

Entwicklungsrichtung/Mitteleinsatz: Die Strategiealternativen betreffen die Richtungsausprägung in Form von Wachstumsstrategien (Investieren), Stabilisierungs- und Abschöpfungsstrategien (Halten) oder Schrumpfungsstrategien (Desinvestieren). Sie besitzen damit hohe Relevanz im Zusammenhang mit dem Portfoliomanagement auf der Corporate-Ebene. Als grundlegende Handlungsalternativen sind sie jedoch ebenso auf der Business-Unit-Ebene anwendbar. Charakteristisch für die Strategien ist:

- **Wachstumsstrategien** sind verbunden mit Investitionen, und zwar in endogenes oder exogenes Wachstum. Ausdruck exogener Wachstumsstrategien ist die Durchführung von M&A-Vorhaben.

- **Stabilisierungsstrategien** adressieren wirtschaftliche Probleme von Geschäftseinheiten, die z. B. durch eine Restrukturierung gelöst werden sollen. Eine Restrukturierungsstrategie führt in der Regel auch zu einer Kontraktion des Geschäftes. Derartige Situationen können sich je nach betroffener Organisationseinheit auf der Corporate-Ebene aber auch auf der Business-Unit-Ebene ergeben.

- **Abschöpfungsstrategien** sind im Gegensatz dazu eine typische Strategiealternative im Zusammenhang mit dem Portfoliomanagement auf Corporate-Ebene. Abschöpfungsstrategien sind aus finanzieller Sicht dann zu empfehlen, wenn sich der Lebenszyklus eines Geschäftes dem Punkt nähert, an dem weitere Investitionen keine adäquaten Rückflüsse erbringen.

3.5 Erarbeiten von Handlungsalternativen

Strategien können nach verschiedenen Kriterien systematisiert werden

Kriterium/ Gegenstand	Strategiebezeichnung	Organisatorischer Bereich	
		Corp.	Bus.
Organisatorischer Geltungsbereich	Corporate Strategy (→Gesamtunternehmen), Business Strategy (→SGE- bzw. Division-Ebene), Functional Strategy (→Funktionen)	Corp.	Bus.
SWOT-Bezug	Strength-Opportunity-Strategie; Weakness-Opportunity-Strategie, Strength-Threat-Strategie, Weakness-Threat-Strategie	X	X
Entwicklungsrichtung/ Mitteleinsatz	Wachstumsstrategie (Investieren; endogen/exogen), Stabilisierungs- und Abschöpfungsstrategien (Halten), Schrumpfungsstrategie (Desinvestieren)	X	X
Geschäftsmodell	Strategie bezogen auf gesamtes Geschäftsmodell oder Teile (Value Proposition-, Wertschöpfungs-, Erlösstrategie)		X
Produkte/Märkte	Marktdurchdringungsstrategie, Markterweiterungsstrategie, Produktentwicklungsstrategie, Diversifikationsstrategie	X Diversifikation	X
Ansatzpunkte für Wettbewerbsvorteile	Kostenführerstrategie, Differenzierungsstrategie, Nischenstrategie		X
Marktverhalten	Angriffsstrategie, Verteidigungsstrategie	(X)	X
Regionale Ausrichtung	Lokale, nationale Strategie Internationale, multinationale, globale, transnationale Strategie	X	X
Grad der Eigenständigkeit	Autonomiestrategie, Kooperationsstrategie	X	X
Wertschöpfungskette	Fokussierung, Vorwärtsintegration, Rückwärtsintegration		X
Synergiebezug	Marktorientierte und ressourcenorientierte Synergiestrategien	X	(X)
Zeitkomponente	First-Mover-, Fast-Follower-, Late-Mover-Strategie	(X)	X

Abb. 121: Strategietypen (vgl. Bea/Haas, 2013, S. 171 ff.; Welge/Al-Laham, 2012, S. 456 sowie Mussnig/Mödritscher/Oberchristl, 2007, S. 525)

Geschäftsmodell: Die betreffenden Strategien adressieren ein Geschäftsmodell in seiner Gesamtheit durch einen neuen, innovativen Ansatz oder konzentrieren sich auf Elemente des Modells. In diesem Fall handelt es sich um Value-Proposition-, Wertschöpfungs- oder Erlösmodellstrategien (siehe auch Kap. 3.4.11).

Produkte-/Märkte: Bezogen auf die Ebene der Business Strategy bestehen die Alternativen in der Marktdurchdringung (mit vorhandenen Produkten die vorhandenen Märkte intensiver bearbeiten), der Marktentwicklung (mit vorhandenen Produkten in neue Märkte gehen) und der Produktentwicklung (neue Produkte für vorhandene Märkte). Der Ebene der Corporate Strategy ist grundsätzlich die Alternative der Diversifikation zuzurechnen, d. h. neue Produkte für neue Märkte.

Ansatzpunkte für Wettbewerbsvorteile: Diese betreffen Strategien der Business-Unit-Ebene, mit denen branchenbezogene Wettbewerbsvorteile geschaffen werden sollen. Nach Porter wird dabei zwischen **Kostenführerstrategie, Differenzierungsstrategie** und **Konzentrations-/Nischenstrategie** unterschieden. Wegen der grundsätzlichen Bedeutung dieser Alternativen soll im Anschluss an die Skizzierung der Strategietypen hierauf noch näher eingegangen werden.

Marktverhalten: Die prinzipiellen Alternativen umfassen Angriffsstrategien und Defensivstrategien. Grundsätzlich handelt es sich um Strategien auf der Ebene der Business Units, die wegen ihrer weitreichenden Bedeutung jedoch besondere Auswirkungen auch auf die Corporate Ebene besitzen können. Dies gilt speziell im Falle einer Angriffsstrategie, wenn mit erheblichen Gegenreaktionen gerechnet werden muss. Im Falle des Markteintritts neuer Wettbewerber gewinnen Verteidigungsstrategien eine spezielle Bedeutung (vgl. Kuester et al., 2001).

Regionale Ausrichtung: Ein Unternehmen kann sich dazu entschließen, seinen Aktionsradius auf das Inland zu beschränken oder grenzüberschreitend aktiv zu werden. Speziell zu Beginn von grenzüberschreitenden Aktivitäten sind Entscheidungen zu treffen hinsichtlich der klassischen internationalen Markteintritts- und Marktbearbeitungsstrategien, beginnend vom Export bis zur Gründung von Tochtergesellschaften. Mit fortschreitendem Umfang der internationalen Aktivitäten eröffnen sich umfassendere Alternativen. Die grundsätzlichen Optionen bestehen hier in den Strategien der umfassenden Internationalisierung, der Lokalisierung, der Globalisierung und der Transnationalität (vgl. Kutschker/Schmid, 2008, S. 295 ff., S. 532 ff.).

- Im Modell der **internationalen Unternehmung** liegen die Kernkompetenzen in der Zentrale. Das Know-how wird im erforderlichen Umfang auf die Auslandsniederlassungen übertragen, die dann die notwendigen lokalen Anpassungen durchführen. Im Vordergrund steht damit die Fähigkeit zur Innovation in der Zentrale mit nachfolgendem Wissenstransfer.

- Bei dem Modell der **Lokalisierung** bzw. der **multinationalen Unternehmung** erfolgt eine gezielte Stärkung der jeweiligen nationalen Einheiten. Die Auslandseinheiten verfügen im Resultat über eine vergleichsweise hohe Autonomie, um die lokalen Marktmöglichkeiten bestmöglich nutzen zu können. Dies ist gleichbedeutend mit dem Schaffen bzw. Verteidigen von lokalen Erfolgspotenzialen.

- Im Gegensatz dazu ist das Modell der **globalen Unternehmung** durch das Streben nach globaler Effizienz bzw. globalen Erfolgspotenzialen geprägt. Die Strategien werden in der Zentrale erarbeitet und weltweit umgesetzt. Die besondere Fähigkeit globaler Unternehmen besteht somit in der Integration von weltweiten Aktivitäten, die durch die Zentrale angestoßen wurden.

- Das Modell der **transnationalen Unternehmung** folgt dagegen dem Gedanken eines integrierten Netzwerks. Die Ressourcen, Fähigkeiten und Kernkompetenzen der verschiedenen nationalen Einheiten sollen dabei bestmöglich genutzt werden. Klassische Beziehungen der Über-/Unterordnung werden durch Interdependenzbeziehungen ersetzt, die eher dem Gedanken einer Gleichordnung folgen.

Grad der Eigenständigkeit: Grundsätzliche Alternativen sind die Unabhängigkeitsstrategie und die Kooperationsstrategie, die prinzipiell für die Ebene der Corporate und der Business Strategy zu betrachten sind. Im Falle einer Kooperationsstrategie werden bestimmte unternehmerische Handlungsparameter bewusst eingeschränkt, um über den Weg der Zusammenarbeit mit einem anderen Unternehmen die eigenen Ziele letztlich besser zu erreichen. Die unterschiedlichen Kooperationsformen unterscheiden sich vorrangig in der Stärke der unternehmerischen Bindung. Sie reichen von einer vergleichsweise losen, vertragslosen Zusammenarbeit bis zur zeitlich unbefristet angelegten Gründung von Gemeinschaftsunternehmen.

Wertschöpfungskette: Neben der Beibehaltung des bisherigen Umfangs bestehen die grundlegenden Alternativen in der **Reduktion** oder der **Expansion** der Wertschöpfungskette. Im Falle der Reduktion gibt das Unternehmen Teile seiner bisherigen Wertschöpfungskette ab und konzentriert sich auf einen Bereich mit höherer Wettbewerbsfähigkeit bzw. besseren Erfolgsaussichten. Bei der Expansion erweitert das Unternehmen die Kette um vorgelagerte oder nachgelagerte Aktivitäten. Diese **Vorwärtsintegration** bzw. **Rückwärtsintegration** kann sowohl endogen als auch exogen erfolgen. Beispiele dieser Expansion finden sich u. a. im Bereich von Produktion und Handel. Hier sind sowohl Fälle anzutreffen, in denen Produktionsunternehmen in die Handelsstufe vorgestoßen sind (Vorwärtsintegration) als auch Einzelhandelsunternehmen, die in die Produktionsstufe eingetreten sind (Rückwärtsintegration).

Synergien: Im Vordergrund steht die Nutzung von Synergien über die einzelne strategische Geschäftseinheit (SGE) hinaus. Im Falle **werkstofforientierter Strategien** steht der betreffende Werkstoff bzw. die Fähigkeit zu seiner Verarbeitung im Vordergrund. Es besteht die Intention, durch Ausdehnen des Anwendungsbereiches neue Kundengruppen zu erschließen (siehe hierzu das Beispiel zur SWOT-Analyse in Kap. 3.4.15). Bei **technologieorientierten Strategien** sollen vorhandene Produktionseinrichtungen für neuartige Verwendungszwecke eingesetzt werden. Werkstoff- und technologieorientierte Strategien setzen damit als Startpunkt auf den Ressourcen, Fähigkeiten und Kernkompetenzen des Unternehmens auf. Im Gegensatz dazu sind **marktorientierte Synergiestrategien** vorrangig darauf ausgerichtet, neue Potenziale bei vorhandenen Kunden zu erschließen. Soweit die Kunden bisher nur Produkte der Division „A" gekauft haben, sollen zusätzlich auch die der Division „B" platziert werden. Einen speziellen Fall stellen die Synergien im Zusammenhang mit Akquisitionen dar (vgl. Kap. 3.6.2).

Zeitkomponente: Aus der Sicht einer marktorientierten Zeitstrategie handelt es sich vorrangig um die Frage des zeitlichen Eintritts in einen neuen Markt. Im Falle der ressourcenorientierten Zeitstrategie wird Geschwindigkeit in den Prozessen eingesetzt, um Wettbewerbsvorteile zu erlangen (vgl. zu Zeitwettbewerb Baum/Coenenberg/Günther, 2007, S. 138 ff.). Die prinzipiellen Alternativen der marktorientierten Zeitstrategie sind die des **First Movers**, **Fast Followers** oder **Late Movers** im Hinblick auf den Markteintritt (vgl. Fischer/Himme/Albers, 2007; Thompson/Strickland/Gamble, 2008, p. 189). Während die Erfolgschancen typischerweise für den Late Mover sinken, gestaltet sich für First Mover und Fast Follower die Einschätzung deutlich schwieriger. Das Ergebnispotenzial eines First Movers ist naturgemäß am größten, allerdings gilt dies auch für die Unsicherheit des Erfolges. So kann ein Fast Follower z. B. aus möglichen Fehlern eines Pioniers lernen und hierauf gezielt aufsetzen. Zu den Fragen, die mit Blick auf einen First-Mover-Markteintritt zu berücksichtigen sind, gehören:

- Ist das „Abheben" des Marktes von der Entwicklung komplementärer Produkte oder Dienstleistungen abhängig, die aktuell noch nicht verfügbar sind?

- Ist für das Produkt eine neue Infrastruktur bei dem Kunden oder kundenübergreifend erforderlich? Müssen die Kunden in der Anwendung des Produktes trainiert werden? Entstehen den Kunden insgesamt nennenswerte Kosten des Wechsels?

- Gibt es einflussreiche Wettbewerber, die über geeignete Hebel (z. B. Preis) verfügen, um das neue Produkt mit Erfolg zu attackieren?

Zusammenfassend ist festzustellen, dass ein **vielfältiges Set von Strategiealternativen** existiert. Die Strategiealternativen beschreiben dabei letztlich grundlegende Handlungsoptionen in Bezug auf

- **Geschäftsfelder:** bearbeitete Geschäftsfelder beibehalten, reduzieren oder erweitern,

- **Wachstumsform und -richtung:** wachsen in bisherigen oder neuen Märkten (produktbezogen, regional), organisch wachsen oder durch Unternehmenskäufe,

- **Hebel für Wettbewerbsvorteile:** ausrichten auf Kostenführerschaft, Differenzierung oder Nische,

- **Unabhängigkeitsgrad:** unternehmerischen Spielraum ohne Einschränkung belassen oder durch Kooperationen freiwillig einschränken,

- **Ressourcen und Fähigkeiten:** bisherige Kernkompetenzen beibehalten oder anpassen,

- **Geschäftsmodell:** beibehalten oder innovieren,

- **Zeitkomponente:** handeln als First-Mover oder Follower.

Gemeinsam ist allen Strategiealternativen, dass mit ihnen die Erhaltung und erfolgreiche Weiterentwicklung des Unternehmens erreicht werden soll. Strategiealternativen müssen entsprechend dazu geeignet sein, die Hindernisse auf dem Weg dort hin zu überwinden.

In diesem Kontext treten bei wachsenden Unternehmen spezifische **Wachstumsschwellen** auf: „Unter einer Wachstumsschwelle soll eine Datenkonstellation der Unternehmung verstanden werden, die eine zum Wachstum führende Strukturentscheidung der Unternehmensleitung erforderlich macht. Derartige Entscheidungen werden in einer wachsenden Unternehmung relativ häufig zu fällen sein. Unter einer kritischen Wachstumsschwelle soll dage-

3.5 Erarbeiten von Handlungsalternativen 233

gen eine Situation in der Unternehmung verstanden werden, welche grundlegende Veränderungen in einem Strukturbereich oder mehreren Bereichen gleichzeitig erfordert." (Haberlandt, 1970, S. 420). Wachstumsschwellen beschreiben damit im abstrakten Sinne eines der Hindernisse einer Unternehmensentwicklung.

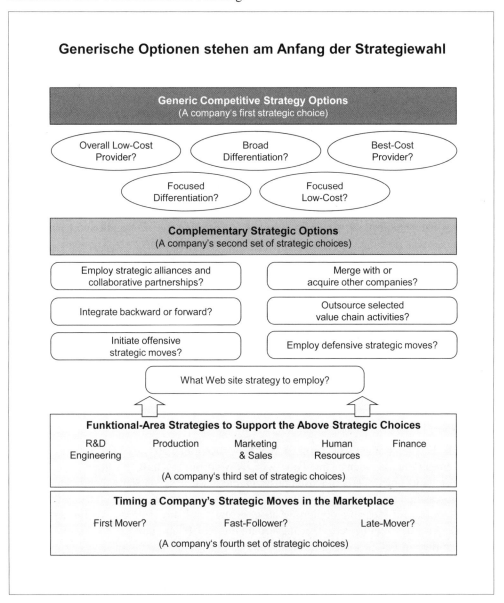

Abb. 122: Das Set strategischer Optionen (Thompson/Strickland/Gamble, 2008, p. 162)

Diese Hindernisse, wie Wachstumsschwellen, können sich in Abhängigkeit von den verfolgten Unternehmenszielen und der spezifischen Umfeld- und Unternehmenssituation sehr unterschiedlich darstellen. Es ist offensichtlich, dass die Strategiealternativen daher unternehmensindividuell zu präzisieren sind. Hierbei bietet sich ein mehrstufiges Vorgehen an, bei dem im Sinne eines Filterprinzips bereits Grundsatzentscheidungen bzw. Vorselektionen erfolgen. Nicht alle der Entscheidungen besitzen die gleiche Bedeutung und sind zum gleichen Zeitpunkt zu treffen. So unterscheiden Thompson/Strickland/Gamble sehr anschaulich zwischen generischen strategischen Optionen und nachgelagerten strategischen Optionen (siehe Abb. 122).

Ein Unternehmen muss zu Beginn eine Grundsatzentscheidung im Sinne von „First Strategic Choices" treffen, so z. B., ob es einer Kostenführerstrategie oder einer breiten Differenzierungsstrategie folgen will. Sobald die grundlegenden Ziel- bzw. Strategieentscheidungen erfolgt sind, können die komplementären Entscheidungen getroffen werden. Die grundlegenden Entscheidungen können sehr langfristigen Bestand haben, so dass sie über die Zeit sogar zu einem Teil des Selbstverständnisses eines Unternehmens werden. Gut zu beobachten ist dies bei Unternehmen, deren Gründung auf differenzierende technische Innovationen zurückgeht, wie dies z. B. bei Bosch oder Siemens der Fall war. Differenzierung über Innovationen als die grundlegende Unternehmensstrategie ist hier zum Bestandteil der Corporate-DNA geworden. Dies gilt vergleichbar mit „Kostenführerschaft" als dauerhaft gültigem strategischem Ziel bei Lebensmittel-Discountern, wie Aldi oder Lidl.

Bei den angesprochenen „First Strategic Choices" handelt es sich im Wesentlichen um die generischen Wettbewerbsstrategien nach Porter. Diese adressieren die Frage, mit welchem grundlegenden Hebel zukünftige Wettbewerbsvorteile erreicht werden sollen, und damit den Kern der Business Unit Strategy. Nach Porter lassen sich dabei drei generische Strategien unterscheiden (vgl. Porter, 2010, S. 37 ff.; Bea/Haas, 2013, S. 188 ff.):

- Kostenführerstrategie (branchenweit),
- Differenzierungsstrategie (branchenweit),
- Konzentrations-/Nischenstrategie.

Wie Abb. 123 veranschaulicht, beruhen Wettbewerbsvorteile auf den Fähigkeiten und Positionen eines Unternehmens. Im Falle der **Kostenführerschaft** resultiert der Wettbewerbsvorteil aus einer besseren Kostenposition, die entsprechende Handlungsspielräume bei der Preisgestaltung eröffnet. Von zentraler Bedeutung ist hierbei eine Wertschöpfungskette, die konsequent auf Kostenminimierung ausgerichtet wird. Im Falle der **Differenzierungsstrategie** wird der Wettbewerb über die Produktmerkmale ausgetragen. Der zentrale Hebel besteht in diesem Fall aus entsprechenden Innovationen bzw. Produktdifferenzierung. Diese führen aus der Sicht des Kunden zu einer objektiv oder subjektiv begründeten Unterscheidung.

3.5 Erarbeiten von Handlungsalternativen

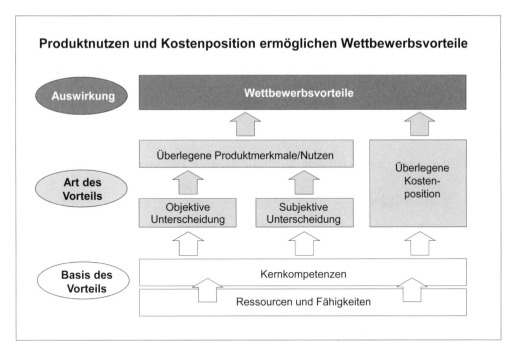

Abb. 123: Quellen der Wettbewerbsvorteile (vgl. The Boston Consulting Group, 2009b, S. 14)

Die Breite des Betätigungsfeldes adressiert die Frage der Anwendung von Wettbewerbsvorteilen auf einen weiten Bereich von Branchensegmenten oder als Konzentration auf vergleichsweise kleine Segmente. Die betreffenden Segmente können dabei technisch-inhaltlich (z. B. auf Basis von Leistungsklassen), regional oder auch nach Kundengruppen definiert werden. Kleine Segmente werden auch als **Nische** bezeichnet.

Für beide Strategien gilt, dass sie keinesfalls die jeweils andere Komponente außer Betracht lassen dürfen, also den Preis im Falle der Differenzierungsstrategie bzw. die Produktmerkmale im Falle einer Strategie der Kostenführerschaft. Diese zweite Komponente ist hier jeweils im Sinne einer Nebenbedingung zu berücksichtigen. So dürfen bei einer Differenzierungsstrategie bestimmte Preisprämien zum Durchschnittspreis nicht überschritten werden. In der Umkehrung dürfen bei angestrebter Kostenführerschaft bestimmte Qualitätsniveaus nicht unterschritten werden.

Dieser Qualitätsaspekt erklärt auch die hohe Bedeutung, die den Resultaten von unabhängigen Produkttests, wie z. B. der Stiftung Warentest, zukommt. Sie können von Unternehmen, die eine Strategie der Kostenführerschaft verfolgen, dazu genutzt werden, den entsprechenden Qualitätsnachweis zu führen. Deutlich zu beobachten ist dies im Bereich der Lebensmitteldiscounter. Positive Qualitätsurteile ermöglichen es, von einer Strategie der reinen Kosten- bzw. Preisführerschaft in Richtung auf „Niedriger Preis und (trotzdem) hohe Qualität", zu gehen. Dieses Beispiel verdeutlicht, dass die beiden Strategien oftmals auch in Modifikationen anzutreffen sind.

Bei einer Kombination von Kostenführerschafts- und Differenzierungsstrategie wird auch von einer **Hybridstrategie** gesprochen. Eine Strategie, die weder klar auf Überlegenheit bei der Kostenposition noch bei den Produktmerkmalen abstellt, bringt erhebliche Risiken mit sich. Wie Abb. 124 veranschaulicht, können die beabsichtigte und die realisierte Strategie voneinander abweichen. Nach Einschätzung von Porter ist das erfolgreiche Realisieren von hybriden Strategien eher die Ausnahme. Häufiger komme es zu „**Stuck-in-the-middle**".

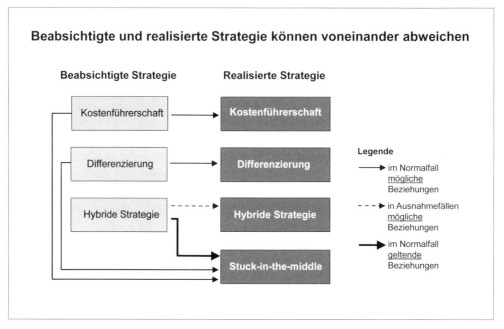

Abb. 124: Porters Thesen zur Realisierbarkeit beabsichtigter Wettbewerbsstrategien (Müller, 2007, S. 19; leicht modifiziert)

Während Kostenführerschaft und Differenzierung im Sinne von Porter branchenweite Strategien darstellen, richtet sich die Nischenstrategie auf spezifische Marktsegmente aus. Dabei gilt, dass Nischen häufiger mit Differenzierungsstrategien adressiert werden (vgl. z. B. die Hidden Champions bei Simon, 2007). Soweit ein Unternehmen die Kundenbedürfnisse der gewählten Nische entsprechend erfüllen kann, sind oftmals hervorragende finanzielle Ergebnisse zu erzielen. Typischerweise sind Nischen durch ein eher geringes Wachstum gekennzeichnet. Sobald eine Nische besonders attraktiv wird, z. B. durch hohes Wachstum, tendiert sie dazu, neue Wettbewerber anzulocken. Generell gilt, dass ein konsistentes Ausrichten der Strategie auf Kostenführerschaft oder Differenzierung einen positiven Effekt auf den finanziellen Unternehmenserfolg besitzt (vgl. Keimer/Schiller, 2011, S. 17; Schiller/Myrach/Rossier, 2011).

In den nachfolgenden **12 Beispielen** von **Corporate Strategy** und **Business Unit Strategy**, die Abb. 125 im Überblick zeigt, sollen ausgewählte reale Strategien skizziert werden.

3.5 Erarbeiten von Handlungsalternativen

Die Unternehmensbeispiele skizzieren spezifische Strategien

Ebene/ Unternehmen	Strategie (Gegenstand des Fallbeispiels)
A) Corporate Strategy	
1. VW	Global orientierte Wachstumsstrategie („VW 2018")
2. Siemens	Portfolioumbau (Expansions- und Desinvestitionsstrategie)
3. Hewlett-Packard	Exogene Wachstumsstrategie (Erweiterung bestehender Geschäfte)
4. Bertelsmann	Kombiniert endogen/exogene Wachstumsstrategie (Revitalisierung durch Unternehmensprogramm)
5. Nestlé	Kombiniert endogen/exogene Wachstumsstrategie (Langfristtrends als Grundlage einer Wachstumsstrategie)
6. ThyssenKrupp	Restrukturierung und strategische Neuausrichtung
B) Business Strategy	
7. Lidl	Kostenführerschafts- und Expansionsstrategie
8. Carl Zeiss Meditec	Differenzierungsstrategie/Internationalisierungsstrategie (Aufbau lokaler Wertschöpfung)
9. Simon Hegele	Differenzierungsstrategie/Geschäftsmodellstrategie (Ausbau der Value Proposition)
10. Vapiano	Endogene Wachstumsstrategie (Multiplikation eines erprobten Modells)
11. Rolls-Royce	Profit-Pool-Strategie (Neuprodukte als Hebel für das Servicegeschäft)
12. BMW	Ressourcen- bzw. technologieorientierte Kooperationsstrategie

Abb. 125: Übersicht der Beispiele zu ausgewählten Strategien

Die Beispiele sollen die Grundmuster der Strategien adressieren, ohne dass damit ein Anspruch auf vollständige Beschreibung erhoben wird. Das Ziel besteht darin, zum Nachdenken anzuregen und das mögliche Übertragen auf die eigene Handlungssituation zu prüfen. Für den Leser aus der Unternehmenspraxis sollte die Frage jeweils lauten: „Was würde es für mein Unternehmen bedeuten, wenn wir die dahinter stehende Idee, das Muster, übertragen?" Bei der Analyse der Strategien ist zu berücksichtigen, dass sich nicht alle guten Ideen beliebig miteinander kombinieren lassen. Das Resultat wäre eine unfokussierte, verwässerte und möglicherweise sogar widersprüchliche Strategie.

3.5.3 Unternehmensbeispiele zur Corporate Strategy

Im Mittelpunkt von Entscheidungen der Corporate Strategy stehen Fragen zur **Struktur des Geschäftsportfolios**. Als prinzipielle Alternativen bestehen hier Wachstumsstrategien, Stabilisierungs- und Abschöpfungsstrategien sowie Desinvestitionsstrategien. Grundlegende Portfolioveränderungen sind Ausdruck fundamentaler strategischer Ausrichtungen. In gleichem Maße gilt dies bei Unternehmen mit mehreren Business Units für die übergreifenden, strategischen Ziele des Unternehmens und die Strategien zu ihrer Erreichung.

Strategiebeispiel 1: Global orientierte Wachstumsstrategie

Unternehmen:	Volkswagen AG, Wolfsburg, Deutschland
Branche:	Automobil
Regionale Ausrichtung:	weltweit
Umsatz:	192,7 Mrd. € (Geschäftsjahr 2012)
Mitarbeiter:	ca. 549.800
Homepage:	volkswagenag.com

Im Jahr 2010 stellte der **Volkswagen-Konzern** seine „Strategy 2018" vor (vgl. Volkswagen, 2010a). Ausgangspunkt der Strategie bildet das Ziel, in 2018 der globale Marktführer der Automobilindustrie zu sein: „Volkswagen Group: Global Automotive Leader by 2018".

Das formulierte Ziel untergliedert sich in zwei Subziele, und zwar die **wirtschaftliche Führungsposition** und die **umweltbezogene Führungsposition**, die beide eingenommen werden sollen (siehe Abb. 126). Die Führungsposition wird seitens Volkswagen durch eine Reihe von Zielgrößen für das Zieljahr 2018 präzisiert: „Volkswagen Group profit before tax margin > 8 %", „Volumes > 10 million units p. a." sowie „Leading in customer satisfaction & quality" und „Top Employer". Für die beiden zuletzt genannten Zielgrößen erfolgt die Messung über spezielle Metriken bzw. Instrumente in Form von Befragungen zur Kundenzufriedenheit und zur Mitarbeiterzufriedenheit.

Die grundlegenden Vorgehensweisen, mit denen die Führungsposition bis 2018 erreicht werden soll, liegen auf der wirtschaftlichen Seite in der Ausdehnung des Marken- und Produktportfolios und der verstärkten globalen Marktabdeckung, insbesondere in den Emerging Markets. Kostenseitig sollen insbesondere die Hebel der Produktmodularisierung und der verstärkten lokalen Fertigung eingesetzt werden. Auf der Umweltseite wird die Führungsposition vorrangig durch ein breites Technologieportfolio mit Schwerpunkt bei den Antriebstechnologien angestrebt. Einen besonderen Stellenwert wird dabei alternativen Antriebstechnologien, wie z. B. Hybrid-Antrieben oder Elektro-Antrieben, eingeräumt.

Um das Ziel der globalen Führerschaft zu erreichen, sind umfangreiche Maßnahmen in den Emerging Markets aber auch in einigen reifen Märkten erforderlich, soweit Volkswagen dort noch gering vertreten ist. Deutlich wird dies am Beispiel der USA: In 2009 erreichte der VW-Konzern einen Marktanteil von 2,9 % in einem Markt von 10,3 Mio. Fahrzeugen („Cars

3.5 Erarbeiten von Handlungsalternativen

and Light Commercial Vehicles"). Dies liegt deutlich unter dem VW-Weltmarktanteil von 10,1 % in 2009. Entsprechend wurden in der „Strategy 2018" Ziele und Maßnahmen für den Markt der USA formuliert. So soll der Marktanteil bis 2018 auf 6,0 % gesteigert werden, und zwar bei einem Gesamtmarkt in den USA von 16,8 Mio. Fahrzeugen. Bei Erreichen dieser Ziele und dem Eintreten der Marktprognosen wird sich die Zahl der verkauften Fahrzeuge von ca. 0,3 Mio. auf ca. 1 Mio. erhöhen.

Das Realisieren der „Strategy 2018" setzt damit insbesondere marktfähige Produkte und entsprechende Produktionskapazitäten voraus. Wegen der Wechselkursrisiken kommt dabei einem hohen Fertigungsanteil im $-Raum eine spezielle Bedeutung zu („Natural Hedging").

Abb. 126: Elemente der „Strategy 2018" von VW (Volkswagen, 2010a, p. 5)

VW hat unter diesen Aspekten ein Bündel von Maßnahmen eingeleitet. Dazu zählte insbesondere die Entwicklung eines speziell auf den US-amerikanischen Markt abgestimmten Fahrzeuges, das seit 2011 in einem neuen Werk hergestellt wird. VW investierte hierfür in den USA ca. 750 Mio. € in den Aufbau des Standortes in Chattanooga, Tennessee, was die Entschlossenheit von VW zur Umsetzung der Strategie unterstreicht. Parallel hierzu erfolgen weitere Investitionen in Puebla, Mexiko, von wo aus bisher schon der US-Markt bedient wurde (vgl. Volkswagen, 2010a, 2013a, b). Es wird alleine an diesem Teilmarkt deutlich, dass für die „Strategy 2018" umfangreiche Investitionen in Basistechnologien, Produkte und Fertigungskapazitäten für bestehende und zukünftige Märkte erforderlich sind. Im Herbst 2010 erörterte der Aufsichtsrat von Volkswagen das mittelfristige Investitionsbudget: Bis zum Jahr 2015 wird der Konzern die Summe von 51,6 Mrd. € investieren, wovon 41,3 Mrd.

€ auf Sachanlagen und 10,3 Mrd. € auf aktivierte Entwicklungskosten entfallen. In dieser Summe noch nicht berücksichtigt sind die Gemeinschaftsunternehmen in China, die insgesamt in diesem Zeitraum 10,6 Mrd. € investieren werden (vgl. Volkswagen, 2011).

Einen Überblick über die fortschreitende Umsetzung der „Strategy 2018" und den Stand der Zielerreichung zum Geschäftsjahr 2012 gibt die nachfolgende Abb. 127.

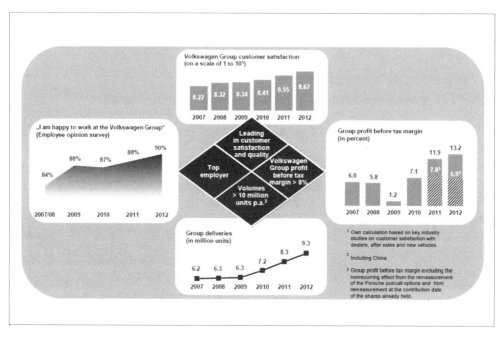

Abb. 127: Status der Zielerreichung der „Strategy 2018" zum Geschäftsjahr 2012 (Volkswagen, 2013c, p. 47)

Dem Unternehmen ist es gelungen, in allen vier Zielbereichen beträchtliche Fortschritte zu realisieren. Bemerkenswert ist dabei, dass es VW gelang, die Anzahl der ausgelieferten Fahrzeuge kontinuierlich zu steigern und dies bei gleichzeitig volatilen Märkten. Die positive Entwicklung bei Kundenzufriedenheit und Mitarbeiterzufriedenheit unterstreichen dies. Dies gilt ebenso für die Ergebniszahlen (Profit before tax), die in Relation zu den erheblichen Verlusten mehrerer Wettbewerber zu sehen sind.

Die erheblichen Investitionen von VW im Zusammenhang mit der „Strategy 2018" veranschaulichen die Notwendigkeit, bei strategischen Entscheidungen zwingend die monetären Effekte in die Beurteilung umfassend einzubeziehen. Bei mittelständischen Unternehmen stellen sich die absoluten Zahlen naturgemäß kleiner dar, die Konsequenzen bei Erreichen oder Nicht-Erreichen können jedoch ohne weiteres mit denen in einem Großunternehmen verglichen werden.

3.5 Erarbeiten von Handlungsalternativen 241

Strategiebeispiel 2: Portfolioumbau

Unternehmen:	Siemens AG, Berlin und München, Deutschland
Branche:	Industrie-, Energie-, Medizintechnik
Regionale Ausrichtung:	weltweit
Umsatz:	78,3 Mrd. € (Geschäftsjahr 2012)
Mitarbeiter:	ca. 370.000
Homepage:	siemens.com

Für **Siemens** bildete der Zeitraum ab dem Geschäftsjahr 2004 bis ca. 2008 eine Phase des massiven Portfolioumbaus. Wie Abb. 128 veranschaulicht, wurde alleine bis Mitte 2007 das Portfolio um ca. 33 % durch Verkäufe und Einbringungen in Joint Venture reduziert. Gleichzeitig gelang es jedoch, durch Akquisitionen und endogenes Wachstum den Umsatz des angepassten Portfolios um 60 % zu steigern.

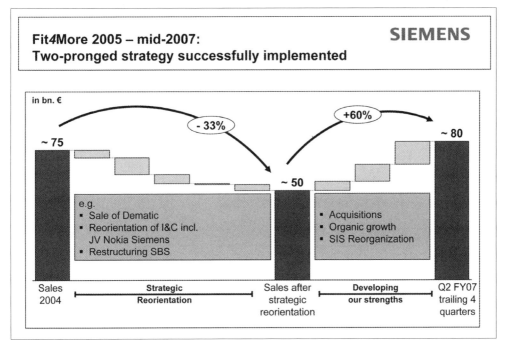

Abb. 128: Portfolioumbau bei Siemens (Kaeser, 2010)

Kennzeichnend für Siemens vor dem Umbau war ein sehr breites Portfolio mit heterogener Performance und sehr unterschiedlichen Zukunftsperspektiven. In gewisser Hinsicht befand sich Siemens in einer Situation, die der Historiker Kennedy in Zusammenhang mit der Entwicklungsgeschichte großer Nationen als den „Imperial Overstretch" beschrieben hat: Die

Ressourcen reichen nicht mehr für die gestiegenen Anforderungen an einer Vielzahl von Brennpunkten aus (vgl. Kennedy, 1989).

Im Falle von Siemens zeigt die Umsatz- und Ergebnisstruktur des Geschäftsjahres 2004 in Abb. 129 die Merkmale eines solchen „Overstretch".

Das Siemens-Portfolio in 2004 ist durch große Breite und stark divergierende Performance gekennzeichnet

	Außenumsatz 2004	Bereichsergebnis 2004
Bereiche des Operativen Geschäfts		
Information and Communication Networks (ICN)	6.323	222
Information and Communication Mobile (ICM)	10.881	347
Siemens Business Services (SBS)	3.598	40
Automation and Drives (A&D)	7.569	1.077
Industrial Solutions and Serives (I&S)	3.147	95
Logistics and Assembly Systems (L&A)	2.173	2
Siemens Building Technologies (SBT)	4.174	108
Power Generation (PG)	7.505	961
Power Transmission and Distribution (PTD)	3.292	238
Transportation Systems (TS)	4.284	- 434
Siemens VDO Automotive (SV)	8.987	562
Medical Solutions (Med)	6.969	1.046
Osram	4.143	445
Sonstige operative Aktivitäten	1.174	289
Summe Bereiche des Operativen Geschäfts	**74.219**	**4.998**
Zentrale Posten, Pensionen und Konsolidierungen		208
Summe Finanz- und Immobiliengeschäft		740
Siemens Welt	**75.167**	

Abb. 129: Siemens-Geschäftszahlen, Geschäftsjahr 2004 (Siemens, 2004, S. 104 f.; Ausschnitt, Werte in Mio. €)

Einschließlich Osram verfügte Siemens über 13 operative Bereiche, die sich hinsichtlich Marktattraktivität, Marktstellung und Performance in sehr unterschiedlichen Positionen befanden. Es wurde offensichtlich, dass der Konzern nicht in der Lage sein würde, alle Geschäfte an die Spitze zu bringen. Umgekehrt könnten unzureichende Investitionen in starke Geschäfte sogar deren bisherige Führungsposition gefährden. Gemäß der Losung „Wir stärken unsere Stärken!" wurde relativ schnell klar, welche Prioritäten für Wachstumsinvestitionen gelten würden. Es erfolgte in Stufen der Rückzug aus dem Informations- und Kommunikationsgeschäft, das in 2004 noch mehr als 20 % des Umsatzes erbracht hatte. Der Bereich

"Logistics and Assembly Systems" wurde weitgehend veräußert. In 2007 erfolgte der Verkauf des Automotive-Bereichs an die Continental AG. Andere Geschäfte wurden z. T. erheblich restrukturiert. Parallel wurde eine Reihe von Großakquisitionen durchgeführt, insbesondere in den Feldern Healthcare und Industry Automation.

Als Resultat dieses Konzernumbaus entstehen aus 13 operativen Bereichen drei sogenannte Sectors: Industry, Energy und Healthcare. Während im operativen Geschäft 2004 noch ein Ergebnis vor Zinsen und Steuern von ca. 6,7 % erzielt wurde, erreichten die neuen Einheiten eine deutlich bessere Performance. Selbst unter den erschwerten Bedingungen der weltweiten Finanzkrise erzielten die Sectors im Geschäftsjahr 2009 ein Ergebnis von 7,466 Mrd. €, was bei einem Umsatz von 71,184 Mrd. € einer Umsatzrendite von 10,5 % entsprach (vgl. Siemens, 2009b; siehe zur weiteren Entwicklung von Siemens Kap. 3.8).

Strategiebeispiel 3: Exogene Wachstumsstrategie

Unternehmen:	Hewlett-Packard, Palo Alto, USA
Branche:	IT-Hardware und -Services, Software
Regionale Ausrichtung:	weltweit
Umsatz:	120,4 Mrd. $ (Geschäftsjahr 2012)
Mitarbeiter:	ca. 331.800
Homepage:	hp.com

Hewlett-Packard (HP) ist in verschiedenen Bereichen der IT-Hardware und IT-Services sowie der Software tätig und zählt speziell bei Hardware zu den weltweit führenden Unternehmen. Wachstumsschwerpunkte des Unternehmens bilden die Segmente „Enterprise Storage and Servers" und „Software". Nach Einschätzung von HP handelt es sich bei diesen Segmenten um die integralen Bestandteile einer umfassenden, zukünftig zusammenwachsenden IT-Infrastruktur („Converging Infrastructure"). Zu den technologischen Komponenten dieser Infrastruktur gehören Server, Internal Storage, Networking, Power & Cooling und Management Software (siehe Abb. 130).

Auf Basis dieser Prognose eröffnen sich nach Einschätzung von HP attraktive Chancen, die das Unternehmen nutzen will. Allerdings kann HP nicht alle Bereiche der zusammenwachsenden Infrastruktur aus dem eigenen Produktportfolio abdecken. Im Sinne der SWOT-Analyse handelt es sich produktbezogen um eine W-O-Situation: Wegen produktbezogener Schwächen („Weaknesses") können Marktchancen („Opportunities") nicht voll wahrgenommen werden. Zugleich verfügt HP allerdings zur betreffenden Zeit über die Stärke einer ausgeprägten Finanzkraft. Dies ermöglicht es HP, in dieser Situation eine S-O-Strategie anzuwenden: Die Stärke der Finanzkraft („Strength") wird für Zukäufe genutzt, um die Marktchancen („Opportunities") wahrnehmen zu können.

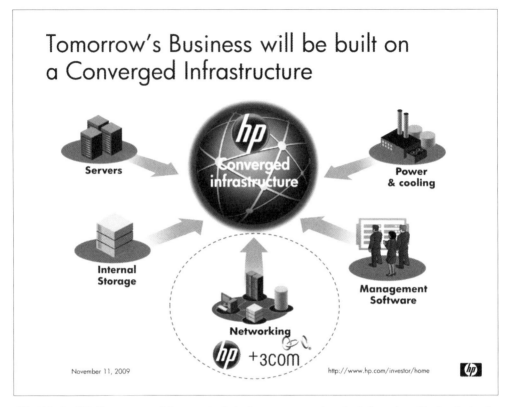

Abb. 130: Die HP-Akquisition von 3Com aus der Sicht der zusammenwachsenden Infrastruktur (Hewlett-Packard, 2009b, p. 11)

Im November 2009 gibt HP bekannt, dass der Netzwerk-Anbieter 3Com für einen Preis von 2,7 Mrd. $ (Enterprise Value) erworben wird. HP beginnt durch diese Akquisition systematisch sein Produktportfolio zu erweitern, um die Chancen aus der prognostizierten Entwicklung („Converging Infrastructure") zu nutzen. Wie Abb. 130 zeigt, wird damit eines der Felder der „Converging Infrastructure" direkt adressiert. Das HP-Zukunftsbild einer „Converging Infrastructure" legte den Gedanken nahe, dass Akquisitionen in weiteren Feldern folgen würden, um das Produktportfolio noch zu verstärken.

Im September 2010 gibt HP bekannt, dass der Storage-Spezialist 3PAR für einen Preis von 2,3 Mrd. $ übernommen wird: "Combining 3PAR's leading-edge utility storage products with HP's existing storage solutions will strengthen HP's unparalleled storage, server and networking portfolio. 3PAR will accelerate HP's highly successful Converged Infrastructure strategy by driving growth in the fast-growing virtual data center and cloud computing markets." (Hewlett-Packard, 2010).

Eine Analyse der Profit-Pools der IT-Industrie (siehe Kap. 3.4.9) musste nahe legen, dass sich HP weiter im Bereich der Software verstärken würde. Für den Bereich der PC-Hardware konnte aufgrund der niedrigen Profitabilität hingegen sogar ein Ausstieg als strategisch plau-

3.5 Erarbeiten von Handlungsalternativen

sibel gelten. Diese Einschätzungen wurden durch die Berufung von Léo Apotheker als CEO von HP im Jahr 2010 in der Tendenz bestätigt. Als früherer Vorstandsvorsitzender von SAP zeichnete er sich durch umfangreiche Erfahrungen in der Softwarebranche aus, womit seine Ernennung ein klares Zeichen für die zukünftige Ausrichtung des Unternehmens sendete.

Nur selten bestätigt sich so drastisch wie im Fall von HP, dass der Unternehmenserfolg von der Qualität der Strategie und der Qualität der Umsetzung abhängt. In Abstimmung mit dem Board gab Léo Apotheker im August 2011 drei strategische Entscheidungen bekannt: (1) Der Bereich der Software soll durch die Akquisition des britischen Unternehmens Autonomy gestärkt werden. (2) Für das PC-Geschäft werden strategische Alternativen in Richtung einer Abspaltung untersucht. (3) Das erst neu gestartete Geschäft mit Tablet-PCs wird eingestellt.

Die Ankündigung der Großakquisition im Bereich Software zu einem von Analysten als zu hoch eingeschätzten Preis und die Unsicherheiten im PC-Geschäft dürften wesentliche Gründe für den nachfolgenden Kurssturz von HP gewesen sein. In der Konsequenz führte dies schließlich im September 2011 zur Ablösung von Léo Apotheker durch das Board-Mitglied Meg Whitman.

Die von Léo Apotheker angekündigte Übernahme des britischen Softwareherstellers Autonomy wurde schließlich zu einem Preis von 11,0 Mrd. $ durchgeführt, ebenso wurde an der Einstellung des Tablet-PC-Geschäftes festgehalten. Im Gegensatz dazu wurde aber die Entscheidung zur Abspaltung des PC-Geschäftes rückgängig gemacht. Die Hoffnung, dass das Unternehmen dadurch wieder in ruhigeres Fahrwasser kommen würde, erwies sich jedoch als trügerisch. Speziell im Bereich der Akquisitionen wurden massive Schwächen von HP bei dem Kauf und der Integration von Unternehmen deutlich. So musste im 3. Quartal des Geschäftsjahres 2012 auf den Wert des 2008 erworbenen IT-Dienstleisters EDS eine Abschreibung von ca. 8 Mrd. $ durchgeführt werden. Dies konnte nur als ein klares Zeichen dafür verstanden werden, dass die ursprünglichen, mit dem Kauf beabsichtigten Ziele verfehlt worden waren. Hatte diese Nachricht die Anleger schon verunsichert, so sollte es mit den Ergebnissen des vierten Quartals noch schlimmer kommen. Am 20. November 2012, also nur etwa ein Jahr nach dem Kauf von Autonomy für 11,0 Mrd. $, teilte das Unternehmen mit, dass hierauf eine Abschreibung von 8,8 Mrd. $ durchgeführt werde. Nach Angaben von HP sei der größere Teil davon zurückzuführen auf "[…] serious accounting improprieties, disclosure failures and outright misrepresentations at Autonomy Corporation plc that occurred prior to HP's acquisition of Autonomy and the associated impact of those improprieties, failures and misrepresentations on the expected future financial performance of the Autonomy business over the long-term." (Hewlett-Packard, 2013b).

Unabhängig davon, was die rechtliche Prüfung des Autonomy-Falles erbringen wird, hat sich HP durch offenkundige Fehler in der M&A-Strategieumsetzung in eine ausgesprochen schwierige Lage manövriert. Auch die Frage nach der Zukunft des PC-Geschäftes muss noch als unbeantwortet gelten. So hat sich hier der Druck durch Wettbewerber, wie Lenovo, weiter verstärkt. Es bleibt abzuwarten, wie es HP als Gesamtunternehmen gelingt, wieder an frühere Erfolgszeiten anzuschließen.

(Vgl. Hewlett-Packard, 2010, 2011a, b, c, d, 2012, 2013a, b, c; Bandler/Burke, 2013; Worthen/Tibken, 2013).

Strategiebeispiel 4: Kombiniert endogen/exogene Wachstumsstrategie

Unternehmen:	Bertelsmann SE & Co. KGaA, Gütersloh, Deutschland
Branche:	Medien
Regionale Ausrichtung:	überwiegend Europa und USA
Umsatz:	16,1 Mrd. € (Geschäftsjahr 2012)
Mitarbeiter:	ca. 104.300
Homepage:	bertelsmann.de

Der **Bertelsmann-Konzern** gehört zu den zehn größten Medienunternehmen weltweit (vgl. IfM, 2013). Das operative Geschäft untergliedert sich in fünf Geschäftseinheiten. Diese sind (1) RTL Group, der führende Unterhaltungskonzern in Europa, (2) Random House Inc., der weltweit größte Publikumsverlag, (3) Gruner + Jahr, als Zeitschriftenverlag, (4) Arvato, ein globaler Business-Process-Outsourcing-Dienstleister sowie (5) Be Printers, als Geschäftsbereich in dem die Druckaktivitäten gebündelt werden. Die umsatzstärksten Geschäftsbereiche sind die „RTL Group" mit ca. 38 % und „Arvato" mit ca. 28 % des Gesamtumsatzes. Auf den Plätzen folgen „Gruner + Jahr" (ca. 14 %), „Random House Inc." (ca. 13 %) sowie „Be Printers" (ca. 7 %). Etwas mehr als ein Drittel der Umsätze wurden in Deutschland erwirtschaftet, das damit den umsatzstärksten Markt des Bertelsmann-Konzerns darstellt. Weitere Schwerpunkte bilden Frankreich und andere europäische Länder sowie die USA. Lediglich 6,9 % des Umsatzes werden außerhalb Europas und den USA generiert (vgl. Bertelsmann, 2013a).

Schwierige und sich schnell verändernde Umweltbedingungen in der Medien- und Verlagsbranche führten beim Bertelsmann-Konzern besonders in den Jahren 2006 bis 2008 zu sinkenden Umsätzen und Gewinnen. Seit dem Jahr 2009 stagniert der Umsatz bei ca. 16,0 Mrd. Euro und einem Gewinn von ca. 620 Mio. Euro. Die Spitzenwerte aus dem Jahr 2006, mit einem Umsatz von ca. 19,3 Mrd. Euro und einem Gewinn von ca. 2,4 Mrd. Euro wurden nicht mehr ansatzweise erreicht (vgl. Bertelsmann, 2013b, S. 4, 2013c, S. 3).

Aufgrund der neuen Anforderungen in der Medien- und Verlagsbranche gab der Bertelsmann-Konzern im Herbst 2012 eine neue Konzernstrategie bekannt. Thomas Rabe, Vorstandsvorsitzender von Bertelsmann, fasst die Herausforderungen für das Unternehmen wie folgt zusammen: „Unser Geschäftsumfeld verändert sich schneller als je zuvor, getrieben durch Megatrends wie die Digitalisierung oder den global wachsenden Bedarf an Bildung und an Outsourcing-Angeboten." (Bertelsmann, 2013d).

Die strategische Neuausrichtung zielt darauf ab, den Bertelsmann-Konzern „in den kommenden fünf bis zehn Jahren zu einem schneller wachsenden, internationaleren und digital führenden Unternehmen" umzubauen (Bertelsmann, 2013d). Hierfür sollen in den kommenden Jahren neue Geschäftsfelder erschlossen und vorhandene verstärkt werden. Neben organischem Wachstum sind auch größere Übernahmen sowie strategische Partnerschaften angedacht. Durch diese Diversifikation soll die Erlösstruktur des Bertelsmann-Konzerns breiter aufgestellt und damit den neuen Anforderungen gerecht werden. Die Transformation mit

3.5 Erarbeiten von Handlungsalternativen

dem geplanten Zielportfolio wird von vier strategischen Stoßrichtungen getrieben, wie in Abb. 131 dargestellt. Diese sind 1) Stärkung des Kerngeschäftes, 2) Digitale Transformation, 3) Auf- und Ausbau von Wachstumsplattformen sowie 4) die Expansion in Wachstumsregionen (vgl. Bertelsmann, 2013d).

Abb. 131: Strategische Stoßrichtungen der Transformation bei Bertelsmann (Bertelsmann, 2013e, S. 14)

Zur Umsetzung der vier Stoßrichtungen wurden insgesamt 16 strategische Initiativen erarbeitet. Die Stärkung des Kerngeschäftes soll hierbei maßgeblich durch Investitionen in Kreativgeschäfte, die Nutzung von Konsolidierungschancen sowie die Stärkung des Inhaltegeschäftes realisiert werden. Im Bereich der digitalen Transformation sind der Ausbau des E-Book-Geschäftes und der Video-On-Demand-Angebote sowie eine digitale Markenerweiterung geplant. Wachstumsplattformen stellen nach Aussagen von Bertelsmann vor allem das Business-Process-Outsourcing-Geschäft von Arvato, das internationale TV-Produktionsgeschäft von Fremantle Media, die Rechteverwertungsgesellschaft BMG sowie Angebote im Bereich der Bildung und Business Information dar. Die Wachstumsschwerpunkte liegen in China, Indien und Brasilien. Zusätzlich soll die Marktposition in den USA weiter ausgebaut werden (vgl. Bertelsmann, 2013d).

Der Bertelsmann-Konzern ist ein Beispiel für eine kombiniert endogene und exogene Wachstumsstrategie. Durch Übertragung vorhandener Kernkompetenzen auf wachstumsstarke und zukunftsträchtige Geschäftsfelder, will das Unternehmen den neuen Marktanforderungen entsprechen und wieder auf einen Wachstumskurs zurückkehren. Auffallend ist, dass im Gegensatz zu gesamtheitlichen Strategieprogrammen anderer Unternehmen allerdings keine konkreten monetären Ziele formuliert werden. Möglicherweise wird dies noch nachgeholt, denn nach Aussagen von Bertelsmann befindet sich die Umsetzung auf gutem Weg (vgl. Bertelsmann, 2013f).

Strategiebeispiel 5: Kombiniert endogen/exogene Wachstumsstrategie	
Unternehmen:	Nestlé SA, Vevey, Schweiz
Branche:	Lebensmittel/Ernährung
Regionale Ausrichtung:	weltweit
Umsatz:	92,2 Mrd. CHF (Geschäftsjahr 2012)
Mitarbeiter:	ca. 330.000
Homepage:	nestle.com

Die Firma **Nestlé** ist der Weltmarktführer im Bereich von Ernährungsprodukten. Das Unternehmen formuliert für sich selbst als Ziele: „Nestlé's objectives are to be recognised as the world leader in Nutrition, Health and Wellness, trusted by all its stakeholders, and to be the reference for financial performance in its industry." (Nestlé, 2011a).

Das Unternehmen hat eine sogenannte Nestlé Roadmap definiert, die eine Kombination aus markt- und ressourcenorientierten Erfolgsfaktoren bzw. Handlungsanweisungen im Sinne von strategischen Stoßrichtungen darstellt (siehe Abb. 132).

Mit der Roadmap soll die konsistente Ausrichtung des Unternehmens an den Oberzielen gewährleistet werden: „The Nestlé Roadmap is intended to create alignment for our people behind a cohesive set of strategic priorities that will accelerate the achievement of our objectives." (Nestlé, 2011a).

Die Nestlé-Roadmap besteht aus drei Gruppen: (1) Competitive advantages, (2) Growth drivers, (3) Operational pillars:

Aus der Sicht von Nestlé handelt es sich bei den **„Competitive advantages"** des Unternehmens um das Produkt- und Markenportfolio, die F&E-Fähigkeiten sowie die geografische Präsenz, die so von keinem anderen Unternehmen erreicht werden („unmatched"). Ebenfalls den Wettbewerbsvorteilen werden die Menschen des Unternehmens, die Unternehmenskultur und -werte sowie die Grundeinstellungen bzw. Verhaltensweisen zugerechnet.

Als **„Growth drivers"** werden Marktbereiche hervorgehoben, die auch in Zukunft ein kontinuierliches Wachstum ermöglichen sollen. Dabei handelt es sich neben dem vergleichsweise breiten Gebiet „Nutrition, Health and Wellness" auch um enger umrissene Segmente. Diese umfassen neben den Emerging Markets und Produkten im Basisbereich auch Wachstumsmöglichkeiten im oberen Segment („Premiumisation"), wie im Falle des Nespresso-Produktes.

Die **„Operational pillars"** beschreiben vier miteinander verbundene Kernkompetenzen des Unternehmens. Neben der Fähigkeit zu kontinuierlichen Produktinnovationen und der Verbesserung bisheriger Produkte zielen diese vor allem auf die umfassende Verfügbarkeit der Produkte, eine enge Kommunikation zwischen Unternehmen und Konsumenten sowie auf operative Effizienz ab.

3.5 Erarbeiten von Handlungsalternativen 249

Abb. 132: Nestlé-Roadmap (Nestlé, 2011b, p. 4)

Im Bereich des Geschäftsfeldes der gesundheitsbezogenen Ernährung hat sich das Unternehmen ambitiöse Ziele in Form einer Wachstumsstrategie gegeben. Im September 2010 wurde die Gründung des "Nestlé Institute of Health Sciences" und der "Nestlé Health Science Company" bekanntgegeben (Nestlé, 2011c). Die neuen Einheiten zielen auf den Markt der sogenannten **„Personalised Health Care Nutrition"**.

Ausgangspunkt für die Entscheidung waren entsprechende strategische Analysen und Prognosen, die für die Zukunft einen akuten Handlungsdruck in den Gesundheitssystemen in Richtung der Vorbeugung und damit entsprechende Geschäftschancen identifizierten. So stellt Peter Brabeck-Letmathe, der Chairman of the Board of Directors, fest: „[..], we now recognise that health economics, demographics, advances in health science, the evolution of regulatory frameworks, and an understanding of nutritional health impact are all leading to a significant opportunity for a new industry located between food and pharma: Personalized health science nutrition covers everything from prevention to therapeutic and, finally, disease modifying nutritional products." (Nestlé, 2011c, p. 3).

Kennzeichnend für den umfassenden Ansatz von Nestlé ist das kombiniert markt- und ressourcenorientierte Vorgehen. Dem „Institute of Health Science" obliegt die wissenschaftliche Absicherung der Strategie und damit primär der Ressourcenseite. Damit wird u. a. den erhöhten wissenschaftlichen und ab einem gewissen Punkt auch regulatorischen Anforderungen für das Zulassen von Produkten Rechnung getragen. Die Aufgabe der Vermarktung der Produkte liegt hingegen bei der „Health Science Company". Kern dieser Einheit bildet das bisherige Nestlé-Geschäft im Bereich Health Care Nutrition, das mit 1,6 Mrd. CHF die Wachstumsplattform darstellt. Das Geschäft soll nachfolgend stufenweise ausgebaut werden (siehe Abb. 133). Dazu soll ein kombiniertes Vorgehen aus endogen und exogenen Maßnahmen sowie Netzwerk-Kooperationen erfolgen.

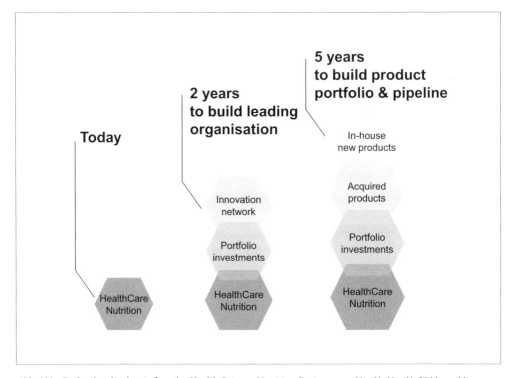

Abb. 133: Stufenplan für den Aufbau des Health-Science-Nutrition-Business von Nestlé (Nestlé, 2011c, p.11)

In 2020, also nach einem Zeitraum von zehn Jahren, soll dann die uneingeschränkte Marktführerschaft in diesem Segment erreicht sein: „In ten years, we will be the undisputed leader in this new ‚health science nutrition' business." (Nestlé, 2011c).

Nach Aussagen von Nestlé befindet sich die Umsetzung der Strategie, ein Jahr nach Gründung der Unternehmen, auf gutem Weg, wie nachfolgendes Statement zeigt:

"Nestlé Health Science and the Institute of Health Sciences are off to a good start in their first year of operation. These initiatives along with other investments are creating major growth platforms for the future" (Nestlé, 2013, p. 33). Ob die Strategie und deren Umsetzung erfolgreich sein wird, kann jedoch erst in den folgenden Jahren beurteilt werden.

Strategiebeispiel 6: Restrukturierung und strategische Neuausrichtung

Unternehmen:	ThyssenKrupp AG, Essen, Deutschland
Branche:	Stahl, Rüstung, Technologie, Kunststoffe
Regionale Ausrichtung:	weltweit
Umsatz:	40,2 Mrd. € (Geschäftsjahr 2011/2012)
Mitarbeiter:	ca. 152.100
Homepage:	thyssenkrupp.com

Die **ThyssenKrupp AG** mit Sitz in Essen ist ein weltweit tätiges, diversifiziertes Industrieunternehmen mit Business Areas in den Feldern Components Technology, Elevator Technology, Industrial Solutions, Materials Services, Steel.

Die wirtschaftliche Entwicklung des ThyssenKrupp-Konzerns kann bis zum Jahr 2007/2008 als positiv beschrieben werden. Im Zuge der Finanzkrise und der weltweiten Rezession brach der Umsatz jedoch im Geschäftsjahr 2008/2009 von 53,4 Mrd. € auf 40,6 Mrd. € ein. Dem positiven Ergebnis nach Steuern von 2,3 Mrd. € in 2007/2008 stand jetzt ein Verlust von 1,9 Mrd. € gegenüber. Nach einer leichten Erholung im Jahr 2009/2010 folgten weitere Verluste in 2010/2011 (vgl. ThyssenKrupp, 2013b, c).

Aufgrund dieser Entwicklungen entschied sich ThyssenKrupp im Jahr 2011 umfangreiche Restrukturierungsmaßnahmen einzuleiten. Hierfür wurde ein Restrukturierungsprogramm unter dem Namen „impact" gestartet. Das Programm setzt sich aus vier Initiativen zusammen, die vielfältige Aktivitäten und Maßnahmen im Rahmen der strategischen Weiterentwicklung des Konzerns vereinen (vgl. ThyssenKrupp, 2013d). Die Initiativen betreffen:

- **Kunden & Märkte:** Die Kundennähe soll verbessert, der Vertrieb optimiert und neue Wachstumschancen, insbesondere in Schwellenländern, genutzt werden.
- **Performance & Portfolio:** Die Fokussierung des Portfolios soll gewährleisten, dass die begrenzten finanziellen Ressourcen in denjenigen Geschäftsbereichen mit der höchsten Attraktivität hinsichtlich Wachstumschancen und Profitabilität eingesetzt werden.
- **Technologie & Innovation:** Die technologische Spitzenstellung soll durch engere Vernetzung innerhalb des Konzerns gesichert und ausgebaut werden.
- **Mitarbeiter & Entwicklung:** Die Entwicklung eines neuen Konzernleitbilds, die Weiterentwicklung bestehender Anreizsysteme sowie Diversity-Initiativen bilden Elemente dieses Programmteils.

Im Resultat soll durch das Programm vor allem die Stabilisierung der Finanzen, speziell durch Abbau der Nettofinanzschulden, sowie die Erschließung neuer Wachstumschancen erreicht werden. Dies verdeutlicht im Überblick Abb. 134, die dem Geschäftsbericht 2012 entnommen ist. Unter der Initiative Portfoliooptimierung zeigt diese die bereits abgeschlossenen sowie die in der Umsetzung befindlichen Portfoliomaßnahmen. In den 18 Monaten nach Projektstart wurden die zu Beginn vorgesehenen Portfoliooptimierungen abgearbeitet.

Hiervon waren Geschäftsbereiche mit insgesamt 35.000 Beschäftigten und einem Umsatz von 10 Mrd. € betroffen.

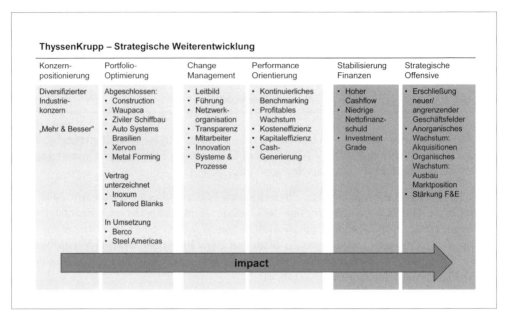

Abb. 134: Restrukturierungsprogramm impact der ThyssenKrupp AG (ThyssenKrupp, 2013a, S. 39)

Die negative Entwicklung der Business Area „Steel Americas" veranlasste ThyssenKrupp im Mai 2012 zu einem drastischen Schritt. Ursprünglich sollten die zwei neuen Werke in Brasilien und in den USA zur Erschließung des amerikanischen Stahlmarktes dienen. Sie bildeten damit ein Schlüsselelement in der Unternehmensstrategie von ThyssenKrupp. Massive Kostenüberschreitungen beim Bau und deutlich verschlechterte Umfeldbedingungen führten schließlich dazu, dass sich ThyssenKrupp zum Verkauf der Werke entschloss. Dieser soll im Geschäftsjahr 2012/2013 erfolgen (vgl. ThyssenKrupp, 2013a). Damit dürfte die Phase der Portfoliooptimierung vorerst abgeschlossen sein.

Das Vorgehen bei ThyssenKrupp entspricht im Wesentlichen den Hebeln, die im Kontext einer Krisenbewältigung zum Einsatz kommen bzw. empfohlen werden (vgl. Buschmann, 2006, S. 244 ff.; Krystek/Moldenhauer, 2007, S. 137 ff. sowie zu Krisenursachen Krystek, 2006):

- Konsolidierung zu Beginn der Krise,
- Investitionen in nachhaltiges Wachstum für langfristiges Überleben,
- Maßnahmen zur Sicherung der Liquidität des Unternehmens.

Die Veränderungen bei ThyssenKrupp zeigen zugleich die enge Verbindung zwischen den Entscheidungen zur Strategie und den Entscheidungen zur Struktur des Unternehmens sowie der Besetzung von Schlüsselpositionen: Der Vorstand wurde von sechs auf drei Mitglieder reduziert und die Zuständigkeiten im Vorstand neu geregelt (vgl. ThyssenKrupp, 2013e).

Die kommenden Jahre dürften für ThyssenKrupp damit eine Phase tiefgreifender Transformation darstellen. Speziell mit Geschäftsbereichen wie der Elevator Technology verfügt der Konzern jedoch über attraktive Plattformen für Wachstum und Profitabilität und damit eine der wesentlichen Voraussetzungen, um die Krise zu bewältigen.

3.5.4 Unternehmensbeispiele zur Business Strategy

Strategiebeispiel 7: Kostenführerschafts- und Expansionsstrategie

Unternehmen:	Lidl Stiftung & Co. KG, Neckarsulm, Deutschland
Branche:	Lebensmitteleinzelhandel (LEH)
Regionale Ausrichtung:	Europa
Umsatz:	38,3 Mrd. € (Geschäftsjahr 2011/2012)
Mitarbeiter:	ca. 96.800
Homepage:	lidl.de

Lidl gehört zu den umsatzmäßig führenden Unternehmen des deutschen bzw. europäischen Lebensmitteleinzelhandels. Das Unternehmen stellt für sich fest: „Expansion ist unsere Strategie" (Lidl, 2011).

Aus strategischer Sicht sind an der Lidl-Erfolgsgeschichte vor allem folgende Punkte von Interesse:

- Entscheiden für eine klare Strategie zum Erlangen von Wettbewerbsvorteilen,
- Ausrichten aller nachfolgenden Handlungen an der Strategie,
- Replizieren als Grundlage der nationalen und internationalen Expansion.

Kennzeichnend für Lidl ist die eindeutige Entscheidung für die Strategie der Kostenführerschaft. Das Unternehmen hat damit eine Grundsatzentscheidung getroffen, wie sie im vorangegangenen Kapitel auch als „A company's first strategic choice" beschrieben wurde. Das Unternehmen verfolgt dabei mit aller Konsequenz das sogenannte **„Hard-Discounter-Modell"**.

Das Erfolgsrezept des Hard-Discounter-Modells kann nach Sachon wie folgt charakterisiert werden: „The hard-discount model is a prime example of strategic coherence: There is a perfect fit between business strategy, operations strategy and day-to-day operations, and all the elements reinforce each other." (Sachon, 2010). Ausgehend von dem Ziel der Kostenführerschaft erfolgt bei den Unternehmen das Ausrichten aller nachfolgenden Entscheidungen. So sind Formulierungen wie „Überflüssiges weglassen" (Brandes, 2003; Langer, 2010) der

Ausdruck einer Kostenführer-Unternehmenskultur und dienen über die gesamte Organisation als Entscheidungshilfe.

Im Einzelnen beruht das Hard-Discounter-Modell bzw. seine Strategie der Kostenführerschaft auf spezifischen Elementen. Dabei handelt es ich sich um (1) strikte Sortimentsbeschränkung, (2) Komplexitätsreduktion und (3) Kostenkompression über die gesamte Prozesskette (vgl. Turban/Wolf, 2011, S. 8 ff.).

Im Hinblick auf das Sortiment erfolgt eine rigorose Beschränkung auf eine Palette von Gütern des täglichen Bedarfs sowie ein ergänzendes Aktionssortiment. In beiden Gruppen besitzt die Umschlagshäufigkeit als Auswahlkriterium eine zentrale Bedeutung. Für die Aufnahme in das Grundsortiment ist eine über das Jahr hinweg hohe Umschlagshäufigkeit ausschlaggebend; bei dem Aktionssortiment gilt dies für den begrenzten Aktionszeitraum. Kennzeichnend ist darüber hinaus der hohe Anteil von Handelsmarken im Sortiment der Hard Discounter. Diese eröffnen den Discountern in Verbindung mit den hohen Beschaffungsmengen dann zusätzliche kosten- bzw. preisbezogene Spielräume.

Die Sortimentsbeschränkung ist zugleich der zentrale Hebel der Komplexitätsreduktion. Sie wird flankiert durch die einfach gehaltene, weitgehend standardisierte Gestaltung der gesamten Abläufe bis hin zu den Ladenlokalen. In Summe ergibt sich daraus eine exzellente Wettbewerbsposition: „Niedrige Beschaffungskosten resultieren aus der Sortimentskonzentration auf gängige Massenartikel bei geringer Variantenvielfalt und unter weitgehendem Ausschluss von sortimentsinternen Substitutionsmöglichkeiten, sodass sie in relativ hoher Stückzahl pro Artikel abverkauft werden. Durch die daher hohen Bestellmengen pro Artikel ergeben sich wesentliche Kostendegressionseffekte bei den Lieferanten und in der Folge ausgeprägte Konditionenvorteile des Discountmarkt-Betreibers bei der Warenbeschaffung. Zudem führen der niedrige Komplexitätsgrad der Warenprozesse und die servicearme Gestaltung der Handelsleistung zu einer vergleichsweise niedrigen Handlungskostenquote." (Turban/Wolf, 2011, S. 8 f.).

Zur Umsetzung genau dieser Kostenführerschaft spielt auch Lidl auf allen „Tasten der Klaviatur". Dies reicht von wartungsarm und energieeffizient konzipierten Supermärkten (z. B. Sattel-/Pultdach, metallverkleidete Giebel, Wärmerückgewinnung) bis hin zur scanneroptimierten Warenverpackung (übergroße Barcodes für schnelleres Scannen).

Kennzeichnend für das Unternehmen ist dabei, dass die Strategie der Kostenführerschaft durch eine ausgesprochene Expansionsstrategie ergänzt wird. Dies ist insoweit auch unter dem Aspekt der Absicherung bzw. des Ausbaus der Kostenführerschaft zu sehen, da mit einer Expansion auch eine Vergrößerung des Einkaufsvolumens und damit entsprechende Kostendegressionen verbunden sind.

Bei der nationalen und internationalen Expansion folgt Lidl dabei einem Konzept des Replizierens bisheriger Elemente in Verbindung mit spezifischen Auswahlfiltern für Standorte. So werden für die Standortvorselektion entsprechende Kriterien angewandt, die in Abb. 135 aufgeführt sind. Das Einhalten der Kriterien ermöglicht eine weitgehende Übertragung von erprobten Gebäude- und Logistikkonzepten und hält damit die Komplexität und in Konse-

3.5 Erarbeiten von Handlungsalternativen

quenz die Kosten niedrig. So bildet die gute logistische Zugänglichkeit mit Sattelschleppern eines der Auswahlkriterien.

Standortkriterien

Einwohner im Kernort	ab 5.000
Einwohner im Einzugsgebiet	ab 10.000
Bebaute oder unbebaute Grundstücke	ab 4.000 m²
Verkaufsflächen innerstädtisch	800 m² - 1.300 m²
Verkaufsfläche in Ortsrandlagen	800 m² - 1.300 m²
Lager- und Nebenflächen	ab 300 m²
Kundenparkplätze	ab 100 ebenerdig

Zusatzkriterien
- Hochfrequentierte Lagen mit guter verkehrstechnischer Erreichbarkeit und Sichtbarkeit
- Gute Anlieferungsmöglichkeit für Sattelzüge mit 40 t Gesamtgewicht und einer Länge von 18,5 m (Rampenanlieferung)

Abb. 135: Standortkriterien von Lidl (Lidl, 2013, S. 16; Auszug)

Die internationale Expansion von Lidl startete 1988 mit dem Markteintritt in Frankreich und begann damit deutlich später als die des Rivalen Aldi (vgl. Turban/Wolf, 2011, S. 22 ff.). Durch Übertragung des im Inland entwickelten Geschäftskonzeptes und ausgeprägtem Expansionswillen gelang es Lidl alleine bis 2008 in insgesamt 21 europäischen Ländern Vertriebsnetze aufzubauen. Kennzeichnend für die Expansion war dabei ein paralleler Aufbauprozess in mehreren Ländern mit entsprechend hohen Marktinvestitionen. Diese basierten offenkundig auf der prinzipiellen Robustheit des Geschäftsmodells und der Überzeugung, dass dieses mit nur geringen Anpassungen auch auf andere Länder übertragbar sein würde.

Diese Einschätzung bestätigte sich im Verlauf der Expansion, was sich auch daran zeigt, dass im Wesentlichen der gleiche Ansatz wie im Falle der Inlandsexpansion beibehalten wurde, und zwar der (weitgehend) endogene Aufbau eines eigenen Filialnetzes sowie der erforderlichen Distributionsläger. In Konsequenz erreichte Lidl durch seine forcierte internationale Expansionsstrategie den höchsten Auslandsanteil der deutschen Discountmarkt-Betreiber und war im Jahr 2012 in 27 europäischen Ländern tätig.

Die Expansionsstrategie wird nach einer aktuellen Prognose zur Verschiebung der Marktgewichte führen: Die Spitzenposition als weltweit größter Lebensmitteldiscounter wird bislang von der Aldi-Gruppe eingenommen. Die Prognose geht davon aus, dass Lidl auf mittlere Sicht zur Nr. 1 aufsteigen wird.

(Vgl. Lidl, 2013; Hielscher, 2013 sowie zu Umsatzzahlen Unternehmensregister, 2013).

Strategiebeispiel 8: Differenzierungsstrategie/Internationalisierungsstrategie

Unternehmen:	Carl Zeiss Meditec AG, Jena, Deutschland
Branche:	Medizintechnik
Regionale Ausrichtung:	weltweit
Umsatz:	861,9 Mio. € (Geschäftsjahr 2011/2012)
Mitarbeiter:	ca. 2.400
Homepage:	meditec.zeiss.com

Die Firma **Carl Zeiss Meditec** zählt zu den Weltmarktführern im Bereich der Medizintechnik. Das Produktportfolio des Unternehmens umfasst insbesondere Geräte und Systeme aus den Bereichen Ophthalmologie (Augenheilkunde) und Mikrochirurgie. Daneben werden Verbrauchsgüter und zugehörige Serviceleistungen offeriert.

Die Carl Zeiss Meditec entstand im Jahr 2002 aus der Übernahme der Asclepion Meditec AG durch den Geschäftsbereich Ophthalmologie der Carl Zeiss AG. Die Carl Zeiss AG, die heute rund zwei Drittel der Anteile der Carl Zeiss Meditec AG hält, beschäftigte sich bereits seit 1912 mit dem Thema Augenoptik und seit 1953 mit dem Thema Mikrochirurgie. Mit dem Kauf des Unternehmens Humphrey Instruments (USA) im Jahr 1991 wurden bereits Grundlagen für die spätere Internationalisierung geschaffen.

Das Jahr 2002 nimmt eine zentrale Bedeutung für die spätere Entwicklung ein. Es erfolgen der Erwerb der Asclepion Meditec AG (Deutschland) und die Ausgliederung der Carl Zeiss Meditec AG aus der Carl Zeiss AG. Ab diesem Zeitpunkt sind die Bereiche Augenheilkunde und Mikrochirurgie unter dem Dach der Carl Zeiss Meditec zusammengefasst. Damit waren sehr gute Voraussetzungen für die Entwicklung und Umsetzung von Strategien gegeben. Die eingeschlagene Strategie konkretisierte sich im Jahr 2005 in dem Kauf der IOLTECH SA (Frankreich) und im Jahr 2007 in der Übernahme der Acri.Tec GmbH (Deutschland).

Die Grundlage der Expansion der Carl Zeiss Meditec bildet eine technologisch basierte Differenzierungsstrategie, die auf den weltweiten Markt abzielt. Während die Produktion an Standorten in Deutschland, Frankreich und den USA konzentriert ist, zeigt sich im Vertrieb die weltweite Orientierung des Unternehmens. Das Unternehmen verfügt über ein Netz eigener Service- und Vertriebsstandorte in den wichtigsten Märkten der Welt (siehe Abb. 136). Um die Marktposition in den bedeutenden Märkten China und Indien zu stärken, wurden zusätzlich in 2011 und 2012 vor Ort zwei Forschungseinrichtungen eröffnet. Im Bereich Vertrieb kann das Unternehmen zudem das globale Vertriebsnetz der Carl Zeiss Gruppe nutzen. Hierdurch entsteht Zugang zu 40 Vertriebsunternehmen mit ca. 100 Vertretungen

3.5 Erarbeiten von Handlungsalternativen   257

weltweit. Diese breite internationale Aufstellung ermöglicht es dem Unternehmen, die teilweise sehr unterschiedlichen regionalen Normenanforderungen bei der Produktzulassung besser abzudecken und gleichzeitig flexibler auf individuelle Kundenwünsche zu reagieren.

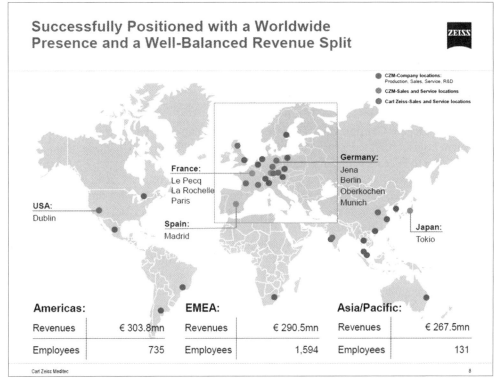

Abb. 136: Weltweite Positionierung der Carl Zeiss Meditec (Quelle: Carl Zeiss Meditec, 2013c, p. 8)

Der Erfolg der Internationalisierungsstrategie zeigt sich in der regionalen Umsatzverteilung. Im Geschäftsjahr 2011/2012 wurden ca. 34 % der Umsatzerlöse in der Region EMEA, 35 % in der Region Americas und 31 % in der Region Asia/Pacific erwirtschaftet.

Die gewählte Strategie hat dabei für das Unternehmen in den letzten Jahren zu einem erheblichen Wachstum bei Umsatz und Ergebnis geführt. So kam es seit 2006 annähernd zu einer Verdopplung bzw. Verdreifachung: Von 2006 bis 2012 stieg der Umsatz von 390,6 Mio. € auf 861,9 Mio. € und der EBIT von 48,1 Mio. € auf 122,9 Mio. € (vgl. Carl Zeiss Meditec, 2013a, b).

Die strategische Ausrichtung der Carl Zeiss Meditec mit dem Programm „MEGA 2015" (Meditec Excellence and Growth Agenda) zielt auch in Zukunft auf Wachstum. Das Fundament dafür sollen insbesondere Excellence in den Bereichen Innovation und Mitarbeiter bilden.

Strategiebeispiel 9: Differenzierungsstrategie/Geschäftsmodellstrategie

Unternehmen:	Simon Hegele Gesellschaft für Logistik und Service mbH, Karlsruhe, Deutschland
Branche:	Logistik
Regionale Ausrichtung:	Deutschland, Australien, Türkei, UK, USA
Umsatz:	ca. 200 Mio. € (o. J.)
Mitarbeiter:	ca. 2.500
Homepage:	hegele.de

Die **Simon Hegele-Gruppe** zählt zu den führenden deutschen Unternehmen im hart umkämpften Logistikmarkt. Dieser Markt hat eine Verschiebung von einfachen hin zu anspruchsvolleren Dienstleistungen erfahren, die noch nicht abgeschlossen ist. So können **vier Stufen der Logistik** unterschieden werden (vgl. Deutsche Bank Research, 2009): (1) First Party Logistics: Die Logistikaufgaben werden vom Unternehmen selbst durchgeführt. Den Schwerpunkt bilden Transport-, Lager- und Umschlagstätigkeiten. (2) Second Party Logistics: Die klassischen Logistikaktivitäten werden von externen Logistikern mit deren Kapazitäten übernommen. (3) Third Party Logistics: Die externen Dienstleister übernehmen mit eigenen Kapazitäten zusätzliche Prozesse (Mehrwertdienste, Informationsmanagement usw.). (4) Fourth Party Logistics: Das externe Unternehmen organisiert für seinen Kunden die gesamte Wertschöpfungskette. Dazu werden neben Eigenkapazitäten auch Fremdkapazitäten eingesetzt. Eine ausgeprägte Fourth Party Logistics dürfte dabei eher Seltenheitswert besitzen.

Im Sinne der beschriebenen Stufen bewegt sich Simon Hegele in der Third Party Logistics mit Tendenzen zur nachfolgenden Stufe. Kennzeichnend für das Unternehmen sind vielfältige Dienstleistungsinnovationen, mit denen Kundennutzen generiert und die Differenzierung gegenüber dem Wettbewerb umgesetzt wird („**Logistik weiter gedacht**"). Im Sinne des Wachstums-Konzeptes des Bambus-Codes® nutzt das Unternehmen vor allem die Ausdehnung im Aktionsradius (vgl. Alter/Kalkbrenner, 2010; Kalkbrenner/Lagerbauer, 2008). Die Ansätze reichen dabei von einer anspruchsvollen Ausweitung bisheriger Dienstleistungen bis zum Entwickeln neuer Geschäftsmodelle.

Als Teil der Ausweitung erfolgte aus prozessbezogener Sicht eine **Vorwärts- sowie Rückwärtsintegration**. Im Falle einer klassischen Erweiterung wird ein Unternehmen damit häufig zum Konkurrenten seiner bisherigen Kunden, so z. B. wenn ein Produktionsunternehmen in die Einzelhandelsstufe vorstößt. Im Falle von Simon Hegele handelt es sich hingegen um die einvernehmliche Übernahme von Prozessstufen des Kunden, die der bisherigen Logistikleistung vor- oder nachgelagert sind. Bemerkenswert ist dabei, dass das Unternehmen auch Prozessschritte übernommen hat, die über graduelle Erweiterungen hinausgehen. So wird im firmeneigenen Assembling-Center in Karlsruhe die Montage von Kraftwerk-Leitständen durchgeführt und damit ein sehr anspruchsvoller, vorgelagerter Schritt übernommen. Auf der anderen Seite erfolgt z. B. die Montage von medizintechnischen Geräten beim Endkunden und damit eine dem Transport nachgelagerte Leistung.

3.5 Erarbeiten von Handlungsalternativen

Leistungsspektrum

- Übernahme des bereits vorhandenen Kunden-Warenbestandes
- Übernahme des operativen Einkaufs: Kauf der Ware im eigenen Namen und auf eigene Rechnung sowie Finanzierung der Ware durch die Simon Hegele Supply Chain Services GmbH & Co. KG
- Reduzierung des Warenbestandes in der Kundenbilanz; Verbesserung des Ratings, des Cashflows sowie des Working Capitals

Voraussetzungen

- Mindestvolumen des Lager-, Waren- und Ersatzteilbestandes: ab Euro 3.000.000
- Durchführung der Logistikleistungen erfolgt durch die Simon Hegele Gruppe
- Rating von mindestens BBB+

Abb. 137: Kombiniertes Logistik-/Finanzierungsmodell der Simon Hegele Supply Chain Services (Simon Hegele Supply Chain Services, 2013)

Dem Kunden wir dabei die Möglichkeit eröffnet, seinen kompletten Lager-, Waren- und Ersatzteilbestand auf Simon Hegele zu übertragen und damit seine Working-Capital-Situation zu verbessern. Voraussetzung für dieses Angebot ist neben spezifischen wirtschaftlichen Voraussetzungen, wie Mindestvolumen und Mindest-Rating, vor allem das parallele Übertragen der logistischen Funktionen. Durch die Kombination der beiden Leistungen entsteht ein neues Geschäftsmodell mit besonderem Differenzierungscharakter.

Kennzeichnend für die strategische Herangehensweise ist ebenso der Einsatz unterschiedlicher Hebel im Sinne von „second strategic choice". Das Unternehmen hat ein logistisch-finanzielles Kundenproblem erkannt und verfügt über die erforderlichen logistischen Kernkompetenzen. Handlungsbedarf besteht im Hinblick auf die notwendigen finanzbezogenen Ressourcen, Fähigkeiten und Kernkompetenzen. Hier entschließt sich das Unternehmen, den Weg einer Kooperation zu gehen und für das neue Geschäftsmodell ein Gemeinschaftsunternehmen zu gründen, die Simon Hegele Supply Chain Services GmbH & Co. KG. Mitgesellschafter des Unternehmens ist die Landesbank Baden-Württemberg, womit das erforderliche Kompetenzprofil abgedeckt wird.

Das beschriebene Geschäftsmodell zeigt damit auch anschaulich, dass der markt- und der ressourcenbezogene Ansatz einer Strategie letztlich zur Deckung gebracht werden müssen (vgl. Kap. 2.4).

Ein völlig neues Geschäftsmodell entwickelte das Unternehmen mit Blick auf das **Zusammenwachsen von Logistik und Finanzierung**. Bisherige logistische Dienstleistungen waren auf kundenbezogene physische und informationelle Prozesse ausgerichtet, der Bereich finanzieller Prozesse wurde nicht als Kompetenz von Logistikern betrachtet. Ausgehend von dem Grundgedanken „Wie schaffe ich es, meinen Kunden erfolgreicher zu machen" hat das Unternehmen ein kundenseitiges Problem identifiziert und hierfür ein neues Modell durch die Integration von Logistik- und Finanzdienstleistung entwickelt.

Im Kern beinhaltet das Geschäftsmodell die Übernahme des Kundenlagers sowohl in logistischer als auch finanzieller Hinsicht (siehe Abb. 137).

Strategiebeispiel 10: Endogene Wachstumsstrategie

Unternehmen:	Vapiano SE, Bonn, Deutschland
Branche:	Gastronomie/Systemgastronomie
Regionale Ausrichtung:	weltweit
Umsatz:	ca. 300 Mio. € (Geschäftsjahr 2012, Vapiano-Gruppe)
Mitarbeiter:	ca. 9.500
Homepage:	vapiano.com

Vapiano ist ein vergleichsweise junges Unternehmen der Systemgastronomie, das seit seiner Gründung in 2002 in Hamburg eine beeindruckende Erfolgsgeschichte aufzuweisen hat. Mit seinem weit überdurchschnittlichen Wachstum ist Vapiano ein deutscher **Wachstums-Champion** (vgl. Alter/Kalkbrenner, 2010).

Vapiano zeichnet sich in seinem Vorgehen durch eine besondere **strategische Kohärenz** aus. Diese reicht vom Produkt im engeren Sinne über die Innenausstattung und die Selektion der Standorte bis hin zur Personalauswahl. Dreh- und Angelpunkt ist die Ausrichtung auf die Essensbedürfnisse einer urbanen, kommunikativen Zielgruppe. Hierauf basierend wurde das Konzept „fresh-casual" entwickelt, dass die Grundausrichtung beschreibt und auf den Produkten Pasta und Pizza beruht. In einer lockeren, positiven Atmosphäre werden die Speisen frisch zubereitet und entsprechen damit den Qualitätsansprüchen der Kundengruppe.

Die Inneneinrichtung folgt schlüssig der mediterranen Essensrichtung und unterstützt mit den Tischformen die Kommunikation der Gäste. Für die Gestaltung wurde der italienische Stardesigner Matteo Thun verpflichtet. Dies alleine ist für sich kein Erfolgsgarant, reiht sich aber schlüssig in das Bestreben nach einer Perfektion des Konzeptes ein. So wurde mit der eigentlichen Geschäftsexpansion auch erst begonnen, nachdem das Vapiano-Konzept neben Hamburg auch in Düsseldorf und Frankfurt a. Main auf positive Resonanz gestoßen war. Auch für Vapiano liegt wie bei anderen Franchise- bzw. Systemkonzepten der Hebel in der Multiplikationswirkung. Eine zentrale Rolle kommt dabei neben der generischen Qualität des Konzeptes der Standortwahl und der Selektion der Restaurantleiter zu.

Bei der Standortwahl orientiert sich das Unternehmen an urbanen Lagen von Städten mit typischerweise mehr als 100.000 Einwohnern. Entsprechend sind in Großstädten inzwischen oftmals schon mehrere Restaurants der Kette vorzufinden. Einen entscheidenden Beitrag zum Geschäftserfolg von Vapiano besitzt in diesem Zusammenhang die vergleichsweise moderate Preisgestaltung. Das Unternehmen tritt damit in den Wettbewerb zu anderen Anbietern der Systemgastronomie und nicht nur zu konventionellen Restaurants. Dies sorgt in Kombination mit der guten innerstädtischen Erreichbarkeit für ein großes Kundenpotenzial, aus dem geschöpft werden kann.

Besondere Anstrengungen unternimmt das Unternehmen bei der Auswahl seiner Franchisepartner und Mitarbeiter (ein Teil der Restaurants wird direkt von Vapiano SE betrieben). Angestrebt wird eine spezielle Dienstleistungskultur („Vapianisti"), in die über entsprechende Trainings der Mitarbeiter investiert wird. Bei Franchisenehmern erfolgen dagegen Assessment-Center, um festzustellen, ob der Persönlichkeits-Fit gegeben ist. Die Verfügbarkeit des notwendigen Eigenkapitals von 500.000 € bildet nur die notwendige Voraussetzung für einen Franchise-Vertrag.

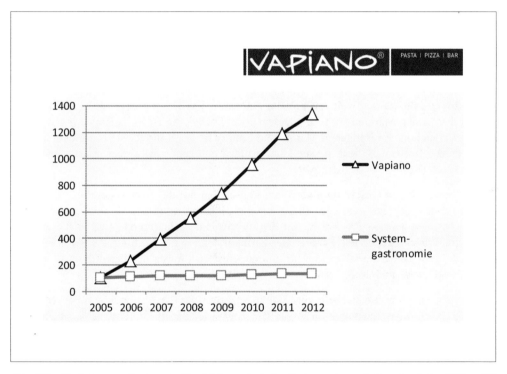

Abb. 138: Wachstum von Vapiano im Vergleich zur deutschen Systemgastronomie-Branche; Index 2005 = 100 (Alter/Kalkbrenner, 2010, S. 42; Aktualisierung auf Basis DEHOGA Bundesverband, 2013a, S. 4, 2013b, S. 2, S. 11 sowie Auskünfte des Unternehmens)

Die Abb. 138 zeigt auf Basis der Umsatzentwicklung (2005 = Indexwert 100), wie hervorragend das Vapiano-Konzept vom Markt aufgenommen wurde. Die Wachstumsraten von Vapiano liegen seit 2005 weit über den Werten der deutschen Systemgastronomie. So hat Vapiano seinen Umsatz von 2005 bis 2012 mehr als verdreizehnfacht. Die Wachstumsraten der letzten beiden Geschäftsjahre lagen bei 24 % bzw. 12 %. Die anhaltende Eröffnung neuer Lokale spricht für weiteres Wachstum von Vapiano. Die großen Wachstumspotenziale dürften dabei zukünftig in ausländischen Metropolen liegen, da hier auf lange Zeit geeignete Standorte verfügbar sein werden.

Strategiebeispiel 11: Profit-Pool-Strategie

Unternehmen:	Rolls-Royce Group plc, London, UK
Branche:	Antriebstechnologien für Flugzeuge und Schiffe; Turbinen und Kompressoren
Regionale Ausrichtung:	weltweit
Umsatz:	12,2 Mrd. £ (Geschäftsjahr 2012)
Mitarbeiter:	ca. 40.400
Homepage:	rolls-royce.com

Rolls-Royce zählt zu den weltweit größten Anbietern von Düsentriebwerken (Jet Engines). Neben den beiden Märkten Civil und Defence für Triebwerke ist Rolls-Royce mit weiteren Produkten auch in den Bereichen Marine und Energy tätig: „Rolls-Royce is a global company producing 'mission critical' power solutions for customers in aerospace, marine and energy markets." (Rolls-Royce, 2010, p. 9).

Rolls-Royce hat sein **Geschäftsmodell** sehr konsequent auf das **Servicegeschäft** ausgerichtet. Es handelt sich um eine spezielle Form des „Razor-Razorblade"-Modells, in dem nur vergleichsweise geringe Ergebnisse mit dem Verkauf des Hauptproduktes, in diesem Fall vorrangig Triebwerke, erzielt werden. Der Großteil der Ergebnisse folgt aus Serviceleistungen und Verbrauchsmaterialien, die für den dauerhaften Einsatz des Hauptproduktes erforderlich sind (siehe auch Kap. 3.4.9).

Das Triebwerkgeschäft bietet sehr gute Voraussetzungen für die Anwendung dieses Modells. Zum einen erfordern Triebwerke während ihrer Lebensdauer eine erhebliche Menge an verschleißbedingten Ersatzteilen sowie damit verbundenen Serviceleistungen. Zudem erfolgt der Einsatz dieser Ersatzteile unter verschärften Qualitäts- bzw. Sicherheitsanforderungen. Insgesamt resultieren daraus deutlich erhöhte Markteintrittsbarrieren für neue Anbieter. Es gelingt den Herstellern des Originalproduktes (OEM = Original Equipment Manufacturer) leichter, einen Preisschirm aufrechtzuerhalten. Aufgrund des umfangreichen Wartungs- und Ersatzteilbedarfes moderner Triebwerke besteht die Profitabilität vorrangig im Service der sogenannten Flotte, also der bereits verkauften Triebwerke. Ein Anstieg der Flotte führt zu steigenden und insbesondere profitablen Serviceerlösen. Die Flotte von heute ist das profitable und weitgehend stabile Servicegeschäft von morgen.

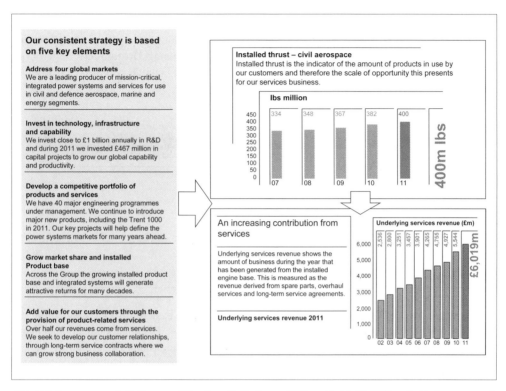

Abb. 139: Strategie von Rolls-Royce und Resultate (Rolls-Royce, 2010, p. 10, 11, 22, 2013, p. 5, 11; Zusammenstellung; Servicezahl entspricht Summe über alle Märkte)

Die Strategie von Rolls-Royce basiert im Einzelnen auf fünf Elementen, die Abb. 139 zeigt. Im Bereich der Triebwerke besteht die Vorgehensweise darin, das Produktportfolio kontinuierlich auszudehnen und Marktanteile zu gewinnen, um damit die Basis des Servicegeschäftes zu vergrößern. Dabei wird im Zivilbereich besonders auf die zukünftigen Umsatzträger der Flugzeughersteller Airbus und Boeing abgezielt, wie ein Statement aus 2010 verdeutlicht: „Our share of the civil aerospace market has expanded from 27 per cent in 1999 to 34 per cent today and our future order book will ensure that our market share continues to grow, driven by the strong position Rolls-Royce has established on the new generation of wide-bodied aircraft. On the new Boeing 787 and the Airbus A350 XWB families, Rolls-Royce has achieved a market share of 64 per cent." (Rolls-Royce, 2010, p. 6).

Wie Abb. 139 zeigt, hat die Strategie von Rolls-Royce zu einer kontinuierlichen Ausdehnung der installierten Flotte geführt (hier angegeben in Schubeinheiten). Der Anstieg der installierten Triebwerkflotte war im Weiteren ein Haupttreiber für den Anstieg des Serviceumsatzes. Ebenso haben dazu umfassende Servicekonzepte („Total Care") beigetragen. Die Profit-

Pool-Strategie wird mit einer Differenzierungsstrategie kombiniert, die zugleich auch neue Geschäftsmodelle nutzt.

Rolls-Royce ist ein Beispiel dafür, wie mit einer durchdachten Strategie und ihrer konsequenten Realisierung entsprechende Resultate erreicht werden können. Aber auch ein Unternehmen wie Rolls-Royce ist nicht vor Rückschlägen geschützt, wie die wiederkehrenden Probleme mit den Triebwerken des Airbus A380 und des Boeing Dreamliners zeigen (vgl. Tauber/Wüpper, 2013). Dies veranschaulicht einmal mehr die Dualität von Strategieentwicklung und Strategieimplementierung.

Strategiebeispiel 12: Ressourcen-/technologieorientierte Kooperationsstrategie

Unternehmen:	BMW AG
Branche:	Automobil
Regionale Ausrichtung:	weltweit
Umsatz:	76,8 Mrd. € (Geschäftsjahr 2012)
Mitarbeiter:	ca. 105.900
Homepage:	bmw.de

Die Strategie der **BMW Group**, die 2007 vorgestellt wurde, basiert auf vier Elementen, die auch als Stoßrichtungen angesehen werden können. Diese vier Elemente sind im sogenannten **Number ONE Strategiegebäude** verankert, das die strategischen Zielsetzungen bis ins Jahr 2020 definiert (vgl. BMW, 2010). Wie Abb. 140 im Überblick darstellt, handelt es sich um:

- **Wachstum:** Erhöhung des Umsatzes mit bestehenden und ggf. auch weiteren Marken und durch Erschließen neuer Kundengruppen und Märkte,

- **Zukunft gestalten:** Entwicklung und Umsetzung neuer Konzepte zur individuellen Mobilität,

- **Profitabilität:** Erhöhung der Profitabilität durch Verbesserungen auf der Faktoreinsatz- und der Leistungsseite; Minimierung von Wechselkursrisiken,

- **Zugang zu Technologien und Kunden:** Sicherstellung der Verfügbarkeit zukunftsrelevanter Technologien sowie strategisches Partnermanagement.

Im vorliegenden Beispiel interessiert speziell das Element des Zugangs zu neuen Technologien. Die zukunftsrelevanten Technologien in der Automobilindustrie betreffen insbesondere den Gesamtbereich alternativer Antriebskonzepte, Systeme der Fahrunterstützung/Fahrautomatisierung sowie Materialien für den Karosserieleichtbau. Zu den Materialien, die bereits erfolgreich im Flugzeugbau zur Gewichtsreduktion eingesetzt werden und damit in der Zukunft auch eine besondere Bedeutung für den Automobilbau besitzen dürften, zählen Carbonfasern. Zu den führenden Anbietern im Bereich dieser speziellen kohlenstoffhaltigen

Fasern gehört die SGL Group mit Sitz in Wiesbaden, die über 48 Produktionsstandorte in Europa, Nordamerika und Asien verfügt.

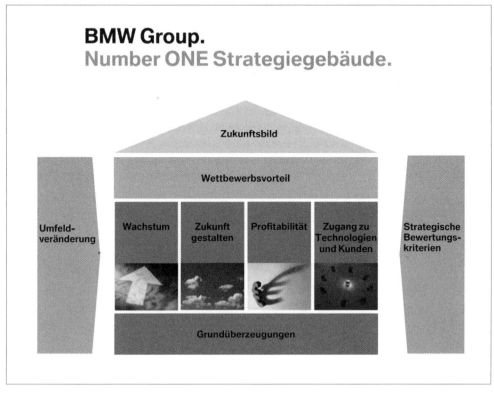

Abb. 140: Number ONE Strategiegebäude der BMW Group (BMW, 2010)

In 2009 gaben die SGL Group und die BMW Group die Gründung eines Carbonfaser-Joint Ventures bekannt (vgl. SGL, 2009). An dem Joint Venture hält die SGL Group 51 % und die BMW Group 49 % der Anteile. Die Besetzung der Managementfunktionen erfolgt dabei paritätisch; wesentliche unternehmerische Entscheidungen müssen einstimmig getroffen werden.

Zielsetzung des Joint Ventures ist der Serieneinsatz von Carbonfasern in der Automobilindustrie. Zu diesem Zweck wurden zwei neue Produktionsstätten errichtet. Eine davon in Wackersdorf, Deutschland, die Zweite in Moses Lake, Washington, USA. Das gegründete Joint Venture dient der exklusiven Versorgung der BMW Group mit Carbonfaserprodukten zu vertraglich festgelegten Konditionen. Bis zum Ende aller Ausbaustufen sollen die Investitionen ca. 230 Mio. € betragen. Für das Werk in den USA investierten die beiden Muttergesellschaften ca. 80 Mio. € (vgl. SGL, 2009, 2013).

Beide Unternehmen wollen mit Hilfe des Joint Ventures ihre Kernkompetenzen verknüpfen: Die Erfahrungen der SGL Group bei Hochleistungswerkstoffen auf der Basis von Carbonfasern sollen für den großvolumigen Einsatz bei Automobil-Anwendungen genutzt werden. Die BMW Group sichert sich den Zugang zu Schlüsseltechnologien und Materialien, die in einem zukünftigen „Megacity Vehicle" zur Anwendung kommen sollen. Die Gründung des Joint Ventures bildet damit ein Element in der ressourcenorientierten Strategie eines Automobilunternehmens, um sich den Zugang zu bedeutsamen zukünftigen Kompetenzen zu sichern.

Die Relevanz dieses Joint Ventures für die zukünftige Entwicklung der BMW Group, speziell mit Blick auf die Verfügbarkeit benötigter Ressourcen, wurde 2011 deutlich: VW erwarb ca. 8 % der Aktien der SGL Group und signalisierte damit ein Interesse an dem Unternehmen. Aus BMW-Sicht war dies als Bedrohung für das Carbonfaser-Gemeinschaftsunternehmen, und damit die Technologiestrategie, anzusehen. Als Antwort auf den Einstieg von VW beteiligte sich die BMW Group 2011 erstmals direkt an der SGL Group. Hierzu erwarb BMW 15,2 % der Anteile an SGL. Zudem wurden zu diesem Zeitpunkt weitere 29 % der Anteile durch die BMW-Großaktionärin Susanne Klatten gehalten (vgl. Dierig/Doll, 2013).

Zusammenfassung

- Die Fallbeispiele vermitteln einen Eindruck von der Vielfalt möglicher Strategien. Gemeinsam ist allen Beispielen die Intention, durch grundsätzliches und tendenziell langfristig orientiertes Handeln die unternehmerischen Ziele zu erreichen.

- Strategiealternativen beziehen sich auf unterschiedliche Dimensionen, die sinnvoll miteinander zu kombinieren sind, insbesondere: Veränderung oder Beibehaltung der bearbeiteten Geschäftsfelder, Wachstumsform und -richtung, Kostenführerschaft vs. Differenzierung oder Konzentration auf eine Nische, Unabhängigkeit oder Kooperation, Beibehalten oder Anpassen von Kernkompetenzen, Beibehalten oder Innovieren des Geschäftsmodells, Handeln als First-Mover oder Follower.

- Je präziser das Verständnis der internen Stärken und Schwächen und der externen Chancen und Risiken ist, umso höher ist im Regelfall die Qualität der erarbeiteten Strategiealternativen.

- Neben dem logisch-analytischen Herangehen besitzen für das Erarbeiten von Strategiealternativen aber auch kreative Elemente eine besondere Bedeutung. Im Idealfall gelingt es, in einer Strategie „Genius und Kalkül" miteinander zu verbinden.

- Ausgehend von „First Choices", wie z. B. Kostenführerschaft, sind die nachfolgenden Entscheidungen und Maßnahmen konsequent daran auszurichten. Diese innere Schlüssigkeit („strategische Kohärenz") kann als ein zentraler Erfolgsfaktor der strategischen Unternehmensführung angesehen werden.

**Das Bewerten von Alternativen und die Auswahl:
„Was ist die Beste der Strategien für unser Unternehmen,
wofür entscheiden wir uns?"**

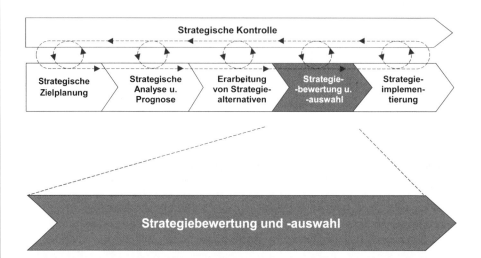

- **Gegenstand der Phase**: Ermittlung der Vorteilhaftigkeit der Strategiealternativen (absolut und relativ) und Entscheidung für eine Strategie bzw. ein Strategieprogramm

- **Aufgabe des strategischen Controllings:** Unterstützung/Durchführung der Alternativenbewertung im Hinblick auf monetäre und nicht-monetäre Ziele als Entscheidungsgrundlage für das Management

- **Output der Phase:** Management-Entscheidung hinsichtlich umzusetzender Strategie/ Strategieprogramm

Abb. 141: Strategiebewertung und -auswahl im strategischen Managementprozess

3.6 Bewerten von Handlungsalternativen und Strategiewahl

„Was ist die Beste der Strategien für unser Unternehmen, wofür entscheiden wir uns?", dies ist die zentrale Frage der Strategiebewertung und -auswahl, die sich dem Erarbeiten der Alternativen anschließt (siehe Abb. 141). Daraus abgeleitet werden in diesem Kapitel insbesondere folgende Aspekte behandelt:

- Welche Rollen übernehmen Top-Management und Träger von strategischen Controllingfunktionen im Entscheidungsprozess?
- Wodurch unterscheiden sich die verschiedenen Ebenen einer Strategiebeurteilung?
- Welche Instrumente werden zur Beurteilung von Strategien eingesetzt?
- Worin besteht der Zusammenhang zwischen der Strategiebeurteilung und dem Konzept der Lebenszyklusrechnung?
- Wie können Risiken und Chancen bei der Bewertung berücksichtigt werden?
- In welchen Schritten vollzieht sich der Entscheidungsprozess, wenn übergeordnete Gremien einzubinden sind?

3.6.1 Grundsätzliches zu Beurteilung und Entscheidung

Wie für alle Entscheidungssituationen gilt auch hier: **„Entscheiden bedeutet verzichten"**. Dies trifft für Unternehmen in mehrfacher Hinsicht zu. Mit der Wahl einer Strategie wird auf die jeweils anderen Strategiealternativen verzichtet, mit allen dazu gehörenden Konsequenzen. Der Verzicht bezieht sich aber nicht nur auf die anderen Strategiealternativen, sondern auch auf die erforderlichen Ressourcen, die nicht mehr für einen anderweitigen Einsatz zur Verfügung stehen.

Der langfristige Aufbau von Erfolgspotenzialen benötigt personelle, materielle und finanzielle Ressourcen, die kurz- bis mittelfristig Gewinn und Liquidität mindern. Dies setzt realisierte Gewinne und Cashflows voraus, die erst die Möglichkeit für den Aufbau von Erfolgspotenzialen schaffen (vgl. Fischer, 2000, S. 73). Das Unternehmen muss dabei ein Gleichgewicht finden zwischen den aktuellen Anforderungen an Gewinn und Liquidität einerseits und den notwendigen Zukunftsinvestitionen andererseits. „Delivering today, investing for the future" hat der Triebwerkhersteller Rolls-Royce diesen Balance-Akt sehr plakativ beschrieben (Rolls-Royce Group, 2010).

Die Entscheidungsträger im Unternehmen benötigen daher ein klares Verständnis, was die (voraussichtlichen) Konsequenzen der getroffenen Entscheidung sind und worauf verzichtet wird. Das Top-Management hat hierüber den Eigentümern des Unternehmens Rechenschaft abzulegen. Dies verdeutlicht noch einmal, dass eine **qualitativ orientierte Beurteilung** von

Strategien notwendig, aber **nicht hinreichend** ist. Die **monetäre Beurteilung** von Strategien unter Einbeziehen von Chancen und Risiken ist **unerlässlich**. Dort, wo keine exakten Daten verfügbar sind, müssen sie durch qualifizierte Schätzungen ersetzt werden. Keinesfalls darf die Datenproblematik eine Begründung für das „Nicht-Bewerten-Wollen" darstellen. Sie verdeutlicht ganz im Gegenteil die besondere Sensitivität strategischer Entscheidungen.

Die Beurteilung selbst kann Teil einer regelmäßigen wiederkehrenden strategischen Planung darstellen oder Teil eines speziellen Strategieprozesses sein. Spezielle Strategieprozesse werden häufig durch unerwartet auftretende Chancen oder Risiken ausgelöst. So kann es sich bei den Chancen z. B. um eine kurzfristig angebotene Akquisitionsmöglichkeit handeln, während der aktuelle Zusammenschluss zweier Wettbewerber ein plötzlich aufgetretenes Risiko darstellt.

Aus Gründen der Komplexitätsreduktion erfolgt insbesondere in größeren Unternehmen die Beurteilung von Strategiealternativen auf gestuften Ebenen, und zwar auf **Strategieebene** und **Organisationsebene(n)/Gesamtunternehmensebene**.

- **Strategieebene:** Für ein strategisches Problem ist durch den Vergleich von Alternativen die beste Lösung zu ermitteln. Die betreffende Lösung soll bezogen auf das Problem vorteilhaft sein und zugleich von allen ermittelten Alternativen auch die relativ beste Handlungsmöglichkeit darstellen. Die Umsetzung der betreffenden Alternative selbst besitzt überwiegend **Projektcharakter** mit Wirkungen über mehrere Jahre. Aus monetärer Sicht erfolgt die Bewertung mit mehrperiodischen Verfahren, und zwar vorrangig mit der **Kapitalwertmethode**. Finanzielle Restriktionen, insbesondere der Liquidität, werden bei der Bewertung nur eingeschränkt berücksichtigt. Die Betrachtung wird bewusst auf das strategische Problem eingeengt und mögliche übergeordnete Aspekte im ersten Schritt weitgehend ausgeklammert. Dieses Vorgehen ist insbesondere bei dezentralen Organisationsstrukturen hilfreich, um den Prozess handhabbar zu gestalten. Resultat der Strategieebene ist ein Strategievorschlag, der auf der Organisationsebene dann im Hinblick auf die Ziele dieser Ebene zu beurteilen ist.

- **Organisations-/Gesamtunternehmensebene:** Eine Organisationsebene entspricht einer übergeordneten Einheit mit Profit- und Loss-Verantwortung. Der Strategieebene können eine oder mehrere Organisationsebenen übergeordnet sein. Die oberste dieser Ebenen bildet die Gesamtunternehmensebene, die auch hier vorrangig zugrunde gelegt wird. Auf der Ebene des Gesamtunternehmens laufen die Strategievorschläge der verschiedenen Einheiten zusammen. Soweit die Vorschläge über Business Units eingereicht werden, erfolgt bereits hier im Vorfeld ein Abgleich. Weitergegeben werden von der Business Unit prinzipiell nur Vorschläge, die die eigene Zielerreichung gewährleisten. Die Letztentscheidung kann jedoch nur auf der Organisationsebene des Gesamtunternehmens getroffen werden. Hierzu sind aus monetärer Sicht die vorgeschlagenen Strategien mit ihren **Wirkungen** in der **gesamtunternehmensbezogenen Ergebnis- und Finanzplanung** abzubilden. Die Vorteilhaftigkeit, absolut und relativ, muss auf der Strategieebene und der Gesamtunternehmensebene vorhanden sein. Eine vorgeschlagene Strategie, z. B. der Kauf eines Unternehmens, kann für sich schlüssig und vorteilhaft sein, darf jedoch keinen unauflösbaren Konflikt mit den Ergebnis- und Liquiditätszielen des Gesamt-

3.6 Bewerten von Handlungsalternativen und Strategiewahl

unternehmens darstellen. Auf der Gesamtunternehmensebene muss die konkrete Entscheidung getroffen werden, was „Delivering today, investing for the future" in Zahlen bedeutet. Diese Entscheidung existiert für Unternehmen aller Branchen und Größen. Je größer und komplexer ein Unternehmen ist, umso eher wird im Entscheidungsprozess dabei eine Trennung zwischen der Strategieebene und der Gesamtunternehmensebene zu beobachten sein. In kleineren Unternehmen erfolgt hingegen typischerweise die Beurteilung in Kombination. Unabhängig von der Unternehmensgröße sollte zumindest eine gedankliche Trennung der beiden Ebenen erfolgen, um attraktive Alternativen nicht zu früh, z. B. wegen Finanzierungsbedenken, zu eliminieren.

Aus mehreren Gründen gehört das Beurteilen von Strategiealternativen sowohl auf Strategie- als auch auf Organisationsebene, zu den Kernaufgaben des strategischen Controllings. Zum einen verfügen die Träger des Controllings über die vertieften Methodenkenntnisse, die für eine entsprechende professionelle Beurteilung erforderlich sind. Daneben handelt es sich bei dem notwendigen komplexen Verknüpfen von Daten mit Methoden um einen zumeist sehr detail- und zeitintensiven Prozess. Dieser kann sich speziell auf der Strategieebene durchaus über mehrere Wochen erstrecken und sprengt damit aus praktischer Sicht den Zeitrahmen des Top-Managements. Je nach Art der untersuchten Strategien erfolgt die Alternativenbeurteilung in enger Zusammenarbeit mit den geschäftsverantwortlichen Linieneinheiten bzw. dient ihrer Unterstützung. Auf der Ebene der Corporate Strategy wird der Prozess maßgeblich durch das strategische Controlling geprägt. Dies gilt insbesondere, wenn eigene Business Units zum Objekt der Beurteilung werden. Insoweit könnte auch von einem **strategischen Investitionscontrolling an der Unternehmensspitze** gesprochen werden (vgl. Warkotsch, 2010, S. 70; siehe hierzu auch Dalhaus, 2009).

Die Beurteilungsphase nimmt einen speziellen Platz in der Zusammenarbeit zwischen Top-Management und den Trägern des strategischen Controllings ein. Für das Ausgestalten dieses kritischen Abschnittes im Gesamtprozess besitzt das **Vertrauen zwischen den beteiligten Personen** einen besonderen Stellenwert. Das Top-Management muss darauf vertrauen, dass die Träger des strategischen Controllings die geeigneten Beurteilungsinstrumente einsetzen und eine tiefgreifende, objektive Beurteilung der Alternativen durchführen. Es ist dabei essenziell, dass eine umfassende Bewertung durchgeführt wird und keine unangenehmen Aspekte verschwiegen oder in ihrer Bedeutung abgeschwächt werden.

Im Umkehrschluss müssen die Träger des strategischen Controllings darauf vertrauen können, dass auch kritische Ergebnisse das nötige Gehör des Top-Managements finden. Dies gilt vor allem dann, wenn die Beurteilungsresultate möglichen Wunschvorstellungen widersprechen. Ist das Vertrauensverhältnis nicht in dem erforderlichen Umfang vorhanden, besteht das Risiko einer graduellen, schlimmstenfalls sogar massiven Verzerrung der Bewertungsergebnisse (siehe zu verhaltensbezogenen Aspekten des Controllings auch Hirsch, 2007; Lange, 2008).

In diesem Kontext besitzt auch die Fähigkeit zur Kommunikation von Ergebnissen einen hohen Stellenwert. Selbst die besten Methodenkenntnisse auf Seiten des strategischen Controllings bleiben letztlich nutzlos, wenn es nicht gelingt, sowohl Methodik als auch gewonnene Resultate in nachvollziehbarer Form an das Top-Management zu kommunizieren. Unter diesem Aspekt stellt **Nachvollziehbarkeit** einen der Schlüsselbegriffe für die Arbeit des strategischen Controllings dar.

Auf Basis der vorliegenden Bewertungsergebnisse bildet sich das Top-Management seine eigene Meinung und trifft eine Entscheidung zu Strategie bzw. Strategieprogramm. Dies schließt nach dem Regelkreisprinzip durchaus auch zusätzliche Schleifen ein, bevor die finale Wahl getroffen wird. In diesem Kontext ist auch der Begriff des „Vertagens von Entscheidungen" einzuordnen. Diese Situation kann eintreten, wenn die Entscheidungsträger zusätzliche Informationen benötigen und damit eine entsprechende Schleife starten. Es kann sich aber auch im negativen Sinne um das Ausweichen vor einer möglicherweise unangenehmen Entscheidung handeln.

Nachfolgend sollen die einzelnen Elemente im Zusammenhang mit einer Entscheidungssituation kurz skizziert werden (siehe Abb. 142).

Basis bildet das **Grundmodell der Entscheidungstheorie** (vgl. hierzu Hagenloch, 2009, S. 2 ff.; Laux, 2005, S. 19 ff.; Sieben/Schildbach, 1990, S. 15 ff.). Dieses Modell erleichtert auch das Verständnis der in der Praxis auftretenden Probleme, um diese gezielt adressieren zu können. Dem Modell zugeordnet sind die Schwerpunkte der Aufgaben von Top-Management und strategischem Controlling.

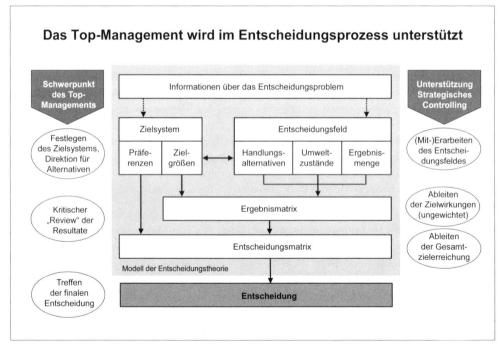

Abb. 142: Grundmodell der Entscheidungstheorie und Phasenschwerpunkte (vgl. zum Grundmodell: Hagenloch, 2009, S. 4; Sieben/Schildbach, 1990, S. 16)

3.6 Bewerten von Handlungsalternativen und Strategiewahl

Als Resultat der Bewertung interessieren den Entscheidungsträger die Aussagen zur absoluten Vorteilhaftigkeit und der relativen Vorteilhaftigkeit der Alternativen. Die **absolute Vorteilhaftigkeit** zeigt an, ob die Strategieoption für sich betrachtet zum verbesserten Erreichen der Unternehmensziele führt. Die Alternative hierzu ist der Status-Quo, also keine Freigabe für die Option. Die **relative Vorteilhaftigkeit** beurteilt die Zielerreichung verschiedener strategischer Handlungsalternativen im Vergleich zueinander.

Ausgangspunkt des Bewertungsprozesses bilden die vorhandenen Informationen über das Entscheidungsproblem. Diese betreffen die **Zielfunktion** bzw. das **Zielsystem** und das **Entscheidungsfeld,** aus denen gemeinsam das Bewertungsresultat abgeleitet wird.

Das **Zielsystem** ist Ausdruck dessen, was angestrebt wird und besitzt damit einen organisations- und personenspezifischen Charakter. Es untergliedert sich in zwei Komponenten:

(1) Zielgrößen: Sie beschreiben Soll-Zustände, die nach Inhalt, Ausmaß und zeitlichem Bezug die Ziele des Unternehmens bzw. des Entscheidungsträgers kennzeichnen. Im vorliegenden Kontext sind dies die strategischen Ziele des Unternehmens.

(2) Präferenzen: Diese kennzeichnen den Nutzen, den ein Entscheider mit spezifischen Ergebnisausprägungen verbindet. Um den Nutzen der Ausprägungen in Summe ermitteln zu können, muss die Gewichtung der Ziele zueinander festgelegt werden. Ebenso muss grundsätzlich die Höhenpräferenz (= Nutzen in Abhängigkeit vom Zielausmaß), die Zeitpräferenz (= Nutzen in Abhängigkeit vom Eintrittszeitpunkt) und die Risikopräferenz (= Nutzen in Abhängigkeit von der Wahrscheinlichkeit des Eintretens) bekannt sein.

Das **Entscheidungsfeld** beschreibt die Optionen und ihre Konsequenzen. Es setzt sich aus drei Komponenten zusammen:

(1) Handlungsalternativen: Konkrete, hier strategische Handlungsmöglichkeiten, zur potenziellen Lösung des Problems. Der Begriff der Alternative sagt aus, dass zumindest zwei unterschiedliche Möglichkeiten bestehen müssen. Diese können z. B. der endogene oder der exogene Eintritt in ein neues Geschäftsfeld sein. Generell gilt, dass Ziele bereits als Orientierungshilfe („Filterfunktion") bei der Suche nach geeigneten Handlungsalternativen dienen.

(2) Ergebnisse: Konsequenzen, die bei Wahl der betreffenden Alternative eintreten. Es interessieren nur relevante Konsequenzen, das heißt solche, die sich im strategischen Zielsystem wiederfinden. Für die Alternativen sind damit die Auswirkungen auf die Wert-, Sach- und Sozialziele des Unternehmens zu ermitteln.

(3) Umweltzustände: Die Konsequenzen sind von einer Vielzahl nicht beeinflussbarer Größen abhängig, wie z. B. konjunkturelle Entwicklung, Gesetzesänderungen oder Nachfragemenge der Kunden. Diese Größen können ihrerseits unterschiedliche Ausprägungen annehmen („Umweltzustände"). Wie Abb. 143 darstellt, wird im Hinblick auf die Erwartungsstruktur des Entscheiders unterschieden in:

- **Sicherheit:** Der Beurteiler bzw. Entscheider kennt den Umweltzustand.

- **Unsicherheit:** Der Beurteiler bzw. Entscheider kennt den zukünftigen Umweltzustand nicht. Abhängig vom Grad der Unsicherheit besteht lediglich eine Vorstellung über die zukünftigen Ausprägungen (**Ungewissheit**) oder es können diesen Ausprägungen auch die Wahrscheinlichkeiten des Eintretens zugeordnet werden (**Risiko**).

Die Unsicherheitssituation tritt bereits ein, wenn nur eine der Einflussgrößen (z. B. die Kundenbudgets) als unsicher einzustufen ist und damit eine Zufallsvariable darstellt. Der Unterschied zwischen Risiko und Ungewissheit besteht im Informationsstand über diese Zufallsvariable. Bei Risiko existieren objektive oder subjektive Wahrscheinlichkeiten hinsichtlich der Ausprägungen der Zufallsvariablen. Anders ist dies im Falle von Ungewissheit, wo keine Informationen zur Wahrscheinlichkeit vorliegen. Im Weiteren soll der Fall der Ungewissheit ausgeklammert werden, da sich einem potenziellen Ereignis zumindest subjektive Wahrscheinlichkeiten zuordnen lassen.

Aus unternehmerischer Sicht sind **Risiken** zu verstehen als das **unbeabsichtigte Abweichen** von **gewünschten Zuständen** und die daraus **entstehenden Konsequenzen**: „Risiken sind die aus der Unvorhersehbarkeit der Zukunft resultierenden, durch ‚zufällige' Störungen verursachten Möglichkeiten, von geplanten Zielwerten abzuweichen. Risiken können daher auch als ‚Streuung' um einen Erwartungs- oder Zielwert betrachtet werden […]". (Romeike/Hager, 2009, S. 108).

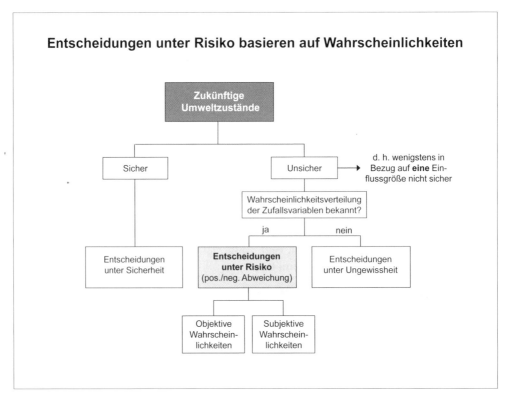

Abb. 143: Zukünftige Umweltzustände und Risiko (Bieg/Kußmaul, 2009, S. 40; leicht modifiziert)

3.6 Bewerten von Handlungsalternativen und Strategiewahl

Als Risikomaße können unterschiedliche quantitative und qualitative Messansätze genutzt werden (vgl. Wolke, 2008, S. 11 ff. sowie Gleißner/Wolfrum, 2009, S. 92 ff.; Cottin/Döhler, 2009, S. 101 ff.):

- Den quantitativen Ansätzen zuzuordnen sind einfache Verlustmaße, Volatilitätsmaße und Downside-Risikomaße. Ein einfaches Verlustmaß bildet der Maximalverlust als der größtmögliche Schaden, der im Hinblick auf eine Vermögensposition entstehen kann. Er ist damit einem echten „Worst Case" gleichzusetzen. Volatilitätsmaße berechnen dagegen die Schwankungen einer risikobehafteten Größe, insbesondere über die Kennzahl der Standardabweichung bzw. der Varianz. Das Ausmaß der Schwankungen bezieht sich dabei auf den Erwartungswert der risikobehafteten Größe, z. B. den Kapitalwert, wobei positive wie negative Abweichungen eingehen. Im Gegensatz dazu werden bei den sogenannten Downside-Risikomaßen die negativen Abweichungen im Hinblick auf einen spezifischen Wert betrachtet, z. B. einen Mindest-Vermögenswert. Zu den betreffenden Kennzahlen gehört u. a. der Value-at-Risk sowie im Speziellen der Cashflow-at-Risk (vgl. Ossadnik/Holtsch/Niemann, 2010).

- Den qualitativen Ansätzen sind die Scoring-Modelle zuzurechnen. Analog zum Konzept der Nutzwertanalyse wird in diesem Fall ein punktebezogenes Risikomaß errechnet. Hierbei können sowohl quantitative wie qualitative Aspekte einfließen. Eine typische Anwendung von Scoring-Modellen bilden die sogenannten Credit Ratings. So können für die Ermittlung des Kreditrisikos die Einflussfaktoren, wie z. B. Branchenzugehörigkeit, Ergebnislage, Liquiditätslage und allgemeine Geschäftsverfassung, einzeln bewertet und in einer gewichteten Punktzahl zusammengeführt werden.

Bei weit gefasster Betrachtung schließt Risiko somit numerisch negative wie auch positive Abweichungen von Zielwerten ein. Im Sinne des statistischen Konzeptes ist dabei die Art der Zielgröße (z. B. Kosten oder Gewinn) irrelevant; es interessiert, in welchem Ausmaß und mit welcher Wahrscheinlichkeit ein bestimmter Wert überschritten oder unterschritten wird. Im Gegensatz dazu wird bei Risiken im engeren Sinne eine der Abweichungsrichtungen als „negativ" und eine als „positiv" empfunden. Relevant ist das subjektive Empfinden der von der Abweichung betroffenen Person. So wird ein niedrigerer Kostenwert generell als „positiv" empfunden, ein niedrigerer Gewinn hingegen als „negativ". Bei **Risiken im engeren Sinne** handelt es sich lediglich um **negativ empfundene Abweichungen**. Das Gegenstück zu den Risiken im engeren Sinne bilden **Chancen** als **positiv empfundene Abweichungen**. Soweit nicht anders erläutert, wird nachfolgend der engere Risikobegriff genutzt. Dies entspricht nach eigenen Erfahrungen dem Vorgehen der Unternehmenspraxis und bringt die unterschiedliche Präferenz hinsichtlich einer Abweichung zum Ausdruck. Positive wie negative Abweichungen stehen aufgrund der vielfältigen Abhängigkeiten in einem Unternehmen in enger Beziehung. Das Wahrnehmen und Ergreifen einer strategischen Chance *("Der Markt in Asien wächst überproportional. Wir werden dort investieren.")* ist gleichzeitig wieder mit Risiken verbunden *("Wird ein zukunftsfähiger Standort gewählt? Sind die Produkte für den regionalen Markt geeignet? Werden die richtigen Mitarbeiter für die Pionierphase vor Ort entsandt?").*

Im Bewertungsprozess werden Zielsystem und Entscheidungsfeld in zwei Schritten zusammengeführt: Im ersten Schritt erfolgt das Ermitteln der **Ergebnisse auf Basis der Ziele**, und zwar in der **Ergebnismatrix**. Das Resultat sind die Wirkungen der Alternativen auf die unterschiedlichen Ziele. Diese ermöglichen allerdings noch keine Entscheidung, da sich die Zielwirkungen im Regelfall nicht aufaddieren lassen und für die Entscheider auch ganz unterschiedliche Nutzengrößen erbringen (z. B. die Zielerreichung eines Wertziels im Vergleich zu der eines Sozialziels). In einem zweiten Schritt sind daher die Ergebnisse bzw. Zielwirkungen in eine **Gesamtzielerreichung** zu überführen. Hierzu werden mit der **Entscheidungsmatrix** die Präferenzen einbezogen. Am Ende dieses Prozesses liegt eine Aussage zum Zielerreichungsgrad der Alternativen vor.

Der formalen Klarheit des skizzierten Modells steht die Komplexität der Unternehmensrealität gegenüber. Nicht alles was klar sein sollte, ist wirklich klar und nicht alles, was stabil sein sollte, ist wirklich stabil. Grundlegende Voraussetzung für einen rationalen Prozess ist, dass aus der Zielplanung heraus **operationale Aussagen zum Zielsystem** vorliegen, und zwar im Minimum zu den Zielgrößen. Hinsichtlich der Präferenzen gestaltet sich dies typischerweise deutlich schwieriger, da sich z. B. Prioritäten im Zeitablauf ändern können. So wird in Zeiten einer sich verschlechternden Liquidität die Gewichtung der Zielgröße Cashflow tendenziell zunehmen. Neben den unterschiedlichen monetären Zielen sind auch die nichtmonetären Ziele eines Unternehmens bei Präferenzaussagen zu berücksichtigen. Dies erschwert das hinreichend präzise Erfassen zusätzlich.

Für die Träger des strategischen Controllings ist es von fundamentaler Bedeutung, **keine relevanten Ziele** zu **übersehen**. Dies könnte schon zu Verzerrungen bei der Alternativensuche führen und würde spätestens bei dem Ermitteln der Zielwirkungen ein grundlegendes Problem darstellen. Eine spezielle Herausforderung stellt das **Ableiten der Gesamtzielerreichung** dar. Spätestens an diesem Punkt tritt die Frage der Präferenzen in den Vordergrund. Hierbei bestehen zwei prinzipielle Möglichkeiten für die Träger des strategischen Controllings:

- Es erfolgt **keine Aussage zu den Präferenzen**, insbesondere der Gewichtung, sondern die Zielerreichung wird als Auflistung von Vor- und Nachteilen der verschiedenen Alternativen dokumentiert. Damit erhält letztlich jede positive oder negative Einschätzung die gleiche Relevanz. Die Gegenüberstellung der Plus-/Minus-Punkte, auch als **Argumentenbilanz** bezeichnet, kann mit einer Empfehlung abgeschlossen werden (vgl. Taschner 2008, S. 140 f.). Eine Nachvollziehbarkeit der Empfehlung ist jedoch nur bedingt gegeben. Die beschriebene Vorgehensweise findet sich typischerweise dann, wenn seitens des Top-Managements keine klaren Aussagen zu Präferenzen gegeben wurden und diese auch nicht anderweitig abgeleitet werden können.

- Es wird eine **explizite Aussage zu den Präferenzen getroffen,** zumindest was die Gewichtung der Ziele zueinander und das Zielausmaß betrifft. In diesem Fall werden die unterschiedlichen Zielwirkungen in Zwischenstufen zu einem Gesamtnutzen pro Alternative übergeleitet. Es handelt sich um das Prinzip der Entscheidungsmatrix, auch bekannt als Instrument der **Nutzwertanalyse**. Der große Vorteil der Nutzwertanalyse liegt dabei in ihrer Systematik und Transparenz. Der Beurteilungsprozess wird in Summe

3.6 Bewerten von Handlungsalternativen und Strategiewahl

nachvollziehbar, und zwar sowohl hinsichtlich Zielen, Zielgewichtung und Zielerreichung. Dies erleichtert die Durchsprache von Resultaten mit dem Top-Management und gibt diesem die Möglichkeit, eigene Anpassungen durchzuführen.

Wie die Hinweise schon verdeutlichen, handelt es sich bei dem beschriebenen Modell der Entscheidungstheorie um ein generisches Modell. Das Modell muss daher im Hinblick auf die betrachteten Ziele und Entscheidungshorizonte entsprechend konkretisiert werden. Dies betrifft insbesondere die im Kontext des strategischen Controllings eingesetzten Beurteilungsinstrumente. So gelangen für die monetäre Beurteilung auf der Strategieebene die Verfahren **der Investitionsrechnung**, speziell die Kapitalwertmethode, zum Einsatz. Ergänzend finden darüber hinaus auch Langfristkalkulationen Verwendung. Auf der Ebene des Gesamtunternehmens kommt zusätzlich zur Investitionsrechnung die **gesamtunternehmensbezogene Ergebnis- und Finanzplanung** zum Einsatz. Um das Erreichen kombinierter Wert-, Sach- und Sozialziele zu ermitteln, kann auf beiden Ebenen das Instrument der **Nutzwertanalyse** eingesetzt werden. Abb. 144 gibt einen Überblick zu den Instrumenten der Beurteilung auf der Strategieebene und der Organisationsebene.

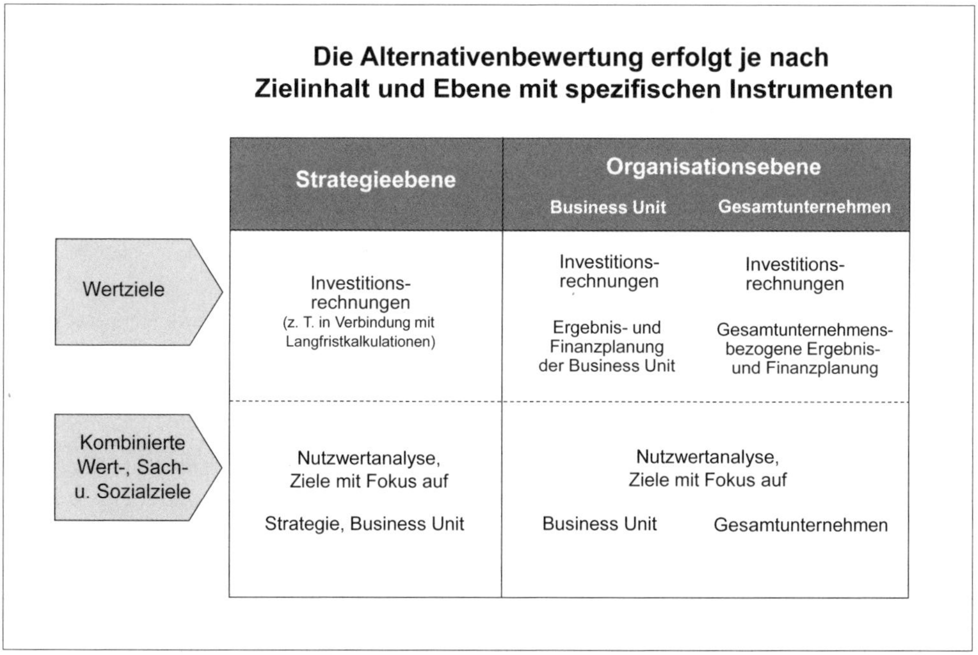

Die Alternativenbewertung erfolgt je nach Zielinhalt und Ebene mit spezifischen Instrumenten

	Strategieebene	Organisationsebene	
		Business Unit	Gesamtunternehmen
Wertziele	Investitionsrechnungen (z. T. in Verbindung mit Langfristkalkulationen)	Investitionsrechnungen Ergebnis- und Finanzplanung der Business Unit	Investitionsrechnungen Gesamtunternehmensbezogene Ergebnis- und Finanzplanung
Kombinierte Wert-, Sach- u. Sozialziele	Nutzwertanalyse, Ziele mit Fokus auf Strategie, Business Unit	Nutzwertanalyse, Ziele mit Fokus auf Business Unit	Gesamtunternehmen

Abb. 144: Instrumente der Alternativenbewertung

Im nachfolgenden Abschnitt zur **Strategieebene** wird auf die Bewertung hinsichtlich Wertziele und kombinierter Wert-, Sach- und Sozialziele eingegangen. Der darauf folgende Abschnitt zur **Organisationsebene** konzentriert sich auf die Gesamtunternehmensebene und den Komplex der gesamtunternehmensbezogenen Ergebnis- und Finanzplanung.

3.6.2 Beurteilung auf der Strategieebene

Mit der Beurteilung soll aus den vorliegenden Strategiealternativen diejenige ermittelt werden, die den höchsten Zielerreichungsgrad besitzt, und zwar im Hinblick auf Wert-, Sach- und Sozialziele. Im **ersten Schritt** soll nachfolgend die Beurteilung in Bezug auf **Wertziele** erläutert werden. Im **zweiten Schritt** wird die kombinierte **Beurteilung von Wert-, Sach- und Sozialzielen** auf Basis der Entscheidungsmatrix (Nutzwertanalyse) dargestellt.

1. **Beurteilung im Hinblick auf Wertziele**

Mit einer Strategie bzw. strategischen Entscheidung wird ein spezifischer, insbesondere finanzieller Nutzen angestrebt. Auf der Strategieebene betrifft dies aus finanzwirtschaftlicher Sicht Entscheidungen zur Investitionswahl und zur Investitionsdauer. Im Weiteren soll der Fokus auf den **Investitionswahlentscheidungen** liegen (siehe zu Investitionsdauerentscheidungen Kruschwitz, 2009, S. 189 ff.).

Für die monetäre Beurteilung von Strategien sind spezifische Fragen von Interesse:

    A) Welches Bewertungsinstrument wird eingesetzt?

    B) Welche monetären Größen sind zu erfassen?

    C) Wie werden Risiken und Chancen berücksichtigt?

Nachfolgend soll auf diese Fragen im Einzelnen eingegangen werden, wobei dies dem Herausarbeiten der speziellen Aspekte dient. In der praktischen Beurteilungssituation ist ein aus ganzheitlicher Sicht integriertes Herangehen zu gewährleisten.

A) Bewertungsinstrument

Strategien umfassen aus zeitlicher Sicht Aktionen mit langfristiger Wirkung. Die Betonung liegt dabei auf dem Wirkungsaspekt. Die Initialhandlung, wie z. B. der Unternehmenskauf, kann unter Umständen in relativ kurzer Zeit erfolgen, die resultierenden monetären Effekte verteilen sich jedoch über mehrere Jahre (= Perioden).

Aufgrund des Mehr-Perioden-Charakters strategischer Entscheidungen sind zur monetären Beurteilung die Verfahren der Investitionsrechnung heranzuziehen. Das präferierte Verfahren stellt aus methodischer Sicht die **Kapitalwertmethode** dar. Das Verfahren wird auch als **Barwertmethode** bezeichnet oder aus dem angelsächsischen übernommen als **Discounted-Cashflow-(DCF)-Methode** oder **Net-Present-Value-(NPV)-Methode**.

Der Kapitalwert ergibt sich aus der Diskontierung der Cashflows des Objektes bzw. Vorhabens mit einem Diskontierungsfaktor pro Periode (vgl. z. B. Götze, 2008, S. 71 ff.):

$$K = \sum_{t=0}^{T}(E_t - A_t)q^{-t}$$

3.6 Bewerten von Handlungsalternativen und Strategiewahl

K	= Kapitalwert
t	= Zeitindex (prinzipiell Zeitpunkt, zur Vereinfachung jedoch Periode)
T	= letzte Periode, in der Zahlungen anfallen
E_t	= Einzahlungen in der Periode t
A_t	= Auszahlungen in der Periode t
q^{-t}	= Diskontierungs-/Abzinsungsfaktor für die Periode t
q	= 1+i, wobei i der Diskontierungszinssatz ist

Bei einem Kapitalwert > 0 ist die **absolute Vorteilhaftigkeit** des Investitionsobjektes gegeben. Eine Investition führt in diesem Fall zu einer Kapitalmehrung gegenüber einer Nicht-Investition. Somit ist eine notwendige Voraussetzung erfüllt. Allerdings ist aufgrund der angeführten Ressourcen- und damit auch Kapitalbegrenzung noch keine Entscheidung getroffen, ob das Vorhaben tatsächlich realisiert wird. Hierzu ist noch die **relative Vorteilhaftigkeit** gegenüber konkurrierenden Projekten nachzuweisen.

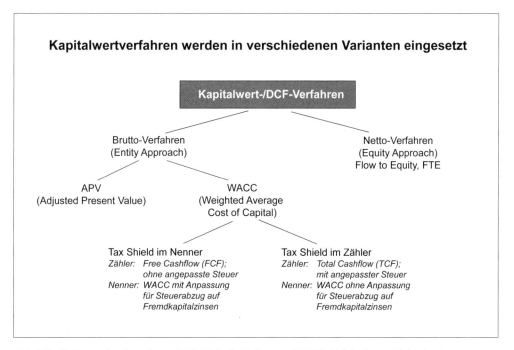

Abb. 145: Varianten der Kapitalwert-/DCF-Methode (Ballwieser, 2007, S. 116; leicht modifiziert)

Die Ausgestaltung der Kapitalwertmethode kann in unterschiedlichen Varianten erfolgen, und zwar in Form des Equity-Verfahrens oder des Entity-Verfahrens (vgl. Ballwieser, 2007, S. 116 ff.; Schmundt, 2008, S. 11 ff.). In Abb. 145 sind die grundsätzlichen Formen der Kapitalwert- bzw. DCF-Methodik dargestellt, die vor allem auch im Kontext der Unternehmensbewertung eingesetzt werden.

Mit dem **Equity-Ansatz** wird die Wertsteigerung für die Eigenkapitalgeber nach dem Zuflussprinzip ermittelt. Das Zuflussprinzip betrachtet den Cashflow aus dem Projekt, der an die Eigenkapitalgeber fließen kann („**Flow-to-Equity**"). Entsprechend werden vorher die Zinszahlungen an Fremdkapitalgeber sowie die Steuerzahlungen abgezogen. Der verbleibende, über die Jahre verteilte Cashflow wird diskontiert, und zwar mit der Renditeerwartung der Eigenkapitalgeber. Abb. 146 zeigt im linken Teil die Ermittlung des Flow-to-Equity, der pro Periode zu ermitteln und nachfolgend zu diskontieren ist.

Equity- und Entity-Konzept unterscheiden sich im Fremdkapital-Ansatz

	Ermittlung von Flows to Equity (Equity Ansatz)		Ermittlung von Free Cashflows (Entity Ansatz)
	Ergebnis vor Zinsen und Steuern (EBIT)		**Ergebnis vor Zinsen und Steuern (EBIT)**
-	Steuern bei reiner Eigenfinanzierung	-	Steuern bei reiner Eigenfinanzierung
=	**Ergebnis vor Zinsen nach Steuern**	=	**Ergebnis vor Zinsen nach Steuern**
+/-	Abschreibungen/Zuschreibungen	+/-	Abschreibungen/Zuschreibungen
+/-	Erhöhung/Verringerung Rückstellungen	+/-	Erhöhung/Verringerung Rückstellungen
-/+	Investitionen/Desinvestitionen Anlagevermögen	-/+	Investitionen/Desinvestitionen Anlagevermögen
-/+	Erhöhung/Verringerung des betrieblichen Netto-Umlaufvermögens (Working Capital)	-/+	Erhöhung/Verringerung des betrieblichen Netto-Umlaufvermögens (Working Capital)
=	**Free Cashflow (nach Investitionen/Desinvestitionen)**	=	**Free Cashflow (nach Investitionen/Desinvestitionen)**
-	Fremdkapitalzinsen		
+	Ersparnis durch steuermindernde Wirkung der Fremdkapitalzinsen		
-/+	Tilgung/Aufnahme von verzinslichem Fremdkapital		
=	**Flow to Equity**		

Abb. 146: Vergleich von Equity- und Entity-Konzept; indirekte Berechnung (Hahn/Hungenberg, 2001, S. 179; leicht modifiziert)

Ein praktisches Problem in der Anwendung des Equity-Verfahrens für die Strategiebeurteilung liegt in dem Einbeziehen der Finanzierungsseite. Dieses erfordert zusätzliche Annahmen und erschwert das Berechnen insbesondere bei dezentraler Organisation des Prozesses. Auch unter diesem Aspekt erfolgt das Ermitteln des Kapitalwertes zumeist auf Basis von Entity-Verfahren.

3.6 Bewerten von Handlungsalternativen und Strategiewahl

Entity-Verfahren sind dadurch gekennzeichnet, dass der Unternehmens- bzw. Objektgesamtwert berechnet wird, also für Eigen- und Fremdkapital. Soweit z. B. im Rahmen einer Unternehmensbewertung die Höhe des Eigenkapitals interessiert, ist diese im folgenden Schritt durch Abzug des Fremdkapitals zu ermitteln. Gemeinsam ist den Entity-Verfahren, dass diese in den Cashflows keine Auszahlungen für Fremdkapitalzinsen berücksichtigen und damit ein **fiktiv rein eigenfinanziertes Unternehmen** unterstellen. Entity-Verfahren lassen sich in das Adjusted-Present-Value-Verfahren (APV) und WACC-basierte Verfahren unterteilen.

Im Falle des **Adjusted-Present-Value-Verfahren (APV)** werden die Free Cashflows mit einer risikoangepassten Renditeforderung der Eigenkapitalgeber diskontiert. Die Steuervorteile, die sich durch den realen Einsatz von Fremdkapital ergeben, werden als separater Barwert ermittelt. Dieser wird dann dem Barwert aus den Free Cashflows hinzuaddiert. Da das APV-Verfahren im Gesamtkontext der Strategiebewertung eine eher untergeordnete Rolle spielt, wird es hier nicht weiter betrachtet (vgl. zu den Details Ballwieser, 2007, S. 118 ff.).

Als dominierend können heute **Kapitalwertverfahren** auf Basis der **Weighted-Average-Cost-of-Capital (WACC)** angesehen werden, und zwar das Free-Cashflow-Verfahren und das Total-Cashflow-Verfahren. Der Kapitalwert wird dabei nicht komponentenweise wie beim APV-Verfahren, sondern alleine durch Diskontierung von Cashflows gewonnen. In den Cashflows der beiden Verfahren sind, gemäß der Entity-Perspektive, keine Auszahlungen für Fremdkapitalzinsen enthalten, da der Zahlungsüberschuss zur **Abdeckung von Eigen- und Fremdkapitalkosten** interessiert (siehe dazu auch Abb. 146).

Für die Finanzierung der Strategie gilt die vereinfachende Annahme, dass diese in einem festen Verhältnis von Eigenkapital zu Fremdkapital erfolgt. Aus der gemischten Kapitalstruktur resultieren die Kapitalkosten in Form des WACC.

Der Unterschied zwischen Free-Cashflow- und Total-Cashflow-Verfahren besteht in der steuerlichen Behandlung von Fremdkapitalzinsen. Bei dem **Free-Cashflow-Verfahren** wird die steuerliche Abzugsfähigkeit von Fremdkapitalzinsen nicht im Cashflow (= der Zähler-Größe der Kapitalwertgleichung) berücksichtigt.

Die Berechnung des Cashflows selbst kann auf direktem Weg, d. h. unmittelbar aus Zahlungsgrößen, oder auf indirektem Weg, d. h. über Ergebnisgrößen, erfolgen. Die Abb. 147 zeigt das Grundprinzip der Ableitung des Cashflows nach beiden Vorgehensweisen.

Im Falle der **indirekten Cashflow-Ableitung**, d. h. aus Ergebnisgrößen, erfolgt eine Korrektur um alle Ergebnisgrößen, die nicht identisch mit Auszahlungen oder Einzahlungen der betreffenden Periode sind: Abschreibungen sowie eventuelle weitere nicht auszahlungswirksame Größen werden als Korrekturposten wieder hinzuaddiert. Ergebnisgrößen, die in der betrachteten Periode keine Einzahlungen darstellen, sind entsprechend zu subtrahieren. Die **direkte Cashflow-Ableitung** setzt unmittelbar bei den Zahlungsgrößen an. Dies betrifft im Speziellen die Zahlungen im Zusammenhang mit dem Umsatzprozess.

Direkte und indirekte Cashflow-Ermittlung sind im Resultat identisch

Free Cashflow - Indirekte Berechnung		Free Cashflow - Direkte Berechnung	
	Ergebnis vor Zinsen und Steuern (EBIT)		**Umsatzeinzahlungen**
	-	-	Laufende operative Auszahlungen
-	Steuern bei reiner Eigenfinanzierung	-	Steuern bei reiner Eigenfinanzierung
=	**Ergebnis vor Zinsen nach Steuern**		-
+/-	Abschreibungen/Zuschreibungen		-
+/-	Erhöhung/Verringerung Rückstellungen		-
-/+	Investitionen/Desinvestitionen Anlagevermögen	-/+	Investitionen/Desinvestitionen Anlagevermögen
-/+	Erhöhung/Verringerung des betrieblichen Netto-Umlaufvermögens (Working Capital)	-/+	Erhöhung/Verringerung des betrieblichen Netto-Umlaufvermögens (Working Capital)
=	**Free Cashflow (nach Investitionen/Desinvestitionen)**	=	**Free Cashflow (nach Investitionen/Desinvestitionen)**

Abb. 147: Direkte und indirekte Cashflow-Ermittlung (vgl. Hungenberg, 2011, S. 287; nur operative Größen)

Während das Ermitteln der Steuerbemessungsgrundlage bei der beschriebenen direkten Cashflow-Berechnung auf dem Cashflow aufsetzt, dient bei der indirekten Methode eine Ergebnisgröße als Ausgangspunkt. Bei exakter Berechnung ergeben sich unabhängig von der Vorgehensweise eine identische Steuerbemessungsgrundlage und ein entsprechender Steuerbetrag. Generell beeinflussen Vereinfachungsannahmen die Exaktheit der berechneten Cashflows; so wie im obigen Beispiel die Steuerzahlung der Entstehungsperiode zugeordnet wurde (siehe zu Steuern in der Investitionsrechnung Bieg/Kußmaul, 2009, S. 157 ff.).

Der direkt oder indirekt ermittelte Free Cashflow geht in die Kapitalwertformel als Zählergröße ein. Da der Free Cashflow keine Fremdkapitalzinsen und auch deren steuerliche Abzugsfähigkeit nicht erfasst, muss der Steuereffekt nachfolgend im Nenner durch den WACC berücksichtigt werden.

Der **WACC** stellt einen Kapitalkostensatz dar, der sich aus den gewichteten Zinssätzen für Eigenkapital und Fremdkapital ergibt. Der **Zinssatz für Fremdkapital** entspricht einem Durchschnittswert für das Unternehmen. Dieser Zinssatz wird im vorliegenden Verfahren mit dem Steuersatz korrigiert. Damit findet die steuerliche Abzugsfähigkeit der Fremdkapitalzinsen ihren Eingang, die nicht im Free Cashflow berücksichtigt wurde (siehe zu den Details Langguth, 2008, S. 77 ff.).

Der **Zinssatz für Eigenkapital** reflektiert die Renditeerwartung der Eigenkapitalgeber und berücksichtigt deren Einschätzung hinsichtlich Markt- und Unternehmensrisiko. Die Renditeforderung der Eigenkapitalgeber ergibt sich aus dem Zinssatz für risikolose Anleihen zu-

3.6 Bewerten von Handlungsalternativen und Strategiewahl

züglich Risikozuschlägen. Die Risikozuschläge decken das systematische Risiko des Marktes und des Unternehmens ab:

$$r_{EK} = r_f + \beta(r_m - r_f)$$

Die **Gewichtung** der Kapitalkosten basiert auf den Anteilen von Fremd- und Eigenkapital, die das Unternehmen im Durchschnitt zur Finanzierung einsetzen wird, und zwar bewertet zu **Marktpreisen** (vgl. zu den Details der WACC-Ermittlung z. B. Langguth, 2008, S. 65 ff.; Pankoke/Petersmeier, 2009, S. 107 ff.). Als Formel für den WACC ergibt sich:

$$WACC = \frac{FK}{GK}(1-s)r_{FK} + \frac{EK}{GK}r_{EK}$$

WACC	= Weighted Average Cost of Capital
FK	= Fremdkapital zu Marktwerten
EK	= Eigenkapital zu Markwerten
GK	= Gesamtkapital zu Markwerten
r_{FK}	= Zinssatz für Fremdkapital
s	= Steuersatz
r_{EK}	= Renditeforderung für Eigenkapital
r_f	= Zinssatz risikoloser Anlagen
r_m	= Erwartete Rendite des Marktportfolios (z. B. DAX30-Unternehmen)
β	= Risiko des Unternehmens bzw. des betreffenden Wertpapieres

In der zweiten Ausgestaltung des WACC-Verfahrens, die hier nur angesprochen werden soll, wird der **Total Cashflow** zum Berechnen des Kapitalwertes herangezogen. Im Total Cashflow wird für die Steuerbemessungsgrundlage die steuerliche Abzugsfähigkeit von Fremdkapitalzinsen berücksichtigt. Hieraus resultiert eine entsprechende Reduktion der Steuerzahlungen. Der WACC erfordert damit keine steuerliche Korrektur mehr.

Als Beispiel eines DAX-Unternehmens, das mit WACC-Verfahren arbeitet, kann das Energieunternehmen E.ON angeführt werden. Entsprechend der WACC-Systematik definiert E.ON seine Berechnung der Kapitalkosten wie folgt: „Kapitalkosten werden als gewichteter Durchschnitt der Eigen- und Fremdkapitalkosten ermittelt (Weighted Average Cost of Capital, WACC). Eigenkapitalkosten entsprechen der Rendite, die Anleger bei einer Investition in Aktien erwarten. Die Fremdkapitalkosten orientieren sich an den Marktkonditionen für Kredite und Anleihen. In den Fremdkapitalkosten wird berücksichtigt, dass Fremdkapitalkosten steuerlich abzugsfähig sind (Tax Shield)." (E.ON, 2011, S. 190).

Abb. 148 zeigt die einzelnen Elemente, die E.ON für die Ermittlung der Kapitalkosten verwendet.

Kapitalkosten		
	2012	2011
Risikoloser Zinssatz	3,3 %	4,0 %
Marktprämie[1]	4,5 %	4,5 %
Beta-Faktor[2]	1,02	1,00
Eigenkapitalkosten nach Steuern	**7,9 %**	**8,5 %**
Steuersatz	27 %	27 %
Eigenkapitalkosten vor Steuern	10,8 %	11,6 %
Fremdkapitalkosten vor Steuern	4,5 %	5,0 %
Tax Shield (27%)[3]	1,2 %	1,3 %
Fremdkapitalkosten nach Steuern	**3,3 %**	**3,7 %**
Anteil Eigenkapital	50,0 %	50,0 %
Anteil Fremdkapital	50,0 %	50,0 %
Kapitalkosten nach Steuern	**5,6 %**	**6,1 %**
Kapitalkosten vor Steuern	**7,7 %**	**8,3 %**

e·on

Geschäftsbericht 2012

1) Die Marktprämie entspricht der langfristigen Überrendite des Aktienmarkts im Vergleich zu Bundesanleihen.
2) Der Beta-Faktor dient als Maßstab für das relative Risiko einer einzelnen Aktie im Vergleich zum gesamten Aktienmarkt: Ein Beta größer 1 signalisiert ein höheres Risiko, ein Beta kleiner 1 dagegen ein niedrigeres Risiko als der Gesamtmarkt.
3) Mit dem sogenannten Tax Shield wird die steuerliche Abzugsfähigkeit der Fremdkapitalzinsen in den Kapitalkosten berücksichtigt.

Abb. 148: Ermittlung der Kapitalkosten bei E.ON (E.ON, 2013, S. 51)

Die Kapitalkosten in Form des WACC stellen heute eines der zentralen Beurteilungskriterien für kapitalbezogene Entscheidungen dar (vgl. Geginat et al., 2009).

Auf Basis des WACC-Wertes für die Kapitalkosten ergibt sich als Kapitalwertformel:

$$K = \sum_{t=0}^{T}(E_t - A_t)(1+WACC)^{-t}$$

Im Idealfall liegen für den gesamten wirtschaftlichen Betrachtungszeitraum die Angaben zu Einzahlungen und Auszahlungen vor. Diese resultieren aus den Rechnungskomplexen zum Lebenszyklus einer Strategie. Es können jedoch auch Bewertungssituationen eintreten, bei denen der wirtschaftlich relevante Zeitraum so weit in die Zukunft ausgedehnt ist, dass vereinfachende Annahmen zu treffen sind. In diesem Fall wird die Bewertung in zwei Zeithorizonte unterteilt:

- Zeitraum einer detaillierten Planung der Einzahlungen und Auszahlungen, beginnend mit der Gegenwart für ca. 4–8 Jahre, in einzelnen Branchen z. T. auch deutlich länger (**„Zeithorizont 1"**).

3.6 Bewerten von Handlungsalternativen und Strategiewahl

- Darüber hinausgehender Zeitraum mit vereinfachtem Abschätzen des Restwertes (**„Zeithorizont 2"**).

Am Beispiel des Unternehmenskaufs lässt sich dies verdeutlichen. Wird ein Unternehmen erworben, um es auf Dauer zu kontrollieren, ist ab einer gewissen Periode mit einem „Zeithorizont 2" zu rechnen. Alternativ wäre ansonsten der „Zeithorizont 1" extrem weit auszudehnen. Wird ein Unternehmen, wie im Falle eines Private-Equity-Investments, nur für eine überschaubare Zeit im Eigentum gehalten, erfolgt eine detaillierte Planung gemäß „Zeithorizont 1". Der wirtschaftlich relevante Zeitraum ist noch überschaubar genug, um die Einzahlungen und Auszahlungen im Detail zu planen, bis das Unternehmen wieder veräußert wird.

Für das Ermitteln des Restwertes (Zeithorizont 2) wird in der Regel der Cashflow aus der letzten detailliert geplanten Periode herangezogen. Der Cashflow wird dann entweder für die weitere Zukunft als jährlich konstant angesehen oder mit einem Veränderungsfaktor versehen. Mit dem Veränderungsfaktor können z. B. antizipierte Steigerungen des Cashflows berücksichtigt werden. Vor allem bei der Unternehmensbewertung besitzen die Restwerte eine erhebliche Bedeutung, da sie über die Hälfte des ermittelten Unternehmenswertes darstellen können. Dies ist angesichts der Unsicherheit der weit in die Zukunft reichenden Annahmen mit besonderer Vorsicht zu betrachten (vgl. hierzu und zu den Restwertansätzen Loderer, 2007, S. 617 ff.).

Der **Restwert R** bildet den **Barwert für den gesamten Zeithorizont 2** ab, und zwar gerechnet auf den Start von Zeithorizont 2. Er kann auf Basis des Jahres-Cashflows für das erste Jahr nach Ende des Zeithorizontes 1 (= Z) wie folgt geschätzt werden:

- bei konstantem Cashflow:

$$R = \frac{(E_{Z+1} - A_{Z+1})}{WACC}$$

- bei Einbeziehen eines jährlichen prozentualen Veränderungsfaktors g:

$$R = \frac{(E_{Z+1} - A_{Z+1})}{WACC - g}$$

Der betreffende Restwert bezieht sich auf den Beginn des Zeithorizontes 2 (= Ende von Zeithorizont 1 = Z). Er ist somit noch auf den Entscheidungszeitpunkt, d. h. das Jahr null, zu diskontieren.

Als Formel für den **Kapitalwert unter Einbeziehen des Restwertes** ergibt sich:

$$K = \sum_{t=0}^{Z}(E_t - A_t)(1+WACC)^{-t} + R(1+WACC)^{-Z}$$

Zur Kapitalwertmethode ist anzumerken, dass auch sie spezifische Annahmen voraussetzt, die nur unter Einschränkungen zutreffen. Selbst unter Berücksichtigung der methodischen Grenzen und Vereinfachungsannahmen ist sie dennoch als bevorzugtes und etabliertes Verfahren zur monetären Beurteilung von Strategien mit Investitionscharakter anzusehen (vgl. zu den Annahmen Götze, 2008, S. 80 ff.).

Grundsätzlich kann für die Beurteilung z. B. auch auf den EVA® zurückgegriffen werden. In diesem Fall sind die entsprechenden Werte pro Periode zu ermitteln und anschließend zu diskontieren (vgl. Bea/Scheurer/Hesselmann, 2008, S. 466 ff.; Hungenberg, 2011, S. 296 ff.). Je nach Art und Umfang der erforderlichen EVA®-bedingten Rechenanpassungen kann sich dies jedoch erheblich komplexer als die Berechnung auf Basis der Kapitalwertmethode gestalten. Zudem bietet sich dieses Vorgehen prinzipiell nur für Unternehmen an, deren gesamte wertorientierte Führung auf dem EVA®-Konzept aufbaut. Ein isolierter Einsatz nur für das Beurteilen von Strategien ist nicht als zweckmäßig anzusehen.

Einen hohen praktischen Stellenwert für die monetäre Bewertung von Strategiealternativen nimmt auch das **Payback-Verfahren/Amortisationszeitberechnung** ein (vgl. dazu die Analysen bei Weber et al., 2006, S. 41 ff.). In Form der dynamischen Amortisationszeit wird der Zeitraum ermittelt, in dem das investierte Kapital aus den diskontierten Einzahlungsüberschüssen wiedergewonnen wird (vgl. Götze, 2008, S. 107 ff.). Hierzu werden beginnend mit der Startperiode die diskontierten Auszahlungs- bzw. Einzahlungsüberschüsse der Perioden sukzessive aufaddiert. In der Periode, in der der kumulierte Barwert von negativ auf null übergeht, befindet sich der Amortisationszeitpunkt. Hierbei wird ein typischer Zahlungsverlauf mit Auszahlungsüberschüssen zu Beginn und nachfolgenden Einzahlungsüberschüssen unterstellt. Grundsätzlich besitzt die Information über die Payback-/Amortisationszeit einen flankierenden Charakter für die Wahl von Alternativen. Die Aussage über einen Kalenderzeitpunkt vermittelt keine Information über das Wertpotenzial, also den möglichen €-Zuwachs, einer Alternative.

B) Relevante monetäre Größen

Die Schwierigkeit der monetären Beurteilung von Strategien liegt in der zukunftsorientierten Abschätzung der relevanten Einzahlungen und Auszahlungen. Auch hier gilt, dass wegen der Gesamtkomplexität einer Strategiebeurteilung ein besonderes Augenmerk auf Systematik und Nachvollziehbarkeit zu legen ist.

Unter diesen Aspekten empfiehlt sich eine Struktur von spezifischen **Rechnungskomplexen**, um die entsprechenden Abschätzungen differenziert durchführen zu können. Zur Strukturierung der verschiedenen Zahlungskomplexe kann eine systemorientierte Sicht genutzt werden. Eine **Strategie** wird dabei als ein **zukünftiges System** interpretiert, das sich in den **Erfolgspotenzialen** konkretisiert.

Der Rückgriff auf das Systemdenken erlaubt es, die Effekte einer Strategie nach den **Phasen eines Systemlebenszyklus** zu strukturieren: Bereitstellung, Nutzung und Außerdienststellung. In diesem Sinne handelt es sich um den **Lebenszyklus einer Strategie** (siehe Abb. 149):

- **Systembereitstellung (= das Einführen der Strategie):** Durch entsprechende Investitionen sind die notwendigen Voraussetzungen zu erbringen. Durch Umgestalten oder Neugestalten wird das angestrebte Erfolgspotenzial erst geschaffen. Das Implementieren einer Strategie besitzt dabei **Projektcharakter**. Typische Erscheinungsformen im Sinne

3.6 Bewerten von Handlungsalternativen und Strategiewahl

von Vorleistungen für Erfolgspotenziale sind z. B. die Investition in eine neue Fabrik oder in ein neues Produkt.

- **Systemnutzung (= das Nutzen und Aufrechterhalten der Strategie):** Die Erfolgspotenziale sind umgestaltet bzw. bereitgestellt. Sie können jetzt genutzt werden und es erfolgt das Vermarkten des Systemoutputs. Aus der Vermarktung kann eine **Nutzungsfolgephase** resultieren, die teilweise über den eigentlichen Lebenszyklus des Systems hinausgeht, wie dies speziell bei dem Service für Produkte auftritt. Aus wirtschaftlicher Sicht sind Nutzungsphase und Nutzungsfolgephase in der Regel durch unterschiedliche vertragliche Prozesse charakterisiert (z. B. Verkauf des Produktes und Verkauf der späteren Serviceleistung).

- **Systemaußerdienststellung (= das Ausphasen der Strategie):** Je nach Art der Strategie bzw. der geschaffenen Erfolgspotenziale müssen unter Umständen auch das Ausphasen oder mögliche Neuinvestitionen berücksichtigt werden.

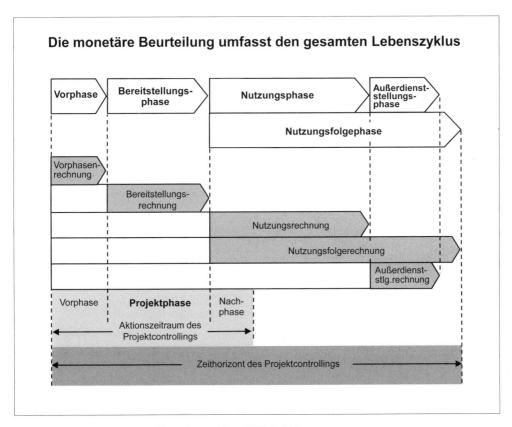

Abb. 149: Elemente der Lebenszyklusrechnung (Alter, 1991, S. 146)

Aus Controllingsicht ist zwischen dem wertmäßigen Zeithorizont und dem Aktionszeitraum des strategischen Projektcontrollings zu unterscheiden. Der **wertmäßige Zeithorizont** umfasst prinzipiell den **gesamten Lebenszyklus**, es handelt sich um eine **Lebenszyklusrechnung**. Auf Basis der genannten Hauptphasen ergeben sich Rechnungskomplexe, die für eine Strategiebeurteilung zu untersuchen sind. In Abb. 149 sind die betreffenden Komplexe skizziert. Dabei gilt, dass eine Strategie nicht alle Komplexe berühren muss.

Der **Aktionszeitraum** stellt den zeitlichen Bereich dar, in dem die strategiebezogenen Controllingaktivitäten stattfinden. Dabei handelt es sich um die **Projektphase.** Dieser können noch eigene Vor- und Nachphasen zugeordnet sein.

Den einzelnen Phasen im Systemlebenszyklus entsprechen jeweils eigene **Rechnungskomplexe**. Die betreffenden Rechnungskomplexe bilden die Struktur für die detaillierte Planung der Einzahlungen und Auszahlungen, also den strategiebezogenen Cashflow mit Verteilung über den Zeithorizont 1. Für die Zeit danach (Zeithorizont 2) wird ein Restwert mit den beschriebenen Abschätzungen ermittelt. Die Cashflows der einzelnen Perioden und der Restwert sind dann nachfolgend über die Diskontierung auf den Barwert bzw. Kapitalwert der Gegenwart herunterzurechnen.

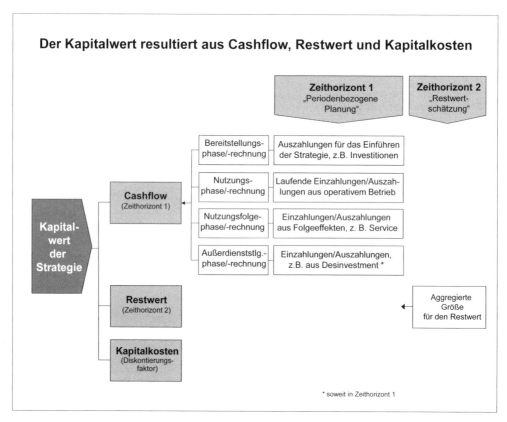

Abb. 150: Einflussgrößen auf den Kapitalwert der Strategie

3.6 Bewerten von Handlungsalternativen und Strategiewahl

In Abb. 150 sind die Einflussgrößen auf den strategiebezogenen Kapitalwert in einer Prinzipdarstellung veranschaulicht.

Für die Beurteilung auf der Strategieebene gilt, dass auch eine monetäre Entscheidung nicht alleine auf Basis des Kapitalwertes getroffen werden kann. Der Kapitalwert verdichtet die periodenbezogenen Cashflows und den Restwert in einer Gegenwartsgröße. Er kann damit keine Information mehr über den zeitlichen Verlauf der Input-Größen geben. Diese Information geht methodenbedingt bei der Diskontierung verloren.

So können zwei Strategien rechnerisch den identischen Kapitalwert ausweisen, allerdings auf Basis völlig unterschiedlicher Zahlungsverläufe. Der Kapitalwert der einen Strategie könnte vollständig aus dem Zeithorizont 1 stammen, während derjenige der Alternativstrategie auf dem Restwert basiert. Es ist offensichtlich, dass aufgrund der Unsicherheit, die mit dem Zeitablauf zunimmt, die erste Strategie unter diesem Aspekt als vorteilhafter anzusehen ist. Für die Beurteilung einer Strategiealternative durch das Management sind somit auch zwingend die jeweiligen Zahlungsverläufe darzustellen. Entsprechende Betrachtungen fließen hier in die Chancen-/Risikobetrachtung mit ein.

Das Konzept der Rechnungskomplexe soll stichwortartig an drei Beispielen erläutert werden:

(1) Entwickeln eines neuen Produktes,

(2) Kauf eines Unternehmens und

(3) Durchführen von Betreibermodellen (anstelle des klassischen Anlagenbaus).

(1) Entwickeln eines neuen Produktes

Für den Fall einer produktbezogenen Strategie handelt es sich um die Entscheidung, welche Produkte, für welche Märkte, wann einzuführen sind. Im Abschnitt zu den Strategiealternativen war das Vorgehen des Triebwerkherstellers Rolls-Royce erläutert worden (siehe Kap. 3.5.4). Nachfolgend soll skizziert werden, welche Rechnungskomplexe bei der Entscheidung über ein Neuprodukt prinzipiell zu berücksichtigen sind.

Bereitstellungsrechnung: *Ausgehend von den Anforderungen der Flugzeughersteller liegen die Leistungsdaten des Triebwerks, die Zielpreise pro Stück sowie Aussagen zu den Stückzahlen nach Jahren vor. Hierauf basierend werden in der Bereitstellungsrechnung die Auszahlungen für die Entwicklung des neuen Produktes sowie für eventuelle Kapazitätsanpassungen kalkuliert.*

Nutzungsrechnung: *Über den Produktlebenszyklus (Fertigung) des Triebwerks werden die Einzahlungen aus dem Verkauf und die Auszahlungen für Fertigung, Vertrieb etc. kalkuliert.*

Außerdienststellungsrechnung: *Besitzt hier keine nennenswerte Bedeutung.*

Nutzungsfolgerechnung: *Für die Einsatzdauer des Triebwerks bei Kunden, also deutlich über das Fertigungsende hinaus, werden Service-Einzahlungen und Auszahlungen kalkuliert.*

Das Beispiel veranschaulicht die Notwendigkeit einer ganzheitlichen Betrachtung. Eine Beurteilung nur auf Basis der Nutzungsrechnung, also mit den Einzahlungen und Auszahlungen aus dem Triebwerkverkauf, hätte ein unvollständiges und wahrscheinlich auch wenig attraktives Bild ergeben. In der betreffenden Branche resultiert ein Großteil der Ergebnisse aus dem Servicegeschäft, das in einer Nutzungsfolgerechnung erfasst wird. Dieser Effekt wird umso bedeutsamer, wenn zwei Strategien miteinander verglichen werden, bei denen eine Alternative über derartige Serviceeffekte verfügt und eine andere nicht.

Kennzeichnend für Neuproduktplanungen ist der Einsatz von **Langfristkalkulationen.** Dabei handelt es sich um stückbezogene Kalkulationen, die häufig über einen mehrjährigen Zeitraum erforderlich sind und im Regelfall auf Vollkostenbasis durchgeführt werden. Mit derartigen Langfristkalkulationen wird das Erreichen von zukünftigen stückbezogenen Zielkosten überprüft. Dies ist essenziell, um zu gewährleisten, dass das betreffende Produkt in der Zukunft auch auf dem Zielkostenniveau produziert werden kann. Im Sinne einer konsistenten Beurteilung müssen die auszahlungsrelevanten Elemente einer Langfristkalkulation in eine Kapitalwertberechnung übergeleitet werden können. Dabei ist zu berücksichtigen, dass Langfristkalkulationen in erheblichem Umfang auch Bestandteile enthalten, die nicht oder nicht in der betreffenden Periode zu Auszahlungen führen und entsprechend zu korrigieren sind. Nicht auszahlungsrelevante Kosten sind im Zuge der indirekten Cashflow-Ermittlung wieder zu addieren; nicht einzahlungsrelevante Erlöse zu subtrahieren. Hauptelement der Korrekturen bilden die in der Langfristkalkulation enthaltenen Abschreibungen.

Abb. 151 skizziert unter diesem Aspekt die Verknüpfung der Langfristkalkulation mit der Kapitalwertberechnung. Durch eine Integration der verschiedenen Instrumente von

- stückbezogener Langfristkalkulation,
- Periodenergebnisrechnung und
- Kapitalwert,

wird den unterschiedlichen Informationsinteressen Rechnung getragen.

(Siehe zur Lebenszyklusrechnung auch Britzelmaier/Eller, 2004; Dierkes, 2005; Schimmelpfeng, 2002, S. 148 ff.; sowie zum Komplex des Innovationscontrollings Littkemann, 2005; Möller/Jannssen, 2009).

3.6 Bewerten von Handlungsalternativen und Strategiewahl

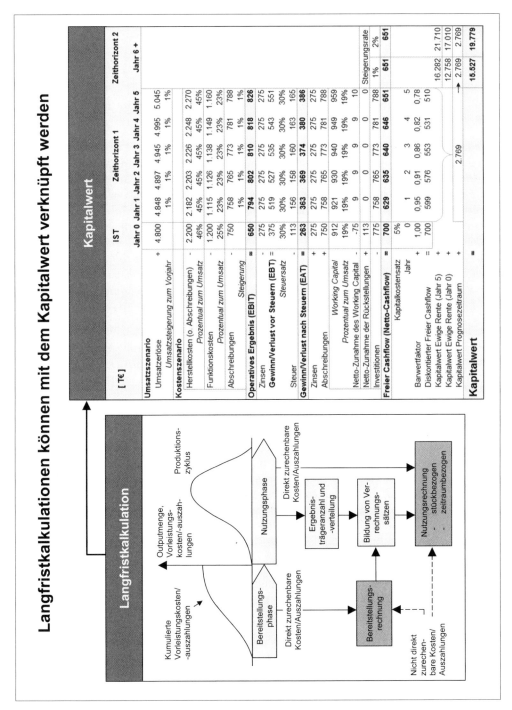

Abb. 151: Verknüpfung von Langfristkalkulationen mit dem Kapitalwert (Alter, 1991, S. 156; Dillerup/Stoi, 2011, S. 178; kombiniert mit Modifikationen); Zahlenbeispiel mit Rundungen

(2a) Kauf eines Unternehmens

Mergers & Acquisitions (M&A) sind als Gegenstand einer exogenen Wachstumsstrategie eine bedeutsame strategische Handlungsalternative, wie dies auch die Fallbeispiele im Kap. 3.5 zeigen. Aus Bewertungssicht berührt auch der Unternehmenskauf mehrere Rechnungskomplexe, da zwischen den Prozessstufen des Kaufes, des Umgestaltens zur Schaffung von Synergien und der dauerhaften Nutzung des Unternehmens zu unterscheiden ist.

Bereitstellungsrechnung: *Die Bereitstellungsphase ist abgeschlossen, wenn das Unternehmen gekauft und in seinen Zielzustand gebracht wurde. Zielzustand bedeutet, dass im Regelfall Umstrukturierungsmaßnahmen durchzuführen sind, um geplante Synergien zu realisieren. Entsprechend sind die Auszahlungen für den Kauf des Unternehmens sowie eventueller Umstrukturierungen zu berücksichtigen. Umstrukturierungen, z. B. in Form des Zusammenlegens von Standorten, können erforderlich sein, um Kostensynergien zu realisieren. Ab dem Zeitpunkt der Übernahme entstehen operative Einzahlungen und Auszahlungen aus dem Geschäftsbetrieb, die ebenfalls zu berücksichtigen sind. Im Weiteren soll die Bereitstellung enger interpretiert werden. Sie umfasst lediglich die Auszahlungen im Zusammenhang mit dem Erwerb des Unternehmens, inkl. Rechtsanwalts- und sonstiger Beratungskosten. Monetäre Effekte von Restrukturierungen bilden dann einen Teil der Nutzungsrechnung.*

Nutzungsrechnung: *Sie umfasst Ein- und Auszahlungen aus dem laufenden Geschäftsbetrieb, einschließlich erforderlicher Investitionen (inkl. Restrukturierungen). Die Zahlungsströme berücksichtigen Synergien, die mit dem Unternehmenskauf realisiert werden sollen.*

Nutzungsfolgerechnung: *Diese besitzt in der Regel keine Bedeutung.*

Außerdienststellungsrechnung/Verkaufsrechnung: *Sie ist abhängig von der Intention des Käufers. Im klassischen Fall wird bei der Beurteilung keine Aussage zu einem zukünftigen Verkauf getroffen und somit eine unbegrenzte Eigentümerschaft unterstellt. Hieraus resultiert gedanklich auch eine Nutzungsrechnung ohne zeitliche Begrenzung. Anders gestaltet sich dies im Falle von Private-Equity-Investoren. Im Geschäftsmodell dieser Investoren-Gruppe bildet der spätere Verkauf ein zentrales Element. Typischerweise versucht ein Private-Equity-Investor möglichst schnell die Restrukturierungsphase (= Systemumgestaltung) zu durchlaufen, um anschließend das wertvoller gewordene Unternehmen zu veräußern. Das Geschäftsmodell basiert nicht auf einer langfristigen Nutzungsphase, da der Haupthebel für Wertsteigerung in der Systemumgestaltung durch Restrukturierung liegt.*

Ein wesentlicher Aspekt von M&A-Bewertungssituationen besteht darin, dass Käufer und Verkäufer das Unternehmen auf Basis ihrer eigenen, subjektiven Handlungsmöglichkeiten und Einschätzungen beurteilen, wie Abb. 152 veranschaulicht.

Beide Seiten starten mit dem sogenannten **„Stand-alone-Wert"**. Dieser resultiert aus der Weiterführung des Unternehmens durch den bisherigen Eigentümer und entspricht der beschriebenen Nutzungsrechnung (ohne Restrukturierungen) im weiteren Sinne. Auch hier können sich bereits unterschiedliche Einschätzungen ergeben. So wird der Verkäufer den Stand-alone-Wert, bzw. die zugrunde liegenden Prämissen, zumeist sehr optimistisch darstel-

3.6 Bewerten von Handlungsalternativen und Strategiewahl

len, um einen höheren Preis in den Verhandlungen zu rechtfertigen. Typischerweise wird der Verkäufer auch sehr optimistische Annahmen zum Restwert unterstellen.

Je nach Situation des Unternehmens kann zusätzlich ein **Restrukturierungswert** angesetzt werden, wenn das bisherige Geschäft grundlegend umgestaltet wird. Im Gegensatz zu der Restrukturierung eines speziellen Käufers könnte diese Veränderung auch durch den aktuellen Eigentümer durchgeführt werden. Es handelt sich somit streng betrachtet um eine Erweiterung des Stand-alone-Wertes. Berücksichtigt werden dürfen dabei nur die Netto-Zahlungsüberschüsse der Restrukturierung, also nach Abzug eventueller Restrukturierungsauszahlungen. Auch hier können Unterschiede in der Einschätzung beider Parteien auftreten. Aus Verkäufersicht resultiert aus den beiden Blöcken des Stand-alone-Wertes und Restrukturierungswertes die **Preisuntergrenze des Verkaufs**.

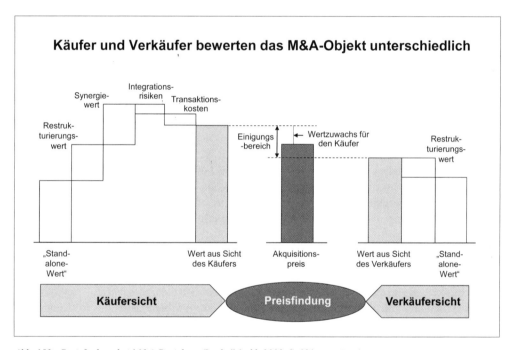

Abb. 152: Preisfindung bei M&A-Projekten (Lucks/Meckl, 2002, S. 191; erweitert)

Für den Käufer ergibt sich eine andere Sichtweise. Auf Basis seiner Einschätzung zum Stand-alone-Wert und Restrukturierungswert sind zusätzlich die Synergien mit dem eigenen Geschäft abzuschätzen. Letztlich sind diese Synergien die Quelle für das Schaffen von Werten. Aus monetärer Sicht bestehen diese aus Umsatz- bzw. Einzahlungssynergien und Kosten- bzw. Auszahlungssynergien. Mit Hilfe des Unternehmenskaufs wird eine Verbesserung von Volumen und/oder Ergebnis erreicht. Abzuziehen sind hingegen bei der Bewertung die Transaktionskosten sowie ein Betrag für Integrationsrisiken. In Summe resultiert daraus für den Käufer der Wert des Unternehmens und damit seine **Preisobergrenze des Kaufs**.

Die Preisobergrenze des Käufers und die Preisuntergrenze des Verkäufers stellen **Entscheidungswerte** dar: „Allgemein zeigt ein Entscheidungswert einem Entscheidungssubjekt bei gegebenem Zielsystem und Entscheidungsfeld an, unter welchen Bedingungen oder unter welchem Komplex von Bedingungen die Durchführung einer bestimmten Handlung das ohne diese Handlung erreichbare Niveau der Zielerfüllung (Nutzwert, Erfolg) gerade noch nicht mindert." (Matschke/Brösel, 2007, S. 129; im Original mit Hervorhebungen).

Die Obergrenze und die Untergrenze der Parteien definieren somit den **Einigungsbereich**. Der Verkäufer erwartet dabei regelmäßig eine **Übernahmeprämie**, auch als Change-of-Control-Premium bezeichnet. Je nach Branche und Marktsituation können diese Aufschläge bis über 50 % des Börsenkurses einer Aktie betragen. Aus Verkäufersicht ist es somit wichtig, diejenigen Kaufinteressenten zu finden, die über besonders hohe Synergieeffekte verfügen. Dies führt zu einer entsprechenden Ausdehnung des Einigungsbereiches nach oben und erleichtert das Durchsetzen eines höheren Preises.

Grundsätzlich erfolgt eine Preisfindung innerhalb der rechenbaren Beträge des Einigungsbereiches. Unter gewissen Umständen sind Käufer bereit, zusätzlich zu den beschriebenen Werteelementen auch einen **„Strategischen Wert"** des Kaufobjektes zu berücksichtigen. Es handelt sich dabei um eine nicht rechenbare Größe, die sich einer Beurteilung aus Sicht des strategischen Controllings entzieht. Ursache für einen „Strategischen Wert" kann z. B. sein, dass aus Gründen der langfristigen Existenzsicherung ein neues Geschäft aufgebaut werden soll. Speziell in diesem Fall existieren keine oder nur sehr geringe Synergien mit dem vorhandenen Geschäft. Eine Aussage zum „Strategischen Wert" einer Akquisition kann nur vom Top-Management selbst getroffen werden und ist mit besonderer Sensibilität zu handhaben. Zahlt das Top-Management wegen eines „Strategischen Wertes" einen Kaufpreis oberhalb des rechenbaren Einigungsbereichs (siehe Abb. 152), bedeutet dies aus Sicht der Aktionäre eine Wertvernichtung. Die Reaktion darauf ist regelmäßig ein Kursrückgang.

Die Entscheidung hinsichtlich Kauf oder Nichtkauf eines Unternehmens liegt in der Verantwortung des Top-Managements, so wie bei anderen strategischen Entscheidungen. Die Aufgabe des strategischen Controllings im M&A-Prozess ist es, Transparenz hinsichtlich der Werthaltigkeit des M&A-Objektes und der verbundenen Risiken zu schaffen. Aus der speziellen Bedeutung von Synergien im Akquisitionsprozess resultiert dabei die Notwendigkeit eines synergiebezogenen Akquisitionscontrollings (siehe Meckl/Horzella, 2010, S. 434 ff.; Mochty, 2001, S. 417 ff.). Diesen Aspekt adressiert auch das nachfolgende Beispiel.

(2b) Unternehmenskauf und Synergien (Henkel)

Henkel ist ein global agierendes Unternehmen in den drei Geschäftsfeldern Wasch-/Reinigungsmittel, Kosmetik/Körperpflege und Adhesive Technologies (Klebstoff-Technologien). Im Jahr 2007 hat Henkel im Geschäftsfeld Adhesive Technologies das britische Unternehmen National Starch übernommen (vgl. Henkel, 2010). Abb. 153 zeigt die Synergien, die Henkel im Zusammenhang mit der Akquisition National Starch erwartete, und zwar in den Segmenten „Electronics" und „Adhesives". Dabei wurde zwischen Umsatzsynergien und Kostensynergien unterschieden. In dem betreffenden Fall wurde geplant, dass von den Gesamtsynergien in Höhe von 240–260 Mio. € ca. 1/3 auf Umsatzsynergien und 2/3 auf Kosten-

synergien entfallen. Bei den geplanten Kostensynergien wird eine Gleichverteilung zwischen den drei Funktionen „Einkauf und Produktion", „Vertrieb, Service, F&E" und „Verwaltung" gesehen. Die Höhe der Synergien ist grundsätzlich als ein dauerhafter, jährlicher Wert anzusehen.

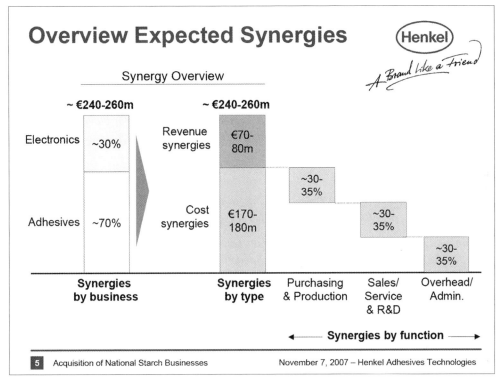

Abb. 153: *Synergieziele von Henkel aus der National Starch Akquisition (Henkel, 2010, p. 36)*

Generell kann unterstellt werden, dass Kostensynergien einen höheren Konkretisierungsgrad in den Planungen besitzen. Maßgeblich hierfür ist die bessere Beeinflussbarkeit der Kostenseite: Entsprechende Kostensenkungsmaßnahmen, z. B. durch Fertigungskonsolidierung, können weitgehend durch das Unternehmen autonom umgesetzt werden. Mehrverkäufe durch eine Akquisition sind hingegen stärker von Einflussgrößen außerhalb des Unternehmens abhängig. In der Realität können auch Abschmelzeffekte eintreten. Diese sind vor allem dort zu beobachten, wo der Zusammenschluss zu einem erheblichen Anstieg des Geschäftsvolumens bei einzelnen Kunden führt. Um die Unabhängigkeit auf der Einkaufsseite zu gewährleisten, reagieren die betreffenden Kunden oftmals mit der Umverteilung des Volumens auf andere Lieferanten.

(3a) Betreibermodell

*Typischerweise erstellen Bauunternehmen für ihre Kunden auf Auftragsbasis ein spezifisches Bauwerk (Hochbau oder Tiefbau). Aus der Sicht der Rechnungskomplexe betrifft dieser konventionelle Ansatz lediglich die Bereitstellungsrechnung. Dies stellt das typische Geschäftsmodell der Bauwirtschaft und des industriellen Anlagenbaus dar. Zunehmend haben Unternehmen der Baubranche jedoch erkannt, dass es attraktiv sein kann, den Leistungsumfang über den gesamten Lebenszyklus auszudehnen, und zwar von der Errichtung kommend auf ein Geschäftsmodell des Bauens und Betreibens. Diese erweiterten Leistungen werden dann auf Basis von **Betreibermodellen** erbracht. Das Bauunternehmen erstellt das Bauwerk und betreibt es mehrjährig, bevor es dann im Regelfall an den Kunden übergeht. Die monetäre Beurteilung der Grundstrategie („Ist es attraktiv, Betreibermodelle anzubieten?") und die Beurteilung einzelner Projekte („Sollten wir diesen Flughafen als Betreibermodell anbieten?") berücksichtigen mehrere Rechnungskomplexe:*

Bereitstellungsrechnung: *Es sind die Auszahlungen für die Erstellung des Bauwerkes, z. B. des Flughafens, zu erfassen.*

Nutzungsrechnung: *Über die Laufzeit des Betreibermodells sind die Einzahlungen und Auszahlungen aus dem Flughafenbetrieb zu berücksichtigen.*

Nutzungsfolgerechnung: *Je nach Abgrenzung kann es sich z. B. um die Vermarktung von Einzelhandelsflächen im Flughafenbereich handeln, soweit diese nicht bereits in der Nutzungsrechnung berücksichtigt sind.*

Außerdienststellungsrechnung/Übergaberechnung: *In diesem Fall handelt es sich nicht um das Ausphasen des Betriebes, sondern die Übergabe des Bauwerkes am Ende der Laufzeit des Betreibermodells. Hier kann es sich z. B. um vertraglich zugesicherte Modernisierungsleistungen handeln.*

(3b) Betreibermodell (Hochtief)

Das Bauunternehmen Hochtief fasste im Zuge seiner strategischen Positionierung den Beschluss, in das Geschäft mit Betreibermodellen einzusteigen. Im Geschäftsjahr 2008 wurde die „Hochtief Concessions GmbH" als neue Führungsgesellschaft gegründet. Ihr wurden die in Betreibermodellen aktiven Gesellschaften „Hochtief AirPort" und „HOCHTIEF PPP Solutions" zugeordnet. „Das Leistungsspektrum von HOCHTIEF Concessions umfasst folgende Elemente: die gezielte Auswahl von Projekten sowie deren Planung und Entwicklung, die Bereitstellung von Eigenkapital, die Strukturierung von Finanzierungen sowie die Realisierung und den Betrieb von Konzessionsprojekten bis hin zu Anteilsveräußerungen." (Hochtief, 2010, S. 26).

Abb. 154 veranschaulicht den typischen Wertverlauf eines Konzessionsprojektes über seinen Lebenszyklus. Bis zur Inbetriebnahme, also in der Bereitstellungsphase, entstehen negative Cashflows. Erst mit dem Anlauf und damit dem Eintritt in die Nutzungsphase, entstehen Cash-Überschüsse. Ein kumulierter positiver Cashflow wird in der Regel erst nach mehreren Jahren erreicht. Auch hier gilt, dass die Schwierigkeit nicht in der Anwendung der Kapital-

3.6 Bewerten von Handlungsalternativen und Strategiewahl

wertmethode, sondern in der Abschätzung der mehrjährigen Zahlungsströme liegt. Der Konkretisierungsgrad unterscheidet sich naturgemäß, ob die Grundsatzstrategie oder ein konkretes Projekt zu beurteilen ist. Im Falle der Grundsatzstrategie müssen Prinziprechnungen durchgeführt werden, die auf Basis realer Fälle oder realitätsnaher Annahmen ein typisches Konzessionsvorhaben bewerten. Im Kern geht es hier um die Frage, ob das Geschäftsmodell unter Risiko- und Ergebnisaspekten attraktiv ist. Bei Eintritt in das Geschäft sind dann nachfolgend konkrete Einzelprojekte zu beurteilen, für die auch entsprechend detailliertere Daten vorliegen. Die Grundsatzentscheidung besitzt eindeutig die Merkmale einer strategischen Entscheidung. Die Entscheidungen zu Einzelprojekten können ebenfalls strategischer Natur sein, wenn sie die entsprechenden Charakteristika, z. B. Größe, aufweisen.

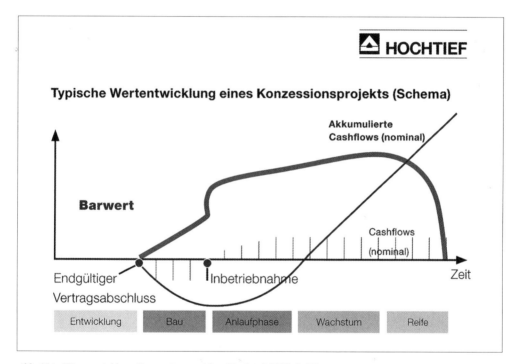

Abb. 154: Wertentwicklung Konzessionsprojekte (Hochtief, 2010, S. 29)

Zusammenfassend sind in Abb. 155 den drei beschriebenen Beispielen zur Veranschaulichung noch einmal die Rechnungskomplexe zugeordnet. Die Beispiele verdeutlichen, dass eine **ganzheitliche Betrachtung der relevanten Einzahlungen und Auszahlungen** erforderlich ist.

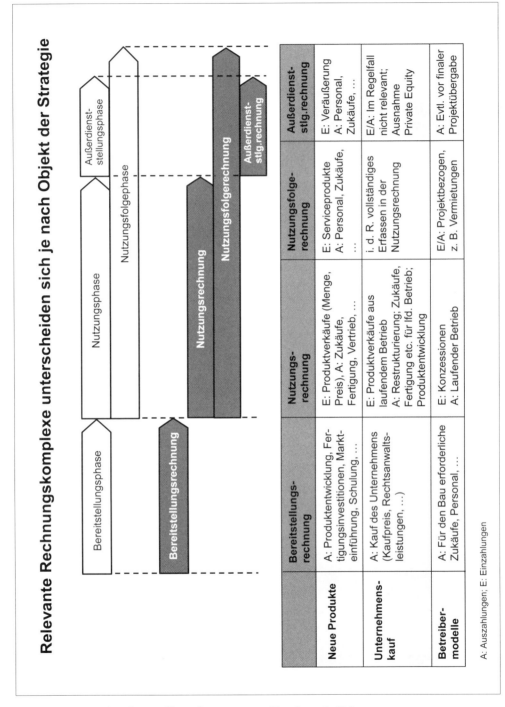

Abb. 155: Rechnungskomplexe in Abhängigkeit von ausgewählten Strategieobjekten

C) Risiken und Chancen

Im Beurteilungsprozess ist das Thema der **Unsicherheit** zwingend zu berücksichtigen. Unsicherheit bedeutet, dass eine oder mehrere der Einflussgrößen nicht als sicher zu betrachten sind. Aus pragmatischer Sicht werden Einflussgrößen jedoch auch teilweise als fix unterstellt, speziell soweit es sich um intern kontrollierbare Größen handelt. Wie in Kap. 3.6.1 erläutert, stellen Risiken in ganz allgemeiner Form die Möglichkeit des Abweichens von einem Zielwert dar. In der engeren Sichtweise wird der Begriff **Risiko** auf die negativen Abweichungen bezogen, während die positiven Abweichungen als **Chancen** bezeichnet werden.

Die Berücksichtigung von Risiken und Chancen kann methodisch unterschiedlich angegangen werden, insbesondere in Form von

- **Korrekturverfahren,**
- **Sensitivitätsanalysen und Risikoanalysen,**
- **Entscheidungsbaumverfahren,**
- **Realoptionen.**

Ziel bei Einsatz aller Verfahren ist das Fundieren der strategischen Entscheidung im Bewusstsein der Unsicherheit von Werttreibern (vgl. nachfolgend Blohm/Lüder/Schaefer, 2006, S. 229 ff.; Götze, 2008, S. 343 ff.; Kruschwitz, 2009, S. 291 ff.; Poggensee, 2009, S. 293 ff.).

Korrekturverfahren

Bei Einsatz von Korrekturverfahren werden Veränderungen an den **Zahlungsstromgrößen** und/oder dem **Diskontierungssatz** vorgenommen. Typischerweise gelangen Korrekturverfahren mit Blick auf Risiken und nicht im Hinblick auf Chancen zum Einsatz.

Entsprechend dieser eher einseitig pessimistischen Orientierung wird bei den Zahlungsgrößen der Cashflow der betreffenden Alternative reduziert. Dies erfolgt z. B. durch Anheben der Auszahlungen für die Bereitstellungsphase oder das Absenken der Erlöse in der Nutzungsphase. Auch eine zeitliche Veränderung der einzelnen Phasen, z. B. Verkürzung der Nutzungsphase, fällt in den Bereich der Korrekturverfahren. Bei einem Produkt würde diese Korrektur zum Ausdruck bringen, dass eine kürzere Marktfähigkeit unterstellt wird, als im Basisfall angenommen.

Neben den Zahlungsgrößen kann auch der Diskontierungszinssatz angepasst werden. Entsprechend der Risikoorientierung des Korrekturverfahrens erfolgt dies als Erhöhung des Zinssatzes. Somit gehen zukünftige Zahlungsströme mit einem geringeren Gewicht in den Kapitalwert ein. Dies zielt speziell auf die Zahlungsüberschüsse ab, die in den späteren Projektperioden eintreten, ebenso wie der Restwert.

Korrekturverfahren stellen insgesamt gesehen nur sehr einfache Ansätze zur Risikohandhabung dar. Insbesondere kann die Höhe von Anpassungen letztlich nur arbiträr festgelegt werden. Korrekturverfahren setzen zumeist nicht bei der Unsicherheit der originären Werttreiber an, z. B. Stückzahl und Preis der verkauften Produkte, sondern schätzen das Risiko nur summarisch ab. Ebenso besteht die Tendenz bei dezentral organisierten Prozessen, dass Korrekturen von mehreren Stellen vorgenommen werden, um individuelle Sicherheitspolster zu schaffen. Damit kann die Transparenz im Beurteilungsprozess verloren gehen. Einen weiteren fundamentalen Schwachpunkt bildet der weitgehend pessimistische Grundtenor von Korrekturverfahren. Chancen einer Alternative werden wegen dieser starken Risikoausrichtung nur sehr unzureichend, wenn überhaupt, berücksichtigt.

Sensitivitätsanalysen und Risikoanalysen

Mit Hilfe von **Sensitivitätsanalysen** wird untersucht, wie sich die Zielgrößen bei einer Änderung der Einflussgrößen verhalten (vgl. Wolf/Runzheimer, 2009, S. 61 ff.). Diese Einflussgrößen stellen aus monetärer Sicht die **Werttreiber** dar.

Ausgangspunkt der Sensitivitätsanalyse bildet der sogenannte **realistische Fall („Realistic Case")**. Es handelt sich um die Basisannahmen für die Werttreiber, die damit den Ausgangspunkt der Betrachtung darstellen. Typische Werttreiber sind dabei auf der Umsatzseite die geplanten Stückzahlen und der Stückpreis eines Produktes über die Zeitachse. Auf der Kostenseite sind dies Einsatzfaktorenmengen und -kosten. Ebenso sind aber auch vorgelagerte Größen von Bedeutung, die die Ursache von Abweichungen darstellen können. Ein Beispiel bilden Verzögerungen beim Erreichen der Fertigungsreife eines neuen Produktes oder das Inkrafttreten eines Gesetzes.

Im Falle einer **Alternativrechnung** werden unterschiedliche Annahmen für die Werttreiber getroffen. Dazu können einzelne Werttreiber variiert werden, um zu erkennen, wie robust die Strategie auf Veränderungen der jeweiligen Einflussgröße reagiert. Umgekehrt kann auch diejenige Ausprägung eines Werttreibers ermittelt werden, bei der das Ergebnis ein bestimmtes Niveau nicht unterschreitet. So kann z. B. untersucht werden, bis zu welchem Preisverfall noch ein positiver Kapitalwert erreicht wird.

Analog zur Vorgehensweise bei der Szenariotechnik können auch in sich konsistente Annahmenbündel für die Werttreiber getroffen werden. Aus derartigen Annahmenbündeln können dann **Risikoszenarien,** aber auch **Chancenszenarien,** abgeleitet werden. In der Unternehmenspraxis hat sich für ein pessimistisches Szenario der Begriff des **„Worst Case"** eingebürgert und für ein optimistisches Szenario der des **„Best Case"** (siehe Abb. 156). Die beiden Begriffe sind mit einer gewissen Zurückhaltung zu betrachten, speziell der des „Worst Case". In der Regel handelt es sich nicht im wörtlichen Sinne um den „schlechtesten denkbaren Fall", sondern einen „noch vorstellbaren schlechten Fall". Die Realität zeigt immer wieder, dass Ereignisse eintreten, die derartige Annahmen im negativen Sinne noch übertreffen. Unter diesem Aspekt ist es von essenzieller Bedeutung, dass auf der Ebene des Gesamtunternehmens die Inputdaten für die jeweiligen Szenarien nochmals kritisch hinterfragt und bei Bedarf durch weitere Szenarien ergänzt werden. Dies stellt ein notwendiges Vorgehen dar, um die Risiken der verschiedenen Projekte in ihrer Gesamtheit beurteilen zu können.

3.6 Bewerten von Handlungsalternativen und Strategiewahl

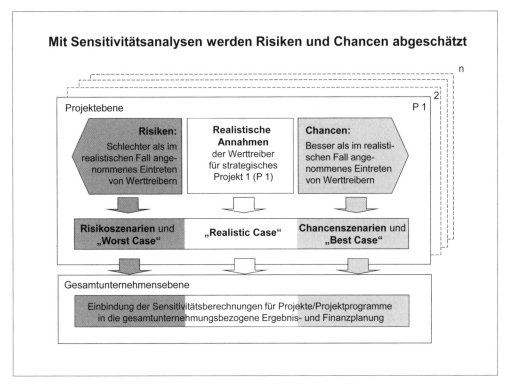

Abb. 156: Prinzip der Sensitivitätsanalyse mit drei Fallannahmen

Sensitivitätsanalysen führen nicht per se zu einer Entscheidung hinsichtlich der optimalen Alternative. Sie vermitteln jedoch ein Verständnis für die Auswirkungen der Unsicherheit auf eine Alternative und generieren zwei wichtige Arten von Informationen (vgl. Blohm/Lüder/Schaefer, 2006, S. 237):

- **Kritische Inputgrößen:** Es werden diejenigen Inputgrößen ermittelt, die einen besonderen Einfluss auf das Resultat der Alternative besitzen. Nachfolgend können gezielt weitere Informationen zu diesen Größen eingeholt werden, um die Unsicherheit zu reduzieren. Ebenso kann die Struktur der Alternative verändert werden, z. B. durch Berücksichtigen von Optionen, um die Effekte abzumildern.

- **Kapitalwerte für obere und untere Inputgrößenkonstellationen:** Mit Hilfe von „Best Case"- und „Worst Case"-Szenarien können den Entscheidern zumindest Anhaltspunkte für den Bereich gegeben werden, in dem sich der Kapitalwert auf Basis der Inputgrößen bewegen dürfte. Die Sensitivitätsanalyse kann den Ausgangspunkt für nachfolgende, detaillierte Risikoanalysen bilden. Damit kann auch dem Hinweis Rechnung getragen werden, dass die Input-Größen der Sensitivitätsanalyse zumeist nur auf subjektiven Annahmen basieren (vgl. Wolke, 2008, S. 26).

Im Falle sogenannter **„Kritischer Werte"** werden für bestimmte Parameter die Obergrenzen bzw. Untergrenzen ermittelt, die einzuhalten sind, damit das Vorhaben nicht unvorteilhaft wird. Eine entsprechende Fragestellung bildet z. B. der Mindestverkaufspreis eines neuen Produktes, der nicht unterschritten werden darf, damit noch ein Kapitalwert von K = 0 erreicht wird (vgl. Poggensee, 2009, S. 305 ff.).

Als Weiterführung von Sensitivitätsanalysen können auch sogenannte **Risikoanalysen** zum Einsatz gelangen, z. B. in Form der **Monte-Carlo-Simulation** (vgl. Götze, 2008, S. 376 ff.; Grob/Bensberg, 2009, S. 199 ff.; Treyer, 2010, S. 208 ff.). Im Gegensatz zu konventionellen Rechenmethoden wird für eine Inputgröße nicht eine diskrete Zahl eingegeben, sondern eine Häufigkeitsverteilung. Für die Inputgröße, in diesem Fall ein Werttreiber, wird somit Unsicherheit unterstellt. Mit entsprechender Softwareunterstützung können Häufigkeitsverteilungen für die zentralen Werttreiber berücksichtigt und Simulationen für die Wirtschaftlichkeit des Projektes durchgeführt werden. Hierzu wird ein Zufallszahlengenerator eingesetzt, der auf Basis der zugrunde liegenden Häufigkeitsverteilungen für die Inputgrößen entsprechende diskrete Werte generiert. Aus den Werten eines Durchgangs wird dann jeweils die Zielgröße errechnet. Nach einer entsprechenden Anzahl von Durchgängen ergibt sich auch für die Zielgröße, z. B. den Projekt-Kapitalwert, eine Häufigkeitsverteilung. Der Vergleich der Häufigkeitsverteilungen für die betreffenden Strategiealternativen erlaubt eine Einschätzung von Risiken und Chancen.

Welche Inputgrößen für die Simulation herangezogen werden sollten, ist differenziert zu betrachten, und zwar in Abhängigkeit von der Risikosituation der Strategiealternative. Besteht die betrachtete Alternative in der Einführung eines Nachfolgeproduktes in einen weitgehend bekannten und stabilen Markt, bedarf es nur im geringen Umfang spezieller Risikosimulationen. Soll jedoch ein neues Produkt in einen neuen Markt eingeführt werden, gestaltet sich dies anders. Zweckmäßige Inputgrößen für eine Simulation sind hier z. B. (vgl. Blohm/Lüder/Schaefer, 2006, S. 247):

- Produktpreise,
- Absatzmengen,
- Investitionsauszahlungen,
- Stückbezogene Auszahlungen,
- Auszahlungswirksame Fixkosten.

Es ist offensichtlich, dass selbst mit fünf vergleichsweise generischen Inputgrößen bereits eine erhebliche Komplexität entsteht. Dies betrifft sowohl die Durchführung einer Simulation als auch die Interpretation der Resultate.

Entscheidungsbaumverfahren

Die vorher beschriebenen Verfahren haben die jeweilige Alternative als ein in sich geschlossenes Vorhaben betrachtet. Im Gegensatz dazu steht das Konzept der **flexiblen Planung** (vgl. Laux, 2005, S. 285 ff.; Franke/Hax, 2009, S. 283 ff.; Götze, 2008, S. 383 ff.). Das Vorhaben wird dazu in mehrere aufeinander folgende Einzelentscheidungen aufgespalten.

3.6 Bewerten von Handlungsalternativen und Strategiewahl

Diese Folgeentscheidungen sind unter Berücksichtigung der dann jeweils vorliegenden spezifischen Umweltzustände zu treffen. Für den Beginn des Planungszeitraums wird die zu tätigende Aktion festgelegt. Für die zukünftigen Entscheidungspunkte wird ein System von Eventualplänen in Abhängigkeit von der Umweltentwicklung entwickelt.

Ein Beispiel könnte die Entscheidung über den Aufbau einer neuen Fertigung in einem anderen Land sein. Statt der aggregierten Entscheidung „Bau der Fabrik" erfolgt ein Aufspalten der Entscheidung z. B. in (1) Kauf des Grundstücks, (2) Erstellung der Gebäude in einer bestimmten Größe, (3) Einstellen von Mitarbeitern und Einrichten mit maschinellen Anlagen für einen bestimmten Output.

Die Entscheidungen an den Punkten (2) und (3) werden unter Berücksichtigung der dann vorliegenden Umweltsituation, insbesondere Marktentwicklung, getroffen. Mit diesem Vorgehen gelingt es, die Flexibilität von Alternativen in Abhängigkeit von Entscheidungsstruktur und Umweltzuständen zu berücksichtigen.

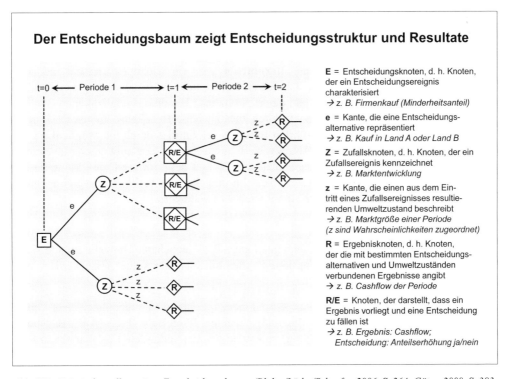

Abb. 157: Prinzipdarstellung eines Entscheidungsbaums (Blohm/Lüder/Schaefer, 2006, S. 264; Götze, 2008, S. 383 f.; erweitert)

Die Darstellung der Alternativen erfolgt in einem Graphen, dem **Entscheidungsbaum**, der dem betreffenden Verfahren auch den Namen gibt. Ein Graph ist dabei, vereinfacht formuliert, eine Struktur aus Knoten, die durch Kanten (Linien) miteinander verbunden sind. Die

Abb. 157 zeigt die Prinzipdarstellung eines Entscheidungsbaums und gibt Beispiele für die einzelnen Elemente der Struktur. Innerhalb der Struktur des Entscheidungsbaums interessiert die optimale Abfolge der Entscheidungen. Bei Anwendung des Kapitalwertes als Entscheidungskriterium ist diejenige Entscheidungsfolge optimal, die zum maximalen Erwartungswert des Kapitalwertes führt (vgl. Götze, 2008, S. 385).

Die Auflösung des Entscheidungsbaums kann nach dem sogenannten **Roll-Back-Verfahren** erfolgen. Dieses basiert auf einem Prinzip der dynamischen Programmierung: „Bei einer Reihe aufeinanderfolgender und miteinander zusammenhängender Entscheidungen hat die optimale Entscheidungsfolge die Eigenschaft, dass in jedem Zwischenstadium des Prozesses der noch zu realisierende Rest dieser Entscheidungsfolge zugleich die optimale Lösung für den noch gegebenen Restzeitraum darstellt." (Franke/Hax, 2009, S. 291).

Das Prinzip erlaubt es, die Lösung vom Ende des Entscheidungsbaums her zu finden und dabei sukzessive die suboptimalen Äste des Entscheidungsbaumes zu eliminieren. Indem Stufe für Stufe die jeweils optimale Entscheidung ermittelt wird, ergibt sich im Resultat auch die optimale Startentscheidung.

Die Begrenzungen des Verfahrens liegen u. a. in der Anzahl erfassbarer Entscheidungssituationen und Umweltzustände pro Strategiealternative. Ungeachtet der Einschränkungen bildet das **Denken in flexiblen Handlungsalternativen** aber ein wichtiges Element moderner Strategiearbeit. Entscheidungsbäume können als Hilfsmittel zur Visualisierung der Entscheidungsflexibilität eingesetzt werden und damit zusätzliche Handlungsmöglichkeiten erschließen. So lassen sich Alternativen gezielt durch zusätzliche Entscheidungsknoten flexibilisieren. Im Falle des in Abb. 157 angeführten Beispiels erfolgt dies durch die Möglichkeit, den Firmenanteil durch einen späteren Anteilserwerb aufzustocken. Das anfängliche Investment kann damit vergleichsweise niedrig gehalten werden und bei positiver Entwicklung besteht die Möglichkeit, das Engagement zu erhöhen. Im umgekehrten Fall kann auch eine Option bestehen, den anfänglich erworbenen Anteil wieder zu veräußern.

Realoptionen

Die Idee der Flexibilität von Entscheidungen angesichts unsicherer Umweltzustände findet sich speziell im Konzept der **Realoptionen:** „flexibility creates value" (Baecker/Hommel, 2004, S. 2).

Realoptionen basieren auf dem Konzept der Finanzoptionen. Der Eigentümer einer Option besitzt das Recht, aber nicht die Verpflichtung, zu einem festgelegten Preis (Ausübungspreis) einen definierten Basiswert (Underlying) zu kaufen oder zu verkaufen. Das Recht zum Kauf wird als Call-Option bezeichnet, das Recht zum Verkauf als Put-Option (vgl. z. B. Hungenberg/Wulf/Stellmaszek, 2010; Kruschwitz/Husmann, 2009, S. 305 ff.). Wird dieses Prinzip der Finanzoption auf eine Realoption übertragen, ergibt sich eine analoge Definition: „Eine **Realoption** bezeichnet das Recht, über einen Zeitraum (oder zu einem bestimmten Zeitpunkt) gegen Zahlung (Erhalt) eines fixen Betrages K ein Projekt umzusetzen (zu beenden), das einen im Zeitablauf unsicheren Wert S aufweist." (Hilpisch, 2006, S. 32).

Die Grundidee von Realoptionen besteht darin, eine strategische Entscheidung als eine Kette optionaler Teilentscheidungen zu interpretieren und nicht als einen in sich abgeschlossenen

Vorgang. Die Attraktivität einer strategischen Alternative bemisst sich dann nach dem Wert der Handlungsmöglichkeiten (Optionen), die mit der Erstinvestition erworben werden. Darin zeigt sich der wesentliche Unterschied zur klassischen Kapitalwertmethode. Die Kapitalwertmethode berücksichtigt vollständig durchdefinierte Alternativen, ermittelt für diese jeweils den Kapitalwert und leitet daraus die Vorteilhaftigkeit ab. Im Falle eines Projektes mit der Möglichkeit eines späteren Starts (z. B. erst nach einem Jahr oder alternativ nach zwei Jahren) werden die beiden Möglichkeiten als sich ausschließende Alternativen betrachtet. Es wird jeweils ein Kapitalwert ermittelt und daraus die Bessere der Alternativen bestimmt. Der Ansatz der Realoptionen berücksichtigt hingegen in der Bewertung die Möglichkeit, nach einem Jahr nochmals über eine weitere Verschiebung zu entscheiden (vgl. Copeland/Weston/Shastri, 2008, S. 395 f.).

Bei einer Strategiealternative können grundsätzlich vier Arten von Optionen einzeln oder kombiniert auftreten (vgl. Hungenberg, 2011, S. 311 ff.):

- **Wachstumsoptionen:** Sie ermöglichen die Ausdehnung des Geschäftes (= zukünftige Strategiealternative), und zwar auf der Basis einer ursprünglich getätigten Investition (= aktuelle Strategiealternative). So eröffnete der frühe Joint-Venture-Markteintritt von VW in China dem Unternehmen die Möglichkeit, durch nachfolgende Investitionen führende Marktanteile in China zu erringen. Ohne die Entscheidung zum ursprünglichen Joint Venture hätten sich die Möglichkeiten zur Folgeinvestition so nicht ergeben.

- **Aufschuboptionen:** Diese erlauben das bewusste Verzögern von geschäftlichen Entscheidungen, um neue Informationen in den Prozess einzubeziehen. Der Wert der Option ist umso größer, je risikobehafteter der betreffende Cashflow ist. So könnte der Markteintritt in eine neue Technologie davon abhängig gemacht werden, dass diese erst bestimmte Marktanteile gegenüber etablierten Technologien gewinnt. Der höheren Gewissheit über den Erfolg der Technologie steht dann der Aufholbedarf im Vergleich zu den Pionieren gegenüber, die früher aktiv wurden.

- **Abbruchoptionen:** Sie ermöglichen die vorzeitige Beendigung einer in der Umsetzung befindlichen Strategiealternative bei unbefriedigenden Ergebnissen. Zu diesem Zweck werden die entsprechenden Prozesse typischerweise in Phasen unterteilt. Der Phasenübergang erfolgt zu definierten Meilensteinen. An diesen Punkten wird die erreichte Performance beurteilt und über Weiterführung bis zum nächsten Meilenstein oder Abbruch entschieden. Abbruchoptionen sind ein typisches Merkmal von F&E-Projekten, die mit Phasenmodellen strukturiert werden.

- **Änderungsoptionen:** Sie erlauben eine Abweichung von der ursprünglichen Planung. So kann es sinnvoll sein, eine neue Fabrik mit höheren Investitionen für eine größere Produktpalette auszurüsten, wenn damit die Option auf flexible Anpassungen des Produktionsprogramms erworben wird.

Ebenso wie bei Finanzoptionen beruht auch die Bewertung von Realoptionen auf sechs Wertparametern, die Abb. 158 im Vergleich darstellt. Analog zur Bewertung von Finanzoptionen folgt auch der Ansatz bei Realoptionen dem Prinzip des äquivalenten Portfolios. Der Gedanke ist dabei, dass sich der faire Preis einer Kaufoption aus heutiger Sicht über eine äquivalente Wertposition duplizieren und damit bestimmen lässt (Prinzip des Duplikationsportfolios). So soll z. B. das wertmäßig äquivalente Portfolio bestimmt werden für den Wert einer Kaufoption in t = 0, die das Recht beinhaltet, in t = 1 ein Basisinstrument (z. B. eine Aktie) zu einem definierten Preis zu erwerben. Die wertmäßige äquivalente Position besteht in diesem Fall in der Kreditaufnahme und dem Kauf der Aktie in t = 0. Für Realoptionen ist es allerdings schwierig, ein entsprechendes Vergleichsportfolio zu ermitteln, da die betreffenden Projekte bzw. ihre Cashflows nicht wie eine Aktie gehandelt werden. Daher wird zur Vereinfachung häufig auch der Barwert des Projektes ohne Flexibilität herangezogen, um die Äquivalenz abzubilden (vgl. Copeland/Weston/Shastri, 2008, S. 399).

Finanzoptionen und Realoptionen nutzen ähnliche Wertparameter

Finanzoptionen			Realoptionen		
Wertparameter	Symbol	Quelle	Wertparameter	Symbol	Quelle
Aktienkurs	S	Börse	Projektwert	S	eigene Berechnung (DCF)
Ausübungspreis	K	Kontrakt	Present Value der Investitionen	K	eigene Berechnung (DCF)
Volatilität	σ	Börse	Risiko des Projektwertes	σ	eigene Berechnung (Simulation)
Restlaufzeit	T	Kontrakt	Restlaufzeit	T	Eigene Schätzung (Erfahrung)
Risikoloser Zinsatz	i	Geldmarkt	Risikoloser Zinsatz	i	Geldmarkt
Dividendenzahlungen	c	Unternehmen	Wertverlust des Projektes	c	Wettbewerbsanalyse (Erfahrung)

Abb. 158: Wertparameter und Informationsquellen von Optionen (Hilpisch, 2006, S. 144 f.; leicht modifiziert)

Für die Bewertung von Realoptionen werden das Binomialmodell und das Modell von Black/Scholes eingesetzt. Die Modelle unterscheiden sich vor allem in der Zustandsverteilung des Basiswertes, also des Projektwertes S. Das Binomialverfahren unterteilt den Betrachtungszeitraum in diskrete Abschnitte und unterstellt, dass das Basisinstrument zu jedem Zeitpunkt nur eine definierte Aufwärts- oder Abwärtsbewegung nehmen kann, und zwar mit einer spezifischen Wahrscheinlichkeit. Im Modell von Black/Scholes wird diese Annahme durch die einer kontinuierlichen Zustandsverteilung ersetzt (vgl. hierzu weiterführend z. B. Adams/Rudolf, 2009, S. 359 ff.; Copeland/Weston/Shastri, 2008, S. 390 ff.; Hilpisch, 2006; Loderer, 2007, S. 827 ff.).

Selbst im Falle vergleichsweise einfacher Beispiele zeigt sich, dass die Methodik eine relativ hohe Komplexität besitzt. Darüber hinaus deuten Fallstudien an, dass auch das Nachverfolgen des Optionenportfolios in der Unternehmenspraxis zu weiteren, teilweise unterschätzten Anforderungen führt. Realoptionen besitzen nicht den Charakter eines „Autopiloten", sondern erfordern kontinuierliche Aufmerksamkeit (vgl. Stellmaszek, 2010, S. 279 sowie mit grundlegender Kritik Kruschwitz, 2009, S. 429 ff.).

Ursprüngliche Prognosen, dass die DCF-Methodik durch Verfahren auf Basis von Realoptionen abgelöst wird, haben sich nicht bewahrheitet. Insgesamt dürften vor allem die hohen Methodikanforderungen und die spezifischen Datenvoraussetzungen zu der geringen Verbreitung des Verfahrens in der Unternehmenspraxis führen. Ohne Zweifel ist das Denken und Entscheiden in den Kategorien von Optionen aber als ein Fortschritt zu bezeichnen, der helfen kann, die Entscheidungsqualität zu verbessern: „So wird der Blick auf die Flexibilität von Investitionen und die Einflußfaktoren von Optionswerten wie Unsicherheit, Länge von Ausübungszeiträumen, Güte zusätzlicher Informationen, Exklusivität sowie Ausübungspreis gelenkt. Damit läßt sich die Grundlage für eine gezielte Gestaltung dieser Einflußfaktoren im Rahmen eines flexibilitätsbezogenen (Investitions-)Management schaffen oder stärken." (Götze, 2008, S. 411).

Zusammenfassend lässt sich festhalten, dass **Unsicherheit** im Zusammenhang mit strategischen Entscheidungen eine **gegebene Größe** darstellt. Sie darf daher keineswegs ignoriert werden, sondern ist in ihren möglichen Auswirkungen für die Entscheider zu verdeutlichen. Das **Schaffen von Transparenz** gehört hier zu den fundamentalen Aufgaben des strategischen Controllings. Dies erfordert im Minimum die Durchführung von Sensitivitätsanalysen und sollte soweit möglich durch fortgeschrittene Methoden oder Methodenelemente ergänzt werden. Dazu gehört neben Simulationen von Werttreibern z. B. auch das Strukturieren von Strategien nach dem Prinzip von Optionen. Strategien werden dann in ihrem Aufbau und in ihrer Abfolge so konzipiert, dass sich flexible Handlungsspielräume ergeben. Diese Handlungsspielräume können dann genutzt werden, um die Auswirkungen von Risiken zu minimieren und die Nutzung von Chancen zu maximieren. Insbesondere die Ansätze zu Realoptionen verdeutlichen, dass der Strategieprozess nicht mit der generischen Entscheidung für eine Alternative beendet ist. Dies entspricht auch dem hier vertretenen Ansatz des strategischen Managements bzw. des strategischen Controllings als einem Regelkreisprozess.

Fallbeispiel: Optionen im M&A-Prozess

Auch wenn eine durchgängige Quantifizierung von Strategiealternativen nach dem Konzept der Realoptionen die Ausnahme darstellen dürfte, ergeben sich wichtige Anregungen. Dies kann an einem M&A-Prozess veranschaulicht werden, den Abb. 159 zeigt. In den verschiedenen Phasen des Prozesses kommt den Optionen eine unterschiedliche Bedeutung zu.

Am Beginn dominiert im Zusammenhang mit der verfolgten Strategie das Herausarbeiten der relevanten Werttreiber. In einem technologiegetriebenen Markt kann es sich z. B. um die Effizienzgrade unterschiedlicher in Entwicklung befindlicher Technologien handeln. Diese können zu einem Wettbewerbsvorteil mit entsprechenden Preis- und Mengeneffekten führen. Eine der Voraussetzungen für den Markterfolg ist dabei die Fähigkeit, nach dem Durchbruch der Technologie die Produktion entsprechend hochzufahren. Unternehmenskäufe, aber auch Kooperationen, ermöglichen eine Vielzahl unterschiedlicher Optionen (vgl. Bausch, 2003).

Auf Basis der Werttreiber erfolgen das Screening von Targets und deren nachfolgende Bewertung. Die Kenntnis der Optionen ermöglicht ein besseres Verständnis des maximal zu rechtfertigenden Preises. Zugleich kann dies auch in der Kommunikation an den Kapitalmärkten eingesetzt werden. Eine Schlüsselrolle kommt dabei der Due Diligence zu, mit der Innenkenntnisse über das Akquisitionsobjekt hinsichtlich Risiken und Chancen gewonnen werden (vgl. Berens/Brauner/Strauch, 2008).

Nach der Übernahme des Unternehmens ist eine strategische Kontrolle im Hinblick auf die Ausübung der Realoptionen erforderlich. Dies schließt das Ermitteln des optimalen Ausübungszeitpunktes ein.

Abb. 159: Identifikation, Prüfung und Realisierung von Realoptionen entlang der Phasen des M&A-Prozesses (Leithner/Liebler, 2001, S. 139; leicht modifiziert)

2. Beurteilung im Hinblick auf kombinierte Wert-, Sach- und Sozialziele

Charakteristisch für das Beurteilen von Strategiealternativen ist das Vorliegen mehrerer Ziele, an denen die betreffenden Handlungsmöglichkeiten zu spiegeln sind. Neben den Wertzielen, bei denen ebenfalls schon mehrere Ziele auftreten können, sind insbesondere auch Sachziele und Sozialziele zu berücksichtigen. Als fundiertes und zugleich praxistaugliches Instrument hat sich hier die **Nutzwertanalyse** bewährt. Sie gelangt auch unter den Begriffen

3.6 Bewerten von Handlungsalternativen und Strategiewahl

Entscheidungsmatrix und Scoring-Modell zum Einsatz. In Abb. 160 ist der Grundaufbau der Nutzwertanalyse dargestellt.

Mit der Nutzwertanalyse werden Alternativen umfassend beurteilt

Unabdingbare Ziele	Ziele (Z_j) / Alternativen (A_i)	Ziele (Z_j) mit Zielgewichtungsfaktoren (q_j)			Nutzengröße je Alternative $N_{A_i} = \sum_{j=1}^{3} W_{ij} q_j$
		$Z_1; q_1$	$Z_2; q_2$	$Z_3; q_3$	
	A_1				
	A_2				
	A_3	Gewichtete Zielwirkungen der Alternativen ($W_{ij} q_j$)			
	A_4				
	A_5				

Abb. 160: Grundschema der Nutzwertanalyse unter Sicherheit (Hahn/Hungenberg, 2001, S. 67)

Das Durchführen einer Nutzwertanalyse untergliedert sich in mehrere Schritte (vgl. Hahn/Hungenberg, 2001, S. 65 ff.; Hoffmeister, 2008, S. 278 ff.; Zangemeister, 1976, S. 89 ff.):

Schritt 1: Klären der relevanten Ziele

Für die Ziele gilt, dass eine vollständige und überschneidungsfreie Definition erforderlich ist, um die ganzheitliche Beurteilung der Alternativen sowie mögliche Verzerrungen durch Doppelzählungen zu vermeiden. Je nach Art der Ziele wird die Zielerreichung auf unterschiedlichen Skalen gemessen:

- **Nominal:** Die Zielerreichung wird als „erfüllt/nicht erfüllt" gemessen. Im Zusammenhang mit der Nutzwertanalyse betrifft dies unabdingbare Ziele, wie z. B. Genehmigungsfähigkeit eines M&A-Vorhabens durch die Kartellbehörden. Unabdingbare Ziele, also solche grundlegenden Ziele, die zwingend zu erfüllen sind, werden im Weiteren separat aufgeführt. Dies erlaubt es, ungeeignete Alternativen frühzeitig auszusortieren.

- **Ordinal:** Die Zielerreichung wird einer abgestuften Skala, wie z. B. „sehr gut, gut, befriedigend, ..." zugeordnet. Die Ergebnisse auf der Skala ermöglichen es, eine Rangfolge zu bilden. Es ist allerdings keine Aussage über die Größe der Differenzen möglich. So kann z. B. die Zufriedenheit der Stakeholder auf einer Ordinalskala ansatzweise erfasst werden. Eine Aussage, wie viel mehr die Einschätzung „zufrieden" im Vergleich zu „bedingt zufrieden" darstellt, ist allerdings nicht möglich.

- **Kardinal:** Die Zielerreichung wird auf einer numerischen Skala gemessen, und zwar einer Intervallskala oder einer Verhältnisskala. Im Gegensatz zur Ordinalskala können mit diesen Skalen auch Differenzen zwischen unterschiedlichen Resultaten ermittelt werden. Im Falle der Verhältnisskala ist auch das Berechnen von Quotienten möglich.

Für das systematische Ableiten der Ziele bietet sich eine Baumstruktur an, in der aus den übergeordneten Zielen jeweils die Ziele der nächsten Ebene abgeleitet werden. Auf der untersten Ebene befinden sich die Zielkriterien (Z_j), die eine Beurteilung erlauben. Das systematische Vorgehen verhindert insbesondere Doppelungen von Zielen. Ein Beispiel der Doppelzählung wäre im Falle einer Fabrikinvestition das Berücksichtigen von verringerten Logistikkosten zusätzlich zum Kapitalwert des Vorhabens. Die reduzierten Logistikkosten bzw. -auszahlungen sind bei korrekter Berechnung bereits im Kapitalwert enthalten.

Schritt 2: Gewichten der Ziele

Die Ziele sind hinsichtlich ihrer Bedeutung im Verhältnis zueinander zu gewichten. Aus der Sicht des strategischen Controllings ist es zu empfehlen, die Frage der Zielstruktur und der Gewichtung so frühzeitig wie möglich mit dem Top-Management abzustimmen. Dies verhindert, dass später eine ungewollte Vermischung von Ziel- und Alternativendiskussion eintritt.

Für die Gewichtung gilt, dass die Summe der Gewichte 1 ergibt. Hierfür können die Gewichte als Prozentwert von 100 % vergeben werden. Es können aber genauso ganzzahlige Gewichte vergeben werden, da diese dann in Summe dem 100 %-Wert entsprechen. Das Rechnen mit ganzzahligen Gewichten hat in der Praxis den Vorteil, dass es schnelle Überschlagsrechnungen begünstigt.

Ein pragmatischer Ansatz bei der Verteilung der Gewichte kann darin bestehen, eine Gesamtsumme von 20 (= 100 %) für die Gewichtung zu nutzen. Auf die verschiedenen Ziele werden dann in Summe 20 Gewichtungseinheiten verteilt. Eine Einheit von 1 entspricht einer Gewichtung mit 5 % und ist auch die kleinste verteilbare Einheit. Mit 1 als kleinster Einheit erhält jedes berücksichtigte Ziel somit mindestens 5 % als Gewicht. Die Zuordnung von Gewichten in 5 %-Stufen erleichtert die Prüfung der Plausibilität („Ist Ziel A wirklich dreimal so wichtig wie Ziel B?"). Zugleich sollte dies bei unterstellten 5–10 Zielen eine hinreichende Differenzierung ermöglichen. Unter dem Aspekt der Kommunikation kann eine zu feine Differenzierung mit zu vielen angeführten Teilzielen und -gewichten kontraproduktiv wirken. Es kann eine Situation entstehen, bei der der „Wald vor lauter Bäumen" nicht mehr gesehen wird. Soweit eine starke Differenzierung aus fachlicher Sicht erforderlich ist, sollte diese in der Vorarbeit durchgeführt, die Resultate jedoch verdichtet präsentiert werden.

Schritt 3: Punktewerte für kardinale und ordinale Zielerreichung

Um eine Vergleichbarkeit der Zielerreichung zu gewährleisten, müssen die Resultate auf eine gemeinsame Nutzen- bzw. Punkteskala gebracht werden. Dabei ist zu unterscheiden, ob es sich um **nichtmonetäre Ergebnisgrößen** (qualitativ oder quantitativ) oder **monetäre Ergebnisgrößen** handelt (vgl. Hoffmeister, 2008, S. 285 ff.).

3.6 Bewerten von Handlungsalternativen und Strategiewahl 311

Nichtmonetäre Größen – Qualitativ: Die Zielerreichungsgrade werden über Zuordnungstabellen bestimmt. In ihnen wird der ordinalen Einstufung ein Punktwert zugeordnet.

Abb. 161 zeigt ein Beispiel einer solchen Zuordnungstabelle. Es ist offensichtlich, dass das Einstufen in die ordinalen Kategorien (von „Sehr gut" bis „Mangelhaft") gewisse Ermessensspielräume aufweist. Dessen ungeachtet dürfte es speziell in Gruppendiskussionen möglich sein, einen Konsens über die Abstufung zu erzielen, wodurch entsprechende Akzeptanz entsteht.

Ordinal messbaren Zielen werden Punktzahlen zugeordnet

Ordinale Zielerreichung		Punkte
Sehr gut	+	10 P
	-	9 P
Gut	+	8 P
	-	7 P
Befriedigend	+	6 P
		5 P
	-	4 P
Ausreichend	+	3 P
	-	2 P
Mangelhaft	+	1 P
	-	0 P

Abb. 161: Zuordnungstabelle für ordinale Zielerreichung (vgl. Hoffmeister, 2008, S. 288)

Nichtmonetäre Größen – Quantitativ: Die Zielerreichung wird mit einer Kardinalskala gemessen, also z. B. produzierbare Menge in Stück. Zur Vergleichbarkeit mit den übrigen Zielen ist sie ebenfalls in eine Punkteskala zu überführen. Hierfür kann eine grafische Bestimmung über eine Zuordnungskurve erfolgen. Auf Basis des jeweiligen Zieles ist festzulegen, welche Ausprägungen einen noch akzeptablen Minimumwert bzw. den Maximalwert darstellen und welche Punkte zugeordnet werden. Dies definiert im Falle einer unterstellten Gerade dann auch die Punkte für die übrigen Alternativen (wobei ggf. Rundungen durchzuführen sind). Ein mögliches Beispiel könnte im Falle einer Fabrikinvestition der unterschiedliche Flexibilitätsgrad alternativer Konzepte sein. Die Flexibilität könnte in der Anzahl der Produkttypen gemessen werden, die sich fertigen lassen. Dieser Vorteil kommt bei vergleichbaren Produkten mit ähnlicher Profitabilität nicht im Kapitalwert zum Ausdruck, und wäre dann zusätzlich zu betrachten. Abb. 162 zeigt ein Beispiel für eine derartige grafische Bestimmung des Zielerreichungsgrades. Dabei ist unterstellt, dass die Mindestvariante, d. h. Fertigung nur eines Produkttyps, zwei Punkte erhält und eine gedachte optimale Alternative zur Fertigung von bis zu sechs Produkttypen den maximalen Punktwert von zehn. Hieraus resultiert dann eine entsprechende Gerade für die Punktezuordnung. Das Beispiel veranschaulicht zugleich, dass über die Art der Zuordnungskurve diskutiert werden kann und auch sollte. So könnte z. B. eine ABC-Analyse zeigen, dass 80 % des zukünftigen Volumens von drei Produkttypen bestimmt werden. Nach der Zuordnungskurve würde eine entsprechende Variante aber nur einen vergleichsweise niedrigen Punktwert von gerundet 5 Punkten erhalten. Auch hier gilt der Vorteil der Nutzwertanalyse, dass sie für entsprechende Diskussionen sensibilisiert.

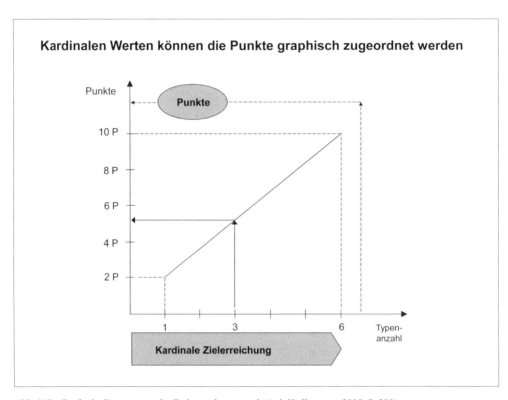

Abb. 162: Grafische Bestimmung der Zielerreichungsgrade (vgl. Hoffmeister, 2008, S. 290)

Monetäre Größen: Die Messung der Zielerreichung erfolgt in Geldeinheiten, insbesondere in Form des Kapitalwerts einer Investition. Für die Umsetzung in eine Punkteskala kann prinzipiell auch eine lineare Skalierungsfunktion genutzt werden. Um jedoch mögliche Verzerrungen durch Extremwerte zu vermeiden, kann ein Vorgehen auf Basis des (gedachten) optimalen Wertes erfolgen. Ein spezieller Vorteil besteht darin, dass die Punkteskala noch

3.6 Bewerten von Handlungsalternativen und Strategiewahl

vor dem Bewerten der Alternativen erstellt werden kann. Im Falle einer Investition mit Einzahlungen und Auszahlungen ergibt sich später eine Alternative mit dem **höchsten Einzahlungsbarwert** (Profitabilität vorausgesetzt). Im Falle eines Projektes, dem nur Auszahlungen zuzurechnen sind, existiert eine Alternative mit dem **niedrigsten absoluten Auszahlungsbarwert**. Der **optimale Wert** ist im ersten Fall der größte Einzahlungsbarwert und im zweiten Fall der kleinste absolute Auszahlungsbarwert.

Für die Festlegung der Punkte kann dann wie folgt vorgegangen werden (vgl. Hoffmeister, 2008, S. 292 f.):

Der optimale Wert erhält 10 Punkte. Einzahlungsbarwerte, die 50 % oder weniger vom optimalen Wert erreichen, erhalten 0 Punkte. Entsprechend gibt es für Auszahlungsbarwerte 0 Punkte, wenn diese doppelt (oder mehrfach) so hoch sind, wie der optimale Auszahlungsbarwert. Die Abb. 163 verdeutlicht die Zuordnung und enthält eine Lesehilfe.

Monetäre Zielerreichung kann sich am optimalen Wert orientieren

	Relation zum optimalen Wert (EZB_{max}, AZB_{min})	Punkte
EZB = Einzahlungsbarwert AZB = Auszahlungsbarwert	$\dfrac{EZB_{max}}{EZB_x}$ bzw. $\dfrac{AZB_x}{AZB_{min}}$	
	1,0	10 P
	1,1	9 P
	1,2	8 P
Lesehilfe für Faktor 1,5:	1,3	7 P
Einzahlungsbarwert:	1,4	6 P
Der maximale (= optimale)	1,5	5 P
Wert ist 50 % größer als	1,6	4 P
der betrachtete Wert.	1,7	3 P
Auszahlungsbarwert:	1,8	2 P
Der betrachtete Wert ist	1,9	1 P
50 % größer als der minimale (= optimale) Wert.	≥2,0	0 P

Abb. 163: Zielerreichungsgrade für Einzahlungs- und Auszahlungsbarwerte (vgl. Hoffmeister, 2008, S. 293)

Für die Zuordnung von Zielerreichungsgraden bzw. Punktwerten in der Nutzwertanalyse gibt es kein allgemeingültiges Vorgehen. Die beschriebenen Wege für qualitative und quantitative Zielgrößen sind damit als Orientierung zu verstehen. Bei der praktischen Anwendung sollte das im Einzelfall gewählte Vorgehen aus Gründen der Nachvollziehbarkeit dokumentiert werden. Als hilfreich hat sich erwiesen, die entsprechenden Ableitungen in den Anhang des Entscheidungsdokumentes mit aufzunehmen.

Schritt 4: Ermitteln/Zuordnen der Alternativen

Soweit die strategischen Handlungsalternativen bereits vorliegen, werden sie in der Matrix eingetragen. Ansonsten sind die Alternativen erst noch zu ermitteln.

Schritt 5: Ermitteln der Wirkungen

In einem ersten Schritt werden alle Alternativen untersucht, ob sie unabdingbare Anforderungen erfüllen. Soweit dies nicht der Fall ist, kann für die betreffenden Alternativen die weitere Betrachtung gestoppt werden.

Für die übrigen **Alternativen** wird im Hinblick auf die einzelnen **Ziele** auf der jeweiligen Skala der Zielerreichungsgrad gemessen. Entsprechend der vorab definierten Vorgehensweise (siehe Schritt 3) werden die dazu jeweiligen Nutzenpunkte als Zielwirkung ermittelt. Diese **Zielwirkung W** im Hinblick auf ein Ziel wird mit dem **Gewichtungsfaktor q** (siehe Schritt 2) multipliziert. Die gewichtete Zielerreichung in Nutzenpunkten wird in das betreffende Feld der Matrix eingetragen.

Als Beispiel:

Alternative 2 hat einen Kapitalwert von 40 Mio. EUR; der höchste (= optimale) Wert beträgt 48 Mio. EUR. Daraus ergibt sich gemäß Schritt 3 ein Faktor von 1,2; dieser entspricht 8 Punkten (W = 8). Als Gewichtung für den Kapitalwert werden 10 von 20 Gewichtungspunkten (= 50 %) angesetzt (q = 10). Es ergibt sich als gewichteter Nutzenwert:

NW = 8 x 10 = 80 Punkte

Schritt 6: Ermitteln der nutzenmaximalen Alternative

Durch zeilenweise Aufaddition der gewichteten Nutzenpunkte ergibt sich die Nutzensumme pro Alternative. Aus dem Vergleich der Nutzensumme resultiert unmittelbar die Reihenfolge. Die Abb. 164 zeigt das Beispiel eines ausgefüllten Nutzwertanalyse-Blattes.

Mit der Nutzwertanalyse existiert ein praxistaugliches Verfahren, das den Entscheidungsprozess bei kombinierten Zielen unterstützen kann. Die Betonung liegt dabei auf dem Unterstützungsaspekt. Die Letztentscheidung verbleibt bei strategischen Inhalten in der Hoheit des Top-Managements und kann durch kein Instrument „weg-automatisiert" werden. Was die Nutzwertanalyse jedoch leisten kann, ist das klare Strukturieren der relevanten Entscheidungsgrößen. Insbesondere wird der Blick auf die kritischen Fragen der Zielstruktur, der Messung der Zielerreichung und der Gewichtung gelenkt. Erfahrungsgemäß werden bei Top-Management-Durchsprachen alle Elemente der Entscheidungsmatrix einer kritischen Prüfung unterzogen. Speziell die Auswirkungen von veränderten Zielgewichten werden dann durch die Sitzungsteilnehmer sehr schnell „live" simuliert. Durch entsprechende Tool-Unterstützung können hier auch relativ einfach **Sensitivitätsanalysen unter Chancen-/Risikogesichtspunkten** durchgeführt werden.

3.6 Bewerten von Handlungsalternativen und Strategiewahl

Strategie 2 weist in Summe den höchsten Zielerreichungsgrad aus

Unabdingbare Ziele	Ziele (Z_j) / Alternativen (A_i)	Ziele (Z_j) mit Zielgewichtungsfaktoren (q_j)				Nutzengröße je Alternative $N_{A_i} = \sum_{j=1}^{4} W_{ij} q_j$
		Kapitalwert $q_1 = 10$	Belegschafts-effekt; $q_2 = 4$	Technologie-potenzial; $q_3 = 3$	Öffentlichkeits-wirkung; $q_4 = 3$	
Erfüllt	Strategie A_1	20 Mio. EUR 0 x 10 = 0	+500 Stellen 10 x 4 = 40	Sehr gut 10 x 3 = 30	Gut 8 x 3 = 24	94
Erfüllt	Strategie A_2	40 Mio. EUR 8 x 10 = 80	+200 Stellen 5 x 4 = 20	Gut 8 x 3 = 24	Befriedigend 5 x 3 = 15	(139)
Erfüllt	Strategie A_3	48 Mio. EUR 10 x 10 = 100	+40 Stellen 2 x 4 = 8	Ausreichend 2 x 3 = 6	Befriedigend 5 x 3 = 15	129
Nicht erfüllt	Strategie A_4	-	-	-	-	

Abb. 164: Beispiel einer Bewertung mit der Entscheidungsmatrix/Nutzwertanalyse

Gegen die Nutzwertanalyse wird eine Reihe von Einwänden vorgebracht, vor allem wegen der subjektiven Elemente bei der Skalierung. Letztlich ist die Nutzwertanalyse jedoch mit den realen Bewertungsinstrumenten zu vergleichen, die als Alternativen zum Einsatz gelangen. Dies sind dann im Regelfall keineswegs umfassendere Verfahren sondern im Gegenteil zumeist stark vereinfachte Instrumente.

Eine anzutreffende Variante der Bewertung ist die sogenannte **argumentative Entscheidungsfindung** (vgl. Hoffmeister, 2008, S. 297 f.). Dabei wird die Erfüllung der monetären und nichtmonetären Ziele im ersten Schritt separat betrachtet. Für die monetäre Zielerreichung wird z. B. auf Basis der Kapitalwerte eine Rangfolge der Alternativen gebildet. Ebenso erfolgt für die nichtmonetären Ziele das Ableiten einer Reihenfolge, wofür die Nutzwertanalyse eingesetzt wird. Es liegen somit zwei Rangfolgen vor, die anschließend zusammengeführt werden. Das Verfahren unterstellt damit prinzipiell, dass die monetären und die nichtmonetären Ziele identisch gewichtet sind. Durch einen Vergleich der Zielerreichung bzw. Rangfolgen in den beiden Kategorien wird nachfolgend eine Empfehlung abgeleitet. Da oftmals nicht die gleiche Alternative in beiden Kategorien auf Platz eins liegt, bedarf es einer entsprechenden Argumentation, und damit letztlich verbalen Gewichtung, um zu einem Resultat zu gelangen.

Die mit Hilfe einer Nutzwertanalyse (oder einem anderen Verfahren) ermittelte beste Strategiealternative wird in einem **Geschäftsplan-/Businessplan-Entwurf** detailliert. Dieser dient nachfolgend als Grundlage für die Beurteilung auf der Organisations- bzw. Gesamtunternehmensebene.

Ein typischer Businessplan setzt sich aus folgenden Abschnitten zusammen, die Abb. 165 im Überblick zeigt (vgl. Paxmann/Fuchs, 2010, S. 104 ff.; siehe auch Taschner, 2008, S. 11 ff.):

1. **Executive Summary:** Komprimierte Übersicht über das Vorhaben, um Entscheidern eine Ersteinschätzung zu ermöglichen.

2. **Thematische Einführung:** Grundlagen und Ausgangssituation des Vorhabens werden beschrieben ebenso wie Besonderheiten und wichtige Prämissen.

3. **Marktumfeld und Zielkunden:** Struktur des Marktes und der zentralen Marktteilnehmer werden erläutert. Besonderes Augenmerk liegt auf der Kundensegmentierung und der Definition der Zielkunden.

4. **Wettbewerber:** Wesentliche Wettbewerber und deren aktuelle und prognostizierte Strategie werden beschrieben.

5. **Value Proposition:** Darstellung der marktbezogenen Value Proposition (Mehrwert aus Sicht des Kunden) und der unternehmensbezogenen Value Proposition (Mehrwert aus Sicht des Unternehmens).

6. **Positionierung des Vorhabens im Unternehmen:** Einordnung des Vorhabens in Organisation und Wertschöpfungsstruktur des Unternehmens (Definition des „Business Owners").

7. **Marketing und Vertriebsplan:** Darstellung des beabsichtigten Marketing-Mix und darin enthaltener spezieller Maßnahmen bzw. Positionierungen (z. B. Pricing).

8. **Anwendungsbeispiele:** Beschreibung von konkreten Anwendungsmöglichkeiten des Produktes und eventueller zukünftiger Erweiterungen.

9. **Wirtschaftlichkeit:** Darstellung der finanziellen Kennzahlen des Vorhabens auf Basis der unternehmensbezogenen Zielgrößen. (Detailberechnungen typischerweise im Anhang beigefügt.)

10. **Personal- und Sachressourcen:** Erläuterung der qualitativen und quantitativen Mitarbeiter- und Sachressourcen, die zum Realisieren des Vorhabens erforderlich sind.

11. **Investitionsbedarf:** Darstellung der erforderlichen Finanzressourcen nach Höhe und zeitlicher Verteilung.

12. **Vorgehensweise und Zeitplan:** Erläuterung wesentlicher Aktivitäten und Zwischenergebnisse in Verbindung mit Meilensteinterminen. Darstellung der Organisation für die Implementierungsphase; i. d. R. in Form einer Projektorganisation.

13. **Risikoanalyse und -bewertung:** Beschreibung der wesentlichen Risiken hinsichtlich Wahrscheinlichkeit und Effekt sowie der vorgesehenen Maßnahmen zur Risikoreduktion. Ebenso Darstellung spezifischer Chancen, die aus dem Vorhaben resultieren können und noch nicht im Geschäftsplan enthalten sind.

14. **Mögliche Alternativen:** Darstellung von alternativen Handlungsmöglichkeiten, wenn das Vorhaben nicht durchgeführt wird; z. B. im Falle von Akquisitionen eines alternativen M&A-Targets.

15. **Kritische Erfolgsfaktoren:** Zusammenfassende Darstellung der wichtigsten externen und internen Erfolgsfaktoren, insbesondere auch um die erforderliche unternehmensinterne Unterstützung zu erhalten.

Abb. 165: Elemente eines Business-/Geschäftsplans (Paxmann/Fuchs, 2010, S. 106; erweitert)

3.6.3 Beurteilung auf der Organisationsebene/Gesamtunternehmensebene

Nachdem eine Alternative auf der Strategieebene ausgewählt wurde, ist diese auf der **Organisationsebene** zu beurteilen. Strategieebene und Organisationsebene verfügen über eigenständige Finanz- und Ergebnisrechnungen, wie dies Abb. 166 veranschaulicht. Die Finanz- und Ergebniswirkungen unterschiedlicher strategischer Vorhaben bzw. Projekte sind mit laufenden Aktivitäten des Unternehmens zusammenzufassen und zu bewerten. Neben den monetären Größen betrifft dies auch den Abgleich mit den erforderlichen Human- und Sachressourcen, soweit dies nicht bereits berücksichtigt wurde.

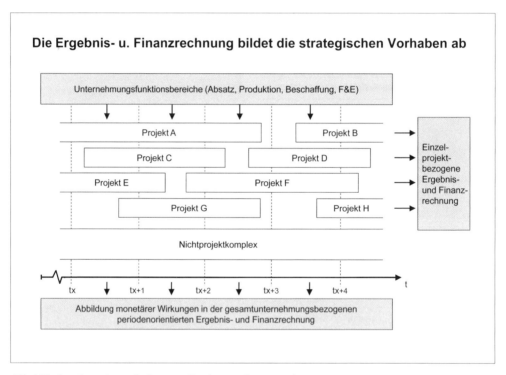

Abb. 166: Projekt- und periodenbezogene Ergebnis- und Finanzrechnung (Alter, 1991, S. 163)

Bei diesem Bewertungsschritt, der Strategieebene und Organisationsebene zusammenführt, kann zwischen einem einstufigen und einem mehrstufigen Vorgehen unterschieden werden:

Einstufige Beurteilung: Die strategiebezogenen Ziele und die organisationsbezogenen Ziele sind soweit identisch, dass kein getrennter Prozess erfolgt. Dies gilt speziell für kleinere bis mittlere Unternehmen, die auch zumeist nur in einem Geschäftsfeld tätig sind. In diesem einstufigen Prozess sind die Auswirkungen auf die Ergebnis- und Finanzrechnung der Organisation, hier des Gesamtunternehmens, integraler Teil der Strategiebewertung. Es ist allerdings darauf zu achten, dass attraktive Strategien nicht vorzeitig durch zu eng gesetzte Grenzen der Organisationsebene (z. B. Kapital, Humanressourcen) ausscheiden. So zeigt die Entwicklungsgeschichte großer Unternehmen, dass sie oftmals zur Umsetzung ihrer Strategien neue Wege gegangen sind, um die erforderlichen finanziellen Mittel zu erhalten (z. B. durch Umwandlung in eine Aktiengesellschaft). Speziell wachstumsstarke Unternehmen zeichnen sich dadurch aus, dass sie auch neue Wege finden, um Hürden zu überwinden (vgl. Alter/Kalkbrenner, 2010).

Mehrstufige Beurteilung: Auf der Strategieebene wird zu Beginn die Rangfolge der Alternativen ermittelt. Die monetären Wirkungen der als Nr. 1 ermittelten Alternative (gegebenenfalls auch die der nächst platzierten Alternativen) werden auf die Ergebnis- und Finanzrechnung der Organisationsebene übergeleitet. Im Falle einer Unternehmensstruktur mit Business-Unit- und Corporate-Ebene wird damit zuerst der Abgleich mit der Ergebnis- und Finanzrechnung der **Business-Unit-Ebene** vollzogen. Aus der Simulation der Auswirkungen auf die Ergebnis- und Finanzplanung wird die Rangfolge bestätigt oder angepasst. Die aus Sicht der Business Unit optimale Alternative wird vorerst in deren Plan übernommen. Als Resultat entsteht ein neuer strategischer Planentwurf, der nachfolgend auf der Corporate-Ebene zu beurteilen ist.

Mit der Beurteilung auf der **Corporate-Ebene** werden die unterschiedlichen strategischen Handlungsstränge gebündelt, im Speziellen die

- Alternativen, mit denen die Zusammensetzung des Portfolios verändert würde,
- Strategien der einzelnen Business Units, um die Wettbewerbsposition zu verbessern und damit die Wert-, Sach- und Sozialziele des Unternehmens zu erreichen.

Die zentrale Frage ist dabei, mit welcher Kombination aus Portfolio- und Business-Unit-Strategien die Ziele des Gesamtunternehmens am besten erreicht werden. Aus monetärer Sicht sind hierzu die Wirkungen auf den **Unternehmenskapitalwert** und die **periodenbezogenen Wertziele** des Unternehmens zu ermitteln.

In Weiterführung der Kapitalwertberechnung für ein einzelnes strategisches Vorhaben kann auch auf der Corporate-Ebene ein Kapital- bzw. Barwert ermittelt werden. Das Prinzip, wie es z. B. seitens der BMW Group unter Berücksichtigung verschiedener Projektkategorien beschrieben wurde, zeigt Abb. 167. Dabei erfolgt eine Abzinsung der projektbezogenen Zahlungsströme sowie derjenigen für nicht projektbezogene Bereiche (z. B. Verwaltung). Soweit die einzelnen Projekte in Summe einen positiven Kapitalwert aufweisen, führt dies zu einer entsprechenden Erhöhung des Kapitalwertes des Unternehmens. Neben endogenen Projekten können nach diesem Prinzip auch die Wirkungen einer Portfolioveränderung, z. B. durch ein M&A-Vorhaben, berücksichtigt werden. Der ermittelte Kapitalwert stellt aus Controlling-Sicht eine wichtige Information dar, ist jedoch zwingend um weitere, periodenbezogene Größen zu ergänzen. Eine Entscheidung für eine Strategie- bzw. ein Strategieprogramm kann sinnvoll nicht alleine auf Basis des Kapitalwerts erfolgen.

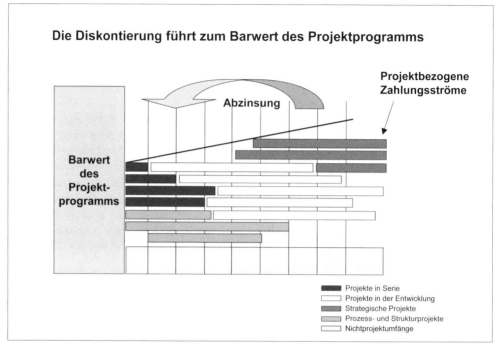

Abb. 167: Der Barwert des Projektprogramms zur Bewertung der Geschäftsfelder der BMW Group (Krause/ Schmidbauer, 2003, S. 447)

Für eine Entscheidung, welche strategischen Vorhaben im Einzelnen zu realisieren sind, ist es unverzichtbar, ihre Wirkungen in der Ergebnis- und Finanzrechnung des Gesamtunternehmens abzubilden.

Die Ergebnis- und Finanzplanung des Unternehmens basiert auf den Komponenten

- **Bilanz,**
- **Gewinn- und Verlustrechnung** und
- **Kapitalflussrechnung.**

Als integrierten Planungskomplex handelt es sich um die **gesamtunternehmensbezogene Ergebnis- und Finanzplanung** (vgl. Hahn, 1985, S. 148 ff.). Wie Abb. 168 als Prinzipdarstellung veranschaulicht, werden die unterschiedlichen Strategiealternativen mit ihren Wirkungen in den drei Rechnungskomplexen abgebildet, um die Zielerreichung für das Gesamtunternehmen messen zu können.

3.6 Bewerten von Handlungsalternativen und Strategiewahl

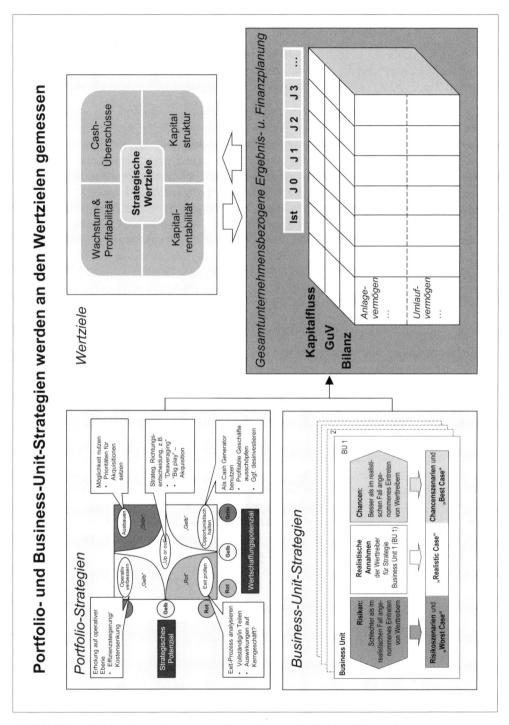

Abb. 168: Strategiealternativen und gesamtunternehmensbezogene Ergebnis- und Finanzplanung

Die Ergebnis- und Finanzplanung bildet als Basis die laufenden Aktivitäten ab, einschließlich früher getroffener Strategieentscheidungen, die sich jetzt in der Umsetzung befinden. Die Strategiealternativen werden ausgehend von dieser Basis einzeln oder als Strategiebündel in ihren Wirkungen auf die drei Komplexe Bilanz, GuV und Kapitalfluss durchgerechnet. In diesem Zusammenhang kann auch von einer **strategischen Bilanz, GuV und Kapitalflussrechnung** gesprochen werden.

Im Hinblick auf die **Bilanz** interessiert die Veränderung bilanzieller Kennzahlen, die strategische Wertziele darstellen können (wie z. B. die Eigenkapitalquote). In Bezug auf die **Gewinn- und Verlustrechnung** steht das Erreichen der formulierten Wachstums- und Ergebnisziele im Mittelpunkt. Durch Simulationen ist es möglich, schon frühzeitig zu erkennen, welche Strategien zum Erreichen der Ziele besonders geeignet sind. Umgekehrt können die Simulationen auch aufzeigen, wenn bestimmte kurzfristige Ergebnisziele aufgrund zwingender notwendiger strategischer Investitionen nicht mehr erreicht werden können. Einen besonderen Stellenwert kommt in diesem Zusammenhang der **Kapitalflussrechnung** zu. Sie informiert über die Herkunft und die Verwendung liquider Mittel und wirkt häufig als regulierendes Element. So kann im Einzelfall eine aus Kapitalwertsicht attraktive Alternative verworfen werden, weil nicht die erforderlichen finanziellen Mittel aufzubringen sind. Diese Information kann nur auf der Ebene des Gesamtunternehmens ermittelt werden. Die dafür erforderliche Integration der verschiedenen Teilplanungen zu einer Ergebnis- und Finanzplanung des Gesamtunternehmens ist in Abb. 169 dargestellt. Ausgehend von den übergeordneten Zielsetzungen werden strategische und operative Entscheidungen simuliert bzw. getroffen, die ihre Auswirkungen in der Ergebnis-, Bilanz- und Finanzplanung finden.

Hinsichtlich der Wertbasis für die periodenbezogene Ergebnisrechnung ist speziell bei börsennotierten Unternehmen ein **Zusammenwachsen von externem und internem Rechnungswesen** im Sinne eines „one-number-principle" zu beobachten (vgl. Hebeler, 2006; Kley, 2006). Dies resultiert insbesondere aus dem Bedürfnis eines einheitlichen Wertniveaus von der externen Kommunikation bis zur internen Führung des Unternehmens, um Durchgängigkeit und Transparenz zu gewährleisten: „Mit zunehmender Bedeutung der Kapitalbeschaffung über den Kapitalmarkt ist die externe Rechnungslegung als Kommunikationsinstrument mit aktuellen und potenziellen Kapitalanlegern in den Vordergrund gerückt. Dadurch gewinnt die aktive Steuerung des Unternehmens hinsichtlich der in der externen Rechnungslegung abgebildeten Größen für die Unternehmensführung an Relevanz." (Weber/Schäffer, 2008, S. 122 f.; siehe insbesondere auch Weißenberger, 2007).

3.6 Bewerten von Handlungsalternativen und Strategiewahl

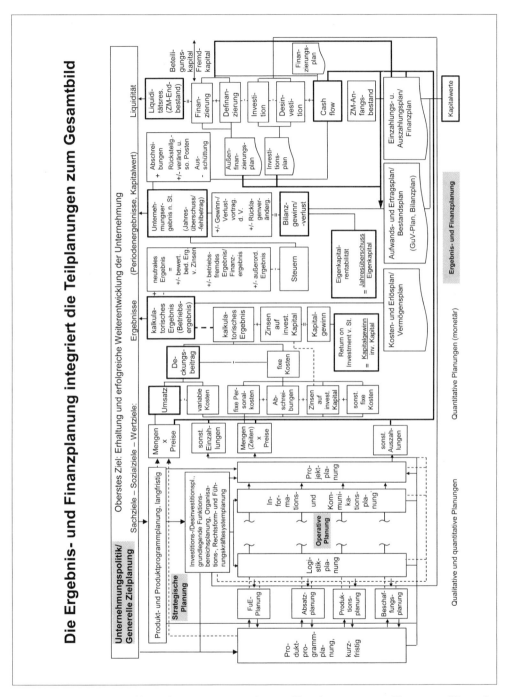

Abb. 169: *Grundschema der klassischen integrierten ergebnis- und liquiditätsorientierten Planungs- und Kontrollrechnung (Hahn/Hungenberg, 2001, S. 233; Hahn/Blome/Nicklas, 2006, S. 417)*

Für das Beurteilen von Strategieauswirkungen auf das Gesamtunternehmen stellt das **immanente Unsicherheitsmoment die zentrale Problematik** dar. Die Unsicherheit besteht zum einen bei den monetären Größen der Strategiealternativen. Zum anderen sind auch die Basiszahlen der Ergebnis- und Finanzplanung mit Unsicherheit versehen. So weist die Finanzplanung einen Cashflow der laufenden Geschäfte aus, der grundsätzlich für die Finanzierung der strategiebezogenen Investitionen verwendet werden kann. Dieser Cashflow setzt aber das Eintreten spezifischer Annahmen voraus, z. B. hinsichtlich Stückzahlen und Preisen im operativen Geschäft. Die Summe möglicher Variationen bei Basisgeschäft und strategischen Entscheidungen führt dazu, dass im Regelfall kein analytisches Verfahren verfügbar ist, mit dem eine optimale Lösung ermittelt werden kann. In der Praxis ist es nur mit Hilfe von **Simulationen** möglich, die monetären Wirkungen auf Basis der getroffenen Annahmen durchzurechnen. Die Resultate der Simulationen und die Zielerreichung bei nichtmonetären Zielen können dann wiederum in eine Nutzwertanalyse einfließen (vgl. Hahn/Hungenberg, 2001, S. 437 ff. sowie zu Simulationsmodellen S. 581 ff.).

Nachfolgend soll das Prinzip der Simulation einer **strategischen Bilanz, GuV und Kapitalflussrechnung** beschrieben werden. Von der **Wirtschaftsprüfungsgesellschaft Deloitte** wurde ein **Konzernplanungsmodell** konzipiert, das für die finanzielle Abbildung von strategischen Entscheidungen eingesetzt werden kann (vgl. nachfolgend Förster/Goste, 2009). Das Modell umfasst drei Teilplanungskomplexe, die integrativ miteinander verknüpft sind, wie auch Abb. 170 skizziert: Gewinn- und Verlustrechnung (GuV), Bilanz und Kapitalflussrechnung. Die GuV wird dabei über eine Gewinnverwendungsrechnung mit der Bilanz verbunden. Die integrative Verknüpfung gewährleistet das konsistente Durchrechnen im gesamten Rechenwerk bei einzelnen Datenänderungen.

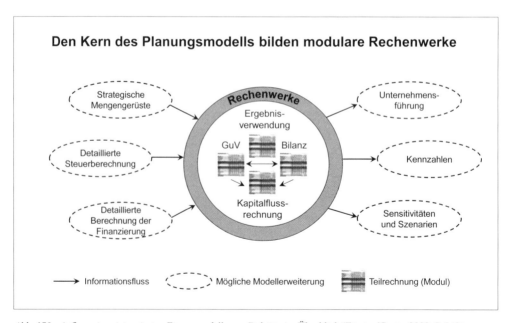

Abb. 170: *Aufbau eines integrierten Finanzmodells von Deloitte im Überblick (Förster/Goste, 2009, S. 243)*

3.6 Bewerten von Handlungsalternativen und Strategiewahl

Ein derartiges Konzernplanungsmodell kann mit zusätzlichen Teilrechnungen erweitert werden, die z. B. Mengengerüste, detaillierte Steuerberechnungen oder Finanzierungsvarianten abdecken. Für eine Unternehmensbewertung können Berechnungen z. B. auf Basis der Discounted-Cashflow-Methode oder von Residualgewinnen durchgeführt werden. Mit Hilfe von Sensitivitäten und Szenarien lassen sich dabei Chancen und Risiken in ihren Auswirkungen simulieren.

Die IT-Architektur eines entsprechenden Konzernplanungsmodells basiert auf der Verknüpfung eines Finanzmodells mit einer Datenbank. Das integrierte Finanzmodell wird durch eine relationale Datenbank ergänzt, in der sämtliche für die Simulation erforderlichen Daten vorgehalten werden (z. B. Plandaten der Konzernunternehmen). Die Daten werden nur für Berechnungen in das Finanzmodell geladen, ebenso wie auch die Resultate der Berechnungen in der Datenbank abgespeichert werden. Um eine einheitliche Datenbasis zu gewährleisten, besteht eine Anbindung an vorhandene Vorsysteme, wie z. B. ein ERP-System (Enterprise Resource Planning). Dies ermöglicht es, eine in diesen Systemen hinterlegte Planung in die Datenbank des Konzernplanungsmodells zu übernehmen und auch zeitnah zu aktualisieren. Innerhalb des Planungsmodells können nachfolgend die Planungsannahmen top-down verändert werden, um Simulationen der Basisplanung durchzuführen.

Kennzeichnend für das Prinzip des Planungsmodells ist, dass die Geschäftsplandaten einzelner Strategien in der Datenbank hinterlegt werden können. Dieses Speichern der Kenndaten pro Strategie ermöglicht es nachfolgend, die verschiedenen Strategien flexibel zu kombinieren. Ein spezielles Merkmal des Modells besteht in der Möglichkeit, sowohl mit Wertszenarien als auch Strukturszenarien zu arbeiten.

Wertszenarien ermöglichen es, die monetären Effekte einer Strategie zu berechnen und Auswirkungen auf die Unternehmensstruktur separat zu analysieren. So können im Falle einer organischen Wachstumsstrategie die betreffende Umsatz-/Erlös- bzw. Ertrags-/Aufwandsentwicklung, die erforderlichen Investitionen sowie die Finanzierungsmaßnahmen abgebildet werden. Diese schlagen sich dann entsprechend in den jeweiligen Rechenwerken der einzelnen Konzernunternehmen nieder. Durch das strategiebezogene Hinterlegen von Daten können auch unterschiedliche Strategien verschiedener Business Units miteinander kombiniert werden, wie z. B. ein Schrumpfungsprogramm in einer Einheit und ein Wachstumsprogramm in einer anderen Einheit.

Durch die Kombination von Wertszenarien und Strukturszenarien können die Auswirkungen von alternativen Strategien bzw. Strategieprogrammen ermittelt werden. Auf Basis des relevanten Cashflows kann der Wert einzelner Konzernunternehmen, von Business Units und auch des Gesamtunternehmens ermittelt werden: „Durch Vergleich der ermittelten Werte mit und ohne Strategieänderung lässt sich der Wertbeitrag von Strategien modellgestützt ermitteln. Darüber hinaus können durch Gegenüberstellung der Bewertungsergebnisse alternativer Strategien oder deren Kombinationen wertmaximierende Strategien identifiziert werden." (Förster/Goste, 2009, S. 246; siehe auch Eberenz/Heilmann, 2011).

Das beschriebene Konzept eines Konzernplanungsmodells adressiert über die Möglichkeit von Simulationen bereits **Risikoaspekte auf der Gesamtunternehmensebene**. Eine besondere Herausforderung ergibt sich für das Abschätzen einer Risikoaggregation, wie sie für die

Situation auf der Ebene des Gesamtunternehmens typisch ist. Einen Ansatz hierfür bilden **Monte-Carlo-Simulationen** (vgl. Gleißner, 2005, p. 485 f.). Hierzu wird ein mathematisches Modell erstellt, das die Auswirkungen spezifischer Risiken auf das relevante Oberziel, z. B. die Net Earnings der GuV, abbildet.

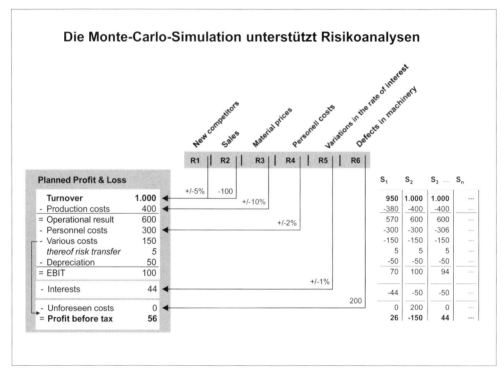

Abb. 171: Monte-Carlo-Simulation des Geschäftsplans (Gleißner, 2005, p. 485; leicht modifiziert)

Wie Abb. 171 skizziert, werden die betreffenden Einflussgrößen, wie z. B. Umsätze oder Materialkosten, in Form von Wahrscheinlichkeitsverteilungen beschrieben und im Modell hinterlegt. Über eine entsprechend große Anzahl von Simulationsläufen, typischerweise mehrere Tausend Durchgänge, wird die Wahrscheinlichkeitsverteilung für die Zielgröße ermittelt. Hieraus kann u. a. die Aussage abgeleitet werden, mit welcher Wahrscheinlichkeit die Zielgröße unter einen bestimmten Mindestwert fällt.

Durch Einsatz von Instrumenten, wie dem beschriebenen Konzernplanungsmodell oder Monte-Carlo-Simulationen, kann der Entscheidungsprozess professionell unterstützt werden. Darüber hinaus ist jedoch zu berücksichtigen, dass Entscheidungen auf der Corporate Ebene auch häufig einen unternehmenspolitischen Charakter besitzen. Bei allem Bemühen um eine Rationalität der Entscheidungsfindung seitens des Top-Managements ist speziell die Mittelverwendung für strategische Investitionen eine hochgradig sensitive Angelegenheit. Keine Business Unit dürfte es gerne sehen, als „Cash Cow" klassifiziert zu werden, ohne Aussicht auf zukunftsträchtige Investitionen. Entsprechend intensiv wird um die begrenzten Investitionsmittel gekämpft. Genau unter diesem Aspekt kommt den Trägern des strategischen Controllings hier eine besondere Bedeutung bei der Rationalitätssicherung zu.

3.6.4 Auswahl der Strategie

Der Bewertung der Strategieoptionen schließt sich die **Entscheidung für eine der Strategiealternativen oder eine Strategiekombination/-bündel** an. In dieser Phase wird die Differenzierung zwischen strategischem Controlling als Unterstützungsfunktion und der generischen Funktion des Top-Managements besonders deutlich: Das Treffen von strategischen Entscheidungen und die Übernahme der Verantwortung sind konstitutive Merkmale für die Führung an der Spitze eines Unternehmens.

Ohne dieses Prinzip anzutasten, sind besonders grundlegende strategische Entscheidungen noch mit den Eigentümern des Unternehmens oder den speziellen Aufsichtsorganen abzustimmen. Deren Interesse resultiert aus den hohen Risiken, die erfahrungsgemäß mit strategischen Entscheidungen verbunden sind. Im Falle einer AG kann es sogar erforderlich sein, dass bestimmte strategische Entscheidungen nicht nur von dem Kontrollorgan „Aufsichtsrat", sondern auch von dem Eigentümerorgan „Hauptversammlung" zu genehmigen sind.

Die **Entscheidungsfindung** im engeren Sinne vollzieht sich damit typischerweise **in mehreren Schritten**, die Abb. 172 veranschaulicht.

Abb. 172: Phasen der Entscheidungsfindung

Wie bereits erläutert, unterscheiden sich auch hier die Aufgaben des strategischen Controllings in Abhängigkeit davon, ob es sich um Fragestellungen der Corporate Strategy oder der Business Strategy handelt. Im Falle der Business Strategy liegt die Prozessführung bei den geschäftsverantwortlichen Einheiten, die bedarfsweise durch das strategische Controlling unterstützt werden. Im Falle der Corporate Strategy übernehmen die Träger des strategischen Controllings umfassende Aufgaben in direkter Unterstützung der Unternehmensleitung.

Im „**Schritt 1**" werden die Resultate aus Analyse und Prognose, die Strategieoptionen und die nachfolgenden Bewertungsergebnisse präsentiert. In dem betreffenden Prozessschritt erfolgt einerseits die Beurteilung von Strategiealternativen. Parallel wird dazu aber auch eine Beurteilung der Strategiearbeit durch das Top-Management vollzogen, insbesondere:

- Wurden die zentralen Chancen/Risiken aus der Umwelt erkannt?
- Sind die Stärken/Schwächen zutreffend identifiziert?
- Wurden interessante, kreative Strategieoptionen entwickelt?
- Wurden die Alternativen nachvollziehbar anhand der strategischen Ziele bewertet?

Im Kern muss sich das Top-Management mit den Resultaten identifizieren bzw. diese nach eigener Einschätzung anpassen. Idealtypisch vollzieht sich dieser Prozess nach dem Prinzip von **„These-Antithese-Synthese"**. Der beschriebene „Schritt 1" entspricht damit der These, wie die strategischen Herausforderungen am besten zu meistern sind. Die These kann speziell im Bereich der Corporate Strategy von den Trägern des strategischen Controllings aufgestellt werden und resultiert aus den beschriebenen Schritten des Strategieprozesses.

Der „Schritt 1" ist ein zentrales Bindeglied in der Kommunikation der geschäftsverantwortlichen Einheiten und der Träger des strategischen Controllings mit dem Top-Management. Zu berücksichtigen ist dabei die **besondere Arbeitssituation des Top-Managements**, die mitunter an einen **mentalen Zehnkampf** erinnert: Innerhalb kurzer Zeit muss immer wieder die Disziplin gewechselt werden und es sind Spitzenleistungen gefordert. Von Gesprächen mit Eigentümern über Diskussionen mit Kunden, dem Treffen von Personalentscheidungen, dem Festlegen von Budgets, dem Verstehen von Marktentwicklungen bis zur Ansprache und Diskussion auf einer Betriebsversammlung, das Spektrum ist fast unerschöpflich. Daraus resultiert das verständliche Bedürfnis nach Komplexitätsreduktion und dem effizienten Umgang mit der Ressource „Zeit". Kaum etwas schätzen Top-Manager weniger als das „Nicht auf den Punkt kommen".

Für die Linienverantwortlichen und die Träger des strategischen Controllings stellt dies eine spezielle Herausforderung dar. Ein zumeist hochgradig komplexer Sachverhalt ist so zu komprimieren, dass die spezifischen strategierelevanten Aspekte dabei nicht verloren gehen, sondern sogar hervorgehoben werden. Die professionelle Vorbereitung der Durchsprachen ist die Voraussetzung dafür, das zielorientierte Vorgehen im Nachfolgenden zu gewährleisten. Speziell wenn in den Strategiedurchsprachen mehrere strategische Geschäftseinheiten zu adressieren sind, kann es zweckmäßig sein, mit einem strategischen Übersichtsblatt zu arbeiten. Dieses informiert im Sinne eines Steckbriefes über die wesentlichen Daten der Einheit und erleichtert den Einstieg in die Diskussion. Die Abb. 173 zeigt ein Beispiel.

3.6 Bewerten von Handlungsalternativen und Strategiewahl

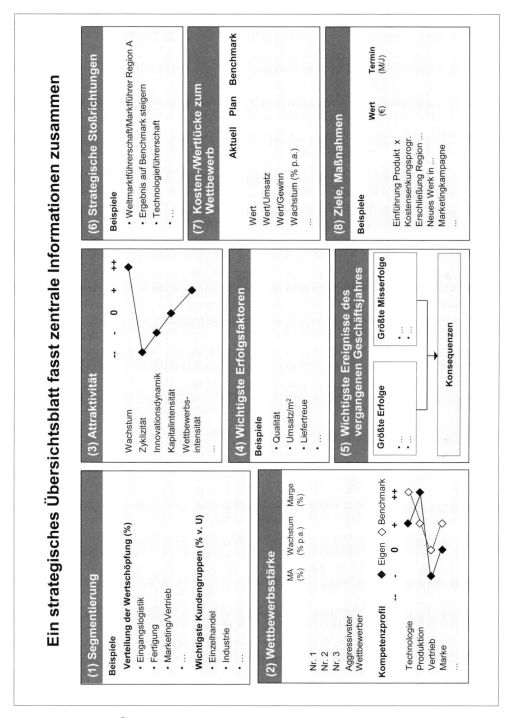

Abb. 173: Strategisches Übersichtsblatt (Mirow, 2010, S. 126)

Im „**Schritt 2**" stellt das Top-Management die „Antithese" durch kritisches Hinterfragen auf. Dazu werden alle präsentierten Aussagen auf den Prüfstand gestellt. Dies betrifft sowohl die Prämissen, die entwickelten Alternativen, die Beurteilungskriterien aber auch die bewertete Zielerreichung. Das kritische Hinterfragen dient dem besseren Verstehen der einzelnen Aussagen und ihrer ganzheitlichen Schlüssigkeit. Ebenso ist es für das Top-Management essenziell, durch die beschriebenen Sensitivitätsanalysen und andere geeignete Instrumente ein Verständnis von dem Risiko-/Chancenprofil der Strategiealternativen zu erhalten. In der Praxis wird vielfach statt von einer „Antithese" auch von der Rolle des „Teufels Advokat (‚advocatus diaboli')" gesprochen, die genau diesem Zweck des kritischen Hinterfragens dient.

Im „**Schritt 3**" wird durch das Top-Management in der Kombination von „These" und „Antithese" eine „Synthese" gebildet: Es erfolgt die Entscheidung für eine der Strategiealternativen bzw. eine Strategiekombination/-bündel. Je nach Qualität der Vorarbeiten, der Größe des Führungsgremiums oder der persönlichen Präferenzen der beteiligten Personen, um nur einige der Aspekte zu nennen, wird dieser Schritt unterschiedlich komplex ausfallen. Ebenso ist allerdings auch möglich, dass es aus den genannten Gründen zu keiner Entscheidung kommt. Grundsätzlich gilt auch hier in Anlehnung an die Wissenschaftstheorie: „Je ungewöhnlicher die Behauptungen sind, umso besser müssen die Beweise sein." Mit anderen Worten: Je radikaler eine vorgeschlagene Strategie ist, umso höher liegt die Hürde der Plausibilisierung. Unter diesem Aspekt besteht speziell bei schwierig einzuschätzenden Sachverhalten eine gewisse Tendenz zu verlängerten, bis hin zu vertagten Entscheidungsprozessen. Ebenso ist es aber auch denkbar, dass Teile der vorgelagerten Prozessschritte noch einmal zu durchlaufen sind, um eine höhere Entscheidungsqualität zu gewährleisten.

Speziell in innovationsgetriebenen Unternehmen existieren deutlich mehr Ideen als verfügbare Ressourcen. Aus dem Abgleich mit den realen Ressourcen resultiert oftmals eine Rückkopplungsschleife, um mögliche Anpassungen des Ressourcenbedarfs und/oder des Ressourcenangebotes zu prüfen. Kennzeichnend für die Phase der Ressourcenkonflikte ist nicht nur die Konkurrenz zwischen verschiedenen strategischen Projekten, sondern auch zwischen den Projekten und dem laufenden operativen Geschäft, das für die Erreichung der Unternehmensziele ja ebenfalls von zentraler Bedeutung ist. Aus diesem zumeist iterativen Prozess resultiert schließlich das **strategische Projektportfolio**. Es umfasst die Summe aller strategischen Projekte (ggf. gebündelt in Programmen), die von der Unternehmensleitung beschlossen sind (vgl. zur Verknüpfung von Strategie, strategischen Projekten und Projektportfolio Glaschak, 2006, S. 77 ff.; Jenny, 2009, S. 91 ff.; S. 217 ff.; Schelle, 2008, S. 133 ff. sowie die Beiträge in Morris/Pinto, 2007).

Soweit sich das Top-Management im „Schritt 3" für eine Strategie bzw. ein strategisches Projektportfolio entschieden hat, wird allgemein von einer Entscheidung oder einem Entscheid gesprochen. Dies ist insoweit zu relativieren, da oftmals noch eine Abstimmung mit den Eigentümern bzw. dem übergeordneten Aufsichtsorgan erforderlich ist. Soweit dies der Fall ist, handelt es sich im „Schritt 3" streng genommen noch um eine Entscheidung unter Vorbehalt.

Entsprechend erfolgt im „**Schritt 4**" die Abstimmung mit den Eigentümern bzw. dem Aufsichtsorgan. Eine nachvollziehbare Erläuterung des Strategievorschlags ist hierbei die Basis für die erforderliche Zustimmung. Es muss gelingen, eine vergleichsweise komplexe Strategiethematik überzeugend zu vermitteln, und zwar innerhalb relativ kurzer Zeit (oftmals nur wenige Sitzungsstunden) bei einer zudem häufig noch heterogenen Personengruppe. Dies erfolgreich zu bewältigen, ist die Voraussetzung, um eine Zustimmung zu erreichen. Nach gängiger Unternehmenspraxis hat es sich als zweckmäßig erwiesen, entsprechende Vorabstimmungen in Einzelgesprächen durchzuführen. Teilweise verfügen Unternehmen hierfür auch über spezialisierte Ausschüsse. Aus Sicht des Top-Managements gilt es, das Risiko einer Ablehnung und insbesondere einer offiziellen Ablehnung zu minimieren. Je besser die Informationslage der Eigentümer bzw. des Aufsichtsorgans ist, umso geringer stellt sich dieses Risiko dar. Auch hier gilt das Praxisprinzip: **„Keine Überraschungen!"**

Soweit die Zustimmung erteilt wird, schließt sich im **„Schritt 5"** die Freigabe an. Die bisherige „Entscheidung unter Vorbehalt" wird zur „Entscheidung", die nachfolgend umgesetzt werden kann. Unabhängig von erforderlichen Freigaben bestimmter strategischer Entscheidungen kann unterstellt werden, dass das Top-Management generell einen intensiven Dialog mit den Eigentümern bzw. dem Aufsichtsorgan zu strategischen Fragestellungen führt.

Die strategischen Entscheidungen konkretisieren sich letztlich in einem **strategischen Gesamtplan** mit der Zusammenfassung von Zielen, grundlegenden Vorgehensweisen, Ressourcen und erwarteten Wirkungen im Hinblick auf die Ziele.

Fallbeispiel Strategieentscheidung: ThyssenKrupp

Die ThyssenKrupp AG hat im Mai 2011 darüber informiert, dass die Entscheidung zu einer weitreichenden Portfolioveränderung getroffen wurde. Durch den Verkauf von Unternehmensteilen und die Weiterführung einer Business Unit außerhalb des Konzerns soll vor allem Handlungsspielraum für Zukunftsinvestitionen geschaffen werden. Mit dem angekündigten Umfang der Portfoliomaßnahmen von ca. 10 Mrd. € Umsatz und ca. 35.000 Beschäftigten handelt es sich um eine grundlegende Veränderung des Unternehmens.

Abb. 174 zeigt die zugehörige Pressemeldung und erläutert die strategischen Absichten des Unternehmens. Die Bekanntgabe selbst entspricht dem oben skizzierten „Schritt 5". Die Meldung gibt einen Einblick in die umfassenden internen Abstimmungsprozesse, die einer derartig grundlegenden Entscheidung vorausgehen. Im vorliegenden Fall wurde mit dem Konzernbetriebsrat und der IG Metall eine Vereinbarung zu den Rahmenbedingungen getroffen, die für einen Verkauf von Geschäftseinheiten gelten. Die Einbindung der Arbeitnehmerseite in den Entscheidungsprozess und die getroffenen Vereinbarungen ermöglichen es, eine Zustimmung zu den vorgeschlagenen Portfoliomaßnahmen zu erhalten.

Das Beispiel lässt erkennen, welche Bedeutung einer nachvollziehbaren Ableitung von strategischen Handlungsvorschlägen in solch sensitiven Fragen wie der Veräußerung großer Unternehmensteile zukommt.

Presse-Mitteilung, 13.05.2011, 14:00 Uhr (MESZ)

Aufsichtsrat beschließt strategische Weiterentwicklung von ThyssenKrupp

Der Aufsichtsrat der ThyssenKrupp AG hat in seiner heutigen Sitzung den Plänen des Vorstands zur strategischen Weiterentwicklung des Konzerns vollumfänglich zugestimmt.

Bereits am 5. Mai hat das Unternehmen ein umfassendes Maßnahmenpaket angekündigt. Dazu zählt unter anderem eine Portfolio-Fokussierung mit einem Umsatz von rund 10 Milliarden € und etwa 35.000 Mitarbeitern:

- Abschluss der laufenden Verkaufsprozesse von ThyssenKrupp Metal Forming und ThyssenKrupp Xervon.
- Umsetzung der strategischen Partnerschaft von Abu Dhabi Mar und ThyssenKrupp Marine Systems.
- Veräußerung von ThyssenKrupp Waupaca im Rahmen eines Best-Owner-Konzepts.
- Trennung von ThyssenKrupp Tailored Blanks im Rahmen eines Best-Owner-Konzepts.
- Bündelung der Fahrwerk-Geschäfte der Bilstein-Gruppe und Presta Steering.
- Veräußerung des Federn- und Stabilisatoren-Geschäfts sowie des brasilianischen Automotive Systems Geschäfts im Rahmen eines Best-Owner-Konzepts.
- Eigenständigkeit der Aktivitäten der Business Area Stainless Global. Prüfung aller Optionen für eine Weiterführung der Geschäfte außerhalb des Konzerns.

Die Fokussierung umfasst Geschäfte, für die alternative strategische Optionen tragfähiger sind. ThyssenKrupp stellt damit sicher, erfolgreich am zukünftigen Wachstum, insbesondere auch in Schwellenländern, teilzuhaben. Dr. Heinrich Hiesinger, Vorstandsvorsitzender der ThyssenKrupp AG: „Die Entscheidung des Aufsichtsrats macht den Weg frei, ThyssenKrupp wettbewerbsfähig und nachhaltig in die Zukunft zu führen. Das heißt, unsere Verschuldung zurückzuführen, Wachstum zu ermöglichen, Erträge zu erwirtschaften und Werte für unser Unternehmen zu schaffen. Mein Dank gilt insbesondere der Arbeitnehmerseite, die diesen Entwicklungsprozess immer konstruktiv begleitet hat".

Im Rahmen der Maßnahmen zur strategischen Weiterentwicklung werden betriebsbedingte Kündigungen seitens des Konzerns ausgeschlossen. Potenzielle Erwerber müssen ein schlüssiges industrielles Konzept vorlegen und verbindliche Aussagen zur Zukunft der Standorte und Arbeitsplätze machen. Bei der Konkretisierung der einzelnen Portfolio-Maßnahmen werden die Arbeitnehmervertreter in bewährter Weise frühzeitig eingebunden. Das haben Vorstand, Konzernbetriebsrat und IG Metall in den letzten Tagen verabredet und dazu entsprechende Vereinbarungen abgeschlossen.

Nicht nur „mehr", sondern vor allem „besser"

ThyssenKrupp will seine Zukunftschancen kraftvoll nutzen: Der Konzern ist Teil einer dynamischen globalen Entwicklung. Diese ist bestimmt durch Demografie, Urbanisierung und Globalisierung. Der Bedarf nach mehr Konsum- und Industriegütern, Infrastruktur, Energien und Rohstoffen wächst überproportional. Diesem Mehrbedarf stehen die Endlichkeit natürlicher Ressourcen und die Belastung unserer Umwelt gegenüber.

Dr. Hiesinger: „Die Welt hat nicht nur Bedarf nach „mehr", sondern braucht vor allem „bessere" Lösungen, diesen Bedarf zu decken. Das heißt, effizientere Energie- und Ressourcennutzung, bessere Infrastruktur und nachhaltigere Konsum- und Industriegüter. Mit unserem herausragenden Ingenieurwissen können wir beiden Anforderungen gerecht werden: das „mehr" auf „bessere" Art und Weise zu bedienen."

Die Umsetzung der strategischen Weiterentwicklung wird gesteuert durch das neue Unternehmensprogramm „impact". Es soll alle Geschäftseinheiten mobilisieren, einbinden und den vielfältigen Themen einen Rahmen geben. Schwerpunkte liegen in den vier Handlungsfeldern „Kunden und Märkte", „Performance und Portfolio", „Personal und Entwicklung" sowie „Innovation und Technologie". Die Verantwortung für das Programm liegt direkt beim Vorstand.

Abb. 174: Pressemitteilung der ThyssenKrupp AG (ThyssenKrupp, 2011)

3.6 Bewerten von Handlungsalternativen und Strategiewahl

Zusammenfassung

- Das Bewerten von Handlungsalternativen hat zum Ziel, diejenige Strategie zu ermitteln, die aus Sicht der Entscheidungsträger die höchste Zielerreichung verspricht. Die Entscheidung schließt sich der Bewertung an.

- Das Top-Management setzt in einem ganzheitlichen Entscheidungsprozess die Rahmenbedingungen durch Festlegen des Zielsystems (explizit oder implizit) und der Direktion hinsichtlich der Alternativen. In der Beurteilungsphase liegt der Schwerpunkt im kritischen Review von Bewertungsresultaten bzw. der Durchführung eigener Bewertungen und der finalen Entscheidung.

- Im Beurteilungsprozess kommt den Trägern der strategischen Controllingfunktionen vor allem die Aufgabe zu, die Zielwirkungen der verschiedenen Alternativen abzuleiten und eine Gesamtzielerreichung zu ermitteln.

- Bei der Strategiebeurteilung kann zwischen der Strategieebene und der Organisations-/Gesamtunternehmensebene unterschieden werden. Auf der Strategieebene wird die beste Lösung für ein vorliegendes strategisches Problem gesucht; es dominiert der Projektcharakter. Auf der Organisations-/Gesamtunternehmensebene werden die Wirkungen einer Strategiealternative auf die organisatorischen Ergebnis- und Finanzziele beurteilt. Insbesondere Finanzierungsengpässe können hier zu Zielkonflikten führen.

- Für die Beurteilung von Strategien können insbesondere Verfahren der Investitionsrechnung sowie die Nutzwertanalyse eingesetzt werden. Auf der Organisations-/Gesamtunternehmensebene werden diese Instrumente durch eine organisationsbezogene Ergebnis- und Finanzplanung ergänzt.

- Strategien können als Teil eines Systemlebenszyklus interpretiert werden, der sich in die Hauptphasen der Bereitstellung, der Nutzung und der Außerdienststellung untergliedert. Im Beurteilungsprozess sind die monetären Wirkungen, die aus den einzelnen Phasen resultieren, umfassend zu berücksichtigen.

- Das Aufzeigen von Risiken und Chancen im Kontext des Gesamtunternehmens bildet ein Schlüsselelement in der Bewertung von Strategien. Es besteht dabei eine unmittelbare Beziehung zum Enterprise Risk Management.

- Risiken und Chancen von Strategien können durch spezielle Instrumente berücksichtigt werden. Dazu zählen Korrekturverfahren, Sensitivitäts- und Risikoanalysen, Entscheidungsbaumverfahren, Realoptionen sowie Simulationen.

- Das Treffen der finalen Entscheidung für eine Strategie kann in sich wiederum einen komplexen und zeitintensiven Prozess darstellen. Dies gilt insbesondere, wenn Eigentümer bzw. Aufsichtsorgane einzubinden sind.

3.7 Balanced Scorecard als phasenübergreifendes Instrument

Das Kap. 3.7 hat die Balanced Scorecard zum Gegenstand. Im Mittelpunkt stehen dabei folgende Aspekte:

- Worin unterscheidet sich die Balanced Scorecard von konventionellen Kennzahlensystemen?
- Wie ist eine Balanced Scorecard aufgebaut? Was sind die verschiedenen Perspektiven, die berücksichtigt werden?
- Welche Funktion besitzt eine Strategy Map?
- In welchen Schritten empfiehlt sich die Einführung einer Balanced Scorecard?
- Welche praktischen Erfahrungen sollten beim Einsatz einer Balanced Scorecard berücksichtigt werden?

3.7.1 Grundkonzept der Balanced Scorecard

Die **Balanced Scorecard (BSC)** stellt im Zusammenhang mit dem strategischen Management ein spezielles Instrument dar. Typische Strategieinstrumente unterstützen den Prozess in einzelnen Phasen, z. B. als Analyse- oder Beurteilungsinstrumente. Die Balanced Scorecard hingegen unterstützt neben dem Schwerpunkt der Strategieumsetzung auch bereits die Phase der Strategieentwicklung. Mit Blick auf die Phasenzuordnung ist die BSC ein **phasenübergreifendes Instrument**, das daher auch separat dargestellt werden soll.

Das Konzept der Balanced Scorecard geht auf die Veröffentlichungen von Kaplan/Norton zurück, die 1992 den Grundstein legten: „The Balanced Scorecard – Measures that Drive Performance" (Kaplan/Norton, 1992).

Ausgangspunkt der Balanced Scorecard sind die in der Praxis weitverbreiteten Probleme bei der Strategieumsetzung. Wie Abb. 175 veranschaulicht, soll mit der Balanced Scorecard vor allem der Übergang von der Strategie zu den strategischen Maßnahmen und im letzten Schritt den persönlichen Zielen geschaffen werden.

In seiner Fortentwicklung kann von einem Konzept der Balanced Scorecard im weiteren Sinne gesprochen werden, das der Strategiebeschreibung und -implementierung dient: Für die **Strategiebeschreibung** kommen sogenannte **Strategy Maps** zum Einsatz, für die **Strategieimplementierung** die **Balanced Scorecards im engeren Sinne** (vgl. nachfolgend Kaplan/Norton, 2001, S. 10 ff.; Horváth/Kaufmann, 2006, S. 136 ff.; siehe auch Fiedler/Gräf, 2012, S. 54 ff.).

3.7 Balanced Scorecard als phasenübergreifendes Instrument

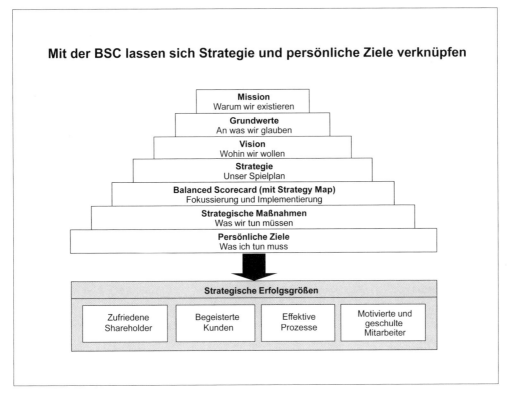

Abb. 175: Übersetzung der Mission in gewünschte Ergebnisse (Kaplan/Norton, 2001, S. 67; leicht modifiziert)

Mit dem Konzept der Balanced Scorecard sollen insbesondere die Unzulänglichkeiten klassischer finanzbasierter Performance-Measurement-Systeme adressiert werden. Durch die Verknüpfung von Ursache und Wirkung in Strategy Maps wird aufgezeigt, wie die Transformation **von immateriellem Vermögen in finanzielle Erfolge** realisiert werden kann.

Während materielle Vermögensgegenstände für sich einen Wert besitzen, gewinnt immaterielles Vermögen seinen Wert erst durch die Einbettung in eine Gesamtstrategie. Aufgrund dieser Besonderheit kommen in der Scorecard neben Finanzgrößen auch quantitative, aber nichtfinanzielle Größen zum Einsatz, wie z. B. Marktanteile, Time-to-Market-Zeiten oder Kundenzufriedenheit. Abb. 176 zeigt im Überblick die Unterschiede zwischen der Balanced Scorecard und klassischen Kennzahlensystemen (vgl. auch Franz, 2004b).

Kennzeichnend für die Balanced Scorecard ist, dass sie unternehmensindividuell und strategieorientiert entwickelt wird. Im Gegensatz dazu sind konventionelle Kennzahlensysteme unternehmensunabhängig einsetzbar. Dieser leichteren Übertragbarkeit steht allerdings die Inflexibilität im Hinblick auf Erweiterungen gegenüber. Klassische Kennzahlensysteme bilden nur monetäre Größen ab und liefern keine Informationen über die vorgelagerten nichtfinanziellen Einflussfaktoren.

Die BSC adressiert die Schwächen der klassischen Kennzahlensysteme

	Ansatz der Balanced Scorecard	Klassische Kennzahlensysteme (z. B. RoI-Schema)
Anwendbarkeit	jedes Unternehmen	jedes Unternehmen
Aufbau	unternehmensindividuell	festes Schema
Ableitung der Zielhierarchie(n)	deduktiv aus Erfahrungswerten und Plausibilitätsüberlegungen	deduktiv durch logisch-mathematische Schlüsse
Überprüfbarkeit der Zielhierarchie(n)	nur zeitversetzt möglich (neue Erfahrungen etc.)	unmittelbar möglich, z. B. durch Proberechnungen
Gültigkeit der Zielhierarchie(n)	bis bessere Erkenntnisse bzw. neue Überzeugungen vorliegen	unbegrenzt
Erweiterbarkeit um zusätzliche Kennzahlen	grundsätzlich möglich, Obergrenze bei ca. 20 Kennzahlen je BSC	grundsätzlich nicht möglich, nur Steigerung des Detaillierungsgrades
Berücksichtigung weicher Faktoren	möglich, soweit quantifizierbar	kaum möglich
Verständlichkeit	meist unmittelbar aus Tagesgeschäft heraus	erfordert BWL-Know how
Kennzahlenverfügbarkeit	teilweise nicht, d. h. zu erarbeiten	traditionell gegeben
Vergleichbarkeit mit anderen Unternehmen	meist nur von Scorecard-Teilen	prinzipiell über ganzes Schema hinweg
Früherkennungsfunktion	teilweise eingebaut	über gesonderte Trend- und Simulationsrechnungen
Hauptzweck	Strategieumsetzung und Verständnis für das Unternehmen („Geschäftstheorie")	monetäre Planung und Kontrolle

Abb. 176: Vergleich des Ansatzes der Balanced Scorecard mit klassischen Kennzahlensystemen (Horváth/Kaufmann, 2006, S. 141)

Aufgrund ihres formalen Charakters sind klassische Kennzahlensysteme in sich dauerhaft gültig. Die Gültigkeit einer Balanced Scorecard hingegen ist nur so lange gegeben, bis neue Erkenntnisse vorliegen. Dem liegt das Verständnis von Strategie als Hypothese zugrunde: „Der Entwurf der Balanced Scorecard baut auf der Prämisse auf, dass die **Strategie eine Hypothese sei**. Die Strategie berücksichtigt die Veränderung der Organisation, von ihrer momentanen Position ausgehend, hin zur gewünschten, aber ungewissen, zukünftigen Position. Da sich die Organisation noch nie in der angestrebten Situation befand, bestehen die weiteren Schritte aus einer Reihe verknüpfter Hypothesen. Diese strategischen Hypothesen werden in der Balanced Scorecard als ein Set von Ursache-Wirkungs-Beziehungen beschrieben, die darstellbar und überprüfbar sind." (Kaplan/Norton, 2001, S. 69).

Dreh- und Angelpunkt des BSC-Konzeptes ist eine Struktur von vier Perspektiven, die im Hinblick auf die Strategie in einer Ursache-Wirkungs-Beziehung stehen. Bei den Perspektiven handelt es sich um (siehe Abb. 177):

3.7 Balanced Scorecard als phasenübergreifendes Instrument

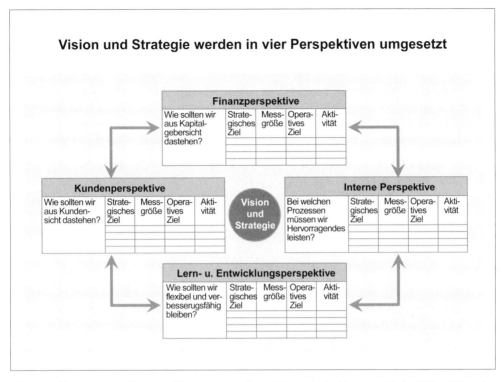

Abb. 177: Übersetzung von Vision und Strategie in vier Perspektiven (Kaplan/Norton, 1996, S. 76; Horváth/Kaufmann, 2006, S. 140; leicht modifiziert)

1. **Finanzperspektive**

Die Strategie wird hier aus der Sicht der Shareholder betrachtet. Im Mittelpunkt steht die Frage anhand welcher Größen die Anteilseigner das Unternehmen beurteilen. Die Finanzperspektive entspricht damit im Grundsatz den strategischen Wertzielen einschließlich Risikozielen.

2. **Kundenperspektive**

Gegenstand ist die Wertgenerierung und Differenzierung aus der Sicht der Kunden und damit die Frage, wie die Kunden die Leistungen des Unternehmens beurteilen. Mögliche Messgrößen sind hier neben Kundenzufriedenheit z. B. Kundenbindungsquoten oder die Anzahl von Neukunden. Maßgeblich ist dabei die Annahme, dass höhere Kundenzufriedenheit letztlich zu besseren finanziellen Ergebnissen führen wird.

3. **Interne Perspektive**

Betrachtet werden interne Schlüsselprozesse, die zu einer erhöhten Zufriedenheit von Kunden und Anteilseignern führen. Maßgebend ist somit nicht, wie ressourcenintensiv ein Prozess ist, sondern welche strategische Bedeutung er im Hinblick auf Kunden und Anteilseigner besitzt. Bei einer Fluggesellschaft könnte dies z. B. die Pünktlichkeitsrate sein („On-

Time") oder im Falle eines Mikro-Chip-Herstellers die Qualitätsrate fehlerfreier Produkte („First-Pass-Yield").

4. Lern- und Entwicklungsperspektive
Im Mittelpunkt steht die Nutzung und Weiterentwicklung der Mitarbeiterkompetenzen, um die Zielerreichung der übrigen Perspektiven zu ermöglichen. Zu den Messgrößen zählt hier z. B. die Mitarbeiterzufriedenheit. Ebenso kann es sich auch um den Aufbau von strategisch relevantem Know-how handeln. Ein Beispiel hierfür wäre die „Anzahl von Software-Ingenieuren", wenn der Wandel von der Mechanik zur Mechatronik vollzogen werden soll.

Die beschriebenen vier Perspektiven stellen den Kern des BSC-Konzeptes dar. Sie können und sollten aber unternehmensspezifisch im Hinblick auf ihre Eignung überprüft und bei Bedarf angepasst werden. So kann es z. B. bei Unternehmen mit hohen Zukaufanteilen sinnvoll sein, über die vier Perspektiven hinaus noch eine zusätzliche Lieferantenperspektive zu berücksichtigen.

3.7.2 Strategy Map als Strategieinstrument

Die Ableitung der vier Perspektiven basiert auf der Strategie eines Unternehmens und erfolgt in Form der bereits erwähnten Strategy Map. Die Kernidee der Strategy Map liegt in der Visualisierung der Strategie oder wie Kaplan/Norton es formulieren: „Having Trouble with Your Strategy? Then Map It" (Kaplan/Norton, 2000).

Abb. 178 veranschaulicht das visuelle Prinzip der Strategy Map (siehe zu weiteren Beispielen Kaplan/Norton, 2004). Dargestellt ist, wie Strategieelemente der Lern- und Entwicklungsperspektive erfolgskritische Elemente auf der Prozessebene beeinflussen, so z. B. Innovationsprozesse oder Auftragsabwicklungsprozesse. Diese wirken dann ihrerseits auf die Kundenebene und auch z. T. direkt auf die Finanzebene. So beeinflusst eine kurze Auftragsabwicklungsdauer die Kundenzufriedenheit positiv, was prinzipiell zu entsprechenden Mehraufträgen führt. Gleichzeitig hat eine kurze Durchlaufzeit auch positive Effekte auf die Kapitalbindung.

Die Strategy Map besitzt mit ihrer prinzipiellen Struktur und Vorgehensweise der Erstellung eine Reihe von **Vorteilen** (vgl. Horváth/Gaiser/Vogelsang, 2006, S. 152 ff.):

Verbesserung der Kommunikation: In der Strategy Map werden die wesentlichen strategischen Zielsetzungen grafisch in einem Übersichtsbild mit den Ursache-Wirkungs-Beziehungen dargestellt. Damit ist die Strategy Map hervorragend als Kommunikationsinstrument geeignet. Maßgeblich ist das Ausrichten auf diejenigen Ziele, die eine hohe Wettbewerbsrelevanz und Handlungsnotwendigkeit besitzen und damit auch die entsprechenden strategischen Kernbotschaften senden: „Das Ziel der Kommunikation ist insbesondere, bei den Mitarbeitern das Strategieverständnis zu erhöhen, so dass sie den eigenen Beitrag erkennen, somit eine Sinnstiftung für das eigene Tun erwirken und letztendlich die Strategie erfolgreich umsetzen." (Horváth/Gaiser/Vogelsang, 2006, S. 152).

3.7 Balanced Scorecard als phasenübergreifendes Instrument 339

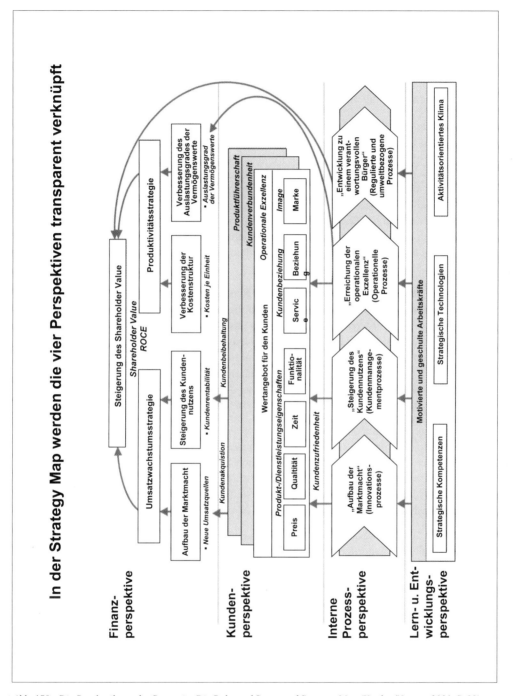

Abb. 178: Die Beschreibung der Strategie: Die Balanced Scorecard Strategy Map (Kaplan/Norton, 2001, S. 88)

Systematischere Strategieentwicklung: Der Ansatz der Strategy Map unterstützt einen systematischen Prozess der Strategieentwicklung. So geben die gewählten Perspektiven eine Strukturhilfe für die Strategiediskussion. Im Konkreten kann damit für eine diskutierte generische Strategie (z. B. Kostenführerschaft) betrachtet werden, welche Strategieelemente hierfür abzudecken sind. Entsprechend kann für eine bereits gewählte Strategie die Vollständigkeit der Strategieelemente untersucht werden.

Synchronisation von verschiedenen Organisationseinheiten: Die Strategy Map unterstützt die strategische Abstimmung von Unternehmen mit dezentralen Strukturen, wie sie für global agierende Unternehmen, auch schon oftmals im Mittelstand, typisch sind. Global verteilte Marketing-, F&E-, Produktions- und sonstige Wertschöpfungseinheiten führen in der Realität dazu, dass die Ziele aktiv synchronisiert werden müssen. Die Strategy Map des Gesamtunternehmens bildet hier den Rahmen, in den sich die Ziele und Maßnahmen der nachgelagerten Organisationseinheiten einzufügen haben. Aus der „Top-Strategy-Map" werden dazu in einem Kaskadenprozess die Balanced Scorecards der nächsten Ebenen entwickelt. Hierdurch wird eine gemeinsame und in sich schlüssige Strategieverfolgung gewährleistet.

Auf Basis der Strategy Map wird die Balanced Scorecard i. e. S. entwickelt, die den Charakter eines **Performance-Measurement-Systems** besitzt. Sie umfasst Messgrößen und Zielwerte mit denen der Prozess der Strategieimplementierung gesteuert und überwacht wird. Diese sind zugleich die Grundlage, um entsprechende detaillierte Aktivitäten aber auch Budgets festzulegen. Damit wird auch die Filterfunktion einer Balanced Scorecard bei der Zuordnung von Ressourcen deutlich. Die Prioritäten bei der Ressourcenvergabe orientierten sich an der Verknüpfung mit der BSC. Projekte, die keinen entsprechenden Bezug und vor allem Wirkung nachweisen können, werden schon frühzeitig aussortiert.

In Abb. 179 ist für das Beispiel einer Airline exemplarisch die Kombination von Strategy Map, Balanced Scorecard und Aktionsplan dargestellt. Innerhalb der Kundenperspektive findet sich hier das Strategieelement „Pünktliche Flüge". Die Messung soll in diesem Fall mit einer publizierten Ranking-Größe („FAA-Rating für pünktliche Ankünfte") erfolgen, mit dem Ziel die Nr. 1 zu werden. Im Aktionsplan sind dann entsprechende Maßnahmen und ein Budget vorzusehen.

Das skizzierte Beispiel aus dem Luftverkehr lässt sich mit Modifikationen sehr gut auf andere Branchen, wie die Automobilindustrie, übertragen. Ein Ziel der Kundenperspektive könnte in dieser Branche die Zuverlässigkeit der Fahrzeuge sein. Als Messgröße bietet sich dann z. B. die Position in der ADAC-Pannenstatistik an. Generell liegt der Vorteil der BSC in ihrer hohen Branchenflexibilität, die maßgeschneiderte und doch zugleich klar strukturierte Lösungen ermöglicht (vgl. auch Steinhübel, 2006).

3.7 Balanced Scorecard als phasenübergreifendes Instrument

Die BSC ermöglicht die Durchgängigkeit von der Strategie bis zum Budget

Process: Operations Management
Theme: Ground Turnaround

	Strategy Map	Balanced Scorecard			Action Plan	
	Objectives	Measurement	Target	Initiative	Budget
Financial Perspective	• Profitability • Grow revenues • Fewer planes	• Market value • Seat revenue • Plane lease cost	• 30% CAGR • 20% CAGR • 5% CAGR		
Customer Perspective	• Attract and retain more customers • Flight is on time • Lowest prices	• # repeat customers • # customers • FAA on-time arrival rating • Customer ranking	• 70% • Increase 12% annually • #1 • #1	• Implement CRM system • Quality management • Customer loyalty program	• $XXX • $XXX • $XXX
Internal Perspective	• Fast ground turnaround	• On-ground time • On-time departure	• 30 minutes • 90%	• Cycle-time optimization	• $XXX
Learning and Growth Perspective	• Develop the necessary skills • Develop the support system • Ground crew aligned with strategy	• Strategic job readiness • Info system availability • Strategic awareness • % ground crew stockholders	• Yr. 1–70% Yr. 3–90% Yr. 5–100% • 100% • 100% • 100%	• Ground crew training • Crew scheduling system rollout • Communications program • Employee Stock Ownership Plan	• $XXX • $XXX • $XXX • $XXX
				Total Budget	**$XXX**

Abb. 179: Die Elemente des Balanced-Scorecard-Konzeptes am Beispiel einer Airline (Kaplan/Norton, 2004, p. 53)

3.7.3 Implementierung einer Balanced Scorecard

Bei der Einführung des Konzeptes der Balanced Scorecard in Deutschland hat speziell die Unternehmensberatung Horváth & Partner Pionierarbeit geleistet. Auf Basis ihrer Erfahrungen empfiehlt sie für die Erstellung und Implementierung ein phasenorientiertes Vorgehen in fünf Schritten (vgl. Horváth/Gaiser/Vogelsang, 2006, S. 159 ff.):

1. Organisatorischen Rahmen schaffen

Der erste Schritt betrifft grundsätzliche organisatorische Festlegungen hinsichtlich der unternehmensinternen Positionierung der Balanced Scorecard und dem Vorgehen der Einführung.

Entscheidend für den weiteren Erfolg ist auch hier in erster Linie das klare Top-Management-Commitment. Dies betrifft nicht nur die Entscheidung zur Einführung der BSC, sondern auch die aktive Mitarbeit bei den zentralen Inhalten, wie z. B. der Definition der strategischen Ziele.

Zu den organisatorischen Rahmenentscheidungen gehört u. a. die schlüssige Einordnung der BSC in das Führungssystem des jeweiligen Unternehmens. Hinsichtlich des Anwendungsbereiches ist zu klären, auf welche Organisationseinheiten sich die Balanced Scorecard beziehen soll. Entsprechend ihres strategischen Charakters sollte die Balanced Scorecard auf der Ebene „Corporate", also Gesamtunternehmen, begonnen werden. Sie kann dann schrittweise und konsistent mit spezifischen Balanced Scorecards auf die nachgelagerten Ebenen heruntergebrochen werden.

Eine weitere konzeptionelle Entscheidung betrifft die Festlegung der Perspektiven. Unternehmen können dabei den vier Perspektiven der ursprünglichen BSC-Konzeption folgen, also Finanzen, Kunden, Prozess und Mitarbeiter bzw. Potenziale. Diese können aber auch abgewandelt werden, um den Besonderheiten des Unternehmens Rechnung zu tragen (z. B. eine separate Perspektive für Lieferanten). Um die Komplexität noch handhabbar zu halten, wird als Obergrenze eine Anzahl von sechs Perspektiven empfohlen.

Für die eigentliche Erstellung und Einführung der Balanced Scorecard sind Festlegungen zum Projektmanagement zu treffen, mit Definition der Aufgaben, Kompetenzen und Verantwortung. Ein besonderes Augenmerk sollte hier dem Kommunikations- und Trainingskonzept gelten (vgl. Folwaczny, 2010, S. 167).

2. Strategische Grundlagen klären

Von ihrer Idee her ist die Balanced Scorecard konzipiert, um eine bereits vorhandene Strategie zu implementieren. Entsprechend sind im zweiten Schritt die strategischen Rahmenbedingungen zu klären. Hierzu zählen insbesondere bereits festgelegte strategische Stoßrichtungen. Soweit diese noch nicht vorhanden oder überholt sind, müssen sie in dieser Phase erarbeitet werden.

3. Balanced Scorecard entwickeln

Die Vielzahl möglicher strategischer Ziele ist auf eine überschaubare Anzahl („twenty is plenty") zu reduzieren. Dabei soll es sich um die Ziele handeln, mit denen ein nachhaltiger

Wettbewerbsvorteil erreicht werden kann und die zugleich auch besondere Anstrengungen des Unternehmens erfordern. Ausgehend von den strategischen Zielen wird die Strategy Map entwickelt und anschließend geeignete Messgrößen und Zielwerte definiert. Da die Zielwerte oftmals auch eine spezielle Bedeutung im Zusammenhang mit Incentivesystemen besitzen, werden die Entscheidungen hierzu durch das Top-Management getroffen. Basierend auf den verabschiedeten Zielen und Zielwerten sind entsprechende Maßnahmen, i. d. R. in Form von Projekten, zu erarbeiten.

4. Roll-Out-Prozess führen

In dieser Phase steht das Synchronisieren des Roll-Outs der Scorecards in den verschiedenen Unternehmenseinheiten im Vordergrund. Welche Unternehmenseinheiten eine BSC erhalten sollen, war in Phase 1 festgelegt worden. Im Sinne einer Kaskaden-Logik sind die nachgelagerten Scorecards zu entwickeln. Für diese sind eventuelle Freiheitsgrade bei Zielen und Messgrößen zu definieren, wobei dies nur innerhalb des gesteckten Rahmens der Top-Strategy-Map erfolgen darf. Nur dadurch kann ein in sich konsistentes BSC-System entwickelt werden.

5. Kontinuierlichen Einsatz sicherstellen

Um den dauerhaften Einsatz der BSC zu gewährleisten, muss die Einbindung der BSC in das Führungssystem erfolgen. Typischerweise orientieren sich Führungssysteme stark an der Organisationsstruktur mit entsprechender Zuordnung der Ziele. Im Gegensatz dazu betreffen die Ziele in der BSC häufig organisationsübergreifende Ziele. Entsprechend ist die Frage der Verantwortlichkeit für die BSC-Ziele zu lösen, und zwar in Verbindung mit persönlichen Zielvereinbarungen. Ausgehend hiervon sind die erforderlichen Ist-Informationen zur Zielerreichung zu erfassen, der Status der Zielerreichung regelmäßig und intensiv auf der Leitungsebene durchzusprechen und die BSC selbst ist auf Basis der Unternehmensstrategie weiterzuentwickeln.

Der Blick in die Unternehmenspraxis führt zu dem Eindruck, dass es nach einer Phase intensiver Beschäftigung mit der Balanced Scorecard eher ruhig geworden ist, und zwar ungeachtet der prinzipiellen Schlüssigkeit des Konzeptes. Empirische Untersuchungen haben zudem aufgezeigt, dass das BSC-Konzept in unterschiedlichen Entwicklungsstufen anzutreffen ist, wobei durchaus auch Rückentwicklungen erfolgen (vgl. Speckbacher/Bischof/Pfeiffer, 2003; Matlachowsky, 2008, S. 51 ff.; Schäffer/Matlachowsky, 2008):

- Typ I BSC: Multidimensionales Kennzahlensystem, das finanzielle und nichtfinanzielle Kennzahlen kombiniert,

- Typ II BSC: Ergänzung durch strategische Ursache-Wirkungsketten,

- Typ III BSC: Zusätzlich Festlegung von Zielwerten und Maßnahmen für die eigentliche Implementierung und Verknüpfung mit Incentivesystemen sowie

- Mischformen, insbesondere Typ I in Verbindung mit Incentivesystemen.

Wie Schäffer/Matlachowsky anhand von Fallstudien aufzeigen, kommt auch hier der dauerhaften Unterstützung durch das Top-Management eine entscheidende Bedeutung zu (vgl. dazu Kap. 4.2.1). Die Implementierung einer Balanced Scorecard erfordert, wie auch der obige Vergleich mit konventionellen Kennzahlensystemen aufzeigt, ein nennenswertes, unternehmensindividuelles Investment. Dieses finanzielle und personelle Startinvestment bildet dabei nur die notwendige, aber noch nicht hinreichende Bedingung für den dauerhaft erfolgreichen Einsatz des Instrumentes. Ebenso wie andere, sinnvolle Instrumente zur Unterstützung des strategischen Managementprozesses ist auch die Balanced Scorecard kein „Selbstläufer".

Zusammenfassung

- Klassische finanzorientierte Performance-Measurement-Systeme konzentrieren sich vor allem auf die Ergebnisse von wirtschaftlichem Handeln. Im Gegensatz dazu werden in der Balanced Scorecard die vorgelagerten Einflussgrößen berücksichtigt.

- Die Balanced Scorecard basiert dazu auf vier Perspektiven: Finanzperspektive, Kundenperspektive, Interne Perspektive, Lern- und Entwicklungsperspektive.

- Ausgehend von den vier Perspektiven werden in einer Strategy Map die Ursache-Wirkungs-Beziehungen grafisch dargestellt. Die Strategy Map verdeutlicht für ein Unternehmen die Transformation von immateriellem Vermögen in finanzielle Erfolge.

- Im Prozess des Erstellens einer Strategy Map werden die Treibergrößen für den zukünftigen Erfolg herausgearbeitet und Zielwerte definiert.

- Die Vorteile einer Strategy Map liegen vor allem bei der Verbesserung der Kommunikation zwischen den beteiligten Personen und der höheren Systematik der Strategieentwicklung.

- Bei dem Erstellen einer Balanced Scorecard ist ein Mittelweg zwischen einer zu eng begrenzten Zahl von Kenngrößen, und damit zu starker Vereinfachung, und einer nicht mehr umsetzbaren Anzahl zu finden. Als Erfahrungswert gilt: „Twenty is plenty".

- Wie jedes andere Führungsinstrument baut auch der Erfolg einer Balanced Scorecard auf dem Commitment der Führungsebene auf. Dies betrifft die Unterstützung während der Einführungsphase und insbesondere nachfolgend die Bereitschaft, die erforderliche Zeit zur regelmäßigen Durchsprache der Ergebnisse aufzubringen.

3.8 Praxisbeispiel: Strategieentwicklung bei Siemens

Christoph Naumann, Leiter Strategische Planung und Portfolioentwicklung, Siemens AG, München

Das Unternehmen Siemens

Die Siemens AG zählt zu den weltweit größten Industrieunternehmen. Seit der Gründung 1847 ist Siemens einer der Pioniere auf dem Gebiet der Elektrotechnik – wesentliche Innovationen zum Beispiel zur Energieerzeugung (Nutzbarmachung des elektrodynamischen Prinzips) und zur Kommunikationstechnik (Zeigertelegraph) gehen auf Werner von Siemens zurück. Bis heute ist Siemens dem Geschäftsverständnis des Gründers treu geblieben, das von der technisch-wirtschaftlichen Nutzung des elektrischen Stroms ausgeht (vgl. Mirow, 2000, S. 348).

Das Unternehmen hat sich in den vergangenen 160 Jahren kontinuierlich entwickelt – auch und insbesondere bezüglich seines Geschäftsportfolios. So hat sich Siemens in den letzten Jahren weitgehend von seinen Telekommunikationsgeschäften getrennt. Ebenso wurde 2007 die Automobilausrüstungssparte Siemens VDO Automotive AG an Continental veräußert. Auf der anderen Seite hat das Unternehmen durch die Akquisition der amerikanischen UGS Corporation als Anbieter für Product Lifecycle Management seine Position in der Industrieautomatisierung verstärkt und sich auf Entwicklungen hin zur Digitalen Fabrik vorbereitet. Auch auf dem Gebiet der Energieerzeugung wurden die Weichen durch den Kauf von Bonus Energy (Windkraft) auf Wachstum in den erneuerbaren Energien gestellt – in Ergänzung zu der starken Position bei der konventionellen Stromerzeugung.

Heute arbeitet Siemens mit seinen etwa 370.000 Menschen in etwa 190 Ländern. Das Geschäft teilt sich in die vier Sectors Industry, Infrastructure & Cities, Energy und Healthcare auf. Die Siemens Financial Services wird als Sector-übergreifendes Geschäft geführt. Die Geschäfte der Siemens AG sind sehr heterogen – Produktgeschäfte mit Angeboten für wenige Euro (z. B. Niederspannungsprodukte) bis hin zu millionenteuren Produkten (z. B. Diagnosegeräte im Healthcare-Bereich), Projektgeschäft mit Aufträgen, deren Abwicklung sich mit Umsätzen bis zu mehreren Milliarden Euro über lange Erstellungszeiträume erstrecken kann (z. B. Kraftwerke), Servicegeschäft und Finanzierungsgeschäfte, IT-Produkte (Software) und -lösungen (z. B. branchenspezifische Automatisierungslösungen). Trotz der Heterogenität bestehen zwischen den Geschäften vielfältige Beziehungen – sei es auf dem Gebiet der Technologie, bezüglich des Kundenzugangs oder bei den Geschäftsmodellen.

Die vier Sectors sind in 15 Divisionen untergliedert, die wiederum etwa 60 Business Units beinhalten. Die Business Units sind in der Regel in Business Segmente und Business Subsegmente aufgeteilt, die im Regelfall den strategischen Geschäftseinheiten entsprechen. Das Grundkonzept der Aufbaustruktur ist die divisionale Aufstellung der Geschäftseinheiten. Daraus ergibt sich ein klarer Markt- und Wettbewerbsbezug – Markt- und Wettbewerberentwicklungen können für die Geschäftseinheiten eindeutig dargestellt werden, was eine effektive Strategiediskussion ermöglicht (vgl. Sieglin, 2010, S. 133).

Jedes Geschäft wird durch einen CEO geführt. Dadurch ist die Verantwortung klar definiert und schnelle Umsetzungen im Markt werden ermöglicht. Alle Siemens-Geschäfte stehen im globalen Wettbewerb und sind weitestgehend weltweit aktiv. Dies erfordert eine Regionalstruktur, die die Weltgeschäfte in den Regionen abbildet. Für die CEOs gilt das „Right-of-Way"-Prinzip, sodass sie sich als Weltunternehmer auch in den Regionen durchsetzen können. Dennoch sind die Belange der Regionen mit ihrem engen Kundenkontakt zu berücksichtigen.

Die Führung eines solchermaßen komplexen Unternehmens erfordert ein stringentes Planungssystem. Die bestehenden und neuen Geschäfte müssen mit ihren Unterschieden in der strategischen Planung diskutiert werden können und der Planungsprozess in den Geschäften muss auf Corporate-Ebene eine Diskussion der Gesamtstrategie für das Haus ermöglichen.

Strategieentwicklung bei Siemens

Strategieentwicklung findet bei Siemens auf mehreren Ebenen statt: Corporate, Sectors, Divisionen, Business Units (bzw. teilweise Business Segments/Business Subsegments).

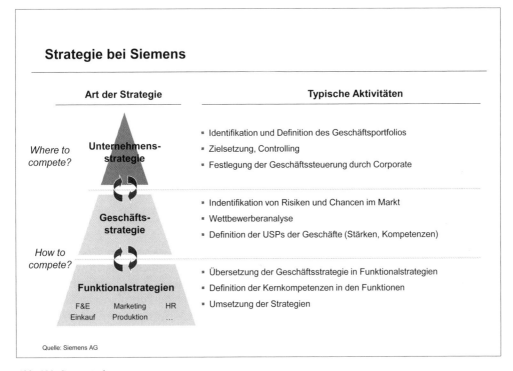

Abb. 180: Strategieebenen

Die Inhalte sind für die unterschiedlichen Ebenen spezifisch – Portfoliostrategie ist im Wesentlichen auf Corporate-, im eingeschränkten Umfang auch auf Sector- und Divisionsebene angesiedelt, während Funktionsstrategien größere Relevanz auf Sector-, Divisions- und Business Unit-Ebene (oder darunter) besitzen (vgl. Abb. 180).

Die strategische Planung bei Siemens hat mehrere Elemente – die wichtigsten sind (vgl. Abb. 181):

- Im Market Evaluation Process (MEP) im Vorfeld des Strategy Reviews wird ein einheitliches Marktverständnis für alle Siemens-Geschäfte erarbeitet und es werden die Marktgrößen und Wachstumsraten je Geschäft und Region ermittelt.
- Der Strategy Review ist der Kernprozess der strategischen Planung (fünf-Jahres-Horizont) mit den zugehörigen Vorstandsdiskussionen.
- Im M&A Deal Book-Prozess werden parallel zum Strategy Review die Prioritäten und ein Masterplan für potenzielle Akquisitionen entwickelt.
- Im Business Target Agreement (BTA)-Prozess werden im Anschluss an den Strategy Review, aufbauend auf den verabschiedeten Strategien und Zielen der Sectors und Divisionen, die Ziele der Business Units und Regionen für das nächste Geschäftsjahr (Budget) vereinbart.

Im Folgenden werden wegen der besonderen Bedeutung für die strategische Diskussion bei Siemens der M&A Deal Book- und der Strategy Review-Prozess eingehender vorgestellt.

Unternehmensstrategie („Corporate Strategy")

Der Anspruch von Siemens ist, Pionier zu sein – Pionier in Energieeffizienz, in industrieller Produktivität, in bezahlbaren und personalisierten Gesundheitsleistungen sowie in intelligenten Infrastrukturlösungen.

Daneben gilt für das Unternehmen ein Zielsystem zur nachhaltigen Wertsteigerung „One Siemens". Neben den drei Hauptzielen Umsatzwachstum, Kapitaleffizienz und Kapitalstruktur sind strategische Ziele in neun Feldern definiert (vgl. Abb. 182).

Die Unternehmensstrategie bewegt sich demnach im Rahmen des Anspruchs, Pionier zu sein, und die Vorgaben von „One Siemens" zu erfüllen.

Besondere Bedeutung bei der Corporate Strategy hat die Entwicklung des Geschäftsportfolios, da hier auf Unternehmensebene die Kapitalallokation wesentlich definiert wird. Hierfür wird einmal jährlich das Siemens M&A Deal Book erarbeitet und im Vorstand diskutiert. Verabschiedet wird ein M&A Masterplan, der definiert, welche Portfolioveränderungen in den nächsten Jahren angestrebt werden.

3.8 Praxisbeispiel: Strategieentwicklung bei Siemens

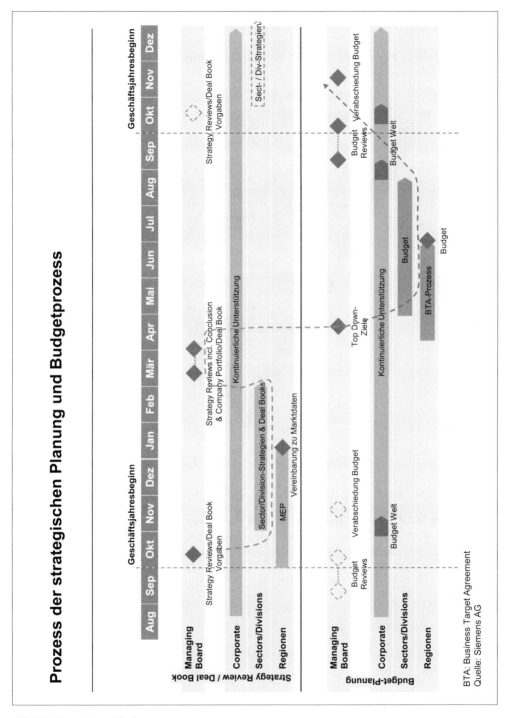

Abb. 181: Strategie- und Budgetprozess

Abb. 182: Zielsystem One Siemens

Das Siemens M&A Deal Book enthält für jeden Sector und jede Division ein Kapitel, in dem beschrieben wird, in welchen strategischen Action Fields eine Verstärkung vorgeschlagen wird und welche potenziellen Akquisitionen diese Verstärkung ermöglichen würden.

Hierbei wird für jedes Action Field

- der Markt beschrieben,
- die Marktentwicklung aufbereitet,
- die Wertschöpfungskette sowie das Wettbewerbsverhalten entlang der Wertschöpfungskette betrachtet,
- die „Sweet Spots" nach Volumen und Profitpotenzial und Fit zu Siemens untersucht,

3.8 Praxisbeispiel: Strategieentwicklung bei Siemens

- eine Eintrittsstrategie, möglichst mit einer Bewertung verschiedener Optionen, erarbeitet und
- die Auswahl und Beschreibung der möglichen M&A-Kandidaten für die jeweilige strategische Option erstellt.

Jede Division stellt ihr M&A Deal Book zusammen und erarbeitet eine Priorisierung ihrer Action Fields und potenzieller Akquisitionen. Auf Sector-Ebene werden die Divisions-Deal Books aggregiert. Gegebenenfalls ergänzt der Sector eigene Action Fields und Akquisitionsvorschläge und erstellt dann seine Priorisierung. Auf Corporate-Ebene werden wiederum die Sector-Deal Books zusammengetragen und durch Corporate Action Fields mit potenziellen Akquisitionen ergänzt. In Gesprächen mit den Regionen werden weitere Ideen generiert (vgl. Abb. 183).

Abb. 183: Siemens M&A Deal Book

Auf der Basis dieses Gesamtbuchs werden die Priorisierung auf Unternehmensebene und der M&A Masterplan erarbeitet. Die Umsetzung dieses Masterplans wird durch die Strategie- und die M&A-Abteilung vorangetrieben. Die einzelnen Investmentanträge werden durch den jeweiligen zukünftigen Geschäftsverantwortlichen in den Vorstand eingebracht. Eine Übersicht über den Akquisitionsprozess bei Siemens ist in Abbildung 184 dargestellt.

Während für die Action Fields ein Themen-/Fragenkatalog und ein Set an notwendigen Daten, jedoch keine verpflichtenden Darstellungen vorgegeben werden, werden potenzielle

Akquisitionskandidaten in einer einheitlichen zweiseitigen Deal Card beschrieben. Die erste Seite der Deal Card enthält eine kurze qualitative Beschreibung des Übernahmekandidaten, die zweite Seite eine erste finanzielle Bewertung. Für Akquisitionen gelten strenge finanzielle Deal Hurdles – eine erste Einschätzung bzgl. der Erfüllung dieser Deal Hurdles ist Teil der finanziellen Bewertung auf der zweiten Seite.

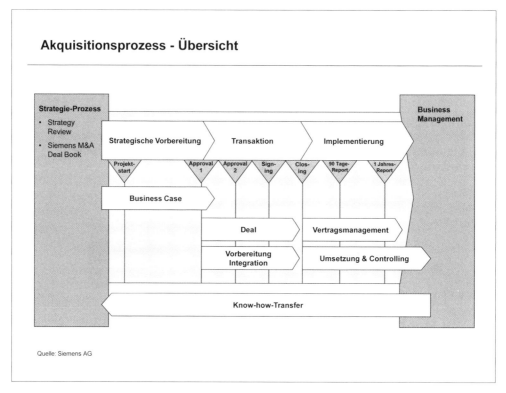

Abb. 184: Akquisitionsprozess

Die Priorisierung der Action Fields steht im engen Zusammenhang mit der Logik, mit der auch das bestehende Portfolio beurteilt wird. Für das Siemens-Portfolio gelten „Imperative", die vorgeben, welche Charakteristika die Märkte aufzeigen sollen, in denen Siemens sich engagiert, und die beschreiben, wie die Position der Siemens-Geschäfte in diesen Märkten beschaffen sein soll. Entsprechend dieser Kriterien werden die bestehenden und, soweit möglich, potenzielle zukünftige Portfolioelemente beurteilt. Neben der Vielzahl der Analysen, die spezifisch für einzelne Geschäfte diskutiert werden, gibt es bei Siemens ein Set an quantitativen Standardanalysen für das Portfolio:

- Marktattraktivität vs. eigener Geschäftsqualität (vgl. Abb. 185) – beides vereinfachend dargestellt durch Wachstum von Umsatz bzw. Auftragseingang und Profitmarge,

- Industriekonsolidierung und eigene Marktstellung (vgl. Abb. 185) – dargestellt durch die Konsolidierungsrate im Markt und den eigenen relativen Marktanteil,
- Kapitaleffizienz.

Neben – und im Zusammenhang mit – der Portfoliostrategie kommt bei der Corporate Strategy insbesondere solchen Themen besondere Bedeutung zu, die quer über die verschiedenen Siemens-Einheiten relevant sind, disruptiven und kannibalisierenden Charakter haben oder von sehr langfristiger Natur sind. Solche Themen werden unter Umständen in den einzelnen Geschäftseinheiten nicht vorangetrieben, sind aber für das Unternehmen essenziell.

Ebenso ist es Aufgabe der Corporate Strategy, den Rahmen zu setzen, in dem die strategische Diskussion im Konzern geführt wird, und dabei auch neue Ansätze und Methoden voranzutreiben und im Unternehmen zu etablieren.

Geschäftsstrategie („Business Strategy") – Jährlicher Strategy Review-Prozess

Der Strategy Review hat die Darstellung der Geschäftsstrategien zum Gegenstand, die im Zusammenspiel der verschiedenen Akteure über die Zeit erarbeitet wird. Er bildet die Klammer über die verschiedenen Funktionen (HR, Forschung & Entwicklung, Operations, etc.) in den Geschäften, da er die Strategien der Geschäfte ganzheitlich abbildet.

Der Strategy Review ist einer der wichtigsten Prozesse für das Top-Management, in dem einmal jährlich ganzheitlich die Strategie der Geschäfte diskutiert wird und die Ziele für die nächsten Jahre abgeleitet werden.

Bedeutendste Themen sind die aktuellen Marktbedingungen und -entwicklungen (Trends) sowie die Situation des jeweilgen Geschäfts. Dafür wird das Geschäftsportfolio im Detail diskutiert, die Kunden- und Wettbewerberperspektive, die operativen Geschäftsthemen sowie wichtige Innovationsfelder und die Human Resources-Strategien. Ein weiterer wichtiger Bestandteil ist die jeweilige Regionalstrategie der Geschäfte. Begleitend zu diesen Themen werden die wichtigsten Kennzahlen aufbereitet und Maßnahmen abgeleitet.

Im Vorfeld zu den Strategy Reviews im Vorstand im Frühjahr haben die Sector-CEOs ihre jeweilige Strategie mit den Division- und Business Unit-CEOs besprochen. Abschluss des Strategy Review-Prozesses bildet die Conclusion-Sitzung im Vorstand, bei der die Gesamtsicht auf die Strategische Planung und deren Wirkungen auf das Unternehmen aufgezeigt wird. Teil der Conclusion-Sitzung ist auch eine Zusammenfassung zur strategischen Kapitalallokation im Unternehmen – so wird in diesem Rahmen die Konsolidierung des M&A Deal Books inklusive des Masterplans diskutiert und verabschiedet.

Nach dieser Diskussion werden auf der Basis der Geschäftstrategien die Ziele für die Geschäftseinheiten definiert und mit den Regionen im Business Target Agreement-Prozess vereinbart. Diese Ziele werden im Budget für das nächste Geschäftsjahr dokumentiert. Der Budgetprozess im Anschluss an die Business Target Agreements wird von der zentralen Finanzabteilung verantwortet.

354 3 Strategisches Controlling in der Phase der Strategieentwicklung

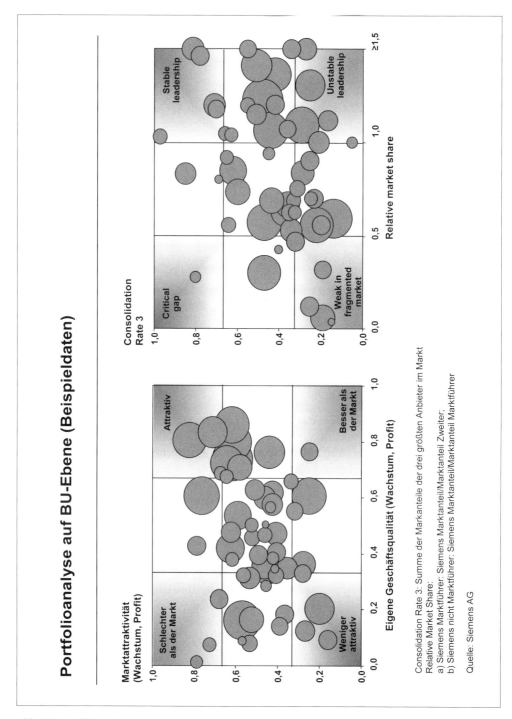

Abb. 185: Portfolioanalyse

3.8 Praxisbeispiel: Strategieentwicklung bei Siemens

Das Format der Strategy Review-Unterlage ist durch ein Set an vorgegebenen Seiten und ergänzenden freien Seiten festgelegt. Die Pflichtseiten werden von der zentralen Strategieabteilung definiert. Die Elemente des Strategy Review-Dokumentes sind:

- Trends,
- Finanzielle Eckdaten,
- Markt, Wettbewerber, Marktanteile,
- Zusammenfassung der Strategie,
- Technologie- und Innovationsstrategie,
- Portfoliostrategie,
- Servicestrategie,
- Regionalstrategie,
- Operational Excellence,
- Human Resources-Strategie,
- Maßnahmen zur Umsetzung der Strategie.

Abbildung 186 zeigt eine Seite mit Beispielanalysen für das Thema Markt, Wettbewerber und Marktanteile.

Kontinuität über die Jahre ist für die Akzeptanz wichtig – gleichzeitig werden aktuelle Themen in das Strategy Review-Dokument aufgenommen und Themen, die an Aktualität einbüßen, gestrichen. Die Kontinuität der Pflichtseiten ermöglicht auch über die Jahre hinweg eine Vergleichbarkeit der Informationen und eine schnelle Orientierung in den Unterlagen der strategischen Planung.

Je Thema ist in der Regel eine Seite mit Pflichtanalysen vorgegeben. Diese können durch erläuternde freie Kommentare ergänzt werden. Die Pflichtseiten enthalten für alle Geschäfte einheitliche Grafiken, Tabellen oder sonstige strukturierte Inhalte. Somit ermöglichen sie es, über den Konzern hinweg zu den festgelegten Themen in einheitlichen Standards zu strategischen Aussagen zu gelangen. Der Umfang des Strategy Review-Dokuments ist ausgelegt für die verfügbare Durchsprachezeit im Strategy Review von durchschnittlich anderthalb Stunden pro Division. Im Anhang werden zusätzlich ergänzende Angaben aufgeführt, z. B. unterstützendes Datenmaterial. In Summe haben die Strategy Review-Dokumente der Divisionen etwa 35 Pflicht-Seiten.

Zusätzlich wird dem Management der präsentierenden Einheit Gelegenheit gegeben, auf freien Seiten ihre Strategie zu beschreiben. Während die Pflichtseiten eher den Charakter einer Lese-Unterlage haben und so auch detailreichere Darstellungen ermöglichen, sind die freien Seiten als Präsentationen angelegt.

356   3 Strategisches Controlling in der Phase der Strategieentwicklung

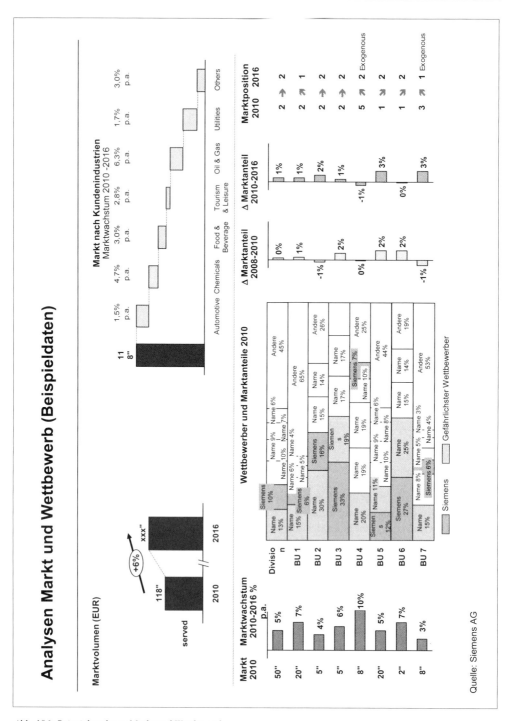

Abb. 186: Beispielanalysen Markt und Wettbewerb

3.8 Praxisbeispiel: Strategieentwicklung bei Siemens

Das Strategy Review-Dokument wird zwei Wochen vor der Durchsprache im Vorstand an die Vorstände verteilt, die sich so auf die Diskussion vorbereiten können. In der Vorstandsdiskussion sind neben den Vorständen auch die Division-CEOs für die Diskussion ihrer jeweiligen Division anwesend.

Unterstützt wird der Strategy Review-Prozess durch ein Excel-basiertes Tool. Dieses dient sowohl zur Erstellung der im Pflichtteil des Strategy Review-Dokuments vorgegebenen Analysen als auch zur Sammlung des Datenmaterials, das für weitere Analysen auf Konzernebene notwendig ist.

Verteiltes Arbeiten ermöglicht die dezentrale Erfassung der notwendigen Informationen: Zur Befüllung der Datenbank werden den Geschäften zum Beginn des Strategy Review-Prozesses im Herbst „Input Boxes" zugesandt. Diese Excel-basierten Elemente erlauben ein strukturiertes manuelles Eingeben der notwendigen Daten pro strategischem Thema. Zusätzlich können Daten aus bestehenden Datensystemen in die „Input Boxes" eingelesen werden – zum Beispiel die Marktdaten, die im vorgelagerten Market Evaluation Process zwischen Headquarters der Business Units und den regionalen Einheiten abgestimmt werden und unter anderem Basis für Marktanteilsberechnungen sind (vgl. Abb. 187).

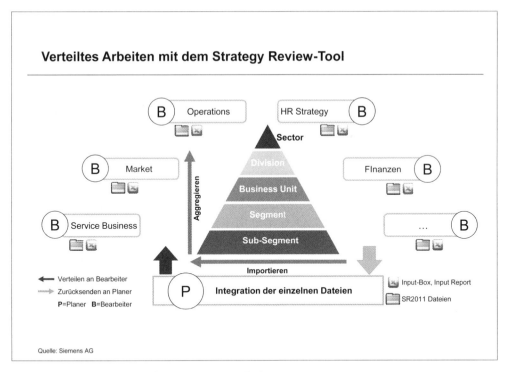

Abb. 187: Verteiltes Arbeiten mit dem Strategy Review-Tool

Auf den „Input Boxes" aufbauende „Output Boxes" ermöglichen den Planern in den Sectors, Divisionen, Business Units und Business Segmenten ein fast vollständig automatisiertes Erstellen der Pflichtseiten des Strategy Review-Dokuments des jeweiligen Geschäfts. Zudem können die übergeordneten Geschäftseinheiten die „Input Box" der zugehörigen Untereinheiten aggregieren und so die strategischen Daten für den Strategy Review der übergeordneten Einheit generieren. Neben der Aggregation der Daten aus Untereinheiten ist auch ein Befüllen der einzelnen Kapitel durch Funktionaleinheiten möglich – so können z. B. Personalthemen durch die Personalabteilung getrennt bearbeitet werden und dann in die Datenbasis der jeweiligen Einheit eingelesen werden.

Die Zusammenführung der Daten aus den einzelnen Einheiten führt zur strategischen Datenbasis für den Konzern.

Erfahrungen und Empfehlungen

Die Siemens AG hat mit diesem strategischen Planungsprozess langjährige Erfahrungen – wobei sich die Verfahren über die Zeit bezüglich Inhalt und Vorgehensweise kontinuierlich weiterentwickelt haben. Gerade aufgrund der hohen Komplexität des Unternehmens ist ein standardisiertes System für die strategische Planung unablässig. Einige Erfahrungen haben sich in dieser Zeit als wichtig erwiesen.

1. Für die Strategie wie für den Strategieprozess gilt gleichermaßen, dass der Erfolg mit der klaren Unterstützung durch das Top-Management steht und fällt. Für den Prozess zeigt sich dies unter anderem in der Qualität der abgegebenen Dokumentationen bzgl. Konsistenz, Vollständigkeit und Verständlichkeit. Die Top-Management-Unterstützung ist entscheidend dafür, ob die strategische Stoßrichtung eingehalten wird und die strategischen Maßnahmen umgesetzt werden – das zeigt sich dann im Vergleich des ursprünglichen Strategy Review-Dokuments mit dem des Folgejahres.

2. Die Zusammenstellung der notwendigen Daten für die strategische Planung stellt für die Geschäftsbereiche einen substanziellen Zeitaufwand dar. Um dennoch Akzeptanz in den Geschäftsbereichen für diesen Prozess zu erzielen, sollte das Prinzip gelten, von den Geschäften nicht mehr Informationen einzuholen, als diese für ihre strategische Diskussion benötigen (vgl. Sieglin, 2010, S. 140). In diesem Fall unterstützt der Prozess der strategischen Planung die Strategiediskussion der Geschäftseinheiten und bedeutet nur geringen Mehraufwand.

3. Kontinuität bei Format, Prozessen und inhaltlichen Themen der strategischen Planung ist von großer Wichtigkeit für die Akzeptanz in den Geschäften und in den Vorstandsdiskussionen. Kontinuität bei den Darstellungen ermöglicht zudem Analysen über strategische Sachverhalte über mehrere Jahre hinweg und erleichtert strategische Diskussionen, weil Abbildungen schnell wiedererkannt werden und durch die häufige Verwendung schnell verstanden werden. Voraussetzung dafür ist konsequente Logik und Systematik in Inhalten und Design sowie regelmäßige Pflege und Kontinuität in der Weiterentwicklung (vgl. Sieglin, 2010, S. 141).

4. Speziell bei Unternehmen mit vielen strategischen Geschäftseinheiten ist eine Vergleichbarkeit über standardisierte Pflichtanalysen wichtig. So lassen sich zum Beispiel die Investitionsvorhaben verschiedenartiger Geschäfte, die um Ressourcen konkurrieren, vergleichen. Neben der strategischen Intuition der Geschäftsführenden ist eine faktenbasierte Diskussion notwendig für zielführende strategische Entscheidungen. Die vorgegebenen Pflichtelemente des Strategy Review-Dokuments oder des M&A Deal Books müssen die Geschäfte dabei unterstützen, ihre Strategien umfassend in allen wesentlichen Aspekten mit den relevanten Fakten und Zusammenhängen, aber knapp und auf das Notwendige reduziert, darzustellen (vgl. Sieglin, 2010, S. 140). Platz für die eigene spezifische strategische „Story" muss dennoch bereitgestellt werden.

5. Trotz der Komplexität vieler strategischer Fragestellungen ist es wichtig, sich zu bemühen, wenig komplexe und leichtverständliche Standardanalysen und -darstellungen zu verwenden. Einfache Abbildungen mit generischen Größen werden leichter nachvollzogen als solche, die z. B. auf der gewichteten Aggregation verschiedener Faktoren basieren. Bei komplexen Analysen besteht die Gefahr, dass die Analyse schnell akzeptiert wird, wenn sie für den Leser vorteilhafte Ergebnisse hervorbringt, aber grundsätzlich infrage gestellt wird, wenn die Ergebnisse weniger schmeichelhaft sind – so wird in solchen Fällen beispielsweise eine Diskussion über Gewichtungsfaktoren oder Berechnungsmethoden geführt, die häufig nicht zielführend ist. Die Botschaften einfacher Analysen werden schneller verstanden und halten Diskussionen eher stand.

Für Siemens ist Innovation Lebenselixier. Unsere Pionierleistungen ermöglichten über mehr als 160 Jahre und ermöglichen weiterhin dauerhaften Kundennutzen und schaffen Wert. Der Anspruch an Innovativität und Wertschaffung gilt auch für Corporate und damit für die Strategieabteilung, sowohl bei der Erarbeitung neuer strategischer Stoßrichtungen als auch bei Strategieprozessen und -konzepten. Voraussetzung für Innovationen sind die entsprechenden Investitionen – für die Strategie bedeutet dies Investitionen in die Weiterentwicklung der strategischen Inhalte wie in die strategischen Instrumente.

Das Implementieren der Strategie:
„Wie setzen wir den Strategieentscheid konkret um?"

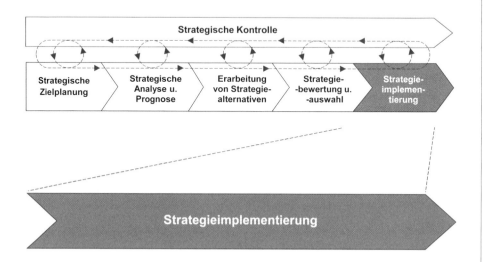

- **Gegenstand der Phase:**
  Realisierung der getroffenen Strategieentscheidung einschließlich erforderlicher Anpassungen bei Aufbau- und Ablauforganisation sowie unterstützender Systeme (z. B. System von wertorientierten Metriken, Anreizsystem)

- **Aufgabe des strategischen Controllings:**
  Fallweise Unterstützung bei der Implementierung hinsichtlich
  - Strategie-/Strategieprogramm
  - Strukturen
  Wahrnehmen der Richtlinienkompetenz bzw. Mitgestaltung von strategie-/wertorientierten Managementsystemen

- **Output der Phase:**
  Umgesetzte strategische Entscheidungen

Abb. 188: Implementierung im strategischen Managementprozess

4 Strategisches Controlling in der Phase der Strategieimplementierung

„**Wie setzen wir den Strategieentscheid konkret um?**", diese Frage ist Gegenstand der Strategieimplementierung, die sich der Entscheidung für eine Strategie anschließt (siehe Abb. 188).

Das Kapitel 4 adressiert dabei u. a. folgende Aspekte:

- Was sind die prinzipiellen Unterschiede zwischen Strategieentwicklung und Strategieimplementierung?
- Wie kann die Komplexität einer Strategieimplementierung gemessen werden?
- Welche Beziehungen bestehen zwischen der Strategieimplementierung und Change Management?
- Welche Faktoren bilden den Rahmen für einen Change-Management-Prozess?
- Was sind die Elemente eines Change-Management-Prozesses?
- Was sind daraus abgeleitet die spezifischen Themenfelder und Herausforderungen, die es bei der Strategieimplementierung nachfolgend zu berücksichtigen gilt?

4.1 Grundsätzliches zur Strategieimplementierung

Erfahrungen aus der Unternehmenspraxis ebenso wie entsprechende Untersuchungen bestätigen die spezielle Bedeutung der Implementierung, die sich auf den einfachen Satz reduzieren lässt: „Die beste Strategie nützt nichts, wenn sie nachher nicht realisiert ist." (Zimmermann/Rügamer, 2010, S. 17).

In der Unternehmenspraxis treten vielfältige Probleme bei dem Implementieren von Strategien auf. Generell stellt die Verbindung der strategischen Planung mit der operativen Planung und das nachfolgende Realisieren eine der Schlüsselherausforderungen dar (vgl. Zwicker, 2009, S. 33 ff.; siehe generell zu den Problemfeldern bei Raps, 2008, S. 39 ff.).

Die Herausforderungen bei dem Realisieren von Strategien sind unter anderem in den spezifischen **Unterschieden von Strategieentwicklung und Strategieimplementierung** begründet. So ist bei der Strategieentwicklung die Anzahl der einbezogenen Personen tendenziell überschaubar und es dominieren die analytischen Elemente. Dagegen stehen bei dem Implementieren der Strategie konkrete operative Umsetzungshandlungen im Vordergrund, die eine Vielzahl von Organisationseinheiten und Personen betreffen können. Dies erfordert spezielle Fähigkeiten hinsichtlich der Führung einer großen Anzahl von Personen in Bezug auf eine komplexe Zielstellung. Bossidy/Charan betonen in diesem Zusammenhang auch die spezielle Bedeutung einer Umsetzungskultur: **„Execution must be a core element of an organization's culture."** (Bossidy/Charan, 2002, S. 21).

Die Abb. 189 zeigt auch unter diesem Aspekt wesentliche Unterschiede zwischen Strategieentwicklung und Strategieimplementierung auf.

Strategieentwicklung und -implementierung unterscheiden sich deutlich

	Strategieentwicklung	Strategieimplementierung
Inhalt	• Positioniert Kräfte und plant Aktivitäten vor der Umsetzung	• Koordiniert die Aktivitäten während der Umsetzung
Ziel	• Strebt Effektivität an	• Strebt Effizienz an
Wesen	• Ist ein intellektueller Prozess	• Ist ein operativer Prozess
Erfolgsfaktoren	• Erfordert gute Intuition und analytische Fähigkeiten	• Erfordert besondere Führungs- und vor allem Motivationsfähigkeiten
Koordinationsumfang	• Erfordert Koordination zwischen wenigen Individuen	• Erfordert Koordination von großem Personenkreis

Abb. 189: Gegenüberstellung von Strategieformulierung und Strategieimplementierung (Kranz, 2007, S. 252; leicht modifiziert)

Die Unterscheidung von Strategieentwicklung und Strategieimplementierung darf jedoch nicht als Ausdruck einer starren Phasenabfolge missverstanden werden. Es handelt sich um Elemente mit unterschiedlichen Schwerpunkten in einem ganzheitlichen strategischen Managementprozess, der einen integrativen Charakter besitzt. So fließen speziell Aspekte der

4.1 Grundsätzliches zur Strategieimplementierung

Implementierbarkeit auch schon in die Phase der Alternativensuche und Bewertung ein, wie z. B. im Falle der frühzeitigen Überlegungen zur Post-Merger-Integration bei potenziellen Unternehmenskäufen. Überlegungen zur späteren Implementierbarkeit beeinflussen strategische Entscheide; die strategischen Entscheide als gedankliche Konstrukte werden ihrerseits durch die Implementierung erst in unternehmerische Realität umgesetzt.

In der Einführung zu den Grundfragen des strategischen Managements war auf die Verbindung von Qualität der Strategie und Qualität der Implementierung hingewiesen worden (siehe Kap. 2.4):

Erfolgreiche Strategie = Qualität der Strategie x Qualität der Umsetzung

Für die Qualität der Umsetzung besitzt die **Komplexität der Strategie** eine Schlüsselrolle. In der Systemtheorie wird Komplexität durch zwei Merkmale beschrieben: Varietät und Konnektivität. Die **Varietät** kennzeichnet die Elementevielfalt, die durch Art und Anzahl der Elemente eines Systems beschrieben wird. In der **Konnektivität** kommen die Art und die Anzahl der Beziehungen zwischen den Elementen zum Ausdruck. Zusätzlich zu dieser strukturellen Komplexität ist die **dynamische Komponente** im Sinne der Veränderlichkeit im Zeitablauf zu berücksichtigen (vgl. Patzak, 1982; Müller, 2013, S. 1 ff.).

Die neue Strategie kann im Hinblick auf diese beiden Merkmale beurteilt werden. Im Resultat ergibt sich daraus die Komplexität des Zielzustandes; hier kann auch von **objektiver Komplexität** gesprochen werden. Bezogen auf den Fall einer regionalen Markterschließung: Ein funktionierendes System flächendeckender Einzelhandelsgeschäfte in einem neuen Land dürfte selbst bei stabilem Konsumentenverhalten die Merkmale hoher Komplexität besitzen.

Ausgehend von dieser objektiven Komplexität interessiert im Zusammenhang mit der Einführung der Strategie die **relative Komplexität** für das Unternehmen. Diese relative Komplexität resultiert aus:

- **Umfang der Veränderung** und
- **Fähigkeit zur Bewältigung der Veränderung.**

Bezogen auf das Beispiel des Markteintritts: Bestehen in dem betreffenden Land schon erste Aktivitäten oder handelt es sich um einen vollständigen Ersteintritt? Verfügt das Unternehmen über Erfahrungen bei dem Eintritt in neue Märkte, die genutzt werden können, oder betritt man auch hier „Neuland"?

Das möglichst exakte Einschätzen der relativen Komplexität einer Strategie ist als Teil des Risikomanagements anzusehen. Dies kann im Beurteilungsprozess zum Eliminieren von Alternativen führen, die trotz finanzieller Vorteilhaftigkeit als zu riskant in der Umsetzung beurteilt werden. Es dient aber insbesondere für das komplexitäts- bzw. risikobewusste Umsetzen von Strategien. Einen Ansatz, der in diese Richtung geht, bildet das Einstufen von M&A-Integrationsprojekten im Hinblick auf ihre Herausforderungen. Als Dimensionen werden hier genannt (siehe Lucks, 2005, S. 250 f.):

- **Größe:** (1) Eigener Umsatz, (2) Umsatz des M&A-Targets, (3) Anzahl der eigenen Beschäftigten, (4) Anzahl der Beschäftigten des Targets.

- **Komplexität:** (1) Anzahl der Länder, (2) Anzahl der Standorte, (3) Anzahl der Geschäfte („businesses"), (4) Abdeckung der Wertschöpfungskette.

- **Umfang der Restrukturierung:** (1) EBIT-Delta, (2) Anzahl der Maßnahmen, (3) Anzahl der Standortverlagerungen, (4) Anzahl wegfallender Arbeitsplätze.

Das Implementieren einer Strategie stellt somit vor allem bei hoher relativer Komplexität besondere Herausforderungen. Wegen des immanenten Charakters der Veränderung kann der Implementierungsprozess als ein spezieller **Change-Management-Prozess** verstanden werden. Unter diesem Aspekt bietet es sich an, die hierfür entwickelten Konzepte als Basis zu nutzen und bedarfsorientiert anzupassen. Eine derartige ganzheitliche Sichtweise bietet Vorteile gegenüber Implementierungsansätzen, die einseitig nur Teilbereiche adressieren.

Zu umfassenden Ansätzen des Change-Managements zählen u. a. das Modell von Krüger und das Erfolgsfaktorenkonzept von Gerkhardt (vgl. Krüger, 2009, S. 20 ff.; Gerkhardt/Frey/Fischer, 2008) sowie aus dem angelsächsischen Bereich u. a. der Ansatz von Kotter (vgl. Kotter, 2007). Nachfolgend sollen auf Basis des Modells von Krüger die zentralen Aspekte für das Implementieren von Strategien herausgestellt werden.

Abb. 190: Das 3W-Modell als Orientierungsmodell der strategischen Erneuerung (Krüger, 2009, S. 28)

Der Ansatz von Krüger bindet den gesamten Prozess in drei Elemente ein, die für ein erfolgreiches Change Management unabdingbar sind. Sie geben dem Konzept auch den Namen „**3W-Modell**" (siehe Abb. 190):

- Wandlungsbedarf: Das Erkennen der Notwendigkeit von Veränderungen,
- Wandlungsbereitschaft: Der individuelle Wille, Veränderungen auch durchzuführen,
- Wandlungsfähigkeit: Das Vorliegen der sachlichen/persönlichen Voraussetzungen.

Das 3W-Modell besitzt eine enge Verzahnung mit dem Strategieprozess. Das Ermitteln des strategischen **Wandlungsbedarfs** ist Gegenstand der Strategieentwicklung. Je klarer der Handlungsbedarf herausgearbeitet wird, umso höher ist die nachfolgende **Wandlungsbereitschaft**. Veränderungen sind realistischerweise für einzelne Personen oder Personengruppen mit Nachteilen verbunden bzw. werden von ihnen so bewertet. Damit gilt: Hoher Handlungsbedarf und geringe Nachteile führen tendenziell zur höchsten Wandlungsbereitschaft. Umgekehrt gilt entsprechend: Niedriger (wahrgenommener) Handlungsbedarf und große Nachteile resultieren in geringer Veränderungsbereitschaft.

Die Kommunikation zur Strategie nimmt daher eine Schlüsselrolle für die Wandlungsbereitschaft ein. Die Wandlungsbereitschaft innerhalb des Unternehmens muss durch zielgerichtete Kommunikation hergestellt werden, und zwar noch bevor die Probleme so gravierend sind, dass von einer „burning platform" gesprochen wird. Hier besteht dann bildlich nur noch die Wahl zwischen zwei Übeln: dem hochriskanten Sprung in das Meer oder dem Untergang mit der brennenden Ölbohrplattform.

Die Wandlungsbereitschaft und die **Wandlungsfähigkeit** aus sachlicher und personeller Hinsicht ergänzen und erfordern sich gegenseitig: Bereitschaft zur Veränderung ohne das Vorhandensein von Fähigkeiten ermöglicht keine Umsetzung. Vorhandene Fähigkeiten ohne die Bereitschaft zum Einsatz bleiben nutzlos.

Aus Strategiesicht ist dabei von Bedeutung, dass oftmals eine Lücke zwischen den erforderlichen und den tatsächlich verfügbaren Fähigkeiten bzw. Ressourcen besteht. Dabei kann es sich um Sachressourcen, einschließlich Finanzmittel, handeln. Dies kann z. B. aber auch Schlüsselqualifikationen im Bereich des Personals betreffen. Zum Zeitpunkt der Freigabe einer strategischen Entscheidung für die Implementierung muss gewährleistet sein, dass die grundlegenden Ressourcenfragen geklärt sind oder als solche ausdrücklich identifiziert wurden (siehe auch Kap. 5.2.2 zur strategischen Konsistenzkontrolle). Das Schließen von identifizierten sachlichen und personellen Lücken wird im letzteren Fall zu einem Bestandteil der Strategieimplementierung. Dies verdeutlicht zugleich die Notwendigkeit eines strukturierten Vorgehens bei der Strategieimplementierung durch Einsatz von Projektmanagement mit methodisch-fachlicher Unterstützung verschiedener Disziplinen (u. a. Human Resource Management, Kommunikation, Controlling).

Zusammengehalten und getrieben wird der gesamte Veränderungsprozess durch das zwingend erforderliche **Top-Management-Commitment**. Dem Top-Management kommt hier die Rolle von Promotoren und Befähigern zu: „Ohne aktive Unterstützung durch das Topmanagement ist kein transformativer Wandel möglich. Von Topmanagern ist hierfür zu erwarten, dass sie geplanten (intendierten) Wandel auslösen und aktiv vorantreiben (Rolle als Promotoren), aber auch, dass sie die Voraussetzungen für eigengesetzliche (emergente) Veränderungen schaffen (Rolle als Enabler)." (Krüger, 2009, S. 145).

Mit Blick auf diversifizierte Unternehmen wird der Einsatz sogenannter **strategischer Initiativen** zur Strategieentwicklung und insbesondere Strategieumsetzung thematisiert (vgl. Müller-Stewens/Lechner, 2005, S. 27 ff.; Schmid/Müller-Stewens/Lechner, 2009 sowie Kranz, 2007, S. 251 ff.). Zu den Merkmalen solcher strategischen Initiativen bzw. Maßnahmenprogramme zählen u. a. eine starke inhaltliche Prägung seitens der Konzernzentrale und ein übergreifendes Herangehen an konzernweite strategische Herausforderungen. Auch unter dem betonten evolutionären Aspekt besitzen strategische Initiativen einen hohen Überdeckungsgrad mit den Konzepten des Change Managements. Sie gelangen vor allem auch dann zur Anwendung, wenn unter der betreffenden strategischen Agenda eine unternehmensweite Mobilisierung erreicht werden soll (siehe hierzu auch die Beispiele bei Vahs, 2012, S. 293).

Zusammenfassend ergeben sich für das Implementieren von Strategien spezifische Themenfelder, die nachfolgend betrachtet werden sollen:

- Top-Management-Commitment und Vertrauen als Grundlage,
- Klare und dokumentierte Ziele,
- Strategiegerechte Personen und Organisation,
- Flankierende Führungssysteme,
- Einsatz von Projektmanagement und Fachdisziplinen (inkl. Kommunikation),
- Operative Maßnahmenplanung.

4.2 Spezielle Aspekte der Implementierung

4.2.1 Top-Management-Commitment und Vertrauen als Grundlage

Top-Management-Commitment ist essenziell für das erfolgreiche Implementieren von Strategien (vgl. nachfolgend Alter, 2009). Auf die Frage nach den wichtigsten Faktoren für einen erfolgreichen Change-Management-Prozess und damit auch Prozesse der Strategieimplementierung nimmt das Top-Management-Commitment immer wieder eine zentrale Rolle ein. So sieht Capgemini nach seinen Studien mit weitem Abstand **Commitment und Glaubwürdigkeit** an der Spitze der Erfolgsfaktoren: „**Commitment und Glaubwürdigkeit des Managements sind der wichtigste Erfolgsfaktor bei Veränderungsprozessen.**" (Capgemini, 2009, S. 40). Ähnlich konstatiert IBM in einer Studie zu den Erfolgsfaktoren von Change-Management: „Fehlendes Commitment des höheren Managements ist ein größeres Problem als mangelnde Motivation der Mitarbeiter." (IBM, 2009, S. 7).

Auch Erfahrungen aus der Unternehmenspraxis zeigen, dass es hier häufiger als erwartet Defizite gibt. Speziell für die Strategieimplementierung sind das volle Commitment des Top-Managements und das Wahrnehmen der Rolle als Machtpromotor unabdingbar. Das Phänomen des fehlenden Commitments tritt in der Praxis in zwei Formen auf, und zwar als „objektives" und als „subjektives Fehlen".

Wenn das betreffende Top-Management-Commitment überhaupt nicht existiert, dann kann von **„objektivem Fehlen"** gesprochen werden. Auslöser hierfür können z. B. eigene Zweifel an der Strategie oder zwischenzeitlich veränderte Prioritäten sein. Im Falle eines Führungsgremiums können die mangelnde Einbindung in die Strategieentwicklung oder (wahrgenommene) persönliche Nachteile aus der Strategie einen negativen Einfluss besitzen.

Anders stellt sich dies im zweiten Fall dar, dem **„subjektiven Fehlen"**. Das Commitment besteht zwar aus der persönlichen Sicht des Managements, wird aber von den Mitarbeitern nicht als solches wahrgenommen: Die Kommunikation zwischen der Management- und der Mitarbeiterebene funktioniert nicht. Aussagen und Handlungen des Managements vermitteln, entgegen dessen eigener Einschätzung, nicht den Eindruck eines vollen Commitments. Das Eigenbild und das Fremdbild stimmen nicht überein.

Mischungen aus fehlendem und teilweise wahrgenommenem Commitment senden verwirrende Signale, die bei den Mitarbeitern regelmäßig zu großer Verunsicherung führen und in der Umsetzung dann oftmals in den bekannten **„Halbherzigkeiten"** resultieren. Das beschriebene Phänomen kann sehr schnell zu der Situation führen, in der sich das Top-Management über die schleppende Umsetzung von Maßnahmen wundert, während die Mitarbeiter wegen nicht erkennbarem Commitment noch auf klare Signale warten. Dies gilt umso stärker, je radikaler die Maßnahmen von den bisherigen Wegen abweichen.

Die Umsetzung von Strategien stellt keinen Selbstläufer dar. Konfliktierende Interessen der Beteiligten, knappe Ressourcen und Zeitdruck führen dazu, dass in den Unternehmen eine ausgesprochene Sensorik für Signale seitens des Top-Managements besteht. Werden echte oder vermeintliche Zweifel am Commitment des Top-Managements für eine Strategie wahrgenommen, führt dies sehr schnell zur (unmerklichen) Reallokation von Ressourcen. Unklare, inkonsistente Signale und Handlungen des Top-Managements, wahrgenommen als mangelndes Commitment, erodieren das **Vertrauen der Mitarbeiter**. Im Umkehrschluss kann starkes Top-Management-Commitment aber auch genutzt werden, um durch eine transparente Strategieimplementierung das Vertrauen der Mitarbeiter zu stärken. Die konsequente und erfolgreiche Strategieimplementierung wird dann zu einer vertrauensbildenden Maßnahme.

Vertrauen dient nach Luhmann der Reduktion sozialer Komplexität. Das zentrale Merkmal von Vertrauen ist danach die **freiwillige Erbringung einer riskanten Vorleistung** (vgl. Luhmann, 1973). Eine Person begibt sich in ein Risiko und verzichtet auf mögliche, insbesondere vertragliche Schutzmaßnahmen in der Überzeugung, dass diese Situation der potenziellen Schwäche nicht genutzt wird: **„Vertrauen ist der Wille, sich verletzlich zu zeigen."** (Osterloh/Weibel, 2006, S. 35). Den bewussten Verzicht auf absichernde Verträge kann man mit Blick auf die Transaktionskostentheorie auch auf die Feststellung reduzieren: **„Vertrauen ersetzt Verträge"**.

Oftmals wird von Vertrauen auch bildlich im Sinne eines Kontos gesprochen, auf das durch entsprechende Handlungen einzuzahlen sei, um bei Bedarf abheben zu können. Schwierig gestaltet es sich in der Tat, wenn das „Vertrauenskonto" auf null steht oder sogar überzogen ist und ein „Vertrauensvorschuss" angefragt wird. Eine zentrale Komponente von Vertrauen bildet dabei ganz offensichtlich die Berechenbarkeit von Handlungen. Kann die Handlung mit sehr hoher Wahrscheinlichkeit vorhergesagt werden und wird die erwartete Handlung inhaltlich als positiv oder zumindest als erforderlich bewertet, dann bestehen die Voraussetzungen für Vertrauen.

Vertrauen hat einen maßgeblichen **Einfluss auf die Bereitschaft** einer Organisation, **grundlegende Veränderungen aktiv zu unterstützen** und hilft, **entscheidende Energien zu mobilisieren**. Im Umkehrschluss führt mangelndes Vertrauen sehr schnell zur Ablehnung von Veränderungen und ausbleibender Unterstützung. Dieses trifft sowohl für unternehmensinternes wie für -externes Vertrauen zu. Ein Unternehmen, das in der Bankenwelt Vertrauen genießt, wird über mehr Finanzressourcen zur Durchführung seiner strategischen Programme verfügen als ein Unternehmen mit geringem „Vertrauenskonto". Ein Geschäftsführer, der das volle Vertrauen der Belegschaft besitzt, kann entscheidende Ressourcen mobilisieren, um notwendige strategische Veränderungen schneller durchzuführen als die Konkurrenz.

Vertrauen wird vor allem durch Klarheit und Berechenbarkeit aufgebaut; verkürzt: durch **„Walk-the-Talk"**. „Talk", das ist vor allem die Klarheit in den Zielaussagen: Wofür steht das Management? Was sind seine Ziele? Zeigt dieses Management mit seinen Zielen und seiner Strategie dem Unternehmen und dem einzelnen Mitarbeiter eine nachhaltige Zukunft auf?

„Walk", das sind die Fragen der Umsetzung, der persönlichen Glaubwürdigkeit und Integrität: Steht das Management auch zu seinen Aussagen? Wie verhält sich das Management im Hinblick auf Widerstände im Veränderungsprozess? Werden unpopuläre Maßnahmen nachvollziehbar und auch mit persönlicher Verantwortung übernommen? Stellt sich das Management in kritischen Situationen auch vor seine Mitarbeiter, die mit der Umsetzung unpopulärer Maßnahmen beauftragt sind? Durch die Umsetzung der Ziele mit Hilfe strategischer Projekte können diese Herausforderungen direkt adressiert werden. Dies betrifft sowohl die Signalwirkung zu Beginn der Strategieumsetzung als auch im weiteren Verlauf.

Sichtbares Management-Commitment ist Ausdruck der **Willensdurchsetzung im Führungsprozess** und unerlässlich für den strategischen Führungserfolg. Eine anspruchsvolle Strategie wird in der Implementierung auf komplexe Probleme stoßen und oftmals durch kontroverse innerorganisatorische Diskussionen gekennzeichnet sein. Ab einem bestimmten Punkt sind die betreffenden Probleme, der sprichwörtliche „Knoten", nur noch durch das Top-Management aufzulösen.

Das ultimative Commitment, das Führungskräfte hier erkennbar geben können, ist das Investment ihrer wichtigsten persönlichen Ressourcen: **Zeit und Emotion**.

4.2.2 Klare und dokumentierte Ziele

Die „Klarheit der Ziele" ist eine im ersten Augenblick eher formal klingende Anforderung. In der Unternehmenspraxis zeigt sich allerdings, dass mangelnde Klarheit häufig der Ausgangspunkt weitreichender Probleme ist. So sprechen Horváth/Kaufmann auch von **Sickerverlusten bei der Strategieumsetzung**, da vielfach bereits auf der Top-Management-Ebene keine wirkliche Klarheit über die konkreten strategischen Ziele vorliegt: „Verbale Strategieformulierungen (z. B. ‚Wir verstärken die Kundenorientierung und werden full service provider') lassen Interpretationsspielräume zu; implizit haben die Führungskräfte dann kein wirklich deckungsgleiches Grundverständnis. Die Folge sind Reibungsverluste und eine schleppende Implementierung, was bei hoher Wettbewerbsdynamik existenzbedrohend sein kann." (Horváth/Kaufmann, 2006, S. 139).

Dies erfordert **klare** und **dokumentierte Aussagen** zu den Zielen sowie grundlegende Aussagen zu den Maßnahmen, den Ressourcen und Prämissen, um auch **Nachvollziehbarkeit** zu gewährleisten:

- **Was und wie viel** wollen wir mit der Strategie erreichen? (Beispiel: Marktanteil von X %, Umsatz von Y €, Profitabilität von Z %.)
- **Wie** wollen wir es erreichen? (Wesentliche Stoßrichtungen; Beispiel: Umsatzwachstum durch Erhöhung des Auslandsanteils von 50 % auf 70 % mit Aufbau von Vertriebsorganisationen in benannten Ländern sowie Entwicklung spezieller Produkte für diese Märkte.)
- **Wann** soll es erreicht sein? (Ecktermine für übergeordnete Unternehmensziele und Projektziele; Beispiel für Projekt zu Umsatzwachstum: erste 10 % der Erhöhung des Auslandsanteil in 12 Monaten, weitere 10 % in 24 Monaten.)
- **Womit** wollen wir es erreichen? (Verfügbare Ressourcen: Mitarbeiter, Sach-/Finanzmittel.) Hier handelt es sich um einen weiteren zentralen Punkt für die Glaubwürdigkeit von Führungskräften: Werden für die Erreichung der benannten Ziele adäquate Ressourcen zur Verfügung gestellt oder wird ein Ressourcendefizit nicht erkannt, oder sogar einfach ignoriert?
- **Welche** Prämissen haben wir zugrunde gelegt? (Beispiel: Marktgröße in Stück und €, Wettbewerberverhalten, Rohstoffpreise.)

Somit sind bezogen auf die umzusetzende strategische Entscheidung die Aussagen zum **Was** und **Wie viel** ebenso wie diejenigen zum **Wie, Wann** und **Womit** sowie der **Prämissen** schlüssig zu formulieren und auch zu dokumentieren (siehe Abb. 191).

Das Dokumentieren kann auf Basis einer Balanced Scorecard oder auch konventionell in Form eines Strategiedokumentes erfolgen. Als kompaktes Dokument besitzt es den Charakter eines **Strategie-Steckbriefes**. Neben den Zielen und dem prinzipiellen Vorgehen kann ein derartiger Steckbrief auch noch Grundsatzaussagen z. B. zu Vision, Markt, Kunden und Wettbewerb enthalten (vgl. Riekhof, 2010, S. 50 f.). Der Steckbrief bildet in diesem Fall ein strategisches Basisdokument und beruht auf dem detaillierten Businessplan.

Erst wenn die Klarheit der Ziele und des grundsätzlichen Vorgehens besteht, kann die **Kommunikation** nach Zielgruppen erfolgen. Im Vordergrund steht dabei die Kommunikation an die Mitarbeiter. Diese sind über die Eckpunkte der Unternehmensziele, die definierten Projekte und Programme sowie wesentliche Meilensteine zu informieren, soweit dem nicht zwingende Geheimhaltungsgründe entgegenstehen. Die entscheidende Zielsetzung muss dabei sein, **keine Sprachlosigkeit** aufkommen zu lassen. Kommunikation – auch in der Außenkommunikation – ist hier weniger eine Frage von Details oder Preisgabe sensibler Daten. Es ist primär die Frage nach einer plausiblen Grundstrategie, die mit entsprechenden Projekten hinterlegt und damit in komprimierter, glaubwürdiger Form skizziert werden kann.

Aus den Eckzielen einer Strategie, die z. B. in einer Balanced Scorecard abgebildet werden, sind im weiteren Prozess dann die Teilziele für die verschiedenen Organisationseinheiten abzuleiten. Auf Basis der vorab kommunizierten Inhalte der Strategie können sich die Mitarbeiter aktiv in diesen Prozess einbringen, mit positiver Wirkung für das nachfolgende detaillierte Umsetzen der Strategie.

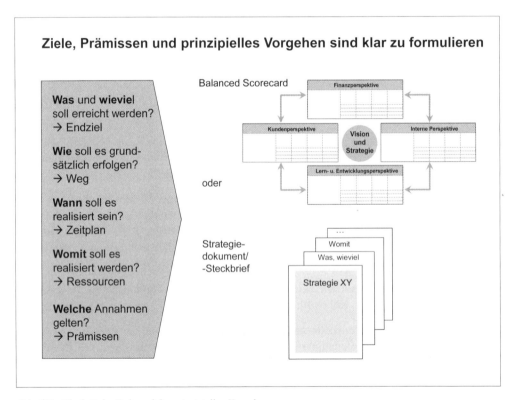

Abb. 191: Klarheit der Ziele und des prinzipiellen Vorgehens

4.2.3 Strategiegerechte Personen und Organisation

Strategische Entscheidungen sind von Menschen in Organisationen zu implementieren. Diese einfache Feststellung führt unmittelbar zu zwei Fragestellungen:

1. Besitzt das Unternehmen die erforderlichen Schlüsselpersonen?
2. Ist die Organisation für die Umsetzung geeignet?

Die beiden Fragen stehen zwar in einer engen Beziehung, sollten jedoch möglichst unabhängig voneinander betrachtet werden. Damit lässt sich vermeiden, dass Organisationsänderungen zu Hilfslösungen für ungeklärte Personalthemen werden.

Das strategische Controlling als Unterstützungsfunktion gibt vorrangig zur zweiten Frage einen entsprechenden Input. Nachfolgend sollen daher nur einige Aspekte zur Thematik der strategiebezogenen Auswahl von Führungskräften angesprochen werden. Als Grundaussage kann dabei gelten, dass die klassische Formulierung „Structure follows strategy" zu erweitern ist in: **Strategy follows People, People and Structure follow Strategy.**

Strategien bzw. strategische Entscheidungen entstehen durch Menschen, und zwar im Konkreten durch die Eigentümer und die oberen Führungskräfte eines Unternehmens. Besonders deutlich zu erkennen ist dies, wenn nach dem Wechsel an der Unternehmensspitze eine neue strategische Stoßrichtung verkündet wird. Die neue Strategie erfordert ihrerseits dann entsprechende Menschen zur Umsetzung innerhalb einer geeigneten Organisation: „Hat man die falschen Leute an Bord, ist es egal, ob man die Richtung kennt – man wird sich nie zu einem Spitzenunternehmen entwickeln. Eine großartige Vision ohne großartige Mitarbeiter ist belanglos." (Collins, 2003, S. 62).

Auch die Interviews mit Geschäftsführern deutscher Wachstums-Champions (vgl. Alter/Kalkbrenner, 2010) zeigten deutlich den hohen Stellenwert der Personalentscheidungen im Kontext der Strategieumsetzung. So veranschaulicht das Beispiel von Vapiano die Bedeutung, die dem Persönlichkeits-Fit beigemessen wird (siehe Kap. 3.5.4). Dies entspricht genau dem Gedanken von Collins, die „richtigen Leute" an Bord zu bekommen.

Das Beispiel der missglückten Strategieumsetzung bei Hewlett-Packard zeigt andererseits, welche Probleme entstehen können, wenn es nicht gelingt, einen guten Fit zwischen strategischer Zielsetzung und strategischem Profil zur Umsetzung zu erreichen. Erschwert wird dies noch zusätzlich, wenn die interne und externe Vertrauensbasis nicht im erforderlichen Umfang vorhanden ist (siehe das Fallbeispiel in Kap. 3.5.3).

Generell gilt: Je radikaler sich die neue Strategie von den bisherigen Wegen unterscheidet, umso mehr Bedeutung erlangt die Frage der personellen Eignung. Ist z. B. ein Unternehmen bislang vertrieblich nur im deutschsprachigen Bereich tätig, dann stellt das Umsetzen einer Internationalisierungsstrategie völlig neuartige Anforderungen an die verantwortlichen Führungskräfte. Vergleichbar gilt dies z. B. auch für Strategien der Restrukturierung, bei denen im Regelfall zuerst Schrumpfungsmaßnahmen mit Personaleinschnitten umzusetzen sind. Die Umsetzung solcher Einschnitte stellt besondere Anforderungen an das Fähigkeiten- und Persönlichkeitsprofil.

In diesem Sinne vollzieht sich eine Entwicklung **vom klassischen zum strategiegerechten Anforderungsprofil** (vgl. Riekhof, 2010, S. 97 f.). Für die speziellen Aspekte eines strategieorientierten Personalmanagements wird auf die weiterführende Literatur verwiesen (vgl. z. B. Meifert, 2008; Stock-Homburg/Wolff, 2011).

Klare Ziele und die für das Umsetzen geeigneten Menschen sind durch eine konkrete Zuordnung zu verbinden. Diese Zuordnung steht in unmittelbarer Verbindung zu dem in Kap. 2.4 beschriebenen Kongruenzprinzip der Organisation: **Aufgabe, Kompetenz (Entscheidungsbefugnis)** und **Verantwortung** sind **in Übereinstimmung** zu bringen. Unklarheiten können zu gravierenden Problemen in der Strategieumsetzung und darüber hinaus führen:

„Unclear decision rights not only paralyze decision making but also impede information flow, divorce performance from rewards, and prompt workarounds that subvert formal reporting lines. Blocking information results in poor decisions, limited career development, and a reinforcement of structural silos." (Neilson/Martin/Powers, 2008, p. 67).

Es ist daher eine Aussage erforderlich, ob die verabschiedete Strategie auf Basis der aktuellen Aufgaben-, Kompetenzen- und Verantwortungsstruktur mit hoher Wahrscheinlichkeit umgesetzt werden kann. Das Beurteilen der Leistungsfähigkeit einer Organisation und das Ableiten von Anpassungszielen bilden einen zentralen Bestandteil des **organisationsbezogenen Performance-Controllings** (vgl. Krüger, 2006, S. 83 ff.; Werder/Grundei, 2006, S. 30 ff.). Wenn die Leistungsfähigkeit einer Organisation für das Erreichen strategischer Ziele nicht mehr gegeben ist, muss eine entsprechende strategieorientierte Entwicklung des Organisationsmodells erfolgen (vgl. Hahn/Bleicher, 2006; Müller, 2013, S. 189 ff.).

Die prinzipiellen Strukturalternativen bilden die funktionale Organisation und die divisionale Organisation, die mit unterschiedlichen Modellen der Organisation der Leitungsspitze kombiniert werden können. Ebenso können funktionale und divisionale Organisation auch als Matrixorganisation ausgestaltet und durch Formen der Querschnitts- bzw. Sekundärorganisation flankiert werden (vgl. zu den Vor- und Nachteilen einzelner Organisationsformen Bea/Göbel, 2010, S. 359 ff.; Krüger, 2005, S. 193 ff.; Vahs, 2012, S. 153 ff.).

Die Organisation eines Unternehmens kann sich speziell im Falle einer Expansionsstrategie von der funktionalen zur divisionalen Struktur entwickeln. Die Abb. 192 veranschaulicht diesen Entwicklungspfad. Sie skizziert ebenfalls, dass der Weg der organisatorischen Entwicklung aber auch in die umgekehrte Richtung führen kann; in diesem Fall also von der divisionalen zur funktionalen Struktur. Dies könnte z. B. zweckmäßig sein, wenn eine Strategie der Restrukturierung umzusetzen ist. Mit dem für Restrukturierungen typischen Verkleinern des Geschäftsumfangs kann dann eine funktionale Organisationsstruktur zu höherer Effizienz und damit Wettbewerbsfähigkeit führen.

Der grundlegende Wechsel des Organisationsmodells, wie er hier skizziert wird, stellt in jedem Fall für das betreffende Unternehmen eine herausfordernde Change-Management-Situation dar.

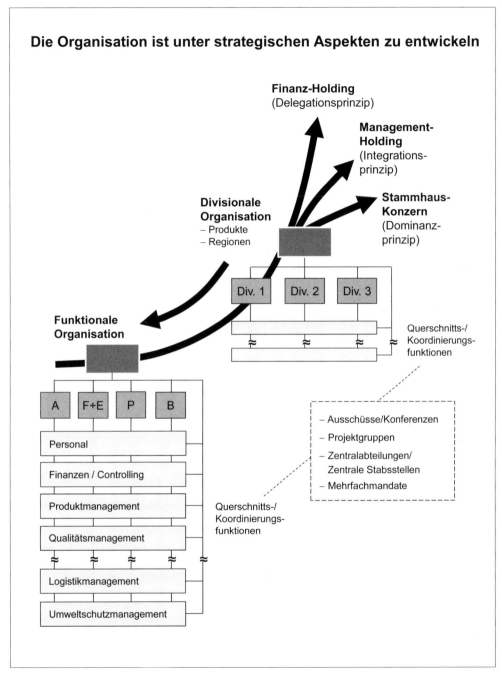

Abb. 192: Organisationsentwicklung als Aufgabe strategischer Führung (Hahn/Bleicher, 2006, S. 316; leicht modifiziert)

Neben den traditionellen Organisationsformen gewinnen zunehmend neue Modelle an Bedeutung, die dem Bereich der Kooperationen und im Speziellen den Netzwerkorganisationen zuzurechnen sind:

„**Netzwerke** sind unternehmensübergreifende Kooperationen von mehr als zwei rechtlich selbständigen Unternehmen, die zur Erreichung gemeinsamer Ziele freiwillig und koordiniert zusammenarbeiten." (Dillerup/Stoi, 2011, S. 421).

Beispiele für Netzwerke bilden die Zuliefernetzwerke in der Automobilindustrie und die Code-Sharing-Systeme im Bereich von Luftfahrtgesellschaften. Ebenfalls den Kooperationen zuzurechnen sind Gemeinschaftsunternehmen (Joint Ventures), wie im Beispiel zur BMW-Strategie beschrieben (vgl. Kap. 3.5.4).

Kennzeichnend für die neuen Organisationsmodelle ist, dass sie eher einen komplementären Charakter zum organisatorischen Grundmodell eines Unternehmens besitzen. So ergänzen z. B. die Luftfahrtgesellschaften ihr konventionelles Organisationsmodell, wie im Falle der Lufthansa das einer Holdingstruktur, durch die Zusammenarbeit in einer Allianz, wie der Star Alliance (vgl. zu neuen Organisationsmodellen Bea/Göbel, 2010, S. 406 ff.; Dillerup/Stoi, 2011, S. 414 ff.; Vahs, 2012, S. 581 ff.).

Die in eine engere Wahl einbezogenen Organisationsmodelle sind zu konkretisieren und detailliert zu beurteilen. Für das Beurteilen von Alternativen kann z. B. das Effizienzkonzept von Thom/Wenger herangezogen werden. Diese leiten **Effizienzkriterien zur Beurteilung einer Organisation** aus drei Kriteriengruppen ab (Thom/Wenger, 2010, S. 141 ff.; siehe speziell im Hinblick auf die Konzernorganisation auch Bach, 2009):

1. Ökonomisch-technische Kriterien,
2. Flexibilitätsorientierte Kriterien,
3. Anspruchsgruppenorientierte Kriterien.

So fällt in den Bereich der ökonomisch-technischen Kategorie u. a. das Effizienzkriterium der „Zielorientierung einer Organisation". Da auch dieses Kriterium noch nicht operational genug für eine Beurteilung ist, wird es durch Unterkriterien präzisiert, wie z. B. „Eindeutiger Zielbezug aller Stellenaufgaben" und „Einhaltung des Kongruenzprinzips".

In Abb. 193 ist das Effizienzkonzept im Überblick dargestellt. Der Vorteil des Konzeptes besteht in seiner ganzheitlichen und zugleich operationalen Erfassung unterschiedlicher Effizienzkriterien. Für die Alternativenbewertung kann auch hier die Nutzwertanalyse eingesetzt werden.

4.2 Spezielle Aspekte der Implementierung

Organisationsformen werden auf Basis von Kriterien beurteilt

Kriterienkategorie	Nr.	Effizienzkriterien	Unterkriterien
Ökonomisch-technische Kriterien	1	Zielorientierung der Organisation	• Eindeutiger Zielbezug aller Stellenaufgaben • Einhaltung des Kongruenzprinzips • Aufgabenerfüllung: sach-/problemnah, zielbezogen
	2	Förderung der Führbarkeit und Begrenzung des Koordinationsaufwandes	• Aufwandsgünstige Gliederungstiefe und -breite • Optimierte Anzahl, Art und Ebene von Schnittstellen mit Kooperationsnotwendigkeit, angepasste horizontale Koordinationseinrichtungen
	3	Schnelligkeit und Qualität der Informationsverarbeitungs- u. Entscheidungsprozesse	• Für Zeitbedarf und Problemlösungsumsicht gleichermassen günstige Zahl beteiligter Aktionseinheiten • Eindeutige Regeln zur Prioritätensetzung und zielbezogenen Konfliktlösung
Flexibilitätsorientierte Kriterien	4	Handlungs-, Anpassungs- und Innovationsfähigkeit der Organisation	• Fähigkeit zur anforderungsgerechten, friktionsarmen Aktion und Reaktion auf Änderungen • Optimaler Zentralisationsgrad von Aktions- und Reaktionsentscheidungen • Angemessene Offenheit der Primärstruktur für Sekundär- und temporäre Ergänzungsstrukturen
	5	Förderung der organisatorischen Lernfähigkeit (Kompetenzbündelungseffekt)	• Einfache ebenen-, bereichs- und funktionsübergreifende Informations-, Kommunikations- und Kontaktmöglichkeiten • Durchlässigkeit der Strukturen (personelle Mobilität) • Fähigkeit zur Bündelung spezifischer Wissenspotenziale
Interne anspruchsgruppenorientierte Kriterien	6	Förderung der sozialen Effizienz und individuellen Lernfähigkeit	• Abschliessende, ganzheitlich integrierte Bearbeiung einer Aufgabe innerhalb eines Subsystems • Eindeutigkeit der personellen Zuordnung • Günstige stellenbezogene Entwicklungsmöglichkeiten für Führungskräfte • Ausreichende Kompetenz und Verantwortungsspielräume (Autonomie) mit angemessener Fehlertoleranz

Abb. 193: Effizienzkonzept der Organisation im Überblick (Thom/Wenger, 2010, S. 143 f.)

Fallbeispiel Reorganisation: Bayer

Im Geschäftsbericht 2009 stellt die Bayer AG fest: „Wir profitieren heute von unseren Anstrengungen der vergangenen Jahre, in denen wir das Unternehmen auf Innovation und Wachstum ausgerichtet und wettbewerbsfähig aufgestellt haben. Den Auftakt bildete der größte Umbau in der Geschichte des Konzerns. Wir trennten die strategische Führung des Konzerns vom operativen Geschäft, schufen klare Verantwortlichkeiten und richteten das Geschäft stärker auf die jeweiligen Märkte aus. Unsere neue Organisation hat sich als wichtige Basis für die Maßnahmen der Folgejahre erwiesen. [...] Ferner haben wir seit der Neuorganisation – also von 2002 bis 2009 – Effizienzsteigerungs- und Kostensenkungsmaßnahmen mit einem Volumen von rund vier Milliarden Euro umgesetzt." (Bayer, 2010, S. 6).

Die Umgestaltung der Bayer AG zählt zu den größten Reorganisationen eines Dax-Konzerns der letzten zehn Jahre (vgl. nachfolgend Becker, 2010; Metelmann/Neuwirth, 2002). Die grundlegende Veränderung ist in Abb. 194 dargestellt. Bis 2002 nutzte die Bayer AG eine Stammhausstruktur. Diese wurde anschließend in eine Holdingstruktur umgestaltet. Kennzeichnend für eine Stammhausstruktur bzw. einen Stammhauskonzern ist, dass auch operative Funktionen zu einem erheblichen Teil in der Muttergesellschaft erbracht werden. Ein weiteres Merkmal bildet eine uneinheitliche Rechtsformgrenze zwischen Muttergesellschaft und Tochtergesellschaften. Im Gegensatz dazu ist der Holdingkonzern durch eine vergleichsweise einheitliche und hierarchisch hoch angesiedelte Rechtsformgrenze gekennzeichnet. Die Muttergesellschaft (Holdinggesellschaft) konzentriert sich auf strategische Themen, während die operativen Funktionen durchgängig den Tochtergesellschaften zugeordnet werden (vgl. Werder, 2008, S. 61 ff.).

Die Stammhausstruktur der Bayer AG war durch Geschäftsbereiche (Gesundheit, CropScience, Polymere und Chemie) sowie Servicebereiche mit einer Vielzahl unterschiedlichster Funktionen gekennzeichnet. Auf Vorstandsebene war zur Führung des Konzerns eine Reihe von speziellen Vorstandsausschüssen installiert. Mitglieder des Vorstands waren Betreuer von Geschäfts- bzw. Arbeitsbereichen. In Summe resultierte daraus ein komplexes Führungsmodell, das offensichtlich an die Grenzen seiner Leistungsfähigkeit gestoßen war.

Mit der Reorganisation 2002 erfolgte der Wechsel zu einer klaren Holdingstruktur. Unter einer strategischen Holding wurden rechtlich selbstständige Einheiten für HealthCare, CropScience, Material Science und Chemicals installiert, die durch Shared Services unterstützt werden.

Wesentliche Aufgaben des Holding-Vorstandes sind die Formulierung der Konzernstrategie, die Festlegung von Performancezielen, Kapitalallokation und Finanzierung sowie Führungskräfteentwicklung. Einen Schwerpunkt bilden damit aus strategischer Sicht die beschriebenen Aufgaben der Portfoliostrategie.

Die Arbeitsgebiete sind rechtlich selbstständige Teilkonzerne. Sie besitzen die volle weltweite Geschäftsverantwortung im Rahmen der Ziele, Strategien und Richtlinien, die vom Konzernvorstand vorgegeben sind. Um diese Verantwortung wahrnehmen zu können, verfügen sie über alle erforderlichen operativen Funktionen und grundsätzlich auch Servicefunktionen.

4.2 Spezielle Aspekte der Implementierung

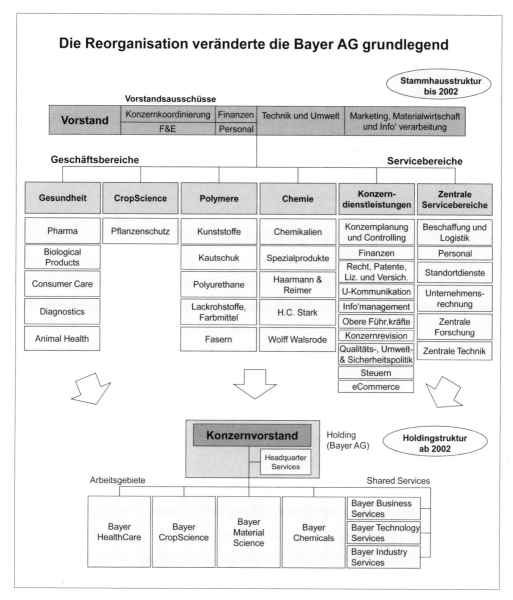

Abb. 194: Reorganisation der Bayer AG in 2002 (Becker, 2010; Metelmann/Neuwirth, 2002; kombiniert)

Diejenigen Servicefunktionen, die aus Effizienzgründen gebündelt erbracht werden sollen, wurden nach dem Shared-Service-Konzept zusammengefasst. Hieraus entstanden drei Servicegesellschaften: Bayer Business Services GmbH (betriebswirtschaftliche und administrative Dienstleistungen), Bayer Technology Services GmbH (ingenieurtechnische und technologische Dienstleistungen) und die Bayer Industry Services GmbH (standortbezogene Dienstleistungen).

Kennzeichnend für die nachfolgende Entwicklung von Bayer waren weitreichende Portfolioveränderungen des Konzernvorstandes unter dem Aspekt der Wertsteigerung. So wurde u. a. die Chemicals-Sparte nachfolgend an die Börse gebracht und mit dem Kauf von Schering die HealthCare-Sparte mit der größten Akquisition der Bayer-Geschichte deutlich verstärkt.

4.2.4 Flankierende Führungssysteme

Das Zuordnen von strategiebezogenen Aufgaben, Entscheidungsbefugnissen und Verantwortlichkeiten sollte durch flankierende **Führungssysteme** unterstützt werden. Im Speziellen betrifft dies das **Zielvereinbarungs- bzw. Incentivesystem** des Unternehmens. Das Zielvereinbarungssystem ist konsistent mit dem Performance-Measurement-System abzustimmen, um die Voraussetzungen für ein gewünschtes Handeln zu schaffen. Zielvereinbarungssysteme richten durch entsprechende Anreizelemente das Handeln auf strategiekonforme und wertschöpfende Aktivitäten im Sinne des Gesamtunternehmens aus (vgl. Preen et al., 2008, S. 184 ff.).

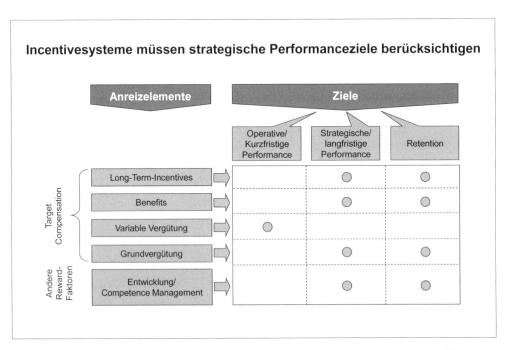

Abb. 195: *Vergütungssystem als integrativer Bestandteil des Performance Managements (Preen et al., 2008, S. 176; leicht modifiziert)*

Wie Abb. 195 veranschaulicht, sind in einem ganzheitlichen System unterschiedliche Vergütungs- bzw. Anreizelemente zu kombinieren. Auch hier gilt, dass die Klarheit der Ziele entscheidend für die Wirksamkeit ist: „Die mit dem Zielvereinbarungsprozess verbundene notwendige und gewünschte Kommunikation führt zu einer verstärkten Koordination der Verbesserungsaktivitäten in der Organisation. Unbedingte Voraussetzung hierfür ist Klarheit über die Strategie und die wesentlichen unternehmerischen Zielsetzungen bei Führungskräften und Mitarbeitern." (Preen et al., 2008, S. 185).

Die strategieorientierte Gestaltung von Zielvereinbarungs- bzw. Incentivesystemen erfordert eine enge Zusammenarbeit zwischen den Trägern des strategischen Controllings und der Personalorganisation des Unternehmens. Das Übersetzen strategischer Ziele in quantifizierte Perioden-Messgrößen und das nachfolgende Verifizieren der Ist-Größen als Grundlage für die Beurteilung und Vergütung von Führungskräften stellt eine besondere Herausforderung dar, die in ihrer Sensitivität nicht zu unterschätzen ist (vgl. zu weiteren Problemfeldern strategischer Anreizsysteme Bamberger/Wrona, 2004, S. 277).

In diesem Bereich zeigt sich eine bislang noch kaum beachtete zusätzliche Rolle für das strategische Controlling: Aufgrund der (relativen) Unabhängigkeit und der fachlichen Qualifikation bietet sich eine entsprechende Prozessunterstützung unmittelbar an. Während die Personalorganisation das betreffende System beisteuert, wird ein maßgeblicher Teil des Inhalts, bis hin zu den Metriken, durch die Träger des strategischen Controllings erbracht. Das Definieren bzw. Vorschlagen von Soll-Werten zu Periodenbeginn und der Abgleich mit Ist-Werten am Periodenende dienen auch hier der Unterstützung der Unternehmensleitung. Diese Aufgabe muss im Sinne einer faktenbasierten und vertrauensvollen Zusammenarbeit in offener Kommunikation mit den verantwortlichen Führungskräften erfüllt werden.

Fallbeispiel Incentivesystem: AUDI AG

Im Dezember 2009 kündigte der VW-Konzern an, dass das Incentivesystem für den Vorstand umgestellt werden soll. Insbesondere wurde die stärkere Strategieorientierung betont. Für die Tochtergesellschaft AUDI AG wird dieses neue System ebenfalls auf Vorstandsebene eingeführt. Details dazu wurden im Zusammenhang mit der Hauptversammlung 2010 der AUDI AG veröffentlicht.

Die variable Vergütung besteht danach aus einem Bonus sowie ab 2010 einem Long Term Incentive (LTI): „Die Höhe des LTI ist für AUDI als eine Marke innerhalb des Volkswagen Konzerns abhängig vom Erreichen der Ziele der Strategie 2018 des Volkswagen-Konzerns." (Audi, 2010).

Die Zielfelder umfassen

- *Top-Kundenzufriedenheit,*
- *Top-Arbeitgeber,*
- *Absatzsteigerung,*
- *Steigerung der Rendite.*

Die Kundenzufriedenheit wird über einen Kundenzufriedenheitsindex gemessen. In ihn gehen über Indikatoren die Zufriedenheit mit den ausliefernden Händlern, den Neufahrzeugen sowie den Werkstattbesuchen ein.

Für das Zielfeld Top-Arbeitgeber wird ein Mitarbeiterindex ermittelt, in den neben Indikatoren für Beschäftigung und Produktivität auch die Resultate und die Beteiligungsquote hinsichtlich Mitarbeiterbefragungen eingehen.

Das Ziel der Absatzsteigerung wird als Wachstumsindex über die Auslieferungen an Kunden sowie die Entwicklung des Marktanteils gemessen.

Die ermittelten Indices zu Kundenzufriedenheit, Mitarbeiter und Wachstum werden addiert und anschließend mit dem Renditeindex multipliziert. Der Renditeindex resultiert aus der Entwicklung der Umsatzrendite. Damit wird sichergestellt, dass der Long Term Incentive nur ausgezahlt wird, wenn eine bestimmte Umsatzrendite mindestens erreicht wird. Diese Renditeschwelle liegt für den Volkswagen Konzern bei 1,5 %: „Wird diese Mindestschwelle unterschritten, kommt der LTI nicht zur Auszahlung." (Audi, 2010).

4.2.5 Einsatz von Projektmanagement und Fachdisziplinen

Für das Implementieren von strategischen Entscheidungen kann das Konzept des Projektmanagements eingesetzt werden. Das **Realisieren von strategischen Vorhaben** besitzt in der Mehrzahl der Fälle die **Charakteristik eines Projektes**, da es die zentralen Merkmale aufweist:

- Inhaltliche und monetäre Zielorientierung,
- zeitliche Begrenzung,
- hohe Komplexität (z. B. Anzahl involvierter Organisationseinheiten),
- geringer Wiederholcharakter.

Der besondere **Vorteil von Projektmanagement** liegt in der speziellen Zielorientierung unter Einbeziehen von Zeitzielen. Damit besteht die Möglichkeit, das Dilemma der „Zeitschere", also das Auseinanderdriften von erforderlicher Zeit und verfügbarer Zeit für Veränderungen, wirkungsvoll zu adressieren (vgl. hierzu Alter, 2009). Kein anderer Managementprozess besitzt für die Handhabung komplexer, multifunktionaler und zeitkritischer Vorhaben eine vergleichbare Prozessprofessionalität. Getragen von der **International Project Management Association (IPMA)** bzw. vom **Project Management Institute (PMI)** wird umfassendes, systematisches Know-how für Projektmanagement in einer Kompetenzbasis bereitgestellt. Es handelt sich um die International Competence Base Line der IPMA mit nationalen Ausprägungen sowie den Project Management Body of Knowledge des PMI, die heute weltweit bei der systematischen Qualifizierung von Projektmanagern eingesetzt werden (vgl. zu Kompetenzbasis und Qualifikation IPMA, 2009; Project Management Institute, 2008; Litke, 2008 sowie zum Projektmanagement Bea/Scheurer/Hesselmann, 2008; GPM Deutsche Gesellschaft für Projektmanagement, 2008; Jenny, 2009; Köster, 2010; Kuster et al., 2008).

Gemeinsam ist allen Ansätzen zum Projektmanagement, unabhängig davon, ob sie sich stärker an IPMA oder PMI orientieren, dass das Erreichen der spezifischen Projektziele im Vordergrund steht: Das Projekt soll seine inhaltlichen Vorgaben unter Einhaltung des Zeit- und des Ergebnis- bzw. Kostenzieles erfüllen. Projektmanagement ist letztlich **der** Management-Ansatz, der das Zeitziel und dessen Interdependenzen zu anderen Zielen mit in das Zentrum stellt. Dieses Ausrichten am Engpassfaktor Zeit besitzt unter dem beschriebenen Aspekt der Zeitschere eine spezielle Bedeutung (siehe Kap. 2.4).

Die Aufbauorganisation eines Projektes ist in ihrer Grundstruktur durch drei hierarchisch gestufte Ebenen gekennzeichnet. Den Ebenen entspricht jeweils eine spezifische Organisationseinheit mit differenzierten Aufgaben, Kompetenzen und Verantwortlichkeiten:

1. **Project Steering Committee (Lenkungsausschuss):** Die oberste Ebene der Projektorganisation, auf der die Grundsatzentscheidungen zu dem Projekt getroffen werden. Entsprechend ist auf dieser Ebene der Project Owner/Project Sponsor vertreten. Es handelt sich um die Person, Personengruppe oder Institution, die das Projekt in Auftrag gegeben hat.

2. **Project Management:** Die Ebene des Projektmanagers, der die operative Managementaufgabe in dem Projekt erfüllt. Diese besteht darin, die Projektziele bzw. Vorgaben des Project Steering Committees zu erfüllen.

3. **Project Team:** Umfasst die Personen, die zur Durchführung des Projektes erforderlich sind. Diese Personen können dem Projektmanager je nach Art der formalisierten Projektorganisation fachlich und disziplinarisch oder nur fachlich zugeordnet sein.

Innerhalb der Projektorganisation muss das Top-Management sichtbar und erfahrbar vertreten sein. Im Idealfall übernimmt ein Mitglied des Top-Managements den **persönlichen Vorsitz des Steering Committees**, also dem Gremium, in dem die Grundsatzentscheidungen zu dem Vorhaben getroffen werden. Denkbar ist aber auch, dass zusätzlich die offizielle Funktion eines „**Project Sponsors**" eingeführt wird. Persönliche Sichtbarkeit im Projekt ist die Grundvoraussetzung für wahrgenommenes Top-Management-Commitment: „Mitglieder des Topmanagements (Executive Committee) übernehmen in der Rolle des ‚Sponsors' Verantwortung für Umsetzungsaufgaben. Die Projektverantwortlichen werden mit Problemen und Konflikten nicht allein gelassen, das Sponsorship-Modell stellt sicher, dass alle grundsätzlichen Rahmenbedingungen (z. B. Ressourcen, Prioritäten etc.) für die Umsetzungsarbeit erfüllt sind." (Hunziker/Hügel, 2007, S. 17 f.).

In beiden Varianten wird bei entsprechend hoher hierarchischer Nominierung ein klares Signal an die Organisation gesandt. Die Person, die als Machtpromotor agieren wird, ist offiziell benannt und das Projekt im Unternehmen positioniert. Die Projektmitarbeiter wissen ab diesem Zeitpunkt, wer ihnen ein „**Unterstützungsversprechen**" gegeben hat; das Umfeld des Projektes erhält ein zentrales Signal, was die Bedeutung des Vorhabens betrifft. Die Variante eines offiziellen „Project Sponsors" ist vor allem dann hilfreich, wenn der betreffende Promotor nicht durchgängig an den Sitzungen des Steering Committees teilnehmen kann. Wichtig und unerlässlich bleibt, dass die betreffende Führungskraft im weiteren Projektverlauf durch entsprechende Handlungen (einschließlich flankierender Kommunikation) das Vorhaben erkennbar unterstützt.

Abb. 196 zeigt die Grundstruktur der Projektorganisation, die bei SAP im Zusammenhang mit der Einführung von Shared Services genutzt wurde. Durch die Position eines hochrangigen Project Sponsors wurde die entsprechende Botschaft hinsichtlich der Bedeutung des Vorhabens kommuniziert.

Abb. 196: Projektorganisation eines Shared Service Projektes: SAP (Neukirchen/Vollmer, 2008, S. 415; modifiziert)

Einen typischen Anwendungsbereich für das Implementieren von Strategien mit Hilfe von Projektmanagement bilden M&A-Vorhaben. Der Einsatz von Projektmanagement wird dabei durch das Interesse an einer schnellen Durchführung der M&A-Transaktion und der nachfolgenden Integration begünstigt (siehe zu den Phasen eines M&A-Projektes auch Kap. 3.6.2). Zu den großen Akquisitionen eines DAX-Konzerns gehörte der Erwerb der Schering AG durch die Bayer AG. Das Transaktionsvolumen belief sich auf ca. 17 Mrd. €. Für die nachfolgende Integration wurde eine umfassende Projektorganisation installiert (vgl. Moscho et al., 2010).

Wie Abb. 197 zeigt, wurden in der Projektorganisation neben dem globalen Projekt Management Office (PMO) auch regionale PMOs installiert. In der Projektorganisation waren unterschiedlichste inhaltliche Dimensionen zu berücksichtigen. Neben primären Unternehmensprozessen, wie z. B. F&E oder Vertrieb, war eine Vielzahl von sekundären Prozessen einzubeziehen. Die Projektorganisation veranschaulicht die **Vielfalt der Fachdisziplinen**, die in einem strategischen Projekt erforderlich sein können. Neben spezieller Unterstützung im Bereich „harter" Faktoren, wie u. a. in gesellschafts- und arbeitsrechtlichen Fragen, wurden hier auch „weiche" Faktoren berücksichtigt. Ebenso wie im vorangegangenen Beispiel der Shared-Service-Center wurde bezeichnenderweise das Aufgabenfeld Kommunikation separat positioniert.

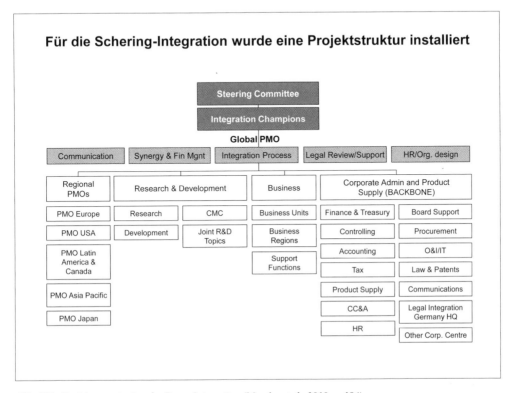

Abb. 197: Projektorganisation der Bayer-Integration (Moscho et al., 2010, p. 184)

Kommunikation stellt einen der oftmals unterschätzten Erfolgsfaktoren in Veränderungsprozessen dar. So wird Kommunikation auch in Gerkhardts Modell der Erfolgsfaktoren als eigener Punkt aufgeführt: "It is important to communicate in good time, on a broad level, and in an open, clear and lively manner. 'In good time' means that communication should begin as early as possible to prevent possible rumours and uncertainties surfacing. 'On a broad level' means that all target groups affected must be included in communication. 'Open' means that fair communication also involves truthfully passing on bad news. 'Clear' communication means using the language of the people affected to encourage conversations on equal terms and create confidence." (Gerkhardt/Frey/Fischer, 2008, p. 21).

Im Falle der Schering-Integration erfolgte u. a. der Einsatz des „Index interne Kommunikation®". Mit ihm wurden Leistung und Wirkung der internen Kommunikation auf Basis von Metriken erfasst, und zwar speziell hinsichtlich Wissen, Akzeptanz und Nutzung. Hierauf basierend konnte die Kommunikation nachfolgend optimiert werden (vgl. ICOM, 2010).

Der besondere Stellenwert von Kommunikation im Kontext der Strategieumsetzung wird auch im Praxisbeispiel in Kap. 5.3 veranschaulicht.

4.2.6 Operative Maßnahmenplanung

Die vorherigen Themenfelder – vom Management-Commitment über Ziele, Personen, Organisation, Performance-Systeme bis hin zu Projektmanagement und Fachdisziplinen – schaffen positive Voraussetzungen für das Implementieren der Strategie. Für das eigentliche Realisieren ist eine entsprechende **detaillierte Maßnahmenplanung und nachfolgende Kontrolle** erforderlich. Es gilt hier sprichwörtlich „den Elefanten in Scheiben zu essen".

Auch hier verfügt der Projektmanagement-Ansatz über erprobte Instrumente. Ausgehend von den Zielen ist ein entsprechender **Projektstrukturplan** zu erstellen. Dieser umfasst alle Inhalte nach funktionaler, prozessualer oder kombinierter Struktur. Ausgehend von den Arbeitspaketen des Projektstrukturplans kann die **detaillierte Planung der Aktivitäten** sowie die **Gesamtterminplanung** erfolgen (siehe dazu die Literaturhinweise zum Projektmanagement in Kap. 4.2.5).

Je nach Art des strategischen Gegenstandes wird der Einsatz des Projektmanagements und der Maßnahmenplanung **in unterschiedlichem Umfang** erfolgen. Umfasst die Strategie zum Beispiel die Erschließung eines neuen Marktes, so bestehen erhebliche Unterschiede, ob dies mit vorhandenen oder speziell für diesen Markt neu entwickelten Produkten erfolgen soll. Soweit vorhandene Produkte genutzt werden, konzentriert sich die Maßnahmenplanung im Wesentlichen auf Marketing und Vertrieb. Soll der Markt allerdings mit neuen Produkten und zudem aus einer noch aufzubauenden Fertigung erschlossen werden, erhöht sich die Komplexität deutlich. Die Notwendigkeit für einen umfassenden Einsatz von Projektmanagement mit entsprechender detaillierter Maßnahmenplanung ist offensichtlich: Es ist zu gewährleisten, dass die verschiedenen Marketing-, Entwicklungs- und Produktionsaktivitäten optimal aufeinander abgestimmt sind. So ist sicherzustellen, dass der Vertrieb zum Zieltermin über die entsprechenden Produkte aus der Fabrik verfügen kann und seinerseits genügend Kundenaufträge akquiriert hat. Hierzu benötigt die Entwicklung im Vorfeld detaillierte Angaben zu den Marktanforderungen und den Stückzahlen sowie Zielkosten. Diese Informationen sind die Voraussetzung, um ein marktgerechtes Produkt zu entwickeln und es zu wettbewerbsfähigen Kosten herzustellen. So hat das Produktdesign unmittelbare Auswirkungen auf die Planung der Produktionsprozesse und damit das Layout der neuen Fabrik und ihrer maschinellen Ausrüstungen.

Speziell bei strategischen Vorhaben mit Fokus auf Kostensenkung und/oder Umsatzsteigerung hat sich für die Maßnahmenplanung und -kontrolle die **Härtegradsystematik** bewährt. Ausgangspunkt bei Projekten zur Kostensenkung bildet häufig ein Benchmarking-Projekt, in dem eine Kostenlücke zu einem Wettbewerber ermittelt wurde (siehe Kap. 3.4.10). Im Weiteren gilt es durch geeignete Maßnahmen die identifizierte Lücke nachhaltig zu schließen. Durch die Härtegradsystematik wird es möglich, das Gesamtziel, d. h. das Schließen der Lücke, in die erforderlichen Einzelmaßnahmen herunterzubrechen und dynamisch zu verfolgen.

4.2 Spezielle Aspekte der Implementierung

Die Systematik beschreibt dazu **fünf Härtegrade**, auch als „Degree of Implementation" bezeichnet (vgl. Rathnow, 2010, S. 259 f. sowie Abb. 198). Die Härtegrade sind durch zunehmendes Konkretisieren bis hin zum Erreichen der Ergebniswirksamkeit gekennzeichnet:

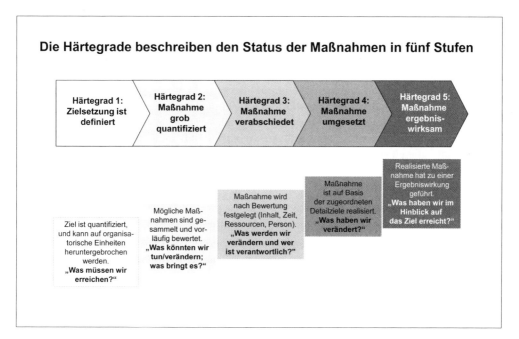

Abb. 198: Systematik der Härtegrade

Härtegrad 1: Die Zielsetzung ist definiert.
Das Problem ist als solches quantifiziert und kann einzelnen organisatorischen Einheiten zugeordnet werden. Das Aufspalten des Gesamtziels auf einzelne Einheiten ermöglicht ein dezentrales Erarbeiten der erforderlichen Maßnahmen.

Härtegrad 2: Mögliche Maßnahmen sind gesammelt und grob quantifiziert.
Es erfolgt ein Sammeln von möglichen Maßnahmen mit Abschätzen des Potenzials. Da nicht alle Maßnahmen im Weiteren zum gewünschten Erfolg führen, sollten mehr als 100 % des Zielwertes im Härtegrad 2 erarbeitet werden. Aktuell nicht weiter verfolgte Ideen werden in einem „Ideenspeicher" gesammelt.

Härtegrad 3: Die ausgewählten Maßnahmen sind verabschiedet.
Die Vorschläge im Härtegrad 2 werden einer Beurteilung unterzogen und hierzu gegebenenfalls noch weiter detailliert. Im Falle einer positiven Bewertung erfolgt die detaillierte Festlegung der Maßnahme hinsichtlich des sachlichen Inhaltes, des Umsetzungstermins, der monetären Wirkungen und insbesondere des Umsetzungsverantwortlichen. Ebenfalls definiert wird ein mögliches Budget, das zur Umsetzung erforderlich ist. Denn oftmals wird bei Projekten zur Kostenreduktion eine ungeliebte Erfahrung verdrängt: „Sparen kostet (anfangs) Geld!"

Härtegrad 4: Die Maßnahme ist umgesetzt.
Die betreffende Aktivität wurde durch den Umsetzungsverantwortlichen realisiert. Im Falle einer produktbezogenen Kostensenkung kann es sich z. B. um eine Design-to-Cost-Maßnahme handeln, die im Entwicklungsbereich durchgeführt wurde.

Härtegrad 5: Die Maßnahme ist ergebniswirksam.
Als Resultat der umgesetzten Maßnahme tritt die erwünschte Ergebniswirkung ein. Das Differenzieren zwischen der Umsetzung und der Ergebniswirkung ist erforderlich, da diese oftmals auseinanderfallen. So schafft das angeführte Design-to-Cost die Voraussetzungen für eine Kostensenkung. Die Ergebniswirkung tritt aber erst ein, wenn das Produkt entsprechend produziert und an Kunden verkauft wurde. Der Zeitpunkt der Ergebniswirksamkeit hängt von der jeweiligen Zielgröße ab. Im Falle einer klassischen Wachstumsstrategie werden typischerweise Umsatz- und Ergebnisgrößen, wie z. B. EBIT, im Vordergrund stehen. Dagegen steht im Falle einer Restrukturierungsstrategie vor allem die Liquiditätswirksamkeit von Maßnahmen im Vordergrund.

Die Härtegradsystematik zeichnet sich im Speziellen dadurch aus, dass der **Fortschritt in der Zielerreichung** differenziert betrachtet werden kann. Durch kontinuierliche Erhöhung des sogenannten „Füllstandes" über die Härtegrade wird das Vorhaben schrittweise realisiert. Die Analyse in den einzelnen Stufen ermöglicht eine hohe Transparenz im Hinblick auf den Status des Vorhabens. Zum einen ist das gezielte **Betrachten von Einzelmaßnahmen** möglich (z. B. „In welchem Status befindet sich die Design-to-Cost-Maßnahme?"). Aus der Analyse der Rückmeldungen können bei Bedarf dann einzelne operative Anpassungsmaßnahmen abgeleitet werden. Zum anderen kann das Vorhaben in seinem **Gesamtstatus nach Härtegraden** betrachtet werden (z. B. „Wie viel Prozent des Gesamtzieles wurde bereits im Härtegrad 5 erreicht?"). Die Kontrolle im Hinblick auf den Gesamtstatus bildet dabei schon einen Teilbereich der strategischen Kontrolle, und zwar den der Implementierungskontrolle (siehe hierzu Kap. 5.2.3).

Als Beispiel für die detaillierte Maßnahmenplanung im Kontext einer Strategie kann die Sanierung von ABB angeführt werden. Hierzu wurde von Jürgen Dormann und seinem Team ein umfassendes Kostensenkungsprogramm implementiert und in das Unternehmen hinein getragen, was letztlich das Überleben von ABB sicherte: "Insgesamt beschlossen sie 1.400 verschiedene Maßnahmen, die jeweils ein durchschnittliches Einsparpotential von 500.000 bis eine Million Dollar hatten. Parallel dazu konnte Dormanns Team durch ein spezielles Instrument zum Project-Controlling die Fortschritte bei der Umsetzung jeder einzelnen Maßnahme verfolgen. Absolute Transparenz gegenüber den Mitarbeitern war dabei oberstes Prinzip. Alle Mitarbeiter konnten sich zu jeder Zeit und während des gesamten Prozesses via Intranet und durch Telefonkonferenzen mit dem Projektverantwortlichen persönlich über die Fortschritte und Probleme informieren und ihre individuellen Fragen klären." (Jenewein/ Morhart, 2007, S. 27).

Eine möglichst klare Formulierung der Maßnahmen im Sinne der Aufgaben, das Festlegen der Befugnisse und das der Verantwortlichkeiten schaffen positive Rahmenbedingungen für ein zielgerichtetes Umsetzen der Strategie. Die Abb. 199 zeigt unter diesem Aspekt die Prinzipdarstellung eines Maßnahmenblattes. Dieses kann auch mit der beschriebenen Härtegradsystematik kombiniert werden.

4.2 Spezielle Aspekte der Implementierung

Ein Maßnahmenblatt definiert Aufgabe, Kompetenz und Verantwortung

Maßnahmenblatt

Betr.:	Programm Growth 2015	**Teilprojekt:**	Markterschließung Land Y
		Produktgruppe:	II
Aufgabe:	\multicolumn{3}{l	}{Aufbau eines Vertriebsnetzes und Erreichen eines Umsatzes von 5 Mio. € in 2014 und 20 Mio. € in 2015 mit einer EBIT-Marge von 5 % in 2013 und 15 % in 2014 (Stammhausanteil und ausländischer Anteil).}
Befugnisse:	\multicolumn{3}{l	}{Führung aller Vertriebsmitarbeiter der Abteilung y im Stammhaus sowie aller Mitarbeiter der neu aufzubauenden Vertriebseinheit im Land Y. Umfassendes Informationsrecht im Hinblick auf alle Belange, die die Produktgruppe II betreffen.}
Budget:	\multicolumn{3}{l	}{2013: 1,0 Mio. €; 2014: 2,0 Mio. €; 2015: 2,5 Mio. € (zusätzliche Kosten, d. h. Personal-, Sach- und Dienstleistungskosten, gegenüber 2012)}
Verantwortlich für die Zielerreichung:		Herr/Frau	
Bericht:	Quartalsweise	**An:** Lenkungsausschuss „2015"	

Abb. 199: Beispiel eines Maßnahmenblattes

Fallbeispiel Strategieimplementierung: Volvo

Die Volvo-Gruppe gehört zu den weltweit führenden Herstellern von Lastkraftwagen, Bussen, Baumaschinen sowie Marine- und Industriemotoren. Mit 115.000 Beschäftigten und Fabriken in 18 Ländern erzielte das Unternehmen 2012 einen weltweiten Umsatz von 304 Mrd. Schwedischen Kronen (SEK).

In 2012 wurde eine umfassende Neuformulierung der Strategie durchgeführt. Abgeleitet aus Focus Areas und Strategic Objectives wurden nach Aussage des Unternehmens insgesamt mehr als 400 Activity Plans erarbeitet, die sich in der Umsetzung befinden (siehe Abb. 200). Für das Unternehmen steht somit jetzt die Strategieimplementierung im Mittelpunkt:

"2012 was the year when we laid a new foundation for the Group, and 2013 is the year when we are to start executing on our strategic objectives for 2015, which are clearly aimed at improving the Group's overall profitability. We have full focus on our strategy, and road maps have been developed for each of the 20 strategic objectives. The road maps have been further detailed and broken down into over 400 main activities that will be executed in order to improve profitability." (Volvo, 2013c, p. 2).

Die Key Focus Areas, die dabei den Ausgangspunkt bilden, sind:

1. *Secure number 1 or 2 in profitability,*
2. *Strengthen customer business partnership,*
3. *Capture profitable growth opportunities,*
4. *Innovate energy-efficient transport and infrastructure solutions,*
5. *Build high performing global teams.*

Die Vielschichtigkeit der Focus Areas verdeutlicht die Herausforderungen, die mit dem Ableiten zunehmend konkreterer Unterziele und letztlich von Aktivitätsplänen verbunden sind. Zugleich signalisiert das Unternehmen, dass es diese Herausforderungen offensiv angehen will. So soll die Umsetzung und deren Geschwindigkeit durch monatliche Sitzungen des Managementteams abgesichert werden.

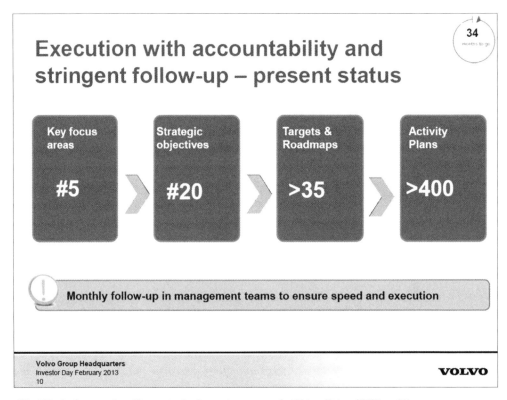

Abb. 200: Stufenweise Detaillierung in der Strategieumsetzung bei Volvo (Volvo, 2013b, p. 10)

Zusammenfassung

- Strategieentwicklung und Strategieimplementierung unterscheiden sich in prinzipieller Hinsicht. In die Strategieentwicklung ist eine relativ kleine Gruppe von Personen involviert; der Prozess besitzt vorwiegend analytischen Charakter. Die Umsetzung erfordert dagegen im Regelfall die Koordination einer großen Anzahl von Personen. Die Strategieimplementierung stellt ihrem Wesen nach einen operativen Vorgang dar.

- Das Implementieren von Strategien kann als ein Change-Management-Prozess verstanden werden. Wandlungsbedarf, Wandlungsbereitschaft und Wandlungsfähigkeit („3W-Modell") stecken den Rahmen des Prozesses ab.

- Top-Management-Commitment und Vertrauen bilden die Grundlage für alle Aktivitäten der Strategieimplementierung.

- Mit klaren und dokumentierten Zielen wird die notwendige inhaltliche Orientierung für die handelnden Personen geschaffen. Zugleich bilden diese Ziele die Grundlage einer späteren Implementierungskontrolle.

- Durch strategiegerechte Personen und eine strategiegerechte Organisation werden zentrale Voraussetzungen zur Erreichung der Ziele geschaffen. Führungssysteme, wie insbesondere Incentivesysteme, besitzen einen flankierenden Charakter und sind konsistent mit den definierten Zielen auszugestalten.

- Durch den Einsatz von Projektmanagement und Fachdisziplinen sowie eine detaillierte Maßnahmenplanung kann die Strategieimplementierung professionell abgesichert werden.

Die strategische Kontrolle:
„Sind wir auf dem richtigen Weg und wie kommen wir voran?"

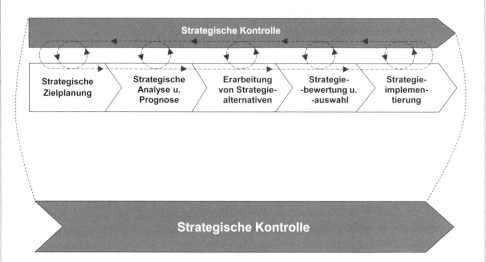

- **Gegenstand der Phase:**
  Prozessbegleitende Überwachung mit unterschiedlichen Schwerpunkten:
  - Strategieprämissen
  - Strategiekonsistenz
  - Strategieumsetzung
  Im weiteren Sinne auch Kontrolle der strategischen Potenziale

- **Aufgabe des strategischen Controllings:**
  Übernahme der prozessbegleitenden Kontrollfunktion im Sinne einer Führungsunterstützungsfunktion; Initiieren notwendiger Anpassungen über das Top-Management („Eskalation")

- **Output der Phase:**
  Identifikation von Abweichungen und deren Ursachen;
  Vorschläge für eventuell erforderliche Maßnahmen

Abb. 201: Strategische Kontrolle im strategischen Managementprozess

5 Strategisches Controlling in der Phase der strategischen Kontrolle

„**Sind wir auf dem richtigen Weg und wie kommen wir voran?**", diese Frage ist Gegenstand der strategischen Kontrolle. Eine Frage, die den Gesamtprozess von der strategischen Zielplanung bis zur Strategieimplementierung begleitet, wie Abb. 201 veranschaulicht.

Das Kapitel 5 adressiert u. a. die folgenden Aspekte:

- Was sind die Besonderheiten der strategischen Kontrolle? Wodurch unterscheidet sie sich von der konventionellen Soll-/Ist-Kontrolle?
- In welche Teilbereiche untergliedert sich die strategische Kontrolle?
- Worin liegt die besondere Bedeutung der Prämissenkontrolle? Was sind typische externe und interne Prämissen?
- Welche Zielsetzung wird mit der Konsistenzkontrolle verfolgt?
- Was sind Instrumente, die für die Implementierungskontrolle eingesetzt werden können?

5.1 Grundsätzliches zur strategischen Kontrolle

Die Gestaltung und Durchführung der strategischen Kontrolle kann zu den Kernaufgaben des strategischen Controllings gezählt werden. Die Informationen aus der strategischen Kontrolle bilden einen zentralen Input für die Entscheidungsträger des strategischen Managements.

Kontrolle bildet sowohl im strategischen wie auch im operativen Bereich einen integralen Bestandteil des Führungsprozesses. Wesensmerkmal der Kontrolle ist das Gegenüberstellen einer Sollgröße und einer Vergleichsgröße: „**Kontrolle** ist ein systematischer Prozess zur Ermittlung von Abweichungen zwischen Plangrößen und Vergleichsgrößen." (Bea/Haas, 2013, S. 238). Die Resultate der Abweichungsanalyse können dabei nach dem Regelkreisprinzip wiederum neue Führungsprozesse initiieren. In Abhängigkeit von Soll- und Vergleichsgrößen können verschiedene Kontrollformen unterschieden werden (vgl. Bea/Haas, 2013, S. 238 f.):

Ergebniskontrolle (Soll-Ist-Vergleich): Soll-Ist-Vergleiche stellen die klassische Form der Kontrolle dar. Die Zielgröße (Soll) wird mit der tatsächlich erreichten Größe (Ist) verglichen, z. B. die geplante Fertigstellung einer neuen Fabrik vs. die tatsächliche Fertigstellung. Als nachträgliche Gegenüberstellung bietet diese Kontrollform keine Möglichkeit, noch auf die Zielerreichung einzuwirken. Das erreichte Resultat muss als solches akzeptiert werden.

Planfortschrittskontrolle (Soll-Wird-Vergleich): Die Zielgröße (Soll) wird mit dem voraussichtlich eintretenden Wert verglichen, der die Wird-Größe darstellt. Für den Vergleich werden i. d. R. Zwischenziele definiert und über deren Erreichen oder Nicht-Erreichen eine Aussage zu dem Wird abgeleitet. Im Falle eines Fabrikprojektes könnte z. B. nach der Hälfte der geplanten Bauzeit ein Terminverzug von drei Monaten eingetreten sein. Bei einer identischen weiteren Entwicklung würde sich daraus ein Gesamtverzug von sechs Monaten als Wird-Größe gegenüber dem Soll-Termin ergeben. Durch ein frühzeitiges Erkennen besteht jedoch noch die Möglichkeit, gezielte Gegenmaßnahmen zu ergreifen.

Prämissenkontrolle (Wird-Ist-Vergleich): In dieser Kontrollform tritt an die Stelle der Soll-Größe eine Wird-Größe. Es handelt sich um die Prämissen (Wird), die einer Planung zugrunde liegen. Diese werden mit dem aktuellen Status der Prämissen verglichen, um die Gültigkeit der Annahmen zu überprüfen.

Die verschiedenen Kontrollformen besitzen eine unterschiedliche Bedeutung für den operativen und den strategischen Bereich. Die **operative Kontrolle** konzentriert sich vorrangig auf den Soll-Ist- und den Soll-Wird-Vergleich im Zusammenhang von kurz- bis mittelfristigen Größen. Die operative Kontrolle ist zumeist stark auf das Unternehmensbudget ausgerichtet. Damit stehen monetäre Größen und direkt beeinflussende Mengen- und Zeitgrößen (z. B. produzierte Produkteinheiten, Anzahl der Fertigungsstunden) im Mittelpunkt.

Für die **strategische Kontrolle** ist ein vergangenheitsorientiertes Betrachten von Abweichungen von geringem Nutzen. Ein derartiges „feed back" gibt den Entscheidungsträgern keine Möglichkeit mehr zu einem korrektiven Eingreifen. „Die **Kontrolle strategischer Planungen** muss daher primär **zukunftsorientiert, vorkoppelnd** („feed forward") ausgerichtet sein und **parallel zu den Planungs- und Realisationsprozessen** – nicht erst nach deren Abschluss – erfolgen." (Hahn, 2006e, S. 452).

Als Bereiche der strategischen Kontrolle sollen im Weiteren

- Prämissenkontrolle,
- Konsistenzkontrolle und
- Implementierungskontrolle

verstanden werden, die Gegenstand der nachfolgenden Kapitel sind.

Wie Abb. 202 veranschaulicht, liegen die Schwerpunkte der drei Kontrollformen unterschiedlich über den Strategieprozess verteilt. Vielfach werden in der Unternehmenspraxis die entsprechenden strategischen Kontrollen dabei nicht als solche explizit benannt, sondern implizit in den strategischen Gesamtprozess integriert (vgl. Becker/Piser, 2003a, b).

5.1 Grundsätzliches zur strategischen Kontrolle

Speziell von Bea/Haas wird die **Kontrolle der strategischen Potenziale** als zusätzliches Element der strategischen Kontrolle betont (vgl. Bea/Haas, 2013, S. 247 ff.). Der Notwendigkeit zu einem Überwachen der Zukunftsfähigkeit strategischer Potenziale ist voll zuzustimmen, allerdings wird sie im vorliegenden Konzept des strategischen Controllings aus inhaltlich-begrifflicher Sicht der Strategieentwicklung zugeordnet. So kann z. B. die SWOT-Analyse auch als ein Instrument der Kontrolle strategischer Potenziale interpretiert werden. Die gleiche Sichtweise soll für die von Schreyögg/Steinmann postulierte **„Strategische Überwachung"** zugrunde gelegt werden. Es handelt sich um die globale, ungerichtete Kontrolle von Umwelt und Unternehmung, für die z. B. die beschriebenen Frühwarnsysteme der 3. Generation zum Einsatz gelangen können (vgl. Steinmann/Schreyögg, 2005, S. 279 ff.; Baum/Coenenberg/Günther, 2007, S. 320 ff.).

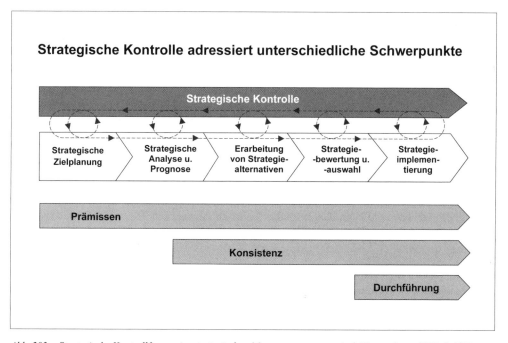

Abb. 202: Strategische Kontrollformen im strategischen Managementprozess (vgl. Hungenberg, 2011, S. 393)

Die strategische Kontrolle gewinnt unter den zunehmenden Anforderungen an das Risikomanagement eines Unternehmens ebenfalls steigende Bedeutung. So konstatieren Dierkes et al.: „Die strategische Kontrolle stellt ein wesentliches Element des Risikomanagements dar, weil sich für ein Unternehmen bestandsgefährdende Risiken insbesondere dann ergeben, wenn die in der strategischen Planung angestrebten Wettbewerbsvorteile nicht erreicht werden." (Dierkes et al., 2004, S. 38).

5.2 Spezielle Bereiche der strategischen Kontrolle

5.2.1 Prämissenkontrolle

Die **Prämissenkontrolle** stellt eine **Wird-/Ist-Kontrolle** dar. Sie dient dem kontinuierlichen Abgleich der Ausgangsannahmen, den Wird-Größen, mit den tatsächlich eingetretenen Ist-Größen (vgl. hierzu Hahn, 2006e, S. 454 ff.). Strategische Vorhaben sind oftmals durch lange Zeiträume in der Strategieentwicklung und der nachfolgenden Implementierung gekennzeichnet. Während dieses Zeitraums kann es zu substanziellen Veränderungen bei den Prämissen kommen. Eine strategische Entscheidung bzw. ein strategischer Plan kann sich als falsch erweisen, wenn die Realität nicht mit den Planungsannahmen übereinstimmt.

Im Kontext der Prämissenkontrolle soll möglichst frühzeitig erkannt werden, welche Annahmen in welchem Ausmaß nicht mehr gültig sind. Durch das frühzeitige Identifizieren von Abweichungen wird ein möglichst großer Handlungsspielraum für gegebenenfalls erforderliche Anpassungen geschaffen. Unter diesem Aspekt erfolgt die **Prämissenkontrolle parallel zum Prozess der Strategieentwicklung und -implementierung**.

Voraussetzung für das Durchführen einer Prämissenkontrolle ist das vorherige Erarbeiten und Dokumentieren der Wird-Größen. Bereits in der Phase der strategischen Zielplanung wird mit Prämissen gearbeitet, z. B. was die Wettbewerber-Performance betrifft. Insoweit bildet diese Phase den Startpunkt für das Herausarbeiten der relevanten Annahmen. So können sich die eigenen Ziele an denen der Wettbewerbergruppe orientieren und dabei auf der Prämisse basieren, dass keiner der Wettbewerber ein bestimmtes Zielniveau überschreiten wird (z. B. ROCE von 15 %). Verändern die Wettbewerber entgegen dieser Prämisse ihre Ziele aber nach oben, so kann dies auch das Anheben der eigenen Ziele erforderlich machen. In Konsequenz müssen dann auch die Strategien überprüft bzw. angepasst werden, um das Erreichen der erhöhten Ziele zu gewährleisten.

Im Anschluss an die Zielplanung werden in den Phasen der strategischen Analyse und Prognose sowie der Beurteilung und der Entscheidung weitere Prämissen genutzt. Es ist dabei zweckmäßig, zwischen **kritischen** und **unkritischen Prämissen** zu unterscheiden. Kritische Prämissen sind solche Annahmen, die bei einer Veränderung einen erheblichen Einfluss auf die Zielerreichung besitzen. Im Gegensatz dazu ist der Einfluss der unkritischen Prämissen tendenziell vernachlässigbar. Aufgrund der Unterschiedlichkeit strategischer Entscheidungen lässt sich kein Standardkatalog kritischer Prämissen erstellen. Diese sind jeweils im Prozess der Strategieentwicklung zu ermitteln, z. B. auch mit Hilfe von Sensitivitätsanalysen. In Abb. 203 sind exemplarisch unternehmensinterne und -externe Prämissen angeführt, die typischerweise bei strategischen Entscheidungen auftreten.

Der Input für die Prämissenkontrolle kommt insbesondere aus den unterschiedlichen Analyse- und Prognoseinstrumenten, wie z. B. den Frühwarnsystemen. So können auf Basis der Szenariotechnik alternative Zukunftsbilder entwickelt worden sein, von denen ein Szenario die Basis der Strategie bildet. Mit Hilfe von Frühwarnsystemen wird gewährleistet, dass auch die alternativen Szenarien auf dem „Radarschirm" bleiben. Damit kann frühzeitig erkannt werden, wenn sich Signale für das Eintreten eines alternativen Szenarios häufen.

5.2 Spezielle Bereiche der strategischen Kontrolle

Strategien basieren auf externen und internen Prämissen

Externe Prämissen		Interne Prämissen
Generelle Umwelt - Wirtschaftswachstum - Gesetzeslage - Internationaler Handel - Internationaler Kapitalfluss - ...	**Branche – Markt/Kunden** - Marktgröße-Stück - Marktgröße-EUR - Kaufentscheidende Kriterien - Lebenszyklusdauer des Produktes - Kundenstruktur - ...	**Eigentümererwartung** - Rendite - ... **Personelle Ressourcen** - Eignung - Verfügbarkeit - ... **Technische Ressourcen** - Eignung - Verfügbarkeit - ...
Branche – Konkurrenz - Wettbewerberstruktur - Strategie der Wettbewerber - Eintritt neuer Wettbewerber - ...	**Branche – Lieferanten** - Lieferantenstruktur - Rohstoffverfügbarkeit/-preise - ... **Branche – Banken** - Zinssatz FK - Kreditvolumen - ...	**Finanzielle Ressourcen** - Cashflow aus lfd. Geschäft - ... **Strukturen und Systeme** - Eignung zur Strategieumsetzung - ...

Abb. 203: Beispiele für Prämissen

Neben der Gültigkeit der unternehmensexternen Prämissen besitzt entsprechend auch die Richtigkeit der internen Prämissen eine erhebliche Bedeutung. So setzt z. B. jede Strategie die Verfügbarkeit personeller, sachlicher und finanzieller Ressourcen voraus. Die Verfügbarkeit von finanziellen Ressourcen basiert dabei i. d. R. auch auf Annahmen hinsichtlich des Cashflows aus dem laufenden Geschäft. Sollte es zu einem Rückgang des operativen Geschäftes kommen, stehen unter Umständen nicht mehr genügend Mittel für das Realisieren der Strategie zur Verfügung. Soweit dies rechtzeitig erkannt wird, kann über eine entsprechende Anpassungsplanung die Reduktion des Mittelbedarfes oder eine Übergangsfinanzierung erfolgen.

5.2.2 Konsistenzkontrolle

Die **Konsistenzkontrolle** als Teilbereich der strategischen Kontrolle hat die Überprüfung der strategischen Pläne im Hinblick auf methodische und inhaltliche Aspekte zum Gegenstand (vgl. hierzu Hahn, 2006e, S. 457 ff.).

Spezifische Objekte der **methodischen Konsistenzprüfung** sind

- Informationsgrundlagen,
- eingesetzte strategische Instrumente sowie
- Logik bei Ableitung und Aufbau der Planungsergebnisse.

Hinsichtlich der Informationsgrundlagen steht die Frage der Vollständigkeit, Zuverlässigkeit und Relevanz im Vordergrund. Als Beispiel können hier Marktanteilsdaten genannt werden, die unternehmensweit auf Basis einheitlicher Inhalte zu erheben sind. Bei den strategischen Instrumenten handelt es sich um Verfahren, die zur Entscheidungsvorbereitung in den einzelnen Phasen eingesetzt werden.

Durch die entsprechende Konsistenzprüfung wird abgesichert, dass für identische Fragestellungen auch prinzipiell identische Instrumente zum Einsatz gelangen. Diese sind durch die Träger des strategischen Controllings im Sinne einer Richtlinienkompetenz zu definieren. Dies betrifft z. B. die Struktur der Investitionsrechnung einschließlich des Festlegens von Kapitalkostensätzen. Unter dem Aspekt der Logik erfolgt insbesondere das Überprüfen der **Nachvollziehbarkeit** einer entwickelten Strategie, wobei sich hier Übergänge zur inhaltlichen Prüfung ergeben.

Abb. 204: Ebenen der inhaltlichen Konsistenzkontrolle

Die **inhaltliche Konsistenzprüfung** dient der Kontrolle von strategischen Entscheidungen bzw. Plänen hinsichtlich der Widerspruchsfreiheit untereinander **(horizontale Konsistenz)** sowie mit den übrigen Führungsaufgaben/Führungskomplexen **(vertikale Konsistenz)**. Den Grundgedanken veranschaulicht Abb. 204.

5.2 Spezielle Bereiche der strategischen Kontrolle

Mit der **horizontalen Konsistenzkontrolle** wird überprüft, ob die Geschäftsfeld-, Organisations- und Führungssystemplanung in sich schlüssig ist. So kann eine wachstumsorientierte Strategie, mit der ein neues Geschäftsfeld aufgebaut werden soll, auch eine spezielle organisatorische Regelung erfordern. Ein „Verstecken" als Untereinheit in einem bestehenden Geschäftsfeld wäre inkonsistent mit anspruchsvollen Wachstumszielen. Die horizontale Konsistenzprüfung schließt ebenso das Prüfen der Schlüssigkeit von funktionalen Strategien ein.

Mit der **vertikalen Konsistenzprüfung** erfolgt das Abgleichen der einzelnen Strategieebenen mit der Ebene der Business Unit und des Gesamtunternehmens. So dürfen strategische Entscheidungen nicht im Widerspruch zu übergeordneten Zielsetzungen stehen, sondern müssen im Gegenteil zu deren Erreichung führen. Diese auf den ersten Blick offensichtliche Forderung ist angesichts der beschriebenen Komplexität strategischer Entscheidungen in ihrer Umsetzung keineswegs trivial. Im Hinblick auf „harte Faktoren", wie z. B. Wachstumsziele und Profitabilitätsziele, bildet die Konsistenzprüfung einen Kernbereich des strategischen Controllings. Diese umfasst im Falle von exogenen Wachstumsstrategien z. B. das Prüfen der Profitabilität von M&A-Objekten im Vergleich zu den eigenen Unternehmenszielen. Durch entsprechenden Abgleich mit den Unternehmenszielen bzw. Vorgaben wird die Schlüssigkeit geprüft.

So hat der Siemens-Konzern als interne Hürde („Hurdle rate") für M&A-Vorhaben zwei Bedingungen formuliert: „1) EVA accretive within 3 years after integration 2) 15 percent cash return within 5 years after closing" (Siemens, 2013, p. 4; siehe auch das Praxisbeispiel in Kap. 3.8). Dies bedeutet, dass ein M&A-Vorhaben positive Beiträge zu den beiden Zielen innerhalb von spätestens drei bzw. fünf Jahren leisten muss. Die vertikale Konsistenzprüfung dient hier dem Abgleich zwischen den Mindestanforderungen und der voraussichtlichen Performance eines M&A-Objektes. Dies setzt entsprechend detaillierte Business-Pläne (einschließlich Synergien) voraus, die ein nachvollziehbares Prüfen ermöglichen.

Neben den „harten" Faktoren kann eine vertikale Konsistenzprüfung auch auf „weiche" Faktoren abzielen. Dies betrifft z. B. die Vereinbarkeit von Strategien mit den Zielen der normativen Ebene. Dieser Bereich ist allerdings weniger ein Aufgabenfeld der unterstützenden Träger des strategischen Controllings. Es handelt sich hierbei vorrangig um eine originäre Managementaufgabe. Die Einschätzung, ob z. B. eine bestimmte Strategie mit der Unternehmenskultur vereinbar ist, kann in letzter Konsequenz nur durch die Unternehmensleitung entschieden werden.

Bei weiter Interpretation kann der inhaltliche Abgleich zwischen der Ebene der Strategie und der Ebene von Business Unit/Gesamtunternehmen insgesamt als vertikale Konsistenzkontrolle verstanden werden. Auch hier zeigt sich eine Überlappung zwischen der strategischen Kontrolle und den betreffenden Phasen der Strategieentwicklung (vgl. hierzu Kap. 3.6).

5.2.3 Implementierungskontrolle

Gegenstand der Implementierungskontrolle ist das Durchführen von systematischen

- **Soll-/Ist-Kontrollen** und
- **Soll-/Wird-Kontrollen**

im Hinblick auf das Realisieren der strategischen Ziele.

Abb. 205 veranschaulicht das Grundkonzept einer Implementierungskontrolle auf der Basis von Meilensteinen. Für das strategische Vorhaben werden aggregierte Arbeitspakete bzw. Module betrachtet und mit entsprechendem Start- und Endtermin eingeplant. Zu definierten Meilensteinen (M) finden Sitzungen des Steering Committees statt, bei denen eine Überprüfung im Hinblick auf den Status erfolgt. Hierzu wurden vorab die konkreten Zwischenziele definiert, die zum betreffenden Meilenstein zu erreichen sind. Im Hinblick auf die Ziele des Meilensteins handelt es sich um eine **Soll-/Ist-Kontrolle**. Im Falle von Differenzen sind durch das Projektmanagement eine Abweichungsanalyse sowie Vorschläge für korrektive Maßnahmen aufzubereiten. Im Steering Committee ist über den Status des Projektes und eventuelle Anpassungsmaßnahmen zu entscheiden.

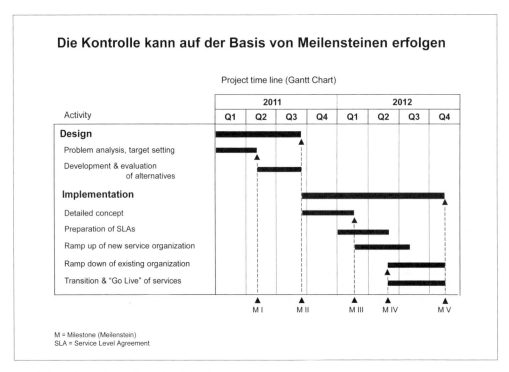

Abb. 205: Implementierungskontrolle mit Meilensteinen

5.2 Spezielle Bereiche der strategischen Kontrolle

Auf Basis der Soll-/Ist-Vergleiche sowie unter Einbeziehung von Resultaten der Prämissenkontrolle ist zum jeweiligen Meilenstein auch eine **Soll-/Wird-Kontrolle** durchzuführen. Ein erprobtes Instrument zur Darstellung der Terminentwicklung bildet die **Meilenstein-Trendanalyse (MTA)**. Sie ermöglicht in aggregierter Form einen Überblick von Zielterminen, prognostizierten Terminen und tatsächlichen eingetretenen Terminen zu unterschiedlichen Kontrollzeitpunkten (vgl. Burghardt, 2008, S. 366 ff.).

Die Abb. 206 veranschaulicht das Grundprinzip der MTA am Beispiel von vier Meilensteinen M I – M IV.

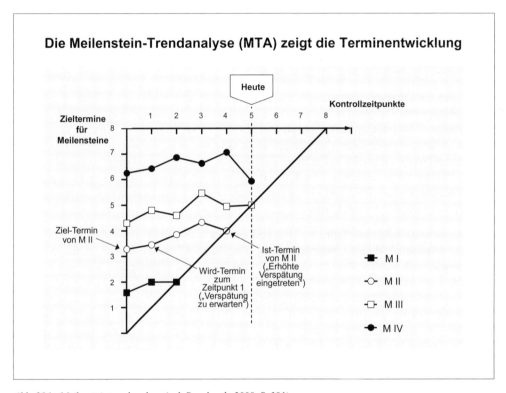

Abb. 206: Meilensteintrendanalyse (vgl. Burghardt, 2008, S. 391)

Auf der vertikalen Achse werden die Zieltermine der Meilensteine abgetragen. Die horizontale Achse stellt die Kontrollzeitpunkte dar. Zum jeweiligen Kontrollzeitpunkt erfolgt eine Aussage über den Wird-Termin eines Meilensteins, die sich im Diagramm fortschreitend findet. Bei dem Erreichen der 45°-Linie sind die Arbeitsinhalte des Meilensteins abgeschlossen. So zeigt Abb. 206 zum Kontrollzeitpunkt 1 folgendes Bild: Der Meilenstein M II wird voraussichtlich erst später erreicht. Die Verbindungslinie ausgehend vom geplanten Ziel-Termin steigt daher an. Zu den Zeitpunkten 2 und 3 erhöht sich die prognostizierte Verspätung, was sich in der weiter ansteigenden Linie ausdrückt. Erst zum Zeitpunkt 4, zu dem der Meilenstein erreicht wird, konnte etwas Zeit aufgeholt werden, wie die sinkende Linie zeigt.

Allerdings wurde weder der Ziel-Termin eingehalten, noch konnte die Verspätung gegenüber dem Kontrollzeitpunkt 1 aufgeholt werden; es kam im Vergleich dazu sogar zu einer erhöhten Verspätung.

Ähnlich zur Meilenstein-Trendanalyse kann auch eine **Kosten-Trendanalyse** erstellt werden. Die vertikale Achse zeigt in diesem Fall die monetären Zielwerte nach Hauptgruppen, z. B. für die Selbstkosten eines neu zu entwickelnden Produktes (Materialkosten, Fertigungskosten, Entwicklungskosten etc.). Die horizontale Achse stellt wie bei der Meilenstein-Trendanalyse die Kontrollzeitpunkte dar. Eine diagonale Achse entfällt.

Basis der Kosten- bzw. Auszahlungsanalyse bei Implementierungsprojekten, wie dem Bau einer neuen Fabrik, bildet das **Earned Value Concept** (vgl. Project Management Institute, 2008, p. 181 ff.). Die Grundidee des Ansatzes besteht darin, die Ist-Kosten bzw. Ist-Auszahlungen einer erbrachten Leistung mit dem hierfür budgetierten Soll-Wert zu vergleichen. Dieses Prinzip ist in Abb. 207 dargestellt.

Das Implementierungsprojekt wird für die Umsetzung in Arbeitspakete unterteilt, die jeweils einen Budgetwert (Soll-Wert) erhalten. Die Summe der Arbeitspaket-Budgets entspricht dem Projektbudget, dem **Budget at Completion** (BAC). Zum jeweiligen Stichtag erfolgt die Analyse, welche Arbeitspakete tatsächlich abgeschlossen bzw. teilweise abgearbeitet wurden. Diesen Paketen wird der betreffende Budgetwert zugeordnet und damit ein „erarbeiteter bzw. verdienter Wert" errechnet, der **Earned Value** (EV). Diesem Betrag wird der geplante Wert, **Planned Value** (PV), und die tatsächlichen angefallenen Kosten bzw. Auszahlungen gegenübergestellt, die **Actual Costs** (AC).

Der Unterschied zwischen Planned Value und Earned Value liegt darin, dass die Verlaufskurve des **Planned Value als Messlatte** dient. Der Planned Value entspricht damit der Soll-Leistung mit Soll-Werten über die Zeitachse. Auf Basis des Terminplans wird der Planned Value zu Beginn ermittelt und „eingefroren". Der Earned Value reflektiert im Vergleich dazu die bis zu einem Kontrollzeitpunkt tatsächlich abgearbeiteten Inhalte, also Ist-Leistung mit den korrespondierenden monetären Soll-Werten. Diese Differenzierung ist erforderlich, da ansonsten ein aufgelaufener Kosten- bzw. Auszahlungsbetrag nicht interpretiert werden kann. So könnte ein Überschreiten des Planned Value während des Projektverlaufes das Resultat von Ineffizienzen sein, aber auch das Ergebnis einer beschleunigten Projektdurchführung.

Aus dem Vergleich zwischen Planned Value, Actual Costs und Earned Value kann eine Aussage über den Status des Vorhabens getroffen werden. Liegen die Actual Costs über dem Earned Value (AC > EV), ist eine negative Abweichung eingetreten, da für die erbrachte Leistung höhere Kosten bzw. Auszahlungen angefallen sind als geplant. Durch einen Vergleich des Earned Value mit dem Planned Value lässt sich feststellen, ob der geplante Leistungsfortschritt erreicht wurde. Die Abb. 207 ist durch die Situation gekennzeichnet, dass die tatsächliche Leistung auf Basis der Budgetwerte, also dem Earned Value, hinter dem geplanten Wert, dem Planned Value (PV) zurückbleibt, EV < PV. Bei wirtschaftlicher Erbringung dieser geringeren Leistung hätten auch nur die dafür budgetierten Werte, also der Earned Value, anfallen dürfen. Im Beispiel sind für die geringere erbrachte Arbeit aber zugleich höhere Kosten bzw. Auszahlungen entstanden, AC > EV.

5.2 Spezielle Bereiche der strategischen Kontrolle

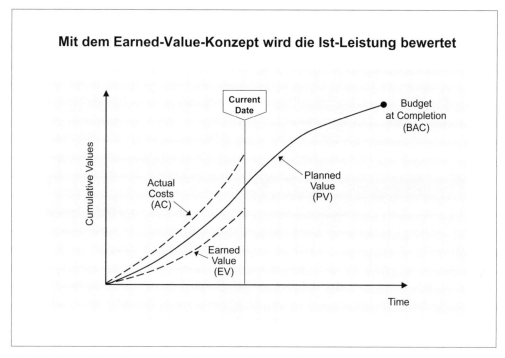

Abb. 207: Earned-Value-Konzept (Project Management Institute, 2008, p. 183)

Aus Earned Value (EV) und Actual Cost (AC) kann der Cost Performance Index abgeleitet werden. Der **Cost Performance Index** (CPI) ist ein Maß für die Effizienz der Implementierung.

Cost Performance Index (CPI) = EV/AC, es gilt:

CPI < 1 = Kosten- bzw. Auszahlungsüberschreitung,

CPI > 1 = Kosten- bzw. Auszahlungsunterschreitung.

Ein CPI von z. B. 0,8 kann wie folgt interpretiert werden: Für jeweils 1 € an Ist-Kosten bzw. Ist-Auszahlungen wurde nur ein Gegenwert von 80 Cent geschaffen. Entsprechend zeigt ein CPI von größer 1 an, dass Mehrwert gegenüber den Ist-Kosten bzw. Auszahlungen geschaffen wurde.

Basierend auf der Statusanalyse sind Prognosen für die noch entstehenden Kosten bzw. Auszahlungen zu erstellen, der **Estimate to Complete** (ETC). Die bereits angefallenen Kosten bzw. Auszahlungen, Actual Costs (AC), und die noch anfallenden Werte, Estimate to Complete (ETC), führen zu den erwarteten Gesamtkosten bzw. -auszahlungen, **Estimate at Completion** (EAC). Je nach Abweichung dieser Prognose zu den budgetierten Gesamtwerten sind entsprechende Anpassungsmaßnahmen zu initiieren.

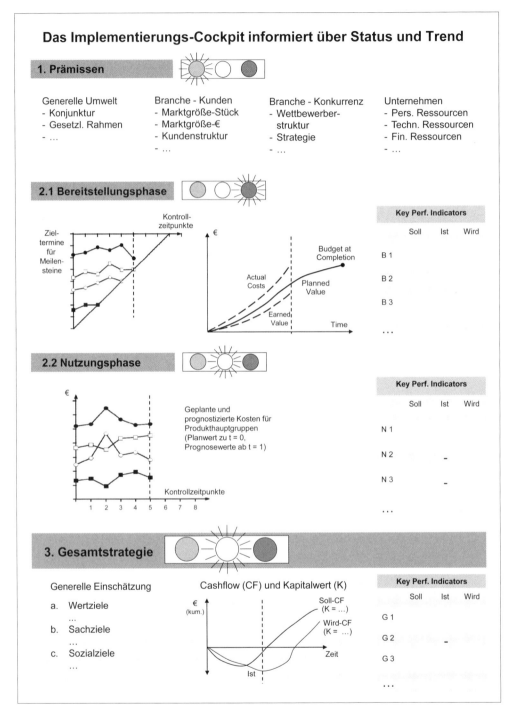

Abb. 208: Beispiel eines strategischen Implementierungs-Cockpits

Kosten bzw. Auszahlungen bilden monetäre Größen als Basis einer Kontrolle. Für die Implementierungskontrolle kommen aber auch **quantitative nichtmonetäre Größen** infrage. Das Erreichen dieser speziellen, oftmals auch technischen **Key Performance Indicators (KPIs)** beeinflusst direkt oder indirekt das Erreichen von monetären Zielen.

Je nach Art und Bedeutung der umzusetzenden strategischen Entscheidung kann es zweckmäßig sein, den Status in Form eines **„Implementierungs-Cockpits"** zu überwachen. In Abb. 208 ist das Grundprinzip eines Implementierungs-Cockpits mit Ampellogik dargestellt. Das Cockpit unterteilt sich in drei Hauptbereiche:

1. **Prämissen,**
2. **Strategisch relevante Phasen,**
3. **Gesamtbeurteilung.**

Im vorliegenden Fall umfasst das strategische Vorhaben zwei Hauptphasen, und zwar die Gestaltung bzw. Bereitstellung und die anschließende Nutzung. Typisch hierfür wäre z. B. ein strategisches Vorhaben der Produktentwicklung mit anschließender Vermarktung.

Den Ampelfarben können folgende Inhalte zugeordnet werden (vgl. auch Hab/Wagner, 2004, S. 146 ff.):

„Rot" = Der Ist- bzw. Wird-Wert weicht von einem Soll-Wert gravierend ab und es gibt noch keinen Maßnahmenplan. Vergleichbar gilt dies für die Prämissenkontrolle (Wird/Ist).

„Gelb" = Eine gravierende Abweichung liegt vor, für die aber Gegenmaßnahmen erarbeitet und eingeleitet wurden. Ebenfalls als „Gelb" wäre eine mittlere Abweichung ohne bisheriges Vorhandensein von Maßnahmen einzustufen.

„Grün" = Das Projekt bewegt sich auf dem Niveau der Soll-Werte. Es treten keine oder nur sehr geringe Abweichungen ein.

Der Einsatz eines derartigen Implementierungs-Cockpits hilft, die Kennzahlen in einer logischen Struktur einzusetzen. Darüber hinaus erleichtern derartige Instrumente die Kommunikation und den Prozess der Durchsprache von Resultaten. Die beschriebene Ampellogik erfreut sich in der Unternehmenspraxis großer Beliebtheit, da sie das Augenmerk sehr schnell auf Zielabweichungen lenkt und damit einen effizienten Einsatz der knappen Ressource „Management-Zeit" erleichtert.

Fallbeispiel Fortschrittsbericht: General Motors

Der Automobilkonzern General Motors startete im Jahr 2009 ein weitreichendes Programm der Restrukturierung, um das Überleben des Unternehmens zu sichern. Das Vorhaben umfasste in den USA ein massives Schrumpfen hinsichtlich Kapazitäten, Produkten und Händlernetz.

Im Herbst 2009 berichtete General Motors über die Fortschritte des Restrukturierungsprojekts. Hierfür wurden zum Meilenstein „90 days update" die Veränderungen bei zentralen

Kennzahlen berichtet und mit den Zielen verglichen, die im Restrukturierungsplan vom 31. Mai 2009 enthalten waren. Bei den Kennzahlen handelte es sich um quantitative nichtmonetäre Größen, die in Abb. 209 dargestellt sind.

GM 90 Day Update
Key Metrics

	Starting Point	Current Status	Original 5/31/09 Plan
Global Market Share	12.4% / 11.6% (2008 CY) / (H1 2009)	11.9% (Preliminary Q3 2009)	11.2% (2009 CY)
U.S. Market Share	21.1% / 19.5% (2008 CY) / (H1 2009)	19.5% (Q3 2009)	18.5% (2009 CY)
U.S. Dealer Stock	582K / 99 DS (End of Q2 09)	424K / 81 DS (End of Q3 09)	545K / 90 DS (2009 YE)
# of Dealers	6,375 (2008 YE)	~5,800 (End of Q3 09)	~5,600 (2009 YE)
# of U.S. Nameplate	48 (2008 YE)	45 (End of Q3 09)	45 (2009 YE)
U.S. Mfg. Facilities (Excl. Delphi)	47 (2008 YE)	43 (End of Q3 09)	41 (2009 YE)
U.S. Hourly Employees (000's)	62.0 (2008 YE)	49.2 (Oct. 7, 2009 Est.)	~40.0 (2009 YE)
U.S. Salaried Employees (000's)	29.7 (2008 YE)	24.3 (Oct. 7, 2009 Est.)	~23.0 (2009 YE)

Abb. 209: Restrukturierungs-Update von General Motors (General Motors, 2009)

Bezeichnend für den Handlungsdruck unter dem GM stand, waren die relativ kurzen Zeiträume, in denen die Anpassungen erfolgen sollten. Angestrebt wurde z. B. die Anpassung der gewerblichen Mitarbeiter („Hourly Employees") von 62.000 auf ca. 40.000 Mitarbeiter innerhalb eines Jahres („2008 Year End/2009 Year End"). Zum Stichtag des Berichtes war die Zahl bereits auf 49.200 reduziert.

Speziell bei strategischem Vorhaben mit dem Fokus auf Kostensenkung, aber auch Umsatzsteigerung, kann der Fortschritt eines Projektes mit der Härtegradsystematik überwacht werden. Wie Abb. 210 veranschaulicht, ermöglicht die Härtegradsystematik einen sehr differenzierten Überblick zum Status der Implementierung.

5.2 Spezielle Bereiche der strategischen Kontrolle

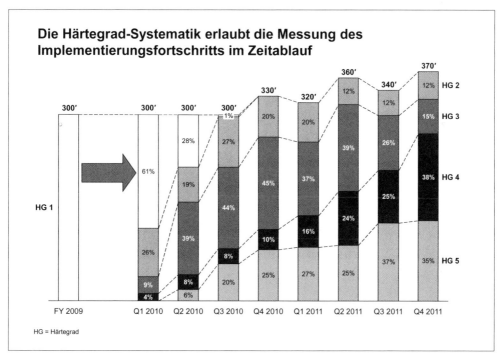

Abb. 210: Implementierungsfortschritte im Zeitablauf (Rathnow, 2010, S. 263)

Zum jeweiligen Kontrollzeitpunkt wird die Entwicklung im Hinblick auf die verschiedenen Härtegrade untersucht (vgl. hierzu Kap. 4.2.6). Im Vergleich zur Vorperiode zeigt sich, ob speziell der Wert der umgesetzten Maßnahmen (Härtegrad 4) und der daraus resultierenden ergebniswirksamen Maßnahmen (Härtegrad 5) angestiegen ist.

Im vorliegenden Beispiel wurden zum ersten Kontrollzeitpunkt 4 % der Maßnahmen ergebniswirksam (Härtegrad 5). Zum letzten hier exemplarisch dargestellten Kontrollzeitpunkt war der Wert auf 35 % aller Maßnahmen angestiegen. Weitere 38 % sind als Maßnahme umgesetzt, aber noch nicht ergebniswirksam (Härtegrad 4). Für 15 % sind entsprechende Maßnahmen verbindlich definiert, aber noch nicht umgesetzt (Härtegrad 3), für weitere 12 % bestehen grob abgeschätzte Ideen (Härtegrad 2).

Der erfasste Ist-Hochlauf nach Härtegraden kann im nächsten Schritt um eine Wird-Dimension ergänzt werden. Basierend auf den erreichten Füllgraden zum letzten Kontrollzeitpunkt erfolgt eine Prognose der weiteren Entwicklung („Wird-Größe"). Ausgehend von einer erkannten Lücke sind erforderliche Anpassungsmaßnahmen einzuleiten. Im Konkreten muss die Umsetzung von Maßnahmen beschleunigt werden; gegebenenfalls sind auch zusätzliche Maßnahmen zu erarbeiten.

Fallbeispiel Implementierungskontrolle: Metro

Die Metro-Gruppe startete im Jahr 2009 zur Verbesserung ihrer Performance das Programm „Shape 2012" gestartet. Das Programm setzte sich aus mehreren Modulen zusammen. In Verbindung damit erfolgten Ergebnisvorgaben für die einzelnen Geschäftseinheiten (vgl. Metro, 2010b).

Für die Umsetzungskontrolle bediente sich Metro der Härtegradsystematik, hier als Implementation Level bezeichnet (siehe Abb. 211). So berichtete das Unternehmen, dass im dritten Quartal 2010 für 111 % des Gesamtzieles bereits Maßnahmen in unterschiedlichen Härtegraden vorlagen. Davon waren 25 % nach Angaben von Metro bereits ergebniswirksam implementiert.

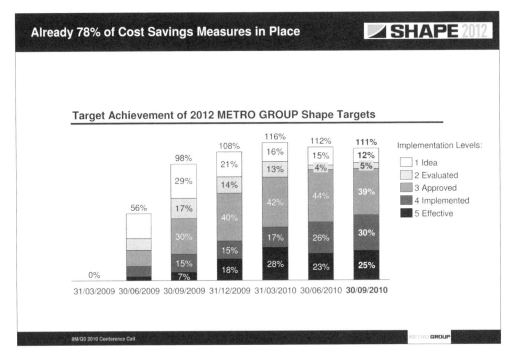

Abb. 211: Shape-Programm von Metro (Metro, 2010c, p. 11)

Eine Fortführung der Implementierungskontrolle zielt anschließend auf die Nutzungsphase. Als **Ergebniskontrolle** hat sie das Überprüfen der final erreichten Resultate zum Gegenstand, die aus der Nutzung der aufgebauten Erfolgspotenziale entstehen.

Die letztlich erreichten Resultate in Form eines Soll-/Ist-Vergleiches geben wichtige Anhaltspunkte für zukünftige strategische Entscheidungen. Sie dienen damit einem kontinuierlichen Verbesserungsprozess und unterstützen so das Konzept einer lernenden Organisation:

„Kein Unternehmen ist absolut perfekt in der Erfüllung der Umsetzungsaufgaben. Wenn Projekte oder Initiativen nicht wie geplant ablaufen, darf nicht allein danach gefragt werden, wer dafür verantwortlich ist. Vielmehr muss auch die Frage gestellt werden, was in Zukunft besser gemacht werden kann. Durch kontinuierliches Lernen kann letztlich jedes Unternehmen den Strategieumsetzungsprozess sukzessive verbessern und damit entscheidende Wettbewerbsvorteile erzielen." (Hunziker/Hügel, 2007, S. 18).

Zusammenfassung

- Strategische Kontrollen sind primär zukunftsorientiert, vorkoppelnd („feed forward") ausgerichtet und finden parallel zu den Planungs- und Umsetzungsprozessen statt. Damit soll gewährleistet werden, dass Abweichungen so früh wie möglich erkannt und bei Bedarf Anpassungsmaßnahmen eingeleitet werden können.

- Strategische Kontrollen umfassen die Bereiche (1) Prämissenkontrolle, (2) Konsistenzkontrolle und (3) Implementierungskontrolle. Daneben kann auch die finale Ergebniskontrolle als Teilbereich interpretiert werden.

- Die Prämissenkontrolle stellt eine Wird-/Ist-Kontrolle dar und erfolgt parallel zur Strategieentwicklung und Strategieimplementierung. Zu den externen Prämissen gehören z. B. die Annahmen zur Marktgröße und zum Wettbewerberverhalten. Interne Prämissen beziehen sich z. B. auf die Verfügbarkeit von technischen und finanziellen Ressourcen.

- Die Konsistenzkontrolle dient einer Überprüfung der methodischen und inhaltlichen Schlüssigkeit. Die methodische Konsistenz betrifft insbesondere die eingesetzten Instrumente und den Prozess der Herleitung von Strategieempfehlungen. Bei der inhaltlichen Konsistenz steht die Stimmigkeit der Teilplanungen im Vordergrund, wie insbesondere die Verknüpfung von Strategien mit der Ergebnis- und Finanzplanung des Unternehmens.

- Die Implementierungskontrolle stellt eine Kombination von Soll-/Ist- und Soll-/Wird-Kontrolle dar. Die Soll-/Ist-Kontrolle bezieht sich auf die Ergebnisse, die zu den Meilensteinen eines Umsetzungsplans erreicht wurden. Die Soll-/Wird-Kontrolle zielt auf die zu erwartenden Resultate ab. Als Instrumente der Implementierungskontrolle können insbesondere Konzepte des Projektmanagements eingesetzt werden. Für die detaillierte Überwachung der Maßnahmenumsetzung bietet sich die Härtegradsystematik an. Mit Hilfe eines Implementierungscockpits kann der Gesamtstatus des Projektes dargestellt werden.

5.3 Praxisbeispiel: Strategieimplementierung und strategische Kontrolle bei MSI

Hansjörg Rölle, Vorsitzender der Geschäftsführung,
MS Motor Service International GmbH (MSI),
Neuenstadt am Kocher
Stefan Ives, Geschäftsführer, MSI
Manuel Noya, Leiter Strategy & Consulting, MSI
Friederike Rust, Manager Strategy & Consulting, MSI

Das Unternehmen MS Motor Service International

Die MS Motor Service International GmbH (MSI) ist die Vertriebsorganisation für die weltweiten Aftermarket-Aktivitäten der Kolbenschmidt-Pierburg AG und damit einer der sechs Geschäftsbereiche des Konzerns. Die Kolbenschmidt-Pierburg AG umfasst die Automotive-Sparte des Rheinmetall Konzerns und entwickelt als Partner der Automobilindustrie Produkte in den Bereichen Öl- und Wasserpumpen, Kolben, Motorenblöcke und Gleitlager, sowie Komponenten und Systemlösungen zur Luftversorgung und Schadstoffreduzierung. Als führender Anbieter von Motorkomponenten für den freien Ersatzteilmarkt (Independent After Market – IAM), den gebundenen Ersatzteilmarkt (Original Equipment Supply/Service – OES) und spezialisierte Erstausrüster (Special Original Equipment Supply/Service – SOE) vertreibt die MSI weltweit die Premium-Marken Kolbenschmidt, Pierburg und TRW. Neben dem Hauptsitz der MSI in Neuenstadt am Kocher unterhält die MS Motor Service Gruppe sieben Tochtergesellschaften in Deutschland, in Frankreich, in der Türkei, in Brasilien, in Spanien und in China, welche teilweise neben den genannten Marken weitere Marken in ihrem Produktportfolio anbieten. Die MS Motor Service Gruppe umfasst mehr als 500 Mitarbeiter und erwirtschaftet einen Umsatz von über 250 Millionen Euro. Die MSI agiert aufgrund ihrer Größe und Strukturen sowie weitgehenden unternehmerischen Verantwortlichkeit wie ein typischer Mittelständler.

Strategische Ausgangssituation

Die strategische Ausgangslage der MSI ist in der externen Dimension durch einen reifen Markt gekennzeichnet. Der Servicebedarf im Motorenbereich wird maßgeblich getrieben durch das Wachstum der im Einsatz befindlichen Fahrzeugzahl, ihrer durchschnittlichen Fahrstrecke sowie dem generellen Reparaturverhalten im jeweiligen Markt. So gibt es Märkte, in denen viel schneller zu kompletten Austauschmotoren, neuen Motoren oder gar neuen Fahrzeugen gegriffen wird, als in anderen Märkten, in denen noch traditionell mit Ersatzteilen repariert wird. Als längerfristiger Trend, der aus Servicesicht jedoch bislang noch keine Rolle spielt, ist das Aufkommen alternativer Antriebssysteme zu sehen.

5.3 Praxisbeispiel: Strategieimplementierung und strategische Kontrolle bei MSI

Für die MSI bestehen in ihrer Branche mehrfache Herausforderungen:

- Durch die Attraktivität des Ersatzteilmarktes steigt der Druck der Fahrzeughersteller (OEMs), die ihre Aktivitäten verstärkt auf dieses Segment ausweiten.

- Aufgrund einer höheren Elektronifizierung und Komplexität der Motoren hat der freie Ersatzteilmarkt einen erhöhten Wissensbedarf, um gegenüber den Fahrzeugherstellern (OEMs) konkurrenzfähig zu bleiben.

Daraus resultieren als Schlussfolgerungen für die MSI:

- Durch das Erschließen neuer Marktsegmente in den bedienten regionalen Märkten soll ein kontinuierliches Wachstum des Unternehmens gewährleistet werden. Insbesondere die Marktschwäche in den Jahren 2008/2009 zeigte, dass intensivere Anstrengungen erforderlich sein würden. Durch entsprechendes Weiterentwickeln der internen Strukturen und Prozesse soll das Umsatzwachstum in ein entsprechendes Ergebniswachstum umgesetzt werden.

- Die regionalen Einheiten sind mit ihrem speziellen lokalen Markt-Know-how so umfassend wie möglich in die Strategie einzubinden. Dabei gilt es, einen Kompromiss zwischen einer weitreichenden unternehmerischen Unabhängigkeit der Lokaleinheiten und einem strategiekonformen Handeln im Sinne des Gesamtunternehmens zu finden.

Eine Bestandsaufnahme der formulierten Ziele, Strategien und verwendeten strategischen Instrumente zeigte, dass diese einen Großteil der relevanten Themen adressierten. Zugleich war jedoch festzustellen, dass auch Handlungsbedarf bestand. Dieser wurde im Wesentlichen in zwei Feldern identifiziert:

Zum einen waren die strategischen Einzelaussagen als solche nicht durchgängig konsistent abgestimmt, wobei teilweise auch Lücken bestanden. Diese waren als solche nicht unmittelbar erkennbar, da nicht die Möglichkeit bestand, sie aus einem systematischen, geschlossenen Strategiegebäude herauszufiltern.

Zum anderen führte die fehlende Durchgängigkeit der Einzelaussagen und Instrumente zu Problemen in der Kommunikation. Für die Mehrzahl der Mitarbeiterinnen und Mitarbeiter war die Strategie zwar in Umrissen erkennbar. Es fehlte aber an hinreichend klaren Aussagen, die die notwendige Orientierung und Motivation gegeben hätten. Einige Fragen mit dem jedes Unternehmen einen „Quick-Check" durchführen kann, sind z. B.:

- Welche Strategie hat unser Unternehmen? Wo will es hin?
- Was tun wir dafür? Welche Ziele leiten sich daraus ab?
- Wo finde ich diese Informationen?
- Wie wollen wir unsere Ziele erreichen?
- Arbeiten wir an den richtigen Projekten? Warum Projekt A, B, C und nicht D, E, F?

In Summe wurde dies im Jahre 2009 zum Anlass genommen, grundlegend über das Konzept der Strategieimplementierung sowie der strategischen Kontrolle nachzudenken und einen neuen Weg zu gehen.

Schiffsmodell als Basis der Implementierung und strategischen Kontrolle

Ausgangspunkt des Prozesses war ein kritisches Hinterfragen von Vision, Mission und Werten des Unternehmens. Aufbauend auf den bisher getroffenen Aussagen wurden in einem teambasierten Prozess die notwendigen Anpassungen durchgeführt. Diese bildeten die Grundlage für den eigentlichen Prozess der Strategieentwicklung. Er führte im Resultat zu einem klaren Verständnis auf der Führungsebene hinsichtlich der langfristigen und mittelfristigen Ziele und der Themenfelder, über die diese erreicht werden sollen. Damit war der Ausgangspunkt geschaffen für ein neues Konzept der Strategiekommunikation und -umsetzung.

Im weiteren Verlauf wurden unterschiedliche Ansätze diskutiert, wie z. B. das Modell des Strategie-Hauses. Darin wären die einzelnen Themenfelder als Räume positioniert worden. Letztlich kam jedoch nicht genügend spontane Begeisterung und Überzeugung bei diesen Konzepten auf. Sie waren zwar analytisch überzeugend, ließen jedoch die aus unserer Sicht notwendige positive Emotionalität und Dynamik vermissen. Speziell wegen der Wichtigkeit, auch unsere Auslandseinheiten „mit in das Boot" zu holen, erschien uns diese emotionale Komponente als erfolgskritisch. Der Begriff des „mit in das Boot holen" war in gewisser Hinsicht wohl auch die Initialzündung für unser Schiff, das wir die „MS Leitbild" tauften.

Unsere Vision, unsere Mission, unsere Werte, unsere Ziele und Strategien, all das haben wir auf der „MS Leitbild" vereinigt, die in Abb. 212 gezeigt ist.

Mission und Werte bilden gewissermaßen den Rumpf unseres Schiffes. Mit der Vision leuchten wir weit in die Zukunft, wie dies auch der Suchscheinwerfer von der Brücke der „MS Leitbild" andeutet. Und was entscheidend ist, unser Schiff ist kein Luxusdampfer, sondern ein Arbeitsschiff, ein Containerfrachter. Vision, Mission und Werte haben auf diesem Schiff einen nahezu dauerhaften Bestand, bei der Fracht sieht dies anders aus. Die Fracht auf unserem Schiff entspricht strategischen Zielen und Projekten, die langfristigen oder mittelfristigen Charakter besitzen. Diese Fracht hat einen Bestimmungsort, den sie in dieser Zeit auch erreichen muss. Von dem Gedanken der strategischen Ziele und Projekte als Schiffsfracht war es nur noch ein kleiner Schritt bis zu der zentralen Idee des Containers.

Wir haben uns entschlossen, die strategischen Ziele und Maßnahmen durchgängig mit dem Bild des Containers und den beiden Zeithorizonten zu verknüpfen. Der Container besitzt die notwendige Gegenständlichkeit; er hat einen Inhalt und muss seinen Bestimmungsort erreichen. Zugleich erlaubt das Bild des Containers, die Ziele und Projekte sehr flexibel mit Blick auf MSI insgesamt zu strukturieren. Sowohl bei den langfristigen als auch bei den mittelfristigen Zielen gibt es jeweils zwei Containerkategorien:

5.3 Praxisbeispiel: Strategieimplementierung und strategische Kontrolle bei MSI 411

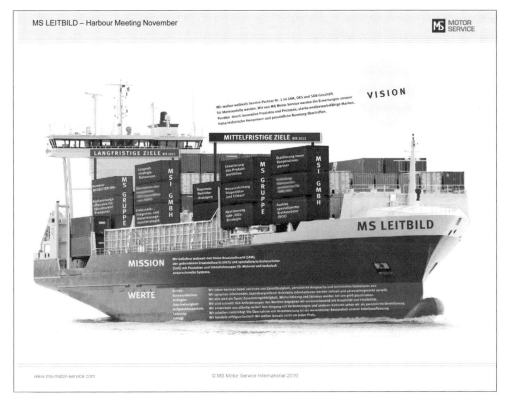

Abb. 212: MS Leitbild

Eine Kategorie, die aus den Containern der Motor Service Gruppe besteht und eine, die die Container der jeweiligen Regionaleinheit darstellt. Für die Container der Motor Service Gruppe gilt, dass diese für alle Organisationseinheiten verbindlich sind. Parallel dazu definieren alle Regionaleinheiten diejenigen Container, die aus der Sicht ihres Geschäftes wichtig sind.

Aus der Erfahrung, die wir in der Zwischenzeit gewonnen haben, war dies ein ganz zentraler Baustein für die Akzeptanz der „MS Leitbild" in den regionalen Einheiten. Der Aspekt der Emotionalität war schon betont worden und Emotionalität wurde auch im Weiteren durchgängig genutzt. Das Schiff wurde in allen Regionaleinheiten von MSI vorgestellt, natürlich in der jeweiligen Nationalsprache und -schrift, z. B. auch in Chinesisch beschriftet, um ein bestmögliches Verstehen zu ermöglichen. Und da Schiffe von Kapitänen gesteuert werden, war auch unsere Kommunikationsbotschaft ganz klar: „Euer Geschäftsführer ist der Kapitän eures Schiffes, und es ist ein wichtiges Schiff mit bedeutsamer Fracht!" Man mag hier vielleicht schmunzeln, aber nur solange bis man selbst den enormen Unterschied in der kommunikativen Wirkung gesehen hat im Vergleich zu: „Wir zeigen euch die schlauen, analytisch perfekten Folien aus der Zentrale." Speziell im Umgang mit Menschen aus anderen Ländern sollten wir in unseren Unternehmen mehr Mut zur Emotion besitzen. So sprechen wir heute mit Stolz von unserer internationalen „Motor Service Flotte".

Container-Inhalte und Verantwortlichkeiten

Ein wesentliches Merkmal der Container ist ihr klar definierter Inhalt und das Zuordnen von Verantwortlichkeit. Den Grundgedanken des Containers mit einem neutralisierten Beispiel zeigt Abb. 213.

Abb. 213: Containerkonzept

Das Umsetzen funktioniert in der Praxis nur, wenn die Verantwortlichkeiten namentlich geregelt sind. Manche Dinge kann man gar nicht oft genug sagen und diese Feststellung gehört dazu. Für uns war es daher von Anfang an klar, dass wir die Container mit persönlichen Verantwortlichkeiten versehen würden. Dazu wurde die Rolle des Container-Managers ins Leben gerufen. Die Aufgabe des Container-Managers besteht im Realisieren der Containeraktivitäten (siehe Abb. 214). Die Gruppe der Container-Manager setzt sich aus allen Hierarchie-Ebenen zusammen, von der Geschäftsleitung bis zur Mitarbeiterebene.

5.3 Praxisbeispiel: Strategieimplementierung und strategische Kontrolle bei MSI

Abb. 214: Container-Manager

Bei Themen unterhalb der Geschäftsleitung wurden die Container-Manager bevorzugt aus den Einheiten nominiert, in denen der Schwerpunkt der Aktivitäten liegen würde. Dies begünstigt eine natürliche Identifikation mit dem Thema und erleichtert die Zuordnung der erforderlichen Kompetenzen.

Wichtig war uns, dass wir den eingeschlagenen Weg mit der Symbolik des Schiffes beibehalten. So erfolgte die Ernennung der Container-Manager in einer kleinen Zeremonie, um die Bedeutung der Rolle zu unterstreichen und auch das Gemeinschaftsgefühl zu stärken. Die Abb. 214 zeigt bei der Zeremonie anwesende Container-Manager mit der „MS Leitbild" im Hintergrund. Wir sind der Überzeugung, dass eine derartige, wenn auch nur kleine Ernennungszeremonie einen nicht zu unterschätzenden Motivationsfaktor für die nachfolgende Arbeit darstellt. Gleichzeitig haben wir die Auswahl der Container-Manager auch bei Nachwuchskräften als ein Instrument der Personalentwicklung genutzt und damit reale Synergien erreicht.

Review der Implementierung und strategische Kontrolle

Die Erfahrungen aus der Unternehmenspraxis zeigen, dass ein regelmäßiger Review der Implementierung in Verbindung mit einer strategischen Kontrolle erforderlich ist. Konsistent mit unserem Schiffsgedanken haben wir die Review-Veranstaltungen als „Hafen-Meetings" bzw. „Harbour-Meetings" eingeführt. In den Hafen-Meetings werden die Fortschritte der Containerinhalte diskutiert und geprüft, ob unsere MS Leitbild noch auf Kurs ist. Teilnehmer der Hafen-Meetings sind die Geschäftsleitung, die jeweiligen Container-Manager und die Abteilungsleiter.

Die Hafen-Meetings sind unterteilt in separate Durchsprachen für die Mittelfristziele und die Langfristziele. Diese finden im dreimonatigen Rhythmus statt, womit sich eine Gesamtzahl von 8 Veranstaltungen ergibt. Die Zeitdauer pro Hafen-Meeting liegt zwischen drei bis vier Stunden. Die Termine werden jeweils für das ganze Jahr festgelegt, um die Verbindlichkeit für alle Beteiligten zu demonstrieren.

Der verfügbare Zeitrahmen verdeutlicht die Notwendigkeit des straffen, strukturierten Vorgehens. Aus diesem Grund wurden kompakte Vorlagen für die Durchsprachen entwickelt, die von allen Container-Managern zu nutzen sind. In Abb. 215 ist ein neutralisiertes Beispiel einer solchen Vorlage gezeigt.

Im Mittelpunkt stehen dabei die heruntergebrochenen Meilensteine des jeweiligen Projektes. Diese sind essenziell für die notwendige Transparenz in der Fortschrittskontrolle. Ergänzend zu den Meilensteinen werden je nach Gegenstand des Containers unterschiedliche, insbesondere finanzielle Metriken genutzt. Im gezeigten Beispiel handelt es sich um die Hochlaufkurve des Umsatzes und des Deckungsbeitrags für ein neues Geschäftssegment. Ergänzende Informationen betreffen spezielle Risiken und die nächsten Schritte. Durch eine separate Box können die Container-Verantwortlichen/Aktivitäten-Verantwortlichen auch spezifische Themen ausflaggen, bei denen sie Klärungs- bzw. Entscheidungsbedarf besitzen.

5.3 Praxisbeispiel: Strategieimplementierung und strategische Kontrolle bei MSI

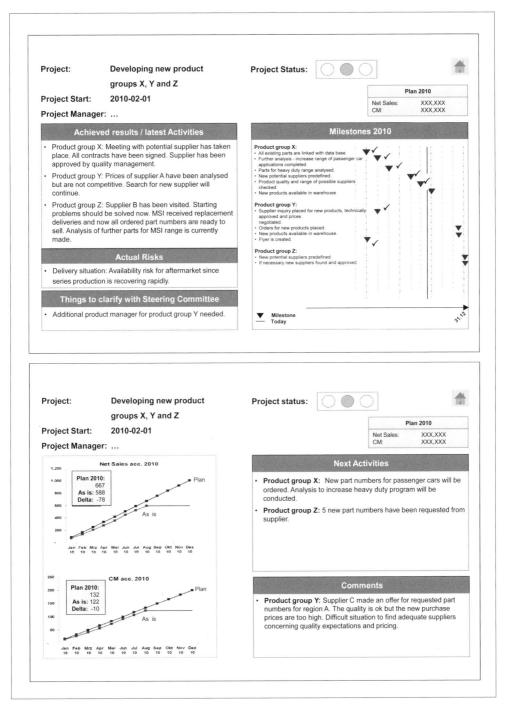

Abb. 215: Review-Inhalte der Hafen-Meetings

Die Projektampel signalisiert mit einem schnellen Blick, wie der aktuelle Status der Aktivität ist:

- Die Ampelfarbe steht auf grün, sofern alle Meilensteine erledigt sind und die Plan-Zahlen, wenn vorhanden, erreicht wurden.

- Eine gelbe Ampel signalisiert, dass entweder ein Meilenstein nicht erfüllt ist oder die Zahlen leicht unter Plan sind.

- Die rote Ampel ist zu wählen, wenn mehrere Meilensteine offen sind und/oder die Ist-Zahlen wesentlich von den Planzahlen abweichen.

Das Zusammenstellen der Unterlagen im Vorfeld des Hafen-Meetings ermöglicht der Geschäftsleitung eine effiziente Vorbereitung und das Vermeiden von „Überraschungen".

Die Erfahrung der Durchsprachen hat gezeigt, dass zu Beginn mit einem höheren Zeitbedarf zu kalkulieren ist, da mehrere Faktoren auftreten. Wegen des relativen Neuigkeitsgrades besteht ein entsprechender Diskussionsbedarf, auch um zu gewährleisten, dass ein einheitliches Verständnis vorliegt. Dies sollte zwar grundsätzlich schon zum Zeitpunkt der Festlegung von Containerinhalten und Container-Managern gegeben sein, trotzdem treten speziell zu Projektbeginn erwartungsgemäß die meisten Fragen auf. Auch aus Motivationssicht heraus ist es wichtig, dass sich die Geschäftsleitung vor allem am Start eines so anspruchsvollen Programmes genügend Zeit nimmt. Mit Fortschreiten des Programms stellen sich dann die Lerneffekte ein und es kann selektiv vorgegangen werden. In Abstimmung mit den Beteiligten können einzelne Containeraktivitäten in einem Review übersprungen und die Zeit in die Durchsprache anderer Aktivitäten/Projekte investiert werden.

Die Durchsprache der regionalen Containerschiffe erfolgt bei der jeweiligen Tochtergesellschaft vor Ort in eigenen Hafen-Meetings. Die Ergebnisse werden auf einer zentralen Daten-Plattform im Intranet an die Muttergesellschaft berichtet, die natürlich ihre Hafen-Meeting-Dokumente an selber Stelle ebenfalls zur Verfügung stellt.

Die Hafen-Meetings dienen vorrangig der Überwachung des Implementierungsfortschritts. Soweit nicht außergewöhnliche Risiken auftreten, gilt die Order, den Container sicher an das Ziel zu bringen. Zusätzlich erfolgt im ersten Quartal des Geschäftsjahres ein grundsätzlicher Review der Containerfracht. Damit soll sichergestellt werden, dass alle Themen auch noch einmal regelmäßig auf den Prüfstand gestellt werden. Im Resultat kann sich sowohl ergeben, dass einzelne Containeraktivitäten eliminiert oder hinzugefügt werden, als auch dass ein ganzer Container vorzeitig ausgeladen werden muss und an seine Stelle ein neuer Container tritt.

Kommunikation der Fortschritte

Großen Wert haben wir bei unserem Programm auf eine offene und für alle Mitarbeiter verständliche Kommunikation gelegt. Es war uns ein grundlegendes Bedürfnis, die Mitarbeiter „abzuholen". Zu den Kommunikationsinstrumenten gehörten und gehören vor allem:

- Schiffsnews mit aggregierten Informationen (Highlights) als festes Element für alle Mitarbeiter im Anschluss an die Hafen-Meetings
- Allgegenwärtige Schiffs-Poster in den Firmengebäuden
- Intranet
- Schwarze Bretter
- Virtuelle Teamräume
- Bildschirmschoner mit aktuellen Updates
- Belegschaftsversammlungen/Infoveranstaltungen
- Abteilungsbesuche der Strategieabteilung zur vertiefenden Erläuterung.

Ein wichtiges Element in der Kommunikation bildete das Aufgreifen auch kritischer Fragen und die Art der Sprache. Wie wir dies versucht haben, zeigt als Beispiel die Abb. 216 mit dem Ausschnitt eines Mitarbeiterbriefes im Namen der Geschäftsleitung, der als Beilage zur Gehaltsabrechnung verteilt wurde. Da diese Form der Übermittlung erstmalig zum Einsatz kam, war die Aufmerksamkeit gesichert.

Im Zuge von Mitarbeiterbefragungen haben wir die Effekte der Kommunikation untersucht. Dabei zeigten sich die positiven Wirkungen des Kommunikationskonzeptes. Während bei der vorangegangen Befragung im Jahr 2007 der Kenntnisstand bezüglich der Unternehmensstrategie noch mit einem Wert von 2,4 beurteilt wurde, verbesserte sich dieser Wert bei der letzten Befragung im Jahr 2010 auf 2,0, eine der Topnoten der gesamten Befragung. Dies gibt uns die Bestätigung, hier den richtigen Weg zu gehen.

Wir sind durch diese Erfahrungen sogar noch einen Schritt weiter gegangen und haben die „Interne Unternehmenskommunikation" zu einer offiziellen, festen Funktion im Unternehmen auch für ganz andere Themengebiete gemacht. Organisatorisch haben wir diese in derselben Abteilung Strategy & Consulting MSgroup aufgehängt, die ja auch schon umfangreich die Strategieentwicklung, -implementierung und -kontrolle unterstützt.

Manöverkritik „MS Leitbild"

September 2010

Liebe Mitarbeiterinnen, liebe Mitarbeiter,

vielleicht haben Sie sich in den letzten Monaten auch schon einmal gefragt...

Was ist die MS LEITBILD? Welchen Zweck soll dieses Containerschiff erfüllen?

Die MS LEITBILD ist die bildliche Darstellung der Strategie der MSI.

Viele Unternehmen versuchen oft gar nicht, ihren Mitarbeiterinnen und Mitarbeitern die Strategie zu erklären. Wir wollen unsere Strategie aber allen Kolleginnen und Kollegen der MSI zugänglich machen und mit einer einzigen Abbildung transparent darstellen. Die wesentlichen Inhalte sind:

- Eine klare Positionierung darüber, was die MSI macht (MISSION) und was die MSI erreichen will (VISION).
- Eine klare Aussage und Transparenz darüber, an welchen strategischen Zielen und Themen die MSI arbeitet (SCHIFFSCONTAINER).
- Eine ehrliche Beschreibung der Menschen, die ideal zur MSI passen und hier richtig gut aufgehoben sind (WERTE). Reflektieren Sie sich selbst! In welchen Bereichen müssen wir noch an uns arbeiten?
- Eine klare strategische Vorgabe an die Tochtergesellschaften mit welchen Zielen und Schwerpunkten sie sich befassen sollen (GRUPPENCONTAINER).

Übrigens: Selbstverständlich gelten neben den GRUPPENCONTAINERN, die WERTE, die MISSION und die VISION für alle Tochtergesellschaften gleichermaßen.

[...]

Papier ist geduldig. Kann man die MS Leitbild wirklich ernst nehmen? Hinschreiben kann man schließlich viel, aber ob am Ende wirklich etwas erreicht wird, ist eine andere Frage!

1. Nicht wenn Sie und jede Kollegin und jeder Kollege versuchen, mitzuarbeiten. Genau das ist der Grund, warum die MS LEITBILD so offensiv kommuniziert wurde und wird. Es soll allen Mitarbeiterinnen und Mitarbeitern eine Orientierung geben, worauf es ankommt, was das Wesentliche für uns ist. Ein richtiges Leitbild eben.

2. Ja, im Leben gibt es auch Misserfolge. Aber sollten wir nicht froh sein, dass die MSI den Mut hat, ihre Ziele offiziell zu kommunizieren, auch wenn Misserfolge oder verfehlte Ziele so für alle Mitarbeiterinnen und Mitarbeiter öffentlich werden? Das ist nicht selbstverständlich, bei anderen Unternehmen werden Sie das nicht oft finden.

Warum soll ich mich überhaupt dafür interessieren oder gar engagieren? Ich habe genug mit meinem Tagesgeschäft zu tun.

Weil es unsere MSI ist. Weil wir alle ein Team sind. Weil wir auch weiterhin einen sicheren Arbeitsplatz haben wollen. Weil die Abarbeitung der strategischen Ziele und unsere ständige Weiterentwicklung ebenfalls Tagesgeschäft sein müssen, damit es in einigen Jahren überhaupt noch „Tagesgeschäft" gibt. Weil Leistung und Verantwortungsübernahme fest in unseren Kernwerten verankert sind und den Schiffsrumpf bilden. Weil wir uns am Ende alle an diesen Kernwerten messen lassen müssen.

[...]

Abb. 216: Kommunikation zum Leitbild

Erfahrungen und Empfehlungen

Zusammengefasst ergibt sich für uns eine Reihe von Erfahrungen, von denen wir nachfolgend die wichtigsten als Empfehlungen für Unternehmen mit ähnlichen Herausforderungen formuliert haben.

1. Commitment! Vor allem das Commitment der Geschäftsführung muss nicht nur vorhanden sein, sondern sichtbar und zu jeder Zeit vorhanden sein. Dazu gehören eine klare Kommunikation, stimmiges Handeln und insbesondere zeitliches Engagement, vor allem für die Teilnahme an den Reviews.

2. Change Management! Gängige Konzepte und damit auch Erfolgsfaktoren sollten bekannt sein und vor allem auch befolgt werden.

3. Kommunikation! Der Bedeutung von Kommunikation haben wir bereits einen eigenen Absatz gewidmet. Hinzuzufügen ist: Aber nicht nur an Sprache denken, der kreative Umgang mit Visualisierungsmöglichkeiten sollte nicht unterschätzt werden.

4. Beteiligung! Betroffene, Meinungsführer und Schlüsselpersonen müssen frühzeitig eingebunden werden. Dazu gehört vor allem auch die Gewinnung des mittleren Managements als Bindeglied zwischen Unternehmensführung und Mitarbeitern.

5. Transparenz! Das Erfreuliche ist: Durch gute Kommunikation und verbindliche Unterlagen kommt sie fast automatisch. Sie darf aber nicht als Bedrohung empfunden werden und nur der Offenlegung von Verfehlungen dienen, sondern ebenfalls positive Konsequenzen ermöglichen, wie das Zelebrieren von Erfolgen.

6. Erfolge feiern! Natürlich steigert das die Motivation und obendrein sind die Erfolge relativ einfach darstellbar, wenn man sowohl Maßnahmen- als auch Zahlencontrolling betreibt... Wir haben es uns zum Beispiel zur Gewohnheit gemacht, stets in der Vorweihnachtszeit einen Jahresrückblick der besonderen Art mit einer Präsentation der Jahres-Highlights und speziellen Überraschungen vorzunehmen.

7. Zuerst Maßnahmen – dann Zahlen! Strategische Kontrolle ist vor allem eine Maßnahmenkontrolle. Die Zahlen sind eine Konsequenz aus der vorangegangenen Arbeit auf der Maßnahmenebene. Deshalb sind die Meilensteinpläne, die den Fortschritt zeigen, das wichtigste Element.

8. Incentivierung! Diese muss nicht zwingend am Anfang erfolgen, ist aber ein starkes Instrument. Wir haben aktuell eine Anpassung unseres Vergütungssystems durchgeführt, um auch damit die Bedeutung der Zielerreichung zu unterstreichen. Dazu wird im Wesentlichen bei den Container- und Aktivitäten-Managern ein Teil des variablen Entgelts mit der Erfüllung der Ziele verknüpft. Wir halten das für ein schlüssiges Signal.

9. Weniger ist mehr! Am Anfang nicht zu viel wollen, und sich nicht der Illusion hingeben, dass alles erreicht wird. Weniger ist mehr gilt auch für einen angemessenen Einsatz von Projektmanagement-Instrumenten und -Grundsätzen, der sicher sinnvoll, wenn nicht gar unerlässlich ist. Die Vielfalt und Komplexität der Methoden kann

aber auch tödlich sein, weil es eine Organisation überfordert. Ein bewusster Verzicht und angepasster Gebrauch ist nicht unprofessionell, sondern kann sogar erst für den Erfolg entscheidend sein.

10. Investition in Strategie! Strategieimplementierung und strategische Kontrolle stellen eine umfassende Management-Aufgabe dar. Wir glauben, dass sie in vielen Unternehmen auch deshalb nicht wirklich funktioniert, weil sie noch zu oft „Nebenbei" ausgeübt wird. Dies gilt sowohl für die Strategieentwicklung als auch für die Strategieumsetzung. Wer sein Unternehmen strategisch führen will, muss dafür auch bereit sein, Investitionen in Ressourcen zu tätigen. Nur damit kann letztlich eine wirkungsvolle Entlastung einer Geschäftsführung erfolgen und Kontinuität trotz aller bekannten Widrigkeiten des Tagesgeschäftes erreicht werden. Denn es gilt: So wertvoll auch eine externe Unterstützung durch Unternehmensberater bei der Analyse- und Strategieentwicklungsarbeit sein mag, die wirklich schwierige Seite der Arbeit beginnt mit der Umsetzung der zukünftigen Business-Pläne im eigenen Unternehmen. Wir sind daher bei MSI als Mittelständler den Weg mit einer kleinen spezialisierten Strategieeinheit gegangen und unsere Erfahrungen bestätigen diese Entscheidung.

Anhang: Strategie-Workshop

Einige Vorbemerkungen

Auch für das strategische Controlling gilt, dass die Unternehmen, die heute einen hohen Reifegrad erreicht haben, einmal auf ihren Weg dorthin gestartet sind. Speziell wenn sich ein Unternehmen bisher noch wenig mit Prozessen und Instrumenten des strategischen Managements beschäftigt hat, kann ein Strategie-Workshop den möglichen Einstieg darstellen.

Auch ein Strategie-Workshop stellt ein Investment dar, häufig weniger aus Kosten als aus Zeitsicht. Die Diskussion über die erforderliche Zeit erinnert mitunter an die Geschichte von dem Holzfäller, der mühevoll mit einer stumpfen Axt den ganzen Tag lang Bäume fällt. Auf die Frage eines vorbeikommenden Wanderers, wieso er denn nicht die Axt schärfe, ist die Antwort: „Keine Zeit, ich muss Bäume fällen."

Diese Anekdote beinhaltet viel Wahrheit, wenn man berücksichtigt, welche Wirkung eine „geschärfte" Strategie besitzen kann. Dazu noch ein kleiner Selbsttest:

Selbsteinschätzung zum strategischen Zeitbudget

A) Wie viel % der verfügbaren Zeit sollte das Top-Management in ihrer Branche auf strategische Fragen verwenden?
a) Mindestens 2 %
b) Mindestens 10 %
c) Mindestens 25 %
d) Mehr als 50 %

B) Wie viel Arbeitstage im Jahr beschäftigt sich das Top-Management in ihrem Unternehmen mit strategischen Fragen?

C) Kalkulieren sie den Prozentwert, der sich aus den Arbeitstagen im Verhältnis zu 250 Arbeitstagen pro Jahr ergibt und vergleichen sie das Resultat mit ihrer Schätzung bei A).

Es wäre nicht verwunderlich, wenn sich aus dem Vergleich zwischen der Soll-Größe und der tatsächlichen Größe eine erhebliche Diskrepanz ergeben und damit Handlungsbedarf signalisieren würde.

Prozess des Strategie-Workshops

Ein Strategie-Workshop untergliedert sich in die drei Phasen

(1) Vorbereitung von Zielen und inhaltlichem Ablauf sowie generelle Organisation,

(2) Durchführung des Workshops und

(3) Nachbereitung,

die hier skizziert werden.

(1) Vorbereitung von Zielen und inhaltlichem Ablauf sowie generelle Organisation

Teilnehmer: An dem Workshop sollten neben dem Top-Management und den Trägern strategischer Controllingaufgaben auch diejenigen Schlüsselpersonen teilnehmen, die maßgeblich für die spätere Strategieumsetzung verantwortlich sind.

Soweit der Workshop schwerpunktmäßig eine Anpassung des Portfolios zum Gegenstand hat, insbesondere auch den Verkauf von Geschäftsteilen, ist der Personenkreis enger zu fassen.

Daten: Im Vorfeld sind für einzelne Module Daten aufzubereiten, um eine faktenbasierte Diskussion zu ermöglichen. Dies betrifft z. B. Daten zur Performance des Unternehmens und seiner Ressourcen, zur aktuellen und prognostizierten Marktentwicklung sowie auch zu Kunden, Konkurrenten und Hauptlieferanten, um nur einige zu nennen.

Die Teilnehmer werden im Vorfeld über den Ablauf und die Zielsetzungen des Workshops informiert. Generell ist es hilfreich, schon im Vorfeld entsprechende Materialien (s. o.) zur persönlichen Vorbereitung zu verteilen.

Veranstaltungsort: Aus praktischer Sicht empfiehlt sich für einen Strategie-Workshop die Durchführung außerhalb des Firmengeländes. Die Erfahrungen zeigen immer wieder, dass dies eine wichtige Voraussetzung für das Eliminieren von Störquellen darstellt. Ebenso besitzen auch entsprechende Pausenzeiten und die gemeinsamen Essen eine wichtige kommunikative Bedeutung. Dies erleichtert das kritische Hinterfragen bei informalen Gesprächen und hilft Ideen zu generieren, die dann im weiteren Verlauf wieder aufgenommen werden.

(2) Durchführung des Workshops

Der Workshop selbst ist in sechs aufeinander aufbauende Module strukturiert. Er umfasst zwei Zeittage, die auf drei Kalendertage verteilt sind: Kalendertag 1 und 3 jeweils mit einem halben Tag und Kalendertag 2 als kompletter Tag. Je nach Ausgangslage eines Unternehmens ist die Struktur und zeitliche Verteilung anzupassen.

Anhang: Strategie-Workshop

Tag 1 (0,5 T)

Modul 1: Wer sind wir, was wollen wir und wo stehen wir?
Fokus:
Was ist unser Eigenverständnis, was sind unsere Ziele?
Unsere bisherigen Resultate: Was sind unsere großen Erfolge, unsere großen Niederlagen? Wieso haben wir Kunden gewonnen; wieso haben wir Kunden verloren?
Stimmt unser Eigenbild mit dem überein, wie andere uns sehen; sind wir wirklich ein „führendes Unternehmen"?
Was sind heute unsere realen Kernkompetenzen ungeachtet aller Werbebroschüren?
… und wo sollen sie in der Zukunft sein?

Modul 2: Was passiert vor unseren Toren? …und was innerhalb?
Fokus:
Was sind grundlegende Trends, die uns beeinflussen werden?
Wie entwickelt sich die Marktgröße?
Welche Entwicklungen erwarten wir bei Kunden, Konkurrenten, Lieferanten?
Womit würde uns ein Wettbewerber am meisten treffen?
Was sind die grundlegenden Annahmen, bewusst oder unbewusst, auf denen unser Handeln beruht?
Was sind die großen Chancen und Risiken für unser Unternehmen, wo sind unsere Stärken und wo unsere Schwächen?

Modul 3a: Stimmen unsere Ziele noch?
Fokus:
Wie passen unsere Ziele noch zu den Erkenntnissen über das Umfeld und unserer Selbsteinschätzung? Sind wir mit unseren Zielen auch zukünftig noch „wettbewerbsfähig"?
Müssen wir die finanziellen und inhaltlichen Ziele des Unternehmens überdenken?

Tagesausklang:
Gespräche in zwangloser Atmosphäre dienen dazu die Erkenntnisse zu verarbeiten.

Tag 2 (1 T):

Modul 3b: Was sind ab jetzt unsere Ziele?
Fokus:
Zu welchen Erkenntnissen hat der gestrige Tag geführt?
Können wir die bisherigen Ziele bestätigen oder muss nachjustiert werden?
Besteht Konsens oder gibt es weiteren Diskussionsbedarf?
Was sind ab jetzt unsere zukünftigen Ziele als Fundament für eine stabile Strategie?

Modul 4: Welche Strategiealternativen gibt es?
Fokus:
Was sind bisherige Ansätze, was sind neuartige Strategien?
Worüber haben wir schon immer einmal nachgedacht, uns aber nicht getraut?
Welche Strategie würde unser Wettbewerber für unser Unternehmen anwenden, welche unser Kunde, welche ein externer Investor?
Welche Strategien nutzen die Marktführer in vergleichbaren Branchen?
(Im Regelfall in verschiedenen Teams zu erarbeiten.)

Modul 5a: Was ist die beste Strategie?
Fokus:
Mit welcher Strategiealternative erreichen wir (ungeachtet der Finanzierbarkeit) unsere Unternehmensziele am besten?
Wie können wir die Finanzierung der Strategie umsetzen, falls Engpässe bestehen?
Falls die Finanzierung der Wunsch-Alternative nicht möglich ist, was stellt die zweitbeste Alternative dar?
Wofür entscheiden wir uns final?

Tagesausklang:
Gespräche in zwangloser Atmosphäre dienen dazu, die Entscheidung zu verarbeiten und auch nochmals kritisch zu hinterfragen.

Tag 3 (0,5 T)

Modul 5b: Stehen wir noch zu der Alternative?
Fokus:
Haben sich aus den Abendgesprächen noch neue Erkenntnisse ergeben?
Bestehen eventuelle Zweifel/Fragen, die noch zu adressieren sind?
Haben alle Teilnehmer das identische Verständnis von der gewählten Strategie?
→*Unbedingte Transparenz zu den Inhalten und Konsequenzen erforderlich.*
Werden die Teilnehmer an alle Mitarbeiter die gleiche Botschaft kommunizieren?
Besteht das eindeutige Commitment zur Realisierung der Strategie?

Modul 6: Wer ist verantwortlich, was sind die Umsetzungsschritte?
Fokus:
Wer übernimmt die persönliche Aufgabe und damit Verantwortung für die Umsetzung?
Welche Auswirkungen ergeben sich für Strukturen und Schlüsselpositionen sowie Systeme des Unternehmens?
Welche Ressourcen werden zur Verfügung gestellt und was sind die Meilensteine der Umsetzung?
Wie erfolgt im Weiteren die strategische Kontrolle?

(3) Nachbereitung

Im unmittelbaren Nachgang zu dem Workshop erfolgt die detaillierte Dokumentation der Ergebnisse. Sie dient als Aufsatzpunkt für die Strategieimplementierung, und zwar vor allem hinsichtlich der inhaltlichen Umsetzung und der Kommunikation.

Aus inhaltlicher Sicht hält die Dokumentation die Unternehmensziele und daraus abgeleitete Strategien fest. Sie wird damit zum Maßstab für die kontinuierliche Fortschrittskontrolle. So wird bereits während des Workshops (Modul 6) über den Turnus von Fortschritts-Reviews beschlossen. Für die weitere Umsetzung ist es von entscheidender Bedeutung, dass nach dem Workshop keine Lücke entsteht („Mind the gap!").

Die Dokumentation bildet zugleich den Rahmen für die unternehmensinterne und bei Bedarf auch externe Kommunikation. Im Regelfall wird die Durchführung eines solchen Workshops zumindest von einem Teil der Beschäftigten wahrgenommen. Entsprechend besteht ein Informationsinteresse, das in geeigneter Form zu adressieren ist. Art und Umfang der Kommunikation hat dabei die Richtung der Strategieentscheidungen in professioneller Weise zu berücksichtigen (z. B. Expansionsstrategie mit Kommunikation in Richtung auf Mobilisierung vs. Restrukturierungsstrategie mit Fokus auf Stabilisierung).

Literaturverzeichnis

Hinweis: Internetquellen werden mit der Jahreszahl des Zugriffs zitiert.

3M: Strategic Financial Review, David W. Meline, http://media.corporate-ir.net/media_files/irol/80/80574/IM2012/CFO.pdf, Zugriff: 23.11.2012.

ACEA: New registrations Europe, http://www.acea.be/news/news_detail/new_vehicle_registrations_-by_manufacturer/, Zugriff: 24.03.2013.

Adams, M./Rudolf, M.: Unternehmensbewertung auf Basis von Realoptionen, in: Schacht, U./Fackler, M. (Hrsg.): Praxishandbuch Unternehmensbewertung, 2. Aufl., Wiesbaden 2009, S. 359–381.

Alter, R.: Integriertes Projektcontrolling: Ein ganzheitlicher Ansatz auf der Grundlage des Lebenszyklus von Systemen, Diss., Universität Gießen 1990, Gießen 1991.

Alter, R.: Strategisches Projektmanagement zur Lösung des aktuellen Trilemmas der Unternehmensführung, in: Dillerup, R./Haberlandt, K./Vogler, G. (Hrsg.): Heilbronner Beiträge zur Unternehmensführung, München 2009, S. 15–29.

Alter, R.: Schlecker, oder Geiz ist dumm: Aufstieg und Absturz eines Milliardärs, Berlin 2012.

Alter, R./Kalkbrenner, C.: Die Wachstums-Champions: Made in Germany, Göttingen 2010.

Ansoff, H.: Managing Strategic Surprise by Response to Weak Signals, in: California Management Review, Vol. 18, 1975, No. 2, p. 21–33.

Arbeitskreis Internes Rechnungswesen der Schmalenbach-Gesellschaft: Vergleich von Praxiskonzepten zur wertorientiertenUnternehmenssteuerung, in: zfbf, 62. Jg., 2010, Heft 11, 797–820.

Arcandor: Arcandor AG stellt Antrag auf Eröffnung eines Insolvenzverfahrens beim Amtsgericht Essen, 09.06.2009, http://arcandor.de/de/presse/6579.asp, Zugriff: 15.06.2009a.

Arcandor: Konzern-Geschäftsbericht 2007/2008, http://www.arcandor.de/de/downloads/arcandor_konzern_geschaeftsbericht_2007_2008_d.pdf, Zugriff: 20.10.2009b.

Audi: Das System zur Vergütung der Mitglieder des Vorstands der AUDI AG, http://www.audi.de/etc/medialib/ngw/company/investor_relations/pdf/finanzevents/hv_2010.Par.0026.File.pdf/verguetung_der_vorstandsmitglieder.pdf, Zugriff: 31.10.2010.

Auer, B./Rottmann, H.: Statistik und Ökonometrie für Wirtschaftswissenschaftler: Eine anwendungsorientierte Einführung, Wiesbaden 2010.

Bach, N.: Effizienz der Führungsorganisation deutscher Konzerne, Zugleich Teile der Habilitationsschrift Universität Gießen 2007, Wiesbaden 2009.

Backhaus, K./Büschken, J./Voeth, M.: Internationales Marketing, 5. Aufl., Stuttgart 2003.

Baecker, P./Hommel, U.: 25 Year Real Options Approach to Investment Valuation: Review and Assessment, in: ZfB, 74. Jg., 2004, Ergänzungsheft 3, S. 1–53.

Bäumer, C.: Customer Data Base, DMC Anwendertage, 23.Juni 2004, http://www.prudsys.de/Service/Downloads/files/DMC2004_Baeumer.pdf, Zugriff: 16.08.2010.

Bain & Company: Management Tools 2009, http://www.bain.com/bainweb/PDFs/cms/Public/Management_Tools_2009_Executive_Guide.pdf, Zugriff: 11.09.2010.

Ballwieser, W.: Unternehmensbewertung: Prozeß, Methoden und Probleme, 2. Aufl., Stuttgart 2007.

Bamberger, I./Wrona, T.: Strategische Unternehmensführung: Strategien, Systeme, Prozesse, München 2004.

Bamberger, I./Wrona, T.: Strategische Unternehmensführung: Strategien, Systeme, Prozesse, 2. Aufl., München 2012.

Bandler, J./Burke, D.: How Hewlett-Packard lost its way, CNNMoney, May 8, 2012, http://tech.fortune.cnn.com/2012/05/08/500-hp-apotheker/, Zugriff: 23.03.2013.

BASF: Wirtschaftliche Ziele, http://www.basf.com/group/corporate/de/about-basf/strategy/management-objectives, Zugriff: 29.12.2012a.

BASF: Wir schaffen Wert als *ein* Unternehmen, http://www.basf.com/group/corporate/de/function/-conversions:/publishdownload/content/investor-relations/news-publications/presentations/-images/BASF_Kapitalmarktstory_12-2012.pdf, Zugriff: 31.12.2012b.

Bauer, H./Stokburger, G./Hammerschmidt, M.: Marketing Performance: Messen – Analysieren – Optimieren, Wiesbaden 2006.

Baum, H./Coenenberg, A./Günther, T.: Strategisches Controlling, 4. Aufl., Stuttgart 2007.

Baumann, R. et al.: Implementierung des Enterprise-Risk-Managements, in: Gassmann, O./Kobe, C. (Hrsg.): Management von Innovation und Risiko, 2. Aufl., Berlin/Heidelberg 2006, S. 45–69.

Bausch, A.: Unternehmungszusammenschlüsse: Strategien und Strukturen für kooperatives und akquisitorisches Wachstum in Industrieunternehmungen, Habilitationsschrift Universität Gießen 2002, Wiesbaden 2003.

Bausch, A.: Branchen- und Wettbewerbsanalyse im strategischen Management, in: Hahn, D./Taylor, B. (Hrsg.): Strategische Unternehmungsplanung – Strategische Unternehmungsführung, 9. Aufl., Berlin/Heidelberg 2006, S. 195–214.

Bayer: Geschäftsbericht 2009, http://www.geschaeftsbericht2009.bayer.de/de/Bayer-Geschaeftsbericht-2009.pdfx, Zugriff: 11.04.2010.

Bea, F./Friedl, B./Schweitzer, M. (Hrsg.): Allgemeine Betriebswirtschaftslehre, Bd. 2: Führung, 9. Aufl., Stuttgart 2005.

Bea, F./Göbel, E.: Organisation: Theorie und Gestaltung, 4. Aufl., Stuttgart 2010.

Bea, F./Haas, J.: Strategisches Management, 5. Aufl., Stuttgart 2009.

Bea, F./Haas, J.: Strategisches Management, 6. Aufl., Stuttgart 2013.

Bea, F./Scheurer, S./Hesselmann, S.: Projektmanagement, Stuttgart 2008.

Becker, L.: Management des Unternehmenswandel am Beispiel der Bayer AG: Von der Stammhaus- zur Holding-Struktur, 18. Mai 2006, Justus-Liebig-Universität-Gießen, http://www.org-portal.org/fileadmin/media/legacy/Management_des_Unternehmenswandel_am_Beispiel_der_Bayer_AG.pdf, Zugriff: 03.11.2010.

Becker, L.: Der Business Development Manager: Eine Standortbestimmung, BDM Studie 2010, http://www.inscala.com/Documents/Karlshochschule%20Lutz%20Becker%20Studie%20Business%20Development%20Manager%202010.pdf, Zugriff: 24.03.2011.

Becker, W. et al.: Chief Financial Officers (CFO) im Mittelstand: Aufgabengebiete, Rollenverständnis und organisatorische Gestaltung, Stuttgart 2011.

Becker, W./Baltzer, B.: Controlling: Eine instrumentelle Perspektive, Bamberger Betriebswirtschaftliche Beiträge Nr. 162, Bamberg 2009.

Becker, W./Piser, M.: Strategische Kontrolle: Ergebnisse einer empirischen Untersuchung, Bamberger Betriebswirtschaftliche Beiträge Nr. 131, Bamberg 2003a.

Becker, W./Piser, M.: Strategische Kontrolle: Fallstudien aus der Unternehmenspraxis, Bamberger Betriebswirtschaftliche Beiträge Nr. 132, Bamberg 2003b.

Bensberg, F./Brocke J. v./Schultz, M. (Hrsg.): Trendberichte zum Controlling, Festschrift für Heinz Lothar Grob, Heidelberg 2004.

Berekoven, L./Eckert, W./Ellenrieder, P.: Marktforschung: Methodische Grundlagen und praktische Anwendung, 12. Aufl., Wiesbaden 2009.

Berens, W./Brauner, H./Strauch, J. (Hrsg.): Due Diligence bei Unternehmensakquisitionen, 5. Aufl., Stuttgart 2008.

Berninghaus, S./Ehrhart, K./Werner, G.: Strategische Spiele: Eine Einführung in die Spieltheorie, 3. Aufl., Berlin/Heidelberg 2010.

Bertelsmann: Zahlen und Fakten, http://www.bertelsmann.de/Bertelsmann/Zahlen-%2526-Fakten.html, Zugriff: 08.04.2013a.

Bertelsmann: Geschäftsbericht 2012, http://www.bertelsmann.de/bertelsmann_corp/wms41/customers/bmir/pdf/Geschaeftsbericht_2012.pdf, Zugriff: 08.04.2013b.

Bertelsmann: Geschäftsbericht 2008, http://www.bertelsmann.de/bertelsmann_corp/wms41/customers/bmcorp/pdf/Geschaeftsberich_2008_final.pdf, Zugriff: 08.04.2013c.

Bertelsmann: Pressemitteilung – Bertelsmann legt strategischen Kurs für die nächsten Jahre fest, http://www.bertelsmann.de/bertelsmann_corp/wms41/bm/file_uploads/BMM_dt_.pdf, Zugriff: 08.04.2013d.

Bertelsmann: Bilanz Pressekonferenz 2013, http://www.bertelsmann.de/bertelsmann_corp/wms41/customers/bmcorp/pdf/BPK2013_deutsch.pdf, Zugriff: 08.04.2013e.

Bertelsmann: Pressemitteilung – Bertelsmann wächst und kommt beim Konzernumbau voran, http://www.bertelsmann.de/bertelsmann_corp/wms41/bm/file_uploads/GJ_2012_dt.pdf, Zugriff: 09.04.2013f.

Beyer, B./Hachmeister, D./Lampenius, N.: Die Bedeutung des Risikomanagements in Unternehmen: Eine empirische Unterschung, in: ZfCM, 54. Jg., 2010, Heft 2, S. 114–121.

Bieg, H./Kußmaul, H.: Investition, 2. Aufl., München 2009.

BITKOM: Smartphone-Absatz 2011 über der 10-Millionen-Marke, http://www.bitkom.org/files/documents/BITKOM-Presseinfo_Smartphone-Markt_15_11_2010.pdf, Zugriff: 23.05.2011.

BITKOM: Smartphones sorgen für 96 Prozent des Handy-Umsatzes, http://www.bitkom.org/de/-presse/8477_75052.aspx, Zugriff: 06.03.2013.

Bleicher, K.: Das Konzept Integriertes Management: Visionen, Missionen, Programme, 7. Aufl., Frankfurt a. Main u. a. 2004.

Bleicher, K.: Träger strategischer Unternehmungsführung, in: Hahn, D./Taylor, B. (Hrsg.): Strategische Unternehmungsplanung – Strategische Unternehmungsführung, 9. Aufl., Berlin/Heidelberg 2006, S. 467–495.

Blohm, H./Lüder, K./Schaefer, C.: Investition, 9. Aufl., München 2006.

BMW: Bilanzpressekonferenz, Norbert Reithofer, Vorsitzender des Vorstands der BMW AG, 18. März 2009, https://www.press.bmwgroup.com/pressclub/p/de/pressDetail.html?outputChannelId=7&id=T0011785DE&left_menu_item=node__2203, Zugriff: 24.01.2010.

Boeing: Current Market Outlook 2009, Randy Tinseth, June 2009, http://www.boeing.com/commercial/cmo/pdf/Boeing_Tinseth_Outlook_Paris_2009.pdf, Zugriff: 14.02.2010.

Boeing: Current Market Outlook 2012, Randy Tinseth, July 2012, http://www.boeing.com/assets/pdf/commercial/cmo/pdf/CMO_2012_Presentation.pdf, Zugriff: 01.05.2013.

Boeres, Y.: Die Geschichte der Digitalfotografie (Teil 1), http://www.digitalkamera.de/Meldung/Die_Geschichte_der_Digitalfotografie_Teil_1_/1595.aspx, Zugriff: 02.09.2010.

Bornemann, M: Die Erfolgswirkung der Geschäftsmodellgestaltung: Eine kontextabhängige Betrachtung, Diss., Technische Hochschule Aachen 2009, Wiesbaden 2010.

Bossidy, L./Charan, R.: Execution: The discipline of getting things done, New York, NY 2002.

Brändle, M.: Strategisches Controlling auf Märkten im Wandel: Führungsunterstützung durch Inhalte, Prozesse und Verhalten, Diss., Universität Stuttgart 2006, Frankfurt a. Main 2007.

Brandes, D.: Die 11 Geheimnisse des ALDI-Erfolgs, Frankfurt a. Main 2003.

Brecht, U.: Controlling für Führungskräfte, Wiesbaden 2004.

Breene, P./Nunes, F./Shill, W.: Rise of the chief strategy officer, in: Accenture Outlook, The journal of high-performance business, 2008a, No. 1, p. 1–8.

Breene, P./Nunes, F./Shill, W.: Meister der Regie, in: Harvard Business manager, 30. Jg., 2008b, Januar, S. 80–94.

Britzelmaier, B./Eller, B.: Lebenszyklus-Kostenrechnung: Wertorientierung im Life Cycle Costing, in: Controller Magazin, 29. Jg., 2004, Heft 6, S. 527–532.

Broß, P./Krumey, M.: Organisation des strategischen Planungs- und Umsetzungsprozesses bei Giesecke & Devrient – eine Fallstudie, in: Klein, A. (Hrsg.): Strategische Controlling-Instrumente, Freiburg i. Breisgau et al. 2010, S. 177–190.

Brühl, R.: Controlling: Grundlagen des Erfolgscontrollings, München 2009.

Brühwiler, B.: Risk Management als Führungsaufgabe: Methoden und Prozesse der Risikobewältigung für Unternehmen, Organisationen, Produkte und Projekte, Bern et al. 2003.

Brühwiler, B.: ISO/DIS 31000 und ONR 49000: 2008, Neue Standards, in: MQ – Management und Qualität, 4. Jg., 2008, Heft 5, S. 26–27.

Brühwiler, B.: MQ-Serie Risikomanagement (Teil 1 Grundlagen): Die Norm ISO 31000, MQ – Management und Qualität, 5. Jg., Heft 1–2, 2009, S. 24–26.

Brünger, C.: Erfolgreiches Risikomanagement mit COSO ERM: Empfehlungen für die Gestaltung und Umsetzung in der Praxis, Berlin 2010.

Bruhn, M.: Marketing, 9. Aufl., Wiesbaden 2009.

Bruhn, M./Homburg, C. (Hrsg.): Handbuch Kundenbindungsmanagement: Strategien und Instrumente für ein erfolgreiches CRM, 6. Aufl., Wiesbaden 2008.

Buchholz, L.: Strategisches Controlling: Grundlagen – Instrumente – Konzepte, Wiesbaden 2009.

Buchholz, W./Olemotz, T.: Markt- vs. Ressourcenbasierter Ansatz: Konkurrierende oder komplementäre Konzepte im strategischen Management?, in: Krüger, W. (Hrsg): Arbeitspapiere der Justus-Liebig-Universität Gießen, Fachbereichwirtschaftswissenschaften, Nr. 1/1995.

Buchholz, W./Werner, H. (Hrsg.): Supply Chain Solutions – Best Practices im E-Business, Stuttgart 2001.

Bungard, W./Müller, K./Niethammer, C. (Hrsg.): Mitarbeiterbefragung – was dann…?: MAB und Folgeprozesse erfolgreich gestalten, Berlin/Heidelberg 2007.

Burghardt, M.: Projektmanagement: Leitfaden für die Planung, Überwachung und Steuerung von Projekten, 8. Aufl., Erlangen 2008.

Buschmann, H.: Erfolgreiches Turnaround-Management: Empirische Untersuchung mit Schwerpunkt auf dem Einfluss der Stakeholder, Diss., Universität St. Gallen 2006, Wiesbaden 2006.

Capgemini Consulting: Change Management-Studie 2008, http://www.de.capgemini.com/m/de/tl/Change_Management-Studie_2008.pdf, Zugriff: 29.09.2009.

Carl Zeiss Meditec: Geschäftsbericht 2011/2012 Carl Zeiss Meditec, http://applications.zeiss.com/-C1257A290053AE30/0/ECF8AD6C478C677FC1257ABB004B4DA1/$FILE/Geschaeftsbericht_1112.pdf, Zugriff: 16.01.2013a.

Carl Zeiss Meditec: Geschäftsbericht 2006/2007 Carl Zeiss Meditec, http://www.meditec.zeiss.de/-C125679E00525939/EmbedTitelIntern/complete_de_0607/$File/AFXJ07D.pdf, Zugriff: 16.01.2013b.

Carl Zeiss Meditec: Roadshow: Berenberg Bank, March 21, 2013, London, Christian Müller, http://applications.zeiss.com/C1257A290053AE30/0/1260B3957C5BB6BCC1257B350027603A/$FILE/2013_03_21_CZM_Roadshow_Berenberg.pdf, Zugriff: 24.03.2013c.

Chandler, A.: Strategy and Structure: Chapters in the History of the American Industrial Enterprise, Cambridge, Ma. 1962 (reprinted Washington, DC 2003).

Coenenberg, A./Fischer, T./Günther, T.: Kostenrechnung und Kostenanalyse, 7. Aufl., Stuttgart 2009.

Cokins, G.: Performance Management: Integrating Strategy Execution, Methodologies, Risk, and Analytics, Hoboken, NJ 2009.

Collins, J.: Der Weg zu den Besten: Die sieben Managementprinzipien für dauerhaften Unternehmenserfolg, München 2003.

Collins, J./Porras, J.: Built to Last: Successful Habits of Visionary Companies, New York, NY 1997.

Copeland, T./Weston, J./Shastri, K.: Finanzierungstheorie und Unternehmenspolitik, 4. Aufl., München 2008.

COSO: Enterprise Risk Management – Integrated Framework, Executive Summary, September 2004, http://www.coso.org/documents/COSO_ERM_ExecutiveSummary.pdf, Zugriff: 09.11.2009.

COSO: Effective Enterprise Board Oversight: The Role of the Board of Directors, http://www.coso.org/documents/COSOBoardsERM4pager-FINALRELEASEVERSION82409_001.pdf, Zugriff: 10.12.2010a.

COSO: Strengthening Enterprise Risk Management for Strategic Advantage, http://www.coso.org/documents/COSO_09_board_position_final102309PRINTandWEBFINAL.pdf, Zugriff: 10.12.2010b.

COSO: Enterprise Risk Management: Understanding and Communicating Risk Appetite, by L. Rittenberg and F. Martens, January 2012, http://www.coso.org/documents/ERM-Understanding%20%20Communicating%20Risk%20Appetite-WEB_FINAL_r9.pdf, Zugriff: 30.11.2012.

Cottin, C./Döhler, S.: Risikoanalyse: Modellierung, Beurteilung und Management von Risiken mit Praxisbeispielen, Wiesbaden 2009.

Dahlhaus, C.: Investitions-Controlling in dezentralen Unternehmen: Anreizsysteme als Instrument zur Verhaltenssteuerung im Investitionsprozess, Diss., Universität Duisburg-Essen 2008, Wiesbaden 2009.

Dahms, S./Siemes, A.: Strategisches Controlling im Mittelstand: Empirische Erkenntnisse und Hilfestellungen (MinD®), in: Controller Magazin, 30. Jg., 2005, Heft 3, S. 227–234.

DEHOGA Bundesverband: Systemgastronomie in Deutschland 2012, http://www.dehoga-bundesverband.de/fileadmin/Inhaltsbilder/Publikationen/Systemgastronomie/Broschuere_FASG_2012.pdf, Zugriff: 15.01.2013a.

DEHOGA Bundesverband: Systemgastronomie in Deutschland 2013, http://www.dehoga-bundesverband.de/fileadmin/Inhaltsbilder/Publikationen/Systemgastronomie/Jahrbuch_Systemgastronomie_2013.pdf, Zugriff: 08.04.2013b.

Dell: 2009 Dell Analyst Meeting, July 14, 2009, http://i.dell.com/sites/content/corporate/secure/en/Documents/2009_Analyst_Meeting_Presentation.pdf, Zugriff: 24.01.2010.

Denk, R./Exner-Merkelt, K./Ruthner, R.: Corporate Risk Management, 2. Aufl., Wien 2008.

Deutsche Bank Research: Logistik in Deutschland, Wachstumsbranche in turbulenten Zeiten, 2. Oktober 2008, http://www.dbresearch.de/PROD/DBR_INTERNET_DE-PROD/PROD0000000000231956.pdf, Zugriff: 17.09.2009.

Diedrich, R.: Erfolgsgrößen und Erfolgsmaße, in: Küpper, H.-U./Wagenhofer, A. (Hrsg.): Handwörterbuch Unternehmensrechnung und Controlling (HWU), 4. Aufl., Stuttgart 2002, Sp. 402–411.

Dierig, C./Doll, N.: BMW hält Volkswagen bei SGL Carbon auf Abstand, http://www.welt.de/-wirtschaft/article13724390/BMW-haelt-Volkswagen-bei-SGL-Carbon-auf-Abstand.html, Zugriff: 14.01.2013.

Dierkes, S.: Strategisches Kostenmanagement im Rahmen einer wertorientierten Unternehmensführung, in: ZfCM, 49. Jg., 2005, Heft 5, S. 333–341.

Dierkes, S. et al.: Strategische Kontrolle als Element des Risikomanagements, in: ZfCM, 48. Jg., 2004, Sonderheft 3: Risikomanagement und Risikocontrolling, S. 38–50.

Dillerup, R./Haberlandt, K./Vogler, G. (Hrsg.): Heilbronner Beiträge zur Unternehmensführung, München 2009.

Dillerup, R./Stoi, R.: Unternehmensführung, 2. Aufl., München 2008.

Dillerup, R./Stoi, R.: Unternehmensführung, 3. Aufl., München 2011.

dm-drogerie markt: Umsatzentwicklung dm-Konzern, http://www.dm-drogeriemarkt.de/dmDHomepage/generator/dmD/ Homepage/ Unternehmen/Jahrespressekonferenz/2009-dm-Grafiken.html, Zugriff: 13.04.2010.

dm-drogerie markt: Unternehmenskennzahlen, http://www.dm-drogeriemarkt.de/cms/servlet/segment/de_homepage/unternehmen/zahlen-fakten/unternehmenszahlen, Zugriff: 23.01.2012.

Domsch, M./Ladwig, D. (Hrsg.): Handbuch Mitarbeiterbefragung, 2. Aufl., Berlin/Heidelberg 2006.

Domsch, M./Ladwig, D.: Mitarbeiterbefragungen – Stand und Entwicklung, in: Domsch, M./Ladwig, D. (Hrsg.): Handbuch Mitarbeiterbefragung, 2. Aufl., Berlin/Heidelberg 2006, S. 3–24.

Dyckhoff, H./Souren, R.: Nachhaltige Unternehmensführung: Grundzüge industriellen Umweltmanagements, Berlin/Heidelberg 2008.

Eberenz, R./Heilmann, J.: Finanzwirtschaftliche Aspekte der strategischen Planung bei Beiersdorf, in: ZfCM, 55. Jg., 2011, Heft 5, S. 311–315.

Eggert, A.: Die zwei Perspektiven des Kundenwerts: Darstellung und Versuch einer Integration, in: Günter, B./Helm, S. (Hrsg.): Kundenwert: Grundlagen, Innovative Konzepte, Praktische Umsetzungen, 3. Aufl., Wiesbaden 2006, S. 41–59.

EnBW: Bericht 2012: Werte schaffen – gemeinsam und nachhaltig, http://www.enbw.com/content/_-media/_downloadcenter/__enbw_bericht_2012_kurzfassung.pdf, Zugriff: 23.03.2013.

E.ON: Geschäftsbericht 2012, http://www.eon.com/content/dam/eon-com/ueber-uns/GB_2012_D_eon.pdf, Zugriff: 12.04.2013.

EPIA European Photovoltaic Industry Association: Set for 2020: Zusammenfassung, http://www.setfor2020.eu/uploads/executivesummary/EPIA%20EXS_DE%20300909.pdf, Zugriff: 02.06.2010.

Esser, J./Müller, M.: Empirische Erkenntnisse zur Organisation des Controlling, in: Gleich, R./Michel, U. (Hrsg.): Organisation des Controlling: Grundlagen, Praxisbeispiele und Perspektiven, Freiburg i. Breisgau 2007, S. 33–54.

Feldbauer-Durstmüller, B./Duller, C./Haas, T.: Controlling mittlerer und großer Unternehmen: Größeneffekte, Internationalisierung, Umsetzungsstand, in: Seicht, G. (Hrsg.): Jahrbuch für Controlling und Rechnungswesen 2010, Wien 2010, S. 313–336.

Fengler, J.: Strategische Prototypen: Neue Ansätze für das Strategie-Benchmarking, Berlin 2003.

Fetscherin, M./Knolmayer, G.: Business Models for Content Delivery: An Empirical Analysis of the Newspaper and Magazine Industry, in: International Journal on Media Management, Vol. 6, 2004, No. 1/2, p. 4–11.

Fiedler, R./Gräf, J.: Einführung in das Controlling: Methoden, Instrumente und IT-Unterstützung, 3. Aufl., München 2012.

Fiege, S.: Risikomanagement- und Überwachungssystem nach KonTraG: Prozess, Instrumente, Träger, Wiesbaden 2006.

Fink, A./Siebe, A.: Handbuch Zukunftsmanagement: Werkzeuge der strategischen Planung und Früherkennung, Frankfurt a. Main/New York, NY 2006.

Fischer, M./Himme, A./Albers, S.: Pionier, Früher Folger oder Später Folger: Welche Strategie verspricht den größten Erfolg?, in: ZfB, 77. Jg., 2007, Heft 5, S. 539–573.

Fischer, T.: Erfolgspotentiale und Erfolgsfaktoren im strategischen Management, in: Welge, M./Al-Laham, A./Kajüter, P. (Hrsg.): Praxis des strategischen Managements, Wiesbaden 2000, S. 71–94.

Fischer, T./Möller, K./Schultze, W.: Controlling: Grundlagen, Instrumente und Entwicklungsperspektiven, Stuttgart 2012.

Fleschhut, P./Kudernatsch, D.: Management Exellence – die sieben Kernkompetenzen für Spitzenleistungen, in: Kudernatsch, D./Fleschhut, P. (Hrsg.): Management Excellence: Strategieumsetzung durch innovative Führungs- und Steuerungssystem, Stuttgart 2005, S. 3–37.

Förster, H./Goste, M.: Die Nutzung von Konzernmodellen zur Strategiebewertung, in: ZfCM, 53. Jg., 2009, Heft 4, S. 242–247.

Folwaczny, F.: Implementierung der Balanced Scorecard: Fallstudie bei der ThyssenKrupp Steel AG, Diss., Universität Dortmund, Marburg 2010.

Franke, G./Hax, H.: Finanzwirtschaft des Unternehmens und Kapitalmarkt, 6. Aufl., Berlin/Heidelberg 2009.

Franz, K.-P.: Die Ergebniszielorientierung des Controlling als Unterstützungsfunktion, in: Scherm, E./Pietsch, G. (Hrsg.): Controlling: Theorien und Konzeptionen, München 2004a, S. 271–288.

Franz, K.-P.: Werttreiberbäume und Balanced Scorecards – ein Vergleich, in: Bensberg, F./Brocke J. v./Schultz, M. (Hrsg.): Trendberichte zum Controlling, Festschrift für Heinz Lothar Grob, Heidelberg 2004b, S. 97–109.

Franz, K.-P.: Kundenwert in Modellen des Wertmanagements, in: Günter, B./Helm, S. (Hrsg.): Kundenwert: Grundlagen, Innovative Konzepte, Praktische Umsetzungen, 3. Aufl., Wiesbaden 2006, S. 447–460.

Freidank, C.-C./Müller, S./Wulf, I. (Hrsg.): Controlling und Rechnungslegung: Aktuelle Entwicklungen in Wissenschaft und Praxis, Laurenz Lachnit zum 65. Geburtstag, Wiesbaden 2008.

Freitag, M.: Opel-Übernahme kostet Magna Aufträge, http://www.manager-magazin.de/unternehmen/artikel/0,2828,650913,00.html, Zugriff: 13.08.2010.

Friedl, B.: Controlling, Stuttgart 2003.

Friedl, G./Hofmann, C./Pedell, B.: Kostenrechnung: Eine entscheidungsorientierte Einführung, München 2010.

Gadiesh, O./Gilbert, J.: Profit pools: A fresh look at strategy, in: Harvard Business Review, Vol. 76, 1998, May–June, p. 139–147.

Gassmann, O./Kobe, C. (Hrsg.): Management von Innovation und Risiko, 2. Aufl., Berlin/Heidelberg 2006.

Geginat, J. et al.: Kapitalkosten als strategisches Entscheidungskriterium, Roland Berger Strategy Consultants, Amsterdam et al. 2006, http://www.rolandberger.com/media/pdf/rb_press/RB_KapitalkostenD_ 20060301.pdf, Zugriff: 18.04.2009.

Gehrig, C.: Anwendungssystemgestütztes strategisches Controlling: Konzeption und empirische Ergebnisse, Diss., Universität Gießen 2008, Frankfurt a. Main 2009.

Gemünden, H./Rohrbeck, R.: Analyse des Reifegrades Strategischer Frühaufklärungssysteme in multinationalen Unternehmen, in: Reimer, M./Fiege, S. (Hrsg.): Perspektiven des Strategischen Controllings: Festschrift für Ulrich Krystek, Wiesbaden 2009, S. 259–272.

General Motors: 90 Day Update, October 7, 2009, http://phx.corporate-ir.net/External.File?item=UGFyZW50SUQ9MTY5Njl8Q2hpbGRJRD0tMXxUeXBlPTM=&t=1, Zugriff: 02.12.2009.

Gerkhardt, M./Frey, D./Fischer, P.: The human factor in change processes: Success factors from a socio-psychological point of view, in: Klewes, J./Langen, R. (ed.): Change 2.0, Beyond Organisational Transformation, Berlin/Heidelberg 2008, p. 11–25.

Gerybadze, A. et al. (ed.): Innovation and International Corporate Growth, Berlin/Heidelberg 2010.

Geschka, H.: Szenariotechnik als Instrument der Frühaufklärung, in: Gassmann, O./Kobe, C. (Hrsg.): Management von Innovation und Risiko, 2. Aufl., Berlin/Heidelberg 2006, S. 357–372.

GfK/gfu: Der Markt für Consumer Electronics: Deutschland 2008, http://www.gfu.de/go/gfu/_ws/resource/_ts_1241780178945/rO0ABXQAQWR5bjptb2R1bGVzL3Npd GVzL3dlYnNpdGUvcGFnZXMvaG9tZS9tYWluL19wYWdlX2lkX29fYWR2YW5jZWRfNzEy/link0 1/cemarkt2008.pdf, Zugriff: 23.01.2010.

Girkinger, W. (Hrsg.): Mergers & Acquisitions: Konzeption, Instrumentarium, Fallstudien, Linz 2001.

Gladen, W.: Performance Measurement: Controlling mit Kennzahlen, 4. Aufl., Wiesbaden 2008.

Glaschak, S.: Strategiebasiertes Multiprojektmanagement, München/Mering 2006.

Glaum, M./Hommel, U./Thomaschewski, D. (Hrsg.): Wachstumsstrategien internationaler Unternehmungen: Internes vs. externes Wachstum, Stuttgart 2002.

Gleich R. et al. (Hrsg.): Controlling – relevance lost?: Perspektiven für ein zukunftsfähiges Controlling, Festschrift für P. Horváth, München 2012.

Gleich, R.: Performance Measurement: Konzepte, Fallstudien und Grundschema für die Praxis, 2. Aufl., München 2011.

Gleich, R./Michel, U. (Hrsg.): Organisation des Controlling: Grundlagen, Praxisbeispiele und Perspektiven, Freiburg i. Breisgau 2007.

Gleißner, W.: Value-Based Corporate Risk Management, in: Frenkel, M./Hommel, U./Rudolf, M. (ed.): Risk Management: Challenge and Opportunity, 2nd ed., Berlin/Heidelberg 2005, S. 479–494.

Gleißner, W.: Grundlagen des Risikomanagements, München 2008.

Gleißner, W./Kalwait, R.: Integration von Risikomanagement und Controlling, in: Controller Magazin, 35. Jg., 2010, Heft 4, S. 23–34.

Gleißner, W./Wolfrum, M.: Risikomaße, Performancemaße und Rating: die Zusammenhänge, in: Hilz-Ward, R./Everling, O. (Hrsg.): Risk Performance Management: Chancen für ein besseres Rating, Wiesbaden 2009, S. 89–109.

Global Benchmarking Network: Global Survey on Business Improvement and Benchmarking, 2010, http://www.globalbenchmarking.org/gbn-survey-results-business-improvement-and-benchmarking, Zugriff: 24.08.2010.

Görmer, M./Kohl, H.: Benchmarking für kleinere und mittlere Unternehmen, in: Mertins, K./Kohl, H. (Hrsg.): Benchmarking – Leitfaden für den Vergleich mit den Besten, 2. Aufl., Düsseldorf 2009, S. 137–167.

Götze, U.: Investitionsrechnung: Modelle und Analysen zur Beurteilung von Investitionsvorhaben, 6. Aufl., Berlin/Heidelberg 2008.

GPM Deutsche Gesellschaft für Projektmanagement e. V. (Hrsg.) in Verbindung mit Schelle, H./Ottmann, R./Pfeiffer, A.: ProjektManager, 3. Aufl., Nürnberg 2008.

Grant, R.: Contemporary strategy analysis, 3rd ed., Malden, Ma. 2003.

Grant, R.: Contemporary strategy analysis, 5th ed., Malden, Ma. 2008.

Graumann, M.: Controlling: Begriff, Elemente, Methoden und Schnittstellen, 2. Aufl., Düsseldorf 2008.

Grob, H./Bensberg, F.: Controllingsysteme: Entscheidungstheoretische und informationstechnische Grundlagen, München 2009.

Große-Oetringhaus, W.: Strategische Identität – Orientierung im Wandel: Ganzheitliche Transformation zu Spitzenleistungen, Berlin et al. 1996.

Grün, K. v. d./Wächtler, J./Garrel, J.: Bestimmung relevanter Zielmärkte, in: Schenk, M./Schlick, C. (Hrsg.): Industrielle Dienstleistungen und Internationalisierung: One-Stop Services als erfolgreiches Konzept, Wiesbaden 2009, S. 49–68.

Günter, B./Helm, S. (Hrsg.): Kundenwert: Grundlagen, Innovative Konzepte, Praktische Umsetzungen, 3. Aufl., Wiesbaden 2006.

Günther, T./Breiter, H.: Strategisches Controlling – State of the Art und Entwicklungstrends, in: ZfCM, 51. Jg., 2007, Sonderheft 2, S. 6–14.

Hab, G./Wagner, R.: Projektmanagement in der Automobilindustrie: Effizientes Management von Fahrzeugprojekten entlang der Wertschöpfungskette, Wiesbaden 2004.

Haberlandt, K.: Das Wachstum der industriellen Unternehmung, Neuwied/Berlin 1970.

Haberlandt, K.: Controlling – quo vadis?, in: Dillerup, R./Haberlandt, K./Vogler, G.: Heilbronner Beiträge zur Unternehmensführung, München 2009, S. 56–79.

Hagenloch, T.: Grundzüge der Entscheidungslehre, Norderstedt 2009.

Hahn, D.: Planungs- und Kontrollrechnung – PuK, 3. Aufl., Wiesbaden 1985.

Hahn, D.: PuK, Controllingkonzepte: Planung und Kontrolle, Planungs- und Kontrollsysteme, Planungs- und Kontrollrechnung, 4. Aufl., Wiesbaden 1994.

Hahn, D.: Stand und Entwicklungstendenzen der strategischen Planung, in: Hahn, D./Taylor, B. (Hrsg.): Strategische Unternehmungsplanung – Strategische Unternehmungsführung, 9. Aufl., Berlin/Heidelberg 2006a, S. 3–28.

Hahn, D.: Strategische Unternehmungsführung – Grundkonzept, in: Hahn, D./Taylor, B. (Hrsg.): Strategische Unternehmungsplanung – Strategische Unternehmungsführung, 9. Aufl., Berlin/Heidelberg 2006b, S. 29–50.

Hahn, D.: Kennzahlen des Wertsteigerungsmanagements, in: Hahn, D./Taylor, B. (Hrsg.): Strategische Unternehmungsplanung – Strategische Unternehmungsführung, 9. Aufl., Berlin/Heidelberg 2006c, S. 115–136.

Hahn, D.: Zweck und Entwicklung der Portfolio-Konzepte in der strategischen Unternehmungsplanung, in: Hahn, D./Taylor, B. (Hrsg.): Strategische Unternehmungsplanung – Strategische Unternehmungsführung, 9. Aufl., Berlin/Heidelberg 2006d, S. 215–248.

Hahn, D.: Strategische Kontrolle, in: Hahn, D./Taylor, B. (Hrsg.): Strategische Unternehmungsplanung – Strategische Unternehmungsführung, 9. Aufl., Berlin/Heidelberg 2006e, S. 451–464.

Hahn, D./Bleicher, K.: Organisationsplanung als Gegenstand der strategischen Planung, in: Hahn, D./Taylor, B. (Hrsg.): Strategische Unternehmungsplanung – Strategische Unternehmungsführung, 9. Aufl., Berlin/Heidelberg 2006, S. 313–327.

Hahn, D./Blome, M./Nicklas, M.: Klassische und vereinfachte integrierte Planungs- und Kontrollrechnung (PuK) als Führungsinstrument, in: Hahn, D./Taylor, B. (Hrsg.): Strategische Unternehmungsplanung – Strategische Unternehmungsführung, 9. Aufl., Berlin/Heidelberg 2006, S. 409–432.

Hahn, D./Hungenberg, H.: Planungs- und Kontrollrechnung – PuK, 6. Aufl., Wiesbaden 2001.

Hahn, D./Taylor, B. (Hrsg.): Strategische Unternehmungsplanung – Strategische Unternehmungsführung: Stand und Entwicklungstendenzen, 7. Aufl., Heidelberg 1997.

Hahn, D./Taylor, B. (Hrsg.): Strategische Unternehmungsplanung – Strategische Unternehmungsführung, 9. Aufl., Berlin/Heidelberg 2006.

Haier: About Haier: Company Background, http://www.haier.com/abouthaier/corporateprofile/index.asp, Zugriff: 15.05.2010a.

Haier: About Haier: Values & Philosophy, http://www.haier.com/abouthaier/CorporateCulture/faith6_03.asp, Zugriff: 15.05.2010b.

Haier: Wer wir sind: Das Unternehmen Haier: Meilensteine der Entwicklung, http://www.haiereurope.com/de/contents/meilensteine-der-entwicklung, Zugriff: 15.05.2010c.

Haier: Haier's Group, http://www.haier.com.my/haiers-group, Zugriff: 20.03.2011.

Haier: Haier retains its place as the worlds no.1 Major Appliances brand in Euromonitor International 2012 rankings, 31 12 2012, http://www.wallstreet-online.de/nachricht/5073122-haier-euromonitor-vierten-folge-nummer-1-elektrogeraete, Zugriff: 04.03.2013.

Harro Höfliger: Unternehmen, http://www.hoefliger.de/index.php?id=10&L, Zugriff: 17.08.2010.

Harro Höfliger: Unternehmen, http://www.hoefliger.de/index.php?id=10&L, Zugriff: 06.03.2013.

Hebeler, C.: Integration von internem und externem Rechnungswesen bei Henkel: Eine ex-post-Analyse, in: ZfCM, 50. Jg., 2006, Sonderheft 2, S. 4–13.

Helm, S./Günter, B.: Kundenwert – eine Einführung in die theoretischen und praktischen Herausforderungen der Bewertung von Kundenbeziehungen in: Günter, B./Helm, S. (Hrsg.): Kundenwert: Grundlagen, Innovative Konzepte, Praktische Umsetzungen, 3. Aufl., Wiesbaden 2006, S. 4–38.

Henkel: Henkel Adhesives Technologies, On our way ..., Analyst & Investor Meeting, Munich, November 7, 2007, Alois Linder, http://loctite.de/de/content_data/20071107_Presentation_AL_Adh_Tech.pdf, Zugriff: 23.10.2010.

Herrmann, A./Homburg, C./Klarmann, M. (Hrsg.): Handbuch Marktforschung: Methoden, Anwendungen, Praxisbeispiele, 3. Aufl., Wiesbaden 2008.

Herzhoff, M.: Zum Zusammenspiel von Frühaufklärung und Szenariotechnik, in: Reimer, M./Fiege, S. (Hrsg.): Perspektiven des Strategischen Controllings: Festschrift für Ulrich Krystek, Wiesbaden 2009, S. 273–280.

Heuskel, J.: Wettbewerb jenseits von Industriegrenzen, Frankfurt a. Main/New York, NY 1999.

Hewlett-Packard: Financial News: HP to Acquire 3Com for $2.7 Billion, http://h30261.www3.hp.com/phoenix.zhtml?c=71087&p=irol-newsArticle&ID=1354389&highlight, Zugriff: 18.11.2009a.

Hewlett-Packard: Hewlett-Packard to acquire 3Com, David Donatelli, EVP & GM Enterprise Servers and Networking, HP, 11 November 2009, http://phx.corporate-ir.net/External.File?item=UGFyZW50SUQ9MjAzNjd8Q2hpbGRJRD0tMXxUeXBlPTM=&t=1, Zugriff: 18.11.2009b.

Hewlett-Packard: Financial News: HP to Acquire 3PAR, http://h30261.www3.hp.com/phoenix.zhtml?c=71087&p=irol-newsArticle&ID=1466610&highlight, Zugriff: 04.09.2010.

Hewlett-Packard: Hewlett-Packard Company and subsidiaries consolidated condensed statements of earnings (unaudited), http://phx.corporate-ir.net/External.File?item=UGFyZW50SUQ9NzE5Nzd8Q2hpbGRJRD0tMXxUeXBlPTM=&t=1, Zugriff: 22.01.2011a.

Hewlett-Packard: Financial News: HP to Evaluate Strategic Alternatives for Personal Systems Group, http://h30261.www3.hp.com/phoenix.zhtml?c=71087&p=irol-newsArticle&ID=1598005&highlight=, Zugriff: 21.08.2011b.

Hewlett-Packard: Financial News: HP Names Meg Whitman President and Chief Executive Officer, http://h30261.www3.hp.com/phoenix.zhtml?c=71087&p=irol-newsArticle&ID=1609375&highlight=, Zugriff: 30.09.2011c.

Hewlett-Packard: Financial News: HP to Keep PC Division, http://h30261.www3.hp.com/phoenix.zhtml?c=71087&p=irol-newsArticle&ID=1622848&highlight=, Zugriff: 30.09.2011d.

Hewlett-Packard: Financial News: HP Reports Third Quarter 2012 Results, http://h30261.www3.hp.com/phoenix.zhtml?c=71087&p=irol-newsArticle&ID=1727793&highlight=, Zugriff: 23.03.2013a.

Hewlett-Packard: Financial News: HP Reports Fourth Quarter and Full Year 2012 Results, http://h30261.www3.hp.com/phoenix.zhtml?c=71087&p=irol-newsarticle&ID=1760639, Zugriff: 23.03.2013b.

Hewlett-Packard: 2012 Annual Report, http://h30261.www3.hp.com/phoenix.zhtml?c=71087&p=irol-irhome, Zugriff: 30.03.2013c.

Hielscher, H.: Ein neues Konzept soll Schlecker retten, http://www.wiwo.de/unternehmen-maerkte/ein-neues-konzept-soll-schlecker-retten-459093/, Zugriff: 13.03.2011.

Hielscher, H.: Lidl überholt Aldi, http://www.wiwo.de/unternehmen/handel/discounterketten-lidl-ueberholt-aldi/7367056.html, Zugriff: 24.03.2013.

Hilpisch, Y.: Options Based Management: Vom Realoptionsansatz zur optionsbasierten Unternehmensführung, Wiesbaden 2006.

Hilz-Ward, R./Everling, O. (Hrsg.): Risk Performance Management: Chancen für ein besseres Rating, Wiesbaden 2009.

Hirn, W./Sucher, J.: Letztes Aufgebot, http://www.manager-magazin.de/magazin/artikel/0,2828,druck-531036,00.html, Zugriff: 28.05.2010.

Hirsch, B.: Controlling und Entscheidungen, Tübingen 2007.

Hochtief: Geschäftsbericht 2009, http://www.berichte.hochtief.de/gb10/download/137, Zugriff: 17.09.2010.

Hofbauer, G./Schöpfel, B.: Professionelles Kundenmanagement: Ganzheitliches CRM und seine Rahmenbedingungen, Erlangen 2010.

Hoffjan, A./Wömpener, A.: Comparative Analysis of Strategic Management Accounting in German- and English-Language General Management Accounting Textbooks, in: Schmalenbach Business Review, Vol. 58, July 2006, p. 234–258.

Hoffmeister, W.: Investitionsrechnung und Nutzwertanalyse, 2. Aufl., Berlin 2008.

Homburg, C./Krohmer, H.: Marketingmanagement: Strategie, Instrumente, Umsetzung, Unternehmensführung, 3. Aufl., Wiesbaden 2009.

Homburg, C./Sieben, F.: Customer Relationship Management (CRM) – Strategische Ausrichtung statt IT-getriebenem Aktivismus, in: Bruhn, M./Homburg, C. (Hrsg.): Handbuch Kundenbindungsmanagement: Strategien und Instrumente für ein erfolgreiches CRM, 6. Aufl., Wiesbaden 2008, S. 501–528.

Hommel, U./Scholich, M./Vollrath, R. (Hrsg.): Realoptionen in der Unternehmenspraxis: Wert schaffen durch Flexibilität, Berlin/Heidelberg 2001.

Hoogen, M./Lingnau, V.: Perspektiven eines kognitionsorientierten Controllings für KMU, in: Müller, D. (Hrsg.): Controlling für kleine und mittlere Unternehmen, München 2009, S. 101–126.

Hoque, Z.: Strategic Management Accounting, 2nd. ed., Frenchs Forest, NSW 2006.

Horváth, P.: Strategisches Controlling: Von der Budgetierung zur strategischen Steuerung, in: Controlling, 20. Jg., 2008, Heft 12, S. 663–669.

Horváth, P.: Controlling, 11. Aufl., München 2009.

Horváth, P.: Herausforderungen an das Controlling bei der Strategieumsetzung, in: Reimer, M./Fiege, S. (Hrsg.): Perspektiven des Strategischen Controllings: Festschrift für Ulrich Krystek, Wiesbaden 2009, S. 19–31.

Horváth, P.: Controlling, 12. Aufl., München 2011.

Horváth, P./Gaiser, B./Vogelsang, P.: Quo vadis Balanced Scorecard? Implementierungserfahrungen und Anregungen zur Weiterentwicklung, in: Hahn, D./Taylor, B. (Hrsg.): Strategische Unternehmungsplanung – Strategische Unternehmungsführung, 9. Aufl., Berlin/Heidelberg 2006, S. 152–171.

Horváth, P./Kaufmann, L.: Beschleunigung und Ausgewogenheit im strategischen Managementprozess – Strategieumsetzung mit Balanced Scorecard, in: Hahn, D./Taylor, B. (Hrsg.): Strategische Unternehmungsplanung – Strategische Unternehmungsführung, 9. Aufl., Berlin/Heidelberg 2006, S. 137–150.

Horváth & Partner: Unternehmenssteuerung mit der Balanced Scorecard, J. Gräf, Vortragsunterlage, FH Würzburg, WS 2007/2008, 23.11.2007.

Huber, A.: Praxishandbuch Strategische Planung, Berlin 2008.

Huegin Consulting: Targeting Growth through Profit Pool Analysis, http://www.huegin.com.au/Research_files/Huegin_ProfitPool_DisscussionPaper_v4.pdf, Zugriff: 09.05.2009.

Hungenberg, H.: Strategisches Management in Unternehmen, 6. Aufl., Wiesbaden 2011.

Hungenberg, H./Wulf, T./Stellmaszek, F.: Einsatzfelder und Operationalisierung der Realoptionstheorie: Implikationen für die wertorientierte Unternehmensführung, IUP Institut für Unternehmungsplanung, 05-01, http://www.management.wiso.uni-erlangen.de/Forschung/Arbeitspapiere/IUP%20AP%2005-01%20Einsatz%20von%20Realoptionen.pdf, Zugriff: 02.10.2010.

Hunziker, U./Hügel, H.: Die Unternehmensstrategie nachhaltig und wirksam umsetzen: Methodik und Erfolgsfaktoren aus der Sicht von UBS Global Wealth Management & Business Banking, in: zfo, 76. Jg., 2007, Heft 1, S. 12–19.

Hutzschenreuter, T./Griess-Nega, T. (Hrsg.): Krisenmanagement: Grundlagen, Strategien, Instrumente, Wiesbaden 2006.

IBM: Making Change Work, Stuttgart et al. 2007, http://www-05.ibm.com/de/pressroom/downloads/mcw_2007.pdf, Zugriff: 21.02.2009.

ICOM: Fallstudie Index Interne Kommunikation ®, http://www.communicationcontrolling.de/fileadmin/communicationcontrolling/pdf-fallstudien/Fallstudie_Bayer_Schering_Pharma_AG_2008.pdf, Zugriff: 06.11.2010.

IfM: Ranking – Die 50 größten Medienkonzerne 2012, http://www.mediadb.eu/rankings/intl-medienkonzerne-2012.html, Zugriff: 08.04.2013.

Informationszentrum Benchmarking (IZB) am Fraunhofer IPK: BenchmarkIndex: Produktion: Benchmarking Fragebogen, Berlin o. J..

International Group of Controlling (Hrsg.)/Weißenberger, B. (Schriftleitung): Controller und IFRS: Konsequenzen für die Controlleraufgaben durch die Finanzberichterstattung nach IFRS, Freiburg i. Breisgau 2006.

International Organization for Standardization: Final Draft, International Standard ISO/FDIS 31000: Risk management – Principles and guidelines, http://www.curasoftware.com/Downloads/ISO-31000-Final-Draft.pdf, Zugriff: 12.12.2010a.

International Organization for Standardization: Final Draft, International Standard IEC/FDIS 31010: Risk management – Risk assessment techniques, http://www.ustag.org/riskmanagement/members/docs/ISO31010Draft8-09.pdf, Zugriff: 12.12.2010b.

IPMA: ICB-IPMA Competence Baseline, Version 3.0, Nijkerk 2006, http://www.ipma.ch/Documents/ICB_V._3.0.pdf, Zugriff: 29.09.2009.

Jahnke, H.: Erfahrungskurve, in: Küpper, H.-U./Wagenhofer, A. (Hrsg.): Handwörterbuch Unternehmensrechung und Controlling (HWU), 4. Aufl., Stuttgart 2002, Sp. 384–392.

Jakob Metz: Presseecho, http://www.metzrohtabake.de/37,0,presseecho,index,0.html, Zugriff: 18.08.2010a.

Jakob Metz: Presseecho, http://www.metzkraeuter.de/71,0,presseecho,index,0.html, Zugriff: 31.08.2010b.

Jakob Metz: Fermentation, http://www.metzrohtabake.de/28,0,fermentation,index,0.html, Zugriff: 31.08.2010c.

Jenewein, W./Morhart, F.: Wie Jürgen Dormann ABB rettete, in: Harvard Business manager, 29. Jg., 2007, September, S. 22–32.

Jenny, B.: Projektmanagement, Zürich 2009.

Jöns, I./Bungard, W. (Hrsg.): Feedbackinstrumente im Unternehmen: Grundlagen, Gestaltungshinweise, Erfahrungsberichte, Wiesbaden 2005.

Johnson, G./Scholes K./Whittington R.: Exploring corporate strategy, 8. ed., Harlow et al. 2008.

Jung, H.: Controlling, 3. Aufl., München 2011.

Kaeser, J.: Strategic and Financial Performance: Fundamental Driver for the Reorientation of Siemens AG, Dialogue at Frankfurt School, May 26, 2009, http://www.frankfurt-school.de/content/de/news/sonnemann/themen_juni09/fs_aktuell_juni/rueckblick_kaeser.html, Zugriff: 28.02.2010.

Kaiser, T.: Schlecker verschärft Kontrolle, http://www.welt.de/print-wams/article132655/Schlecker_verschaerft_Kontrolle.html, Zugriff: 28.05.2010.

Kajüter, P.: Risikomanagement als Controllingaufgabe im Rahmen der Corporate Governance, in: Wagenhofer, A. (Hrsg.): Controlling und Corporate Governance-Anforderungen: Verbindungen, Maßnahmen, Umsetzung, Berlin 2010, S. 109–130.

Kajüter, P.: Der Risikokonsolidierungskreis bei konzernweiten Risikomanagementsystemen, in: Controlling, 23. Jg., 2011, S. 159–164.

Kalkbrenner, C./Lagerbauer, R.: Der Bambus-Code: Schneller wachsen als die Konkurrenz, Göttingen 2008.

Kaplan, R./Norton, D.: The Balanced Scorecard – Measures that drive Performance, in: Harvard Business Review, Vol. 70, 1992, January–February, p. 71–79.

Kaplan, R./Norton, D.: Using the Balanced Scorecard as a Strategic Management System, in: Harvard Business Review, Vol. 74, 1996, January–February, p. 75–85.

Kaplan, R./Norton, D.: Having Trouble with Your Strategy? Then Map It, in: Harvard Business Review, Vol. 78, 2000, September–October, p. 167–176.

Kaplan, R./Norton, D.: Die strategiefokussierte Organisation: Führen mit der Balanced Scorecard, Stuttgart 2001.

Kaplan, R./Norton, D.: Strategy maps: Converting intangible assets into tangible outcomes, Boston, Ma. 2004.

Kaplan, R./Norton, D.: Der effektive Strategieprozess, Frankfurt a. Main/New York, NY 2009.

Keimer, I./Schiller, U.: Die Konsistenz von Strategie und Kostenmanagement und ihre Auswirkung auf den Unternehmenserfolg, Universität Bern, 23. August 2010, http://www.iuc.unibe.ch/content/-research/cost_accounting_and_cost_management/index_ger.html, Zugriff: 24.02.2011.

Kennedy, P.: The Rise and Fall of the Great Powers: Economic Change and Military Conflict from 1500 to 2000, New York 1989.

Kerth, K./Asum, H./Stich, V.: Die besten Strategietools in der Praxis, 5. Aufl., München 2011.

Keun, C./Langer, K.: Knüppeln, Knausern, Kontrollieren, http://www.manager-magazin.de/koepfe/unternehmerarchiv/0,2828,276910,00.html, Zugriff: 28.05.2010.

Keuper, F./Oecking, C. (Hrsg.): Corporate Shared Services, 2. Aufl., Wiesbaden 2008.

Kittl, C.: Kundenakzeptanz und Geschäftsrelevanz: Erfolgsfaktoren für Geschäftsmodelle in der digitalen Wirtschaft, Diss., Universität Graz 2008, Wiesbaden 2009.

Klein, A.: Strategisches Controlling: Noch eine Kernkompetenz der Controller?, in: Controller-Magazin, 35. Jg., 2010, Heft 4, S. 56–57.

Klein, A. (Hrsg.): Strategische Controlling-Instrumente, Freiburg i. Breisgau et al. 2010.

Klewes, J./Langen, R. (ed.): Change 2.0, Beyond Organisational Transformation, Berlin/Heidelberg 2008.

Kley, K.: IFRS: Möglichkeiten und Grenzen ihrer Abbildung im Controlling, in: ZfCM, 50. Jg., 2006, Heft 3, S. 151–157.

Knollmann, R./Hirsch, B./Weber, J.: Role Making für Controllerbereiche? Eine empirische Analyse zu den Auswirkungen von Gestaltungsfreiräumen für Controllerbereiche, in: Zeitschrift für Planung & Unternehmenssteuerung, 18. Jg., 2007, S. 365–386.

Köster, K.: International Project Management, London et al. 2010.

Kohl, H.: Der richtige Benchmarking-Partner, in: Mertins, K./Kohl, H. (Hrsg.): Benchmarking – Leitfaden für den Vergleich mit den Besten, 2. Aufl., Düsseldorf 2009, S. 89–105.

Kohlöffel, K.: Strategisches Management: Alle Chancen nutzen – Neue Geschäfte erschließen, München/Wien 2000.

Konica Minolta: Konica Minolta Announces Withdrawal Plan for Camera Business and Photo Business, January 19, 2006, http://www.konicaminolta.com/about/investors/news/2006.html, Zugriff: 02.09.2010.

Kotler, P./Bliemel, F.: Marketing-Management, 10. Aufl., Stuttgart 2001.

Kotler, P. et al.: Grundlagen des Marketing, 4. Aufl., München 2007.

Kotter, J.: Leading change, Boston, Ma. 2007.

KPMG: Enterprise Risk Management, http://www.kpmg.com/aci/docs/risk_mgmt/ERM_Position_Paper_Web.pdf, Zugriff: 03.06.2009.

Krafft, M./Rutsatz, U.: Konzepte zur Messung des ökonomischen Kundenwerts, in: Günter, B./Helm, S.(Hrsg.): Kundenwert: Grundlagen, Innovative Konzepte, Praktische Umsetzungen, 3. Aufl., Wiesbaden 2006, S. 269–291.

Kranz, M.: Management von Strategieprozessen: Von der Strategischen Planung zur integrierten Strategieentwicklung, Diss., Universität Potsdam 2006, Wiesbaden 2007.

Krause, H.-U./Arora, D.: Controlling-Kennzahlen – Key Performance Indicators, 2. Aufl., München 2010.

Krause, S./Schmidbauer, R.: Umsetzung des (unternehmens-)wertorientierten Controllings bei der BMW Group, in: Controlling, 15. Jg., 2003, Heft 9, S. 441–449.

Kremin-Buch, B.: Strategisches Kostenmanagement: Grundlagen und moderne Instrumente, 4. Aufl., Wiesbaden 2007.

Kreutzer, M./Lechner, C.: Implementierung von Strategien: Bestandsaufnahme und Ausblick, in: OrganisationsEntwicklung: Zeitschrift für Unternehmensentwicklung und Change Management, 2009, Heft 1, S. 4–13.

Krüger, W.: Organisation, in: Bea, F./Friedl, B./Schweitzer, M. (Hrsg.): Allgemeine Betriebswirtschaftslehre, Bd. 2: Führung, 9. Aufl., Stuttgart 2005, S. 140–234.

Krüger, W.: Controlling von Reorganisationsprojekten, in: Werder, A. v./Stöber, H./Grundei, J. (Hrsg.): Organisations-Controlling, Wiesbaden 2006, S. 83–132.

Krüger, W.: Excellence in Change: Wege zur strategischen Erneuerung, 4. Aufl., Wiesbaden 2009.

Krüger, W./Bach, N.: Geschäftsmodelle und Wettbewerb im e-Business, in: Buchholz, W./Werner, H. (Hrsg.): Supply Chain Solutions – Best Practices im E-Business, Stuttgart 2001, S. 29–51.

Krüger, W./Homp, C.: Kernkompetenz-Management: Steigerung von Flexibilität und Schlagkraft im Wettbewerb, Wiesbaden 1997.

Kruschwitz, L.: Investitionsrechnung, 12. Aufl., München 2009.

Kruschwitz, L./Husmann, S.: Finanzierung und Investition, 6. Aufl., München 2009.

Krystek, U.: Controlling und Frühaufklärung: Stand und Entwicklungstendenzen von Systemen der Frühaufklärung, in: Controlling, 2. Jg., 1990, Heft 2, S. 68–75.

Krystek, U.: Krisenarten und Krisenursachen, in: Hutzschenreuter, T./Griess-Nega, T. (Hrsg.): Krisenmanagement: Grundlagen, Strategien, Instrumente, Wiesbaden 2006, S. 41–66.

Krystek, U.: Strategische Früherkennung, in: ZfCM, 51. Jg., 2007, Sonderheft 2, S. 50–58.

Krystek, U./ Moldenhauer, R.: Handbuch Krisen- und Restrukturierungsmanagement: Generelle Konzepte, Spezialprobleme, Praxisberichte, Stuttgart 2007.

Krystek, U./Müller-Stewens, G.: Frühaufklärung für Unternehmen, Stuttgart 1993.

Krystek, U./Müller-Stewens, G.: Strategische Frühaufklärung, in: Hahn, D./Taylor, B. (Hrsg.): Strategische Unternehmungsplanung – Strategische Unternehmungsführung, 9. Aufl., Berlin/Heidelberg 2006, S. 175–193.

Kudernatsch, D./Fleschhut, P. (Hrsg.): Management Excellence: Strategieumsetzung durch innovative Führungs- und Steuerungssystem, Stuttgart 2005.

Küpper, H.-U.: Controlling: Konzeptionen, Aufgaben und Instrumente, Stuttgart 1995.

Küpper, H.-U.: Controlling: Konzeption, Aufgaben, Instrumente, 5. Aufl., Stuttgart 2008.

Küpper, H.-U./Wagenhofer, A. (Hrsg.): Handwörterbuch Unternehmensrechung und Controlling (HWU), 4. Aufl., Stuttgart 2002.

Kuester, S. et al.: Verteidigungsstrategien gegen neue Wettbewerber, in: ZfB, 71. Jg., 2001, Heft 10, S. 1191–1215.

Kukalis, S.: Survey of Recent Developments in Strategic Management: Implications for Practitioners, International Journal of Management, Vol. 26, 2009, April, p. 99–106.

Kuß, A./Eisend, M.: Marktforschung: Grundlagen der Datenerhebung und Datenanalyse, 3. Aufl., Wiesbaden 2010.

Kuster, J. et al.: Handbuch Projektmanagement, 2. Aufl., Berlin/Heidelberg 2008.

Kutschker, M./Schmid, S.: Internationales Management, 6. Aufl., München 2008.

Lachnit, L./Müller, S.: Unternehmenscontrolling: Managementunterstützung bei Erfolgs-, Finanz-, Risiko- und Erfolgspotenzialsteuerung, Wiesbaden 2006.

Lange, C.: Verhaltensorientierung im Controlling: Forschungsstand und Entwicklungsperspektiven, in: Freidank, C.-C./Müller, S./Wulf, I.: (Hrsg.): Controlling und Rechnungslegung: Aktuelle Entwicklungen in Wissenschaft und Praxis, Laurenz Lachnit zum 65. Geburtstag, Wiesbaden 2008, S. 140–157.

Langer, K.: Das Prinzip Aldi: 2. Teil: „Immer wieder Überflüssiges meiden", http://www.manager-magazin.de/unternehmen/karriere/0,2828,288791-2,00.html, Zugriff: 04.09.2010.

Langguth, H.: Strategisches Controlling, Diss., Technische Universität Berlin 1994, Ludwigsburg/Berlin 1994.

Langguth, H.: Kapitalmarktorientiertes Wertmanagement: Unternehmensbewertung, Unternehmensbesteuerung und Berichterstattung, München 2008.

Laux, H.: Entscheidungstheorie, 6. Aufl., Berlin et al. 2005.

Leithner, S./Liebler, H.: Die Bedeutung von Realoptionen im M&A-Geschäft, in: Hommel, U./Scholich, M./Vollrath, R. (Hrsg.): Realoptionen in der Unternehmenspraxis: Wert schaffen durch Flexibilität, Berlin/Heidelberg 2001, S. 131–153.

Lidl: expansion international: Expansion ist unsere Strategie/Expansion is our strategy, http://www.lidl-immobilien.de/static_content/lidl_de/images/DE/Expansionsbroschuere2010_01.pdf, Zugriff: 15.01.2011.

Lidl: immobilien international, http://www.lidl-immobilien.de/static_content/lidl_de/images/DE/-BRO_Lidl_Immobilien_international_2013.pdf, Zugriff: 24.03. 2013.

Lingnau, V.: Forschungskonzept des Lehrstuhls für Unternehmensrechnung und Controlling, Beiträge zur Controlling-Forschung, Nr. 15, Lehrstuhl für Unternehmensrechnung und Controlling, Technische Universität Kaiserslautern, Kaiserslautern 2010, http://luc.wiwi.uni-kl.de/, Zugriff: 08.03.2011.

Link, J.: Führungssysteme: Strategische Herausforderung für Organisation, Controlling und Personalwesen, 5. Aufl., München 2010.

Link, J./Weiser, C.: Marketing-Controlling: Systeme und Methoden für mehr Markt- und Unternehmenserfolg, 2. Aufl., München 2006.

Litke, H.-D.: Managementkompetenz und Karriereweg, in: Mayer, T./Wald, A./Gleich, R./Wagner, R. (Hrsg.): Advanced Project Management, Berlin 2008, S. 71–89.

Littkemann, J. (Hrsg.): Innovationscontrolling, München 2005.

Loderer, C. et al: Handbuch der Bewertung: Praktische Methoden und Modelle zur Bewertung von Projekten, Unternehmen und Strategien, 4. Aufl., Zürich 2007.

Lombriser, R./Abplanalp, P.: Strategisches Management: Visionen entwickeln, Strategien umsetzen, Erfolgspotentiale aufbauen, 4. Aufl., Zürich 2005.

London, D./Lowitt, E.: The CSO and the CFO: Creative tension in the C-suite, in: Accenture Outlook, The journal of high-performance business, 2008, No. 1, p. 7.

London, D./Nunes, P./Lowitt, E.: Chief Financial Officers and Chief Strategy Officers: Partners in Strategic Management, Accenture Research Report, o. O., July 2007.

Lorenz, M.: Einführung in die rechtlichen Grundlagen des Risikomanagements, in: Romeike, F. (Hrsg.): Rechtliche Grundlagen des Risikomanagements, Berlin 2008, S. 3–29.

Lucks, K. (ed.): Transatlantic Mergers and Acquisitions, Erlangen 2005.

Lucks, K.: Management of Complex M&A-Projects: Challenges in Transatlantic Deals, in: Lucks, K. (ed.): Transatlantic Mergers and Acquisitions, Erlangen 2005, p. 246–259.

Lucks, K./Meckl, R.: Internationale Mergers & Acquisitions: Der prozessorientierte Ansatz, Berlin/Heidelberg 2002.

Luhmann, N.: Vertrauen: Ein Mechanismus der Reduktion sozialer Komplexität, 2. Aufl., Stuttgart 1973.

Macharzina, K./Wolf, J.: Unternehmensführung: Das internationale Managementwissen, Konzepte – Methoden – Praxis, 8. Aufl., Wiesbaden 2012.

Mader, M.: VW bremst Magna aus: Der Porsche-Auftrag ist weg, http://www.wirtschaftsblatt.at/home/oesterreich/unternehmen/steiermark/vw-bremst-magna-aus-der-porsche-auftrag-ist-weg-398830/index.do, Zugriff: 13.08.2010.

Magna: Joint Press Release – Magna and Sberbank offer selected as the preferred solution for Opel, http://www.magna.com/magna/en/investors/pressreleases/default.aspx?i=226, Zugriff: 13.08.2010a.

Magna: Magna 2009 Annual Report, http://phx.corporate-ir.net/External.File?item=UGFyZW50SUQ9Mzc1MDY2fENoaWxkSUQ9MzczMzg2fFR5cGU9MQ==&t=1, Zugriff: 13.08.2010b.

Malik, F.: Führen, Leisten, Leben: Wirksames Management für eine neue Zeit, 11. Aufl., Stuttgart/München 2001.

MAN: Strategie-Präsentation, http://www.man.eu/MAN/de/Investor_Relations/Strategie, Zugriff: 16.04.2009.

Mann, R.: Praxis Strategisches Controlling mit Checklists und Arbeitsformularen, 5. Aufl., Landsberg/Lech 1989.

Matlachowsky, P.: Implementierungsgrad der Balanced Scorecard: Fallstudienbasierte Analyse in deutschen Unternehmen, Diss., European Business School Oestrich-Winkel 2007, Wiesbaden 2008.

Matschke, M./Brösel, G.: Unternehmensbewertung: Funktionen, Methoden, Grundsätze, 3. Aufl., Wiesbaden 2007.

Mayer, T./Wald, A./Gleich, R./Wagner, R. (Hrsg.): Advanced Project Management, Berlin 2008.

Meckl, R./Horzella, A.: Wertsteigerung bei Unternehmensakquisitionen durch ein M&A-Controlling-System, in: DBW, 70. Jg., 2010, Heft 5, S. 425–442.

Meffert, H./Burmann, C./Kirchgeorg, M.: Marketing: Grundlagen marktorientierter Unternehmensführung, 10. Aufl., Wiesbaden 2008.

Meifert, T. (Hrsg.): Strategische Personalentwicklung: Ein Programm in acht Etappen Berlin/Heidelberg 2008.

Mende, J.: Schlecker setzt Schrumpfkur fort: Konzernerlös sinkt auf 6,55 Mrd. Euro – 2011 im Zeichen des Konzernumbaus, in: Lebensmittel Zeitung, 62. Jg., 2010, Heft 51, S. 4.

Menz, M. et. al.: Chief Strategy Officers: Study Report, December 2011, St. Gallen/Munich, University of St. Gallen/Roland Berger Strategy Consultants, http://www.alexandria.unisg.ch/Publikationen/nach-Projekten/207470/209307, Zugriff: 22.03.2013a.

Menz, M. et. al.: CSO'S Role in Times of Uncertainty: Report of the CSO Survey 2012, St. Gallen/Munich, University of St. Gallen/Roland Berger Strategy Consultants, http://www.alexandria.unisg.ch/Publikationen/nach-Projekten/207470/220223, Zugriff: 22.03.2013b.

Mercer Management Consulting (Hrsg.): Mercer-Studie zum Drogeriesektor in Deutschland/ Dynamische Fachmärkte haben die Vollsortimenter überholt, http://www.presseecho.de/wirtschaft/3730815008.htm, Zugriff: 28.05.2010.

Merchant, K./Van der Stede, W.: Management Control Systems: Performance Measurement, Evaluation and Incentives, 3rd. ed., Harlow 2012.

Mertins, K./Kohl, H. (Hrsg.): Benchmarking – Leitfaden für den Vergleich mit den Besten, 2. Aufl., Düsseldorf 2009.

Mertins, K./Kohl, H.: Benchmarking – Vergleich mit den Besten, in: Mertins, K./Kohl, H. (Hrsg.): Benchmarking – Leitfaden für den Vergleich mit den Besten, 2. Aufl., Düsseldorf 2009a, S. 19–61.

Mertins, K./Kohl, H.: Benchmarking-Techniken, in: Mertins, K./Kohl, H. (Hrsg.): Benchmarking – Leitfaden für den Vergleich mit den Besten, 2. Aufl., Düsseldorf 2009b, S. 63–105.

Metelmann, K./Neuwirth, S.: Wachstum und Organisation im Bayer-Konzern, in: Glaum, M./Hommel, U./Thomaschewski, D. (Hrsg.): Wachstumsstrategien internationaler Unternehmungen: Internes vs. externes Wachstum, Stuttgart 2002, S. 123–157.

Metro: Geschäftsbericht Konzernabschluss der Metro AG 2009, http://www.metrogroup.de/multimedia/microsite/Geschaeftsbericht-2009/pdf/GB2009-de.pdf, Zugriff: 25.05.2010a.

Metro: Konzernkommunikation: METRO Group startet Wertsteigerungsprogramm 'Shape 2012', http://www.metrogroup.de/servlet/PB/menu/1197600_l1/index.htm, Zugriff: 20.11.2010b.

Metro: 9M/Q3 2010 Conference Call, 2 November 2010, http://www.metrogroup.de/servlet/PB/show/1356320/Q-2010-Q3-CC-Charts.pdf, Zugriff: 20.11.2010c.

Meyer, J.: Produktinnovationserfolg und Target Costing, Diss., Universität Saarbrücken 2003, Wiesbaden 2003.

Micallef, M.: Discussion Document – COSO Guidance on Monitoring Internal Control Systems, Public Comment Form – Fall 2007, http://www.coso.org/documents/MarioMicallef.pdf, Zugriff: 05.06.2009.

Michaeli, R.: Competitive Intelligence: Strategische Wettbewerbsvorteile erzielen durch systematische Konkurrenz-, Markt- und Technologieanalysen, Berlin/ Heidelberg 2006.

Microsoft: Annual Report 2010: Financial Review, http://www.microsoft.com/investor/reports/ar10/10k_fr_not_21.html, Zugriff: 22.01.2011.

Microsoft: Microsoft Financial Data – FY12 Q4, http://www.microsoft.com/investor/EarningsAndFinancials/Earnings/PressReleaseAndWebcast/FY13/Q2/default.aspx, Zugriff: 04.03.2013.

Mintzberg, H./Lampel, J./Ahlstrand, B.: Strategy safari: A guided tour through the wilds of strategic management, New York, NY et al. 2005.

Mirow, M.: Das strategische Planungs- und Kontrollsystem der Siemens AG, in: Welge, M./Al-Laham, A./Kajüter, P. (Hrsg.): Praxis des strategischen Managements, Wiesbaden 2000, S. 347–361.

Mirow, M.: Strategie zwischen Genius und Kalkül, in: Zimmermann, A. (Hrsg.): Praxisorientierte Unternehmensplanung mit harten und weichen Daten: Das Strategische Führungssystem, Berlin/Heidelberg 2010, S. 117–132.

Mochty, L: Synergie-orientiertes Akquisitions-Controlling, in: Girkinger, W. (Hrsg.): Mergers & Acquisitions: Konzeption, Instrumentarium, Fallstudien, Linz 2001, S. 417–445.

Moder, M.: Supply Frühwarnsysteme: Die Identifikation und Analyse von Risiken in Einkauf und Supply Management, Diss., European Business School Oestrich-Winkel 2008, Wiesbaden 2008.

Mödritscher, G.: Customer Value Controlling: Hintergründe – Herausforderungen – Methode, Habilitationsschrift, Universität Klagenfurt 2007, Wiesbaden 2008.

Möller, K./Janssen, S.: Performance Measurement von Produktinnovationen: Konzepte, Instrumente und Kennzahlen des Innovationscontrollings, in: Controlling, 21. Jg., 2009, Heft 2, S. 89–96.

Morris, P./Pinto, J.: The Wiley Guide to Project Program & Portfolio Management, Hoboken, NJ 2007.

Moscho, A. et al.: Implementing Change Management Successfully – Reinventing an Innovative Corporation: The Bayer Case, in: Gerybadze, A. et al. (ed.): Innovation and International Corporate Growth, Berlin/Heidelberg 2010, p. 175–190.

Müller, A.: Grundzüge eines ganzheitlichen Controllings, 2. Aufl., München 2009.

Müller, A./Müller-Stewens, G.: Strategic Foresight, Stuttgart 2009.

Müller, B.: Porters Konzept generischer Wettbewerbsstrategien: Präzisierung und empirische Überprüfung, Diss., Universität Bern 2005, Wiesbaden 2007.

Müller, D. (Hrsg.): Controlling für kleine und mittlere Unternehmen, München 2009.

Müller, H.: Unternehmensführung: Strategien – Konzepte – Praxisbeispiele, 2. Auflage, München 2013.

Müller, K./Bungard, W./Jöns, I.: Mitarbeiterbefragung – Begriff, Funktion, Form, in: Bungard, W./Müller, K./Niethammer, C. (Hrsg.): Mitarbeiterbefragung – was dann…?: MAB und Folgeprozesse erfolgreich gestalten, Berlin/Heidelberg 2007, S. 6–13.

Müller-Stewens, G./Brauer, M.: Corporate Strategy & Governance: Wege zur nachhaltigen Wertsteigerung in diversifizierten Unternehmen, Stuttgart 2009.

Müller-Stewens, G./Lechner, C.: Strategisches Management: Wie strategische Initiativen zum Wandel führen, 3. Aufl., Stuttgart 2005.

Müller-Stewens, G./Lechner, C.: Strategisches Management: Wie strategische Initiativen zum Wandel führen, 4. Aufl., Stuttgart 2011.

Müller-Stewens, G/Menz, M.: Der Chief Strategy Officer: Neuer Wind in der C-Suite?, in: Gleich, R. et al. (Hrsg.): Controlling – Relevance lost?: Perspektiven für ein zukunftsfähiges Controlling, Festschrift für P. Horváth, München, 2012, S. 3–16.

MunichRe: Konzerngeschäftsbericht 2009, http://www.munichre.com/publications/302-06271_de.pdf, Zugriff: 28.01.2011.

MunichRe: Die Aktie: Zielerreichung, http://www.munichre.com/de/ir/shares/target_chievement/-default.aspx, Zugriff: 14.04.2013.

Mussnig, W. (Hrsg.): Strategien entwickeln und umsetzen: Speziell für kleine und mittelständische Unternehmen, Wien 2007.

Mussnig, W./Giermaier, G.: Strategische Ziele als Teil der Grundstrategie, in: Mussnig, W. (Hrsg.): Strategien entwickeln und umsetzen: Speziell für kleine und mittelständische Unternehmen, Wien 2007, S. 275–300.

Mussnig, W./Giermaier G./Sitter, A.: Die strategische Stoßrichtung als Teil der Grundstrategie, in: Mussnig, W. (Hrsg.): Strategien entwickeln und umsetzen: Speziell für kleine und mittelständische Unternehmen, Wien 2007, S. 257–274.

Mussnig, W./Mödritscher, G./Oberchristl, W.: 15 Werkzeuge des Strategischen Managements, in: Mussnig, W. (Hrsg.): Strategien entwickeln und umsetzen: Speziell für kleine und mittelständische Unternehmen, Wien 2007, S. 456–568.

Neilson, G./Martin, K./Powers, E.: The Secrets to Successful Strategy Execution, in: Harvard Business Review, Vol. 86, 2008, June, p. 60–70.

Neilson, G./Pasternack, B.: The Cat That Came Back, Booz & Company, Inc. 2005, http://www.strategy-business.com/resiliencereport/resilience/rr00022, Zugriff: 15.07.2009.

Nestlé: Strategy, http://www.nestle.com/AboutUs/Strategy/Pages/Strategy.aspx, Zugriff: 10.01.2011a.

Nestlé: General Overview, http://www.nestle.com/Common/NestleDocuments/Documents/Library/Presentations/Investors_Events/2010-Nov-Nestle-general-overview.pdf, Zugriff: 10.01.2011b.

Nestlé: Nestlé Health Science and the Nestlé Institute of Health Sciences, http://www.nestle.com/Common/NestleDocuments/Documents/Library/Presentations/Company_Strategy/NHS_Sep_2010.pdf, Zugriff: 10.01.2011c.

Nestlé: Annual Report 2011, http://www.nestle.com/asset-library/Documents/Library/Documents/-Annual_Reports/2011-Annual-Report-EN.pdf, Zugriff: 30.01.2013.

Neukirchen, R./Vollmer, M.: Change Management und Shared Services – Einbindung der Stakeholder, in: Keuper, F./Oecking, C. (Hrsg.): Corporate Shared Services, 2. Aufl., Wiesbaden 2008, S. 399–428.

Nick, A.: Wirksamkeit strategischer Frühaufklärung: Eine empirische Untersuchung, Diss., Technische Universität Berlin 2008, Wiesbaden 2008.

OC&C Strategy Consultants: König Kunde – Was treibt das Kaufverhalten des Kunden? Der OC&C-Proposition-Index 2010, 9/2010, www.lebensmittelzeitung.-net/studien/pdfs/189_.pdf, Zugriff: 04.03.2012.

Oriesek, D./Schwarz, J.: Business Wargaming: Unternehmenswert schaffen und schützen, Wiesbaden 2009.

Ossadnik, W.: Controlling, 4. Aufl., München 2009.

Ossadnik, W./Holtsch, M./Niemann, B.: Risikocontrolling mit Cashflow at Risk-Verfahren, in: Seicht, G. (Hrsg.): Jahrbuch für Controlling und Rechnungswesen 2010: Unternehmensbewertung, Kostenrechnung, Bilanzierung, Management und Controlling, Bankenkrise, Varia, Wien 2010, S. 473–493.

Osterloh, M./Weibel, A.: Investition Vertrauen, Wiesbaden 2006.

O. V.: Haier Reveals the Future of Home Appliances at CES Las Vegas 2011, http://www.prnewswire.com/news-releases/haier-reveals-the-future-of-home-appliances-at-ces-las-vegas-2011-113131769.html, Zugriff: 20.03.2011.

Pankoke, T./Petersmeier, K.: Der Zinssatz in der Unternehmensbewertung, in: Schacht, U./Fackler, M. (Hrsg.): Praxishandbuch Unternehmensbewertung, 2. Aufl., Wiesbaden 2009, S. 107–137.

Patzak, G.: Systemtechnik: Planung komplexer innovativer Systeme, Berlin et al. 1982.

Paxmann, S./Fuchs, G.: Der unternehmensinterne Businessplan: Neue Geschäftsmöglichkeiten entdecken, präsentieren, durchsetzen, 2. Aufl., Frankfurt a. Main/New York, NY 2010.

Peters, G./Pfaff, D.: Controlling: Wichtigste Methoden und Techniken, 2. Aufl., Zürich 2008.

Pfeiffer, W./Dögl, R.: Das Technologie-Portfolio-Konzept zur Beherrschung der Schnittstelle Technik und Unternehmensstrategie, in: Hahn, D./Taylor, B. (Hrsg.): Strategische Unternehmungsplanung – Strategische Unternehmungsführung: Stand und Entwicklungstendenzen, 7. Aufl., Heidelberg 1997, S. 407–435.

Pfeiffer Vacuum Technology AG: Pfeiffer Vacuum: Geschäftsbericht 2009, http://www.pfeiffervacuum.de/filepool/1/File/Investor_Relations/Finanzberichte/PVGB_2009_Gesamt_D.pdf, Zugriff: 04.05.2010.

Pfeiffer Vacuum Technology AG: Pfeiffer Vacuum Technology AG beabsichtigt den Erwerb des Geschäftsbereichs Vakuumtechnologie „Adixen" von Alcatel-Lucent, http://www.pfeiffer-vacuum.de/filepool/File/Investor_Relations/Press_Releases/2010/Presseinfo_Pfeiffer_Vacuum_kauft_Adixen.pdf?referer=1400, Zugriff: 22.01.2011.

Photon Consulting, Solar Annual 2008: Four Peaks, Executive Summary, http://www.photonconsulting.com/files/sa_2008_exec_summary.pdf, Zugriff: 23.02.2010a.

Photon Consulting, Solar Annual 2009: Total Eclipse, Overview, http://www.photonconsulting.com/files/reports/sa09_overview.pdf, Zugriff: 23.02.2010b.

Pillkahn, U.: Trends und Szenarien als Werkzeuge zur Strategieentwicklung, Erlangen 2007.

Piser, M.: Strategisches Performance Management: Performance Measurement als Instrument der Strategischen Kontrolle, Diss., Universität Bamberg 2003, Wiesbaden 2004.

Pitt, M./Koufopoulos, D.: Essentials of Strategic Management, London et al. 2012.

Plaschke, F.: Wertorientierte Management-Incentivesysteme auf Basis interner Wertkennzahlen, Diss., Technische Universität Dresden, Wiesbaden 2003.

Pörner, R.: Strategisches Management in den deutschen Dax-30-Unternehmen, FHTW-Transfer Nr. 38-2003, Berlin 2003.

Poggensee, K.: Investitionsrechnung: Grundlagen – Aufgaben – Lösungen, Wiesbaden 2009.

Porter, M.: Wettbewerbsstrategie: Methoden zur Analyse von Branchen und Konkurrenten, 11. Aufl., Frankfurt a. Main/New York, NY 2008a.

Porter, M.: The Five Competitive Forces that shape the industry, in: Harvard Business Review, Vol. 86, 2008b, January, p. 78–93.

Porter, M.: Wettbewerbsvorteile: Spitzenleistungen erreichen und behaupten, 7. Aufl., Frankfurt a. Main/New York, NY 2010.

Preen, A. v. et al.: Etappe 4: Performancemanagement, in: Meifert, T. (Hrsg.): Strategische Personalentwicklung: Ein Programm in acht Etappen Berlin/Heidelberg 2008, S. 167–197.

Preißler, P.: Betriebswirtschaftliche Kennzahlen, München 2008.

Progenerika: Marktdaten 2008/2009, http://www.progenerika.de/downloads/7870/ProGenMD2009RZweb.pdf, Zugriff: 14.08.2010.

Progenerika: Generika und Biosimilars in Deutschland 2012, http://www.progenerika.de/downloads/10408/Marktdaten2012, Zugriff: 09.05.2013.

Project Management Institute: A Guide to the Project Management Body of Knowledge (PMBOK Guide), 4. Aufl., Newtown Square, PA 2008.

Q-Cells: Q-Cells, 2009, Bericht zum 30. September 2009, http://www.qcells.de/medien/ir/berichte/2009/q_cells_q3_deutsch.pdf, Zugriff: 10.02.2010.

Q-Cells: Q-Cells, Aufbruch, Geschäftsbericht 2009, http://www.q-cells.de/medien/ir/berichte/2009/Q-Cells_2009_GB.pdf, Zugriff: 10.01.2011a.

Q-Cells: Capital Markets Day Q-Cells SE, 18. September 2009, http://www.q-cells.de/medien/ir/praesentationen/2009/09_09_18_qcells.pdf, Zugriff: 10.01.2011b.

Q-Cells: Q-Cells SE, Bericht zum 30. September 2010, http://www.q-cells.de/medien/ir/praesentationen/2009/09_09_18_qcells.pdf, Zugriff: 10.01.2011c.

Raithel, R.: Quantitative Forschung: Ein Praxiskurs, 2. Aufl., Wiesbaden 2008.

Raps, A.: Erfolgsfaktoren der Strategieimplementierung: Konzeption, Instrumente und Fallbeispiele, 3. Aufl., Wiesbaden 2008.

Rathnow, P.: Management weltweit: Mit praxiserprobten Instrumenten zu Spitzenleistungen, München 2010.

Rautenstrauch, T./Müller, C.: Strategisches Controlling in mittelständischen Unternehmen: Wunsch oder Wirklichkeit: Controller Magazin, 31. Jg., 2006, Heft 3, S. 226–229.

Reichmann, T.: Controlling mit Kennzahlen und Management-Tools: Die systemgestützte Controlling-Konzeption, 7. Aufl., München 2006.

Reichwald, R./Möslein, K.: Führung und Führungssysteme, HHL Arbeitspapier Nr. 70, HHL – Leipzig Graduate School of Management, Leipzig 2005.

Reimer, M.: Strategic Management Accounting – Begriff und Anwendungsstand in der Unternehmenspraxis, in: Reimer, M./Fiege, S. (Hrsg.): Perspektiven des Strategischen Controllings: Festschrift für Ulrich Krystek, Wiesbaden 2009, S. 79–95.

Reimer, M./Fiege, S. (Hrsg.): Perspektiven des Strategischen Controllings: Festschrift für Ulrich Krystek, Wiesbaden 2009.

Rese, M./Karger, M.: Konkurrenzanalyse, in: Herrmann, A./Homburg, C./Klarmann, M. (Hrsg.): Handbuch Marktforschung: Methoden, Anwendungen, Praxisbeispiele, 3. Aufl., Wiesbaden 2008, S. 745–768.

Richter, U./Holst, G./Krippendorf, W.: Solarindustrie als neues Feld industrieller Qualitätsproduktion – das Beispiel Photovoltaik, Eine Studie im Auftrag der Otto Brenner Stiftung, OBS-Arbeitsheft 56, Frankfurt a. Main 2008.

Riekhof, H.-C.: Die sechs Hebel der Strategieumsetzung: Plan – Ausführung – Erfolg, Stuttgart 2010.

Rohrbeck, R./Mahdjour, S.: Strategische Frühaufklärung in der Praxis – Benchmarking der Praktiken von Großunternehmen, http://www.rene-rohrbeck.de/documents/Rohrbeck_Mahdjour_2010_Strategische-Fruehaufklaerung-in-der-Praxis.pdf, Zugriff: 23.01.2011.

Roland Berger: Excellence in Strategic Planning, Roland Berger Studie über die Strategische Planung deutscher Unternehmen, Zusammenfassung der Ergebnisse, CC Corporate Strategy and Organization, München 2003.

Roll, M.: Strategische Frühaufklärung: Vorbereitung auf eine ungewisse Zukunft am Beispiel des Luftverkehrs, Diss., Wissenschaftliche Hochschule für Unternehmensführung (WHU) Vallendar 2004, Wiesbaden 2004.

Rolls-Royce: Delivering today, investing for the future, Annual report 2009, http://www.rolls-royce.com/reports/2009/img/downloads/RR_full_annual_report_2009.pdf, Zugriff: 25.06.2010.

Rolls-Royce: Annual report 2011, http://www.rolls-royce.com/Images/RR_full_AR_2011_tcm92-34435.pdf, Zugriff: 14.01.2013.

Romeike, F. (Hrsg.): Rechtliche Grundlagen des Risikomanagements, Berlin 2008.

Romeike, F./Hager, P.: Erfolgsfaktor Risikomanagement 2.0: Methoden, Beispiele, Checklisten, Praxishandbuch für Industrie und Handel, 2. Aufl., Wiesbaden 2009.

Rüegg-Stürm, J.: Das neue St. Galler Management-Modell: Grundkategorien einer integrierten Managementlehre, 2. Aufl., Bern et al. 2003.

Rüegg-Stürm, J.: Das neue St. Galler Management-Modell – Implikationen für das Nachhaltigkeitsmanagement, St. Galler Forum für Nachhaltigkeitsmanagement, 14. September 2004, http://www.iwoe.unisg.ch/org/iwo/web.nsf/SysWebRessources/R%C3%BCgg-St%C3%BCrm/$FILE/R%C3%BCegg-St%C3%BCrm.pdf, Zugriff: 11.01.2011.

Rupprecht, J.: Die Geschichte der Digitalfotografie (Teil 2), http://www.digitalkamera.de/Meldung/Die_Geschichte_der_Digitalfotografie_Teil_2_/2021.aspx, Zugriff: 02.09.2010.

Sachon, M.: Hard Discount Retailers: The Secrets of Their Success, http://insight.iese.edu/doc.aspx?id=1125&ar=14, Zugriff: 04.09.2010.

Schacht, U./Fackler, M. (Hrsg.): Praxishandbuch Unternehmensbewertung, 2. Aufl., Wiesbaden 2009.

Schäffer, U.: Rationalitätssicherung durch strategische Kontrolle, in: Reimer, M./Fiege, S. (Hrsg.): Perspektiven des Strategischen Controllings: Festschrift für Ulrich Krystek, Wiesbaden 2009, S. 47–62.

Schäffer, U./Matlachowsky, P.: Warum die Balanced Scorecard nur selten als strategisches Managementsystem genutzt wird: Eine fallstudienbasierte Analyse der Entwicklung von Balanced Scorecards in deutschen Unternehmen, in: Zeitschrift für Planung & Unternehmenssteuerung, 19. Jg., 2008, S. 207–232.

Schelle, H.: Projektmanagement und Unternehmensstrategie, in: Mayer, T./Wald, A./Gleich, R./Wagner, R. (Hrsg.): Advanced Project Management, Berlin 2008, S. 131–154.

Schenk, M./Schlick, C. (Hrsg.): Industrielle Dienstleistungen und Internationalisierung: One-Stop Services als erfolgreiches Konzept, Wiesbaden 2009.

Scherm, E./Pietsch, G. (Hrsg.): Controlling: Theorien und Konzeptionen, München 2004.

Schierenbeck, H./Lister, M.: Value Controlling: Grundlagen Wertorientierter Unternehmensführung, 2. Aufl., München 2002.

Schiller, U./Myrach, T./Rossier, J.: Kostenmanagement in der Schweiz: Eine Studie der Universität Bern und PricewaterhouseCoopers, 2008, http://www.iuc.unibe.ch/content/research/cost_accounting_and_cost_management/index_ger.html, Zugriff: 24.02.2011.

Schimmelpfeng, K.: Lebenszyklusorientiertes Produktionssystemcontrolling: Konzeption zur Verfügbarkeitssicherung hochautomatisierter Produktionssysteme, Habilitationsschrift, Universität Hannover 2001, Wiesbaden 2002.

Schirmeister, R./Kreuz, C.: Der investitionsrechnerische Kundenwert, in: Günter, B./Helm, S. (Hrsg.): Kundenwert: Grundlagen, Innovative Konzepte, Praktische Umsetzungen, 3. Aufl., Wiesbaden 2006, S. 311–333.

Schlecker: 35 Jahre Schlecker, http://www2.schlecker.com/htdocs/cms/der_konzern_de.htm, Zugriff: 28.06.2010.

Schmid, T./Müller-Stewens, G./Lechner, C.: Strategische Initiativen als Instrument des Corporate Managements, in: zfo, 78. Jg., 2009, Heft 2, Seite 80–87.

Schmidt, W./Friedag, H.: Controlling der Strategieentwicklung – die Kunst der Zielsetzung und Planung nachhaltiger Wirtschaftlichkeit, in: Klein, A. (Hrsg.): Strategische Controlling-Instrumente, Freiburg i. Breisgau et al. 2010, S. 57–80.

Schmundt, W.: Die Prognose von Ertragsteuern im Discounted Cash Flow-Verfahren: Eine Analyse der Decision Usefulness der IAS 12 und SFAS 109, Diss., Universität Mannheim 2008, Wiesbaden 2008.

Schneider, D.: Unternehmensführung und Controlling – überlegene Methoden und Instrumente sowie postmoderne Relativierungen, 5. Aufl., Darmstadt 2007.

Schobelt, F.: Schlecker: „Oberflächliche PR-Kosmetik", http://www.wuv.de/nachrichten/unternehmen/schlecker_oberflaechliche_pr_kosmetik, Zugriff: 28.05.2010.

Schreyer, M.: Entwicklung und Implementierung von Performance Measurement Systemen, Diss., Universität Bayreuth 2007, Wiesbaden 2007.

Schuler: Zukunftsmarkt Erneuerbare Energien – Schuler AG entwickelt eigene Windkraftanlagen, http://www.schulergroup.com/major/pool/04_Presse/010_Pressemitteilung/2010/2010_01_28_windkraft/index.html, Zugriff: 24.01.2010a.

Schuler: DVFA-Analystenkonferenz der Schuler AG, Frankfurt/Main, 29. Januar 2010, http://www.schulergroup.com/major/documents/downloads/02_download_investor_relations/investor_relations_praesentation_dvfa_29jan10_d.pdf, Zugriff: 24.01.2010b.

Schwerdtmann, P.: Kommentar: Wenn Lieferanten zu Konkurrenten werden, http://www.auto-medienportal.net/artikel/detail/331/, Zugriff: 13.08.2010.

Seicht, G. (Hrsg.): Jahrbuch für Controlling und Rechnungswesen 2010: Unternehmensbewertung, Kostenrechnung, Bilanzierung, Management und Controlling, Bankenkrise, Varia, Wien 2010.

Seidel, H.: Schlecker zahlt für zu schnelle Expansion, http://www.welt.de/print-welt/article349640/Schlecker_zahlt_fuer_zu_schnelle_Expansion.html, Zugriff: 28.05.2010a.

Seidel, H.: Arcandors Absturz: Wie man einen Milliardenkonzern ruiniert: Madeleine Schickedanz, Thomas Middelhoff, Sal. Oppenheim und KarstadtQuelle, Frankfurt a. Main 2010b.

SGL: 29.10.2009: SGL Group und BMW Group gründen Carbonfaser-Joint Venture, http://www.sglgroup.com/cms/international/press-lounge/news/2009/10/10292009_p.html?__locale=de, Zugriff: 31.10.2009.

SGL: Das Carbon-Zeitalter beginnt – Joint Venture von BMW Group und SGL Group eröffnet neue Produktionsanlage, http://www.sglgroup.com/cms/international/press-lounge/news/2011/09/-09012011_p.html?__locale=de, Zugriff: 14.01.2013.

SGL Automotive Carbon Fibres: The Carbon Age in Vehicle Manufacture Started, http://www.sglacf.de/, Zugriff: 08.04.2013.

Shell: What are scenarios?, http://www.shell.com/home/content/aboutshell/our_strategy/shell_global_scenarios/what_are_scenarios/, Zugriff: 13.03.2011a.

Shell: Shell Energy Scenarios to 2050, http://shell.com/static/public/downloads/brochures/corporate_pkg/scenarios/shell_energy_scenarios_2050.pdf, Zugriff: 13.03.2011b.

Sieben, G./Schildbach, T.: Betriebswirtschaftliche Entscheidungstheorie, 3. Aufl., Düsseldorf 1990.

Siebert, J.: Führungssysteme zwischen Stabilität und Wandel: Ein systematischer Ansatz zum Management der Führung, Diss., Technische Universität München 2005, Wiesbaden 2006.

Sieglin, M.: Strategische Planung im globalen mehrdivisionalen Großkonzern Siemens, in: Zimmermann, A. (Hrsg.): Praxisorientierte Unternehmensplanung mit harten und weichen Daten: Das Strategische Führungssystem, Berlin/Heidelberg 2010, S. 133–141.

Siegwart, H./Probst, G. (Hrsg.): Mitarbeiterführung und gesellschaftlicher Wandel, Festschrift zum 70. Geburtstag von C. Lattmann, Bern/Stuttgart 1983.

Siegwart, H./Reinecke, S./Sander, S.: Kennzahlen für die Unternehmensführung, 7. Aufl., Bern et al. 2010.

Siemens: Geschäftsbericht 2004, Berlin/München 2004.

Siemens: Siemens AG, Biovisions 2015 – Scenarios for Biotechnology, Munich 2006, http://www.automation.siemens.com/download/ internet/cache/3/1396968/pub/de/BioVisions2015_AsPrinted.pdf, Zugriff: 07.05.2009a.

Siemens: Geschäftsbericht 2009, Berlin/München 2009b.

Siemens: Fit 4 2010, Ausschöpfen der Potenziale eines integrierten Technologiekonzerns, Dezember 2009, http://www.siemens.com/about/pool/en/strategy/fit4_2010_dec_2009_de.pdf, Zugriff: 04.03.2010a.

Siemens: Siemens' growth gains momentum, Peter Löscher, Joe Kaeser, Q 4 FY 2010 and Annual Analyst Conference, November 11, 2010, http://www.siemens.com/investor/pool/en/investor_relations/financial_publications/speeches_and_presentations/q42010/siemens_q4_2010_analyst_conference.pdf, Zugriff: 23.11.2010b.

Siemens: Pictures of the Future, http://www.siemens.com/innovation/de/ueber_funde/strategie/ergebnisse/index.htm, Zugriff: 28.01.2011.

Siemens: Siemens 2014 – Executing on One Siemens Framework, Joe Kaser, Commerzbank German Investment Seminar, January 14, 2013, http://www.siemens.com/investor/pool/en/investor_relations/-financial_publications/speeches_and_presentations/14012013_commerzbank_presentation.pdf, Zugriff: 16.01.2013.

Simon, H.: Die heimlichen Gewinner: Die Erfolgsstrategien unbekannter Weltmarktführer, Frankfurt a. Main 1996.

Simon, H.: Models of Bounded Rationality, Vol. 3: Empirically Grounded Economic Reason, Boston, Ma. 1997.

Simon, H.: Hidden Champions des 21. Jahrhunderts: Die Erfolgsstrategien unbekannter Weltmarktführer, Frankfurt a. Main 2007.

Simon Hegele Supply Chain Services: Leistungen, http://www.hegele-scs.de/leistungen.html, Zugriff: 24.03.2013.

Speckbacher, G./Bischof, J./Pfeiffer, T.: A descriptive analysis on the implementation of balanced scorecards in german-speaking countries, in: Management Accounting Research, Vol. 14, 2003, No. 4, p. 361–387.

Stähler, P.: Geschäftsmodelle in der digitalen Ökonomie: Merkmale, Strategien und Auswirkungen, Diss., Universität St. Gallen 2001, Köln/Lohmar 2001.

Stähler, P.: Wie man Marktführer vom Thron stösst: Innovative Geschäftsmodelle im Web, InternetBriefing April 2009, http://www.r-e-c-o.de/neg-kongress/staehler.pdf, Zugriff: 21.08.2010.

Standop, D.: Prognosemethoden, qualitative, in: Küpper, H.-U./Wagenhofer, A. (Hrsg.): Handwörterbuch Unternehmensrechung und Controlling (HWU), 4. Aufl., Stuttgart 2002, Sp. 1551–1652.

Steinhübel, V.: Strategisches Controlling in mittelständischen Unternehmen, in: Controlling, 18. Jg., 2006, Heft 4/5, S. 205–212.

Steinle, C.: Ziele, Aufgaben und Instrumente des Controlling, in: Steinle, C./Daum, A. (Hrsg.): Controlling, 4. Aufl., Stuttgart 2007, S. 21–31.

Steinle, C./Daum, A. (Hrsg.): Controlling, 4. Aufl., Stuttgart 2007.

Steinmann, H./Schreyögg, G.: Management, 6. Aufl, Wiesbaden 2005.

Stellmaszek, F.: Real Options in Strategic Decisions: An Empirical Case Study Analysis of How Companies Integrate Real Option into Strategic Decisions, Diss., Universität Erlangen-Nürnberg, Berlin 2010.

Stephan, M.: SWOT-Analyse: Controlling-Instrument zur Identifikation strategischer Handlungsoptionen, in: Klein, A. (Hrsg.): Strategische Controlling-Instrumente, Freiburg i. Breisgau et al. 2010, S. 81–100.

Stock-Homburg, R./Wolff, B. (Hrsg.): Handbuch Strategisches Personalmanagement, Wiesbaden 2011.

Strauß, M.: Wertorientiertes Risikomanagement in Banken: Analyse der Wertrelevanz und Implikationen für Theorie und Praxis, Diss., Universität Marburg, Wiesbaden 2008.

Streitferdt, L./Schaefer, C.: Prognosemethoden, quantitative, in: Küpper, H.-U./ Wagenhofer, A. (Hrsg.): Handwörterbuch Unternehmensrechung und Controlling (HWU), 4. Aufl., Stuttgart 2002, Sp. 1563–1572.

Tangen, S.: Evaluation and Revision of Performance Measurement Systems, Doctoral Thesis, Royal Institute of Technology Stockholm, Stockholm 2004.

Taschner, A.: Business Cases: Ein anwendungsorientierter Leitfaden, Wiesbaden 2008.

Tauber, A./Wüpper, G.: Ernste Probleme mit neuen Triebwerken: Airbus und Boeing haben mit der Turbinentechnik zu kämpfen, http://www.welt.de/print/die_welt/wirtschaft/article108573719/Ernste-Probleme-mit-neuen-Triebwerken.html, Zugriff: 15.01.2013.

The Boston Consulting Group: BCG Value Creators Report: Building an Integrated Strategy for Value Creation Bochum, 13 December 2005, http://www.ifu.ruhr-uni-bochum.de/downloads/13_12_05_Vortrag_Fechtel.pdf, Zugriff: 10.04.2009a.

The Boston Consulting Group: Strategie, Rainer Strack, 30. Oktober 2008, http://wifu.uni-wh.de/kos/WNetz?art=File.download&id=1429, Zugriff: 19.04.2009b.

The Boston Consulting Group: Strategisches Portfoliomanagement, Ulrich Pidun, Universität Düsseldorf, 28. November 2007, http://www.fidl.uni-duesseldorf.de/Service/download/Gastvortraege/Pidun.pdf, Zugriff: 05.11.2009c.

The Nielsen Company: TradeDimensions, Firmenbroschüre 05/2010, http://www.tradedimensions.de/Downloads/Downloads.html, Zugriff: 18.06.2010.

Thom, N./Wenger, A.: Die optimale Organisationsform: Grundlagen und Handlungsanleitung, Wiesbaden 2010.

Thompson, A./Strickland, A./Gamble, J.: Crafting & Executing Strategy: The Quest for Competitive Advantage, 16th ed., Boston, Ma. et al. 2008.

ThyssenKrupp: ThyssenKrupp Equity Story, Financial Year 2008/09, January 2010, http://www.thyssenkrupp.com/documents/factsheets/2008_2009/Equity_Story_ThyssenKrupp_2008_2009.pdf, Zugriff: 06.05.2010a.

ThyssenKrupp: Presentation ThyssenKrupp, June 2010, http://www.thyssenkrupp-technologies.com/documents/roadshows/Presentation_ThyssenKrupp_Juni_2010.pdf, Zugriff: 19.06.2010b.

ThyssenKrupp: Presse-Mitteilung, 13.05.2011, 14:00 Uhr (MESZ): Aufsichtsrat beschließt strategische Weiterentwicklung von ThyssenKrupp, http://www.thyssenkrupp.com/de/presse/art_detail.html&eid=TKBase_1305277305797_1810061965, Zugriff: 14.05.2011.

ThyssenKrupp: Presentation ThyssenKrupp, December 2012, http://www.thyssenkrupp.com/-documents/roadshows/Presentation_ThyssenKrupp_December_2012.pdf, Zugriff: 29.12.2012.

ThyssenKrupp: Geschäftsbericht 2011/2012, http://www.thyssenkrupp.com/documents/investor/-Finanzberichte/ger/ThyssenKrupp_2011_2012_GB.pdf, Zugriff: 18.02.2013a.

ThyssenKrupp: Geschäftsbericht 2008/2009, http://www.thyssenkrupp.com/documents/investor-/Finanzberichte/ger/ThyssenKrupp_2008_2009_GB.pdf, Zugriff: 05.03.2013b.

ThyssenKrupp: Geschäftsbericht 2010/2011, http://www.thyssenkrupp.com/documents/investor-/Finanzberichte/ger/ThyssenKrupp_2010_2011_GB.pdf, Zugriff: 05.03.2013c.

ThyssenKrupp: Jahrbuch: Im Zentrum der Innovationen, http://www.thyssenkrupp.com/de/yearbook/2/2/#, Zugriff: 17.02.2013d.

ThyssenKrupp: Führungszuständigkeiten ThyssenKrupp – ab 1. Januar 2013, http://www.thyssenkrupp.com/documents/investor/Finanzberichte/ger/ThyssenKrupp_2011_2012_GB.pdf, Zugriff: 09.02.2013e.

Töpfer, A. (Hrsg.): Benchmarking: Der Weg zu Best Practice, Berlin/Heidelberg 1997.

Töpfer, A.: Betriebswirtschaftslehre: Anwendungs- und prozessorientierte Grundlagen, 2. Aufl., Berlin/Heidelberg 2007.

Töpfer, A./Mann, A.: Benchmarking: Lernen von den Besten, in: Töpfer, A. (Hrsg.): Benchmarking: Der Weg zu Best Practice, Berlin/Heidelberg 1997, S. 31–75.

Tomczak, T./Rudolf-Sipötz, E.: Bestimmungsfaktoren des Kundenwertes: Ergebnisse einer branchenübergreifenden Studie, in: Günter, B./Helm, S. (Hrsg.): Kundenwert: Grundlagen, Innovative Konzepte, Praktische Umsetzungen, 3. Aufl., Wiesbaden 2006, S. 127–155.

Transportation Research Board of the National Academies: Transit Cooperative Research Program, Report 141: A Methodology for Performance Measurement and Peer Comparison in the Public Transportation Industry, Washington, DC 2010, http://onlinepubs.trb.org/onlinepubs/tcrp/tcrp_rpt_-141.pdf, Zugriff: 28.12.2012.

Treyer, O.: Business Forecasting: Anwendungsorientierte Theorie quantitativer Prognoseverfahren, Stuttgart 2010.

Trost, A./Hagmeister, A.: Mitarbeiterbefragung als Instrument strategischer Unternehmensführung, in: Jöns, I./Bungard, W. (Hrsg.): Feedbackinstrumente im Unternehmen: Grundlagen, Gestaltungshinweise, Erfahrungsberichte, Wiesbaden 2005, S. 197–208.

Turban, M./Wolf, J.: Absatzbezogene Strategien der Internationalisierung des Lebensmittel-Discountmarkts bei Aldi und Lidl im Vergleich, Forschungsberichte des Fachbereichs Wirtschaft der Fachhochschule Düsseldorf, Ausgabe 3, September 2008, http://www.lebensmittelzeitung.net/-studien/pdfs/80.pdf, Zugriff: 05.02.2011.

Ulrich, H.: Management – eine unverstandene gesellschaftliche Funktion, in: Siegwart, H./Probst, G. (Hrsg.): Mitarbeiterführung und gesellschaftlicher Wandel, Festschrift zum 70. Geburtstag von C. Lattmann, Bern/Stuttgart 1983, S. 133–152.

Umweltbundesamt: Klimaschutz: Presseinformation Nr. 86/2008: EU beschließt das schrittweise Aus für die Glühlampe ab Ende 2009, Dessau 2008.

Umweltbundesamt: Presseinformation Nr. 25/2009: Bye bye Glühbirne! Abschied vom Auslaufmodell, Dessau 2009.

Unilever: Annual Report and Accounts 2009, http://annualreport09.unilever.com/downloads/Unilever_AR09.pdf, Zugriff: 02.07.2010.

United Nations: International Standard Industrial Classification of All Economic Activities (ISIC), Rev. 4, http://unstats.un.org/unsd/cr/registry/isic-4.asp, Zugriff: 06.08.2010.

Unternehmensregister: Lidl Stiftung & Co. KG, Neckarsulm: Konzernabschluss zum Geschäftsjahr vom 01.03.2011 bis zum 29.02.2012, https://www.unternehmensregister.de/ureg/result.html;-jsessionid=6DCF1365922C99F4A79FDE05AA30DD91.www01-1?submitaction=showDocument-&id=9588243, Zugriff: 15.01.2013.

Vahs, D.: Organisation, 8. Aufl., Stuttgart 2012.

Volkswagen: Volkswagen – The Integrated Automotive Group, Strategy 2018: Ensuring Profitable Growth and Creating Sustainable Value, Martin Winterkorn, Hans Dieter Pötsch, The Royal Opera House, London, 3 February 2010, http://www.volkswagenag.com/vwag/vwcorp/content/-de/misc/-ir/Investor_Day_.-bin.acq/qual-DownloadFileList.Single.DownloadFile.0002.File/Investor%20-Day.pdf, Zugriff: 01.04.2010a.

Volkswagen: Strukturen, Prozesse und Instrumente, http://www.volkswagenag.com/vwag/nb09bis10/-content/de/Strategie_und_Management/Strukturen__Prozesse_und_Instrumente.html, Zugriff: 08.08.2010b.

Volkswagen: Driving ideas: Nachhaltigkeitsbericht 2009/2010, http://www.volkswagenag.com/-vwag/nb09bis10/info_center/de/publications/2009/09/nachhaltigkeitsbericht0.-bin.acq/qual-BinaryStorageItem.Single.File/VW_Nachhaltigkeitsbericht_2009.pdf, Zugriff: 08.08.2010c.

Volkswagen: Volkswagen Konzern investiert 51,6 Milliarden Euro in den kommenden fünf Jahren; http://www.volkswagenag.com/vwag/vwcorp/info_center/de/news/2010/11/Invest.html, Zugriff: 10.01.2011.

Volkswagen: Volkswagen eröffnet neue Fabrik in Chattanooga/USA, http://www.volkswagenag.com/-content/vwcorp/info_center/de/news/2011/05/Chattanooga_Opening.html, Zugriff: 14.01.2013a.

Volkswagen: Audi bekräftigt Entwicklungsziele in Amerika mit neuem Werk in Mexiko, http://www.volkswagenag.com/content/vwcorp/info_center/de/news/2012/11/Audis_new_Mexico_plant_confirms_development_goals_in_America.html, Zugriff: 14.01.2013b.

Volkswagen: Factbook 2013, http://www.volkswagenag.com/content/vwcorp/info_center/de-/publications/2013/03/Factbook2013.bin.html/binarystorageitem/file/Factbook_2013.pdf, Zugriff: 23.03.2013c.

Volvo: Volvo methodology for Peer comparison, http://www.volvogroup.com/SiteCollection-Documents/VGHQ/Volvo%20Group/Investors/Documents,%20misc/Volvo%20methodology%20for%20Peer%20comparison.pdf, Zugriff: 27.03.2013a.

Volvo: The Volvo Group, Investor Day, New York, February 28, 2013, http://www.volvogroup.com/SiteCollectionDocuments/VGHQ/Volvo%20Group/Investors/Calendar%20and%20presentations/2013/Investor%20Day%20New%20York%20February%2028/130228_NY_Investor_Day.pdf, Zugriff: 27.03.2013b.

Volvo: The Volvo group Annual Report 2012, http://www.volvogroup.com/group/global/en-gb/investors/reports/annual_reports/Pages/annual_reports.aspx, Zugriff: 09.05.2013c.

Wagenhofer, A. (Hrsg.): Controlling und Corporate Governance-Anforderungen: Verbindungen, Maßnahmen, Umsetzung, Berlin 2010.

Wall, F.: Controlling zwischen Entscheidungs- und Verhaltenssteuerungsfunktion – Konzeptionelle Gemeinsamkeiten und Unterschiede innerhalb des Fachs, in: DBW, 68. Jg., 2008, Heft 4, S. 463–482.

Warkotsch, N.: Investitionscontrolling in Konzernstrukturen, in: Controller Magazin, 35. Jg., 2010, März/April, S. 70–75.

Weber, J.: Möglichkeiten und Grenzen der Operationalisierung des Konstrukts „Rationalitätssicherung", in: Scherm, E./Pietsch, G. (Hrsg.): Controlling: Theorien und Konzeptionen, München 2004, S. 467–486.

Weber, J. et al.: Investitionscontrolling in deutschen Großunternehmen: Ergebnisse einer Benchmarking-Studie, Reihe Advanced Controlling, Band 52, Weinheim 2006.

Weber, J. et al.: Controller im Strategieprozess: Ergebnisse einer empirischen Studie, Reihe Advanced Controlling, Band 58, Weinheim 2007.

Weber, J./Schäffer, U.: Sicherstellung der Rationalität von Führung als Aufgabe des Controlling?, in: DBW, 59. Jg., 1999, Heft 6, S. 731–747.

Weber, J./Schäffer, U.: Einführung in das Controlling, 12. Aufl., Stuttgart 2008.

Weill, P. et al.: Do Some Business Models Perform Better than Others? A Study of the 1000 Largest US Firms, Sloan School of Management, Massachusetts Institute of Technology, MIT Center for Coordination Science Working Paper No. 226, Cambridge, Ma. 2005.

Weiser, C.: PIMS, in: Küpper, H.-U./Wagenhofer, A. (Hrsg.): Handwörterbuch Unternehmensrechung und Controlling (HWU), 4. Aufl., Stuttgart 2002, Sp. 1426–1439.

Weißenberger, B.: Anreizkompatible Erfolgsrechnung im Konzern: Grundmuster und Gestaltungsalternativen, Habilitationsschrift, Wissenschaftliche Hochschule für Unternehmensführung (WHU) Vallendar 2002, Wiesbaden 2003.

Weißenberger, B.: Theoretische Grundlagen der Erfolgsmessung im Controlling, Working Paper 2/2004, Arbeitspapiere Industrielles Management und Controlling, Justus-Liebig-Universität Gießen, Gießen 2004.

Weißenberger, B.: IFRS für Controller: Einführung, Anwendung, Fallbeispiele, Freiburg i. Breisgau et al. 2007.

Weißenberger, B./Löhr, B.: Verzahnung des Risikocontrollings mit den traditionellen Controllingaktivitäten: Konzeptionelle Gestaltungsvorschläge und Status quo im deutschsprachigen Raum, Arbeitspapier 04/2008 der Professur für Betriebswirtschaftslehre mit dem Schwerpunkt Industrielles Management und Controlling der Justus-Liebig-Universität Gießen, Gießen 2008.

Weißenberger, B./Löhr, B.: Integriertes Risikocontrolling in Industrieunternehmen: Status quo im deutschsprachigen Raum, in: ZfCM, 54. Jg., 2010, Heft 5, S. 336–343.

Welge, M./Al-Laham, A.: Strategisches Management: Grundlagen – Prozess – Implementierung, 6. Aufl., Wiesbaden 2012.

Welge, M./Al-Laham, A./Kajüter, P. (Hrsg.): Praxis des strategischen Managements, Wiesbaden 2000.

Werder, A. v.: Führungsorganisation: Grundlagen der Corporate Governance, Spitzen- und Leitungsorganisation, 2. Aufl., Wiesbaden 2008.

Werder, A. v./Grundei, J.: Konzeptionelle Grundlagen des Organisations-Controllings, in: Werder, A. v./Stöber, H./Grundei, J. (Hrsg.): Organisations-Controlling, Wiesbaden 2006, S. 15–50.

Werder, A. v./Stöber, H./Grundei, J. (Hrsg.): Organisations-Controlling, Wiesbaden 2006.

Wild, J.: Grundlagen der Unternehmungsplanung, Reinbek bei Hamburg 1974.

Wilms, F. (Hrsg.): Szenariotechnik: Vom Umgang mit der Zukunft, Bern et al. 2006.

Winter, P.: Standards im Risikomanagement, in: Romeike, F. (Hrsg.): Rechtliche Grundlagen des Risikomanagements, Berlin 2008, S. 71–99.

Wirtz, B.: Business Model Management: Design, Instrumente, Erfolgsfaktoren von Geschäftsmodellen, Wiesbaden 2010.

Wolf, K./Runzheimer, B.: Risikomanagement und KonTraG: Konzeption und Implementierung, 5. Aufl., Wiesbaden 2009.

Wolke, T.: Risikomanagement, 2. Aufl., München 2008.

Worthen, B./Tibken, S.: H-P to Book $8 Billion Charge, Wall Street Journal, August 8, 2012, http://online.wsj.com/article/SB10000872396390443404004577576950127852164.html, Zugriff: 02.02.2013.

Würth: China Arbeitskreis IHK-Heilbronn, Peter Zirn, 2010-03-23, http://www.heilbronn.ihk.de/ximages/1404028_wuerthgrou.pdf, Zugriff: 06.08.2010.

Wulf, I.: RL-Kennzahlensystem und immaterielle Potenziale, in: Freidank, C.-C./Müller, S./Wulf, I. (Hrsg.): Controlling und Rechnungslegung: Aktuelle Entwicklungen in Wissenschaft und Praxis, Laurenz Lachnit zum 65. Geburtstag, Wiesbaden 2008, S. 53–68.

Wulf, T./Meißner, P./Stubner, S.: A Scenario-based Approach to Strategic Planning – Integrating Planning and Process Perspective of Strategy, Working Paper No. 6, Leipzig, April 2010, HHL – Leipzig Graduate School of Management http://strategy.hhl.de/fileadmin/texte/ls-strama/texte_microsite-strama/AP_No._6_-_Scenario_based_approach_to_strategic_planning.pdf, Zugriff: 22.09.2010.

Young, S./O'Byrne, S.: EVA® and value based management: A Practical Guide to Implementation, New York, NY et al. 2001.

Zangemeister, C.: Nutzwertanalyse in der Systemtechnik, 4. Aufl., München 1976.

Zhang, R.: Raising Haier, in: Harvard Business Review, Vol. 85, 2007, February, p. 141–146.

Zimmermann, A. (Hrsg.): Praxisorientierte Unternehmensplanung mit harten und weichen Daten: Das Strategische Führungssystem, Berlin/Heidelberg 2010.

Zimmermann, A./Rügamer, M.: Der Strategieprozess im Unternehmen heute, in: Zimmermann, A. (Hrsg.): Praxisorientierte Unternehmensplanung mit harten und weichen Daten: Das Strategische Führungssystem, Berlin/Heidelberg 2010, S. 3–38.

Zollenkop, M.: Geschäftsmodellinnovation: Initiierung eines systematischen Innovationsmanagements für Geschäftsmodelle auf Basis lebenszyklusorientierter Frühaufklärung, Diss., Universität Bamberg 2006, Wiesbaden 2006.

Zwicker, E.: Zur Verknüpfung von operativer und strategischer Planung, in: Reimer, M./Fiege, S. (Hrsg.): Perspektiven des Strategischen Controllings: Festschrift für Ulrich Krystek, Wiesbaden 2009, S. 33–45.

Stichwortverzeichnis

3

3W-Modell von Krüger 365

A

Adjusted-Present-Value-Verfahren 281
Alternativenbewertung 8
Alternativensuche 7
Analysen ...... *Siehe* Strategische Analysen und Prognosen
Argumentenbilanz 276

B

Balanced Scorecard 334
Bambus-Code® 258
Basiskompetenzen 171
BCG-Portfolio-Matrix 188
BCG-Traffic-Light-Portfolio 197
BenchmarkIndex 161
Benchmarking 155
Best Case 301
Business Wargaming 149
Businessplan 315

C

Cash Value Added .... *Siehe* Wertziele, CVA
Chance 37, 299
Chancen 275
Change Management 364
Chief Financial Officer 50
Chief Strategy Officer 50
Conglomerate Discount 81
Conglomerate Premium 81
Controller 17
Controlling
    Definition 17
    Führungsunterstützung 17

House of Controlling 17
Konzept 15
Rationalität, Begrenzung der 18
Rationalitätssicherung 16, 18
COSO 39
Cost Performance Index 401
Customer-Lifetime-Value 134

D

Differenzierungsstrategie 234

E

Earned Value Concept 400
Earnings per Share 67
EBIAT .... *Siehe* Wertziele, EBIAT
Effizienzkonzept von Thom/Wenger 374
Einigungsbereich 294
Enterprise Risk Management 39, 203, 218
Entity-Ansatz 281
Entscheidung 8
Entscheidungsbaumverfahren 302
Entscheidungsfeld 273
Entscheidungsmatrix 276
Entscheidungswerte 294
Environmental Assessment 105
Environmental Forecasting 105
Environmental Monitoring 207
Environmental Scanning 207
Equity-Ansatz 280
Erfahrungskurve .... *Siehe* Lernkurve
Erfolgspotenziale 10, 19, 28, 42, 286
Ergebnis- und Finanzplanung .... *Siehe* Gesamtunternehmensbezogene Ergebnis- und Finanzplanung
Ergebniskontrolle 392
Ergebnismatrix 276

Erlösmodell 169
Erweiterte Wertschöpfungskette 173
EVA® .... Siehe Wertziele, EVA®

F
Faktenorientierung 19
Fallbeispiel
   BCG-Matrix
      Kaufangebot für ein „Fragezeichen". 195
   Betreibermodell 296
      Hochtief 296
   Entwickeln eines neuen Produktes 289
   Fortschrittsbericht
      General Motors 403
   Früherkennung der 2. Generation
      Digitalfotografie 204
   Früherkennung der 3. Generation
      Verbot der Glühbirne 207
   Geschäftsmodell
      Stellenanzeigen 170
   Implementierungskontrolle
      Metro 406
   Incentivesystem
      AUDI AG 379
   Kapazitätsausbau für Marktwachstum
      Q-Cells 95
   Kauf eines Unternehmens 292
   Kaufrelevante Kriterien und
      Handelsunternehmen 165
   Kompetenzübertragung
      Jakob Metz Rohtabake 176
   Konkurrenzanalyse
      Haier 146
   Konsolidierungswelle 44
   Kundenattraktivität
      Harro Höfliger 137
   Lebenszyklus
      Smartphones 190
   Marktanteile
      Europäischer PKW-Markt 139
   Marktsegmentierung
      Volkswagen 131
   Metriken
      Arcandor 77
   Optionen im M&A-Prozess 307

   Profit-Pool
      IT-Industrie 152
   Prognose
      Markt für Photovoltaik 93
      Markt für Verkehrsflugzeuge 91
   Reorganisation
      Bayer 376
   Stakeholdereinfluss
      Magna 110
   Strategieebenen
      ThyssenKrupp 36
   Strategiewahl
      ThyssenKrupp 331
   Substitute
      Generika 122
   SWOT
      Ein fiktiver Mittelständler 211
      Pfeiffer Vacuum Technology 216
   Szenarien
      Photovoltaikmarkt 117
   Technologiewechsel bei Fernsehgeräten ... 1
   Umweltherausforderungen
      Volkswagen 106
   Unternehmensführung
      dm vs. Schlecker 12
   Unternehmenskauf und Synergien (Henkel)
      294
   Wertschöpfungskette
      EnBW 182
   Wettbewerberfähigkeiten
      Airbus vs. Boeing 143
   Ziele
      BASF 82
      Siemens 84
   Zukunftsforschung
      Volkswagen 118
Five-Forces-Analyse nach Porter 119
Free Cashflow-Verfahren 281
Frühaufklärungssysteme .... Siehe
   Früherkennungssysteme
Früherkennungssysteme 203
   der 1. Generation 203
   der 2. Generation 204
   der 3. Generation 206

Stichwortverzeichnis

Frühwarnsysteme .... *Siehe* Früherkennungssysteme
Führung 5
   Normativ 9
   Operativ 10
   Strategisch*Siehe* Strategisches Management
Führungsinstitutionen 11
Führungssysteme 51, 378

G

Gesamtunternehmensbezogene Ergebnis- und Finanzplanung 320
Geschäftsmodell 168
Geschäftsplan .... *Siehe* Businessplan
Governance-Gremien 29
Grundmodell Entscheidungstheorie 272

H

Hard-Discounter-Modell 253
Härtegradsystematik 384, 404

I

Imageposition 165
Immaterielles Vermögen 335
Implementierungs-Cockpit 403
Implementierungskontrolle 398
Incentivesystem 378
Investitionscontrolling 271
ISIC-Codes 31
Issue-Impact-Matrix 105

K

Kapitalwertmethode 278
Kernkompetenzen 167
Key Performance Indicator 182, 403
Kommunikation 383
Kompetenz-Geschäftsfeld-Matrix 175
Kompetenzportfolio 175
Kongruenzprinzip 32
Konkurrenzanalyse 138
Konsistenzkontrolle 395
Kontrolle 5, 8
Konzernplanungsmodell 324
Korrekturverfahren 299
Kostenführerschaftsstrategie 234
Kosten-Trendanalyse 400
KPI .... *Siehe* Key Performance Indicators
Krise .... *Siehe* Unternehmenskrise
Kundenanalyse 132
Kundenwertbeitrag 133

L

Langfristkalkulation 290
Lebenszyklus-Konzept 188
Lebenszyklusrechnung 288
   Außerdienststellungsrechnung 289, 292, 296
   Bereitstellungsrechnung 289, 292, 296
   Nutzungsfolgerechnung 289, 292, 296
   Nutzungsrechnung 289, 292, 296
Lenkungsausschuss 381
Lernkurve 191

M

Management .... *Siehe* Führung
Marktanalyse 125
Marktanteil 128, 192
Marktgröße 126
Marktsegmentierung 128
Maßnahmenplanung 384
Mehr-Geschäfts-Unternehmen 29
Meilenstein-Trendanalyse 399
Metakompetenzen 171
Mitarbeiterbefragungen 183
Monte-Carlo-Simulation 302, 326

N

Nachvollziehbarkeit 71, 272, 369, 396
NOPAT .... *Siehe* Wertziele, NOPAT
Normstrategien 194
Nutzwertanalyse 308

O

Operatives Controlling 44
Organisation 371
Organisationsebene/Gesamtunternehmensebene 318
Originäres Risiko 218

P

Performance-Measurement-System 53, 84, 340

PIMS 37
Planfortschrittskontrolle 392
Planung 5
Portfolio 33
Portfolio-Analyse 186
Präferenzen 273
Prämissenkontrolle 392, 394
Preisobergrenze des Kaufs 293
Preisuntergrenze des Verkaufs 293
Principal-Agent-Situation 65
Probleme 6, 57
Profitabilität
    Konventionelle Ergebniskennzahlen 68
Profit-Pool-Analyse 151
Prognosen ..... *Siehe* Strategische Analysen und Prognosen
Project Sponsor 381
Project Steering Committee .... *Siehe* Lenkungsausschuss
Projektcontrolling 288
    Aktionszeitraum 288
    Rechnungskomplexe 288
    Zeithorizont 288
Projektmanagement 380
Projektstrukturplan 384

Q
Qualität der Strategie 24
Qualität der Strategieumsetzung 24

R
Razor-/Razorblade-Geschäftsmodell 154
Realoptionen 304
Regelkreis 6, 58
Residuales Risiko 218
Ressourcen-, Fähigkeiten- und Kernkompetenzanalyse 166
Restrukturierungswert 293
Restwert 285
Return On Capital Employed. *Siehe* Wertziele, ROCE
Return on Equity .... *Siehe* Wertziele, ROE
Reverse-Engineering 162
Risiko 18, 37, 274, 299
Risikoakzeptanz 227

Risikoanalysen 300
Risiko-Checkliste 218
Risikodiversifikation 226
Risiko-Ereignisinventare 218
Risikomanagement 37, *Siehe* Riskmanagement
Risikominderung 226
Risikotransfer 226
Risikovermeidung 226
Risikovorsorge 226
Risk Map .... *Siehe* Risk Matrix
Risk Matrix 220
ROI .... *Siehe* Wertziele, ROI

S
Schwache Signale .... *Siehe* Weak Signals
Scoring-Modell .... *Siehe* Nutzwertanalyse
Sensitivitätsanalysen 300
Shareholder Value .... *Siehe* Wertziele, Shareholder Value
Sicherheit 273
Stakeholder-Analyse 107
Stand-Alone-Wert 292
Steuerung 5, 8
Strategic Fit 213
Strategic Issues 207
Strategic Management Accounting 45
Strategie
    Business Strategy 33, 227, 253
    Corporate Strategy 33, 227, 238
    Definition 21
    Functional Strategy 34
    Strategie, erfolgreiche 24, 363
    Strategieebenen 33
Strategie als Hypothese 336
Strategiealternativen 225
Strategiebeispiel
    Bertelsmann 246
    BMW 264
    Carl Zeiss Meditec 256
    Hewlett-Packard 243
    Lidl 253
    Nestlé 248
    Rolls-Royce 262
    Siemens 241
    Simon Hegele 258

ThyssenKrupp 251
Vapiano 260
Volkswagen 238
Strategiebewertung 269
   Bewertungsinstrumente 277
   Organisations-/Gesamtunternehmensebene
   270
   Strategieebene 270, 278
Strategieentscheidung ...... *Siehe* Strategiewahl
Strategieentwicklung 57
Strategiegerechte Personen 371
Strategie-Steckbrief 369
Strategiewahl 269, 327
Strategie-Workshop 59, 421
Strategische Analysen und Prognosen 89
   Analysen 90
   Analyseprozess 98
   Prognosen 91
   qualitative Prognosemethoden 97
   quantitative Prognosemethoden 97
   strategische Kostenanalyse 177
   Überblick der Instrumente 100
Strategische Bilanz nach Mann 215
Strategische Bilanz, GuV und
   Kapitalflussrechnung 324
Strategische Geschäftseinheit 30
Strategische Gruppe 138
Strategische Kontrolle 391, 407
Strategische Stoßrichtung 61
Strategische Zielplanung 61, 87
   Gap-Analyse 84
   Homunkulus-Ansatz 85
   Strategische Wertziele 76
   Strategische Ziele im engeren Sinn 63
   Strategische Ziele im weiteren Sinn 63
   Zeitlicher Bezug 82
   Zielausmaß 79
   Zielinhalt 65
Strategischer Gesamtplan 331
Strategisches Controlling
   Definition 42
   Einordnung 4
   Informationsarten 45
   Schnittmengencharakter 45
   Stufen der Unterstützung 47

   Träger 46
   Unterscheidung zu operativem Controlling
   43
Strategisches Geschäftsfeld 30
Strategisches Management
   Entscheidungen 19, 21
   Marktorientierter Ansatz 23
   Prozess 19, 34
   Prozessüberblick 26
   Ressourcenorientierter Ansatz 23
   Srategische Erfolgsfaktoren 37
   Strategische Entscheidungen, Merkmale . 19
   Strukturen und Personen 22
   Systeme 22
   Träger 28
Strategy Map 334
SWOT-Analyse 210
Systemlebenszyklus 286
   Nutzungsfolgephase 287
   Systemaußerdienststellung 287
   Systembereitstellung 286
   Systemnutzung 287
Szenariotechnik 111

T
Target Costing 163
Technologie-Portfolio 196
Top-Management 29
Top-Management-Commitment 365, 366
Total Shareholder Return 66
Total-Cashflow-Verfahren 283
Trend-Einfluss-Matrix ...... *Siehe* Issue-Impact-
   Matrix

U
Übernahmeprämie 294
Umfeldanalyse 102
Umweltzustände 273
Ungewissheit 274
Unsicherheit 273
Unternehmenskrise 14
Unternehmenskultur 10
Unternehmensmission 10
Unternehmenspolitik 9
Unternehmensverfassung 10

Unternehmenswerte 9

V

Value Chain *Siehe* Wertschöpfungskette, *Siehe* Wertschöpfungskette
Value Proposition 168
Vertrauen... 271, 366
Vorteilhaftigkeit (absolut/relativ) 273, 279
VRIO-Schema 175

W

WACC 66, 69, 72, 281, 282
Weak Signals 206
Weighted Average Cost of Capital ....*Siehe* WACC
Wertschöpfungsarchitekturen 180
Wertschöpfungskette 173
Wertschöpfungsmodell 168
Wertsteigerung 66, 72
Wertvernichtung 72
Wertziele 17, 76
    Cash, Cashflow 67
    CVA 70
    EBIAT 72
    EBITDA 77
    EVA® 69
    Kapitalrentabilität.............................. 68, 71
    Kapitalstruktur 68, 75
    NOPAT 72
    Ökonomischer Gewinn............................ 69
    Profitabilität 68
    Residualgewinn 69
    Return on Equity 74
    Return on Risk adjusted Capital 75
    Risk-Adjusted-Performance-Measures.... 75
    ROCE 71
    ROI.. 72
    Shareholder Value 65
    Umsatz 67
Wettbewerberanalyse..............................*Siehe* Konkurrenzanalyse
Wettbewerberprofil.................................... 141
Wettbewerbsvorteile 34
Worst Case... 301

Z

Zeithorizont 1, 2 284
Zeitschere 20
Zieldokumentation 369
Ziele.. 6, 9, 61
    Bottom-Line 17
    Generelle Ziele 10
    Top-Line... 17
Zielpyramide... 66
Zielsystem 273
Zielvereinbarungssystem ....*Siehe* Incentivesystem